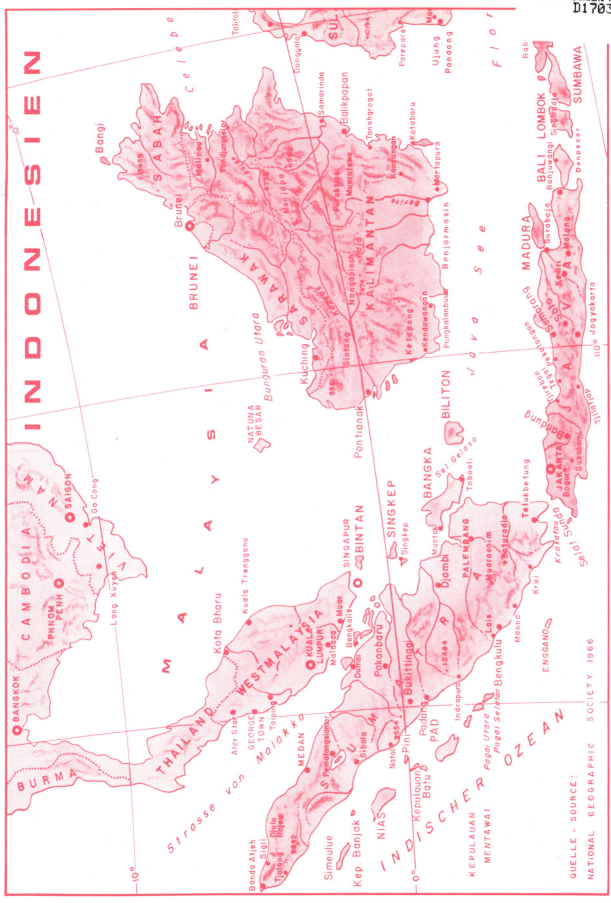

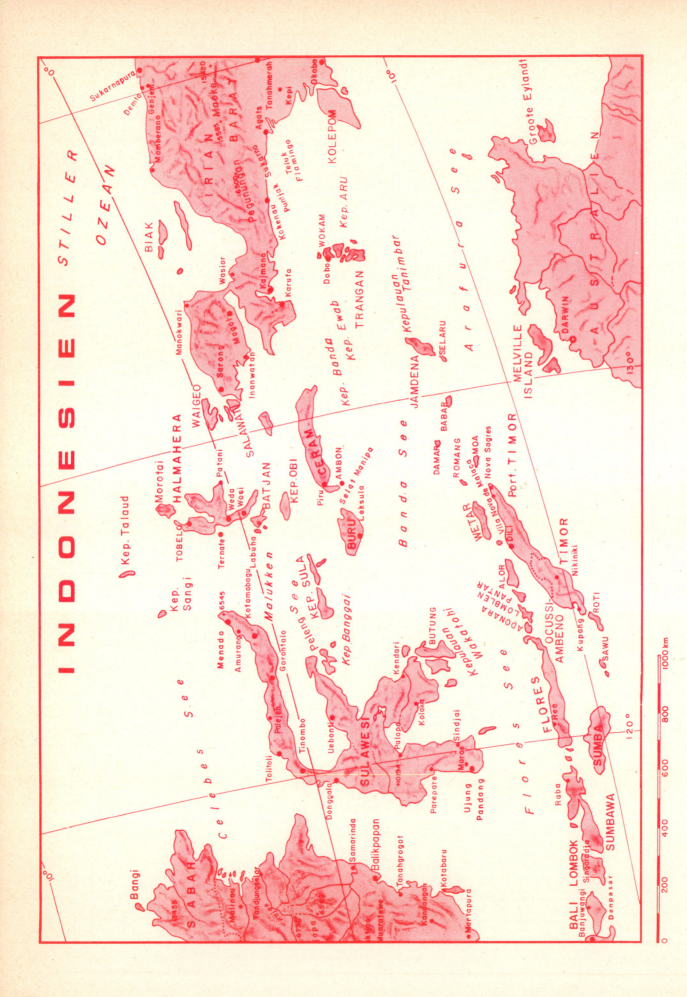

INDONESIEN

-zehn Jahre danach-
Agrarwirtschaft und Industrie in der Regionalentwicklung
einer tropischen Inselwelt

H. DEQUIN

Riyadh, 1978

Meiner Tochter Jutta,
Studentin der Geographie
in München

©
Copyright
beim Verfasser
islamischer Länderstudien, H. DEQUIN
Erschienen in Zusammenarbeit mit dem
King Abdul Aziz Research Centre
Riyadh, Saudi-Arabien
1. Auflage 1978
ISBN: 3-920342-03-8
Vetrieb in deutschsprachigen Ländern durch Dr. GÖTZE, D-2000 Hamburg 1, Hermannstr. 5-7

Die Verwirklichung nationaler Entwicklungsziele muss zu allen Zeiten auf der Entwicklungstrilogie beruhen, nämlich

— dynamischer nationaler Stabilität;

— einer ausreichend hohen Wachstumsrate der Wirtschaft und

— ausgleichenden Entwicklungsmassnahmen zur Erzielung sozialer Gerechtigkeit

Präsident Suharto

in seinem Rechenschaftsbericht vom 11. März 1978 vor der Volksversammlung in Jakarta

VORWORT

Mein Indonesien-Band ist der dritte in der mit saudi-arabischer Hilfe erscheinenden Reihe der Entwicklungsstudien islamischer Länder. Im Gegensatz zu den meisten im Wüstengürtel liegenden arabischen Ölländern ist Indonesien von Natur aus begünstigt. Neben Öl and anderen Bodenschätzen weist das Land gute Voraussetzungen für den Landbau auf. Doch die Insellage mit über 13.000 Inseln, die Überbevölkerung der Hauptinsel Java und die innenpolitische Situation schaffen aussergewöhnlich schwierige Entwicklungsprobleme. Hauptanliegen ist die Beantwortung der Frage, welche Reserven dieses in den feuchten Tropen liegende Land hat, und zwar im Rahmen von Regional-Entwicklungsmöglichkeiten.

Es war mir vergönnt, in den Jahren 1968 bis 1972 anfangs als Regionalplaner der Provinz West-Sumatra und einiger kleinerer Bezirke sowie anschliessend als Regierungsberater und Dozent im Lande zu arbeiten. Als ich meine Arbeit aufnahm, wurden nach dem allmählichen Ausscheiden des ersten Präsidenten und Staatsgründers Sukarno neue Konzepte politischer und wirtschaftlicher Strategie formuliert. Zum wirtschaftlichen Konzept der Ausrichtung auf westliche Geberländer steuerte ich die Formel « Einfuhr und gesteigerte Produktion von Mineraldünger statt Getreideeinfuhr» bei. Mit demselben Devisenbetrag konnte man damals zwei-bis dreimal so viel Brotgetreide und Reis bereitstellen. Mit meinen Mitarbeitern W. HECKENSTALLER und K. KOREUBER arbeitete ich zuerst an einer erfolgreichen Intensivierung des Reisanbaus in Klaten, Zentral-Java und Batusangkar, W.-Sumatra, sowie am Wiederaufbau des Ölpalm-und Kautschuk-Anbaues bei Marihat in Nord-Sumatra. Später beteiligten sich meine beiden ebenfalls aus Arabien, bzw. Ost-Afrika nachgefolgten Mitarbeiter O. SCHWARZ und C. KOHLBACH an der landwirtschaftlichen Planungs-und Wiederaufbau-Arbeit. Das Entwicklungsvorhaben der 42.000 qkm grossen Region West-Sumatra ist bei weitem das grösste der von mir bisher bearbeiteten Regionalprojekte.

Das vorliegende Buch entstand aus meiner ersten Entwicklungsstudie. Der erste Entwurf zum Buch stammt noch aus der Zeit meines Indonesienaufenthalts und konnte durch weitere Besuche verbessert und ergänzt werden. Vor allem gaben mir die nachfolgenden Besuche, besonders für das Gezeiten-Projekt Ost-Sumatra, die Gelegenheit, den Aufbau über die rückliegenden 10 Jahre genauer zu verfolgen. Die Vorlesungstätigkeit an der Universität Padang brachte mich mit indonesischen Wissenschaftlern in engeren Kontakt. Die Tätigkeit als Regierungsberater in Jakarta vermittelte dazu die notwendige Einsicht in laufende wirtschaftliche Planungen. Ich wurde Zeuge des dualen Lösungsversuchs von Regierung und PERTAMINA mit dem finanziellen Fast-Bankrott der Ölfirma. In den letzten beiden Jahren ist die trotz aller Rückschläge erfolgreiche wirtschaftliche Wiederaufbau-Arbeit um so interessanter und bemerkenswerter.

Für die bearbeiteten Projekte und Informationen für dieses Buch waren mir auf indonesischer Seite Hauptstützen, Counterparts und unterstützende Persönlichkeiten R. Rr. SITA WACHJO (Wonosobo und andere Projekte auf Java), S. SOENNARIO (für die durchgefüürten Studien), M.S. LOEBIS (für die Plantagenprojekte auf Sumatra), Prof. Dr. H. ZAIN und Inspektur JAFRI (für das West-Sumatra-Projekt), Colonel SOETIOSO (für das Klatenprojekt und Generaldirektor Landwirtschaft SADIKIN (für meine Studien auf dem Gebiet der Nahrungsmittelerzeugung). Ihnen allen sei hier gedankt.

Dank für die Fertigstellung dieses Bandes gebührt meinen ehemaligen Mitarbeitern auf den indonesischen Projekten, besonders W. HECKENSTALLER, der sich der Mühe der genauen Durchsicht unterzog. Hier ist auch des Botschafters H. BASSLER zu gedenken, 1971 tödlich verunglückt, und seinem Mitarbeiter H. WEGENER zu danken, die beide meine Arbeit grosszügig unterstützten.

Riyadh, den 15.Mai 1978

H.F.E. DEQUIN

INHALTSVERZEICHNIS *

---

*) Die Überschriften sind im Inhaltsverzeichnis teilweise gekürst.

DIAGRAMME UND SCHEMATISCHE DARSTELLUNGEN *

*) Gezeichnet von der Geographin Helena Wieczorek aus Breslau.

FEDERZEICHNUNGEN *

(Cacatua galerita) und (Apus der Römer hier aber Astrapia: Paradieselster)
Rückseite: Innendeckel: Batikmuster.
Innendeckel vorne: Prambanan Tempelkomplex Šiva-Tempel, Ansicht von Südosten, 9./10.Jh. Zentral-Java.

PHOTOS (FARBTAFELN) **

*) Gezeichnet von Gertrud Dequin Zeichnung 28 (Vegetationsdiagramm) von Jutta Dequin.
**) Aufnahmen des Verfassers (ausser: 2 u.5. K. Wentzel, Rom und Aufn. 4: Indonesische Botschaft in Rom).

KARTEN ***

***) Karten gezeichnet von der Geographin Helena Wieczorek aus Breslau.

TABELLEN IM TEXT

TABELLEN IM ANHANG *

---

*) Bei einigen Tabellen konnten in letzter Minute die Zahlen für 1977 eingefügt werden; die Titel dieser Tabellen konnten nicht mehr abgeändert werden, soweit sie hier aufgeführt sind.

Einleitung*

Hauptmerkmale der Wirtschaft und die wichtigsten Ergebnisse der letzten zehn Jahre

Ganz allgemein kann gesagt werden, dass Indonesien durch seine Insellage regionalplanerische Probleme besonderer Art bietet. Die Mängel im Verkehrswesen, besonders zwischen den einzelnen Inseln, sind am stärksten ausschlaggebend. Die Verschiedenheit der Menschen nach Herkunft, Religion und Sozialordnung erschwert eine zentral koordinierte Regionalarbeit. Die grosse Bevölkerungsdichte Javas und die Konzentration der wirtschaftlichen Aktivitäten auf diese Hauptinsel sind die Gründe für den noch anhaltenden wirtschaftlichen Dualismus. Dieser kennt auf Java bereits weiterverarbeitende und herstellende Industrien sekundärer und tertiärer Form. Die Wirtschaft der Ausseninseln ist nach wie vor durch Förderung oder Anbau von Rohstoffen gekennzeichnet, die zum Export gelangen. Die Regierung und Verwaltung des unitären Staates mit einer Militär- und Technokratenführung ist stark zentralistisch ausgerichtet. Die wirtschaftliche Entwicklung wurde lange von der PERTAMINA grossindustriell, vom Staat kleinbäuerlich und kleinindustriell, vorangetragen. Seit 1975 gibt es einheitlichere Entwicklungsanstrengungen.

Die klimatischen Unterschiede Indonesiens beeinflussen die Regionalarbeit weniger als die *Bodenunterschiede*. Obwohl sich das Inselreich über 5.000 km in die eine und etwa 2.000 km in die andere Richtung erstreckt, ist das Klima auf Grund der Verteilung zu beiden Seiten des Äquators verhältnismässig ausgeglichen. Wohl gibt es Unterschiede in den Niederschlägen. So gibt es Gebiete mit ausgeprägten Trockenzonen. Doch Landbau kann überall, abgesehen von den Gebirgen, in irgendeiner Form getrieben werden. Die Unterschiede in Bodenart und- typ sind auf das unterschiedliche Ausgangsgestein, aber auch die unterschiedlichen Regenfälle und der Höhe über dem Meeresspiegel zurückzuführen. Die *Vegetation* ist auf den Ausseninseln noch durch primäre Regenwälder bestimmt, die in den letzten zehn Jahren jedoch stark ausgebeutet wurden.

Die Frage der Landreserven gewinnt in diesem Zusammenhang grössere Bedeutung; während auf Java, Madura and Bali fast alles Land bereits genutzt ist, sind auf den Ausseninseln noch beträchtliche Reserven vorhanden. Man kann bei etwa 20 Mill. Hektar kultivierten Landes weitere 40 Mill. ha kultivierbaren Bodens annehmen, nach Auffassung des Verfassers aber mehr. Ein Teil liegt noch unter Wäldern. Ein anderer Teil, wie die im Gezeitenspiel liegenden Sümpfe an der Java-See, hauptsächlich auf Sumatra und Kalimantan, kann nur mit erheblichen Kosten urbar gemacht werden. Hier spielen neben chemischen Problemen der toxischen Sulfatverbindungen auch solche der Bearbeitbarkeit eine Rolle. Der *Transmigration* von Java auf die Ausseninseln stehen die hohen Kosten entgegen, so dass diese keine Lösung für das Bevölkerungsproblem Java zu sein scheint. Als Entwicklungsinstrument in eigenem Recht ist die Transmigration jedoch eine geeignete Massnahme für die Entwicklung der Ausseninseln. Nur muss man sich dann mit niedrigen Umsiedlungszahlen begnügen.

Mit Erdöl und anderen Bodenschätzen ist Indonesien reich gesegnet. Erdöl wird auf Sumatra, Kalimantan und in den Schelfgebieten der Java-See vor den Küsten dieser beiden Inseln gefördert. Erhebliche Reserven werden auf Irian Jaya vermutet. Das schwefelarme Öl ist an sich sehr begehrt doch war es im Preis im Jahre 1975 zu hoch, so dass die Produktion zurückging. Dies brachte die Staatsfirma PERTAMINA, die sich auch mit allgemeinen Entwicklungsaktivitäten befasste, in eine finanziell prekäre Lage. Die Preiserhöhungen für Erdöl bescherten Indonesien seit 1973 dennoch erhebliche Mehreinnahmen, die sich besonders im Entwicklungsbudget niederschlugen. Der Pro-Kopf-Satz des Einkommens veränderte sich unwesentlich von US$ 110 auf 120 pro Jahr. -Andere Bodenschätze, die ausgebeutet werden, sind Kupfer, Zinn, Bauxit und Nickel, die alle ohne Verarbeitung zum Export gelangen. Um die Einkommenslage zu bessern, denkt man an die Errichtung weiterverarbeitender und veredelnder Industrien. Bisher ist der Umfang der *Industrialisierung*-abgesehen von der Textilindustrie-gering.

---

*) Vergleiche englische und indonesische Zusammenfassungen am Ende des Buches, auf Seite 267, bzw. 269.

Die Infrastruktur des Landes hat infolge der Insellage ihre besonderen Probleme. Gut funktionierendes Bindeglied sind die *Luftlinien*. Der *interinsulare Schiffsverkehr* war in holländischer Zeit einmal sehr gut entwickelt, konnte sich bisher jedoch nicht wieder erholen, so dass der Güterfluss zwischen den Inseln sehr schleppend ist. So ist es billiger, Reis aus Thailand zu importieren als z.B. von Sulawesi nach Jakarta zu schaffen. *Eisenbahnen* und *Fernverkehrsstrassen* wurden lange Zeit gleich stark gefördert, soweit Java betroffen ist. 1975 fiel die Entscheidung zur stärkeren Förderung des Strassenbaues. So wird der Sumatra-Highway gebaut, werden die Strassen Javas weiter verbessert und auch auf den anderen Ausseninseln, die keine Bahnen haben, werden Strassen verbreitert und befestigt. Der Konkurrenz von Eisenbahn und Küstendampferfracht schenkt man neuerdings mehr Aufmerksamkeit, da letzte billiger ist, jedoch wenig genutzt wurde.

Gesundheits-und *Erziehungswesen* hatten bis zur Ölkrise sowohl unter Ärzte-und Lehrermangel wie unter fehlenden Unterkünften (Hospitalbauten-Schulbauten) zu leiden. Seit einigen Jahren hat die Regierung für beide Infrastruktursektoren nunmehr die nötigen Mittel. Hervorzuheben sind die Leistungen auf dem Sektor Erziehung und Sprache. Die Landessprache « Bahasa Indonesia » ist dabei, sich als potenter Kulturträger zu entwickeln; noch sind das *Buch-und Medienwesen* jedoch wenig entwickelt.

Die Finanzbeziehungen von Zentrale und Regionen waren lange Zeit sehr einseitig-zentralistisch gestaltet. Seit Beginn des Zweiten Fünfjahresplans (1974) schenkt man der Eigenverantwortlichkeit der Regionen-auch im finanziellen Bereich-mehr Aufmerksamkeit. So dürfen diese einen Teil der Steuereinnahmen für Entwicklungszwecke behalten. Die Überweisungen der Zentralregierung an die Regionen für solche Zwecke wurden erheblich erhöht. *Regionale Planungsbehörden* wurden geschaffen oder verbessert, die nach einem regionalen Rahmenplan der obersten Planungsbehörde BAPPENAS ihre regionale Entwicklungsarbeit planen.

Unter den landwirtschaftlicnen Entwicklungsproblemen stehen die der Sicherung der Ernährung-und hierunter die der *Reisversorgung-obenan*. In der Sukarnozeit des wirtschaftlichen Stillstands und Niedergangs stagnierten auch die Reiserträge und die Gesamtproduktion. Indonesien musste für die mit 2, 3-2,5% pro Jahr wachsende Bevölkerung jährlich mehr und mehr Reis importieren. Als dann im Jahre 1965 mit dem Regierungswechsel ein Wandel in der Behandlung wirtschaftlicher Fragen eintrat, intensivierte man zuerst die Produktion von Reis. Spektakuläre Ergebnisse wurden mit den verschiedenen Intensivierungsprojekten unter Einsatz von Mineraldünger und anderen Inputs der modernen landbaulichen Technologie sowie Kleinkrediten für den Konsum der Anbauer erzielt. Doch gelang es nicht, die Reislücke in Höhe von etwa 1 Million Tonnen pro Jahr zu schliessen. Der Nachholbedarf war zu gross. Andererseits stören die Billig-Reis-Importe aus den USA, die hauptsächlich aus strategischen Gründen erfolgen. Hindernd für das Erreichen des Status der Selbstversorgung sind auch fehlende Lagerungsmöglichkeiten der dann einzulagernden Nahrungsreserven. Zur Verbesserung der Lebensstandards auf dem Lande, die sich in den letzten Jahren laufend qualitativ (hinsichtlich mehr Fett und Eiweiss) als auch quantitativ (kalorienmässig) gebessert hat, bedient man sich heute in Indonesien im Rahmen der Regionalentwicklung sogenannter *integrierter ländlicher Projekte*. Neben den weiterlaufenden Intensivierungs/Package-Programmen hat man ein ganzes Instrumentarium des Einbaues von ländlichen Verwaltungs-und Entwicklungsinstitutionen, darunter *Kleinkredite, Beratungsdienst und Genossenschaftswesen*, in Gang gesetzt. Das grösste zu lösende technische Problem ist die Verbesserung der Bewässerung auf dem Felde des Bauern mit Feldbewässerungs-Kanälen und Drängräben. Die Kanalinfrastruktur wurde bereits in den rückliegenden zehn Jahren der Suharto-Regierung im Rahmen der « rehabilitasi » Programme wiederhergestellt. Zahlreiche Staudämme hatte schon Sukarno bauen lassen, die allerdings teilweise noch fertiggestellt werden müssen.

Auf dem *Plantagensektor* gelang nach der Wiederherrichtung der Plantagen und Verarbeitungsstätten nahezu der entscheidende Schritt der Angleichung der Flächenerträge an den Weltstandard. So haben die Exporte der Plantagenprodukte beinahe den Vorkriegsstand erreicht. Inzwischen ergab sich hier eine Verschiebung hinsichtlich des Anbaues. Kautschuk und Kaffee gingen in die Hände der Kleinbauern über, obwohl daneben noch Kautschukplantagen bestehen. Viele Plantagen wurden von Java auf die Ausseninseln verlagert.

Im *Forstsektor*, der traditionell gute Teak-Wirtschaftswälder auf Java hat, steht die Regelung der planlos ausgebeuteten ursprünglichen Waldflächen mit Wiederaufforstung, Erosions-und allgemeinem Schutz obenan. Im *Fischereisektor* kann man sich auf Grund des Fischreichtums auf den Export hochwertiger Fische-besonder Shrimps (Krabben) und Skipjack konzentrieren. Bei beiden gab es gewaltige Exporterhöhungen.

In allen Untersektoren des Landbaues-Kleinanbau, Plantagenbau, Forstwirtschaft und Fischerei-lautet für Indonesien die Hauptaufgabe der Regionalentwicklung: *Integrierung aller Teile in ein grosses Entwicklungswerk*, in dem alle-Regierungsbeamte, örtliche Führer und ländliche Bewohner-mitwirken. Die Beachtung eines wirtschaftlichen Kerns eines jeden Projektes bleibt oberstes Gebot. Um dies Ziel zu erreichen, ist auɩ dem *Ausbildungssektor*, besonders für den landwirtschaftlichen Beratungsdienst, im Plantagensektor für die Managerausbildung, viel zu leisten. Es muss die Infrastruktur des *Marktwesens* erheblich verbessert werden, ohne die vitale Funktion der meist chinesischen Kaufleute zu zerstören.

Die industriellen Entwicklungsprobleme gipfeln, wie bereits oben angeführt, im Problem der Weiterverarbeitung und Veredlung. Wenn es gelingt, mehr im Lande zu verarbeiten, wird man das Einkommen des einzelnen Arbeiters heben können. Die Dezentralisierung der erst wenig vorhandenen Industrien durch Neuaufbau auf den Ausseninseln wird ein wichtiger Schritt sein, um bestehende Reibungen zwischen den Regionen abzubauen. *Im Ölsektor* kam es darauf an, die PERTAMINA finanziell zu sanieren und die von den Gläubigern drohenden Gefahren einer US$ 16 Milliarden grossen Verschuldung abzuwenden. Das finanzielle Debakel der PERTAMINA war so gross, dass auch der Staat in Mitleidenschaft gezogen worden war. Die nicht-erdölindustriebezogenen Entwicklungs-Institutionen müssen weiter in die staatlichen Institutionen integriert werden. Das ist eine politische Aufgabe jenseits des Zugriffs des Planers. Die Integration ist die Vorbedingung für eine befriedigende Lösung des PERTAMINA-Problems; gleichzeitig der Verbindung von PERTAMINA-Einrichtungen auf den Ausseninseln mit dort vorhandenen oder errichtenden industriellen Projekten. In diesem Zusammenhang ist auch das Paradestück BATAM der PERTAMINA zu erwähnen, das infolge des Finanzdebakels lange unvollende blieb. Andere PERTAMINA-Vorhaben, wie das Krakatau-Stahlkombinat bei Merak in West-Java, konnten durch Ablösung durch die Lieferanten weitergeführt werden, wenn auch vorerst in kleinerem Umfang. Die Aufgaben der Ölwirtschaft im Rahmen der Regionalentwicklung sind damit umrissen: wenn innerhalb der nächsten 30-40 Jahre die Ölreserven allmählich zuendegehen, müssen Industrien der Rohstoffverarbeitung entstanden sein, um das entstehende Vakuum zu füllen. Im nichtlandwirtschaftlichen Sektor wird PERTAMINA darum den Aufbau von Zuliefer-und Folgeindustrien stärker aufgreifen müssen. Anfang 1978 hat sich die indonesische Regierung durch strikte Sparmassnahmen aus der beschriebenen finanziellen Situation emporgearbeitet; der internationale Ruf ist wiederhergestellt.

In den anderen *industriellen Untersektoren* kommt es in ähnlicher Weise auf die Verbindung der wie Fremdkörper auf den Ausseninseln angesiedelten ausbeutenden Industrien mit der Wirtschaft der Inseln an. Auch hier müssen Zuliefer-und Veredlungsindustrien entstehen. Dies sind alles Langzeitaufgaben, die einer gediegenen Ausplanung bedürfen.

Der Dualismus im Entwicklungskonzept erschwerte lange das für die oben angegebenen Entwicklungsziele notwendige einheitliche Vorgehen. Lange war der wirtschaftliche Dualismus Java-Ausseninseln (Industrieaufbau zur Rohstoffausbeutung) um eine Variante verstärkt. Heute im Jahre 1978 heisst der Dualismus nicht mehr BAPPENAS: PERTAMINA, wobei das Militär über beide Institutionen bestimmte. Vielmehr ist der Dualismus heute ausgeprägt ein Gegensatz von Technokraten zu den herrschenden Militärs. Die Technokraten der Ministerien und von BAPPENAS bereiten die Planungen vor, und die Militärs im militärischen Hauptquartier « Bina Graha » entscheiden. Darum ist die Situation in der Entwicklungsplanung seit der Schwächung der PERTAMINA zwar verbessert worden, doch nach wie vor wird wirtschaftlicher Sachverstand von militärischen Führern bevormundet. Andererseits muss ein mit den Plänen der internationalen Entwicklungsgremien und der Weltbank sowie mit den bilateralen Gebern konform gehendes Konzept die Hauptszene der indonesischen Entwicklung beleben. Mit diesen Geldgebern war das alte Konzept des PERTAMINA-Generals Ibnu Sutowo mit « deficit-spending » im grossen Stil für aufwendige Projekte unvereinbar. Kontrolle der Finanzen und kleinere Programme, vornehmlich für den kleinen Mann, passen viel besser in die Entwicklungsvorstellungen der internationalen Gremien. Im Jahre 1978 finden wir daher den Entwicklungs-« Dualismus » bereits stark abgeschwächt.

Die Regionalpolitik war darum lange Zeit nicht einheitlich. Die PERTAMINA arbeitete mit sehr reichlich, oft zu üppig fliessenden Mitteln stark konzentriert in einigen Erdölgebieten. Hier sorgte sie punktmässig wiederum beispielhaft für städtische und ländliche Bewohner. Die grosse, offizielle Regionalpolitik von BAPPENAS musste in der Verdünnung der Geldmittel arbeiten. Gleichzeitig kam es zu manchmal grotesken Überschneidungen und Doppelarbeit. Einige Regionalpläne wurden für ein und dasselbe Gebiet gleich zweimal aufgestellt, z.B. Erhebungen doppelt durchgeführt. Das wurde ab zweitem Fünfjahresplan besser.

Das vorhandene statistische Material ist für eine gediegene Regionalplanung noch zu inkonsistent. Vor allem fehlt eine genaue Übersicht der Märkte und Preise. Viele Statistiken, darunter die der Industrie, müssen schneller, in einem statt in 3-4 Jahren Ergebnisse liefern, um noch für Planungen genutzt werden zu können.

Einschneidend sind die Mängel im Planungs-und Verwaltungspersonal für die Regionalentwicklung. Sie müssen hingenommen werden, bis Nachwuchs herangebildet wurde.

Mit dem zweiten Fünfjahresplan, der die regionale Entwicklung stärker als der erste fördert, ist Indonesien auf dem richtigen Weg. Eine zeitweilige Verschuldung der PERTAMINA führte zur Einschränkung ihrer getrennt vorangetragenen Entwicklungsarbeit, was somit für das Gesamtkonzept günstig sein dürfte.

Verbleibende Schwierigkeiten ergeben sich aus dem Abwägen zwischen regionalen und zentralen Interessen, die wegen der Insellage schwieriger zu klären sind. Das Bevölkerungsproblem mit zu grossen Dichten auf Java muss in der Regionalentwicklung der nächsten 10 Jahre ungelöst bleiben, weil die Transmigration mit beschränkten Umsiedlerzahlen keine Antwort hierauf ist. Es ist nur zu hoffen, dass mit wachsenden

Pro-Kopf-Einnahmen die Mobilität des einzelnen wächst und dieser dann aus eigenem Antrieb und mit eigenen Mitteln dorthin reist, wo sich ihm Arbeit und bessere Entlohnung bietet. Das kann bei den grossen Reichtümern an Bodenschätzen und kultivierbarem Land durchaus auf den Ausseninseln sein.

Etwa zur gleichen Zeit wechselte die Regierung das Konzept für die Transmigration und betont Ansiedlung der Javanen auf solchen Ausseninseln, wo bestimmte Baumkulturen mit hohem Exportwert, z.B. Kautschuk, Pfeffer, günstige Anbaubedingungen finden. Dieses Siedlungsverfahren ist billiger als in der Bewässerungslandwirtschaft, weshalb man künftig mit demselben Betrag eine grössere Anzahl Transmigranten ansiedeln kann, allerdings immer noch unzureichend für die Lösung des Bevölkerungsproblems Javas. Bestimmte Plantagenkulturen, wie Zuckerrohr, sollen künftig stärker auf Ausseninseln statt auf Java angebaut werden, wo solche günstige Bedingungen finden. Hand in Hand soll eine entsprechende Ansiedlung der verarbeitenden Industrien sowie der Zulieferindustrien gehen.

Die Ausbeutung der Urwälder auf den Inseln Kalimantan, Sumatra und den Molukken konnte man jüngst in planvoller Weise durch Verordnungen regulieren. Die Erhaltung der Landshaft, Wiederaufforstung, Schutz der Wassereinzugsgebiete und der Uferböschungen der Flüsse spielen in diesem Zusammenhang im Rahmen des Umweltschutzes bereits eine Rolle. Vorerst mangelt es noch an der Kontrolle dieser entfernt liegenden Wälder.

Politisch steht Indonesien zu Beginn des Jahres 1978 als stabiler Bestandteil im asiatischen Staaten-Verband als neutrales Land zwar aber mit einer mehr westlichen Ausrichtung. Diese Kehrtwendung, weg von der Zeit Sukarnos mit einer anfangs betont selbständigen politischen und wirtschaftlichen Einstellung, dann wachsenden wirtschaftlichen Bindung an den Ostblock und immer stärkeren Duldung prokommunistischer Strömungen, folgte auf den versuchten Staatsstreich vom September 1965. Dies war die Zäsur. General Suharto, der sich damals an der Spitze der Regierung fand, hat seitdem eine stark gemässigte Einstellung eingehalten. Sukarno sah sich gezwungen, Suharto kommissarisch zum Präsidenten zu ernennen. Der Kongress des Jahres 1968 wählte Suharto für fünf Jahre zum Präsidenten und sah für 1971 Wahlen vor. Nach der Umbesetzung seines Kabinetts im Jahre 1968 und verstärktem Einsatz von Fachministern und Ablösung einiger Militärs auf diesen Posten begann die eigentliche Aufbauarbeit, die mit diesem Buch beschrieben wird. Die Wahlen von 1971 liessen Sekber Golkar, die offizielle Partei der Regierung, als Sieger hervorgehen. 1973 wurde Suharto abermals für fünf Jahre zum Präsidenten gewählt. Die im Mai 1977 abgehaltenen Wahlen liessen die Golkar- Partei zurückkehren, wenn auch mit einer etwas geringeren Mehrheit. Im Jahre 1978 ist die Armee weiterhin die stärkste Macht im Lande. Diese wurde auch durch die Demonstrationen und Unruhen des Jahres 1974 nicht erschüttert. Damals protestierten Studenten und andere unzufriedene Bevölkerungsschichten gegen Korruption und die zu stark empfundene ausländische wirtschaftliche Vorherrschaft. Die seit 1973, dem Beginn der Energiekrise, stark angestiegenen Einnahmen scheinen zur Dämpfung solcher Strömungen beigetragen zu haben. Die Präsidentschaftswahlen von Mitte März 1978 bestätigten General Suharto abermals in seinem Amt, was weiterhin politische Stabilität verspricht, getragen von der Regierungsangestelltenpartei « GOLKAR », neben der die anderen Parteien zunehmend zurücktreten, zumal es ihm und seiner Regierung gelungen ist, einen eigenen Regierungsstil zu kreieren, der viele Anhänger gewann.

Globalgeographische Orientierung

Indonesien ist heute jedem Leser deutscher Schriften bekannt. Weniger bekannt dürfte sein, dass es ein Deutscher war, der dem Lande den Namen gab.* An der Durchforschung der tropischen Inselwelt Indonesiens hatten zahlreiche Deutsche ihren Anteil.

Für uns mag die folgende globalgeographische Orientierung einen besseren Eindruck von Indonesien vermitteln als das blosse Kartenstudium. Kenntnisse über seine grössenmässige Zuordnung zu anderen Ländern der Welt und über die mit diesen nach geographischer Länge und Breite vergleichbaren Gegenden vermag die folgende Abhandlung plastischer zu gestalten, zumal der Verfasser sich regionalplanerischer Kriteria bediente. Auch die Vermittlung von Vorstellungen über die Grösse der Bevölkerung, ihrer Zunahme und den Aufbau des Landes im Vergleich zu anderen Ländern desselben Grossraumes unterstützt das Verständnis nachstehender Ausführungen.

Die globalgeographische Orientierung vermittelt uns eine Projektion der indonesischen Inselwelt auf die Landkarte von Europa (vgl. Karte I). Die Nordspitze Sumatras fällt dann etwa auf die Lage von Island. Die Lage Jakarta entspräche nach der Entfernung der Position von London. Tirol wäre Bali und die Banda See bei den Molukken das Schwarze Meer. Neu-Guinea (Irian Jaya) schliesslich, auch den Indonesiern

---

*) Zusammengesetzt aus den griechischen Wörtern « indos » (= Indien) und « nesos » (= Inseln).

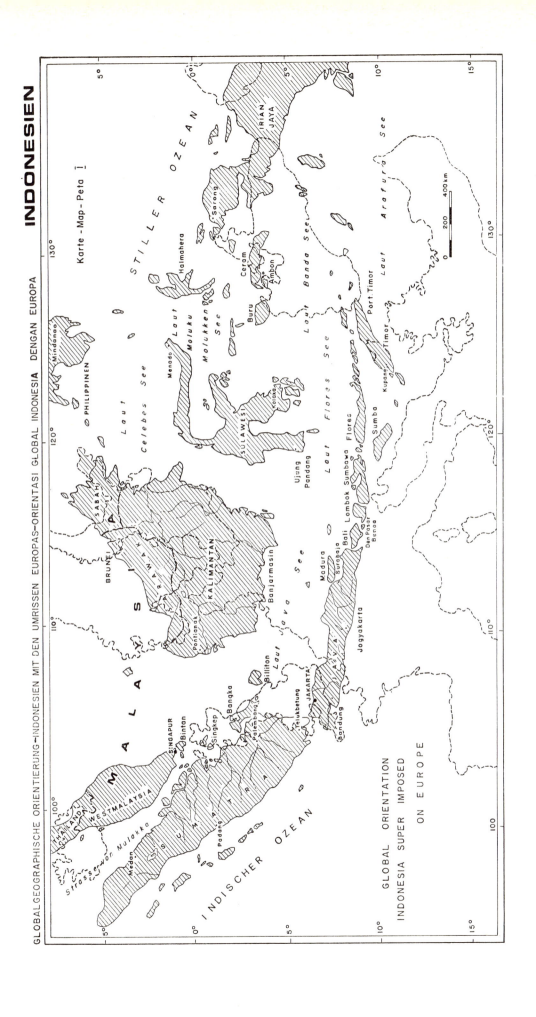

INDONESIEN

GLOBALGEOGRAPHISCHE ORIENTIERUNG-INDONESIEN MIT DEN UMRISSEN EUROPAS-ORIENTASI GLOBAL INDONESIA DENGAN EUROPA

Karte - Map - Peta 1

GLOBAL ORIENTATION
INDONESIA SUPER IMPOSED
ON EUROPE

GLOBALGEOGEOGRAPHISCHE   ORIENTIERUNG   FÜR   INDONESIEN
GLOBAL   ORIENTATION   FOR   INDONESIA

Karte - Map - Peta II

Vancouver

S. Francisko

Mermosillo

Anchorage

Honolulu

Fanning

Tokyo

Okinawa

Suva

Sydney

Shanghai

Menado

IRIAN

Darwin

Peking

KALIMANTAN

Porth Flemantle

Ulan Bator

Irkutsk

Chungking

Hanoi

Jakarta

JAVA

Tomsk

Ining

New Delhi

Dacca

Calcuta

SUMATRA

Helsinki

Moskau

Berlin

Kairo

Kuwait

Bahrein

Karachi

Madras

Colombo

Paris

Madrid

Marokko

Las Palmas

Lamy

Addis Abeba

Mombasa

Tamatave

Port Elisabeth

Paramaribo

Natal

Rio de Janeiro

Buenos Aires

Arica

Santiago

Montreal

New York

New Orleans

Houston

Miami

Mexico

Panama

West 0° Ost 20

160 Ost 180° West 160

160 Ost 180° West 160

fern und unheimlich, wäre die Lage des Kaukasus. Damit schliesst Indonesien die Entfernungen unseres Erdteils Europa ein. Die Vielfalt der Küsten des Mittelmeeres und auch die Mannigfaltigkeit in rassischer und sprachlicher Vielfalt der Bewohner Europas findet man auch in Indonesien, was bei der Grösse des Raumes ganz verständlich ist. — Nach anderen Projektionen würde Indonesien genau von Europa nach Amerika reichen.

Der Vergleich mit anderen Ländern, die wie Indonesien unter dem Äquator liegen, ist für den Wirtschaftsplaner von praktischem Nutzen. Die Einordnung Indonesiens in ein geographisches Koordinantensystem zeigt dies besonders sinnfällig. Karte II ordnet Indonesien zwischen 94°15′ und 141°5′ östlicher Länge, sowie zwischen 6°8′ nördlicher Breite und 11°15′ südlicher Breite ein. Es zeigt — Jakarta kreuzförmig im Mittelpunkt — welche wichtigen Ort unserer Erde zwischen den Grenzmeridianen im Norden und Süden von Indonesien und zwischen den Grenzbreitenkreisen westlich und östlich davon liegen. Dieses Hilfsmittel der globalgeographischen Orientierung gestattet dem Leser den Vergleich von Orten gleicher Breite. Indonesien liegt breitengleich mit den Ländern Afrikas am Äquator: Kenya, Tansania, Uganda, den Ländern des früheren Kongo sowie den westlichen Ländern Afrikas und Nigeria, Ghana bis Angola. Genauer gesagt liegt Indonesien mehr oder weniger zwischen den Breiten von Lagos (Nigerien) im Norden und Lubumbashi, dem früheren Elisabethville, in Zaire (Kongo) im Süden. Genau nördlich von Jakarta liegen Saigon in Vietnam und Irkutsk in Sibirien. Auf der Länge von Irian Jaya liegt Tokio. Nördlich der Nordspitze von Sumatra befindet sich Rangoon, die Hauptstadt Birmas.

Indonesien ist damit nach der geographischen Lage ein Land Asiens. Zwischen dem Indischen Ozean und dem Stillen Ozean gelegen, bildet das Inselreich gleichwie eine Brücke zwischen dem asiatischen und australischen Kontinent. Die zahlreichen Inseln fassen die Geographen zu drei Gruppen zusammen: den Grossen Sundainseln, den Kleinen Sundainseln und den Molukken (vgl. Seite 4). Seit einigen Jahren gehört auch ein Teil Neu-Guineas (Irian Jaya) dazu, das die Indonesier zusammen mit den Molukken zu « Timur » dem Osten) zusammenfassen. Die von der indonesischen Inselwelt abgedeckten Erntfernungen sind gewaltig: über 5.000 km in Ost-West-Richtung und fast 2.000 km in Nord-Süd-Richtung (vgl. grosse Übersichtskarte am Anfang des Buches vor der Titelseite).

Kultur und Zivilisation

Die Insellage und die lange Zugehörigkeit zum niederländischen Kolonialreich prägten Indonesien in besonderer Weise. Die einzigartige Aufgliederung dieses grossen Landes in Tausende von Inseln öffnete es schon früh den Reisenden des Handels und der Wissenschaften. In der Geschichte Asiens ist uns aus chinesischer Sicht Indonesien als « Land der südlichen See « bekannt. Spätestens Marco Polo entdeckte es für die Europäer. Vor den Holländern hatten die Portugiesen schon von den Reichtümern der tropischen Inselwelt berichtet und angefangen davon zu schöpfen. Dann kamen die Holländer und blieben im ganzen 300 Jahre lang. Erst war Ambon auf den Molukken Sitz der Kolonialregierung, dann Batavia (heute Jakarta) auf Java; das prägte die entstehende Zivilisation. Die Kultur jedoch blieb betont asiatisch, nämlich javanisch-hinduistisch. Der heute vorherrschende Islam ist von einer ganz besonderen, unorthodoxen, indonesischen Prägung. Hierauf ist später einzugehen (Seiten 26; 31 u.36).

Deutsche Kontakte

Die Hauptkontakte hatte schon immer der Handel. Daneben gab es immer mit holländischer Protektion- wissenschaftliche Kontakte. Deutsche, die in Indonesien lebten, waren in erster Linie Angestellte der Kolonialverwaltung. Allerdings gab es auch eine geringe Anzahl deutscher Pflanzer. Deutsche Universitäten und wissenschaftliche Institute hatten Aussenstellen in diesem Lande, so vor allem botanische und geologische Institute. HAECKEL und VIRCHOW bereisten das Land und die Geographen HELBIG, H. LEHMANN und PELZER. Aber auch der Dichter und Schrifsteller DAUTHENDEY besuchte Indonesien. Als er seinen « Garten ohne Jahreszeiten » schrieb, dachte er nicht nur an Sri Lanka (Ceylon), sondern auch an die tropische Vegetation zwischen dem damaligen Batavia und Buitenzorg (heute Bogor) bis hinauf auf den Puncak-Pass. In stiller wenig bekannter Weise arbeiteten die Kaufleute und Techniker an ersten frühen Kontakten zu Indonesien. Nur wenige Firmen berichten hierüber in firmeneigenen Festschriften, wie die Firma A.O. MEYER (126) aus Hamburg. Das Wissen um die Produkte dieses Landes ist in Deutschland zum grossen Teil diesen Handelskontakten zu verdanken. Der Hauptteil kam über die Veröffentlichungen des holländischen Mutterlandes nach Deutschland. Die Auswertung der von Holländern gewonnenen Erkenntnisse über das Land war stets sehr gründlich und intensiv. Dieser von aussen kontrollierte Informationsfluss wurde mit dem Ende des letzten Weltkrieges oder bald danach unterbrochen. Besonders hervorzuheben ist die Tätigkeit deutscher Forstwirte an der Organisation der javanischen Teak-Wälder.

Deutsche Technische Zusammenarbeit mit Indonesien nach dem letzten Weltkrieg

Diese begann wieder, als im Jahre 1956 die niederländische Kolonialregierung speziell für die indonesische Bevölkerung ungefähr 350 deutsche Ärzte anwarb. Sie arbeiteten etwa zehn Jahre lang im Gesundheitsdienst, bis eine entsprechende Anzahl indonesischer Ärzte herangebildet worden war. Einige wenige wie Dr. MEIER, Bali, sind noch heute im Lande tätig. Es waren in erster Linie diese Ärzte, die nach dem Krieg das Ansehen der Deutschen wiederherstellten. Seit 1962 gab es in Bogor ein deutsches Forstprojekt der GAWI (deutschen Technischen Hilfe). Hiermit knüpfte die indonesische Regierung an die deutsche Forsttradition in diesem Lande an. Deutsche Förster hatten schon unter den Holländern die indonesischen Teakwälder wirtschaftlich durchorganisiert; diese sind noch heute vorbildlich geführt. Die landwirtschaftliche Entwicklungshilfe — später technische Zusammenarbeit genannt-begann mit den im Vorwort erwähnten Reisprojekten. Im Jahre 1978 gibt es eine grössere Anzahl von Entwicklungsvorhaben, sowie auch integrierte Planer und Berater. Neben dem Landbau sind zahlreiche technische Sparten zu erwähnen sowie auch wieder deutsche Hochschullehrer und die Sprachlehrer des Goethe-Instituts. Ebenfalls beteiligt sind Entwicklungsarbeiter der drei deutschen politischen Stiftungen, vor allem der Konrad-Adenauer-Stiftung.

Agrarhilfe und der Ansatz zur vorliegenden Studie

Ausgang für die vorliegende Wirtschaftsanalyse wurde die im Jahre 1968 vom Verfasser fertiggestellte Projektstudie « Die natürlichen und wirtschaftlichen Voraussetzungen für den Einsatz landwirtschaftlicher Produktionsmittel » (63), die unveröffentlicht blieb. Die Nutzung der von Planern erstellten « grauen Literatur (Plan-Unterlagen und Berichte) wurde das besondere Kennzeichen dieser Studie. Doch von Anfang an hatte sich der Verfasser dieses über den üblichen Berichtsrahmen hinausgehende Buch vorgenommen. Die durch die « order baru » (neue Ordnung) gegebene Zäsur galt es zu nutzen und den Fortgang zu beobachten. Der Charakter als regionalplanerische Arbeit war damit von der Projektarbeit vorgegeben. Die Beobachtung der wirtschaftlichen Entwicklung über die rückliegenden zehn Jahre stellt den eigentlichen Teil der literarischen Arbeit dar, wenn man diesen wirtschaftlichen Beitrag als Literatur bezeichnen darf.

Arbeitsmethodik für die vorliegende Studie und für die Regionalplanung West-Sumatra, wie vom Verfasser und (für das Projekt) von seinen Mitarbeitern verwendet

Von Hause aus landwirtschaftlicher Regionalplaner, hat der Verfasser versucht, wo immer möglich, die auftauchenden wirtschaftlichen Phänomene räumlich präzise zu formulieren. Neben den wirtschafts-geographischen Bezeichnungen bediente er sich der modernen kultur-und sozialgeographischen Nomenklatur. Obwohl diese verhältnismässig neuen Datums ist, brauchte er hierbei nicht mehr nach einer wissenschaftlich-theoretisch modernen Gesamtkonzeption des methodischen Apparats zu suchen. Diese war nötig, um dem aktuellen Anliegen des Fachs und der Forschungstradition gerecht zu werden. Es galt auch, die von anderen Autoren erarbeiteten Ergebnisse in ein solches Schema einzuarbeiten und einzupassen.

Aufgrund der mehr als zwanzig Jahre langen Tätigkeit im angelsächsischen Sprachraum bediente er sich für die Herstellung der Bezugsbasis der in diesem verwendeten Ausdrücke. In der Nomenklatur lehnte er sich an die Übersetzung der HAGGET'schen Arbeit (66) durch D. Bartels und V. Kreibich. So versuchte der Verfasser die enge Verbindung von Geographie und Geometrie für die räumliche Verteilung und distanzielle Verknüpfung menschlicher Aktivitäten, sowie der landschaftlich-materiellen Manifestationen aufzustellen. Er nimmt bezug auf Bewegungs-, Transport-, sowie Diffusions-Modelle für die Darstellung der Siedlungsstrukturen. Er erwähnt die Hierarchie zentralörtlicher und industrieller Charakteristik.

Die Erfahrung des Verfassers wurde mit dem Instrumentarium der sozialgeographischen Theorien (vgl. Seite 228 räumlich geordnet und auf Grund neuerer, anerkannter Theorien verifizierbarer Gesetzmässigkeiten dargestellt. Er versucht, die räumliche Gliederungsmethodik ebenso anzuwenden wie räumliche Statistik und kartographische Grundprobleme zu lösen. Neben der oben erwähnten Agraranalyse (33) als ersten Ansatz für die vorliegende Studie verwendete er das Planungsmaterial West-Sumatra (34), vier Vorstudien über die Regionen Zentral-Java (32), Zentral-Sulawesi (37), und die Molukken (30) (alle hektographiert), die zur Auswahl von West-Sumatra führten sowie die Vermarktungsstudie (40). Weitere Grundlagen sind Veröffentlichungen über kommerzielle landwirtschaftliche Produktionsmittelprojekte (35), eine Abhandlung über « Land Resources in Indonesia » (39) und die « Case Study West-Sumatra » (29).

Als Berater des Landwirtschaftsministers kam er während seines vierjährigen Aufenthaltes mit zahlreichen Problemen der praktischen Projektarbeit und Regionalentwicklung in Berührung, die ihm für diese Studie wertvolle Anregungen gaben. Dies erleichterte das Materialsammeln hierfür. Doch auch die Auswertung des Materials wurde durch die Planungsarbeit im Ministerium erleichtert. Noch in Indonesien stellte der Verfasser den ersten Entwurf dieser Studie fertig. Es folgten Durcharbeitung, Ergänzungen und Aufdatierungen sowie die Erstellung des Kartenmaterials.

Dann versuchte der Verfasser ein geeignetes deutsches Institut für die Veröffentlichung zu finden. Doch die schwierige finanzielle Situation aller Institute in Deutschland nach der Energiekrise brachte Auflagen der finanziellen Beteiligung mit sich, die sich schliesslich als unerfüllbar herausstellten. Durch die dreijährige Verzögerung hat die Arbeit sicherlich nicht gelitten, wenn man von der immer wieder notwenig gewordenen Aufdatierung absieht. Immerhin kamen so 10 Jahre zusammen, die eine Betrachtung einer so runden Zahl an Jahren indonesischer Aufbauarbeit erlauben. Die während dieser Zeit geführten Gespräche mit den verschiedenen Wissenschaftlern, Wirtschaftlern und Verlagsinhabern brachten Hinweise, die weitestmöglich bei der Endgestaltung berücksichtigt wurden. Hier sind die Hinweise des Geographen J.R. SCHREIBER aus Hamburg-Wilhelmsburg besonders zu erwähnen. Die vorliegende Studie kam schliesslich, wie die anderen beiden regionalplanerischen Studien des Verfassers, « Arabische Republik Jemen » und « The Challenge of Saudi Arabia » mit Hilfe des King Abdul Aziz Research Center in Riyad, Saudi Arabien, heraus, was eine logische Handlungsweise darstellt, wenn man an die Verteuerungen auslösende Energiekrise denkt.

Zum Konzept der vorliegenden Studie sind für den naturgemäss weit gefächerten Leserkreis einige Bemerkungen zu machen, die aus der Feder eines Kritikers geflossen sein könnten, wenn auch etwas anders formuliert. Es sind Erklärungen über die Wahl des eingeschlagenen Weges für die Darstellung:

Die Einführung mit globalgeographischer Beschreibung Indonesiens sollen sowohl den fachlich wie den allgemein interessierten Leser allmählich an die Materie heranführen. Obwohl an sich etwas problematisch, wird der Vergleich mit Ländern gleicher Breite gebracht, um den weltwirtschaftlich und geographisch weniger versierten Leser zu orientieren.

Die Grundlagen bringt der Verfasser breiter als sonst nötig, obwohl bereits fachlich abgesicherte Allgemeindarstellungen, z.B. von Geographen, existieren. Doch wirtschaftlich orientierte Regionalplaner lesen geographische Abhandlungen relativ selten, bzw. wollen sie das über ein Land allgemein Auszusagende beisammen haben. Die enzyklopädienhaft angehäuften Tatsachen versucht der Verfasser durch aktuelle Daten und Abbildungen aufzulockern.

Hauptbemühen war eine kritische und problemorientierte Darstellungsweise und die funktionale Eingliederung der Aussagen. Die notwendige regional differenzierte Darstellung findet jedoch im Fehlen regional gefächerter statistischer Daten ihre natürlichen Grenzen. Die regionale Differenzierung sollen die in Indonesien zur Zeit laufenden Erhebungen (« regional surveys ») erst bringen. Darum wirken manche Aussagen über räumliche Aspekte der Regionalplanung wie Fremdkörper. Der Verfasser war einfach als Autor nicht in der Lage, die Arbeit vieler Untersucher auszuführen.

Im Zuge der sofortigen funktionalen Eingliederung der Aussagen bringt der Verfasser möglichst noch im selben Abschnitt die in dem jeweiligen Zusammenhang auftauchenden Probleme. Er weist auf die Bedeutung der Aussagen für die Regionalplanung und -entwicklung hin. Er spart nicht mit Kritik, die sich allerdings in Zahlen ausdrückt, die international verglichen werden.

Damit bemüht er sich um eine fachlich abgesicherte Kritik, die alle Möglichkeiten, die Ressourcen und den Entwicklungsstand des Landes abwägt. Der Verfasser vermeidet gesellschaftspolitische Kritik. Damit fehlt in dieser Arbeit das gewisse Vokabular, das nach Meinung einiger Kritiker eine Arbeit erst progressiv macht. Solche Progressivität verlangt dann umwälzende Neuerungen. Auf die Gefahr hin, dass der Verfasser als konservativ bezeichnet wird, enthält er sich solcher Äusserungen, weil er überzeugt ist, dass wirtschaftlich erfolgreiche Entwicklung nur in kleinen Schritten gelingen kann.-Doch Kritik ist nötig, weil sie entwicklungsstimulierend wirkt.

Die unterschiedliche Gewichtung der Kapitel ist beabsichtigt. Es sollen vor allen die wirtschaftlich wichtigen Tatsachen, weniger die akademisch bedeutsamen Aspekte, herausgearbeitet werden. Für den kritischen Entwicklungstheoretiker bringt der Verfasser am Ende der Hauptkapitel — sicherlich meist zu kurze — Betrachtungen zur Entwicklungsproblematik.

Die meisten Karten, so vor allem die Indonesienkarten, sollen in erster Linie orientierend wirken. Daneben gibt er einige Themenkarten, die vorhandene Standards anzeigen sollen. Oft fehlen jedoch Detailkarten wie solche für die detaillierte Bodenplanung.

Der Landbau nimmt entsprechend seiner augenblicklichen Bedeutung für die Gesamtwirtschaft den weitaus grössten Platz ein. Auch die Betonung der ländlichen Regionalplanung ist gewollt. Über die Regionalprobleme einer Grosstadt wie Jakarta wäre sonst viel Interessantes zu sagen.

Damit kennzeichnet der Verfasser seinen Standpunkt als Anhänger der « ländlichen Entwicklung zuerst »-These. Obwohl er eine gleichzeitige industrielle Entwicklung als notwendig zugibt, meint er, dass die schwierigen Entwicklungsfragen eines mit 2% pro Jahr in der Bevölkerung wachsenden Entwicklungslandes nur auf dem Lande gelöst werden können. Um dies zu erkennen, braucht man wohl die praktische langjährige Tätigkeit in der Regionalarbeit; denn die theoretische; abstrahierende Entwicklungshilfe-Philosophie(-Theorie) kommt zu anderen Ergebnissen. — Es darf auch zugegeben werden, dass das West-Sumatra-Projekt aus eben diesem Grund vornehmlich ein landwirtschaftliches Regionalprojekt wurde. Es gelang dem Verfasser, im Jahre 1969 die in Jakarta für Regionalentwicklungsfragen zuständigen Beamten von der Richtigkeit eines solchen Vorgehens zu überzeugen. — Von der Richtigkeit seiner These wurde der Verfasser auch während des im Jahre 1978 fünfjährigen Schaffens am ländlichen Indien überzeugt. In gewisser Weise sind die Probleme Indonesiens wie die Probleme Indiens, und es sind vorwiegend ländliche Probleme.

Überleitend zum folgenden Abschnitt der Methodik in der Regionalarbeit an West-Sumatra stellt der Verfasser ausdrücklich fest, dass er Regionalplanung mit dem Ziel der Ausführung auf Grund solcher Planung betreibt. Seine Arbeit ist nicht die übliche Regionalplanung zur Erstellung von Planungsfakten und -daten, die gespeichert werden, um eines Tages evtl. für ein Projekt Verwendung zu finden. Darum stehen aktuelle Tatsachen und wirtschaftliche Zahlen im Vordergrund. Trotzdem hat der Verfasser angewandte Praktiken in den Rahmen von Modellen gestellt, wie sie von Datenmaterial erstellenden Regionalplanern verwendet werden. In diesem Hauptkapitel sind auch die persönlichen Erfahrungen als Regionalplaner in Indonesien wiedergegeben, fehlen die meist zu umfangreichen Kartenwerke.

Die Methodik der Regionalplanung ist auf Seite 227 näher beschrieben. An dieser Stelle kommt es darauf an, einen Überblick zu geben und die alternativen angewandten Methoden im geschichtlichen Ablauf zusammenfassend kritisch zu würdigen, damit der Leser den methodischen Standpunkt des Verfassers kennenlernt. Reflektionen über die Methoden finden sich auf Seite 242: Im März 1968 unternahm der Verfasser auf Anregung von Herrn SOENNARIO aus dem Landwirtschaftsministerium Jakarta zusammen mit Herrn ABDURRAHMAN AL HAMBRA die erste Reise nach West-Sumatra zwecks Vorbereitung eines Soforthilfeprogrammes durch Masseneinsatz von Mineraldünger über Kleinkredithilfe zur Steigerung der Reiserträge. Die Vorbereitungen des Regionalprojektes begannen im Dezember 1968, mit der auf den Seiten 245-253 beschriebenen vergleichenden Planungsarbeit (Aussuchen einer passenden Region durch Vergleich mehrerer vorgeschlagener Regionen). Zielvorstellungen wurden bis etwa März 1969 formuliert und die Projektdefinition bis Juni 1969. Diese findet sich in der Veröffentlichung des Verfassers « AGRICULTURAL PLANNING FOR REGIONAL DEVELOPMENT, CASE STUDY WEST SUMATRA, INDONESIA » vom Jahre 1971 (29). Danach war erstes Projektziel die Wiederherstellung (Rehabilitasi) der in den Aufständen 1953/58 stark zerstörten landwirtschaftlichen Einrichtungen und Institutionen. Der Beginn der eigentlichen Regionalarbeit war für das Hochland um Bukittinggi vorgesehen. Die Informationsgewinnung begann ab Mai 1969 und zwar « zu Fuss » durch Begehung der Hauptanbaugebiete, Auswertung von Material in behördlichen Büros und Archiven in Indonesien und den Niederlanden. Zur Fernerkundung mit anschliessendem Feldvergleich gab es für ganz West-Sumatra nur Karten 1:250 000 aus holländischer Zeit und streifenweise Luftaufnahmen im Masstab 1:20 000 bis 1:30 000. Da die Satellitenbildauswertung bis 1969 noch nicht weit genug gediehen war, sah der Verfasser eine Befliegung im Masstab 1:20 000 vor. Die von ihm erarbeiteten Modelle, die dann als Bestandteil der Planung eingereicht wurden (an das Bundesministerium für Wirtschaftliche Zusammenarbeit in Bonn) sind auf Seite 255 beschrieben. Nach der Planung des Verfassers arbeiteten die deutschen Teams der GAWI (später GTZ) unter C. KOHLBACH (1971/72) und CH. HÄSELBARTH (1973/75). Auch unter dem derzeitigen Projektleiter BAUER wird nach den Vorschlägen des Verfassers verfahren, soweit die Wiederherstellung landwirtschaftlicher Institutionen betroffen ist. Projektausführung und weitergehende Regionalplanung (nach Abgang des Verfassers) berühren sich vorläufig wenig.

Schon seit Beginn der Planungsarbeit, etwa 1969, gibt es eine Projektbeobachtung und -evaluierung, anfangs unter J. TRAEGER vom Ostasiatischen Verein (vgl. auch 179), dann ab 1970 unter K. JUNGHANS von der Bonner Universität, die im Auftrag des BMZ die Projektevaluierung vornahmen, zuerst für das Düngerprojekt, später auch für die Regionalplanung und -arbeit. Als diese Gruppe bei der Begutachtung der Projektvorschläge des Verfassers statt der Luftaufnahmen für die Erstellung der Landnutzungskarten und anderen Unterlagen die alte Methode « zu Fuss » vorschlug, nahm das BMZ diese billigere Lösung an.

Anfang des Jahres 1971 wechselte der Verfasser nach dreijähriger Projektarbeit zum Entwicklungsprogramm der Vereinten Nationen über, setzte aber für ein weiteres Jahr seine Arbeit in Indonesien fort. Aus der Evaluierungsarbeit durch die Bonner Universität entstand ein Vertrag zur wissenschaftlichen Betreuung und regionalplanerischen Weiterarbeit, der bis etwa 1972 galt.

Aus der inzwischen angesammelten Kritik kam es zur Beendigung der Tätigkeit der Bonner Universitätsgruppe und entstand die Zusammenarbeit zwischen BMZ und der Stuttgarter Universität unter A. KRUSE-RODENACKER. Sein Team von Geographen, Wirtschaftlern und Regionalplanern nahm im Herbst 1973 die Methodik des Verfassers wieder auf (vgl. VÖLGER, K. S. 235), wählte aber die Unterregion Pasaman statt Minangkabau als « area of concentration » für die intensivere Ausplanung, die 1975 mit der Vorlage des deutsch-indonesischen Planungsdokumentes endete. Satelliten-Fernerkundung und EDV wurden hierbei angewandt. Seit 1976 betreut das Weltwirtschaftsinstitut Hamburg unter D. KEBSCHULL das West-Sumatra-Projekt wissenschaftlich.

Verwendetes statistiches Material und zugrundeliegende Kartenwerke

Das Zahlenmaterial stammt überwiegend aus Archiven der verschiedenen Regierungsstellen und aus « ANTARA-News, dem Nachrichtenbulletin, das der Verfasser von Anbeginn seiner Tätigkeit als Archiv gesammelt hatte. Er überprüfte bei Routinebesuchen in den Ministerien viele der Angaben stichprobenartig. Dies erklärt die häufigen Angaben « ANTARA-News » oder « Ministerium für ... » als Quelle. Darüber hinaus stützt sich der Verfasser in der Literatur hauptsächlich auf das Material des Statistischen Zentral-Büros (Biro Pusat Statistik). Weiterhin zieht er die Volkszählung 1971 und den Landwirtschaftlichen Zensus des Jahres 1963 heran. Soweit möglich, verwendet er sonst Zahlen der zuständigen Ministerien. Oft divergieren die Angaben des Statistischen Zentralamtes und des zuständigen Ministeriums. In diesen Fällen verwendet er die Zahlen des Ministeriums.

Im folgenden gibt der Verfasser eine Aufstellung der laufenden Erhebungen, die nach ihrer Beendigung das vorhandene Zahlenmaterial vervollständigen werden:

— *Landnutzung:* Hier laufen eine ganze Anzahl Surveys und Erhebungen, die im Jahre 1972 wenig koordiniert waren (vgl. Karte 34, Seite 254).
— *Das Topographische Direktorat zusammen mit dem Boden-Forschungsinstitut Bogor* bereitet auf Grund von 1:50.000 Luftaufnahmen mit Hilfe von Experten der Vereinten Nationen Landnutzungskarten vor; man begann mit Südost-Sumatra (vgl. Karte 32, Seite 243).
— *Beim Generaldirektorat Forsten* läuft seit etwa 1966 eine Forstinventur, die sich auf die Erfassung der produktiven Forsttypen konzentriert (vgl. Karte 37, Seite 264).

— Durch das *Generaldirektorat Agraria des Ministeriums für Lokale Angelegenheiten* wird mit 200 Feldmessern ohne Hilfe von Luftaufnahmen seit 1969 ganz Indonesien vermessen. Ziel ist eine 1:50 000 oder 1:100 000 Landnutzungskarte (je nach dem verfügbaren Grund-Kartenmaterial). Die Karte für die Insel Java ist fast fertiggestellt. Seit 1973 liegen auch die Karten von Bali und von Teilen Sumatras vor. Ende 1974 soll das Kartenwerk mittleren Masstabs abgeschlossen worden sein, das dann ermöglicht, die Verbindungen zu anderen Erhebungen herzustellen. Der Stand der Arbeiten ist aus Karte 1, S. xvi ersichtlich.

— *Das Katasteramt* der holländischen Zeit erfasst in erster Linie die Stadt-und Dorfflächen und zusätzlich die Plantagen. Die heutigen Grenzen stimmen mit den auf Katasterkarten angegebenen Grenzen oft nicht überein. Die Katasterbehörden bemühen sich um Berichtigung und Ergänzung des Materials.

Stil der Studie und Art und Umfang der vorgebrachten Kritik an der Entwicklung des Landes sind die eines « Machers », der weiss, wie schwer es ist, Programme und Projekte zum Laufen zu bringen, Entwicklung in Bewegung zu setzen. Mit dem Beruf des Verfassers, der als Agrarökonom zur Regionalplanung kam, sind die landbaubetonten Akzente gesetzt gewesen.

Indonesien als Land des Gegensatzes zwischen dem dichtbesiedelten Java und den Ausseninseln, des Dualismus der staatlichen und ölfirmaeigenen Entwicklungsprogramme, der Armut der javanischen Dörfer und dem Reichtum der Militärs und Technokraten Jakartas sollen im folgenden geschildert werden. Fakten treten an die Stelle von Hypothesen, wie sie oft von kurz im Lande weilenden Beobachtern aufgestellt werden müssen. Jene konnte der Verfasser auf Grund des vierjährigen Aufenthalts und der weiteren sechsjährigen Projektarbeit für Kapitalhilfe-Projekte sammeln und auswerten.

Das Buch wurde Anfang 1978 abgeschlossen, als er eine seiner Reisen zur Anfertigung eines Transmigrations-Projektes in den Gezeitensümpfen Ost-Sumatras und Kalimantans unternahm. Bis zur Drucklegung ist weitere Zeit vergangen. Einige inzwischen eingetretene Entwicklungen konnten noch aufgenommen werden.

Im ganzen ist zu hoffen, dass der wirtschaftsgeographische Wert aufwiegt, was der regionalplanerisch-geographische oder innenpolitische nicht hält. Die Würdigung der zehnjährigen Aufbauarbeit spiegelt sich am besten in Zahlen wider, wie in den im folgenden gebrachten. Die umfangreiche Statistik am Ende des Buches unterstreicht diesen Zweck ganz besonders. Das Ergebnis ist kein Loblied auf die derzeitige Regierung aber doch die nüchterne Feststellung, dass sie erheblich grössere Erfolge erzielen konnte als das voraufgegangene Sukarno-Regime.

Wer meint, dass der Verfasser im letzten Punkt gefehlt hat, der mag in die Regionalarbeit der Ausseninseln gehen. Dort fliesst die Zeit langsamer als in Jakarta auf Java, wo es schwer fällt Vorgänge festzuhalten. Dies hatte auch der Verfasser einmal getan, als er in Jakarta keine Lösung für die vor zehn Jahren anstehenden Probleme gefunden hatte.

So stellt er die Behauptung auf, dass das Land dort auf den Ausseninseln viel mehr Landreserven besitzt als heute Bodenplaner — nach konservativen Methoden arbeitend — zugeben. Dies ist allerdings vorerst schwierig zu beweisen, denn bestimmte neue Technologien zur Nutzung von bisher als nicht nutzbar geltenden Böden befinden sich gerade erst in der Entwicklung. Diese Aussage über die Landreserven dürfte die Hauptaussage des Buches sein.

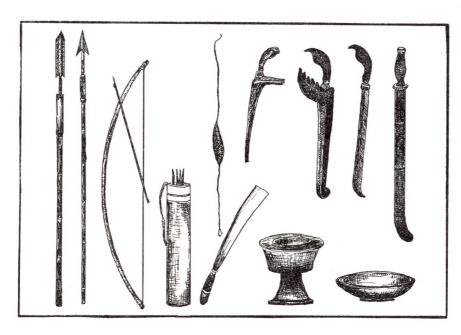

(1) *Waffensammlung West-Sumatra*

Zwei Lanzen, Pfeil und Bogen mit Köcher, Steinschleuder, Dolch (« seiwa ») (Hauptwaffe), weiterer Dolch (« sekin ») (daneben gezogen); Schwert in Scheide, Kappmesser, Holzbecher und Holzschale.

Indonesien in Zahlen- Wirtschaftliche und Soziale Indikatoren

Grösse des Landes * Bevölkerung	2 019 362 qkm; Landfläche ohne Binnengewässer: 1 964 300 qkm					
	1960 [1]	1970 [1]	1977 [1]	Zum Vergleich 1970 [2][m]		
				Bangladesch	Indien	Philippinen
Einwohner in Tausend	95,4	116,3	135,5	70,8	542,7	36,9
Zuwachsrate in von Hundert .	2,1	2,0	1,9 [a]	2,8	2,4	3,0
Geburtenrate je Tausend	46,0	45,9	42,9 [j]	50,3	42,7	44,2
Sterberate je Tausend	25,4	20,6	16,9	22,9	18,8	13,2
Kindersterblichkeit je Tausend .	125 [a]	.	137	140	.	89,0
Bevölkerung unter 15 Jahren, in v.H.	4,21 [a]	44,0	44,1 [a][k]	.	41,6	45,6
Lebenserwartung **	4,00	45,0	47,5	43,3	47,2	55,6
Bevölkerungsdichte pro qkm ..	50,0	61,0	69,0	496,0	165,0	123,0
Gesundheitswesen						
Einwohner (in 000)/Arzt	41,38 [d]	26,37	24,01	7,6	4,85	.
»/Krankenhausbett	1,37 [d]	1,64 [i]	1,45 [k]	8,12	1,6	0,85
»/Pflegepersonal	.	7,63 [h]	6,99	72,03	5,17	.
Ernährung ***, Kalorien/Tag .	.	.	2130			
Pro-Kopf in % d. notw.	89,0	91,0	98,0	.	93,0	100,0
» Protein in g/Tag	43,0	43,0	44,0	.	53,0	45,0
Erziehungswesen						
Analphabeten in %	53,0 [f]	41,0 [f]	40,0 [f][k]	.	67,0	.
Grundschulbesucher in % ...	59,0	69,0	64,0	50,0	68,0	108,0
Oberschüler ****	6,0	12,0	12,0	15,0	.	48,0
Beschäftigung						
Einwohner im erwerbsfähigen Alter, in Mill.	34,6	40,1	45,7	22,3	.	12,3
davon in Landwirtschaft % ..	68,0	65,0	62,0	71,0	.	55,0
Anteil d.Arbeitslosen	5,4	5,0	5,4 [k][l]	.	.	7,0
Konsumindikatoren						
Radio-Empfänger pro Tsd. E.	7,0	14,0	42	6,0	21,0	45,0
PKW pro Tsd. Einw.	1,0	2,0	2,8	1,0	1,0	8,0
P.K.-Stromverbrauch Kwh	15,0	20,0	30,0	20,0	114,0	235,0
Zeitungen, kg/Jahr/Kopf	0,2	0,3	0,5	.	0,3	2,0
Wohnen						
Personen (Stadt)/Raum	1,7	.	1,6 [k]	2,8	.	2,1
Anschluss an städt. Wasserversorgung Städtisch in % v. Gesamt	14,9	17,5 [g]	18,2	.	19,8	27,6
Brutto-Sozialprodukt (GDP) pro Kopf in US$	70,0	110,0	180,0	90,0	110,0	230,0

Quelle: Ausländische internationale und nationale Banken.
       *) Einschliesslich Irian Jaya. — **) Bei Geburt in Jahren. — ***) Kalorienverbrauch. — ****) Grundschüler in % aller -Pflichtigen, Oberschüler in % der möglichen.
       [1]) Falls nicht anders vermerkt: 1960-Angabe kann auch 1959 oder 1961 sein 1970-Angabe auch 1968 u. 1969, 1977-Angabe die jüngstverfügbare Zahl ab 1973.
       [2]) Länder, die der Verfasser gut kennt und wegen ähnlicher demographischer Probleme zum Vergleich herangezogen werden können.
       [a]) Ausschliesslich Irian Jaya. — [b]) 1963. — [c]) 1951-56. — [d]) 1962. — [e]) 1961-63. — [f]) Über 10 Jahre. — [g]) 1971. — [h]) Einschl. Hebammen. — [i]) Gesamtzahl nicht vollständig. — [j]) 1970-75. — [k]) 1971. — [l]) Überwiegend Erstbeschäftigung-Suchende. — [m]) Nicht immer genau im angegebenen Jahr festgestellt.
1 DM: Rp 207; US$1: Rp 415.
Bemerkung: Diese von ausländischen Banken stammenden Angaben sind in vielen Fällen unterschiedlich von den Tabellen im Text und im Anhang. Es wurde kein Versuch unternommen, die Daten aneinanderzuangleichen.

Indonesien- wirtschaftliche Indikatoren

Brutto-Sozialprodukt	1975	%	Jährliche Wachstumsrate (%, jeweilige Preise)		
			1960-65	1965-70	1971-75
Brutto-Sozialprodukt	US$ Mill 28,146	100	1,9	4,9	7,1
»-Inlandsinvestitionen ...	6,891	24,5	3,3	11,5	17,1
Brutto-Sparrate	5,634	20,0	5,8	5,1	.
Laufende Konten-Bilanz ...	—1,257	—4,5	n.a.	n.a.	n.a.
Export von Gütern, NFS .	4,738	16,8	1,5	7,8	6,5
Import von Gütern, NFS .	5,533	19,7	0,2	10,9	27,1

Output der arbeitenden Bevölkerung und Produktivität

	Arbeitende Bevölkerung 1971		Wertschöpfung 1971		Wertschöpfung pro Arbeiter 1971	
	US$ Mill.	%	US$ Mill.	%	US$ Mill.	%
Landwirtschaft	30,5	69,0	4,221	44,8	138	65,0
Industrie	3,0	6,8	1,915	20,3	638	300,0
Dienstleistungen	8,3	18,8	3,279	34,9	395	185,0
Andere	2,4	5,4	—	—	n.a.	n.a.
Gesamt/Durchsch.	44,2	100,0	9,415	100,0	213	100,0

Öffentliche Finanzen, Zentralregierung, in Milliarden Rp. u. % des Brutto-Sozialprodukt

	1971/72		1973/74		1975/76		1976/77
Einnahmen	412	9,4%	977	14,8%	2.201	18,1%	2.904
Ausgaben	348	8,0%	704	10,7%	1.247	10,2%	1.613
Überschuss	64	1,4%	273	4,1%	954	7,8%	1.291
Kapital-Ausgaben	191	4,4%	474	7,2%	1.425	11,7%	2.070
Auslandshilfe (netto)	127	3,0%	208	3,1%	492	4,0%	784

Geld, Kredit und Preise in Milliarden Rp, ausstehend am Ende der Periode

	1965	1969	1970	1971	1972	1973	1974	1975	1976
Geldversorgung	2,6	230	315	469	695	987	1452	1995	2645
Bankkredite an Öffentliche ...	.	60	57	387	333	357	412	1637	1752
Bankkredite an Private	.	172	306	317	500	908	1163	1353	1690
(Prozentsäzte und Indexzahlen derselben Angaben)									
Geldversorgung in % des BSP .		8,5	9,3	12,8	15,2	14,6	14,8	16,4	.
Allg, Preisindex (1966=100) .		545	612	642	807	1028	1370	1640	1873
Jährl. prozent. Änderung in allgemeinem Preisindex		17,7	12,3	2,6	25,7	27,4	33,3	19,7	14,2
Bankkredite an Öffentliche ...		33,3	—5,0	126,3	—14,0	7,2	15,4	297,3	7,0
Bankkredite an Private		91,1	77,9	47,4	57,7	81,6	28,1	16,3	24,9

Zahlungsbilanz (*in Millionen US$*)

	1965	1966	1970	1971	1972	1973	1974	1975	1976
Exporte	633	714	1173	1307	1757	2957	4351	4738	6033
davon Öl	.	.	.	.	.	.	2169	2921	3650
» Nicht-Öl	.	.	.	.	.	.	2182	1817	2383
Importe	—609	—596	—1430	—1596	—1875	—3170	—4220	—5533	—6297
Ausfuhr/Einfuhr-Lücke	24	118	—257	—289	—118	—213	131	—792	—264
Faktordienste:	.	.	.	.	.	.	—210	—462	—781
davon Zinsen	.	.	— 133	— 289	— 46	— 72	— 64	— 178	— 354
» Investitionen Einkommen	.	.	.	.	.	.	— 146	— 284	— 427
Bilanz des Kontokorrent	.	.	— 390	— 463	— 482	— 828	— 79	—1257	—1045
Direkte Ausländische Investitionen	.	.	79	139	258	290	462	497	432
Netto-mittel/langfr. Borgen und Auszahlungen	.	.	403	411	447	624	664	2395	2365
» Amortisation	.	.	— 86	— 101	— 70	— 138	— 80	— 322	— 435
Zwischensumme	.	.	317	310	337	486	584	2073	1930
Verlorene Zuschüsse, Kapital	.	.	—	—	—	—	62	—	—
Anderes Kapital, netto	.	.	35	28	181	208	— 126	—2250	— 205
Anderes, nicht spezifiziert	.	.	— 6	— 69	98	169	— 214	— 46	— 375
Vermehrung der Reserven	.	.	— 35	— 55	432	325	689	— 983	737
Brutto-Reserven am Jahresende	.	.	157	144	574	806	1473	590	1494
Netto-Reserven am Jahresende	.	.	— 52	— 106	458	783	1472	489	1225
Kraftstoffe und verw. Material Importe	.	.	.	.	4	5	4	120	152
davon Petroleum	.	.	.	.	2	2	1	116	146
Exporte, davon Petroleum	.	.	.	.	877	1348	2169	2921	3650

Hauptausfuhren (Mill. US$)/Jahr

	1969/71		1973/75		1976/77
	Mill US$	in v.H.	Mill. US$	in v.H.	in v.H.
Erdöl	438	37,8	1897	50,4	68,0
Kautschuk	234	20,7	416	11,0	5,4
Holz-u. Holzerzeugnisse	98	8,5	132	3,5	8,4
Zinn	58	5,0	138	3,7	2,2
Kaffee	57	5,0	99	2,6	6,3
Alle anderen Erzeugnisse	273	23,0	615	28,8	9,7
Insgesamt	1158	100	3298	100	100

Auslandsschulden (Mill. US$)

	1966	1971	1973	1976	1977
Öffentliche Schulden *	1988	4278	4593	10.140	14.440
Nicht garantierte Schulden	83	19	—	—	.
Schuldendienste, in % **					
Öffentliche Schulden einsch. garant.	.	7,7%	7,8%	13,1%	16,6%

*) Garantierte Schulden. — **) Jährlich anfallende Schuldendienste in v.H. der Export-Einkommen.

(2) Candi Pawon, Zentral-Java, um 800.

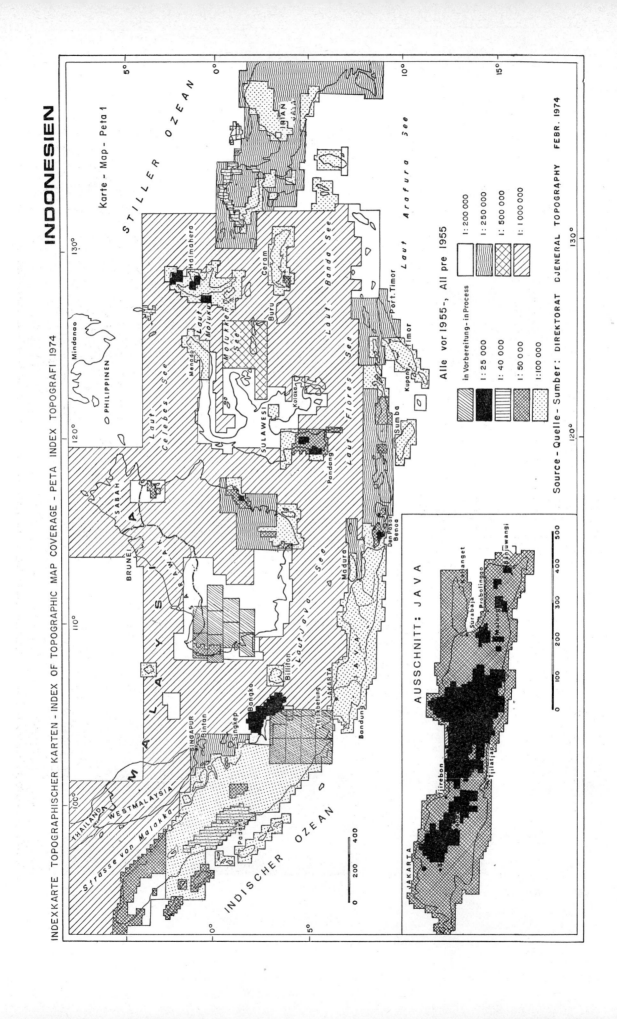

INDONESIEN

Karte - Map - Peta 1

INDEXKARTE TOPOGRAPHISCHER KARTEN - INDEX OF TOPOGRAPHIC MAP COVERAGE - PETA INDEX TOPOGRAFI 1974

AUSSCHNITT: JAVA

Alle vor 1955-, All pre 1955

| I:200 000 |
| I:250 000 |
| I:500 000 |
| I:1 000 000 |

in Vorbereitung-in Process

| I:25 000 |
| I:40 000 |
| I:50 000 |
| I:100 000 |

Source - Quelle - Sumber: DIREKTORAT DJENERAL TOPOGRAPHY FEBR. 1974

I. Hauptkapitel - Länderkundliche Grundlagen *

0.1. Physische Grundlagen und natürliche Raumausstattung

0.1.1. GEOGRAPHISCHE LAGE UND EINTEILUNG

Indonesien, mit 2.027.087 qkm grösster Staat Südostasiens, wird in seiner natürlichen Ausstattung entscheidend durch seine Lage in den inneren Tropen (6°8' n.Br.bis 11°15' s.Br) bestimmt. Seine Ausbildung als Archipel (Kepulauan) mit etwa 13.700 Inseln (von denen 3.000 bewohnt sind) lässt jedoch kaum ausreichend aussagende Vergleiche mit anderen,

dann meist kontinentalen Äquatorialstaaten der Erde zu.Z.B. umschliessen die Land-und Wassermassen Indonesiens zusammen eine Fläche wie die der USA, 7 Mill. qkm. Doch die Landmasse ist viel kleiner. Immerhin ist Indonesien drittgrösstes Land Asiens nach China und Indien.

Bei der Betrachtung der Ausdehnungen dieses Inselstaates (vgl. Karte auf den Deckelinnenseiten), der grösser als West-Europa ist, muss berücksichtigt werden, dass die einzelnen Inseln teilweise durch weite Wasserflächen getrennt sind. Die Inselwelt bedeutet zugleich eine grosse Vielfalt der Ausprägung natürlicher Verhältnisse mit sich abwechselnden Landschaftsformen. Diese weisen nicht nur eine einmalige Prägung durch die Natur auf, sondern haben oft auch eine eigenständige Tradition und Sprache sowie eigene Wohn-und Wirtschaftsformen. Darum findet diese Vielfalt wieder ihren Niederschlag in Regierungserklärungen, die die Vereinheitlichung anstreben, allerdings bei zu wahrender soziologischer und kultureller Eigenständigkeit, ausgedrückt in der Devise « Bhineka Tunggai Ika » (Einheit in der Vielfalt), sowie auch symbolisch im Pancasila, dem indonesischen Wappen, durch den stark verzweigten Waringin-Baum.

Innerstaatlicher Verkehr, politischer Zusammenhalt und sinnvolle einheitliche Planung werden durch diese Insellage stark erschwert. Diesem negativen Moment steht jedoch die günstige Verkehrslage im Schnittpunkt der grossen Schifffahrtswege zwischen Europa, Ostasien, Australien und Nordamerika gegenüber.

---

*) Dieses einführende Kapital erhebt keinen Anspruch auf Einbeziehung der letzten wissenschaftlichen Erkenntnisse und soll nur der allgemeinen Orientierung dienen. Frühere geographische Mitarbeiter auf den Indonesien-Projekten, W. RÖLL (153 158) und U. SCHOLZ (297) trugen hierzu bei, wie auch J.R. SCHREIBER (vgl. Seite xii), der Anteil an der Formulierung von Teilen der Unterkapitel 0 1.2.1.-0.1.2.4. hat. Die als wissenschaftliche Standardwerke anzusehenden Arbeiten von HACKER, KÖPPEN, MOHR, aber auch Autoren wie SCHMIDT/FERGUSON usw. werden in diesem Kapitel nicht extra zitiert.

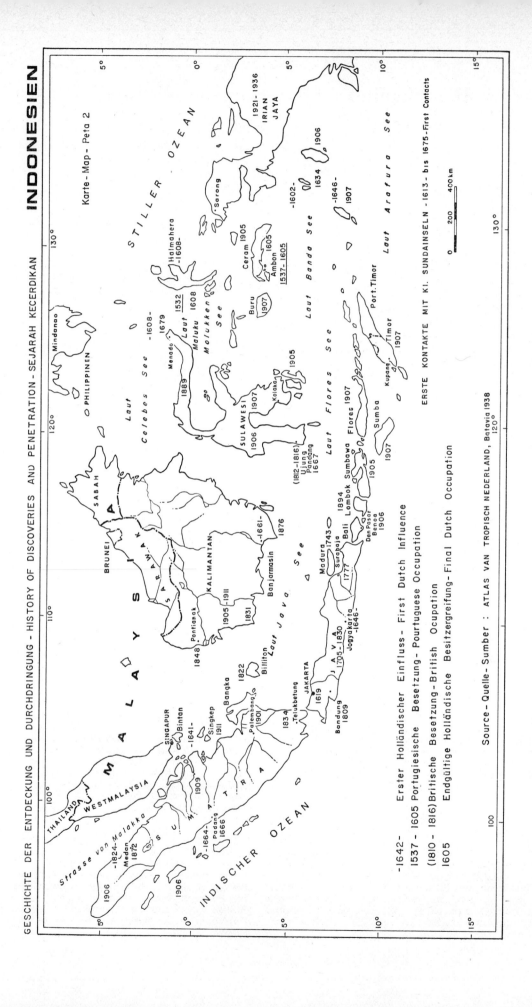

GESCHICHTE DER ENTDECKUNG UND DURCHDRINGUNG - HISTORY OF DISCOVERIES AND PENETRATION - SEJARAH KECERDIKAN

INDONESIEN

Karte - Map - Peta 2

-1642- Erster Holländischer Einfluss - First Dutch Influence
1537 - 1605 Portugiesische Besetzung - Pourtuguese Occupation
(1810 - 1816) Britische Besetzung - British Ocupation
1605 Endgültige Holländische Besitzergreifung - Final Dutch Occupation

ERSTE KONTAKTE MIT Kl. SUNDAINSELN - 1613 - bis 1675 - First Contacts

Source - Quelle - Sumber : ATLAS VAN TROPISCH NEDERLAND, Batavia 1938

0.1.2. Natürliche Raumausstattung

Physikalische Karten lassen erkennen, dass zahlreiche Inseln von West-Indonesien (Kepulauan Riau, Bangka, Belitung und Kalimantan) auf einem Kontinentalschelf liegen, der in 25-75 m Tiefe eine Fortsetzung des südostasiatischen Festlandes darstellt. Dieser Sunda-Schelf wird von dem Sahul-Schelf, der im Südosten den flachen Grund der Arafura-See bildet und zum australischen Festlandsockel gehört, durch zahlreiche Tiefsee-Becken (z.B. Banda-See 7.440 m) getrennt. In diesen sind einzelne Festlandblöcke emporgepresst worden, wie die Molukken und Sulawesi. Diese indonesische Landbrücke wird in 3 Inselgruppen untergliedert: die Grossen Sundainseln (Sumatra, Java/Madura, Kalimantan und Sulawesi), die Kleinen Sundainseln (von Bali bis Timor und der Grosse Osten (Molukken und Irian Jaya). Eine Übersicht der Grösse der Hauptinseln gibt Tabelle 1 (llu. 174). **

Die nicht zu Indonesien gehörenden Teile der in Tabelle 1 angegebenen Inseln sind die malaysischen Provinzen Sabah und Sarawak sowie Brunei auf Kalimantan, die zusammen 27% der 736.500 qkm grossen Insel bedecken. Die 33.850 qkm grosse Kleine Sundainsel Timor war bis 1976 mit 15.000 qkm portugiesisch. Den östlichen Teil Irian Jaya verwaltete bis 1973 Australien. Seitdem ist er selbständig (155). Java ist bei weitem die wichtigste Insel des Landes und am dichtesten bevölkert. Aus der wirtschaftlichen Perspektive heraus bezeichnen die Javanen und die Bewohner der auf ihr liegenden Hauptstadt Jakarta die anderen Inseln als Ausseninseln.

0.1.2.1. Geologischer Bau

Die Bildung des indonesischen Archipels vollzog sich in relativ junger geologischer Vergangenheit zwischen der stabilen Sundamasse im NW, dem ebenfalls stabilen Untergrund des Indischen Ozeans im S und der Sahulmasse im SO. Den Kern der Sundamasse bilden präkambrische Gesteine, die dem indosinischen Kraton zugehören. Krustenbewegungen gegen Ende des Paläozoikums führten im Raum N-Australien-Irians zur Heraushebung der Sahulmasse und zum Einsinken einer grossen Mittelzone zwischen Sunda- und Sahulmasse, die heute von den Inseln Sulawesi, Timor und Ceram eingenommen wird. Damit war über viele Jahrmillionen der Zusammenhang zwischen Nordwesten und Süd-

osten durch Tiefseebecken unterbrochen, was zu einer unterschiedlichen Entwicklung der Flora und Fauna in beiden Teilen Indonesiens führte.

Die zur gleichen Zeit im Bereich des heutigen Sundaschelfs sehr aktive vulkanische Tätigkeit wurde in der späten Trias durch eine starke Heraushebung abgeschlossen, deren Ergebnis die Gebirge auf der Malaienhalbinsel, die Riau und Lingga Inseln, Bangka und Belitung, sowie das Bergland des westlichen und zentralen Kalimantans sind. Die bedeutenden Zinnvorkommen dieses Raumes stehen in engem Zusammenhang mit mächtigen granitischen Intrusionen im Verlauf dieser Gebirgsbildung. [1]

Am Südwestrand eser so entstandenen und stark verfestigten Sundamasse wurden seit dem späten Mesozoikum die grossen indonesischen Faltengebirgsbögen gebildet, die ihre Entsprechung im Melanesischen Gebirgssystem Irians und Halmaheras haben, die zur gleichen Zeit dem Nordrand der Sahulmasse angegliedert wurden. Dieser Gebirgsbildung, die im ausgehenden Tertiär ihren Höhepunkt erreichte, ging die allmähliche Einsenkung eines Geosynklinalraumes voran, in dem bis zu 9.000 m mächtige Sedimente abgelagert wurden. Die Tatsache, dass die Sedimentation in fast allen Phasen mit der Absenkung Schritt hielt und die Bildung überwiegend im Flachmeerbereich stattfand, ist die Ursache für die reichen Erdöl- und Braunkohlevorkommen im östlichen Sumatra und im Bereich des Vogelkop auf Irian Jaya.

Der ersten grösseren Faltung, die im mittleren Miozän stattfand, verdankt u.a. der äussere der Inselbögen seine Entstehung, der von den Mentawaiinseln über Sawu, Timor, die Tanimbar-, Kai- und Watubelainseln, Ceram und Buru verläuft und sich von dort möglicherweise in nördlicher Richtung über das östliche Sulawesi und Halmahera bis in die nördlichen Ketten der Philippinen fortsetzt.

Die Abtragung dieser Gebirge ging allerdings schnell vonstatten, so dass sie heute an Ausmass dem im späten Pliozän gebildeten inneren Faltengebirgszug nachstehen. Dieser jüngere Gebirgszug verläuft in der Fortsetzung des birmesischen Arakan über die Andamanen und Nikobaren, Sumatra, Java, die nördlichen Kleinen Sundainseln, über Wetar, Romang und Damar bis zu den Bandainseln. Eine Fortsetzung ins westliche und nördliche Sulawesi bis in die Philippinen wird von einigen Geologen vermutet. Während im Zuge dieser pliozänen Gebirgsbildung die bereits bestehenden Gebirgsachsen Sumatras und Javas — begleitet von

---

**) Die erste Zahl in Klammern gibt die im Literaturverzeichnis numerisch aufgeführte Quelle an, die oft erscheinende zweite Zahl die Seitenzahl in dem betreffenden Schriftstück (hinter einem Komma). Durch; getrennte Zahlen geben verschiedene Quellen an.

[1] Die bisher auf Bangka, Belitung und Singkep abgebauten Zinnerze stammen allerdings überwiegend aus sekundären Lagerstätten. Bedeutende Vorräte in primären Lagerstätten sind bisher noch nicht in Angriff genommen worden.

TABELLE 1

DIE GRÖSSE DER WICHTIGSTEN INSELN INDONESIENS; IN QKM
(The Size of Major Islands)

Indonesien		2.019.363 qkm
davon:	Kalimantan (Borneo) indonesischer Teil	539.460 »
	Sumatra	473.606 »
	Irian Jaya (indon. Teil Neu Guineas)	421.951 »
	Sulawesi (Celebes)	189.035 »
	Java und Madura	132.174 »
	Halmahera	20.000 »
	Timor, indonesischer Teil	19.000 »
	Ceram	18.625 »
	Flores	14.250 »
	Bali	5.561 »
	Lombok	4.669 »

Quelle: NUGROHO, « Indonesia, Facts and Figures » (137).

Intrusionen und einsetzender starker vulkanischer Tätigkeit — weiter herausgehoben wurden, kam es in den angrenzenden Räumen nur zu schwacher Faltung, die gute Voraussetzungen für die Bildung von Erdöllagerstätten in geologischen
Sätteln schuf.

Die beiden parallelen neogenen Inselbögen werden durch
einen Tiefseetrog getrennt und im N und S durch entsprechende Senkungszonen begleitet. Der nördliche Senkungstrog
wurde als Vorlandsenke des im Spättertiär entstehenden
Gebirges im Randbereich zum Sunda-Sockel aufgefüllt und
noch leicht von der Faltung erfasst. Seine Fortsetzung ist
weiter östlich auch heute noch deutlich in einer Reihe von
Tiefseebecken ausgeprägt (Bali-See bis -1500 m, Flores-See
bis -5140 m, Banda-See bis -5400 m). Deutlicher ausgebildet
und nur von wenigen Rücken unterbrochen ist die Geosyn-
klinale zwischen den Inselbögen von der Selat Mentawai
über das Savu-See (-3470 m) und die Selat Wetar (-3340 m)
bis zum Weber Tief, wo -7400 m erreicht werden. Die südliche
Senkenzone, der sog. Sundagraben, jenseits des streckenweise
unterbrochenen äusseren Inselbogens erreicht mit -7450 m
südlich vor Java die grösste Tiefe.

Die spättertiäre Landmasse im indonesischen Raum war
mit Sicherheit weitaus grösser als die heutige, da die selten
über 100 m unter dem Meeresspiegel liegenden Sunda- und
Sahulschelfgebiete noch landfest waren. Sie wurden erst am
Ende der pleistozänen Eiszeiten im Zuge eines weltweiten
Anstieges des Meeresspiegels überflutet.

Die jüngste geologische Geschichte Indonesiens wird durch
anhaltende tektonische Bewegungen (wie z.B. Korallenriffe
auf Timor in 1.300 m Höhe zeigen), vulkanische Tätigkeit
und die Bildung weiter alluvialer Schwemmlandebenen im
Übergangsbereich zwischen den Gebirgszonen der einzelnen
Inseln und dem Sunda- bzw. Sahulschelf gekennzeichnet.
Im Bereich der instabilen, von Tiefseebecken eingenommenen
Mittelzone fehlt den erst in jüngster Zeit herausgehobenen
Inseln (Sulawesi, Molukken) diese für die Landwirtschaft so
wesentliche Schwemmlandebene.

Während sich die vulkanische Aktivität im wesentlichen
auf den inneren Inselbogen konzentriert, ist eine Häufung
der Erdbeben im Bereich des äusseren Bogens, der auch ein
bedeutendes Massendefizit aufweist, unverkennbar. Stärkere
Seebeben führen hin und wieder zu mächtigen Wellenbergen
(Tsunami), die besonders an flachen Küstensäumen erheblichen
Schaden verursachen können.

Vulkanismus

Die Gebirge sind teils aus tertiärem Kalk- und Sandgestein,
teils aus granitischem Urgestein zusammengesetzt. Verwitterung und Abtragung sind stark und lieferten das Material
für die weiten Schwemmlandebenen für Kalimantan, Sumatra
und Java. Die erst in jüngster erdgeschichtlicher Vergangenheit erfolgte Auffaltung ist noch nicht abgeschlossen und
äussert sich im noch tätigen Vulkanismus und in häufigen
Erdbeben. Besonders der innere Bogen des grossen Sunda-
Gebirgssystems ist reich an Vulkanen. Von den mehr als
300 Vulkanen sind 76 aktiv. Davon liegen 26 auf den Kleinen
Sundainseln, 17 auf Java und 10 auf Sumatra, sowie 4 auf
den Molukken. Dagegen haben Sulawesi und Irian Jaya
nur je einen tätigen Vulkan. Weitere 49 Vulkane befinden
sich im Fumarolenstadium. Die Vulkane erreichen Höhen
bis 3.000 m, der höchste, Gunung Kerinci auf Sumatra,
3.800 m. Katastrophale Ausbrüche waren Krakatau 1883,
Merapi 1930 und Batur 1963 (155).

0.1.2.2. *Bodenschätze*

Reiche Bodenschätze sind überall vorhanden. Nur in
geringem Umfange wurde mit ihrer Ausbeutung begonnen.
Nachstehend sind die einzelnen Vorkommen aufgeführt:

— *Sumatra und die umliegenden Inseln* enthalten Erdöl,
   Erdgas, Kohle sowie Bauxit, Eisen, Blei, Mangan, Gold,
   Silber, Zinn, Zink, Kupfer, Wismuth, Molybdän,

Feldspat, Kaolin, Phosphate, Quarzsand, Schwefel und
Talkum.

— *Java und die Inseln Flores, Sumbawa und Timor* besitzen
   Vorkommen an Gold, Silber, Zink, Kupfer, Chrom,
   Mangan, Antimon und titanhaltigem Eisenerz, Gips,
   Kaolin, Marmor, Tonen und Lehmen, Quarzsand,
   Schwefel, vulkanischem Tuff, Jodin und Jorosit.

— *Kalimantan* ist reich an Erdöl, Bauxit, Gold, Eisen,
   Blei, Molybdän, Platin, Zink, Antimon wie auch an
   Kaolin, Meika, Phosphaten, Quarzsand und Diamanten.

— *Sulawesi* führt Gold, Silber, Kupfer-, Eisen-, Magne-
   sium und Nickelerze wie auch Asbest, Schwefel und
   Meika.

— *Irian Jaya und Halmahera/Molukken* enthalten Kupfer-
   und Eisenerze, Zink, Chrom und Antimonit. An Nicht-
   Metallen kommen Asbest, Phosphat und Talkum vor
   (1 auch 11; 183; 188; 194).

Die angewandt-wissenschaftlichen Dienste werden ständig
verbessert, meteorologische, vulkanische und geologische
Karten existieren.

Eine geologische Karte mit der Markierung der Vorkom-
men von Mineralien ist vorhanden und wird durch den
Geologischen Dienst Indonesiens laufend auf den neuesten
Stand gebracht. Sie wurde 1968 im Masstab 1:2 Mill. erstellt.

0.1.2.3. *Geomorphologische Prozesse und Grossformen*

Der geomorphologische Formenschatz Indonesiens wird
einerseits durch das geringe Alter seiner Gebirgssysteme und
durch einen rezenten Vulkanismus, andererseits durch seine
Lage in der klimamorphologischen Zone der immerfeuchten
Tropen bestimmt, wenn man einmal davon absieht, dass
für das östliche Java und die Kleinen Sundainseln leicht
abgewandelte Verhältnisse gelten, da sie bereits der südhemis-
phärischen wechselfeuchten Tropenzone angehören. Die Lage
in der immerfeuchten Tropenzone bedeutet u.a. eine relativ
grosse Unabhängigkeit der Reliefformen von der Gesteinsart.
Ständig hohe Temperaturen und hohe Niederschläge lassen
die Prozesse chemischer Verwitterung schnell ablaufen und
führen so fast zu einer Auslöschung anderswo formbestim-
mender Gesteinsunterschiede.

Für die geomorphologische Formengestaltung ist die
Beschaffenheit der Vegetationsdecke wesentlicher als der
Gesteinsunterschied (wenn man von vulkanischem Lockerge-
stein absieht). So kann es auf Rodungsflächen durch Flä-
chenspülung zur Verblockung früher genutzten Kulturlandes
kommen, d.h. zur Freilegung der bereits früher in tieferen
Verwitterungszonen durch Zersetzung des Gesteins gebildeten Blöcke. Überall dort, wo der Mensch das ursprünglich
dichte Pflanzenkleid zerstörte, musste es wegen der intensiven
Verwitterungs- und Abtragungsprozesse in kurzer Zeit zu
erheblichen Erosionsschäden kommen. Diese erreichen allerdings nicht die Ausmasse von Badlands wie in wechselfeuchten Klimaten, da die schnelle Eintiefung eine allgemeine
Hangzerrunsung verhindert. Dennoch sind die Schäden durch
den Wanderfeldbau auf den Aussengebieten und durch die
sehr dichte Besiedlung auf Java erheblich. PELZER (147)
wies darauf hin, dass die Tabakpflanzer von DELI mehr
zur Erosion beitrugen als der Wanderhackbau. Schwere tropische Niederschläge — unterstützt durch intensive chemische
Verwitterung — haben in allen Teilen Indonesiens zu Bildung
eines dichten Talnetzes geführt. Kleinste Schluchten sind
meist trocken und führen nur nach Regenschauern Wasser.
Für die Landwirtschaft können solche engen Täler negative
wie auch positive Seiten haben.

Negativ insofern, als ihrer Ausdehnung im Bergland infolge
grosser Steilheit und damit u.a. verbundener Erosionsgefahr
deutliche Grenzen gesetzt sind. Eine Anlage von Nassreisfel-
dern — es sei denn in der Form von Terrassen, die an sich
idealen Erosionsschutz darstellen, bereitet meist für die
Bewässerung erhebliche Schwierigkeiten. Der Aufbau von
weiten Aufschüttungs-und Schwemmlandebenen ùnmittelbar
am Fuss der Gebirge (u.a. im Osten Sumatras, im Norden

INDONESIEN

BODENSCHAETZE - MINERAL RESOURCES

Karte - Map - Peta 3

Legende

- ● Hauptstadt - Capital
- ● Städte über 100 000 Einwohner 1961 / Towns
- · Orte
- Ni Nickel
- Ph Phosphate
- S Schwefel - Sulphur
- Sn Zinn - Tin
- Au Gold und Silber - Gold and Silver
- ○ Bedeutender Abbau

- ✕ Kohle - Coal
- ▲ Erdöl
- ▲ Asphalt
- B Bauxit
- Pb Blei - Lead
- Di Diamanten - Diamonds
- Fe Eisen - Iron
- Cu Kupfer - Copper
- Mn Mangan Manganese

SECTION-AUSSCHNITT: JAVA

Scale: 0 100 200 300 400 500

Labels (oceans / seas)

STILLER OZEAN
Arafura See
Laut Banda See
Laut Moluken See
Laut Flores See
Celebes See
Laut Java See
INDISCHER OZEAN

Regions / Islands

THAILAND, WESTMALAYSIA, M A L A Y S I A, SARAWAK, SABAH, BRUNEI, KALIMANTAN, SULAWESI, IRIAN BARAT, Mindanao, PHILIPPINEN, Halmahera, Ceram, Buru, Sumba, Flores, Sumbawa, Lombok, Bali, Madura, J A V A, S U M A T R A, Billiton, Bangka, Singkep, Bintan, Port. Timor

Towns / places

Medan, Padang, Palembang, Telukbetung, Bandung, JAKARTA, Joyjakarta, Surabaja, Banjarmasin, Pontianak, Ujung Pandang, Menado, Sarong, Ambon, Kupang, Timor, Den Pasar Benoa, Singapur

Strasse von Malakka

Java inset towns

JAKARTA, Bogor, Bandung, Tjireban, Semarang, Solo, Surabaja, Kalianget, Probolinggo, Malang, Banjuwangi, Tjilatjap

Javas und an den Küsten Kalimantans) hat dagegen die Entwicklung der intensiven Nassreiskultur geradezu erst ermöglicht. Das grosse Ausmass und die hohe Geschwindigkeit der Abtragung lässt sich am besten an den Vulkanen erkennen: Pleistozäne existieren nur noch in Resten, spättertiäre sind bereits ganz verschwunden. Dort wo die intensive Lösungsverwitterung im Kalkgestein zur Wirkung kommt, wie am Vogelkop Irian Jayas, SW Sulawesi oder im ' Gebirge der 1000 Kuppen ' (Gunung Sewu), südöstlich von Jogyakarta, entstehen eindrucksvolle Kegelkarstlandschaften, halbkugelige Berge von 100-200 m Höhe und rundlichem Grundriss, die durch labyrinthische Gänge und Hohlformen voneinander getrennt sind.

Für die Teile Indonesiens, die der Erdbebenhäufigkeitszone angehören (und das ist mit Ausnahme von Kalimantan und den alluvialen Schwemmlandebenen Sumatras fast ganz Indonesien), ist eine ständige Bedrohung durch Bergrutsche gegeben. Sie treten u.a. gegen Ende der Regenzeit durch Gewichtszunahme an regendurchfeuchteten Steilhängen (30-60°) auf oder dort, wo talwärts einfallende Gesteinsschichten durch Verkehrswege angeschnitten werden. Hier vermag eine umsichtige Planung wenigstens anthropogene Auslösungsfaktoren weitgehend auszuschalten.

Auf Irian führt eine Steigerung solcher mehr linienhaft wirkenden Bergrutsche zu grossflächigen Bergstürzen, die sich bis in von Regenwäldern bedeckte Gipfelbereiche auswirken.

Ebenfalls katastrophal kann sich sog. subsivines Bodenfliessen für die Landnutzung auswirken. Es kommt dabei bereits in flach geböschtem Gelände und unter geschlossener Vegetationsdecke zunächst zu langsamer Massenversetzung. Bei stärkerer Bodendurchfeuchtung zum Höhepunkt der Regenzeit kann sich der plastische Kriechboden in einen lehmig — flüssigen Brei verwandeln und hangabwärts fliessen. Dabei entstehen Fliesswülste und langgestreckte stufenförmige Absenkungen, die wie im Gajo-Land N-Sumatras die Hänge staffelförmig gliedern. Gebiete mit vulkanischem Lockermaterial scheinen gefährdet zu sein. Diese Bodenbewegungen können in den lockeren Aschen der Vulkankegel zu vernichtenden Schlammströmen (Lahars) anwachsen.

Küstenformen

Grob kann man die Küstenformen Javas und Sumatras in flache an der Java-See und mehr oder weniger steile am indischen Ozean einteilen. Die Küsten an der Java-See haben wiederum mehrere Ausprägungen. So findet man teilweise wie auf Sumatra und in Süd-Kalimantan sehr flache, oft 100 km breite versumpfte Küstenstreifen mit Torfbildungen. Ein weitverzweigtes Wasserlauf-System für die Gezeiten-Wasserführung hat sich gebildet. Auf Java, wo noch am Nordufer ein gewisses Gefälle zu verzeichnen ist, haben sich keine so breiten Sumpfstreifen ausgebildet. Von Insel zu Insel findet man dann mehr oder weniger steile Ufer. Die meisten Inseln der Molukken und Nusatenggara haben relativ steile Ufer, ähnlich dem Ufer Javas und Sumatras zum Indischen Ozean. — Das besondere Phänomen sind jedoch die grossen Ebenen an der Java-See, die durch Abholzung in den letzten Jahrzehnten viel stärker als in der erdgeschichtlichen Vergangenheit gewachsen sind. (vgl. Federzeichnung Ost-Java an der Balistrasse, Seite 1).

Berg-und Flachland

Infolge der erst kurze Zeit zurückliegenden tektonischen Bewegungen und der zahlreichen Vulkane sind in der indonesischen Bergwelt keine ausgeglichenen Landschaftsformen anzutreffen. Berge mit schmalen Rücken, Ketten von Kuppen mit dazwischenliegenden tiefen Schluchten sind häufig. Einen ungefähren Überblick vermittelt die folgende Aufstellung mit der Verteilung von schwer kultivierbarer Gebirgsoberfläche und kultivierbaren leicht welligen und ebenen Teilen der Oberflächen der einzelnen Inseln. Die Tabelle ist an sich wissenschaftlich nicht haltbar, gibt aber für den Planer einige wichtige Anhaltspunkte. Es ist eine Tabelle, wie sie für die « Verfahrenstechnik der Regionalplanung » nun einmal unerlässlich ist.

TABELLE 2

UNGEFÄHRE VERTEILUNG VON BERG- UND FLACHLAND AUF DEN INDONESISCHEN INSELN, IN V.H.

(Approximate Distribution of Hilly and Flat lands in %)

	Bergland (über 200 m)	Flachland (einschliesslich gewellten Hügellandes)
Java/Madura/Bali	40%	60%
Sumatra	35%	65%
Kalimantan	43%	57%
Sulawesi	68%	32%
Molukken	40%	60%
Halmahera	40%	60%
Kleine Sundainseln	35%	65%
Irian Jaya	50%	50%

Quelle: Planimetrierung topographischer Karten durch den Verfasser.

0.1.2.4. Das Klima

Windströmungen-Niederschlagshöhe

Das nördliche Indonesien (etwa nördlich des 5° s.Br.) liegt nahezu ganzjährig unter dem Einfluss des Westmonsuns, der feuchtlabile Luftmassen heranführt (vgl. Karte 4), die u.a. bei orographisch erzwungenem Aufstieg zu sehr hohen Niederschlägen führen (Barisangebirge in Sumatra 3.500-6.000 mm bei nahezu 200 Regentagen/Jahr; Bergland von Priangan W-Java; zentralsulawesisches Gebirge). Aber auch die Tiefländer dieser Zone erhalten meist über 2000 mm Niederschlag, vielfach sogar 3.000-3.500 mm. In dieser Zone ganzjähriger Niederschläge, die sich von Sumatra über Kalimantan, N-und Zentral-Sulawesi und die Molukken bis nach NW-Irian erstreckt, wird bei starker Gewitterneigung in der Regel zwischen Oktober und April ein Niederschlagsmaximum verzeichnet, das in engem Zusammenhang mit dem Durchgang der ITC steht.

Der stabil geschichtete SO-Monsun (Passat) führt während der Monate Juni-Sept. in Z- und O-Java und auf den Kleinen Sundainseln zu einer mehr oder weniger stark ausgeprägten Trockenzeit. Diese Zone, die zu den wechselfeuchten Tropen gerechnet werden muss, entspricht nach der KÖPPENSCHEN Klimaklassifikation (s. Karte) der Verbreitung der Aw-Klimate. Sie schliesst im N noch das südliche Sulawesi mit ein. Die jährlichen Niederschlagssummen nehmen in diesem Raum in östlicher Richtung von etwa 1.800 mm in W-Java auf etwa 1.400 mm in Timor ab. Die geringsten Niederschläge werden in Gebieten verzeichnet, die durch ihre Lage in Lee hoher Gebirge extrem benachteiligt sind (z.B. NO-Java und N-Bali) (vgl. Tabelle 1 im Anhang).

Niederschlagsverteilung

Der Höhe der Jahresniederschläge kommt jedoch nur untergeordnete Bedeutung zu; entscheidend für die Beurteilung der agraren Entwicklungsmöglichkeiten ist die Zahl der Trockenmonate (Definition s.u.), die bis auf 8 ansteigen kann und die Landwirtschaft erheblich einschränkt.

Landesteile, die weiter nördlich oder westlich dieser Region liegen, verzeichnen auch während der Monate Juni-September relativ hohe Niederschläge, was nicht nur auf ausgedehntere Gebirgsregionen zurückzuführen ist, in denen selbst der SO-Monsun Niederschlag abgibt, sondern auch auf Konvergenzlinien (SITC zwischen innertropischer Westwindzone und SO-Passaten), die diese Gebiete auch während der trockeneren Jahreszeit überqueren.

INDONESIEN

HAUPT-LUFTSTRÖMUNGEN - MAIN AIR CURRENTS - ANGIN 2 UTAMA

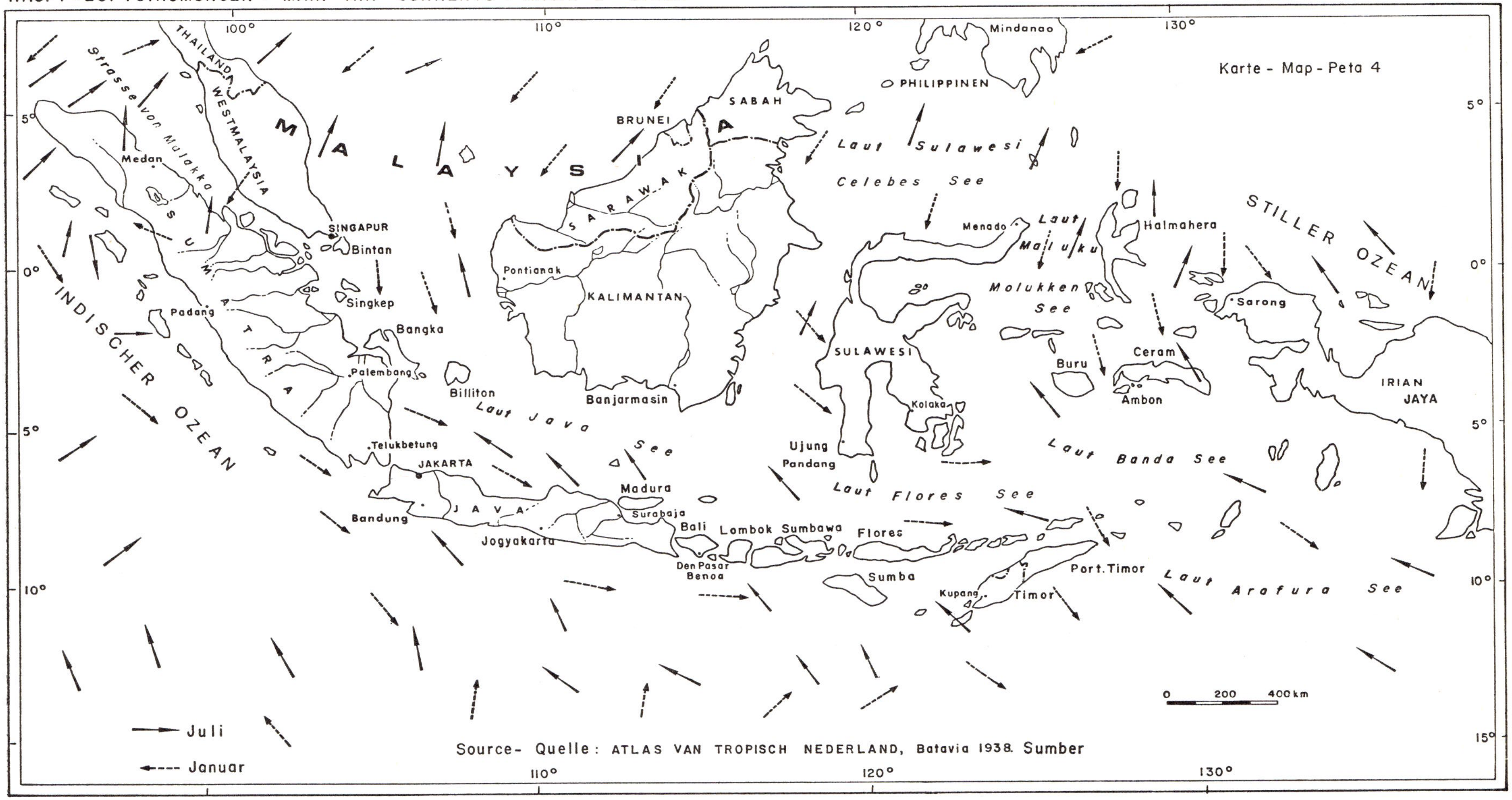

Karte - Map - Peta 4

STILLER OZEAN

IRIAN JAYA

Sarong

Halmahera

Ceram

Ambon

Buru

Laut Banda See

Laut Maluku

Molukken See

Menado

Laut Sulawesi

Celebes See

Mindanao

PHILIPPINEN

Kolaka

SULAWESI

Ujung Pandang

Laut Flores See

Port.Timor

Laut Arafura See

Timor

Kupang

Sumba

Flores

Sumbawa

Lombok

Bali

Den Pasar

Benoa

Madura

Surabaja

SABAH

BRUNEI

SARAWAK

M A L A Y S I A

KALIMANTAN

Banjarmasin

Pontianak

Laut Java See

Billiton

Bangka

Singkep

Bintan

SINGAPUR

WESTMALAYSIA

THAILAND

Strasse von Mulakka

Medan

S U M A T R A

Padang

Palembang

Telukbetung

JAKARTA

Bandung

J A V A

Jogyakarta

INDISCHER OZEAN

Juli
Januar

0 200 400 km

Source- Quelle: ATLAS VAN TROPISCH NEDERLAND, Batavia 1938. Sumber

5° 0° 5° 10° 15°

130° 120° 110° 100° 130° 120° 110°

KLIMA – DIAGRAMME

VON STATIONEN IN JAVA UND SUMATRA

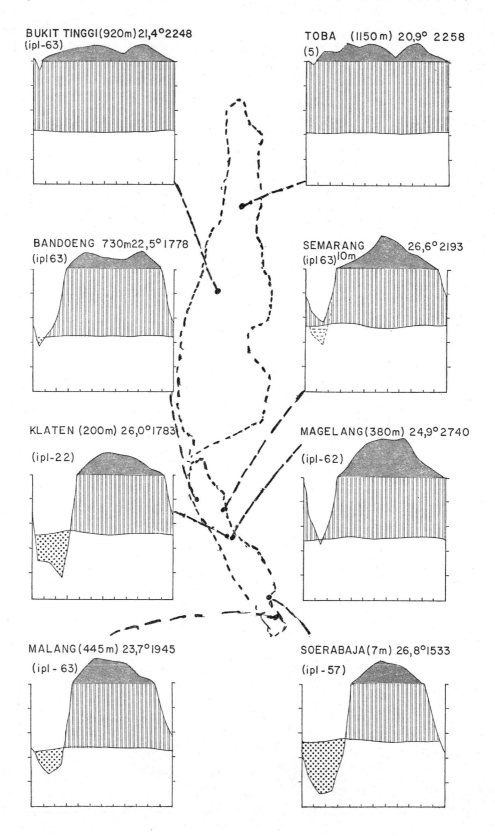

BUKIT TINGGI(920m)21,4°2248
(ipl-63)

TOBA (1150m) 20,9° 2258
(5)

BANDOENG 730m22,5°1778
(ipl63)

SEMARANG 26,6°2193
(ipl63)10m

KLATEN (200m) 26,0°1783
(ipl-22)

MAGELANG(380m) 24,9°2740
(ipl-62)

MALANG(445m) 23,7°1945
(ipl-63)

SOERABAJA(7m) 26,8°1533
(ipl-57)

Das grossräumige System der Monsune wird örtlich durch das Relief stark modifiziert. Da die Luftdruckgradienten der Monsunströmung gering sind, setzen sich an vielen Orten — besonders an gebirgigen Küsten — tagesperiodische Land- und Seewinde durch.

Föhnwinde mit ihrer austrocknenden Wirkung sind besonders während des O-Monsuns eine nicht seltene Erscheinung. Dort wo sie besonders häufig auftreten, haben sie besondere Namen erhalten, wie der Gending von Pasuruan und Probolingo (O-Java), wo der trockene SO-Monsun durch die Gebirgslücke zwischen Tenger und Ijang Gebirge ziemlich ungehindert durchstreichen kann und sich dann bei seinem Abstieg in die nördliche Küstenebene zusätzlich erwärmt. Hier sind darum auch die trockensten Gebiete von Java zu finden.

In einem tropischen Klima mit mehr oder weniger gut ausgeprägten pluvialen Jahreszeiten kommt im Hinblick auf die Landwirtschaft dem jährlichen Gang der Niederschläge und ihrer Menge die grösste Bedeutung zu. Selbst in Gebieten mit ganzjährig reichlichen Niederschlägen treten beachtliche jahreszeitliche Niederschlagsschwankungen auf, die der Planer zu berücksichtigen hat. Von « gleichmässig hohen Niederschlägen » kann jedenfalls nicht die Rede sein.

Neben der Dauer und Intensität der feuchten bzw. trockenen Periode muss u.a. auch berücksichtigt werden, in welcher Weise sich der Übergang zwischen beiden vollzieht. Vor den Gefahren einer blossen Mittelwertklimatologie ist mit Recht immer wieder gewarnt worden. Eine gewissenhafte Planung darf die Mühe nicht scheuen, relevante Einzelerscheinungen bzw. kritische Abweichungen vom Mittel gründlich zu erforschen. So darf beispielsweise angesichts langjähriger Mittelwerte nicht ausser Acht gelassen werden, dass die Verschiebung der Regen- und Trockenzeiten geradezu ein charakteristisches Merkmal darstellt. Auch weichen die Niederschlagsmengen der Trockenzeiten verschiedener Jahre erheblich voneinander ab. Ähnliches gilt entsprechend für die Regenzeit, nur dass dabei die Folgen für die Landwirtschaft nicht so einschneidend sind.

Die engste Beziehung zwischen Niederschlägen und Reisernten besteht für die 2. Nassreisernte (Padi Gadu) während der trockneren Periode. Nur Gebiete mit relativ hohen Niederschlägen zwischen Juni und September können auch — bei Vorhandensein aller anderen ausserklimatischen Voraussetzungen — in der trockneren Periode bedeutende Reisareale aufweisen. Der Zeitpunkt der Haupternte in mehr wechselfeuchten Klimaregionen zeigt eine deutliche Abhängigkeit von der Zeit das Einsetzens des Westmonsuns im Vorjahr. Gebiete, in denen die feuchte Periode eher einsetzt (oder die ganzjährig sehr hohe Niederschläge aufweisen), sind in gewisser Weise bevorteilt, da sie die Haupternte vielfach einen Monat vor anderen Gebieten auf den Markt bringen können. Ausserdem kann die Zweiternte eher ausgesät werden und verspricht so sicherere und höhere Erträge. In welcher Weise sich eine ungewöhnlich stark ausgeprägte und lange Trockenperiode auf die O-Monsun-Reisernte auswirkt, musste man 1967 feststellen, als ein Ausfall von etwa 250.000 t Reis die Reispreise für einige Zeit in die Höhe trieb. Im Hinblick auf den Reisanbau kann in wechselfeuchten Gebieten Indonesiens das Überschreiten einer kumulativen Niederschlagsmenge von etwa 350 mm seit dem Höhepunkt der Trockenzeit als Ende der Trockenzeit betrachtet werden. Ist diese Niederschlagsmenge erreicht, so zeigt der Boden genügend Feuchtigkeit, um mit der Vorbereitung der Saatbeete für die Nassreisernte zu beginnen. Wann die Bauern allerdings tatsächlich mit der Feldarbeit beginnen, richtet sich u.a. nach ihrer auf Erfahrung und Tradition begründeten subjektiven Einschätzung des Niederschlagsablaufs. Im ganzen zeigt sich von Z-Java aus in Richtung Timor aufgrund der abnehmenden Niederschläge und der wachsenden Dauer der Trockenzeit eine zunehmende klimabedingte Benachteiligung, die sich in einem Übergang vom Nassreis-Anbau zum Mais als wichtigster Feldfrucht zeigt. In den ganzjährig feuchten Gebieten ist man mit dem Zeitpunkt der Aussaat allgemein etwas unabhängiger.

Niederschläge und Reisernten

Die Beziehung zwischen Niederschlagsmenge und Nassreis-Hektarerträgen ist weitaus weniger deutlich. Welchen Einfluss die Niederschläge in Indonesien auf die Nassreiserträge haben, liess sich in umfassender Weise noch nicht feststellen, da die Zahl der Faktoren, die den Ertrag bestimmen (u.a. Bodenqualität, Bewässerung, Reissorte, Düngung und Schädlingsbekämpfung) gross ist. Neben dem Jahresgang der Niederschläge und ihrer Menge muss auch die auftretende Intensität der Regenfälle Berücksichtigung finden. Die maximale Intensität der Niederschläge ist in Indonesien für kurze Zeiträume wenig grösser als bei uns in der gemässigten Zone. Entscheidend ist, dass die grossen Intensitäten viel häufiger sind. Bei verhältnismässig geringer Regendauer (rd. 1800 mm jährlicher Niederschlag in Jakarta in nur 357 Stunden) fallen 20% der Niederschläge in Böen mit wenigstens 10 mm/min. und 5 min. Dauer. Das hat erhebliche Folgen für die Kulturpflanzen und führt zu grossen Erosions- und Flutschäden. Die in vegetationsärmeren Gebieten starke Abspülung des Bodenmaterials erfolgt zu einem sehr hohen Prozentsatz durch reissende Fluten (Banjirs) während der Regenzeit.

Temperaturen

Bedeutende jahreszeitliche Temperaturschwankungen treten in dem durch pluviale Jahreszeiten geprägten Klima Indonesiens nicht auf. Geringere Abkühlung wird nur während der Nächte im Westmonsun (bei vorherrschendem Regenwetter) oder im Ostmonsun verzeichnet, wenn infolge der Ausstrahlung gegen Morgen die Temperatur sinkt. Die Temperaturverteilung ist so gleichmässig, dass regionale Unterschiede oft kaum die Beobachtungs- und Aufstellungsfehler überschreiten. Die ausgedehnten Küstenniederungen weisen ein kaum schwankendes Jahresmittel von 25-27° C auf.

Entscheidend für das menschliche Hitzeempfinden ist jedoch nicht nur die gemessene Temperatur, sondern u.a. die Intensität der Luftbewegung und die relative Luftfeuchtigkeit, die in den feuchten Monaten zwischen 85-90% und in den trockeneren Monaten nicht unter 70% liegt. Wie in allen tropischen Ländern, so gewinnt auch in Indonesien die Temperatur als eine Funktion der Höhe für den Anbau von Kulturpflanzen erhebliche Bedeutung. Infolge des Wärmeverlustes von 0,6°/100 m und der bis in unterschiedliche Höhen zunehmenden Niederschläge stellt sich nicht nur eine Höhengliederung der natürlichen Vegetation ein, sondern auch eine charakteristische Differenzierung der Kulturlandschaft (s. Abb. 2). (Bandung 730 m, 22°, Cibidas 1.400 m, 18°, Pagerango 3023 m, 9° Jakarta 7 m, 25°).

Sonneneinstrahlung

Neben den Niederschlägen und den Temperaturen kommt der Intensität der Sonnenstrahlung noch eine gewisse — wenn auch beschränkte — Bedeutung als Planungsfaktor zu. So beispielsweise die höheren Reiserträge in Ländern der mittleren Breiten, wie Japan, Korea, Italien und Spanien u.a. auf die längere Sonnenscheindauer zurückzuführen, die den photosynthetischen Prozessen der Pflanze zugute kommen. Angaben über die Anzahl der Sonnenscheinstunden (wie sie bisher vorliegen) sagen allerdings nur wenig aus. Sonnenhöhe absolute Höhe und Neigungswinkel der Auffangfläche sowie der Grad der Luftfeuchtigkeit müssen als modifizierende Faktoren berücksichtigt werden. Während der Trockenzeit wird die Sonnenstrahlung in vielen Gebieten des östlichen Javas und der Kleinen Sundainseln durch starke Entwicklung von Trockendunst, u.a. gegen Ende der Trockenzeit, beträchtlich vermindert. Dabei handelt es sich vermutlich um eine starke Ansammlung von Kondensationskernen im Bereich der Passatinversion. Die obere Grenze dieses Trockendunstes fällt mit einer Stratocumulusdecke zusammen, die sich häufig während der Trockenzeit in 1.000-2.000 m Höhe bildet, besonders an Stellen, wo der Wind gegen das Gebirge staut. Dennoch ist meist aufgrund

INDONESIEN

NIEDERSCHLAGSVERHÄLTNISSE (Mittl jährlicher Niederschlag in mm) - ANNUAL RAINFALL in mm - HUJAN / TAHUN

Karte - Map - Peta 5

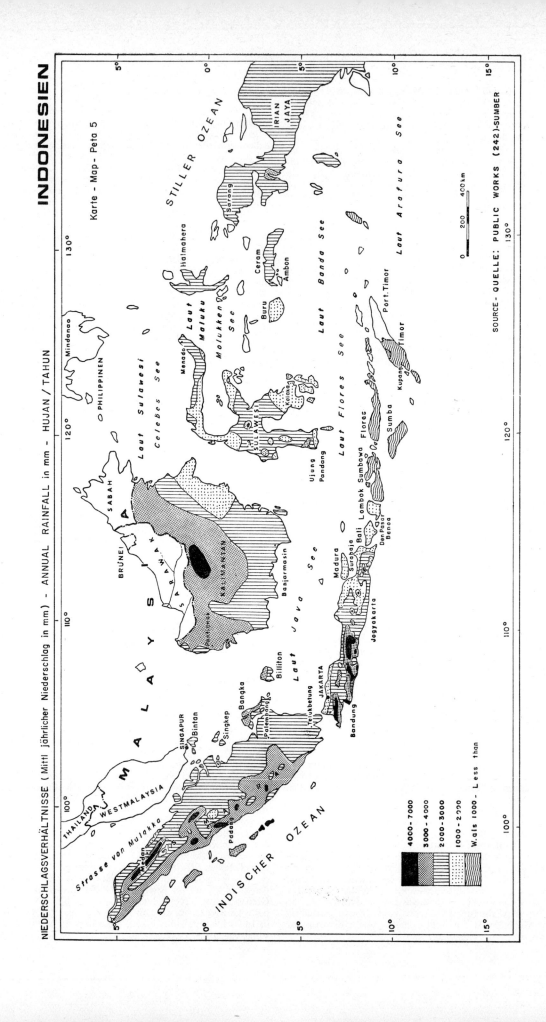

SOURCE- QUELLE: PUBLIC WORKS (242)-SUMBER

4000-7000
3000-4000
2000-3000
1000-2000
W.als 1000- Less than

0   200   400 km

intensiver Sonnenstrahlung unter gleichen Bewässerungsbedingungen die Nassreisernte während der Trockenzeit höher als während der Regenzeit.

Klimadiagramme u. Klimaklassifikation

Es ist verschiedentlich versucht worden, das Klima Indonesiens, und u.a. Javas, kartographisch vollständig und übersichtlich darzustellen. Dabei ist allgemein erkannt worden, welche grosse Bedeutung dem jährlichen Verlauf der Niederschläge zukommt. Nicht berücksichtigt wurde (KÖPPEN/System, MOHR), dass langjährige Mittelwerte das Bild verfälschen können. Bei einem Vergleich der Klimakarten nach dem verbesserten KÖPPENSCHEN System, nach MOHR und SCHMIDT/FERGUSON lassen sich ganz erhebliche Abweichungen feststellen. Diese sind zum grössten Teil auf unterschiedliche zugrunde gelegte Einteilungs- und Abgrenzungsprinzipien, aber auch auf tatsächliche Fehldarstellungen zurückzuführen.

MOHRS Klimaklassifikation, die im Hinblick auf die Böden entworfen wurde, zeigt gegenüber anderen bekannten Klimaklassifikationen einige bedeutende Vorteile. Sie beruht auf der Abgrenzung von Gebieten mit einem bestimmten Verhältnis von trockenen und nassen Monaten. Das Problem bei der Feststellung eines « trockenen Monats » liegt in der Schwierigkeit, die Grösse der Evapotranspiration zu erfassen. In den Trockengrenzformeln von KÖPPEN, MARTONNE, WANG etc. wird die Evapotranspiration nicht hinreichend erfasst, da sie nur indirekt über Temperatur und Nieder-

schlag ermittelt wird. MOHRS Definition eines trockenen Monats (für Java: monatliche Niederschlagsmenge unter 60 mm) und eines feuchten Monats (für Java: monatliche Niederschlagsmenge über 100 mm) beruht im Ansatz wenigstens auf einer in Bogor durchgeführten Versuchsreihe, die aktuelle Evapotranspiration für eine sehr durchlässige Braunerde zu ermitteln. MOHR kam aufgrund der Ergebnisse zu der wohl zulässigen Verallgemeinerung, dass in Java bei monatlichen Niederschlägen über 60 mm das dem Boden zur Verfügung stehende Wasser gegen Null geht. Die Evapotranspiration übersteigt in diesem Fall die Niederschlagsmenge. Bei monatlichen Niederschlägen über 100 mm steht dem Boden mit Sicherheit wieder Wasser zur Verfügung; auch der oberflächliche Abfluss kommt in Gang. Die Übergangszeit zwischen 60 und 100 mm wird in diesem System in Form von feuchten Übergangsmonaten erfasst (132).

Die so gewonnenen Erkenntnisse werden auch bei den in diesem Kapitel abgebildeten Klimadiagrammen angewendet (vgl. Seite 8). MOHRS Klimaklassifikation hat gegenüber einer rein mathematischen Definition von Niederschlagstypen (SCHMIDT/FERGUSON) den Vorzug, um einen Kompromiss zwischen mathematischer Gruppierung der Quotienten trockener und nasser Monate und der Annäherung von Klimagrenzen an allgemeine naturgeographische Grenzräume (u.a. hinsichtlich Bodenwasserhaushalt und Vegetation) bemüht zu sein.

Ein Vergleich der Klimakarten (bzw. Niederschlagstypenkarten) von MOHR und SCHMIDT/FERGUSON ist in jedem Fall sinnvoll und aufschlussreich, zumal sich letztere um

TABELLE 3

KLIMAWERTE AUSGEWÄHLTER BEOBACHTUNGSSTATIONEN, LANGJÄHRIGE MESSUNGEN, CA 1890-1938
(Climatological Data of selected stations, longterm averages)

Insel	*Station*	*See-Höhe* m	*Geograph. Lage*	*Jahres-Temperaturen*			*Mittlere relative Luftfeuchtigkeit*	*Jährliche Niederschläge*	
				mittel in %	*max.* (absolut)	*min*		*Regentage*	*mm*
JAVA	Jakarta	8	6°11'S / 106°50'0	26,6	36,5	19,0	83	125	1.805
	Bogor	240	6°36'S / 106°48'0	25,1	.	.	.	260	4.226
	Pangerango	3023	6°45'S / 106°58'O	8,9	20,0	0,0	83	266	3.475
SUMATRA	Padang	7	0°56'S / 100°22'O	26,8	34,5	20,0	81	190	4.184
	Bukittinggi	927				22,8		193	2.381
	Medan	23	3°35'N / 98°41'O	26,0	35,5	16,0	80	142	2.036
KALIMANTAN ...	Pontianak	3	0°0'S / 109°20'O	26,3	35,5	20,0	83	184	3.190
SULAWESI	Pandang Ujung	2	5°8'S / 119°24'O	26,1	35,0	14,5	82	133	2.853
TIMOR	Kupang	44	10°10'S / 123°34'O	26,7	38,5	15,5	67	81	1.439
AMBON	Ambon	4	3°42'S / 128°10'O	26,4	35,5	19,0	83	201	3.461

Quelle: Meteorologisches Amt Jakarta, pers. Mitteilungen und Archiv, Besuch vom 30.9.1968.

eine Eliminierung der Mängel, die bei der Verwendung von Niederschlagsmittelwerten auftreten, bemühen.

Die Klimaprovinzen von HACKER, für die als Abgrenzungskriterien in erster Linie der Jahresgang der Niederschläge herangezogen wird, stellen im Unterschied zu den bisher genannten Klassifikationen in Klima- oder Niederschlagstypen eine Gliederung in individuelle « Klimaräume » dar.

Dem Regionalplaner können diese Gliederungsversuche nur zur Groborientierung (z.B. bei der Projektfindung) dienen. Im Zweifelsfall und bei kleinräumigen Vorhaben wird es ihm nicht erspart bleiben, aufgrund seiner eigenen Beobachtungen und Untersuchungen zu verlässlichen Aussagen über das Klima bzw. über planungsrelevante Klimafaktoren einer Region zu gelangen.

Die Zusammenhänge der klimatologischen Verhältnisse in diesem Land der feuchten Tropen sind keineswegs gründlich genug erforscht. Wichtige Arbeit wird in den Universitäts-Instituten in Bogor bei Jakarta geleistet. Bei der 1977 abgeschlossenen Ressource-Planung kam man jedoch auf Grund zu konventioneller Methoden zu niedrig liegenden Zahlen der Landreserven. Dort werden auch die Zusammenhänge Klima-Hydrologie hinsichtlich Möglichkeiten der Aqua-Kultur erforscht.

0.1.2.5. Hydrologische und morphologische Merkmale der indonesischen Flüsse

Eine genaue Kenntnis der hydrologischen und morphologischen Merkmale der verschiedenen Flusssysteme gehört in einem tropischen Entwicklungsland weit mehr als bei uns zu den Grundlagen regionaler Planung.

Funktionen der Abflussysteme

Als Abflussadern gewaltiger Niederschlagsmengen erhalten sie für den Menschen hinsichtlich ihrer Be- und Entwässerungsfunktion, ihrer Funktion als permanente Zubringer neuer mineralischer Nährstoffe, als Leitlinien der Besiedlung und in ihrer Funktion als Verkehrsträger in sonst oft unwegsamem Gelände lebensnotwendige Bedeutung. Umgekehrt können sie in Form von plötzlichen Hochfluten und jahreszeitlichen Überschwemmungen den Menschen, seine Bewässerungsanlagen und seine Ernte bedrohen, zumal dann, wenn durch fortschreitende Landnahme (wie auf Java) und eine damit verbundene Reduzierung der Wälder die den Abfluss ausgleichende Wirkung der Vegetation gemindert wird.

Wasserführung

Die hydrologischen Merkmale der Flüsse werden nicht nur durch das vorherrschende Klima im Einzugsbereich und dessen Grösse, sondern auch durch die Lage der Wasserscheide bestimmt. So zeigen die in Sumatra westwärts zum Indischen Ozean entwässernden Flüsse aufgrund der hohen Monsunniederschläge an der Westabdachung des Barisangebirges nicht nur eine enorm hohe und relativ ausgeglichene Abflussmenge, ihre Fliessgeschwindigkeit und Erosionsleistung ist aufgrund der asymetrischen Lage der Hauptwasserscheide und der relativen Nähe der absoluten Erosionsbasis um ein vielfaches grösser als die der viel längeren Flüsse der Ostabdachung, die in ihrem Unterlauf gemächlich durch die weiten Schwemmlandebenen mäandrieren, die sie selbst aufgebaut haben. Die sehr unausgeglichene Wasserführung fast aller indonesischer Fluss-Systeme stellt dabei grosse Probleme für die Planung. Sie ist besonders markant im wechselfeuchten Klimabereich O-Javas, der Kleinen Sundainseln, S-Sulawesis und einiger Molukken, wo die Flussbette während des Ostmonsuns oft völlig austrocknen. Wechselnder Abfluss und dadurch bedingte wechselnde Transportfähigkeit führen zu einem Flusstyp, den man « Timorfluss » nennt, und der sich in der Trockenzeit durch ein breites trockengefallenes Schuttablagerungsbett auszeichnet. Aber auch in den immerfeuchten Gebieten Sumatras und Kalimantans kommt es zu bedeutenden Abflussschwankungen. So zeigt der Kapuas bei Sintang (W-Kalimantan) Niveauschwankungen um 10 m, und ein Ansteig um 5 m/h nach heftigen Niederschlägen im nahen oder weiteren Einzugsbereich ist nicht ungewöhnlich. Aber nicht nur eine äusserst ungleiche, sondern auch eine gegenüber mitteleuropäischen Flüssen weitaus grössere Wasserführung ist für die indonesischen Flüsse charakteristisch. So ist die durchschnittliche jährliche Abflussmenge des 560 km langen Solo (im bereits durch Trockenzeit geprägten O-Java) etwa achtmal grösser als die des 1.300 km langen Rheins. Die im Unterlauf mitgeführte Menge an Schwebfracht erreicht das 60 fache von der des Rheins. Tabelle 4 gibt die Abflussmengen wichtiger Flüsse wieder. Schäden, die aus diesen hydrologischen Eigenschaften der Flüsse resultieren, können in absehbarer Zeit durch Anlage von Stauseen, Hochwasserschutzanlagen und Verbesserung bestehender Wasserkontrollanlagen nur begrenzt vermindert werden. Vor allem aber ist eine unkontrollierte Reduzierung der natürlichen Vegetation im Einzugsbereich der Flüsse und eine Beeinträchtigung der Funktion natürlicher Auffangbecken im Tiefland (sog. Danau, die ihre Entstehung der Abschneidung eines Meanderbogens

TABELLE 4

ABFLUSSMENGEN IN FLÜSSEN JAVAS
(Downflow in Rivers of Java)

Fluss	Höchst-menge m³ sec	Station	Höhe ü-NN, m	Einzugs-gebiet qkm	Messperiode	Regen in mm	Abfluss in mm	Sicker-Verlust in mm
Citarum	1100	Nanjung	654	1718	1918/35	2500	1250	1250
Citarum	1100	Palumbon	132	4150	1922/43	2600	1180	1420
Cimanuk	710	Cijengjing	160	1608	1938/43	2600	1420	1180
Kali Sampean	480	Situbonco	60	1120	1913/32	2100	850	1250
Kali Serayu	.	Garung	1032	58	1918/43	3800	2180	1620
Kali Brantas	1100	Sengguruh	270	1652	1922/32	2300	840	1460
Kali Solo	2000	.	.	.	.	.	.	.
Kali Comal	570	.	.	541	3 Jahre	4834	3584	1250
Kali Pemali	680	.	.	863	5 Jahre	3179	1946	1233
Kali Tuntang	710	Tuntang	459	282	1920/37	2900	1480	1420

Quelle: Mock (130, S. 28) u. American Society of Engineering, « Irrigation on Java » S. 39, 1904 (7).

nach einer Überflutung verdanken) zu vermeiden. Genau genommen ist die Erosionskraft dieser Flüsse verhältnismässig klein, da ihnen wirksame Erosionswaffen in Form von Geröllen fehlen. Lediglich die Flüsse der wechselfeuchten Gebiete weisen kleinere Gerölle auf. Die chemische Verwitterung ist in den feuchten Tropen zu intensiv, als dass anstehendes Gestein oder Geröll Bestand hätten. Dass die Erosionsleistung dennoch beachtlich ist und an einem einzigen Tag höher sein kann als in mehreren Jahren in unseren Breiten, ist auf die überall mächtige und leicht erodierbare Verwitterungsdecke und die periodisch hohe Fliessgeschwindigkeit der Flüsse zurückzuführen. Zahlreiche indonesische Flüsse zeichnen sich in ihrem Längsprofil durch eine markante Zweiteilung aus: Einen oft sehr steilen Oberlauf (besonders extrem bei den nach S in die Arafurasee entwässernden Flüssen West-Irians: Über 4.000 m Höhenunterschied auf nur 50 km) und einen extrem flachen Unterlauf im Bereich alluvialer Schwemmlandebenen. Im Bereich eines solchen Unterlaufs haben die Flüsse einen Uferwall aufgeworfen, der in dem sonst überall sumpfigen, oft hunderte von Quadratkilometern überschwemmten Gelände der einzige einigermassen sichere Ort für Siedlungen ist. Der Uferwall liegt aber auch verkehrsmässig günstig, und die Flüsse stellen oft die einzigen — wenn auch sehr eingeschränkt nutzbaren — Verkehrswege in einem sonst unwegsamen Sumpfgelände dar. Die ungeheuren Mengen an transportiertem Schlamm (der Citarum in W-Java transportiert während der Regenzeit durchschnittlich 800 mg/1 und führt jährlich 4-6 Mill m³ Schlamm ins Meer) und die wechselnden Küstenströmungen führen im Mündungsbereich fast aller indonesischer Tieflandströme zur Bildung von stark fluktuierenden Sandbarren, die Schiffen mit einem Tiefgang von über 1-2 m den Zugang ins Landesinnere in der Regel verwehren. Für die wendigen Praus der Einheimischen sind die Flüsse dagegen weit aufwärts befahrbar.

Auf Java werden 111 Flusssysteme gezählt. Man kann sich vorstellen, dass sich die Abflussmengen dadurch sehr schwierig gestalten. In ganz Indonesien werden 212 Flusssysteme mit mehr als 3.000 qkm Einzugsgebiet ständig beobachtet und gemessen. Nahezu überall in Indonesien ist der jährliche Niederschlag ziemlich reichlich. Überall wird die potentielle Evapotranspiration überschritten (1.200-1.400 mm/Jahr), so dass überschüssiges Wasser bleibt. Die Verteilung der Niederschläge variiert jedoch sehr stark. Wegen des konstanten Evapotranspirations-Wertes kann man die Isohyetenkarte als Anzeigekarte für die Verfügbarkeit von Oberflächenwasser benutzen.

Ähnlich wie auf Java entspringen die Flüsse Sumatras auf der zentralen Gebirgskette. Von Norden nach Süden sind dies:

nach Osten	nach Westen
— Rohan	— Leuser
— Kampar	— Ansi
— Inderagiri	
— Hari	
— Musi	

Auf Kalimantan sind Kapaus und Barita die wichtigsten Flüsse (vgl. grosse Übersichtskarte). Weitere Flüsse sind Kajan und Mahakam. Der Wasserreichtum dieser Flüsse veranlasste schon sehr früh den Bau von Staudämmen. Hinsichtlich vorhandener und geplanter Anlagen weist der Verfasser auf den Abschnitt Bewässerung auf Seite 134 hin, sowie auf Tabelle 35 im Anhang.

Die Verfügbarkeit des Grundwassers wird auf Grund physiographischer Kartenarbeit ermittelt. Dies ist wegen der flächenartigen Ausbildung der wasserführenden Schichten möglich. Dann hat man im Falle Indonesien (130 S.53) die Wasserverfügbarkeit technisch (statt ökonomisch) bewertet und kam so zu einer Grundwasserkarte, die hier geschenkt sei. Es muss erwähnt werden, dass noch weite Flächen nicht durchforscht sind, so dass es grosse weisse Flecken auf der Karte gibt. Allgemein kann man sagen, dass an den Küsten

und in den Flusstälern gute Grundwasserverfügbarkeit verzeichnet werden kann. Auf Gebirgen und in Karstgebieten sieht es mit der Wasserbeschaffung aus dem Grundwasser jedoch ausgesprochen schlecht aus. Hier müssen die Bewohner Regenwasser sammeln.

Im allgemeinen zeichnet sich Indonesien jedoch durch grossen Wasserreichtum in Form von Grund-Oberflächenwasser und Regen aus, weshalb die Vegetation einigermassen üppig ausgebildet ist oder doch war.

0.1.3. VEGETATION

Die gegenwärtige Vegetation Indonesiens ist auf den Ausseninseln noch vorherrschend durch das Klima, auf Java infolge der grossen Siedlungsdichte vorwiegend durch den Menschen bestimmt. Wie überall sind auch die Einwirkungen von Boden und Höhengliederung festzustellen. Wie aus Tabelle 6 ersichtlich, bedecken die Wälder zu fast 60% das Land. In regenreichen Niederungen und in der niederschlagsreichen Nebel- und Wolkenzone sind es tropische Wälder mit grossem Artenreichtum und nur in solchen Urwäldern erreichter Dichte. In manchen Gegenden wie auf Ceram, in Mittel- und Ostborneo, sowie in Ost-Sumatra beträgt der Waldanteil über 80% der Landoberfläche. Auf Java ist dieser Anteil 23%, auf den Kleinen Sunda-Inseln nur 13%. In West-Sumatra ist der relativ niedrige Waldanteil von 45% auf die ackerbauliche Nutzung in Form permanenten Reisanbaues zurückzuführen. Der Anteil von nur 40% für Süd-Sulawesi und 44% für Süd-Sumatra hat seine Ursachen in den Alang-Alang-Fluren. Die folgenden Zonen sind zu finden (33; 44; 50; 115; 139; 194; 262) (Vgl. Höhendiagramm):

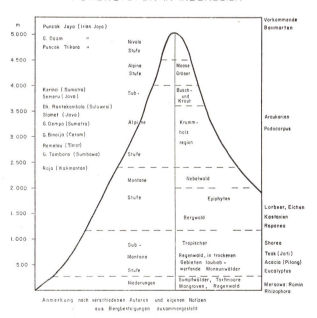

Abb. 2

Tropischer Regenwald der Niederungen, 2-1.200 m, hat Shorea sp. (« Meranti ») Dryobalanops sp. (« Kapur ») und Dipterocarpus sp. (« Keruing ») als Hauptarten.

Sumpf-u. Torfmoorwälder mit Antisoptera (« Mersawa ») und Gonstyllus sp. (« Ramin ») als Baumarten kommen in besonders regenreichen Niederungen vor, so in Ost-Sumatra und West-Kalimantan; sie erheben sich nur wenige Meter über dem Meeresspiegel. *Mangrovenwälder* säumen die Küste.

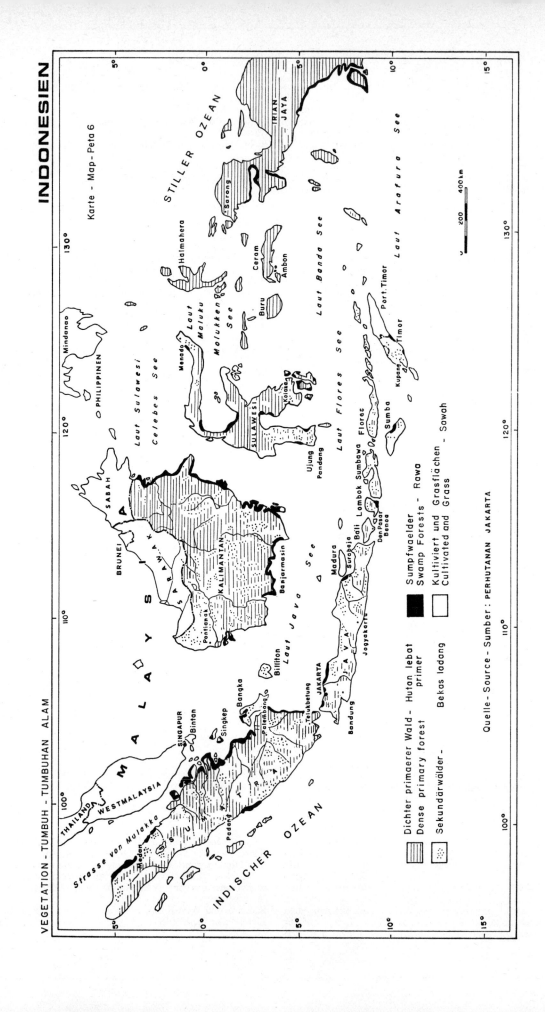

VEGETATION - TUMBUH - TUMBUHAN ALAM

INDONESIEN

Karte - Map - Peta 6

Dichter primaerer Wald - Hutan lebat
Dense primary forest   primer

Sekundärwälder -
                  Bekas ladang

Sumpfwaelder -   Rawa
Swamp Forests

Kultiviert und Grasflächen - Sawah
Cultivated and   Grass

Quelle - Source - Sumber : PERHUTANAN JAKARTA

In Höhen über 1.200 m findet man bis 1.800 m den *Bergwald* und darüber den *Nebelwald* (bis 2.400 m). Vorherrschende Arten sind hier Lorbeer, Lauracea sp., Eichen, Quercus sp., Kastanien, Castanea sp. und in Irian Jaya ausserdem noch Rapanea sp. und Leptospermum.

Die Krummholzregion: — Über 2.400 m ist die Vegetation subalpin, über 4.000 m alpin. Auf dem Gunung Kerinci Sumatras wird die klimatische Baumgrenze erreicht. Der Bewuchs vieler Vulkane wird jedoch durch häufige Ausbrüche vernichtet, so dass es auf zahlreichen Gipfeln baumfreie Zonen gibt. Waldbestände über 3.300 m Höhe enthalten Araukarien, Araucaria sp. und Podocarpus sp. (vgl. Höhendiagramm, Abb. 2).

Schnee kommt auf einigen Bergspitzen in Irian Jaya über 4.500 m vor.

Die *Vegetation der relativ trockenen* Landstriche wird durch laubabwerfende und dickfleischige, sowie stachelige und dornige Pflanzen bestimmt. Die sub-ariden Teile Ost-Indonesiens haben Lontarpalmwälder und Akaziensavannen als natürliche Vegetation. Im übrigen findet man in Ost-Java und auf Nusa Tenggara den *laubabwerfenden Monsunwald.* Teak (Tectona grandis « Jati »), Acacia sp. (« Pilang »), Eucalyptus alba (« Ampupu »), Dalbergia latifolia (Sonokeling), Casuarina equisetifolia (« Cemara ») und Pterospermium sp. (« Mayur ») sind Leitarten dieses *Monsunwaldes.* Die *Flutwälder* der sumpfigen Küstenebene nehmen eine Sonderstellung ein. Sie sind nicht von den Niederschlägen abhängig. Mangroven und weiter landeinwärts die Nipahpalmen sind charakeristische Pflanzen dieses Vegetationsgürtels. Zu den Nutzholzarten dieses meist nur wenige hundert Meter breiten Vegetationsstreifens gehören Rhizophora (« Baku-Baku »), Bruguiera (« Fancang ») und Avicennia (« Tinggi »). *Süsswasser-Sumpfwälder* finden sich weiter landeinwärts ausserhalb des Gezeiteneinflusses. Im Osten Indonesiens wächst hier die Sagopalme, aus deren Mark man das Sagomehl als Grundnahrungsmittel gewinnt. Auf Sumatra, Kalimantan und in Irian Jaya gibt es in dieser Vegetationszone Vatica rasak (« Rasak ») und Shorea Belangeran (« Belangeran ») als Leitpflanzen.

Küstenwälder trockenen Landes enthalten Terminalia sp. (« Ketapang ») und Hibiscus sp. (« Warung gunung »). Unter menschlichem Einfluss bildeten sich die *Sekundärwälder,* die durch den Brandrodungsfeldbau nach Aufgabe des Wanderfeldbaus entstanden sind. Diese blieben niedriger und sind weniger artenreich. Solche Sekundärwälder werden wiederholt von den Bewohnern für Brennholzgewinnung genutzt, so dass sie sich bald erschöpfen und nicht regenerieren können. Dann bilden sich, besonders auf den mineralstoffärmeren Böden, weite Flächen des Rhizomgrases Imperata cylindrica, in Indonesien « Alang-Alang » genannt, Süd-Sulawesi, Süd-Sumatra und das Batak Hochland Nord-Sumatras haben grosse Bestände dieses schlecht nutzbaren harten Grases. Die Gesamtfläche des mit Alang-Alang bedeckten Landes schätzt das Landwirtschaftsministerium auf 350.000 qkm oder 35 Millionen Hektar.

Wirtschaftswälder (vgl. Seite 158) gibt es erst in geringem Umfang, wie auf Java die Mahagoni- und Teakwälder und in Nord-Sumatra Nadelwälder mit Pinus mercusii, einer Kiefer der Subtropen.

Regionale Unterschiede, das heisst von Insel zu Insel verschiedene Ausprägung der Vegetation, ergeben sich in erster Linie aus den unterschiedlich hohen Niederschlägen in Kombination mit Boden und Höhengliederung. Nur auf den sehr dicht besiedelten Inseln Java und Bali schuf der Mensch heute sich stark abhebende Unterschiede. In dieser Schau finden wir auf den Inseln Nusa Tenggara nur sehr dürftig ausgebildete Wälder, in denen der Mensch bereits stark gelichtet hat und die natürlichen Bedingungen so ungünstig sind, dass wenig nachwächst. Auf Inseln mit vorwiegend sauren Böden aber hohen Niederschlägen breiten sich die Alang-Alang-Grasfluren aus wie auf Sumatra und Sulawesi,

(4) Rambutan (Nephelium lappaceum) « Haarpflaume »; Baum wird bis zu 15 m hoch; Frucht ist sehr begehrt.

0.1.4. BÖDEN

Infolge Unzugänglichkeit des Geländes und der Grösse des Landes gibt es über die Böden Indonesiens noch keine profunde Kenntnis. Ausgenommen sind die intensiv kultivierten Plantagen und einzelne Agrarlandschaften Zentral-Javas. Den besten Überblick vermittelt die FAO/UNESCO «SOIL MAP of the WORLD PROJECT», die als Grundlage für die beigefügte kleine Übersichtskarte (Nr. 7) diente. Die Karte zeigt das Überwiegen von *Lithosolen und Andosolen* auf den grösstenteils gebirgigen Inseln Sulawesi, Buru und Timor an, auf der Karte in grauem Farbton gehalten. Punktiert sind die auf Sumatra und Kalimantan anstehenden *rotbraunen Podsolböden*, die *rot-gelben Ferralböden* und die *eisenschössigen tropischen Böden*, die die Masse des für Regenlandbau geeigneten Bodens ausmachen. Die *dunkelgrau/schwarzen Alluvial- und Schwemmlandböden* dienen dagegen überwiegend dem Reisbau.

Ein Vergleich dieser Boden-Übersichtskarte mit der Karte Bevölkerungsdichte (Nr. 9) weist auf die Möglichkeiten künftiger Ansiedlung hin. Die Ballung der Menschenmassen auf den Inseln Java, Madura, Bali und Lombok wird ebenfalls durch die ganz besondere Fruchtbarkeit der auf diesen Inseln anstehenden Böden erklärt, die überwiegend aus vulkanischem Gestein entstanden sind.

Die *Produktionsfähigkeit* der bisher nicht genutzten Böden kann auf den einzelnen Inseln gemäss den bisher allerdings dürftigen Kenntnissen etwa wie folgt beurteilt werden (33; 44; 110; 185; 191; 255; 262). Dabei ist generell zu berücksichtigen, dass die Böden Javas um ein Vielfaches fruchtbarer sind als die der Ausseninseln:

Sumatra: Die für künftigen Anbau interessanten Böden in der Reihenfolge ihrer Bedeutung:

— *Rot-braune podsolige Böden* in der Mitte der im Osten der Insel sich in N-S-Richtung hinziehenden Ebene (unter 200 m). In den Serien dieser Gruppe scheint es erhebliche Unterschiede zu geben, die die Brauchbarkeit hinsichtlich entsprechend geeigneter Kulturen begrenzen.

— *Organische Böden der Sumpfzone.* Sie enthalten zahlreiche Probleme: eins der wichtigsten ist bereits die Unzugänglichkeit für die Untersuchungen. Das laufende FAO/UNDP «South-East Sumatra Land and Water Development Project», das die Bonitierung von 4 Millionen ha Land zum Ziel hat und auch die rot-braun podsolige Bodenzone einschliesst, ist deshalb sehr langwierig. Man begann mit einem 20.000-ha-Block bei Cintamanis nahe Palembang und — mit japanischen Sub-Kontrakteuren — bei Melitang nahe Partapura. Weitere 3 Untersuchungsbezirke sind bereits fest vorgesehen.

— *Die Talböden* des Barisan-Gebirgszuges, meist Lithosole und Andosole, im Norden der Insel auf einigen noch nicht kultivierten Hochebenen (westlich des Toba-Sees) oder in West- und Süd-Sumatra, können für verschiedene Kulturen geeignet sein.

Kalimantan: Der Anteil flachgründiger auf Bergen entwickelter Böden ist höher als auf Sumatra, da es hier mehr Bergland gibt (vgl. S. 6). Diese Böden sind auch stärker der Erosion ausgesetzt.

— Die *organischen Böden der Sumpfzone* ähneln denen Sumatras sehr stark. Nahe der Küste sind Salzböden eingeschlossen, weiter landeinwärts Sulphatböden. Sie bildeten sich um Lagunen in der Brackwasser- bzw. Frischwasserzone der Flüsse. Wo weiter landeinwärts zwischen den grossen Flusssystemen Sümpfe entstanden, formten sich auch rein organische Böden. Die sauren Sulfatböden, die auf Java nicht zu finden sind, werden infolge fehlender Dränage oft unbrauchbar. Hier sind die Probleme deswegen als sehr komplex zu bezeichnen, da auch Fragen der biologischen Umwelt hineinspielen (Mikroorganismen, Wasserstände in den Flüssen und Höhe des Landes über dem Grundwasserspiegel).

— Die *rot-braunen Podsolböden Kalimantans* ähneln wiederum denen Sumatras. Gegenwärtig sind sie grösstenteils mit Wald bestanden oder — falls bereits im Zuge des Wanderhackbaues einmal kultiviert — mit Alang-Alang (Imperata), da sich ein Wald infolge Mineralstoffmangels nicht wieder aus eigener Kraft ansiedeln konnte. Nach Zusatz von Mineraldünger tragen sie jedoch die meisten Früchte wieder, sobald das stark zehrende Rhizomgras (Alang-Alang) ausgerottet ist. Diese Böden sind frei von toxischen Sulfaten.

Sulawesi: besitzt ebenfalls Parallelen zu den für Kalimantan und Sumatra erwähnten Böden. Kürzlich wurden Karten und andere Ergebnisse (255) einer Boden-Kartierung veröffentlicht, die mehr als die Hälfte der Provinz Süd-Sulawesi ausmacht. 60% der durch diese Studie abgedeckten Ländereien sind hügelig und für Aufwaldung empfohlen. Auf Erosionsvorgänge wird hingewiesen. Weitere Boden-Kartierungen bestehen über die Luwu-Ebene, die seit 1936 im Rahmen der Transmigration besiedelt wird. Die holländische Studie bezeichnet die Böden ebenfalls als

— Sumpfböden nach Dränage für Reisanbau geeignet und

— nicht bewässerbare, da unebene Böden, die jedoch, wie im Falle Sumatras und Kalimantans, für den Regenlandbau infrage kommen

Die Böden der *Kleinen Sundainseln* und *Molukkeninseln* fallen meist unter die Mineralböden, die als Lithosol- und Andosol-Böden erwähnt wurden, oder in die Klasse der rot-braunen Mittelmeerböden. Eine Zusammenstellung der einzelnen Bodentypen mit den potentiell landwirtschaftlich nutzbaren Anteilen findet sich in der folgenden Tabelle, S. 18, aus der weiter unten eine Beurteilung der Landreserven abgeleitet ist.

Die Klassifizierung der vorhandenen Landreserven für die landbauliche Nutzung ist wie die Bodenkartierung noch auf relativ niedrigem Stand.

INDONESIEN

BÖDEN - SOILS - TANAH[2]

Map - Karte - Peta 7

STILLER OZEAN

PHILIPPINEN
Mindanao

Laut Celebes See

Laut Maluku See

Molukken See

Halmahera

Sarong

IRIAN JAYA

SABAH
BRUNEI
SARAWAK
KALIMANTAN
Pontianak
Banjarmasin

MALAYSIA
THAILAND
WESTMALAYSIA
SINGAPUR
Binton
Singkep
Bangka
Billiton
Palembang
Telukbetung

Strasse von Malakka
Medan
Padang

INDISCHER OZEAN

Laut Java See

JAKARTA
Bandung
Jogyakarta
Surabaja
Madura
Bali
Den Posar
Benoa
Lombok
Sumbawa
Flores
Laut Flores See
Sumba

Menado
Sulawesi
Ujung Pandang

Buru
Ceram
Ambon

Laut Banda See

Port.Timor
Timor
Kupang

Laut Arafura See

0   200   400 km

Quelle - Source - Sumber: SOIL LABORATORY BOGOR

Lithosoles Rendzina, Ferrasole, Rotbraune Podsolige Böden - Soils	
Andosols, Rot-Braune "Mittelmeerböden" - Red-yellow mediterranean soils	
Vertisole Aluvialböden Organische Böden und Podsole - Organic Soils	

TABELLE 5

VERTEILUNG DER BODENTYPEN IN INDONESIEN, IN MILL. HA. UND V.H.
(Distribution of Soil Types in Indonesia in Mill. ha and %)

	Lithosole Andosole -Gebirge-		Rot-braune Podsol und Mediterran-Terrasol und Regosolböden -Fastebene-		Organische Böden Alluvial-Böden -Sumpfig-		Insgesamt -Region-	
	Gesamtfläche %	Landw. nutzbar %	Gesamtfläche %	Landw. nutzbar %	Gesamtfläche %	Landw. nutzbar %	Gesamtfläche %	Landw. nutzbar %
Java/Bali	5,6 (40)	1,2 (21)	4,0 (28)	3,2 (80)	4,4 (32)	3,6 (80)	14,0 (100)	8,0 (57)
Sumatra	18,2 (35)	3,5 (19)	15,5 (30)	13,0 (86)	18,7 (35)	2,0 (10)	52,0 (100)	18,5 (36)
Kalimantan	23,6 (43)	3,0 (13)	15,0 (27)	11,0 (73)	16,4 (30)	4,0 (24)	55,0 (100)	18,6 (33)
Sulawesi	15,6 (68)	1,6 (10)	5,6 (24)	4,3 (77)	1,8 (8)	1,1 (62)	23,0 (100)	7,0 (30)
Molukken	1,6 (40)	0,3 (19)	2,1 (53)	1,8 (86)	0,3 (7)	0,2 (66)	4,0 (100)	2,3 (57)
Kl. Sunda-Inseln ...	3,9 (35)	2,2 (58)	6,0 (55)	4,5 (75)	1,2 (10)	0,5 (42)	11,1 (100)	7,2 (65)
Irian Jaya	. .	. .	. .	. .	. .	. .	42,2 (100)	. .
Insgesamt INDONESIEN	89,6 (44)	. .	. .	. .	. .	. .	20,2 (100)	. .
ohne Irian Jaya ...	68,5 (43)	11,8 (17)	48,2 (30)	37,8 (78)	42,8 (27)	11,4 (27)	15,9 (100)	61,0 (38)

(Indonesien ausschliesslich Irian Jaya = 159 Mill. ha.).
Quelle: Bodenforschungslaboratorium Bogor und Berechnungen des Verfassers.
*) Ausschliesslich Irian Jaya.

0.1.5. LANDNUTZUNG

Seit 1970 laufen die bereits unter holländischer Kolonialregierung eingeleiteten Arbeiten zur Luftaufnahme Indonesiens, die erst 1978 abgeschlossen sein werden. Und dann wird es weitere 2-3 Jahre dauern, bis die endgültigen Zahlen über Landnutzung vorliegen. Bei den in Tabelle 6 wiedergegebenen Zahlen handelt es sich um Schätzungen des DEPARTEMEN PERTANIAN (1972, 1977): Forsten ca 120 Millionen ha, die Schätzungen der NATIONAL FERTILIZER STUDY (1971) mit 18,8 Millionen ha jährlicher Erntefläche der Hauptnahrungspflanzen oder etwa 17,5 Millionen ha kultivierten Landes, d.h. ohne die Flächen mit doppeltem Anbau. Die restlichen 64,4% sind natürliches Grasland, Savannen, Gebirgsland ohne Bewuchs und sonstige Flächen, die bebaut oder bergbaulich genutzt sind. Einen Überblick gibt die von HANNIBAL L.W. (1950) entworfene Vegetationskarte (Karte 6, Seite 14).

0.1.5.1. *Die gegenwärtige Nutzung* geht aus Tabelle 6 hervor. Eine weitere Aufteilung findet sich auf Seite 98

0.1.5.2. *Landreserven und Möglichkeiten der Produktionsverbesserung*

Eine tiefergreifende Diskussion dieses Themas kann leicht zu Fehlurteilen führen, wenn man sich schliesslich auf die heute existierenden Zahlen über Landreserven festlegt. Alleine schon die Frage, was landwirtschaftlich nutzbar ist. Land, das vor fünfzig Jahren verworfen wurde, wird heute in vielen Ländern genutzt. Die Schätzungen des Jahres 1976 belaufen sich unter vielen Vorbehalten notwendiger späterer genauer Untersuchungen auf 60-64 Millionen Hektar landwirtschaftlich nutzbaren Bodens (von den insgesamt 202 Mill. ha vorhanden), worin die 17,7 Mill. ha bereits beackerten Bodens eingeschlossen sind. Nach Abzug einiger Mill, ha Wald verbleiben für die Ausdehnung als Ackerfläche dann nur etwa 20 Mill. ha.

Der auf Seite x erwähnte Survey des topographischen Direktorats zusammen mit der Bodenforschung wird erst etwa 1978 endgültige Ergebnisse liefern. Ein Versuch, die in Indonesien vorhandenen Landreserven anzuzeigen, muss deshalb relativ begrenzte Aussagekraft behalten. Für die einzelnen Inseln, die mit ihren Landflächen auf Seite 3 in Tabelle 1 zusammengestellt sind, lässt sich etwa folgendes aussagen:

Java/Madura und Bali — Ungenutzte unter Wald liegende Landreserven sind auf diesen drei Inseln nur noch verschwindend gering. Reserven für künftige landwirtschaftliche Nutzung liegen in der Wiedergewinnung hochgradig erodierten Bodens, wie im Oberen Sala Bassin, mit etwa 50.000 ha. Produktionsreserven befinden sich in erster Linie in der Intensivierung des doppelten Anbaus, für den die terminale Wasserkontrolle in der Bewässerung und Dränage des Landes, besonders der Küstenebenen, Grundvoraussetzung ist. Die Intensivierungsprogramme lassen sich noch erheblich verbessern. Eine indirekte Produktionsverbesserung würde sich auch aus dem Aufforstungsprogramm, dem «Grünprogramm», der Forstverwaltung ergeben.

Sumatra, das nur 25% der Einwohner Javas und Balis hat, aber dreimal soviel Landoberfläche, besitzt erhebliche Landreserven. Leicht können 20 Millionen ha Land urbar gemacht oder durch Viehhaltung genutzt werden, zumal die Insel weniger stark bergig als Java ist. Allerdings bringt die Urbarmachung der Sumpflandschaften in Ost-Sumatra erhebliche Schwierigkeiten mit sich (das Land östlich des Barisan Höhenzuges unterhalb 200 m über dem Meeresspiegel). Nur im Norden um Medan rodeten die Pflanzer schon um die Jahrhundertwende weite Landflächen für die Plantagen. Im Süden fällte die Regierung den Wald für die Transmigration (vgl. S. 151). Das Mittelstück ist das Hauptreservoir künftigen weiteren Ackerbodens, 35% der Insel mit alleine 180.000 qkm Oberfläche. Die stark heterogenen geologischen Formationen zeigen unterschiedliche Böden an, und in der Priorität der Erkundungsuntersuchungen steht die zentrale Zone Sumatras deswegen vornean. Weiterhin gibt es auch in anderen Teilen Sumatras hier und da eingesprengt potentiell nutzbare Böden, die grössere Flächen bedecken, wie die zu

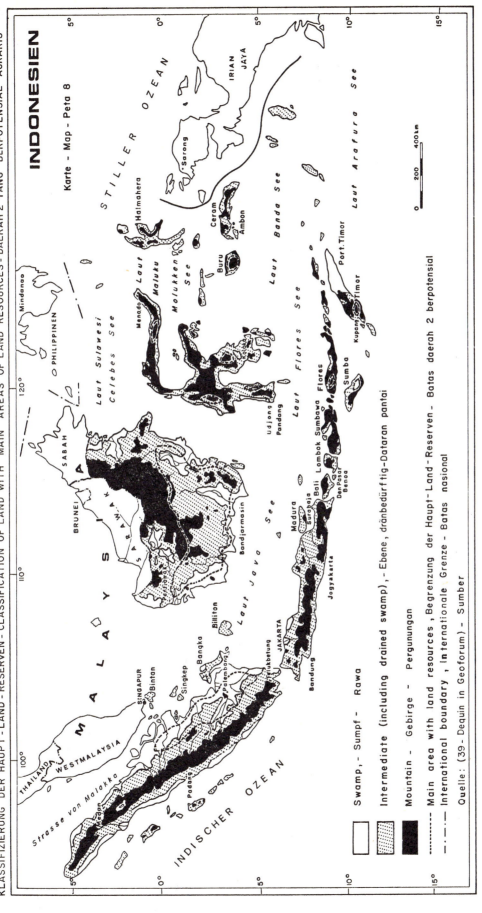

TABELLE 6

LANDNUTZUNG IN INDONESIEN, SCHÄTZUNGEN AUS DEN JAHREN 1972 BIS 1977, BZW. 1977, IN HA U.V.H.
(Land Use in Indonesia, Estimates)

Indonesien, Gesamtoberfläche 2.019.362 qkm oder 201.936.200 ha			v.H.
Davon Forsten [1]		120.000.000	59,4 (Forests)
Natürliche Wälder		118.800.000	
Primärer Regenwald	80.000.000		
Gemischter Regenwald	500.000		
Sekundärer Regenwald	19.600.000		
Wirtschaftswälder		1.200.000	
Teakforsten	900.000		
Andere Forsten	300.000		
Landwirtschaftlich genutztes Land [2]		17.500.000	8,7 (Agriculture)
Feldfrüchte, einjährig		12.900.000	
Paddy (Reis)	8.200'000		
Mais	2.900.000		
Maniok	1.400.000		
Sojabohnen	600.000		
Süsskartoffeln	400.000		
Erdnüsse	400.000		
Gemüse	200.000		
Plantagenkulturen		4.600.000	
Hevea (Kautschuk)	2.200.000		
Kokospalmen	1.600.000		
Kaffee	400.000		
Tabak	100.000		
Zuckerrohr	100.000		
Gewürznelken	100.000		
Tee	100.000		
Ölpalmen	100.000		
Zitronella	20.000		
Anderes Land [3]		64.400.000	31,9 (Other)
Natürliche Savannen			
Sekundäres Grasland			
Steriles Gebirgsland			
Städte, Dörfer			
Bergbaulich genutzt			

Quelle: [1] Landwirtschaftsministerium, Forstgeneraldirektorat (224; 227).
[2] National Fertilizer Study (81).
[3] HANNIBAL L.W. « Vegetation Map » 1950 (262).

dränierenden Sumpfböden West-Sumatras, 200.000 ha, die Grasflächen bei Padang Lawas in Süd-Sumatra, 125.000 bis 175.000 ha, kleinere Hochflächen und Täler im Westen Nord-Sumatras und Acehs, sowie in der Nähe des Gunung Kerinci und Gunung Tanggamus im Westen der Insel (Provinzen West-Sumatra/Lampung) in subtropisch bis gemässigten Höhenlagen kleinere Täler, die für den Anbau von Verkaufsfrüchten geeignet sind.

Sulawesi, das um 50% grösser als Java/Madura ist, aber nur ein Zehntel dessen Einwohner hat, ist ebenfalls noch reich an Landreserven. Mit etwa 38 Personen pro qkm hat Sulawesi durchschnittlich eine Bevölkerungsdichte wie Sumatra. Da aber ungefähr 65% der Insel bergig sind, ist der Anteil künftig kultivierbaren Bodens viel kleiner als auf Sumatra. Im ganzen sind nur etwa 7 Millionen ha für Ackerbau

geeignet, wovon bereits die Hälfte irgendwie genutzt ist. Hier ist die Luwu-Ebene mit alleine 1,5 Mill. ha als besonders geeignet für künftige Inkulturnahme zu erwähnen.

Kalimantan, die grösste der Inseln mit 550.000 qkm im indonesischen Besitz mit nur 5 1/2 Millionen Einwohnern und einer Dichte von 10 Personen/qkm, hat etwa 30 Millionen ha ebenen oder leicht hügeligen Landes. Von diesen sind etwa 16 Millionen ha Sumpfland, die nur unter grösseren Kosten urbar gemacht werden können, wenn überhaupt. Weite Strecken der Sumpflandschaft liegen im Tidehub (Gezeiteneinfluss) und bestehen oft nur aus Mangrovenwäldern. Die verbleibenden 15 Mill. ha sind Mineralböden, die etwa zu 1/4 bereits kultiviert werden oder im Zuge des Wanderhackbaus kultiviert wurden. In den leicht gewellten Landstrichen ist neben Regenlandbau Viehzucht eine künftig lohnende Tätigkeit. In den küstennahen Sumpflandschaften bieten sich wie auf Sumatra Möglichkeiten für Paddy- (Reis-) Anbau auf Grund der auf Seite 135 beschriebenen Tide-Hub-Bewässerung an.

Die *verbleibenden Inseln*, die Molukkengruppe mit Ceram, Buru, Halmahera und die Kleinen Sundainseln, Nusa Tenggara mit Lombok, Flores, Timor, Sumba, Sumbawa, haben zusammen eine grössere Landmasse als Java, aber nur eine Bevölkerung von (1975) 6 Millionen, eine Dichte von etwa 40 Ew./ qkm. Auf den Inseln von Nusa Tenggara gibt es wegen des relativ ariden Klimas nur begrenzte Möglichkeiten für eine Ausweitung des Ackerbaues, wohl aber für die Viehzucht. Anders ist es auf einigen Molukkeninseln, wie auf Ceram, wo eine Ausweitung des erst kürzlich eingeführten Reisbaues noch möglich und erfolgversprechend ist (39; 58; 64; 147 auch pers. Mitteilungen van de Goor).

Zusammenfassend kann die Frage vorhandener Landreserven positiv beantwortet werden. Unter Ausschluss von Irian Jaya, das noch nicht genügend durchforscht ist, findet man im ganzen etwa 60 Millionen ha Land, die ackerbaulich genutzt werden können. Da erst 17,5 Millionen ha bebaut sind, 12 Mill. ha unter Forstkonzessionen liegen, weitere 12 Mill. ha produktive Forstreserven sind, verbleiben nach konservativer Auffassung etwa 20 Mill. ha für die landwirtschaftliche Ausdehnung. Weitere hier nicht eingeschlossene Reserven sind die nur teuer erschliessbaren Sümpfe an der Java-See. Die 20 Mill. erfahren noch eine Abschwächung,

weil die meisten Landreserven von minderer Qualität sind, wenn sie mit Böden Javas verglichen werden. Diese Zahlen beruhen auf vorläufigen Schätzungen. Die Planungsbehörde Bappenas hat die Notwendigkeit eines intensiveren Studiums der vorhandenen Landreserven unter den Aspekten der in den Regionen vorhandenen Menschenreserven bzw. Entfernungen der Landpotential-Flächen zu Java erkannt und diesem Problem erhöhte Aufmerksamkeit verliehen. -Die hier gebrachte Korrelation von Relief/Bodentyp und Güte der Tragfähigkeit ist eine allgemein gebrauchte Vereinfachung. Der Autor neigt zu der Auffassung, dass diese Zahlen zu konservativ sind und daher zu niedrig liegen.

Die *regionalen Unterschiede* springen stark ins Auge: da ist einmal das bereits überbevölkerte Java ohne nennenswerte Landreserven und auf der anderen Seite das dünn bevölkerte Kalimantan mit grösseren Landreserven aber minderen Böden. Das gleiche kann man von Sumatra sagen. Andere Inseln nehmen eine Zwischenstellung ein. Weitgehend unbekannt ist das Potential Irian Jayas. Damit stehen Bodenqualität und Oberflächengestaltung den Vorstellungen der umzusiedelnden Javanen von einem beackerbaren Boden entgegen. Fruchtbarkeit ihrer Böden und leichte Beackerbarkeit haben die Transmigranten verwöhnt, weshalb die Transmigrationsarbeit bisher relativ geringe Erfolge zu verzeichnen hat. Der Autor wagt die Behauptung, dass nach neuen Erkenntnissen vorhandene Landreserven mit 80 Mill. ha statt der erwähnten 20 Mill. ha angesetzt werden können.

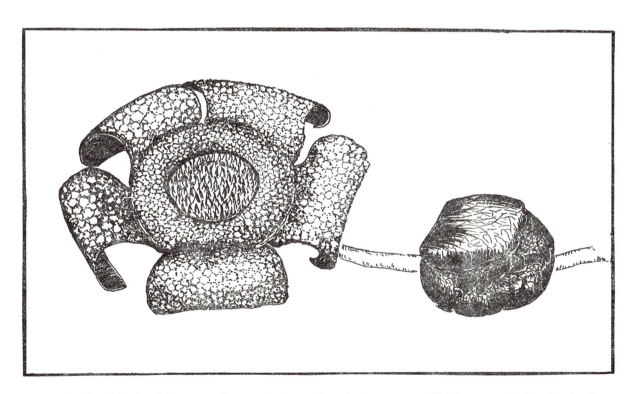

(5) Rafflesia Arnoldi, eine Schmarotzerpflanze mit einem Blütendurchmesser von 80-100 cm, aus der Familie der Osterluzeigewächse, benannt nach Sir Th. Stamford Raffles *1781 + 1826.

0.2. Bevölkerungs- und Sozialstruktur

0.2.1. BEVÖLKERUNG

Die letzte Volkszählung durch die Holländer fand 1930 statt. Eine für 1940 geplante wurde durch den Krieg verhindert. Die grosse Volkszählung von 1961 ergab eine Bevölkerungszahl von 96,4 Millionen. 1971 zählte man 119,182 Millionen. 1978 dürften es 140 Mill. sein (221). Die Wachstumsrate ist 1,9% Jahr. Projektionen ins Jahr 2000 sagen eine Bevölkerung von 240 Mill. voraus (vgl. Tab. 67 i.Anhg.)

Man sagt Volkszählungen in Indonesien eine gute Verlässlichkeit nach, wie Nachkontrollen durch Stichproben bewiesen haben. Die « Survey Sosial Ekonomi Nasional », die eine Art Mikrozensus darstellen und in den Jahren 1962, 1964 und 1976 durchgeführt wurden, bestätigen ebenfalls die Zahlen der grossen Volkszählung. Die letzte Zwischenzählung ergab zum ersten Mal ein Wirksamwerden der Familienplanung (vgl. Anhangtabelle 5). Die Sterblichkeitsrate ist mit 17 Toten pro 1.000 Einwohner pro Jahr allerdings noch recht hoch. Tabelle A 4.

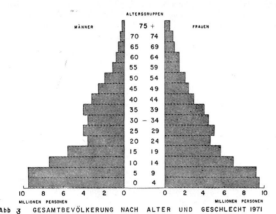

Abb **3** GESAMTBEVÖLKERUNG NACH ALTER UND GESCHLECHT 1971
TOTAL POPULATION ACC TO AGE AND SEX
Quelle - Source: 221 Volkszählung 1971, Jakarta 1972, Serie C.S.3 auch: ROLL (153)

Tabelle 2 gibt einen Überblick der Grössen der einzelnen Inseln mit Bevölkerungszahl und -dichte. Im Jahre 1971 lebten auf Java 76,1 Millionen Menschen. Das waren 63,9% der Gesamtbevölkerung. Dabei umfasst Java nur 8,9% der Landfläche Indonesiens. Die Bevölkerungsdichte Javas betrug 1971 567 Menschen auf den Quadratkilometer, während in ganz Indonesien der Durchschnitt 59/qkm war. Der Geburtenüberschuss lag 1963 mit 2,8% auf Java höher als im übrigen Indonesien. 1978 ergibt sich eine Dichte von etwa 70 pro Quadratkilometer. Die unterschiedliche Bevölkerungsverteilung ist bekannt und durch Karte 9 veranschaulicht. Besonders geringe Bevölkerungsdichten weisen Ost-Kalimantan mit 3,4/qkm und Irian Jaya mit 2,1/qkm auf. Die Ausseninseln zusammen hatten 1971 einen Durchschnitt von 22,8/qkm. Die Gegenüberstellung Java: Ausseninseln sagt nicht genügend über die Differenziertheit in der Bevölkerungsverteilung aus. Man muss beachten, dass in den Kabupaten Javas mit über 500 Einwohnern/qkm die Hälfte der gesamten Bevölkerung auf 5% der Gesamtfläche des Staates lebten. Kabupaten mit weniger als 20/qkm machen im Gegensatz hierzu mehr als 50% der Landfläche Indonesiens aus, bieten aber nur für etwa 8% seiner Bevölkerung Wohnraum. Der Altersaufbau ist aus Abb. 3. ersichtlich und in Anhangtabelle 5 wiedergegeben.

Zur Zeit der Durchführung der Volkszählung im Jahre 1961 lebten 14,3% oder 15% der Bevölkerung in Städten. Von den über 50 Stadtkreisen hatten 21 eine Bevölkerung von mehr als 100.000 Einwohnern. Die Gesamtzahl der

Einwohner dieser Grosstädte war 1961 mit 9,4 Millionen mehr als viermal so hoch wie 1930. Im Jahre 1971 lebten in den beiden besonderen Bezirken Jakarta und Jogyakarta 7 Millionen Menschen. Der natürliche Bevölkerungszuwachs hätte die Grosstädte (4-A) nur um die Hälfte anschwellen lassen dürfen. Die Differenz geht auf das Konto der Zuwanderung. Das Beispiel Jakartas veranschaulicht diese Bewegungen in besonderer Weise: von 1930 bis 1961 vermehrte sich die Einwohnerzahl von 533 000 auf 2 973 000 und bis 1971 auf 4.576.000 (4-A). Dieser Zuzug ist vor allem durch die Hoffnung auf ein besseres Einkommen veranlasst, weniger durch den wirklichen Arbeitskraftbedarf der Stadt. Am stärksten war die Zunahme der Einwohnerschaft in Medan im Norden Sumatras, die von 1930 bis 1961 von 77 000 auf 479 000 anwuchs. Das sind über 600% (153; 154; 198; 221).

Wanderungsbewegungen schliessen spontane vom Lande in die Städte, auch von den Ausseninseln zur Hauptinsel Java und nach Jakarta, und staatlich gelenkte von Java im Rahmen der Transmigration (vgl. S. 151) ein. Man schätzt, dass ungewollt zwischen 1961 und 1971 996.000 Personen nach Jakarta zuwanderten, nur 269.000 die Hauptstadt verliessen (228). Die Schwierigkeiten in Erreichung grösserer gewollter Transmigrationszahlen liegen in den grossen Unterschieden der natürlichen Voraussetzungen und in der ethnischen Natur, die geschichtlich bedingt sind (vgl. auch Seite 39 und Anhangtabelle 37). In sieben REPELITA-Jahren konnten nur 57.000 Familien umgesiedelt werden (1969-76).

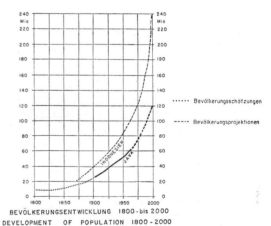

Abb **4**
BEVÖLKERUNGSENTWICKLUNG 1800 - bis 2000
DEVELOPMENT OF POPULATION 1800 - 2000
Quelle - Source: (153) RÖLL, mit op.cit Breman, J.C Widjojo Nitisastro u. N.Keyfitz
sowie (217) Biro Pusat Statistik " Statistical Pocketbook of INDONESIA, Jakarta 1972

Die Bevölkerungsproblematik liegt in der Ballung auf Java/Madura und Bali und der sehr weitläufigen Besiedlung auf den anderen Inseln. Die Bevölkerungspolitik lag im Zwiespalt der Meinungen jener, dass Indonesien mit einer durchschnittlichen Bevölkerungsdichte von 70/qkm noch nicht dicht genug besiedelt sei, um der drohenden chinesischen Menschenwoge Einhalt zu bieten und der anderen, die vor allem die Bevölkerungspolitik Javas sehen mit einer zu teuren Transmigration und einer nicht schnell genug wirksamen Familienplanung. Die Meinungen mancher Bodenplaner spielen eine Rolle, die den Böden der Ausseninseln absprechen, eine Dichte zu tragen, die einen Ausgleich mit Java zulässt, wie auch unzureichende Transparenz über die Möglichkeiten einer Besiedlung hinsichtlich natürlicher Bedingungen, weil das Land noch nicht genügend durchforscht ist. Hierauf ist an anderer Stelle weiter einzugehen. Wenn im folgenden Kapitel auf die Geschichte des Landes eingegangen wird, ist interessant festzustellen, dass frühere Wanderungsbewegungen durchaus die fruchtbareren Teile Indonesiens trafen, d.h. Süd-Sumatra and Java, die zugleich bei einer Stossrichtung Nord-Süd offen daliegen.

INDONESIEN

BEVÖLKERUNGSDICHTE 1961 - POPULATION DENSITY acc. to KABUPANEN - KEPADATAN PENDUDUK

Karte - Map - Peta 9

Einwohner je Km - Inhabitants

unter 15	under
15 bis unter 30	
30 bis unter 75	
75 bis unter 200	
200 bis unter 350	
350 bis unter 500	
500 bis unter 750	
750 bis unter 1000	
1000 und mehr	

Städte über 50.000 Einwohner sind gesondert dargestellt

3 Mill
1 Mill
50.000

Source - Quelle - Sumber: STAT BUNDESAMT 174

SECTION - AUSSCHNITT : JAVA

JAKARTA

Tjirebon · Kalianget · Surabaja · Probolinggo · Madiang · Banjuwangi · Semarang · Tjilatjap · Bogor

0 100 200 300 400 500

Labels

PHILIPPINEN
Mindanao
STILLER OZEAN
IRIAN JAYA
Sarong
Halmahera
Menado · Laut Moluku · Molukken See
Ceram
Ambon
Buru
Laut Banda See
Laut Flores See
Laut Arafura See
Port. Timor
Timor
Kupang
Sumba
Flores
Sumbawa
Lombok
Bali · Den Pasar · Benoa
Ujung Pandang
SULAWESI
Kendari
SABAH
BRUNEI
SARAWAK
KALIMANTAN
Banjarmasin
Pontianak
Laut Java See
Madura · Surabaja
Jogyakarta
JAVA
JAKARTA
Bandung
Tjukbetung
Billiton
Bangka
Palembang
Singkep
Bintan
SINGAPUR
Singapur
MALAYSIA
WESTMALAYSIA
THAILAND
Strasse von Malakka
Medan
Padang
Jambi
INDISCHER OZEAN
Laut Celebes See

5° 0° 5° 10° 15°
100° 110° 120° 130°

0.2.2. GESCHICHTE

Die Geschichte Indonesiens ist das Ergebnis der äusseren Einwirkungen auf die nach allen Seiten offene Inselwelt mit sprachlich und kulturell unterschiedlichen Bewohnern. Schon früh kamen Abenteurer und Händler über das Meer in diese faszinierende tropische Welt. Alle haben ihre Spuren hinterlassen. Bedeutsam war die etwa 150 Jahre während koloniale Vergangenheit mit Holland; der handelbezogene Kontakt dauerte sogar 300 Jahre. — Ohne Anspruch auf Genauigkeit nach letztem Wissensstand soll diese kurze, aus mehreren Quellen kompilierte geschichtliche Betrachtung Indonesiens und Teile desselben zum rückliegenden Geschehen in Beziehung setzen.

Frühgeschichte

Java ist eine der frühen Stätten der Menschheit. Bei Mojokerto in Ost-Java fand man Reste mesolithischer Kulturen und menschlicher Skelette dieser Zeit. Zeichen menschlicher Besiedlung sind auch aus dem Pleistozän vorhanden. Spuren melanesischer Kulturen und solche der Papuas weisen auf Wanderungen aus dem pazifischen Raum und aus Australien hin. Die Wanderungen vom asiatischen Festland her kamen wahrscheinlich aus dem westlichen China und datieren aus dem Neolithikum. Diese Zuwanderer besassen bereits Fertigkeiten in der Weberei und in der Holzverarbeitung. Die den Proto-Malayen nachfolgenden Deutero-Malayen aus dem gleichen Raum brachten die Kultur des Bronze-Eisen-Zeitalters mit, unter dem Namen «Dong-Song» bekannt. Nach BARTH u.a. (11; S.23) besassen diese Einwanderer Kenntnisse der Astronomie und Navigation. Aus ihrer Heimat brachten sie den Reis mit der sich dann ausbreitenden SAWAH-Kultur, die den Wanderhackbau ablöste und damit die Voraussetzung für dichtere Besiedlung schuf. Seither ist zwischen zwei Siedlungstypen zu unterscheiden, nämlich den Reisbau-Dörfern in den Niederungen Javas und den Händler-und Fischer-Dörfern an den Küsten der anderen Inseln und dem Wanderfeldbau landeinwärts. In dieser frühen Periode brachten indische Händler Vorstellungen eines kosmologischen Dualismus, von den Gegensätzen zwischen Himmel und Erde sowie zwischen Bergen und Seen. Die bedeutende Stellung der Frau in der Gesellschaft soll aus dieser Zeit stammen, wie auch die aufwendigen Bestattungsweisen.

Frühe Königreiche unter indischem Einfluss

Die indische Periode Indonesiens wurde von den oberen Gesellschaftsschichten getragen, die mit hinduistischen und buddhistischen Ideologien ihre Reiche politisch aufbauten. Die von indischen Händlern vom zweiten Jahrhundert n.Ch. an nach Indonesien gebrachten Neuerungen waren stets friedlicher Art. Sumatra und West-Java sowie West-Kalimantan waren die Zwischenstationen. Hier befanden sich die wichtigsten Handelsplätze an der Küste, und durch die indischen Händler wurden die grossen Religionen Indiens, seine Sitten und Gebräuche eingeführt. Sie fanden auch Eingang in grosse Städte im Landesinnern. Mit dem Sanskrit, später dem Altjavanischen, verbreiteten sich Kultur und Wissenschaften Indiens, wurden teilweise aufgenommen und mit der Zeit dem bereits Bestehenden eingegliedert. Die indischen Heldensagen und manches andere erhielt vom 10. Jahrhundert an eine eigene indonesische Färbung.

Schon vom 5. Jahrhundert n.Ch.an waren diese Hindu-Javanischen Königreiche mächtige Staaten. (Taruma 450).

— So waren dem *Königreich Srivijaya* nahe Palembang auf Sumatra grosse Teile der Insel Sumatra selbst, West-Javas und der malayischen Halbinsel untertan. Bis zum 13. Jahrhundert beherrschte Srivijaya den Handel mit China und war Zentrum des Buddhismus.

— *Mataram* in Zentral-Java schwang sich unter König Sanjaya als hinduistisch-schaivitisches Königreich zu grosser Macht auf. Die Steintempel auf dem Dïeng-Plateau bei Wonosobo waren der religiöse Mittelpunkt dieses Reiches. Mataram wurde nur wenig später als Srivijaya gegründet und war politisch-religiös eigenständig.

— *Die Sailendra-Dynastie* entstand um 750 n.Ch.unweit des Dïeng-Plateaus als ein mit Srivijaya verwandtes buddhistisches Königreich. Die buddhistischen Tempel in Borobodur stammen aus dieser Zeit. Das javanische Mataram dehnte sich gegen Ende des 9. Jahrhunderts weiter ostwärts aus und gründete den hinduistischen Tempelbezirk in Prambanan zwischen dem heutigen Jogyakarta und Solo. Schliesslich verschoben sich die Zentren der hinduistischen und buddhistischen Reiche nach Ost-Java, wo der Name Mataram noch lange gebräuchlich war.

— *Dharmavasa* war in Ost-Java von 985 bis 1006 eine der neuen Dynastien. In dieser Zeit wurde die Mahabarata ins Javanische übersetzt. Bali und West-Kalimantan wurden dem Reiche einverleibt, ein Angriff auf Srivijaya schlug jedoch fehl. Unter König Airlangga, der auf Bali residierte, kam das Reich noch einmal zur Blüte, indem er sein Land mit Srivijaya durch Heirat verband.

— *Das Königreich von Kediri* in Ost-Java löste Mataram ab und wurde im Gewürzhandel die beherrschende Macht. Die Gewürze stammten von den Molukken und Kalimantan, wurden in nordjavanischen Häfen umgeschlagen und von indischen Händlern nach dem Westen bis nach Arabien verschifft. Als Srivijaya unterging, übertraf Kediri die Handelsplätze in Ost-Sumatra an Bedeutung.

— *Die Singhasari-Dynastie* des 13. Jahrhunderts löste Kediri ab und erlebte unter König Kertanegara eine letzte Blüte. Er vereinigte die schaivitischen und buddhistischen Glaubenselemente in der Siva-Buddha-Religion mit ihren mystischen Riten.

— *Majapahit*, vom Schwiegersohn und Erben Kertanegaras gegründet, entwickelte sich nach der Abwehr einer chinesischen Invasion in Ost-Java zum bedeutendsten javanischen Reich. Unter Gajah Mada, dem Premier von König Hajam Wuruk von Majapahit, erfuhr seine Macht die grösste Ausdehnung. Er liess die Gesetze neu schreiben und verherrlichte in der «Nagarakertagama» Kertanegara als den grössten Führer. In der Zeit der stärksten Ausdehnung erstreckte sich Majapahit über die ganze Weite des heutigen Indonesien und schloss auch die malayische Halbinsel ein. Es geht die Sage, dass Gajah Mada auch Schiffe ins ferne malayisch-kolonisierte Madagaskar schickte. Die Grenzen des Reiches sind wissenschaftlich umstritten. Der Niedergang begann mit dem Aufkommen des Islam im 14. Jahrhundert. Der vitalen Religion war der Hinduismus nicht gewachsen. Er zog sich auf Bali zurück, und der Rückzug dauerte fast zwei Jahrhunderte (11; 13; 44; 167). (vgl. Geschichtstafel Seite 24).

Für die heutige Entwicklungssituation Indonesiens blieb aus dieser Periode hinduistischer Einflüsse die Besonderheit der Ausrichtung der indonesischen Intelligenzschicht, besonders der Javas, mit der «Agama Jawa» (Religion Javas). Diese im Gegensatz zum heutigen Indien mehr emanzipierte Anschauungsweise sollte sich für die Entwicklung Indonesiens positiv auswirken. Dort in Indien gingen diese Züge durch die Mogulherrschaft verloren, wurde besonders die Entfaltung der Frauenarbeit gelähmt. In Indonesien, besonders auf Java, blieb dieses hervorstechende Charakteristikum erhalten. Darum verstehen wir die Tempelbilder Javas unter der Gegenwart javanischen Lebens besser als jene Indiens mit der heutigen Welt dort. *)

---

*) Im Anschluss an seine Jahre in Indonesien verbrachte der Verfasser die Jahre 1972 bis 1978 vornehmlich auf dem indischen Subkontinent und studierte solche Zusammenhänge.

SRIVIJAYA GESCHICHTLICHE REICHE HISTORIC EMPIRES KEMAHARAJAAN 2 BERSEJARAH

Karte - Map - Peta 10

INDONESIEN 750

INDONESIEN 1150

| | Kadiri |
| | Srivijaya |

Einflussgebiete Influenced Region Daerah Yang Pengaruh

Andere - Others - Lain-Lain

Km
0   600   1200

Geschichtstafel

600- 500	Entstehung der älteren Bücher der Mahabarata und Ramayana (in Indien); Sanskrit-Grammatik
100- 0	Animismus in Indonesien, Ahnenkult
0- 100	Beginn der Indisierung Südostasiens
300- 400	Indonesische Königreiche Langkasuka und Tambralinga auf der Malayischen Halbinsel
400- 500	Indisiertes Königreich (400) auf Borneo, 450 Taruma in West-Java (Sanskritinschriften)
600- 700	Theravada-Buddhismus auf Sumatra
600- 700	Königreich Srivijaya auf Sumatra entsteht; 650 Inschriften von Tuk Mas in Zentral-Java und Rambi-Puii in Ost-Java belegen weitere hinduistische Reiche
700- 800	778 Sailendra-Dynastie in Zentral-Java entsteht Alt-Javanisch verdrängt Sanskrit; Mahayana-Buddhismus Religion der Sailendra-Dynastie, während Sivaismus Religion des Volkes bleibt « Devaraja » (Gott-König)-Kult; Candis auf dem Dieng-Plateau und auf dem Ungaran-Berg, Brahma-Statue von Dieng
800- 900	Mataram-Reich; Borobodur-Tempelburg, Candi-Sewu in Zentral-Java
900-1000	992 Mataram greift Srivijaya an; Tempelkomplex Prambanan
1000-1100	König Airlanga kräftigt Mataram, Friedem mit Srivijaya
1100-1200	Niedergang Srivijayas; andere Reiche in Ost-Java
1326/27	Trengganu-Inschrift bezeugt Islam auf Malayischer Halbinsel

Die Islamisierung Indonesiens begann nach Berichten am Ende des 13. Jahrhunderts in Aceh im Norden Sumatras, wo dieser neue Glaube aus dem um 1400 gegründeten Königreich Malakka einzudringen begann. Malakka war damals Umschlagplatz für Gewürze von den Molukken nach Cambay im westlichen Indien. Von dort wurden die Gewürze durch die indischen Gujaratis nach Südarabien und weiter ins Mittelmeer nach Venedig verschifft. Schliesslich wurden sie über ganz Europa verteilt. Aus Nusa Tenggara kamen Sandelholz und Baumwolle, aus Süd-Sumatra Pfeffer nach Malakka. Die Häfen der javanischen Nordküste waren wichtig für die Reisversorgung nach den Molukken und nach Malakka. Hierher, nach Malakka, kam der Islam durch die Niederlassungen der Araber, die ihren heiligen «Wali» als oberstes religiöses Haupt mitbrachten. Der Islam folgte dann den Handelswegen und etablierte sich zuerst in den Küstenorten. Minangkabau in West-Sumatra, das noch heute stark orthodox-islamisch ist, widerstand diesem Einfluss bis zum Ende des 15. Jahrhunderts. Das javanische Könighaus Mataram wurde gar erst im 16. Jahrhundert bekehrt. Der islamische Glaube, durch die Gujarati-Händler indisch verbrämt, fand in Java in Form der mystischen pantheistischen Sufi-Sekte Eingang. Auf Java ergab sich bei den weiter landeinwärts lebenden Bewohnern ein Modus vivendi mit den starken hinduistischen Einflüssen. Wirklich fest etablieren konnte sich der Islam anfangs nur an der Küste unter den «Santri», speziell sich den Religionsübungen hingebenden Mitgliedern angesehener Familien. Schwach besiedelte Inseln wie Nusa Tenggara und Sulawesi widerstanden der Islamisierung sehr lange. Kurz vor der Ankunft der Holländer in Ambon auf den Molukken wurden die Bewohner dieser Insel zum Islam bekehrt, nur um sehr bald anschliessend dem Christentum gewonnen zu werden (44). Geblieben ist aus dieser Zeit ein ausgeprägter orthodoxer Islam in Aceh und West-Sumatra. Daneben gibt es in den meisten ländlichen Gebieten Indonesiens mit der als erstrebsam geltenden Hadj nach Mekka und dem Ansehen solcher Pilger starke islamische Züge, die für die wirtschaftliche Entwicklung wichtig sind.

Die Holländer in Indonesien

Bevor die Holländer in Indonesien eintrafen, wo sie über 300 Jahre bleiben sollten, gab es ein kurzes Zwischenspiel mit den Portugiesen. Diesen war es gelungen, im Jahre 1511 Malakka einzunehmen und von dort überall in der Java-See, bis nach Ternate, Forts zu errichten und damit den Gewürzhandel zu kontrollieren. Sie brachten neue Kampftaktiken, die sie besonders an den Aceh-Kämpfern erproben mussten (1529-1587), und auch das Christentum. Die Portugiesen schwächten die Stellung der nordjavanischen Häfen und stärkten indirekt dadurch die landeinwärts gelegenen javanischen Staatengebilde. Neben diesen Staaten gab es zur Zeit des Eintreffens der Holländer noch das Pfefferhandel treibende Königreich Bantam in West-Java, das die Sundastrasse kontrollierte. Dort hatten die Briten eine Faktorei errichtet. Die damals übliche Kombination von monopolisierten Handelsrechten mit militärischem Potential, verliehen an die «Vereenigde Oost-Indische Compagnie» (VOC) der Niederlande, schaltete die portugiesischen und britischen Gewürzklipper in kurzer Zeit aus.

Die *Vereenigde Oost-Indische Compagnie* (VOC) = Vereinigte Ostindische (Handels)-Gesellschaft war eine der ersten Aktiengesellschaften der modernen westlichen Geschäftswelt. Die VOC hatte im Jahre 1602 unter ihrem ersten Gouverneur Jan Pieterzoon Coen mit dem Handelsmonopol und den Mitteln für die kriegerische Durchdringung Südostasiens wirksame Machtmittel in die Hand bekommen. So konnte die VOC im Überseehandel Südostasiens für lange Zeit eine Handelsmacht errichten, die in dieser Form völlig neu war. Die britische Ostindiengesellschaft, die etwa zur gleichen Zeit gegründet wurde, wurde durch die VOC allmählich von den östlichen Inseln verdrängt. Hierzu hatte die VOC die Sundastrasse und den Hafen von Bantam mit der britischen Faktorei blockiert. Die holländische VOC verstand es in

der Folgezeit, die innerjavanischen Streitigkeiten für sich und gegen Bantam und die Briten auszunutzen. Im Jahre 1641 eroberte die VOC, zusammen mit Johore, Malakka und verdrängte anschliessend die seit dem Sieg über die Aceh dort ansässigen Portugiesen, die nur noch Timor behielten. Ambon auf den Molukken wurde die erste grössere holländische Niederlassung und Sitz der VOC.

Wie die VOC gegen javanische Händler und auch gegen die Kultivateure vorging und die Gewürzpreise künstlich hochhielt, ist auf Seite 101 beschrieben. Batavia wurde für über 300 Jahre bedeutendster Handelsplatz im Archipel. Als grösster Erfolg der VOC ist der Sieg über Sultan Agung im Jahre 1629 anzusehen, als dieser Batavia angegriffen hatte. Als Agung und sein Nachfolger weiter hollandfeindlich blieben und Batavia keinen Reis lieferten, mischten sich die Holländer in den Streit zwischen Prinz Trunojojo und dem Nachfolger Sultan Agungs ein und brachten 1674 den hollandfreundlichen Sultan Amangkurat II auf den Thron. Dafür erhielt die VOC die Landschaft Preanger in der Umgebung des heutigen Bandung. Im Laufe des 18. Jahrhunderts nutzten die Holländer den Zwist der Häuser Bantam und Mataram und brachten fast ganz Java unter die Kontrolle der Handelsgesellschaft. Nur zwei kleine Bezirke in Zentral-Java blieben als Reste des grossen Königreiches Mataram bestehen, die Sultanate Surakarta (Solo) und Jogyakarta. Aber auch diese waren von den Holländern abhängig. Als Susuhunan Amangkurat kinderlos sein Ende kommen sah, übertrug er die Krone an die Holländer, weil er mit seiner Familie in Feindschaft lebte. Daraufhin hatte sein jüngerer Bruder und der rechtmässige Erbe Pugr, dann Hamengku Buwono I genannt, um 1770 aus Opposition gegen die Holländer das Sultanat in Jogyakarta errichtet, weil diese in Solo den nachgeborenen Sohn einer Nebenfrau als Thronfolger eingesetzt hatten. Pugr eröffnete einen erfolgreichen Krieg gegen die Holländer und erhielt von ihnen das Land um Jogyakarta. Der Hof in Solo blieb Holland gegenüber stets loyal. Das war der Ursprung des unterschiedlichen Verwaltungscharakters der beiden Fürstenhöfe, schliesslich auch der Unterschiede einzelner äusserlicher Merkmale ihrer Bewohner. Indirekte Herrschaft war die Methode der VOC-Regierung. Doch sie mischte sich auch in «Familien»-Kriege, um sich den Küstenstreifen Javas für den Handel zu sichern. Verträge hielten die javanischen Fürsten selten, wie auch die Holländer nicht. Die VOC herrschte durch extra eingesetzte und dann geadelte (ningrat-Endung am Namen) Regenten, deren Verwaltungsbezirke sie Regentschaften nannte. Hier sind «Paku Alam» und Mangkunegoro anzuführen.

Die nachgeordneten Angestellten solcher Regentschaften waren die (holländischen) «Kaffee-Feldwebel», die den Regenten beigeordnet waren und auf die Einhaltung des im «Cultuurstelsel» (etwa Kultursystem, vgl. S. 101) vorgeschriebenen Anbaues achten mussten. Die Produkte mussten zu Festpreisen in Batavia abgeliefert werden. So hatten die Holländer ohne grosse Verwaltungskosten ihres halb-feudalen javanischen Herrschaftssystems die ganze Insel bis zum Jahre 1800 unter Kontrolle. Als der Gewürzhandel auf den Aussen-inseln zurückging, führte die VOC den Anbau von Zuckerrohr ein, das sie mit ins Land geholten Chinesen (vgl. S. 55) kultivierten und verarbeiteten. Auch andere Kulturen, wie Kaffee und Tee, wurden auf Java eingeführt. Die VOC musste mehr Land in eigener Regie bebauen und verwalten, wodurch die Kosten stiegen und die Kassen der VOC leer wurden. Die «Inlandse Administrati» wurde erst nach der VOC von der holländischen Kolonialregierung eingeführt.

Der wirtschaftliche Niedergang war eine Folge der langen Kriege und des anschliessenden Umbruchs in Europa. Seine Auswirkungen reichten bis in die überseeischen Besitzungen der Niederlande. Im Jahre 1800 lösten die Niederlande die VOC auf, die seit 1782 keine Dividenden mehr gezahlt hatte. Die republikanische Regierung in Den Haag erbte ein weit auseinandergezogenes Territorium mit unterschiedlichem rechtlichem Status. Batavia war nach Anlage und Bevölkerung eine rein holländische Stadt, deren Randgebiete von Javanen in übervölkerten und ungesunden Quartieren besiedelt waren. Die Gebiete von Preanger und in den Niederungen entlang der Java-See wurden direkt verwaltet. Bantam, Jogyakarta und Solo hatten attachierte holländische Beamte. Auf den Ausseninseln besass Holland einige kontrollierte Häfen, so auf Sumatra, in Süd-Kalimantan und auf den Kleinen Sundainseln. Die weiter östlich gelegenen Kleinen Sundainseln und Molukken waren gesichert und fest in holländischer Hand. Bali und Lombok waren ganz ohne holländischen Einfluss geblieben. Nur auf Java hatte sich holländische Lebensart ausgebreitet. Die in Holland unter der Revolution Frankreichs ertönenden Rufe von Gleichheit und Brüderlichkeit drangen indes kaum über die Mauern der Händler-Klubs am Weltrevreden Platz in Batavia hinaus. Die Niederländer in Ost-Indien hielten die Bewohner Javas für längst nicht reif für solche freiheitlichen Ideen (11; S.36; 195).

Aus dieser ersten holländischen Zeit ist in Indonesien hauptsächlich das geschichtliche. Bewusstsein von Batavia/Jakarta geblieben und die Besonderheit der Bewohner der Südmolukken, besonders von Ambon. Diese kamen früher unter holländischen Einfluss und nahmen als bevorzugte Soldaten der holländischen Kolonialarmee aber auch als Verwalter eine Sonderstellung ein, die sie dazu bewegte, am Ende des Zweiten Weltkrieges in grossen Scharen mit nach den Niederlanden zu ziehen. Dass über terroristische Gewaltakte die Südmolukkenbewegung weltweit bekannt wurde, ist in diesem Zusammenhang ein interessanter Zug. Der wirtschaftlich bedeutsame Anfang mit Hollands Engagement auf den Gewürzinseln (Molukken) hat in der heutigen Zeit ausser schlingpflanzenüberwucherten Mamorpälasten der einstigen « Muskat » und « Kruitnagel-Baronnen » auf Banda-Neira wenige Spuren hinterlassen.

Französisches und britisches Interregnum

Die beginnende Industrialisierung in Europa liess die Holländer ihre reichen Besitzungen in Asien mit anderen Augen sehen. Unter König Louis Bonaparte entsandte Holland den Gouverneur Daendels nach Batavia, der die pflanzlichen Rohstoffe mit verbesserten Methoden in den Griff zu bekommen trachtete. Er schaltete den Einfluss der javanischen Fürsten aus und annektierte Bantam. Den aufsässigen Sultan von Jogyakarta ersetzte er durch einen Nachfolger. Doch seine Kassen blieben leer, und er hatte überall grössere Finanzprobleme. Daher begrüssten die Fürsten die Briten, die im Jahre 1811 Java mit 12.000 Mann besetzten. Die British East India Company unter ihrem Gouverneur (lieutenant governor) Thomas Stamford Raffles, der sofort versuchte, Ost-Indien für die britische Krone zu erwerben, führte ein liberales Wirtschaftssystem ein, das der britischen Gesellschaft schnell grossen Gewinn abwarf. Er errichtete unter direkter englischer Kontrolle ein zentral ausgerichtetes Verwaltungssystem mit englischen « Residenten ». Diese waren die Steuereinzieher (Collectors of Gouvernment Revenue). Nach seiner These war alles Land Eigentum der Regierung. Deshalb mussten die Landeigentümer eine Steuer in Höhe eines Ernteanteils zwischen 25% und 50% bezahlen. Freihandel und freier Anbau aller Kulturen wurden verkündet. Raffles sollte aber mit seinen Bemühungen um die Vergrösserung des britischen Kolonialreiches keinen Erfolg haben. England gab das ganze Inselreich bis auf Malakka an die holländische Krone zurück. Raffles zog sich auf seine aufblühende Stadtgründung Singapur zurück, das Batavia bald mit seinem Handel überflügeln sollte (11; 12; 195).

Vorübergehend war Bengkulu britischer Stützpunkt.

Die koloniale Periode

Die eigentliche holländische Kolonialherrschaft begann erst 1816 mit der Rückgabe der ehemaligen VOC-Besitzungen durch die Engländer. Die durch die napoleonischen Kriege verursachte Verschuldung Hollands war zur selben Zeit erdrückend. Die Holländer betrachteten ihre Besitzungen als die Geldquelle mit deren Hilfe sie die Schulden tilgen konnten. Obwohl einige der Raffleschen Neuerungen beibehalten

wurden, richtete Holland das alte Verwaltungssystem mit halb-feudaler und autoritärer Herrschaft ihrer « jüngeren Brüder » (der javanischen Fürsten) wieder ein. Doch schon damals kam es zu Polizeiaktionen, die in Indonesien später berüchtigt wurden. Blutig und teuer waren die Aktionen gegen Aufständische in Minangkabau, gegen Palembang und gegen die Bewohner der Molukken. Auf den anderen Ausseninseln mussten die alten Herrscher wieder eingesetzt werden.

Der Aufstand des Diponegoro wurde besonders bekannt. Auf Java kam es im Jahre 1825 zu diesem als « Heiliger Krieg gegen die Ungläubigen » bezeichneten Aufstand. Anlass zu dem fünf Jahre dauernden Guerilla-Krieg, während dessen Verlauf zahlreiche europäische und chinesische Pflanzer umgebracht wurden, war eine Verletzung des « Adat », des herkömmlichen Rechtes, und die Nichteinhaltung eines mit Raffle abgeschlossenen Vertrages. -Diponegoro war der Sohn des herrschenden Sultans von Jogyakarta aus der Ehe mit einer maduresischen Prinzessin. Er unternahm den Aufstand alleine, da die königliche Familie zum Stillhalten gezwungen war. Sie konnte ihn jedoch finanziell unterstützen. Die Holländer konnten den Aufstand im Jahre 1830 niederschlagen, da der Hof von Surakarta (Solo) sich loyal verhalten hatte und verbannten Diponegoro nach Makassar (Sulawesi, heute Ujung Pandang). Jogyakarta und Surakarta wurden von den siegreichen Kolonialherren auf die heutige Grösse beschnitten. In den oberen javanischen Gesellschaftsschichten, die der « Agama Jawa », der islamisch-hinduistischen Religionsphilosophie anhängen, gilt Diponegoro als ihr Vertreter und Held der nationalen Bewegung. Für die persönliche Freiheit der Javaner hatte er einiges erreicht. In der Folgezeit sollte der Islam, wie schon unter den Portugiesen, im Kampf gegen die Kolonialherren wieder einigend wirken (11; 13; 112; 121; 169; 196).

Die Wiedereinführung des Zwangsanbaues und die Nederlandsche Handels Maatschappij (N.H.M.)

In den Jahren 1820 bis 1830 erfuhr das alte Kultursystem der VOC mit der Wiedereinführung des Zwangsanbaues von zuerst Indigo, Zucker und Kaffee, später auch von Tabak, Pfeffer, Baumwolle, Tee, Zimt und Cinchona eine neue Belebung. Die Anbauauflagen waren als Landsteuer gedacht und in Naturalien zu zahlen. Trotzdem zog die Regierung noch zusätzlich in manchen Gegenden eine Landsteuer ein. Hand-und Spanndienste waren ausserdem für den Wege- und Kanalbau zu leisten. Die Nederlandse Handels Maatschappij (N.H.M) oder niederländische Handelsgesellschaft wurde gegründet und ihre Initialien N.H.M. wurden allgemein bekannt. Sie übernahm die Rolle der VOC und entwickelte sich zu einer reichen und einflussreichen Gesellschaft. Von den Plantagenkulturen profitierten die holländische Textilindustrie, die das Monopol der Tucheinfuhr hatte und die Angestellten auf den Plantagen in erster Linie mit Textilien bezahlte; die höheren Beamten des holländischen Regierungsdienstes, die einheimischen Fürsten hatten ihren Anteil und auch die Handel treibenden Chinesen. Die holländischen Kaufleute und die einheimischen Händler der Küstenorte sowie die Anbauer selbst hatten vom Wiederaufblühen des Kultursystems wenig (59; 112; 195).

Das liberale Wirtschaftssystem

Seit 1870 überführte die holländische Regierung die immer noch stark monopolistische Wirtschaftsordnung in ein « Liberales System ». In erster Linie profitierten von diesem System die Holländer, dann einige europäische Nationen und die USA, am wenigsten die Einheimischen. Zwei Kräftegruppen in Holland, die Humanitären und die Kaufleute, waren die Urheber dieser neuen Richtung. Während die Humanitären den Javanen mehr am wirtschaftlichen Leben teilnehmen lassen wollten, wollten die Kaufleute nur ihren Anteil an den in Ost-Indien erzielten Riesengewinnen sichern. Zwar baute die holländische Regierung in der Folgezeit grosse Bewässerungsanlagen, mit deren Hilfe innerhalb von 50 Jahren die Reisproduktion verdoppelt wurde, doch auch die Einwohnerzahl verdoppelte sich, so dass das Realeinkommen der einheimischen Bevölkerung gering blieb. Gleichzeitig engte das Landgesetz von 1870, nach dem Land unter Wanderfeldbau an ausländische Pflanzer auf 75 Jahre verpachtet werden konnte, den Lebensraum der einheimischen Bevölkerung ein. In der Nähe der javanischen Dörfer breiteten sich Zucker-und Tabakpflanzungen aus, deren Boden für den Reisanbau der Bevölkerung nötig gewesen wäre. Die Regierung führte das System des « Koeli Kontrak » ein, nach dem javanische Dorfeinwohner, oft unter Zwang, auf die Plantagen der Ausseninseln verpflichtet wurden. Gleichzeitig holten die Plantagenbesitzer für die technischen Verrichtungen und als Vorleute weitere Chinesen ins Land und schufen damit eine Quelle künftiger Spannungen.

Bis auf ein Kaffee-und Zucker-Entwicklungsprogramm der Kolonialregierung, das auf 40 bzw. 20 Jahre veranschlagt war, zog sich die Regierung in Batavia vom landwirtschaftlichen Anbau ganz zurück. Sie nahm ab 1877 mehr an Steuern und Abgaben als aus der landwirtschaftlichen Produktion selbst ein. Gleichzeitig brachten technische Neuerungen das bis dahin ferne Inselreich näher an das Mutterland. Der Suezkanal wurde im Jahre 1869 fertiggestellt, und der Nederland/Rotterdam Lloyd benötigte nur mehr die halbe Fahrzeit. Im Jahre 1888 nahm die Koninklijke. Paketvaart Maatschappij (K.P.M), ihre regelmässigen Fahrten zwischen den indonesischen Inseln im Rahmen einer Monopol-Konzession auf. Damit setzte zugleich eine Periode verstärkter Einwanderung ein. Bis zum Jahre 1870 waren es nur wenige Verwaltungsangestellte, die sich zwar den javanischen semifeudalistischen Partnern anpassen mussten, aber eine privilegierte Stellung hatten. So waren es bald mehr die Angestellten der grossen Plantagengesellschaften, die bis in die untersten Dienste stets besser bezahlt wurden als Einheimische. Dies musste den Gegensatz im Lebensstandard zwischen Einheimischen und Ausländern besonders sichtbar machen und zu Spannungen führen. Gleichzeitig aber brachte die Massierung dieser Fremden die grundlegende, heute noch vorhandene Infrastruktur durch den Bau von Eisenbahnen, Schulen und anderen Einrichtungen sozialer Art. Bemerkenswert wurde der Umstand, dass diese mittelständischen Holländer Niederländisch-Indien als ihre Heimat betrachteten. So erfolgten in 50 Jahren zwischen 1870 und 1920 stärkere Veränderungen als in 150 Jahren unter der VOC und dem Regierungsmonopol. Die vermehrte Anlage von Plantagen auf den Ausseninseln, besonders auf Sumatra, verlangte entsprechende Schutzmassnahmen. Das Bestreben, diesen Schutz durch eine Abrundung des Besitzes zu erreichen, wurde stärker und führte schliesslich zum Aceh-Krieg, der von 1873 bis 1908 dauerte. Zur Bekämpfung der Seeräuber in der Malakkastrasse waren die Niederländer durch einen Vertrag mit England verpflichtet. Dieser war der Ausgang des Krieges gewesen. Die Einnahmen aus den Plantagen der Ausseninseln überstiegen bald die in Java erzielten. Die kulturelle Aufmerksamkeit Hollands galt aber immer Java (11; 13; 59; 195).

Erwachender Nationalismus

Diese Periode begann am Anfang des 20.Jahrhunderts. Der indonesische Nationalismus war immer antikolonial, islamisch-sozialistisch und antichinesisch. Mehrere Ereignisse zwischen 1900 und 1940 trugen dazu bei, dass er schnell Anhänger gewann, wie ja in Asien viele Länder von solchen nationalen Bewegungen erfasst wurden.

Der als « ethische Politik » im Jahre 1906 durch die Regierung in Den Haag unternommene Versuch, die javanische Bevölkerung auf dem Dorf stärker am Fortschritt partizipieren zu lassen, war fehlgeschlagen. Der grösste Teil dieses Programmes kam nie zur Ausführung, zumal die einfache Niederländer in den Kolonien Widerstand leistete. Die Javanen empfanden es als Einmischung in ihre dörflichen Angelegenheiten. So schlug auch der Versuch eines weltlichen

Schulsystems auf dem Dorf fehl und hatte nur in den Städten einigen Erfolg. Dort gab es 1939 etwa 2.000 Abiturienten. Von den landwirtschaftlichen Vorhaben hatte das Kautschukprogramm für Kleinanbauer einen gewissen Erfolg. Das Misslingen des kolonialen Programmes interpretierten die jungen nationalen Führer als den Ausdruck der Ohnmacht der Regierung in Den Haag gegenüber dem habgierigen und ausbeuterischen Plantagen-Kapitalismus in Indonesien.

Die sozialistischen Tendenzen der nationalen Bewegung sind bei den Bewohnern des Landesinnern durch das « Gotong-Royong »-System der Selbsthilfe zu erklären. Geldverleihen wurde von ihnen abgelehnt. Die « Priai », der niedere Landadel, stellte vor allem die bürokratische Beamtenschaft und nahm an der nationalen Bewegung teil, zumal sie fast nie Grossgrundbesitzer waren. Wenn trotzdem manche Parteien « anti-priai » waren, dann wegen deren Kollaboration mit der Kolonialmacht. Die antichinesische Einstellung erklärte sich daraus, dass die Chinesen als Geldverleiher Wucher trieben, von den Holländern als Steuereinzieher und Anwerber für Plantagenarbeiter beschäftigt waren. Diese Einstellung war in allen Parteien vorhanden.

Die mohammedanische Verjüngungs-Bewegung, die am Anfang des 10.Jahrhunderts in Kairo ihren Ausgang nahm und wie mit dem Wahabismus mit Mekkapilgern auch Indonesien erreichte, verstärkte die seit der Portugiesenzeit vorhandenen antichristlichen Gefühle. Trotzdem blieb der Indonesier stets tolerant. Doch gewisse Praktiken der christlichen Holländer in der Besetzung niederer Posten in der Verwaltung mit Einheimischen zwangen den durchschnittlichen Indonesier zu dieser Einstellung. So bevorzugten die Holländer « Inlandse Christenen » wie Ambonesen, Menadonesen und Christen von Sulawesi. Die Wirtschaftskrise der 30er Jahre traf Indonesien hart und unterstützte damit die nationalen Bestrebungen, denn die wirtschaftlich bedrängten Intellektuellen suchten in den Parteien ihre Rettung. Am Anfang waren es vor dem Ersten Weltkrieg hauptsächlich drei Parteien,

— die Nationale Indische Partei (Partai Nasional Indonesia);
— die Islamische Vereinigung, « Sarekat Islam » und
— die Mohammediah.

Bald nach dem Ersten Weltkrieg kam auch die kommunistische Partei (Partai Komunis) auf (1920).

Die Nationale Indische Partei mit ihren säkularistischen Anschauungen, kommunistischen und nichtkommunistischen Gruppen wurde bald wieder aufgelöst. Es folgten bis 1940 die Gründungen und Auflösungen von etwa 20 Parteien. Die PNI, « Partai Nasional Indonesia » wurde im Jahre 1927 in Bandung als Studentengruppe unter Sukarno gegründet. Eine besondere Rolle sollte die zweitstärkste kommunistische Partei der Welt, die PKI (Partai Komunis Indonesia) spielen (11; 13; 59).

Der Zweite Weltkrieg und die Unabhängigkeit

Vor dem Zweiten Weltkrieg waren die Holländer meist sehr schnell mit einem Verbot der nationalistischen Bewegungen zur Hand. So verboten sie 1931 Sukarnos PNI und inhaftierten ihn. Nach seiner Freilassung konnte er die inzwischen aufgespaltene Partei nicht wieder vereinen, wurde 1933 abermals festgenommen und nach Bengkulu auf Süd-Sumatra gebracht, wo er bis 1942 blieb. Andere seiner Anhänger deportierte die holländische Regierung nach Neu-Guinea. Die holländische Regierung war jedoch bereit, mit den gemässigten Parteien eine eventuelle Regierungsbeteiligung in Indonesien zu diskutieren. Doch die Anträge in den Jahren 1936 und 1940 wurden abgelehnt. Als die letzte ablehnende Antwort 1940 in Indonesien eintraf, hatten die deutschen Truppen Holland besetzt.

Nachdem Niederländisch-Indien den japanischen Vorschlag einer wirtschaftlichen Kooperation in der sogenannten « Ko-Prosperität » abgelehnt hatte, begannen die japanischen

Streitkräfte im Dezember 1941 ihren Vormarsch in Südost-Asien. Im Januar landeten sie in Nordost-Sulawesi und in Nord-Sumatra und besetzten Java im März 1941. Die politische Meinung indonesischer nationaler Führer war vor dem Ausbruch des Krieges hinsichtlich der Haltung gegenüber Japan gespalten. Die einen meinten, dass man Japan Widerstand entgegensetzen müsste, ohne Rücksicht auf die ablehnende Haltung Hollands in der Unabhängigkeitsfrage. Die anderen erstrebten die Zusammenarbeit mit Japan. Als es zur Besetzung kam, die durch ihre Schnelligkeit schockierte, leistete niemand Widerstand. In der Folgezeit arbeiteten Sukarno und Hatta mit den Japanern zusammen, andere z.B.Sahjrir, arbeiteten auf Weisung Sukarnos im Untergrund mit den Alliierten zusammen, obwohl gerade Sahjrir eigene Ziele verfolgte, die später in die PSI einmündeten. Doch in Wirklichkeit hielten sie alle untereinander Kontakt, um im entscheidenden Augenblick die Unabhängigkeit zu erklären.

Die Japaner hatten Indonesien in drei Regionen eingeteilt. Java als Mittelstück unterstand einer Regierung der Armee, die östlichen Inseln der japanischen Marine und Sumatra zusammen mit Malaya einer weiteren Armee-Regierung. Auf Java begünstigten die Japaner ein nationales Verhalten und erlaubten die indonesische Flagge und die Nationalhymne. Die Japaner auf Sumatra waren gleichgültiger. Auf den östlichen Inseln waren sie repressiv. Holländisch wurde als Amtssprache abgeschafft und die Sumatra-Variante des Malaysischen als Bahasa Indonesia eingeführt, wodurch der Nationalismus grossen Auftrieb erhielt. Die Besetzung der hohen Amtsstellen mit Indonesiern stärkte deren Selbstbewusstsein. Hatta und Sukarno bildeten 1943 auf Java eine gesamtnationale Bewegung « Peta », die eine eigene Verteidigungsstreitmacht bildete. Diese wurde von den Japanern ausgebildet und hatte indonesische Offiziere. Die Japaner versuchten Indoktrination über Jugendbewegungen, doch kehrte sich diese gegen sie selbst. Darum wurde « Putera Indonesia » aufgelöst und Sukarnos Einfluss und der seiner Parteiführer eingeschränkt. Als die Japaner durch den siegreichen Vormarsch der USA unter Druck gerieten, änderte Japan abermals seine Indonesienpolitik und stellte die Unabhängigkeit in Aussicht. Sukarno durfte Massenkommunikationsmittel benutzen und das Volk auf die Unabhängigkeit vorbereiten, die er im August 1945 noch während der japanischen Besetzung unter dramatischen Umständen verkündete, noch während die Japaner im Lande waren. Die Japaner hatten die Unabhängigkeit so und zu diesem Zeitpunkt nicht gewollt (11; 13; 15; 56; 63; 114; 135; 151; 169).

Die mehr als 20-jährige Regierungszeit Sukarnos sollte wechselvoller werden als die fast 20-jährige Zeit des Kampfes um die Unabhängigkeit. Die Japaner liessen die revolutionäre Regierung lustlos bis zum Eintreffen der Alliierten gewähren, ohne allerdings Widerstand zu leisten. Die Briten übernahmen dann das Mandat für die Holländer. Die revolutionäre Regierung musste sich nach Jogyakarta zurückziehen. Die Holländer konnten sich auf den östlichen Inseln relativ leicht wieder etablieren, hatten es aber im eigenen Land ungleich schwerer, zumal Sukarno dort wie auch vor der UNO gegen das Kolonialsystem kämpfte. Die Geschichte der Jahre 1945/50 war durch den Bruch der Abkommen durch die Holländer gekennzeichnet, die einerseits einen ostindischen Staat und andererseits — das vermuteten die indonesischen Führer — das Kolonialreich wiederherstellen wollten. Auch versuchten die Holländer ohne revolutionäre Regierung die Bildung der Vereinigten Staaten von Indonesien. In Preanger bei Bandung, auf Bali und auf den Molukken fanden sie Mitläufer. Die früher erwähnten holländischen Polizeiaktionen, als die republikaner begannen, sich nach der beabsichtigten Ausrufung des ostindonesischen Staates durch Sultan Sahjrir vertreten zu lassen. - Die Holländer aber lehnten Sukarno und Hatta als japanische Kollaborateure ab. Die Kämpfe brachen im Juli 1947 aus und wurden auf Beschluss des Sicherheitsrates der Vereinten Nationen vom 5.August 1947 eingestellt, endeten aber tatsächlich erst 1950. Die Holländer richteten im März 1948 die Bundesregierung ihrer Konzeption ein, nachdem sie

die revolutionäre indonesische Regierung auf 1/3 von Java in der Umgebung von Jogyakarta zurückgedrängt und mehrere kleine javanische Staaten ihrer Huld gebildet hatten. Die Holländer blockierten die Versorgung der Republikaner in Jogyakarta, wodurch dort eine Hungersnot und Krankheiten entstanden. Innerhalb von fünf Jahren gab es fünf Kabinette mit Sukarno und Hatta an der Spitze. Gemäss dem Ursprung der Waffengattungen und der Schulung der politischen Führer entstanden mehrere politische Strömungen, die sich nur im Kampf gegen die Holländer einig waren, sonst aber die Republik schwächten (169).

Als die Kommunisten Ende 1948 in Madiun einen Aufstand versuchten, den Abdul Haris Nasution mit dem Siliwangi-Regiment niederschlug, war das Vertrauen in die bis dahin demokratisch arbeitende PKI geschwunden. Es sollte nie wieder hergestellt werden. Dann gelang es unter Vermittlung der Vereinten Nationen, mit den Holländern einen Waffenstillstand zu erreichen, und beide Regierungen unterzeichneten das Renville-Abkommen mit der militärischen « Van Mook »-Demarkationslinie. Doch die Holländer brachen den Waffenstillstand und begannen eine zweite Polizeiaktion, während der Sukarno und Hatta gefangenommen wurden. Erst unter grossem politischem Druck von aussen und von innen (von den hollandhörigen Staaten der östlichen Inseln) kam eine Bundesregierung zustande. Doch diese dauerte nur sieben Monate, da trotz ihres Übergewichts in der Bevölkerung die Javanen untervertreten waren. Wieder kam es zu Kämpfen. Durch die « Van-Mook »-Demarkationslinie war ein Vakuum entstanden, in dem der berüchtigte Westerling, ein demobilisierter Hauptmann der niederländisch-indischen Armee, operierte. Er eroberte Bandung für eine Stunde und versuchte Jakarta zu besetzen. Er arbeitete mit Vertretern des hollandhörigen West-Borneo zusammen und stiftete überall Unfrieden. Auch in Süd-Sumatra und auf den Molukken kam es zu Aufständen, von denen der letzte langwierig und verlustreich war. Aus diesen Wirren heraus bildete sich 1949 die unitäre Republik Indonesien mit Sukarno als Präsident an der Spitze (169).

Die sich anschliessende parlamentarische Periode bis 1959 war politisch wechselvoll, doch nicht mehr so kriegerisch-turbulent. Es würde zu weit führen, in dieser Studie auf die verschiedenen politischen Strömungen einzugehen. Hervorzuheben ist die Indonesierung der Wirtschaft, durch die Auslandschinesen verdrängt wurden, die an sich schon 1945 begonnen hatte. Man nahm gegen die indonesischen Strohmänner bei Arrangements mit Ausländern Stellung, und die ersten Unregelmässigkeiten entstanden unter dem Kabinett Ali (1953/55). Unter Ali wuchs die Beamtenschaft, und der Geldumlauf blähte sich auf. Die Holländer mussten aus den führenden Stellungen weichen. Als nach dem Korea-Krieg 1952 die Rohstoffpreise ins bodenlose stürzten, kam es zur allgemeinen Schwächung der indonesischen Wirtschaft. In diese Zeit fällt auch die bis 1967 andauernde Inflation. Die Debatten über Neu-Guinea versteiften sich von 1956 an, und auf den Ausseninseln war man mit der Entwicklung in Jakarta unzufrieden.

Die *« gelenkte Demokratie »* begann etwa 1957. Nach ihrem Prinzip, das keine Abstimmungen mehr kannte, sondern nur das Ausdiskutieren eines Problems (« musjawarah ») unter Einschluss der Kommunisten bei allen Parlamentsvorgängen, musste stets Konsens (« mufakat ») erreicht werden. Wieder kam es auf den Ausseninseln zu Rebellionen, diesmal gegen das Prinzip der gelenkten Demokratie. Das Amt des Vizepräsidenten schaffte Sukarno ab, so dass Hatta ohne Funktion blieb. Als die Holländer die Beschlüsse der « Ronde Tafel Conferentie », nach denen Neu-Guinea am 1.Januar 1958 indonesisch werden sollte, nicht einhielten, brach Sukarno alle Beziehungen zu den Holländern ab und warf diese aus dem Lande. Schon 1950, als Hatta Führer der « R.T.C. » war, hatten die Holländer die Angliederung Irian Jayas nicht wie beschlossen eingehalten. Ein zweites Mal konnte Indonesien dies nicht akzeptieren. Wirtschaftliches Chaos musste dieser Massnahme folgen. Doch politisch bedeutete dies eine erhebliche Festigung für die indonesische Sache. Auch die militärische Führung auf den Ausseninseln wurde gestärkt. Einige politische Führer und Vertreter der Wirtschaft waren nach Padang in West-Sumatra geflüchtet und hatten von dort in Abwesenheit Sukarnos, der in Japan weilte, ein Ultimatum an die Regierung auf Hinauswurf der Kommunisten gestellt. Nach Versagen militärischer Hilfe aus den USA schlug Sukarno den Aufstand auf Sumatra und dann auf Sulawesi mit Hilfe sowjetischer Waffenlieferungen nieder. Mitte 1958 hatte die Zentralregierung beide Rebellionsgebiete wieder in der Hand. Politisch und militärisch ging Sukarno gestärkt aus den Kämpfen hervor, wenn das Land auch wirtschaftlich sehr gelitten hatte.

In der Zwischenzeit war das *Ansehen Sukarnos* international gut aufgewertet worden. Er hatte den Lenin-Friedenspreis erhalten und war in Belgrad auf der Gipfelkonferenz der «Dritten Welt» (non-alligned) 1961 gefeiert worden. Als er nach Indonesien zurückkehrte, vergab er den Rebellen von West-Sumatra, von denen er 25.000 persönlich als «in die Falten der Republik zurückkehrend» empfing. Nachdem es vorher zu kämpferischen Auseinandersetzungen und zur Einsickerung indonesischer Freischärler nach Irian Jaya gekommen war, wurde im September 1961 mit internationaler Vermittlungshilfe ein Übereinkommen erreicht, nach dem die Bewohner von Neu-Guinea sich nach einer Übergangszeit unter indonesischer Verwaltung über ihre Zukunft entscheiden konnten. -Diese aussenpolitischen Erfolge ermutigten Sukarno, sich gemäss dem Geist der Konferenz von Bandung und den Sportspielen der Dritten Welt, zu ihrem Sprecher zu machen. Als Unruhen im britisch besetzten Kalimantan ausbrachen, kam es zur Konfrontation mit Malaysia. Im Gefolge dieser Ereignisse fand sich Sukarno immer mehr isoliert. Erst wurden die Briten und dann die Amerikaner (1965) mit ihren Firmenvertretungen des Landes verwiesen. Indonesien hatte schliesslich auch nicht mehr die rückhaltlose Unterstützung der Sowjetunion, sondern nur noch die der Volksrepublik China (11; 13; 169).

Das Ende des Sukarno -Regimes, 1965, kam als er schliesslich alle Bindungen zu ausserindonesischen Organisationen, z.B. dem Internationalen Währungsfonds und der Weltbank, abbrach. Dadurch manövrierte er die Wirtschaft in eine hoffnungslose Lage, die sein Nachfolger Suharto vorfand, als er nach dem erfolglosen kommunistischen (GESTAPU)-Umsturzversuch vom 30. September 1965 die Regierung übernahm. Nach diesem Ereignis zog sich Sukarno allmählich aus den Regierungsgeschäften zurück. Er starb 1969. Sein hervorragendes, bleibendes Werk ist die Einigung der Bewohner Indonesiens.

Die gegenwärtigen niederländisch-indonesischen Beziehungen

Man kann eine geschichtliche Betrachtung über Indonesien nicht abschliessen, ohne zu fragen, wie denn heute die Beziehungen zwischen dem ehemaligen kolonialen Mutterland und ihrer vor 30 Jahren in die Unabhängigkeit entlassenen Kolonie sind. Um es vorwegzunehmen: im Jahre 1978 gibt es noch ein besonderes Verhältnis, bedingt durch Kultur- und Handelsbeziehungen der letzten 300 Jahre. Doch es ist nicht mehr die Euphorie der Zusammenarbeit in den Jahren 1968/71. Dem Überschwang jener ersten Jahre nach der Regierungsübernahme durch Suharto folgten solche mit sorgfältigem Abwägen der einzugehenden oder zu erhaltenden Beziehungen.

Wir erinnern uns: als im Jahre 1958 Holland sich gegenüber Indonesien weigerte, seinen Teil Neu-Guineas herauszugeben, das heutige Irian Jaya, hatte Sukarno die Beziehungen mit Holland kurzerhand abgebrochen, die 50.000 Holländer ausgewiesen, ihr Eigentum und das der Firmen beschlagnahmt sowie eine Kampagne politischer und militärischer Herausforderungen begonnen. Im Jahre 1961 gaben die Niederlande nach und verliessen Neu-Guinea. Die Überführung dieses von einer Million primitiven Stammesleuten bewohnten weiten Gebietes in die Hände der Indonesier erleichterte sie durch Zahlung grösserer Summen an FUNDWI, den West-Irian Fonds der Vereinten Nationen. Denn wie wollte Indonesien ohne ausreichende eigene Mittel dieses gewaltig grosse Stück Land alleine verwalten.

Zwar begannen die Holländer sofort nach dem Abbruch der Beziehungen, das Verhältnis zu Indonesien wieder zu pflegen, doch es dauerte lange, bis Indonesien reagierte. Erst im Jahre 1963 wurden durch den Austausch von Geschäftsträgern die Beziehungen wieder aufgenommen; die KLM hatte ihre Flüge im Mai desselben Jahres fortgesetzt und eine grössere Ladung holländischer Geschäftsleute nach Jakarta gebracht. Im Jahre darauf flog der langjährige indonesische Aussenminister Adam Malik mit indonesischen Offiziellen in Erwiderung darauf nach Holland. Diese stellten fest, dass es ihnen in Holland von allen Ländern Europas immer noch am besten gefiel. Kurz darauf gaben die Niederlande das erste grössere Darlehen, in Höhe von 100 Millionen Gulden, 1965 entsandten die Niederlande einen Botschafter nach Jakarta, und GARUDA, die indonesische Luftlinie, die immer schon mit KLM zusammengearbeitet hatte und durch das Abkühlen der Beziehungen personell und technisch niedergewirtschaftet worden war, nahm die Flüge nach Holland im selben Jahr wieder auf.

Der eigentliche Wechsel kam mit dem GESTAPU-coup von 1965 und dem Regierungsantritt Suharto. Die kleinen Niederlande unternahmen es, die unter Sukarno stark in Mitleidenschaft gezogene Wirtschaft dieses grossen Inselstaates wieder -unter Mithilfe zahlreicher westlicher Länder-zu stützen. IGGI (Inter-Governmental Group for Indonesia), ein Zusammenschluss der Hauptgläubiger Indonesiens, wurde unter Führung der Niederlande gegründet. Soforthilfe wurde erteilt und die Finanzierung des ersten Fünfjahresplans 1969/70 bis 1973/74 sichergestellt. Zusammen mit dem Klub von Paris, jenem anderen Zusammenschluss der Gläubiger, erreichte IGGI eine Umschuldung. Nach einer ersten Kapitalspritze für das Jahr 1967/68 in Höhe von US$ 200 Mill. (damals gab die Bundesrepublik zusätzlich DM 21 Mill. für die in diesem Buch behandelten Düngeraktionen (vgl. Seite 231) stellte IGGI US$ 3,5 Mrd. für den Fünfjahresplan zur Verfügung. Der holländische Anteil in Hilfeleistungen stieg laufend von 66 Mill. Gulden im Jahre 1966 auf 166 Mill. Gulden (etwa gleich DM) im Jahre 1974/75; dazu kamen noch erhebliche Technische Hilfe-und Nahrungshilfen. Ausserdem entsandte Holland 100 Spezialisten, und 1000 Indonesier konnten jährlich als Praktikanten in den Niederlanden (einen Monat pro Jahr) ihr Wissen auffrischen.

Den Höhepunkt in den Beziehungen zwischen den beiden Ländern gab es im Jahre 1971 durch den Besuch der Königin Juliana. Zuvor, im Jahre 1970, hatte Prinz Bernhard anlässlich eines triumphalen Empfangs die Eventualitäten für einen solchen Besuch abgeklärt und war Präsident Suharto nach ihm (Sept. 1970) nach den Niederlanden geflogen, dort allerdings nicht ganz so freudig begrüsst worden.

Zum Berichtszeitpunkt (1978) gibt es etwa 55 grössere niederländische Firmen mit Aktivitäten in Indonesien und etwa US$ 150 Mill. neue Investitionen nach dem Jahre 1966. Der indonesisch-niederländische Handel beläuft sich auf mehr als fl 500 Mill. pro Jahr mit einer fast ausgeglichenen Handelsbilanz.

Belastungen im Klima zwischen beiden Ländern sind die Süd-Molukken-Frage, die zu grosse Aufmerksamkeit, die die Niederlande den Inhaftierten auf der Insel Buru schenkt und die immer wieder auftauchenden niederländischen Pressemeldungen, die das Suharto-Regime als eines Diktators oder sogar Faschisten nennen. Doch das ist keineswegs die Meinung der Regierung, die auf Ausgleich und Fortbestand der starken Handelsbande bedacht ist.

Die geschichtlich bedingte Entwicklungsproblematik muss in den wiederholten Kontakten Javas mit der Aussenwelt und zu geringen Kontakten einiger Ausseninseln gesehen werden, die stark unterschiedliche Entwicklungen ethnologischer und wirtschaftlicher Art bedingten, aus denen auch politische Spannungen hervorgingen. Die unglücklig lange Kolonialzeit des kleinen Holland ist zu bedauern, dessen Kraft nicht ausreichte, das grosse Inselreich gleichmässig zu befruchten, eher die Aussenregionen weitgehend lähmte. Diese Gegensätze spiegeln sich in der ethnologischen Strukturierung wieder, die im folgenden behandelt wird.

0.2.3. ETHNISCHE GLIEDERUNG, RASSE UND RELIGION

Ethnische Gruppen in der indonesischen Bevölkerung sind trotz der schnellen Volkwerdung unter der staatlichen Führerschaft von Präsident Sukarno deutlich zu erkennen. Sie drücken sich in den zahlreichen Dialekten und den mannigfaltigen Sitten und Gebräuchen aus. Es soll zwischen 200 und 350 Sprachen und stark verschiedene Dialekte geben, die -unter Ausschluss von Irian Jaya-von mindestens 35 ethnischen Gruppen gesprochen werden. Eine klar umrissene Abgrenzung der einzelnen ethnisch und kulturell verschiedenen Gruppen ist kaum möglich. Manchmal findet man ethnisch unterschiedliche Gruppen mit derselben Sprache aber anderem Kulturgut, z.B. die Bewohner West-und Süd-Sumatras.

Unter den Volksgruppen sind die Javanen mit 50% an der Gesamtbevölkerung die stärkste. Es folgen die Sundanesen mit etwa 15%, die Küsten-oder Wassermalayen mit etwa 10%, die Maduresen mit 7%, dann die Balinesen, Buginesen, Minangkabau, Acehnesen und Bataks mit je 5%. Ausser den Küsten-Malayen, die eine den heutigen Indonesischen stark verwandte Sprache sprechen, die tatsächlich die Grundlage der Bahasa Indonesia wurde, haben alle genannten Gruppen jeweils ihre eigene Sprache, wobei das Javanische mit seinen drei Formen der Ständesprache am stärksten entwickelt ist. Alle diese Gruppen machen zusammen bereits 90% der Bevölkerung Indonesiens aus. Die verbleibenden ethnischen Gruppen verteilen sich über Kalimantan, SW-Sulawesi, die Kleinen Sundainseln und die Molukken sowie über Enklaven auf Java. Die ethnischen Gruppen tragen jeweils den Namen der Insel, die sie bewohnen. Bei den Torajas von Sulawesi gibt es noch eine weitere Aufteilung in 25 Untergruppen, die abweichende Dialekte sprechen (169; 210) vgl. Karte 11, S. 32.

0.2.3.1. *Rassen*

Rassisch gesehen gibt es seit dem Pleistozän dunkelhäutige, wollhaarige pygmaenhafte Negritos als Ureinwohner, die durch zwei Einwandererwellen vom asiatischen Festland durchmischt wurden. So kann man auf Ceram die Bonfia heute noch als Nachkommen der oben erwähnten Ureinwohner erkennen und von den mongoloiden Rassen unterscheiden. Die letzteren haben dunkles, meist glattes Haar und hervortretende Backenknochen, einige die mongoloide Lidfalte. Eine weniger mongoloid aussehende Malayengruppe, die zu den Proto-Malayen oder palämongoliden 2500 v.Ch. gerechnet wird, scheint früher in die Inselwelt eingewandert zu sein. Die zweite Einwanderungswelle aus dem Jahre 2000 v.Ch. wird den Deutero-Malayen zugeordnet. Die Bewohner der Bergländer von Java, Sumatra und Kalimantan sind zu den Proto-Malayen zu rechnen, wie auch die Bewohner der Sumatra westlich vorgelagerten Inseln und die Bewohner der Inseln Bali bis Timor. Die Deutero-Malayen mit ausgeprägten mongoloiden Zügen bewohnen die Niederungen der Grossen Sundainseln (169; 211).

Das *Bewusstsein ethnischer und rassischer Verschiedenheit* ist sowohl bei gebildeten Indonesiern wie bei einfachen Stammesangehörigen vorhanden. Weniger als die Rassenunterschiede zählen die gesellschaftliche Stratifikation und die Bildung (vgl. S. 36). Der Islam, dem 90% der Bevölkerung anhängen, wirkt jedoch ausgleichend auf die rassische Verschiedenheit, Der Islam wieder wird durch die Einflüsse des Hinduismus gemildert (169).

0.2.3.2. *Religion*

Der Anteil von 90% Mohammedanern an der Bevölkerung Indonesiens-laut Statistik- wird angezweifelt. Man nimmt an, dass eher ein Verhältnis von 70% Moslems zu 30% Andersgläubigen besteht. Nach denselben offiziellen Quellen aber sind 4-5% Christen, 2-3% Hindus und 1-2% taoistische Buddhisten (169).

Im allgemeinen muss man von einem synkretischen Islam sprechen, der auf Java als « Agama Java » bezeichnet wird. Viele Anhänger gaben Elemente des vorislamischen Glaubens nie auf. Auch war dem Islam schon die ursprüngliche orthodoxe Form genommen, als er im 13.Jahrhundert über Indien ins Land kam. So ist es zu verstehen, wenn man vom Islam in Indonesien als einer stark emanzipierten und grosszügig ausgelegten Religion spricht. In den entlegenen Regionen, wie West-Sumatra, Süd-Sulawesi, Aceh aber auch in West-Java, wird der Islam in etwas orthodoxerer Form gepflegt, die heute von emanzipierten Jakartern als Fanatismus bezeichnet wird. Eine letzte Hindu-Bastion befindet sich auf Bali. Lombok und Ost-Java sind Rückzugsgebiete dieses, im Vergleich zum ursprünglichen, ebenfalls stark abgewandelten Glaubens.

Über die Religionen in der Zeit vor den indonesischen Hindu-Reichen im 7.Jahrhundert ist wenig bekannt. Diese auf S.24 gegebene kurze Betrachtung sollte auf die ethnischen und religiösen Verhältnisse in Indonesien Licht werfen.

Animismus findet man heute noch verbreitet auf Kalimantan, Sumatra und Irian Jaya und den anderen Inseln im Osten (11; 13; 60; 169). Auf Java gibt es noch einige Rückzugsgebiete (60).

Der Einfluss auf Unterschiede der Regionen

Ethnische Entstehungsgeschichte, Rasse und Religion sind für heute bestehende Verhältnisse zusammen mit den geschichtlichen Entwicklungen ausschlaggebend geworden. Darum finden wir die Hauptinsel Java trotz der islamischen Religion, eben wegen der stärkeren früheren hinduistischen Einflüsse emanzipierter, als die Bevölkerung anderer Regionen und ist diese Insel wegen des frühen Kontakts mit den Holländern und der Konzentration derselben auf diese Insel am weitesten entwickelt. Dagegen konnten sich stark orthodoxe Bevölkerungsgruppen in West-Sumatra und Aceh sowie überall in den Küstenorten der Java-See halten, was durch das arabische Händlertum verstärkt wurde. Der negroide Osten von Ost-Nusa Tenggara und den Molukken wird im Kontakt mit den übrigen Indonesiern eine verdeckte Diskriminierung feststellen müssen. Auf die Bewohner Kalimantan schauen die Javanen oft etwas herabsetzend herab, was durch die dort noch vorhandenen animistischen Elemente verstärkt wird. Die auf Java vorhandenen animistischen Reste fallen nicht mehr im Alltagsbild auf. Alle treffen wirtschaftliche Entscheidungen nicht selten auf der Grundlage religiös-traditioneller Wertvorstellungen. Rationale Entscheidungen im westlichen Sinne finden erst langsam Eingang, was verständlicherweise auf dem flachen Lande langsamer als in den Städten vor sich geht. Regionalplaner müssen ihre Aufgaben daher noch stark aus dieser Blickrichtung angehen. Dabei wird man auch im rechtlichen System das herkömmliche « Adat »-Recht in ländlichen Gebieten noch stark ausgeprägt finden.

0.2.4. BODEN-UND WASSERRECHT

In Indonesien ist letzten Endes alles Land Gemeinschaftseigentum des Volkes. Das ist die den Bodengesetzen zugrunde liegende Anschauung. Damit wird der Staat als eigentlicher Landeigentümer bezeichnet. Das indonesische Bodenrecht, das vom Ministerium Agraria verwaltet wird, beruft sich auf die überlieferten Anschauungen des « adat ». Damit wurde gleichzeitig das einst für mehrere hundert Jahre gültige niederländische Bodenrecht widerrufen.

0.2.4.1. *Bodenrecht in holländischer Zeit*

In vorholländischer Zeit war das Eigentum am Boden in das religiös begründete alleinige Eigentumsrecht der fürstlichen Herrscher an allen Liegenschaften innerhalb ihrer

SPRACHGRUPPEN - LANGUAGE GROUPS - BAHASA 2

INDONESIEN

Karte - Map - Peta 11

STILLER OZEAN

IRIAN C JAYA

Sarong C

XVII

Mindanao

PHILIPPINEN

Halmahera

B

XVI

Ceram

Ambon

XIV

Buru

Laut Banda See

Menado

Molukken See

Laut Maluku

VI

IX

XV

Laut Celebes See

VII

VIII

SULAWESI XI

X

Koloka

XII

Laut Flores See

C

Port. Timor

Timor

Kupang

Laut Arafura See

Ujung Pandang

Flores

Sumba

XIII

Lombok, Sumbawa

SABAH

BRUNEI

19

20

18

17

18

K A L I M A N T A N

16

III

20

20

20

Banjarmasin

Pontianak

Bali

Den Pasar

Benoa

Madura

Surabaja

2+3

S A R A W A K

M A L A Y S I A

Laut Java See

Belitton

Bangka

14

15

Singkep

Palembang

Binton

SINGAPUR

WESTMALAYSIA

THAILAND

Medan

5

Padang

7

8

M A T R A

S U

12

13

Strasse von Malakka

INDISCHER OZEAN

Telukbetung

9

JAKARTA

2

J A V A

Bandung

Jogyakarta

I

4

10

11

II

Sprachen- Languages

A. Malaisch - Polynesische

I. Javagruppe - group
1. Javanisch
2. Sundanesisch
3. Maduresisch

II. Sumatragruppe - group
4. Atjeh
5. Gajisch
6. Batak Dialekte
7. Minangkabau
8. Lubusch
9. Lampung
10. Simolu - Sichoel
11. Nias
12. Metawaiisch
13. Engganisch
14. Lontjongisch
15. Lomisch

III. Kalimantan (Dajak)
16. Kalimantan
17. Ibangruppe
18. Ot-Danumgruppe
19. Kenja - Bahau - Kajan - Gruppe
20. Murut - Gruppe

IV. Balinesisch - Sasakisch
V. Philippinengruppe
VI. Gorontalisch
VII. Tominisch
VIII. Toradjisch

IX. Loinangsch
X. Bunkusch - Lakisch
XI. Südsulawesisch
XII. Munasch - Butungisch
XIII. Bima - Sumbagruppe
XIV. Ambon - Timorgruppe
XV. Sula - Batjangruppe
XVI. Süd - Halmahera - West - Neuguinea
XVII. Melanesisch

B. Nord - Halmahera - Sprache

C. Papuasprache

Quelle - Source - Sumber: ATLAS VAN TROPISCH NEDERLAND, Batavia 1938.

0   200   400 km

Territorien einbezogen (156, s.309). So jedenfalls waren die Verhältnisse in Zentral-Java. Auf den Ausseninseln gab es davon Abweichungen, die wenig bekannt wurden. Immer jedoch war eine feudale Grundbesitzverfassung ausschlaggebend, die besagte, dass Untertanen das Land nur über die tief verwurzelte und vielseitig verflochtene Beamtenhierarchie als Teilpacht erhielten.

Diese feudalen Verhältnisse konnten sich bis fast an das Ende der holländischen Kolonialzeit fortsetzen. Hinzu kamen die Eigentumsrechte der holländischen Kolonialherren, die Plantagen bewirtschafteten und in den Städten Grundstücke besassen. Man sprach vom «Eigendomsrecht» der Ausländer, das verhältnismässig beschränkt praktiziert wurde. Meist bestanden die Plantagen der Holländer als Konzessionen, die auf 75 Jahre vergeben wurden. Dies wurde durch das Landgesetz von 1870 geregelt.

Das vom örtlichen Steuereintreiber («bekel») geleitete Teilpachtsystem prägte die Bodenverhältnisse bis etwa zur Zeit des Ersten Weltkrieges. Damals milderte die holländische Kolonialverwaltung die ehemals an die Fürstenhäuser abzuführenden Naturabgaben. Statt hoher Abgaben (1/3 bis 1/5 der Ernten in Regenlandbaugebieten, wurden niedere Sätze verordnet, die in Geld abgegolten werden konnten. Hand-und Spanndienste, die seit dem Eindringen der Plantagenwirtschaft hinzugetreten waren, wurden reduziert.

Private Eigentumsrechte («Hak Milik») erhielt die Landbau treibende Bevölkerung jedoch erst nach dem Ende des Zweiten Weltkrieges im Jahre 1949, als Indonesien die Souveränität erreicht hatte (156; S.309). Das heutige Gesetz zum Bodenrecht geht auf Agraria Akt Nr. 5 vom 25.9.1960 und nachfolgende Verordnungen zurück (11; 13; 44; 59; 169).

0.2.4.2. *Das gegenwärtige Bodenrecht*

«*Hak Milik*» (*Eigentumsrecht*) erhalten nach diesen Gesetzen nur indonesische Staatsbürger. Dieses Recht erlaubt dem Eigentümer, ganz ähnlich wie unter dem römischen Recht, den Verkauf seines Landes, Belastung oder sonstige Übertragung einschliesslich Weitergabe an die Erben durch Erbschaft. Jedoch schwindet das Eigentumsrecht, wenn das Land längere Zeit vernachlässigt und unbearbeitet lag. Dann greift der Staat ein und führt es einer zweckmässigen Nutzung zu.

Die anderen unten aufgeführten Formen bestimmen die Nutzung des Landes durch andere und betreffen die zeitliche Dauer.

— «*Hak guna-usaha*» ist das Recht eines Kultivateurs, Land bis zu 25 Jahren zu bebauen. Im Falle länger wirksamer Investitionen kann diese Dauer auf 35 Jahre ausgedehnt werden. Unter der Voraussetzung indonesischer Staatsbürgerschaft kann solches Land auch für noch längere Zeit übertragen werden, wird aber nicht «hak milik».

— «*Hak guna-bangunan*» ist eine Rechtsform, nach der Privat-oder Staatsland für 30 Jahre mit Gebäuden bebaut werden darf. Dieses Recht geniessen sowohl indonesische Staatsbürger als auch in Indonesien eingetragene Körperschaften, also auch ausländische Firmen, die in Indonesien eingetragen sind. In einem solchen (letzten) Fall muss das Recht von Privatpersonen oder der Regierung gekauft und kann um weitere 30 Jahre verlängert werden.

— «*Hak serva*» ist das Recht, auf Regierungs-oder Milik-Land oder auch auf «Hak-guna-bangunan»-Land Häuser zu bauen, für das der Besitzer Pacht zahlt. Dies können neben ausländischen Firmen auch Ausländer als Einzelpersonen sein.

— «*Hak pakai*» ist das Nutzungsrecht von Staatsland oder das Recht, auf Staatsland anfallende Produkte zu sammeln und zu nutzen.

«*Hak membuka tanah dan memungut hasil hutan*» erlaubt das Sammeln von Holz im Walde.

— *Hak Tanggungan*» ist der Bezitz von Hypothekenrechten auf Land, das von Leuten mit « milik »-, « guna-bangunan »-Rechten genutzt wird.

— « *Hak guna air* » ist die Bezeichnung für Wasserrechte (44; 169).

0.2.4.3. *Landerwerb*, ob als milik-Eigentum oder in einer der oben beschriebenen Nutzungsformen, ist mit mindestens drei rechtlichen Schritten verbunden, die nacheinander zu vollziehen sind. Zuerst muss der Käufer beim zuständigen Beamten von AGRARIA um eine Genehmigung nachsuchen, dass das betreffende Stück Land veräussert werden darf. Es dauert etwa einen Monat, bis diese Genehmigung für die Übertragung des Titels erteilt wird. Danach erfolgt die Registrierung des Kaufs im Landregister. Hierfür sind genaue Karten erforderlich. Die zu entrichtende Gebühr beträgt bis zu 10% des Kaufpreises. Bis zum Abschluss dieser Transaktion verstreichen meist 3-5 Monate. Die rechtlich-verbindlichen Papiere, die AGRARIA und dem Landregisterbüro einzureichen sind, müssen von einem Notar ausgefertigt werden (169).

0.2.4.4. *Betriebsgrössen und Bodenreform*

Die Betriebsgrössen gewinnen in Zusammenhang mit dem feudalistischen Landbesitzsystem Bedeutung. Trotz der feudalen Verfassung lagen diese niedrig, weil das Land von Teilpächtern bearbeitet wurde. Der Anteil von Betrieben über 5ha betrug 1963 in Indonesien 2,3%; auf Java 0,4% und auf den Ausseninseln 5,8% aller Betriebe. Gleichzeitig lag die durchschnittliche Betriebsgrösse in Java bei o, 71 ha, auf den Ausseninseln bei 1,69 ha pro Familie (vgl. auch Seite 98). Darum darf man formulieren, dass die Feudal-Verfassung Indonesiens nicht an grosse Betriebsklassen gebunden, Verpachtung in der alten Form des Teilbaues allgemein üblich war (vgl.S.34).

Aus diesem Grunde führte die indonesische Regierung nach dem Schwinden des Einflusses dieser Feudalherren, die vorwiegend den holländischen Kolonialherren gedient hatten, nach der Unabhängigkeit eine Bodenreform durch. Der oben erwähnte Agraria Akt Nr. 5 vom 25.9.1960 regelt auch die pro Familie zulässigen Betriebsgrössen. Dieses Gesetz wurde als Landwirtschaftsgesetz Nr. 5 bekannt. Die Land besitzenden Familien durften auf den einzelnen Inseln zwischen 2 und 12 ha Land behalten. Durch rechtzeitige Aufteilung grösserer Pakete innerhalb des Familienverbandes auf die Familienangehörigen wurde das Gesetz grösstenteils umgangen. Auf den Ausseninseln leisteten die «marga» allgemein Widerstand und behielten auch Land im Eigentum, das erheblich über diese Höchstgrenzen hinausgeht.

«Die Bodenreform lief langsam an und blieb dann bald stecken». Dies ist die allgemeine Formel, auf die Bodenreform-Spezialisten die indonesische Landreform bringen. Bis Ende des Jahres 1966 verteilte die indonesische Regierung mit der «Zentralen Bodenreform-Organisation» in Jakarta 176.000 ha Land an 164.000 neue Landeigentümer. Damit erhielten die Neusiedler 1,07 ha Land pro Familie. Auf die gesamte kultivierte landwirtschaftliche Fläche des Landes bezogen bedeutet dies, dass nur 1,2% des gesamten kultivierten Landes an 3-4% der damals auf Java als landlos bezeichneten 4-5 Millionen verteilt wurde, die sich sonst als Teilbauern verdingen (33,S.36).

Über diese Flächen Landes hinaus verteilte die Regierung bis 1966 168.000 ha meist minderwertigen Staatslandes an 399.000 Neusiedler. Die Brotnahrung von diesen 0,42 ha pro Familie wurde vielfach als nicht ausreichend bezeichnet. Auf Bali verteilte die Regierung 13.000 ha Staatsland. Auf Sumatra und Sulawesi kam es zu keiner Landverteilung, obwohl es gerade dort reichlich vorhanden war. Gleichzeitig haben wir das Phänomen der «squatter», der Landbesetzer, die auf Sumatra das freie Land der holländischen Plantagen besetzten und dann nicht wieder wichen, Ausdruck des Landhungers, der sich in dem heute fortbestehenden Teilbau widerspiegelt (33,S.37 u.169).

0.2.4.5. *Der Teilbau in Zentral-Java*

Teilbau oder Teilpacht spielte in Indonesien stets eine Rolle und ist heute noch weit verbreitet. Über den Teilbau im ehemals deutschfinanzierten Klatenprojekt hat RÖLL, (156; 305) gearbeitet, aus dessen Veröffentlichungen die folgenden Verhältnisse skizziert sind und für Bewässerungsland zutreffen:

« *Systim maro* » (*Halbbau, Halbpacht*) ist eine sehr gebräuchliche Form des Teilbaues in der Umgebung von Jogyakarta, die in mehreren Unterformen auftritt und nach den Handgeldern (« sromo ») variiert ist:

— *Maro* ist eine Form, bei der der Grundeigentümer vor Übernahme des Landes durch den Bewirtschafter eine bestimmte Geldsumme ausgezahlt erhält. Nach der Ernte entrichtet der Teilbauer die Hälfte der Ernte an den Eigentümer.

— *Naturalien* werden vor Bewirtschaftungsantritt statt einer Geldsumme gegeben und darüber hinaus, wie unter pemaro, 50% der Ernte. Dies ist die zweite Form.

— *Naturalvorausleistung* in Höhe von 1/8 des erzielten Ernterohertrages und zusätzlich dann Entrichtung der Hälfte der Ernte werden bei der dritten Form vollzogen.

« *Systim mertulu* » (Drittelbau, Drittelpacht). Hierbei fallen dem Grundeigentümer zwei Drittel der Ernteerträge zu. Verschiedentlich liefert er ausser den Wirtschaftsflächen das Saatgut bzw.die Reissetzlinge. Das verbleibende Drittel geht an den Bewirtschafter.

« *Systim mrapat* » (Viertelbau; Viertelpacht) sieht für den Landeigentümer sogar drei Viertel der Ernte vor. Oft gibt der Grundeigentümer mehr Produktionsmittel als nur das Saatgut, oft Spannvieh, manchmal auch Dünger.

Regenland wird weniger unter Teilbaukontrakten vergeben. Beim Trockenfeldreis (padi gogo)-Anbau erhält der Landeigentümer für die blosse Bereitstellung des Bodens zwei Fünftel des Ertrages. Das als « marolima » bekannte System wird auch im Erdnussanbau angewandt. Dagegen ist im Mais-und Sorghumanbau die Halbpacht gebräuchlich.

Einschaltung von Mittelsmännern und Zwischenpächtern komplizieren diesen an sich übersichtlichen wenn auch nicht gerade sozialen Verteilungsmodus. Durch diese erhält der eigentliche Bewirtschafter noch weniger Ertragsanteile. Oft erhalten diese Makler 25-50% des Ertrages. Angeblich sollen die Teilbauverhältnisse in Zentral-Java die grössten Spannungen enthalten. Doch ähnlich ist es auch in anderen Teilen Indonesiens. Der *unsoziale Charakter* solcher Teilbaupraktiken führte in den Jahren 1965/66 schliesslich zu den Kommunisten-und Chinesenverfolgungen. Die Kommunisten hatten die Missstände zu sehr angeprangert und die Landeigentümer auf deren Unterstützung für die Landlosen hingewiesen. Wohl wurden die Landeigentümer auch in nötigender Weise von den Mitgliedern der bis 1965 öffentlich arbeitenden kommunistischen Partei bedrängt. Als das politische Blatt nach dem fehlgeschlagenen Coup vom 30.9.65 sich wandte, nutzten die Landeigentümer die Gelegenheit für « private Abrechnungen ». Die indonesische Regierung hat die Missstände erkannt, weshalb im Jahre 1968 in dem dichtestbesiedelten Gebiet die Mineraldünger-Soforthilfe einsetzte. Welche Rolle Momente der Sozialordnung spielen können, wird im folgenden Abschnitt betrachtet.

0.2.5. SOZIALSTRUKTUR

0.2.5.1. *Die Sozialordnung*

Die indonesische Gesellschaft befindet sich in einer Phase der Umgestaltung. Das mag schon aus den Ausführungen des vorangegangenen Kapitels hervorgehen. In dem langgestreckten Inselreich entwickelten sich mehrere klar voneinander getrennte städtische und ländliche Sozialstrukturen, die nach ihrer Entstehung und in der Reihenfolge der Fortentwicklung etwa wie folgt zu unterscheiden sind:

— Jäger und Sammler im Innern Kalimantans, Sumatras und Cerams. Bewohner Nord-Sumatras und Nord-Sulawesis und

— Landwechselwirtschaft (Wanderfeldbau) treibende Dorfbewohner Irian Jayas und anderer abgelegener Regionen und Inseln;

— Reisbau treibende Bewohner im SAWAH-System des Landesinnern von Java, auf Bali und javanischer Kolonien ausserhalb Javas;

— Residenzstädte Javas und Sumatras;

— ländliche Bewohner der Küstenstriche an der Java-See;

— die Handelszentren an der Java-See;

— die modernen urbanen Gesellschaften Jakartas, Surabayas, Semarangs und anderer Städte, die sich während der holländischen Zeit bis zur Gegenwart entwickelten.

0.2.5.2. *Die Dorfgesellschaften der Jäger und Sammler auf den Ausseninseln*

Diese sind meist von der Aussenwelt abgeschnitten und haben auch untereinander wenig Verbindung. KOENTJARANINRAT (102) fand 1963, dass das von ihm untersuchte Dorf Telang auf Kalimantan nur während der Regenzeit, wenn der Fluss genügend Wasser führte, Verbindung zur Küste hatte, sonst aber wegen grundloser Wege von den Nachbardörfern abgeschnitten war. Auf Neu-Guinea entstand ein ganz besonderer Kult. Die im Zweiten Weltkrieg in den Bergen notgelandeten Transportflugzeuge hielten die von der Umwelt abgeschnittenen Bewohner für Geschenke ihrer Ahnen. In ihrer Isolation konnten sie keine andere Erklärung finden. Die Produkte der Zivilisation wie z.B. Konserven- oder Milchpulverdosen mit dem Reklamedruck eines Babys machten sie zu ihren Fetischen, wie auch Nachbildungen der Flugzeuge in Holz, und verehrten sie. Dieser Zivilisationskult erhielt sich bis heute. In einigen Landstrichen im Innern Kalimantans ist das Schamanentum noch autentisch. Die Reis bauenden Toba-Bataks und die Plantagenkulturen betreibenden Menadonesen gehören ebenfalls hierher, obwohl sonst der Wanderfeldbau Hauptkennzeichen einiger etwas fortgeschrittener, meist weit auseinander liegender Dorfgesellschaften ist. Viele dieser Dorfgesellschaften behielten ihre traditionellen und religiösen Riten bei, und Kanibalismus war noch vor kurzem im Innern Kalimantans verbreitet. Die Holländer untersagten diese Bräuche, und die indonesische Regierung ordnete 1970 das Tragen von Sarongs bei bis dahin unbekleideten Bewohnern Irian Jayas an. Das Christentum trat an die Stelle der vorangegangenen Religionen Kalimantans, der Molukken und Irian Jayas oder an anderen Orten der Islam, wie auf Sumatra. Mit dem Schwinden der Tradition verstärkte sich die Abwanderung in die Küstenorte (15; 169).

0.2.5.3. *Dorfgemeinschaften mit SAWAH-Kultur auf Java und Bali*

Die grossen Wanderungen in den Jahrtausenden vor Christus brachten die SAWAH-Kultur nach Indonesien. Der Reisanbau im SAWAH-System setzte Sesshaftigkeit und Landeigentum voraus.

Die dörflichen Siedlungen, von den ersten Landnehmern (« dusun ») gegründet, entstanden durch Rodungen, solange herrenloses Land vorhanden war. In ihrer Entwicklung entstand ein Verwaltungsrat der Dorfgemeinschaft, der « dusun-Rat ». Mitglieder dieses Rates konnten nur die Nachkommen und Erben der Dorfgründer werden, die den Wald gerodet hatten. Sie wurden « volle Bürger » genannt. Der Rat entschied in Dorfangelegenheiten, verteilte das Gemeindeland, die Almende, und bestimmte die Landrente.

Heute sind diese Befugnisse auf das Kelurahan, die unterste staatliche Behörde, übergegangen, die einige Dorfgemeinschaften zusammenfasst. Die landbesitzenden « duzuan » bilden den Mitarbeiterstab des Lurah und werden wie dieser aus dem Gemeindeland entlohnt. Das Gemeindeland beträgt rund 10% des gesamten SAWAH-Landes.

Zur nächsten Gruppe gehören solche, die nur Hausland, « Kampong »-Land, (Haus mit Garten) aber keine Reisfelder ausserhalb der Siedlung, besitzen. Dann gibt es die landlosen Reisbauern, die entweder als Teilpächter eine SAWAH bearbeiten oder sich als Lohnarbeiter verdingen. Die ursprünglich grösseren Landbesitzungen der « duzuan » reduzierten sich durch Erbteilung auf 0,25-0,50 ha pro Familie, womit diese nur mehr das Existenzminimum besitzen. Dann gab es noch die « ohikulan » oder fürstlichen « priai » (in der europäischen Diktion), die königlich-adliger Abkunft waren.

Die javanische Höflichkeit lässt die Unterschiede zwischen Voll-Bürgern » und landlosen Bauern nicht hervortreten. In einigen Bezirken stimmen die « duzuan » sogar für die Gleichberechtigung mit den landlosen Bauern. Tatsache bleibt aber, dass der Zusammenhalt zwischen Angehörigen unter den « dusunan » besser ist als zwischen « duzuan » und landlosen Bauern. Die Zusammenarbeit im Selbsthilfe-System « gotong-royong » hat zur weiteren Angleichung beigetragen. Die wachsende Bevölkerungsdichte in Zentral-Java im Bezirk Klaten zwingt zu enger Bebauung des Kampong (58; 59; 60; 169).

Die « Kampongs »: Das Kamponghaus steht in einem Garten, in welchem einige Bananenstauden, 5-6 Kokospalmen und Maniokstauden wachsen. Die dunkelgrünen Kampongs mit den kaum sichtbaren Hausdächern sind in das hellere Grün der Reisflächen eingerastet, ein typisch javanisches Bild. Hier bedeckt die Kampongfläche bis zu 1/3 der gesamten Fläche. Das enge Zusammenleben in den gleichförmigen Kampongs (vgl. auch RÖLL 157) setzt gute nachbarliche Beziehungen voraus. An den vielen vorgeschriebenen « Slamatans », Festlichkeiten, an Jahres-und Gedenktagen der Familie, nehmen alle teil, auch die kleinen Leute, die landlose « wong cilik ». Die Veranstalter geraten oft durch die kostspieligen Slamatans tief in Schulden.

Eine besondere Gruppe bilden die « Santris ». Sie sind die geistlichen Vertreter des Islam im Dorfe. Die Gebetsrufer, die Vorbeter und Koranlehrer und einige andere gehören dazu. Sie stammen aus wohlhabenden Landbesitzerfamilien, die sie ausbilden liessen, um durch ihr Image das Ansehen der Familie zu vergrössern. Sie werden auch von ihren Familien unterhalten. Der Anteil der Santris an der ländlichen Bevölkerung wurde 1970 auf 0,5% geschätzt. In einigen Gegenden soll er 1960 noch bis zu 5% betragen haben. Manche der Familien konnten die Landreform umgehen und ihren grossen Landbesitz in der Familie erhalten, indem sie ihn vorher noch unter ihren (oft nicht erwachsenen) Kindern aufteilten, so dass sie nicht mehr erfasst werden konnten. Die Mitglieder mancher Santri-Familien wandten sich dem Handel im Dorfe zu, der den Chinesen nicht mehr erlaubt war oder wanderten in städtische Berufe ab.

Eine gewisse Spannung zwischen den reichen Landbesitzern und den landlosen Dorfbewohnern blieb bestehen. Die Kommunisten versuchten diese bei den Unruhen im Jahre 1965 für sich auszunutzen.

Die « priai » (eigentlich zivilisiert, kultiviert) haben ihren Ursprung in den Fürstenhäusern von Jogyakarta und Surakarta, und auch der von den Holländern ernannte Adel gehört dazu. Sie werden von den « wong cilik » mit der gegenüber Hochstehenden vorgeschriebenen javanischen Sprache angeredet (vgl. S. 31). Die einfachen Dorfbewohner gebrauchen aber diese Achtungsform auch¦ gegenüber gebildeten, wohlerzogenen und gutsituierten Städtern. Grosses Ansehen geniessen die Mekkapilger, die « Hajis ». Früher gab es noch die « tuan tanah », die holländischen Landeigner, die das Land auf 75 Jahre gepachtet hatten und oft mit Indonesierinnen verheiratet waren 169).

Ländliches Leben

Schliesslich sind noch einige Züge des ländlichen Lebens für die Abgrenzung der Dorfgesellschaft von urbanen Gemeinschaften zu erwähnen, die man auch bei den an anderer Stelle beschriebenen Dorfgemeinschaften findet. Das auf dem Landeigentum basierende « Adat » ist ein unkodifiziertes Gewohnheitsrecht. Die Holländer liessen es unangetastet, soweit es nicht ihre Plantagen-und Handelsinteressen tangierte. Unter holländischer Besatzung entwickelte sich parallel zu der wenig strukturierten holländischen Verwaltung eine « Adat »-Bürokratie mit örtlichen und regionalen Rechtsprechern, die alle dörflichen Belange, die mit Landbesitz, Religion, Sitten und Gebräuchen zusammenhingen, regelte. Später erfolgte eine Trennung in säkulare und religiöse Verwaltung. Der moderne indonesische Staat hat diese « Adat »-Elemente in die moderne Rechtsprechung eingearbeitet, dabei aber die Rolle der «Adat»-Institution erheblich reduziert.

Die oben beschriebenen Züge des dörflichen Lebens treffen in erster Linie auf Java zu. Bei den Minangkabau sind die Gegensätze zwischen Landbesitzenden und nicht Land Besitzenden weniger ausgeprägt. Als Adelige gelten die Nachfahren der alten Könige. Sie besitzen jedoch keine Titel mehr. Adat spielt hier eine grössere Rolle als auf Java, wird aber auch hier vom neuen Verwaltungssystem langsam aufgesogen. Besonders erwähnenswert ist in der streng islamischen Dorfgesellschaft die hervorragende Stellung der Frau im täglichen Leben, die durch das matrilineale Eigentums-und Erbrecht bestimmt wird, das streng im « Adat » verankert ist. Das Sparen für eine Pilgerreise nach Mekka und die Rückkehr als Haji ins Heimatdorf ist bei den Minangkabau besonders erstrebenswert (169).

0.2.5.4. *Die Gesellschaftsordnung der Residenzstädte* Javas entstand wahrscheinlich um 1000. Solche Städte mit königlichen und fürstlichen Höfen sind besonders für Java und Bali typisch, aber auch in Palembang auf Sumatra zu finden. Der Nahrungs-und Arbeitskraft-Überschuss des SAWAH-Systems ermöglichte die Entstehung von Städten wie Jogyakarta, Solo, Denpasar und Semarang. Es ist heute ziemlich schwierig, klare Unterscheidungen zwischen solchen traditionellen Städten und den modernen Grosstädten herauszuarbeiten. Gleiche Gesellschaftsschichten finden wir heute in beiden. Deshalb werden hier beide zusammen als « urbane Gesellschaft » beschrieben.

Ein Charakteristikum ist nur den Residenzstädten eigen: der Hof ist Mittelpunkt des täglichen Lebens und Arbeit-und Brotgeber für viele Einwohner. In Solo und Jogyakarta ist diese Eigenart heute noch zu spüren. In der modernen Stadtgesellschaft ist er verwischt. Jedoch spielt der fürstliche Priai in den ehemaligen Residenzstädten heute noch eine grössere Rolle als in den Handelsstädten der Küste (61; 169).

0.2.5.5. *Dorfgesellschaften der Küstenstriche* sind in Zusammenhang mit den Handelszentren zu sehen, die sich besonders an der Java-See ausbilden konnten. Der stärker als im Landesinnern von Java ausgeprägte Islam ist das verbindende Element der Küstenbevölkerung. Die herkömmliche Gesellschaft an der Küste setzte sich zusammen aus den Angehörigen der herrschenden Klasse, Gemeinen und Sklaven. Diese Dreiteilung war besonders zur Zeit des Gewürzhandels ausgeprägt und erfuhr mit dem Eintreffen der Holländer eine Zweiteilung, da die Sklaverei nicht mehr geduldet wurde.

Heute ist der Prestigefaktor die Abstammung von einer « guten Familie », die schon beim Roden des Landes mithalf. Religiöse vorislamische Praktiken spielen immer noch eine Rolle. Auf Java ist der « Dukun », ein Weiser, der mit den Geistern der Vorfahren Verbindung hat. Er wird von allen Dorfbewohnern ungeniert konsultiert. Respekt und grosses Ansehen geniesst er gleich dem Kebatina, dem untersten islamischen Geistlichen im Dorf, der Geburten und Todesfälle registriert. Beide sind hier streng getrennt, im Gegensatz zu den Kleinen Sunda-Inseln, wo Angehörige des Islam und der animistischen Religion untereinander heiraten und oft aus einer Familie heraus beiden Anschauungen dienen. «Guru» (= Lehrer) ist der Führer einer Gruppe religiös beflissener Moslems, der im Dorf ebenfalls ein gewisses Ansehen geniesst (169).

0.2.5.6. *Die Gesellschaft der Handelszentren an der Java-See* ging aus der dörflichen Gesellschaft der Küstenstriche hervor. Sie hat aber in der Rückwirkung diese stärker beeinflusst als umgekehrt. Statt der Nachkommen der früheren herrschenden Klasse breitete sich schon vor dem Eintreffen der Holländer die Händlerschicht aus. Neben den Händlern wurden dann die Angehörigen des islamischen Klerus zu einem starken Zweig in der Gesellschaft. In den reicheren Handelsstädten bauten die Gläubigen viele Moscheen und besassen auch Liegenschaften. Die Verwaltung dieser Vermögenswerte verschafften den Moschee-Bediensteten Macht und Ansehen. Sie bilden die Klasse der «Santris», die schon erwähnt wurde (S. 35).

Ein besonderes Element stellen die zumeist als Händler tätigen Chinesen dar, die weiter unten behandelt werden (S. 37). Hier finden wir auch grosse arabische Bevölkerungsanteile, die noch heute in Surabaya und Cirebon in eigenen Vorstädten leben, «Abang» genannt. Die Indonesier wohnen in ihren Kampongs zusammen, die nach Landschaften oder ehemaligen Stammeshäuptlingen benannt sind. -Weitere Züge dieser Städte, wie sie heute zu erkennen sind, werden unter «urbaner Gesellschaft» behandelt (169).

0.2.5.7. *Grosstadtgesellschaft und Urbanisierung*

Eine Beschreibung der indonesischen Gesellschaft in ihren Extremen ist noch einigermassen möglich. Es ist aber schwierig, die Grenze zwischen Stadt und Land präzise abzustecken. Manche ländlichen Siedlungen sind durch ihre Grösse und die dichte Bebauung in einem Entwicklungsstadium, das bei dem raschen Wachstum des Ortes eine exakte Zuweisung unmöglich macht. Es entsteht das Problem der Urbanisierung und der daraus resultierenden Strukturprobleme.

0.2.5.7.1. *Die Struktur der Gesellschaft*

Zusammensetzung und Struktur der indonesischen Stadtgesellschaften änderten sich mit dem Wachstum der Städte. In holländischer Zeit gab es kurz vor dem Zweiten Weltkrieg ein städtisches Siedlungsbeispiel durch Bildung getrennter Viertel für die westlichen, chinesischen, arabischen, indischen und privilegierten indonesischen Bewohner. Die Masse der Inländer bewohnte die Aussenbezirke der Stadt. Die einzelnen Viertel hatten untereinander wenig Kontakt.

Heute hat sich dieses Bild bereits erheblich verschoben. Zwar gibt es noch überwiegend europäische Viertel, wie Kebajoran-Baru in Jakarta; in denen wohnen aber auch viele Indonesier aus den «besseren» Kreisen. Nur die sozialen Wohlfahrtsorganisationen sind vereinzelt noch nach nationaler Herkunft aufgegliedert. Bei den neu zugewanderten Indonesiern ist dies nur noch ganz schwach ausgebildet; hier spielen Wohlfahrtsorganisationen eine geringe Rolle.

Es ist nicht zu übersehen, dass der indonesische Bürger in den politischen, wirtschaftlichen und Verwaltungspositionen den holländischen Stadtbewohner abgelöst hat. Diese Indonesier stammen meist aus guten Familien und genossen eine gediegene, oft durch Auslandsstudium ergänzte, Erziehung. Da sie noch vor dem letzten Weltkrieg holländische Schulen in Indonesien oder in Holland besuchten, sprechen sie ausser der Landessprache auch holländisch und oft noch eine zweite Fremdsprache. Viele sprechen zu Hause in der Familie noch holländisch, meist jedoch nicht mehr mit ihren heranwachsenden Kindern. Da viele während ihres Studiums jahrelang im Ausland lebten, haben sie im Verkehr mit Ausländern keine Schwierigkeiten. Sie kennen ihre Lebensart und ihren Arbeitsstil. Viele sprechen auch englisch, das mehr und mehr als Geschäftssprache Eingang findet.

Ihr Lebensstil zeigt starke westliche Einflüsse. Da die Mitarbeiter der grossen Firmen und der Regierungsämter auch in die Provinzstädte und andere grösseren Orte des Landes versetzt werden, breitet sich diese neue Lebensform schnell aus (169).

Die *indonesischen Angestellten der Verwaltung* erhielten schon immer eine bessere Schulbildung. Die ersten Schulen hatten die Holländer im 17.Jahrhundert für die Rajas und Sultane eingerichtet. Danach durften auch andere Angehörige der Aristokratie diese Schulen besuchen. Auf den Ausseninseln war ein solcher Schulbesuch lange Zeit ausschliesslich auf die Mitglieder der herrschenden Familie beschränkt. Höhere Schulbildung bei Angehörigen der Aristokratie war damals stets neben der neuen westlichen Ausbildung auch auf alt-hinduistische Traditionen und ihre Lehrmeinungen ausgerichtet. Diese wurde besonders an den beiden Höfen Jogyakarta und Solo gepflegt.

Verwaltungstätigkeit war lange nicht-aristokratischen Indonesiern versagt, zumal sie nicht die notwendige Schulbildung aufweisen konnten. Die Holländer bevorzugten die Eurasier indonesischer Abstammung, Chinesen und die indonesischen Christen. Höhere Verwaltungsstellen waren nur Holländern zugänglich. Seit der Unabhängigkeit stehen den Indonesiern allgemein, die entsprechende Schulbildung vorausgesetzt, auch die höheren Stellungen offen. Doch lange fehlte noch eine ausreichende Anzahl genügend ausgebildeter Verwaltungskräfte.

Die alten Priai aus der Kolonialzeit hatten auch anfangs nach der Unabhängigkeit noch eine Monopolstellung, weil die anderen Interessenten noch ungenügend ausgebildet waren. Indem sie von Stufe zu Stufe, aus dem unteren in den mittleren und höheren Dienst sowie in die höchsten Staatsstellungen aufstiegen, machten sie langsam Nachrückenden Platz. In den ersten Jahren unter Sukarno war das Fällen von Entscheidungen wegen der begrenzten Anzahl kompetenter Kräfte leicht und schnell. Jeder kannte jeden und ohne Einhaltung des Dienstweges konnte man oft innerhalb weniger Stunden die Lösung eines Problems erreichen.

Das wurde anders, als in den 60er Jahren das Militär eine Rolle zu spielen begann. Echte Konkurrenz erwuchs den altgedienten Verwaltungsangestellten vorerst noch nicht von den jungen Absolventen. Diese drängten zunächst auf die unteren und mittleren Ränge. Man konzentrierte sich zuerst auf die Ausbildung für die unteren Dienste. Dann kam es zu einer gewissen Aufblähung des Verwaltungsapparates, die später groteske Formen annehmen sollte. Der junge indonesische Staat hatte mehr junge Kräfte herangebildet als er benötigte. Gab es 1939 nur 50.000 Regierungsangestellte, waren es 1957 schon 400.000 und 1968 gar 1,5 Millionen (169 und Ministerium-interne Mitteilungen an den Verfasser vom 15.1.71).

Die Angehörigen der Streitkräfte spielen nicht erst seit der Regierung Suharto eine grössere Rolle. Schon früher war es jungen Indonesiern möglich, über die Streitkräfte einen höheren sozialen Status zu erlangen. Das verstärkte sich mit der Unabhängigkeit. Unzählige Freiwillige strömten in die Streitkräfte. Diese zeigten im äusseren Bild, durch die Verschiedenheit der Uniform und des Reglements, die Einflüsse der früheren Besatzungsarmeen, erwiesen sich aber sonst als hervorragende Erbauer der Nation.

Das Offizierskorps besteht aus zwei Gruppen. Die einen Offiziere dienten schon in der holländischen Kolonialarmee und waren vorwiegend christlich und keine Javanen. Die Mehrzahl der zweiten Gruppe ging aus der revolutionären Streitmacht der Nachkriegsjahre hervor und blieb dann nach Beendigung der Kampfhandlungen in der Armee. Diese sind überwiegend Javanen und haben keine holländische Ausbildung.

Durch die wirtschaftliche und politische Entwicklung gewannen diese Offiziere zunehmend an Bedeutung. Sie füllten die von den holländischen Fach-und Verwaltungsleuten ab 1957 verlassenen Stellungen, gewannen auch in den Provinzverwaltungen Einfluss, als auf den Ausseninseln Aufstände ausbrachen und die Zentralregierung das Kriegsrecht verkündete. Kenner stellten 1972 fest, dass die Streitkräfte überaltet waren. So unbedeutend dies für die Unternehmer- und Verwaltungsaufgaben sein mag, so wichtig wäre eine Verjüngung für die militärischen Aufgaben.

Die *Gruppe der Politiker*, Mitglieder der verschiedenen legislativen und beratenden Institutionen und Ausschüsse bilden in der Hauptstadt die oberste Gesellschaftsschicht. Ihr Lebensstil beeinflusst auch die Provinz. Da lange keine Wahlen abgehalten wurden, sind diese Politiker ernannt worden und oft schon lange im Amt. Das Ansehen der Führer der Moslemparteien beruht auf der Macht der religiösen Hierarchie. Die von den Politikern unterschiedlicher Richtungen vertretenen Anschauungen sind überwiegend sozialistisch und stets nichtkommunistisch. Seit dem fehlgeschlagenen Putsch im Jahre 1965 (GESTAPU), ist die kommunistische Partei verboten. Die einst prominenten kommunistischen Führer leben im Ausland oder in der Verbannung (11; 135; 169).

Unternehmer und Geschäftsleute moderner Prägung nehmen im Gesellschaftsleben ständig an Bedeutung zu. Mit den Verordnungen aus der Sukarno-Zeit (bis 1965/66) gegen die Auslandschinesen und der Verfolgung derjenigen Chinesen, die man verdächtigte, Kommunisten zu sein, entstanden empfindliche Lücken, die von Indonesiern ausgefüllt werden mussten. Hier waren die geschäftstüchtigen Minangkabau geeignet, da sie im Handel auf Grund der Tradition in West-Sumatra, wo Chinesen als Händler und überhaupt stets eine geringe Rolle spielten, besseres kaufmännisches Geschick mitbringen als viele der anderen indonesischen Stämme. Javanische Unternehmer haben oft chinesische Geschäftsführer, die meist die indonesische Staatsangehörigkeit besitzen und oft schon assimiliert sind, so dass sie sich als Indonesier fühlen.

In den zu Grossstädten entwickelten alten Handelsplätzen der Küste, z.B. Surabaya und Palembang, haben sich die alteingesessenen Kaufmannseliten der modernen Zeit angepasst und arbeiten so erfolgreich, dass sie der gesellschaftlichen Klasse der Unternehmer und Geschäftsleute zuzurechnen sind. In diesen Reihen findet man auch zahlreiche javanische Unternehmer (169).

Die Chinesen sind die grösste Ausländergruppe Indonesiens. Ihr Anteil beträgt über 90% (aller Ausländer). Seit den Verordnungen aus den 50er und 60er Jahren sind die Chinesen mehr als vorher in den grossen Städten konzentriert. Als Teil der grosstädtischen Gesellschaft gewannen sie immer mehr an Bedeutung. Einst arbeiteten sie als Anwerber von Kontraktkulis aus Java für die grossen Plantagengesellschaften auf Sumatra, als Aufseher und als Vorarbeiter. Andere betätigten sich als kleine Kaufleute (« baba ») und Geldverleiher, als die sie sehr hohe Zinsen nahmen. Als die Plantagen- und Handelsgesellschaften nach dem Kriege enteignet wurden, blieben sie im Lande und wandten sich noch mehr dem Handel zu (vgl. SKINNER A.(169) und WILLMOTT D.E.(208).

Man unterscheidet zwischen den « Peranakan » Chinesen, die schon lange im Lande und oft mit Einheimischen verheiratet sind, einheimische Sprachen und holländisch sprechen, und den « Totoks », den Spät-Immigranten, die chinesisch sprechen und ihre heimatlichen Religionen praktizieren. Unter den Peranakan gibt es solche mit guter und weniger guter Schulbildung, ob sie nun holländische oder nur chinesische Schulen besucht haben. Die chinesischen Schulen wurden in den 60er Jahren geschlossen, und seitdem beschleunigte sich die Indonesierung der Chinesen. Viele von ihnen besitzen die indonesische Staatsangehörigkeit.

Die reichen Chinesen leben hauptsächlich in der Altstadt Jakartas, in der « Kotta », wo sie ihre eigenen Häuser haben. Neben dem unscheinbaren Laden führt die bescheidene Tür in die Wohnung, die mit allem Luxus ausgestattet ist, den man nach aussen nicht zeigen will. Und doch ist Reichtum für die Stellung in der Gesellschaft wichtiger als Bildung. Ein reicher Chinese in Jakarta findet überall Eingang.

Die Chinesen der Mittelklasse sind vielfach Angestellte in den Firmen der Reichen oder arbeiten als Händler mit den grossen Firmen zusammen oder sind in anderen ausländischen Firmen tätig. Jeder kann aber, wenn er tüchtig ist und zu Reichtum kommt, in die höchste Schicht aufsteigen. Die Zusammenarbeit unter den Chinesen ist besonders im Geschäftsleben vorbildlich. So haben auch heute noch Chinesen grossen Einfluss auf die Preise der Rohstoffe und der Industrieerzeugnisse.

Ihre sozialen und gemeinschaftlichen Einrichtungen werden jeweils von der Gesellschafsschicht bestimmt, der sie angehören. Diese Assoziierungen decken im allgemeinen nur das Stadtgebiet, in dem Angehörige derselben Berufs-und (oder) Religionsgruppe wohnen.

Die lange vor den Holländern eingewanderten Chinesen sind hoch angesehen. Viele von ihnen haben noch Beziehungen kultureller und religiöser Art zur alten Heimat, sind aber keineswegs Kommunisten. Auf lange Sicht bleibt ihre Existenz aus rassischen und wirtschaftlichen Gründen weiter bedroht, und man kann die allgemeine Abneigung gegen sie nicht leugnen (27; 169).

Die indonesischen Kleinhändler nahmen den Platz der nach dem Zweiten Weltkrieg verdrängten chinesischen Kleinhändler ein und sind häufiger auf dem Lande und in den kleineren Städten zu finden. Sie sind von den in den grösseren Städten verbliebenen Chinesen, die meist ihre Grosshändler und Finanziers sind, abhängig, da sie von ihnen die für die Bestockung der Läden benötigten Kleinkredite erhalten. Die Kinder dieser nach dem Krieg angelernten neuen Ladenbesitzer sind heute der Grossteil der intelligenten jungen Generation (169).

Studenten und Oberschüler sind im Stadtbild der Grossstädte nicht zu übersehen. In einer Bevölkerung, die eine jährliche Zuwachsrate von 2% hat und in der mehr als die Hälfte jünger als 20 Jahre ist, ist dies nicht verwunderlich, wenn man von den Anstrengungen auf dem Erziehungs-und Bildungssektor hört. Die Anzahl der Studenten und Schüler der Oberstufe stieg von etwa 2000 im Jahre 1944 auf 128.000 im Jahre 1968 und 150.000 im Jahre 1972. Diese Anzahl wird noch vergrössert durch die Studenten der privaten Anstalten. Ursache einer solchen Entwicklung war der Bevölkerungsdruck zusammen mit dem Mangel an Verdienstmöglichkeiten. Eltern schicken ihre Kinder oft unter grossen finanziellen Opfern auf weiterführende Schulen und Universitäten. Die Studenten sind politisch interessiert und aufgeschlossen. Lange Erfahrungen in der studentischen Arbeit fehlen jedoch. Erst seit dem GESTAPU-Coup des Jahres 1965 sind studentische Demonstrationen zugelassen, doch kam es bisher selten zu koordinierten Aktionen, wie z.B.gegen die japanischen Investitionen und ihre Befürworter im Jahre 1973 (169).

Die Kampong-Bevölkerung bildet den Grossteil der Stadtbevölkerung. Kampong ist der Begriff für den engstgestalteten Lebensraum. Man findet in ihm neben dem Gros ungelernter Arbeiter auch Handwerker, wie Tischler, Schneider, Holzschnitzer und Silberschmiede. Im Kampong leben auch die Facharbeiter der jungen Industrien, wie die der Getränke-und Nahrungsmittelindustrie, der Zigaretten-und Batikfabriken. Nur die Arbeiter der Ölindustrie haben meist bessere, von ihrer Firma PERTAMINA erstellte Quartiere. Aber auch ihre eigentliche Heimat ist der Kampong, in dem ihre Eltern und Geschwister leben.

Der typische Kampong, dessen Schlichtheit und Armut bekannt sind, ist trotzdem kein Elendsquartier. Die unzulänglichen hygienischen Einrichtungen sind durch ständig fliessende Wasserläufe in der Nähe gemildert. Die Infrastruktur wird durch die landsmannschaftlichen Bindungen und Hilfsbereitschaft ersetzt. Der Kampong liegt meist in einer Umzäunung hinter den Wohnblocks der Grosstadt und ist von der Strasse aus kaum sichtbar. Es gibt neuerdings auch Kampongbezirke, die sich an den Ausfallstrassen bilden.

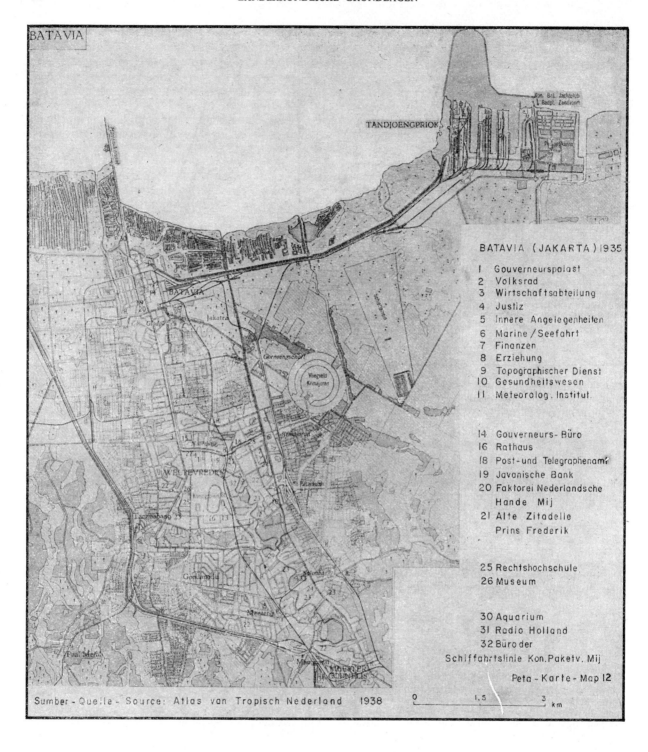

BATAVIA

TANDJOENGPRIOK

BATAVIA (JAKARTA) 1935

 1 Gouverneurspalast
 2 Volksrad
 3 Wirtschaftsabteilung
 4 Justiz
 5 Innere Angelegenheiten
 6 Marine / Seefahrt
 7 Finanzen
 8 Erziehung
 9 Topographischer Dienst
10 Gesundheitswesen
11 Meteorolog. Institut.

14 Gouverneurs- Büro
16 Rathaus
18 Post- und Telegraphenamt
19 Javanische Bank
20 Faktorei Nederlandsche
      Hande Mij
21 Alte Zitadelle
      Prins Frederik

25 Rechtshochschule
26 Museum

30 Aquarium
31 Radio Holland
32 Büro der
Schiffahrtslinie Kon. Paketv. Mij

Peta - Karte - Map 12

Sumber - Quelle - Source: Atlas van Tropisch Nederland   1938

0   1,5   3 km

Die Häuser, oft nur Hütten westlicher Vorstellung, sind den Wohnhäusern nachgebildet, wie man sie auf dem Lande findet. -Es soll nicht verschwiegen werden, dass es neben diesen Kampongs auch ausgesprochene Slums gibt, wie in jeder schnell wachsenden Grosstadt.

Hauptmotiv für die Eingliederung in einen vorhandenen Kampong für den neu Zugewanderten ist der Regionalismus. Kampongs, die neben der Sprache des Heimatbezirks auch seine Sitten und Gebräuche weiterpflegen, sind den jungen Landflüchtigen vertraut. In vielen Kampongs halten sich noch die ländlichen Freizeitbeschäftigungen. Man findet « wajang golek »-, « wajang kulit »- und « wajang orang »-Spiele, die ersten mit Puppen bzw. Leder-Scherenschnitten, die letzten mit Menschen, die die Ramayana-und Mahabarata-Geschichte spielen, untermalt von Gamelan-Musik. Es gibt javanische, sundanesische und gemischtsprachige Schaustellungen. Hier finden sich vornehmlich die « abangan » zusammen. Die « abangan »-Angehörigen als Schauspieler porträtrieren mit Vorliebe wohlhabende « santris » als Hauseigentümer oder die Ladenbesitzer. Haupt eines Kampong ist der traditionelle ländliche « lurah », Gemeinde-Ältester. Bemühungen der Regierung, moderne Formen statt dieser Kampongs zu finden, besonders aber die bodenrechtliche Seite zu klären (Kampongs sind meist auf Pachtland der Eigentümer der Wohnblockgrundstücke angelegt), schlugen bisher fehl. Die «santris» bevorzugen die «kauman»-Quartiere in der Nähe der Moscheen, wenn sie vom Lande in die Stadt ziehen. Von den verschiedenen Freizeitbeschäftigungen der Kampongs halten sie sich fern, mischen sich jedoch gerne unter die Zuschauer, da es für ihre seelsorgerische bzw. Fürsorgearbeit wichtig ist, die Sprache des Volkes, die einem steten Wandel unterworfen ist, richtig zu verstehen (11; 13; 169; 201; 202).

Das Stadtbild der Grosstadt Jakarta wird von westlichen Ausländern oft als das eines in Wirklichlichkeit grossen Dorfes beschrieben. Auch im Zentrum Jakartas, wo die wichtigsten Regierungsgebäude liegen und 65% aller in Indonesien abgeschlossenen Geldgeschäfte getätigt werden, hat sich ein durch das Grün der Gärten und Anlagen aufgelockerter ansprechender Charakter trotz der modernen Hochhäuser erhalten. An einem eindrucksvollen doppelbahnigen Schnellbahnring, der mit einer Teilstrecke, dem «By-Pass», den Hafen mit der Stadt verbindet, konzentriert sich die Industrie mit fast der Hälfte aller ausländischen Investitionen in Indonesien. Seit 1968 werden im Botschaftsviertel am grosszügig angelegten Boulevard Mohammed H. Thamrin und in Menteng Hochhäuser und moderne Hotels gebaut. Heute zeigt sich, dass die vom Staatsgründer Sukarno (der selber Architekt war) geplanten Strassenachsen die richtigen Akzente für die Entwicklung der Stadt Jakarta besitzen. Repräsentative Regierungsgebäude und Grosshallen für Massenveranstaltungen liess er an der Peripherie der Stadt errichten, wo sie über 10 Jahre lang wie verloren standen, heute aber harmonisch in das Stadtbild eingebettet sind. Sukarno liess auch das grosse Wasserkraftwerk Jatiluhur bauen. Ali Sadikin, der langjährige Gouverneur von Jakarta, hat in den 70er Jahren versucht, die Verkehrsprobleme durch neue Verkehrsmittel und Versorgungsprobleme durch den Ausbau des Strom-Verteilungsnetzes zu lösen, das in der Regierungszeit Sukarnos nicht mehr fertiggestellt wurde.

Im Entwicklungsprogramm der Stadt waren etwa 50% des Haushalts dieser Millionenstadt für die Beseitigung der Mängel vorgesehen. In einem Fünfjahresplan 1969/74 nahm Gouverneur Ali Sadikin die schwachen Punkte in Infrastruktur und Versorgung in Angriff.

Das Strassenbauprogramm Jakartas vermehrte die in Stand gesetzten Strassen von 882 km im Jahre 1967 auf 993 km im Jahre 1969. Nur der « By-pass » zum Hafen und die Schnellstrasse nach Kebajoran Baru waren vor 1967 erbaut worden. Alle anderen Strassen dieser Stadt wurden unter dem Programm entweder verbreitert oder besser befestigt. Das Transportproblem löste Ali Sadikin durch Einsatz von Bussen aus dem US-AID-Hilfsprogramm, durch Einsatz von mehr Taxis und durch Beschränkung der dreirädrigen mit Fusspedalen getriebenen Becaks auf die Nebenstrassen. Die Frage von Stadtbahnen wurde neben anderen Verkehrsproblemen durch eine Expertengruppe der Deutschen Technischen Hilfe untersucht. Andere Infrastrukturprobleme betreffen den Flutschutz und die damit verbundene Abwasserbeseitigung, Wasserversorgung und Stromversorgung. Die Frage der Flutkontrolle und Ausräumung der Kanäle übernahmen die Niederlande im Gefolge einer Studie ihrer Technischen Hilfe. Die Müllabfuhr war noch unzulänglich. Die Beseitigung des Mülls erfolgte lange durch Verbrennen vor den Grundstücken. Trinkwasser wird bisher aus Hausbrunnen geringer Tiefe gepumpt, da Tiefbrunnen nur warmes und kohlensäurehaltiges Wasser bringen. Im Jahre 1971 untersuchte eine japanische Ingenieurgruppe die Möglichkeiten einer zentralen Wasserversorgung aus dem Gebiet westlich der Stadt. Es gibt noch keine Kanalisation, und hermetisch abgeschlossene Sickergruben mit Faultanks wagt man wegen der Gefahr der Grundwasserverseuchung nicht zu empfehlen.

0.2.5.7.2. *Der Grad der Urbanisierung*

In der Volkzählung vom Jahre 1961 wurde ermittelt, dass 14,5% oder 14,3 Millionen der Bevölkerung Indonesiens Stadtbewohner sind. Damals hatte Indonesien 97 Millionen Einwohner. Bis zum Jahre 1972 nahm dieser Anteil nur langsam zu. Mit 15% Anteil der in Städten lebenden Menschen ist Indonesien kein urbanisiertes Land. Doch gibt es eine beachtliche Anzahl Grosstädte mit über 100.000 Einwohnern (vgl. Tabelle 3 im Anhang). Jakarta hat 1978 etwa 6,0 Millionen Einwohner, Bandung und Surabaya je 2 Millionen und die Stadt Jogyakarta 600.000 Einwohner (1).

Alle Grosstädte haben Probleme der Urbanisierungsfolgen wie zu kleine, überholte Infrastruktur (der Strassen und Bahnen), Versorgungsprobleme hinsichtlich Strom und Wasser und besonders die Slums in den Vorstädten wie sie in Jakarta eindrucksvoll entlang der Bahn zu sehen sind.

Das Strukturbild der Hauptstadt

An dem Beispiel des speziellen Bezirks Jakarta Raya, dessen langjährig im Dienst befindlicher Gouverneur Ali Sadikin, Oberst der KKO (Marine-Infanterie (:Korps Komando Operasi) mit viel Vorstellungskraft und Phantasie die Probleme zu lösen suchte, sind die im Lande auftretenden Schwierigkeiten am besten zu studieren. In Jakarta lässt sich ermessen, wohin Luftverschmutzung und Verkehrsdichten führen, wenn eine Stadt zu schnell gewachsen ist. Die Anforderungen an Stadtfinanzen und den Gesundheitsdienst erhöhen sich jedes Jahr. Immer wieder müssen sie neu abgeschätzt werden, um die jährlich vom flachen Lande einströmenden Arbeitsuchenden zu erfassen.

Bei der Gründung erhielt Jakarta den Namen Batavia nach der niederländischen Landschaft Batavien der Römerzeit. So wurde die aus dem kleinen Hafen Sunda Kelapa entstandene Hauptstadt der grössten niederländischen Besitzungen in Übersee mit der Grösse des Alten Rom verbunden. Genau genommen, lehnte sich die neue Stadt an das bei Sunda Kelapa angelegte holländische Fort Jacatra an. Lange Zeit war Batavia eine relativ kleine Stadt im niederländischen Stil mit Giebelhäusern an den grachtenähnlichen Kanälen, Kalis genannt. Der Kern der Altstadt ist irgendwo in der Nähe des heutigen Fischmarkts, Pasar Ikan, zu suchen. Bis zum Ersten Weltkrieg wuchs Batavia landeinwärts an den Kanälen entlang bis zum Stadtteil Menteng wo heute viele der Ministerien liegen. Durch den Gezeitenwechsel der Java-See wirkten die Kanäle abwasserbeseitigend.

Erst nach dem Zweiten Weltkrieg, als die Satellitenstadt Kebajoran-Baru gebaut wurde, explodierte die inzwischen in Jakarta umbenannte Stadt. Thebet, Jatinegara und Kemajoran am alten Flugplatz sowie Koja am Hafen Tanjung Priok wurden bald überfüllte und schmutzige Vorstädte. Dann bildeten sich weitere, zuerst kampongartige Wohnbezirke an der Peripherie, kampongartige Leichtbauhäuser aus Bambus und Bilik (Bambus gespalten) dann aber umgewandelt in feste Bauten, in Bezirke mit eigenen Namen.

Gemäss den urbanen und ruralen Wohnbedingungen und den grossen Entfernungen, über die sich Indonesien erstreckt, finden wir eine grosse Vielfalt von Lebensformen, die sich in den Familienverfassungen widerspiegeln. Hier soll in erster Linie die (javanische Familie) geschildert werden.

0.2.5.8. *Bevölkerung und Arbeitskräfte*

An dieser Stelle mag vorher ein Exkurs über die künftige Bevölkerungsentwicklung und Beschäftigungslage angebracht sein (vgl. Tabelle 73 im Anhang). Die grundlegende Information wurde bereits auf Seite 22 gegeben.

Die Bevölkerungsdichte auf den Hauptinseln Java, Madura, Bali ist 1978 etwa 600/qkm mit maximalen Dichten von 2000 in besonders fruchtbaren Gebieten. Die Dichte pro kultiviertes Land ist noch höher. -Das sind grössere Dichten

---

[1] Freundliche Mitteilung der Stadtverwaltung (130).

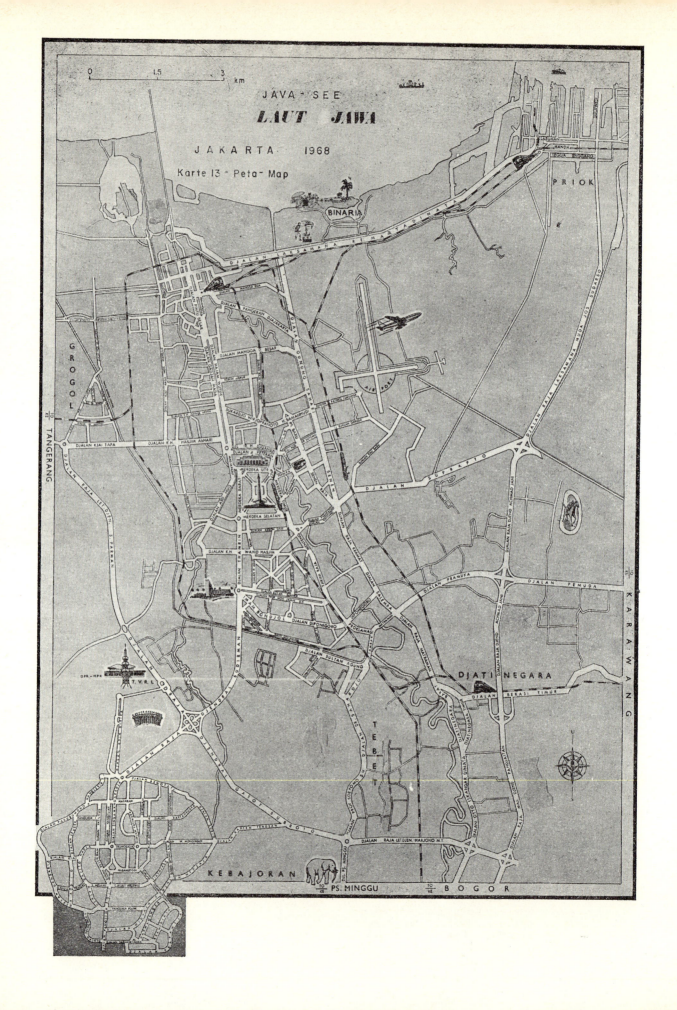

als z.B. in Bangladesch, das immer als besonders übervölkert hingestellt wird. -

In der einleitenden Datentabelle auf Seite xii sind 1,9% als Wachstumsrate der Bevölkerung angegeben. Das mag eine konservative Angabe sein. Einige Stellen nehmen sogar 2,5% an, wobei sich etwa 2,3% für Java und über 2,5% für die Ausseninseln ergeben.

Eine Wachstumsrate 1, die nur Sterbende ersetzt und bei der Familien durchschnittlich nur zwei Kinder haben, ist unwahrscheinlich und dürfte wohl in den nächsen 40-60 Jahren nicht erreicht werden können. *)

Tabelle 67 im Anhang gibt mögliche Bevölkerungsentwicklungen bei zwei verschiedenen Fruchtbarkeitsraten und Wachstumsprozenten an. Die niedrige Annahme rechnet mit schneller Abnahme der Geburtenrate bis 1991 und dann langsameres Absinken (auf den Ausseninseln erst 2001) mit 3 Kindern pro Familie. Für 2011 nimmt man 2,1 Kinder pro Familie an (Ausseninseln später (2021). -Die höhere Annahme sieht das Erreichen der gleichbleibenden Bevölkerungszahl erst 25 Jahre später vor. 335 bzw. 600 Millionen Menschen würden so erreicht werden.

Solche Entwicklung hat für das Land schwerwiegende Folgen. Die Landreserven sind relativ klein und nur etwa die Hälfte des Bevölkerungszuwachses kann gemäss heutiger Technologien bis 2000 auf den Landreserven Nahrung finden. Die Transmigration jedoch ist nicht die Lösung des Problems. Darum muss es eine verstärkte Wanderung vom Lande in die Stadt geben, so dass um 2000 die Hälfte der javanischen Bevölkerung in der Stadt Arbeit findet; oder aber es müssen industrielle Arbeitsplätze auf dem Lande geschaffen werden. An dieser Stelle soll die Diskussion abgebrochen werden, denn sia führt nirgendshin. Doch sollen solche Zahlen einmal zum Denken anregen und Vorstellungen entwickeln, welche Probleme künftig auf Regionalplaner in Indonesien zukommen. Vielleicht liegt die Lösung doch in der verstärkten Familienplanung, die im Anschluss an das folgende Kapitel behandelt wird.

Die Beschäftigungslage am Ende des Jahres 1977 zeigt eine Anzahl von 40,1 Millionen in erwerbsfähigen Alter, verglichen mit 34,6 Millionen im Jahre 1960. Davon sind 1977 nur noch 62% statt 1960 68% in der Landwirtschaft tätig. Die Anzahl der Erwerbslosen ist schwierig anzugeben. Die in der Statistik verzeichneten 5,4 Mill. sind in erster Linie Erstbeschäftigung-Suchende. Die Zahl ist gegenüber 1960 etwa gleichgeblieben, war bereits einmal 1970 geringer, nahm dann aber wieder zu. Politisch-kritische westliche Blätter geben 40% Arbeitslose an, was jedoch masslos übertrieben erscheint.

0.2.5.9. Die indonesische Familie

Es gibt verschiedene Typen indonesischer Familien in den vorhandenen ethnischen Bevölkerungsgruppen (vgl. S. 36 und S. 42). Die Abstammung wird bei den Javanen wie auch bei den Bewohnern der übrigen Küstengebiete der Java-See, sowie bei einigen Bergvölkern, bilateral betrachtet. Patrilineal ist die Abstammung und das Familienrecht bei den Balinesen, den Bewohnern des Innern von Sumatra und bei den Einwohnern von Nusa Tenggara und Irian Jaya. Bei den Minangkabau auf Sumatra, als der kleinsten Gruppe, gilt die matrilineale Abstammung. Buginesen und Makassaresen haben eine fakultative Anschauung. Man kann sich da als Angehöriger der väterlichen oder der mütterlichen Linie betrachten oder auch als Angehöriger der Familie der Ehefrau.

Die *Verwandtschaftsbindung* ist bei den Balinesen und den Papuas am stärksten ausgeprägt. Die Grossfamilie sorgt für die Ernährung aller Mitglieder und dies besonders bei Arbeitslosigkeit und Krankheit. Alle Verdienenden

haben dazu ihren Beitrag zu leisten; denn es gibt weder Krankenversicherung noch Altersversorgung. Bei den Javanen ist diese Bindung etwas lockerer, und möglicherweise ist die Ursache dafür in der grösseren Bevölkerungsdichte und der weiter fortgeschrittenen Urbanisierung zu suchen. Damit scheinen sich die Javanen eher auf eine Industriegesellschaft hin zu entwickeln und mehr für diese geeignet zu sein, als die anderen Bevölkerungsgruppen Indonesiens.

Mit in der javanischen Familie leben oft auch die *Grosseltern*. Die Kinder gründen bei der Heirat ein eigenes Heim, falls die wirtschaftlichen Verhältnisse es erlauben. Wenn dies nicht der Fall ist, wohnen sie noch für einige Jahre bei den Eltern. Manchmal müssen auch mehrere Familien unter einem Dach wohnen. Dann streben sie aber stets eine eigene Küche an. Aus den gleichen wirtschaftlichen Notlagen heraus werden auch Kinder schon frühzeitig an Verwandte abgegeben, die dann ganz in deren Familie aufgenommen werden, wenn auch ohne Adoption. Auch hier legen alle Verdienenden der Familie ihre Einnahmen zusammen. Aus dieser Kasse wird für alle gesorgt.

Gemäss dem alten Herkommen hat die javanische Sprache *drei verschiedene Ausdrucksformen*. Gleichgestellte und Gleichaltrige benutzen untereinander dieselbe Sprachform und die gleichen Ausdrücke. Gegenüber Höhergestellten und älteren Personen müssen andere Ausdrucksformen benutzt werden, während diese untereinander die Mittelausdrucksweise benutzen. Adeligen und verehrungswürdigen Personen gegenüber ist eine hochsprachliche Ausdrucksweise im Gebrauch. So sprechen Kinder mit den Eltern und diese wieder mit ihren Grosseltern in verschiedenen Vokabeln. Dabei machen sie keinen Unterschied zwischen Eltern und deren Geschwistern oder zwischen Grosseltern und deren Geschwistern. - In der Indonesischen Nationalsprache « Bahasa Indonesia » gibt es solche Unterschiede nicht.

Zur *Heirat* ist die standesamtliche Trauung gesetzlich vorgeschrieben. Sie wird meist durch eine religiöse Trauung ergänzt. Das Zeremoniel ist dann durch die Religion bedingt. Bei einer christlichen Trauung werden die herkömmlichen javanisch islamischen Formen mit einbezogen. Seit Sukarnos Zeiten gibt es auch eine Form der militärischen Heirat, die eine standesamtliche ersetzt.

Meist sehen sich die Eltern eines Mädchens bald nach der Pubertät der Tochter nach einem passenden Bräutigam um. Das eigentliche Hochzeitsarrangement wird dann von einem Beauftragten übernommen, der die erforderlichen Dokumente beschafft und die astrologische Konstellation überprüft. Der Aufwand für die Hochzeit ist beträchtlich, und manche der Verantwortlichen zahlen jahrelang an den dafür gemachten Schulden. Man vermeidet Verwandtenehen, weil bei einer eventuellen Scheidung der Familienzusammenhalt gefährdet werden könnte. Nur bei Begüterten findet man öfter solche Ehen, die dann einer Zusammenführung der Vermögen dienen. Wiederverheiratung nach einer Scheidung oder auch eine Zweitheirat bei Moslems werden ohne grosse Feiern mehr als eine private Angelegenheit behandelt (87).

Scheidungen sind häufig und die Rate liegt bei 55%. Die islamischen. Traditionen spielen dabei sicher eine Rolle. Unter den Angehörigen der Mittel-und Oberschicht sind Scheidungen selten. Sie gelten auch bei Christen und Moslems als wenig anständig. Die Frau kehrt nach einer Scheidung zu ihrer Familie zurück. Der Mann ist für die unmündigen Kinder unterhaltspflichtig. Das gemeinsame Eigentum fällt zu 2/3 an den Mann, kann aber bei schwerer Schuld des Mannes ganz der Frau zugesprochen werden. In den unteren Schichten ist immer die Frau die Wirtschafterin und sorgt für die wichtigen Nebeneinkommen.

Geburtenkontrolle findet langsam auf Java ihren Eingang (vgl. S. 43). Immer noch aber gilt Kinderlosigkeit als Unglück, Kinderreichtum als Segen.

Die ersten Lebensmonate des Kindes sind von zahlreichen vorgeschriebenen Slamatans begleitet. Bis zum Alter von

---

*) Wegen starker Elternjahrgänge anfänglich noch 1, später dann gegen 0.

sechs Jahren haben javanische Kinder auch noch engen
Kontakt zum Vater, dann beginnt jedoch das javanische
Ritual. Höflichkeit, Gehorsam und Selbstkontrolle werden
in steigendem Masse erwartet, bis ein distanziertes Verhältnis
zwischen Vater und Sohn eintritt. Die Beschneidung ist
für den Jungen mit etwa 10 Jahren ein besonderer Wende-
punkt im Leben.

Die *Erbfolge* entspricht der Tradition; Titel der Aristokratie
werden stets über den Vater weitergegeben. Diese sind noch
an den alten Höfen in Jogyakarta und Solo eingetragen.
Die Abstammung von den ursprünglichen Siedlern der
Ortschaft, die den Wald rodeten, wird noch allgemein beachtet,
wie auch die Abstammung aus der alten Bürokratie und
aus den Patrizierhäusern. Die beiden letzten Gruppen heiraten
meist untereinander. Das Erbe an Sachgütern wird durch
entsprechende Vorschriften geregelt. Ein kinderloser Gatte
vererbt seine persönliche Habe und zwei Drittel des gemeinsamen Gutes an die Eltern und Geschwister. Kinder erhalten
gleiche Anteile an beiden Elternteilen, Töchter werden bei
den Testamentabmachungen gerne bevorzugt. Im Falle
einer Nicht-Teilbarkeit eines Erbstückes ist Auszahlung
des wertmässigen Anteils üblich (11; 13; 169).

*Andere, von der javanischen Familie abweichende Familien-
formen* lassen sich wie folgt zusammenfassen:

— *die balinesische Familie* zeigt stärkere Stammesbindungen
und wird eindeutig durch den Mann bestimmt, der
die Familie auf den « banjar »-Sitzungen der Gemeinde
vertritt, wo alle rechtlichen und religiösen Fragen
erörtert werden. Die patrilineale Abstammung wird
von Titeln unterstrichen, die der Sohn vom Vater
empfängt. Titel und dann durch die buddhistische
Religion gewisse Verhaltensweisen, bestimmen das
tägliche Leben.

— Die *Minangkabau-Familie* wird durch die Frau bestimmt
(vgl. S. 249), obwohl gerade dieser Landesteil streng
dem islamischen Glauben angehört, der eigentlich
die patrilineale Ordnung betont. Hinsichtlich der
Stammesbindungen halten die Minangkabau eine
Mittelstellung zwischen den toleranten Javas und den
noch sehr starken von Bali. Das Abstammungssystem
von West-Sumatra wird durch die Familiengruppe

der Mutter bestimmt. Männer leben nicht mit ihren
Frauen im eigenen Haus, sondern sie besuchen
ihre Ehefrau, die im Hause der Mutter verbleibt, wo
diese der nun vergrösserten Familie vorsteht. Ehemann
und Junggesellen leben gesondert von der mutter-
bestimmten Familiengruppe im Familienhaus, dem
der älteste Bruder der ältesten Frau vorsteht. Verwandt-
schaftsbeziehungen werden stets durch die Beziehungen
zum ältesten Bruder des weiblichen Familien-Häuptlings
ausgedrückt, ebenso auch Erbschaftsangelegenheiten
in diesem Sinne geregelt. Die Familiengruppe hat
über die sogenannte « suku »-Obergruppe Beziehungen
zu den blutsverwandten Familiengruppen. Ein « suku »
kann bis zu einhundert Personen zählen und wird
von einem älteren Onkel geführt, der einen königlichen
Titel hat. Die Führer der sukus bilden zusammen
ein « negeri », eine Ortschaft. Leute, die nicht zu diesem
« negeri » gehören, stehen ausserhalb der Gemeinschaft. Soziologen haben allerdings seit dem letzten
Weltkrieg eine Tendenz zur kleineren Kernfamilie
festgestellt, die auch der Islam unterstützt.

— *In der buginesischen und makassaresischen Familie*
findet man ausser der oben erwähnten multiplen Zu-
gehörigkeitsordnung eine mehr wechselnde Haushalts-
grösse, die durch Hin-und Herwandern von Familienangehörigen in das Haus eines Bruders oder einer Schwester
oder auch des Grossvaters gegeben ist. Mittler zwischen
der Familie und der Verwaltung ist der Dorfälteste,
der auch das Land verteilt. In der Dorfgemeinschaft
sucht der junge Buginese seine Stellung durch gekonntes
Manipulieren mit Erbschaften und entsprechendes
Heiraten zu verbessern.

— *Die Bewohner von Irian Jaya*, die mit etwa 1 Mill. Einwohnern weniger als 1% der indonesischen Bevölkerung
ausmachen, seien mit den Eigenarten ihrer Familien-
verfassung nur kurz gestreift. Es gibt mehrere Typen
von Familienformen. Eine ist die des Familienhauses
mit bis zu einhundert Personen und mehreren Familien
mit einem grossen Raum und dem gemeinsam benutzten
Herd in der Mitte. Verheiratete Bewohner geniessen
ein höheres Ansehen und leben im Dorf auf höherem
Grund, während die Junggesellen rings am Fuss der
oft künstlichen Anhöhe leben. Hinsichtlich weiterer
Eigenarten sei auf einschlägige Literatur verwiesen (122)

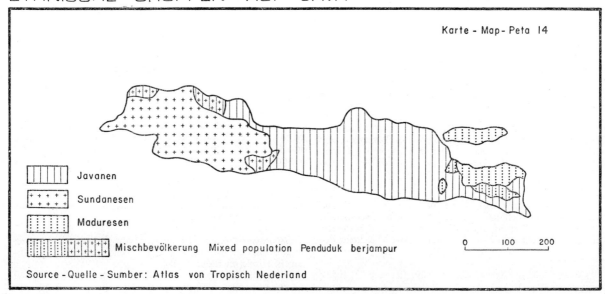

ETHNISCHE GRUPPEN AUF JAVA

Karte - Map- Peta 14

Javanen

Sundanesen

Maduresen

Mischbevölkerung Mixed population Penduduk berjampur

0   100   200

Source - Quelle - Sumber: Atlas von Tropisch Nederland

0.2.5.10. *Familienplanung*

Mit 140 Millionen Einwohnern (1978) hat Indonesien die fünftgrösste Bevölkerung der Erde. Die jährliche Zuwachsrate stieg von 1,5% im Jahre 1930 auf 1,9% im Jahre 1977 und soll zwischendurch sogar noch höher gewesen sein. Dieser starke Zuwachs wirkt sich ungünstig auf das Pro-Kopf-Einkommen aus. Bis 1970 war der Zuwachs der Pro Kopf-Einkommen wahrscheinlich niedriger als die Zuwachsrate der Bevölkerung. Da eine breit angesetzte Familienplanung fehlt, wird die Bevölkerung bis 1985 um etwa 50% zunehmen. Andererseits meint man neuerdings (für 1976) ein erstes Wirksamwerden der Familienplanung festgestellt zu haben, was bei Fortsetzung dann zu niedrigeren Zuwachszahlen führen würde.

Dem Programm der Familienplanung war bis 1975 nur begrenzter Erfolg beschieden gewesen. Die ersten Ansätze für ein solches Programm stammen aus dem Jahre 1957 mit einem freiwilligen Zusammenschluss, der im Jahre 1963 neun Zweigstellen hatte und durch ein Informationsprogramm ergänzt wurde. Dann kam die Zeit für ein Klinikprogramm. Im Herbst 1967 forderte Präsident Suharto im Parlament, mehr Aufmerksamkeit auf die Familienplanung zu lenken. Ende 1968 richtete die Regierung auf Grund eines Präsidentendekrets das Nationale Institut für Familienplanung (= LKRN = Lembaga Keluarga Rencana Nasional) ein. Das Zentralinstitut arbeitet mit mehreren regionalen Zweigstellen und hat ein aus den Vertretern mehrerer Ministerien und anderer Institutionen zusammengesetztes beratendes Gremium, dem 40 Mitglieder angehören. Es tritt alle zwei Jahre zusammen. Der aus 17 Mitgliedern bestehende Aufsichtsrat tagt alle drei Monate und der innere Kreis dieses Rates jeden Monat. Daneben gibt es mehrere exekutive Direktoren, die Operationen und Pläne der provinzialen Zweigstellen koordinieren. Auf Kabupaten-Ebene wirkt der Bupati als Koordinator. Dieser bestimmt in seinem Bezirk eine oder mehrere Personen für die Durchführung.

Das erste Nationale Programm für Familienplanung stellte ein von den oben aufgeführten Personenkreisen getrennt arbeitendes -Ad-hoc-Komitee auf. Es ist dem ersten Fünfjahresplan 1969/74 angepasst und besonders auf das dicht besiedelte Java abgestellt. Das bis zum Ende des Plans zu erreichende Ziel sah anfänglich 600.000, dann 3 Millionen Mitwirkende vor, durch die etwa ebensoviele Geburten verhindert würden. Im ganzen stellte die Regierung Rp. 1,2 Mill. zur Verfügung. Das Programm wandte sich an etwa acht Millionen Mütter, von denen 1 Mill. in Städten angesprochen wurden, die ständig die dort befindlichen « Mutter-und Kind-Gesundheitszentren » aufsuchen, sowie weitere 15 Mill. in Frage kommende Frauen. Die Beratungsstellen befinden sich in Hospitälern. Spezielle Familienplanungskliniken, im ganzen 2.400 während des ersten Fünfjahresplans, sollen nach und nach eingerichtet werden. Nur Kliniken mit einem wissenschaftlich ausgebildeten praktischen Arzt dürfen Eingriffe vornehmen, andere nur beraten. In Zusammenarbeit mit dem Gesundheitsministerium wurde ein umfassendes Ausbildungsprogramm aufgestellt, bei dem die medizinische Abteilung des Militärs mitwirkt und internationale und bilaterale Hilfsorganisationen finanzielle Hilfe leisten. 1969 stellte eine Besuchergruppe der Vereinten Nationen, der Weltbank und einiger anderer internationaler Gremien ein Aktionsprogramm für die Familienplanung auf. Darauf richtete die Regierung ein besonderes Koordinationsbüro für Familienplanung ein. Auch ein Nationaler Rat für die Anleitung zur Familienplanung auf Ministerialebene wurde gebildet (BKKBN = Berencaanan Keluargan Komite Badan Negara) (11; 13; 60; 169; 214).

Im Jahre 1977 gab die Weltbank ein Darlehen in Höhe von US$ 24,5 Mill., um die Fruchtbarkeit von 1970 44 pro Tausend auf 1983 34 pro Tsd. zu senken.

Schliesslich soll nicht verschwiegen werden, dass es in Indonesien und auch in privaten Kreisen der Regierung eine starke Strömung gibt, die da meint, dass Indonesien lange nicht ausreichend Einwohner hat, um die sehr schwach besiedelten Ausseninseln zu besiedeln, zu bewirtschaften und (politisch) zu halten. Solche Strömungen machten sich auf der letzten Bevölkerungskonferenz in Bukarest (1976) bemerkbar. Im März 1978 konnte Präsident Suharto verkünden, dass Landbewohner 70% der Teilnehmer an der Familienplanung ausmachen.

0.2.5.11. *Ernährungs- und Essgewohnheiten*

Reis ist in Indonesien das Grundnahrungsmittel, und er darf bei keiner Mahlzeit fehlen. Die Lage des Landes in den Tropen zu beiden Seiten des Äquators, die Höhengliederung und die Nähe des Meeres, das den meisten Lagen selten weiter als 200-300 km entfernt ist, bringen es mit sich, dass ausserdem eine grosse Vielfalt anderer Nahrungsmittel zur Verfügung steht. So findet man tropische Früchte, wie auch landwirtschaftliche Erzeugnisse der Subtropen und der gemässigten Zone auf dem Tisch der indonesischen Familie aber wenig Fisch und Fleisch. -Auf die Reisversorgung geht der Verfasser auf Seite 142 ein.

Das niedrige Pro-Kopf-Einkommen erlaubt nicht den Kauf der teuren tierischen Proteinnahrung. Auf Java steht das Tier hinsichtlich der Nahrungsbasis mit dem Menschen in Konkurrenz (vgl. WANDER (203). Deshalb treten pflanzliche Protein-Erzeugnisse wie Sojabohnen und andere Leguminosen an die Stelle von Fleisch. Von den insgesamt pro Tag verzehrten 43 g Protein (statt der an sich notwendigen 56 g) sind nur 6 g tierisches Protein, und zwar 1,5 g aus Fleisch, 0,1 g aus der Milch und 4,5 g aus verzehrter Fischnahrung. Damit stammen 75% des verzehrten Protein aus pflanzlicher Nahrung. Anders ausgedrückt, bedeuten diese Zahlen einen jährlichen Fleischverbrauch von 7 kg und einen Fischkonsum von 20 kg (Vgl. 29. S. 8). In der BRD wurden vergleichsweise 1972/73 79 kg Fleisch verzehrt. *) Der kalorische Wert der täglich aufgenommenen Nahrung wurde 1976 auf 1880 Calorien veranschlagt, wovon 1.750 J.: Kcal aus der täglichen Reisnahrung stammen. Dies ist gegenüber 1967 eine erhebliche Verbesserung, als insgesamt nur 1.700 J.: Kcal und 35 g Protein gemessen wurden. Man nimmt 1977 den Kalorienbedarf mit 1920 plus 44 g Protein an.

Im ganzen Lande und in den verschiedenen Bevölkerungsschichten ist die Ernährung keineswegs einheitlich. So gibt es grössere Unterschiede zwischen Stadt und Land und zwischen den einzelnen Einkommensgruppen. Auch zwischen der Hauptinsel Java und den Ausseninseln finden sich bedeutende Abweichungen. Bevölkerungsgruppen, die mit der westlichen Zivilisation Erfahrung haben, kennen gewöhnlich drei Mahlzeiten pro Tag, wobei Reis als Hauptbestandteil, Fleisch, Fisch, Gemüse und auch Brot gereicht werden. Ärmere Schichten, zumal auf dem Lande, kommen nur mit einer Hauptmahlzeit und einer kleinen Mahlzeit abends aus. In manchen Gegenden hat man morgens eine kleine Mahlzeit (Maniok, Süsskartoffeln und etwas Reis) und am späten Nachmittag eine etwas reichlichere Mahlzeit mit Reis, Gemüse und etwas Fisch oder Fleisch. Die Sojabohnen (z.B. « tempe » und « tahu ») spielen eine Rolle als Ersatz für das tierische Protein. Die Früchte der Jahreszeit, Mango, Papaja, Brotfrucht und andere Früchte, das ganze Jahr über Bananen und Kokosnüsse, vervollständigen die tägliche Nahrung.

Der Kokosnuss kommt besondere Bedeutung zu. Sie ist die Hauptquelle für Fett. In den ländlichen Kamponggärten stehen durchschnittlich 4-6 Palmen, die 60-90 Nüsse pro Jahr liefern, genug für eine Kokosnuss am Tag. Die Milch wird ausgepresst und zur Bereitung der Nahrung verwendet. Mit Kokosmilch wird gekocht oder aus ihr Öl gewonnen, das dann etwas ranzig ist und damit den spezifischen Geschmack des Kokosöls abgibt. In den letzten Jahren reicht das Aufkommen von Kokosöl für den Bedarf Indonesiens nicht mehr aus. Versuche, andere Öle und Fette einzuführen, gelangen bisher nicht recht (169).

_____

*) Andere Schätzungen sprechen von nur 3,4 kg/Jahr Fleischverbrauch (vgl. Seite 131).

Die Ernährungslage der letzten 10 Jahre hat sich laufend gebessert: Im Jahre 1977 schätzte man den Anteil der ausreichend ernährten Bewohner auf 98%, verglichen mit 1960 89% und 1970 91%. Die Proteinversorgung, über die keine genauen Zahlen vorliegen, dürfte mit etwa 44 g Protein/Tag gleichgeblieben sein. Man nahm 1976 an, dass 1/3 aller Kleinkinder unter 5 Jahren (etwa 7 Millionen) unter mittelschwerer bis schwerer Protein-Kalorien-Fehlernährung litten, was die Hauptursache der grossen Kindersterblichkeit ist (110 bis 150 pro Tausend, verglichen mit 38 in Malaysia und 18 in den USA). Weiterhin fehlen Vitamin A and Jod. Anemie auf Grund von Hunger und Fehlernährung erreicht in Indonesien Rekordprozente, bei nichtschwangeren Frauen 35-85%, bei schwangeren 50-92%, meist auf Grund von Eisenmangel. -Diese Tatsachen und Zahlen zeigen an, dass noch einiges zu tun bleibt.

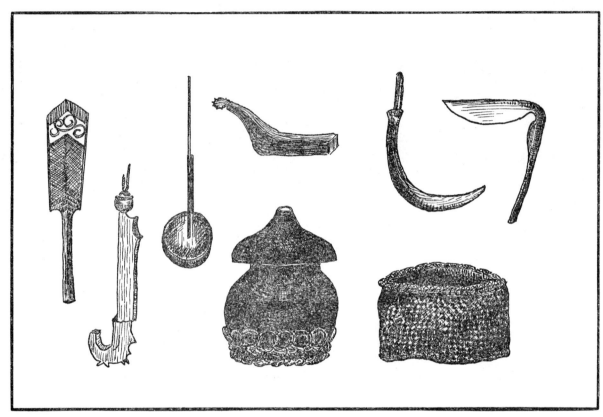

(6) Hausgeräte, West-Sumatra: Tonklopfer, Deckenhaken zum Aufhängen von Behältern, Reisschöpflöffel, Kokosschaber, Grassichel, Hackmesser zur Bodenbearbeitung, Irdenens Gefäss mit Deckel (auf Rotanguntersetzer) Reiskorb («kambui»).

II. Hauptkapitel - Regionale Grundstrukturen

7) Auf dem Wege zum Markt: Ländliche Szene auf Sumatra.

1.0. Infrastruktur, Finanzwesen, Regierung und Verwaltung

1.1. Transport-und Verbindungswesen

Indonesien besteht aus mehreren tausend Inseln, die ein Gebiet von 5.000 km Länge bedecken. Häfen und Schiffahrt waren von alters her die lebenswichtigen Verbindungen und sind auch heute von grösster Bedeutung. Schiffahrt ist das Rückgrat des Transportwesen. Die holländische KPM (Koninklijke Paketvaart Maatshapiij) hinterliess nach ihrer Auflösung beim Abzug der Holländer im Jahre 1956 eine empfindliche Lücke. Diese konnte nur im Personenverkehr durch die nationale Fluggesellschaft « GARUDA » einigermassen geschlossen werden. Inlandflüge sind bei den grossen Entfernungen von grösserer Bedeutung als in anderen Ländern.

Eisenbahnen gibt es auf den Hauptinseln Java und Sumatra. An alle Verkehrssysteme der einzelnen Inseln schliesst immer der interinsulare Schiffsverkehr an.

Früher waren alle Transportarten, auch die Busunternehmen, regierungseigen, ausgenommen die LKW-Unternehmen, die immer privat waren. Heute sind die meisten Busse privat.

Das Transportwesen war bei Regierungsantritt Präsident Suhartos auf einem Tiefpunkt angelangt, sowohl materiell als auch finanziell. Ursachen dafür waren einmal die Fehlentscheidungen der Planer Präsident Sukarnos bei Investitionen und zum anderen die Inflation, die die Substanz der Transportunternehmen wie der gesamten Wirtschaft aufzehrte. Für einen neuen Anfang wäre vor allem eine Neuorganisation des Managements erforderlich gewesen, doch fehlten die Mittel dazu. Hohe Frachtraten verhinderten eine schnelle Wiederbelebung des Handels zwischen den Inseln, denn die Regierung benötigte jede Rupie zur Aufbesserung des Staatsbudgets. Auch führte die enorme Überbesetzung mit Personal zu einer Verminderung der Effizienz.

Bis zum Jahre 1978, dem Berichtszeitpunkt, geschah gerade auf diesem Gebiet Entscheidendes. Durch die Entlassung des sozialen Überhangs konnte der Wirkungsgrad der Unternehmen verbessert werden. Besonders profitierten davon die Fluggesellschaften, die Eisenbahnen und auch der Strassenverkehr. Die Sumatra-Überlandstrasse wurde in Angriff genommen und die Entwicklung der Schiffahrt vorwärts getrieben (213), die zugleich für das Land am wichtigsten ist.

Die Regierung schätzte im Sommer 1975 den Investitionsbedarf im Transportsektor auf Rp. 1.000 Mrd. Der private Sektor wird zusätzlich Rp. 800 Mrd für denselben Zweck aufwenden müssen. Zusammen macht das 20% aller Investitionen dieser Periode 1974/79 aus.

1.1.1. HÄFEN

Die Häfen sind Schlüsselpunkte in einem Lande, in dem Ein-und Ausfuhren auf den Seeweg angewiesen sind und die Schiffahrt das Rückgrat des Transportwesens ist.

Zustand bei Beginn des Wiederaufbaus

Eine im Jahre 1967 nach Indonesien entsandte ECAFE-Expertengruppe bezeichnete das Ausbaggern als Problem Nr. 1 in den Häfen. Die jährlich nötige Baggerleistung wurde mit 16-20 Millionen m³ veranschlagt. Zu diesem Zeitpunkt bestand bereits Nachholarbeit von 40 Millionen m³. Zurückzuführen war dies auf den schlechten Zustand der Baggermaschinen, die wegen Erzatzteilmangels nur 85 Tage statt an 250 Tagen im Jahr einsatzbereit waren. Ausserdem fehlten genaue Daten über Verlandungen in den Hafenräumen, die sich jährlich um etwa 20 Millionen m³ vermehrten. Ein umfangreiches Lot-Programm war vor den eigentlichen Baggerarbeiten durchzuführen. Die meisten Studien wurden im Rahmen der technischen Hilfe erstellt wie z.B. für den Hafen Padang, wo die japanische Hilfe im Zuge ihres Reparationsprogramms die Beseitigung der dort liegenden Wracks übernahm. Problem Nr. 2 war das Fehlen von Navigationshilfen. Im Jahre 1967 waren nur zwei von fünf Bojenschiffen einsatzbereit. Zwei weitere neue Boote setzte die Regierung für andere Zwecke ein. Wegen der Gefahr aufzulaufen, mussten die Schiffe Hochwasser abwarten und konnten nur mehr bei Tage einlaufen, was alle Häfen an der Nordküste Javas betraf.

Auch das *Nachrichtenwesen* war 1967 völlig unzureichend. Die Hafenbehörden konnten oft keine Nachrichten von anlaufenden Schiffen empfangen, und so war es auch den Agenturen nicht möglich, Vorbereitungen für das Löschen oder das Beladen der Schiffe zu treffen oder bei Maschinenschaden Ersatzteile und Reparatur zu bestellen. Alles verursachte unnötige zusätzliche Kosten.

Ein weiteres Problem war die Überfüllung der *Lagerhäuser*. Bis zur Ankunft der Schiffe verteuerten sich während der Seereise durch die rasche Inflation die Zollsätze und alle anderen Abgaben, sodass die Käufer oft nicht in der Lage waren, die erforderlichen Restsummen sofort aufzubringen. Die Waren blieben dann liegen, belasteten den Lagerraum und die Verwaltung und wurden oft schlecht. Sie mussten nach langen Wartezeiten versteigert, abtransportiert oder vernichtet werden. Jedenfalls waren sie ein Verlust für die Volkswirt-

schaft. Die eintreffenden Schiffe konnten dann oft erst nach langen Wartezeiten gelöscht werden.

Zu all dem kam die oben erwähnte *mindere Arbeits-Effizienz*. In den Jahren 1968 und 1969 hatte der Verfasser selbst die Anlandung von 20.000 t Mineraldünger zu organisieren und zu überwachen. Er fand dabei alle vorgenannten Misstände voll bestätigt. Er war wie auch andere logistische Unternehmer überrascht von dem hohen Schwund, der durch mangelnde Sorgfalt beim Herausheben aus den Luken entstand und durch heimliche Handhabung der verbotenen Tragehaken. Dies traf in den Häfen Jakarta/Tanjung Priok, in Padang in Medan-Belawan und ebenso in Semarang ohne Unterschied zu.

Die *Verantwortung* für die Häfen lag 1968 beim Generaldirektorat Seeverbindungswesen im Ministerium für maritime Angelegenheiten (Direktorat Jenderal Maritim). Seine Zuständigkeit umfasste auch die Ausbaggerung der Häfen, da die unteren Behörden keine Mittel dafür hatten, dann den Teil der Planungen, der nicht von den Hafenbehörden unternommen wurde sowie die Navigationshilfen ausserhalb der Häfen. Dem Generaldirektorat unterstehen 10 Schiffahrtsregionen, 28 Hafenbehörden und die Hafendirektoren, Hafenräte und technische Beraterstäbe.

Der Chef der Schiffahrtsregion ist zugleich auch dem Hafendirektor vorgesetzt. In den Haupthäfen, zu denen ausser den bereits genannten noch Palembang, Surabaja und Makassar (Ujong Pandang) zu zählen sind, war 1972 die Zuständigkeit auf die einzelnen genannten Behörden und auf eines der sieben Hafenunternehmen verteilt. Kompliziert ist dabei die Unterstellung dieser staatlichen Hafenunternehmen dem Generaldirektorat für Staatsunternehmen. Sie arbeiten als Kundendienst für die Hafenbehörden.

Überall gab es auch hier Mängel in Management und in der Statistik. Die finanzielle Lage war durch die Inflation äusserst prekär.

Erste Ergebnisse der Wiederaufbauarbeit

Am Ende des Jahres 1972 war die Situation der indonesischen Häfen etwa wie folgt zu bezeichnen:

Von 310 Häfen hatten 23 Wassertiefen und Anlegemöglichkeiten für Schiffe über 500 t. Die Häfen Jakarta, Medan und Surabaja wurden im Jahr von jeweils etwa 2.000 Motorschiffen angelaufen, Palembang von ungefähr 3.500 Schiffen, von denen 2.000 Tanker waren. Andere grosse Häfen wie Semarang, Pontianak, Banjarmasin, Makassar und Menado hatten einen Jahresumschlag von etwa 100.000 t. Nach fünf Aufbaujahren bestanden noch viele Mängel. Doch wichtige Nachholarbeit war schon geleistet. Ausbaggerungen, Lagermöglichkeiten und das Nachrichtenwesen waren verbessert. Das Generaldirektorat für das Seeverbindungswesen hatte ein Überholprogramm für die zehn grössten Häfen aufgestellt, die 85% des gesamten Schiffsverkehrs abwickeln und das in Jakarta und Surabaja bereits in Durchführung war. Es umfasste 1971/72 einen Betrag von 8,7 Millionen US Dollar. Die Regierung der Niederlande hatte eine Untersuchung der Hafentiefen und des Baggerbedarfs finanziert. Zur Überholung der Baggerflotte von 24 Fahrzeugen, darunter die 50 Jahre alte « Sulawesi », mit einer Kapazität von 2.500 m³/h bestand ein Erneuerungs- und Ersatzteil-Programm von 10,5 Millionen US Dollar, verteilt auf die Stationen Jakarta, Surabaja und Belawan. Nach Abschluss der Arbeiten 1974 rechnete man mit einer Kapazität der gesamten Baggerflotte von ungefähr 17 Millionen m³ im Jahr.

Ergebnisse zehnjähriger Aufbauarbeit

Die Hafenverwaltungen verbesserten Anlegemöglichkeiten, Kaianlagen, Hafenstrassen, Strom-und Wasseranschlüsse sowie Nachrichten-und Navigationsanlagen. Man erreichte den Abschluss der Arbeiten in den fünf Haupthäfen bis zum Jahre 1975. Die Entwicklung in der Güterverladung einzelner Häfen ist aus Anhangtabelle 76 ersichtlich.

Grosse Schwierigkeiten bestehen noch in der Verwaltung der Häfen und im Seeverbindungswesen. Durch vier sich teilweise überschneidende Regierungsstellen entstehen zeitraubende Auseinandersetzungen wegen der Zuständigkeit und ausserdem eine Überhöhung der Hafengebühren. Jakarta-Tanjung Priok ist einer der teuersten Häfen der Welt.

Die staatliche Seetransportgesellschaft PELNI hatte 1966 mit einer 140.000 t starken Flotte einen Umschlag von nur 525.000 t. Wenn man 30% stilliegenden Schiffsraum abrechnet, ergibt das eine Frachtleistung von etwa 5,5 t per Tonne Schiffsraum im Jahr. Nach alten Statistiken ist dies weniger als die Hälfte der Frachtleistung in der holländischen Zeit. Durch den Niedergang der Wirtschaft sank 1967 die Frachtleistung weiter bis auf 3,5 t per Tonne Schiffsraum. Erst mit der Wiederbelebung der Wirtschaft konnte PELNI im Jahre 1972 eine Frachtleistung von 1,35 Millionen t erzielen und damit auf eine Rate von 9 t im Jahre per Tonne Schiffsraum ansteigen.

Der Durchschnittswert anderer Länder liegt bei 15 t « Deadweight ». Die privaten Schiffahrtsgesellschaften hatten einen besseren Wirkungsgrad. Sie hatten keine personnelle Überbesetzung und konnten ihre Routen jeweils frei wählen, wie es die anfallende Fracht erforderte. Da sie billiger waren, erhielten sie mehr Fracht. Die Transportunternehmen der Kriegsmarine setzten auch nach den Unruhen auf Sumatra, Sulawesi und den Molukken ihre Versorgungsfahrten fort. Sie bildeten für die privaten Unternehmer eine unliebsame Konkurrenz. Als ihre Aktivitäten überhandnahmen und sie auch noch Schmuggel betrieben, schränkte die Regierung im Jahre 1970 diese Unternehmen drastisch ein. Diese sogenannte « Civil Mission » besass damals 86 Einheiten mit 109.000 t « Deadweight ». Die oben gegebenen Zahlen schliessen die Tankerflotte der Pertamina nicht ein (vgl. S. 190).

Über die Betriebskosten waren nur Schätzungen vorhanden. Experten nannten bei einem 30% Ladefaktor mit 100 Tagen auf See im Jahre 1970 für Schiffe von 5.000 t 2 Rupien oder 0.60 US cents per t/km und für Schiffe von 800 t 5 Rupien oder 1,45 cents. 1969 bildete die Regierung die Operations- Organisation für den Interinsularen Schiffsverkehr (POPERPAN). Diese Koordinationsbehörde war für 44 Gesellschaften mit zusammen 185 Schiffen zuständig. Sie stellt in periodischen Abständen gemäss der anfallenden Fracht die Fahrpläne auf. Der im März von ihr veröffentlichte Frachttarif

nannte für einen 400 km langen Seeweg per t-km Rp. 4,8 oder 1,48 US cents und für 2.500 km Rp. 1,3 oder 0,4 US cents (8; 56; 169; 214.).

(8) Makassaren-Segler im alten, von den Holländern angelegten, Hafen Pasar Ikan, Jakarta.

1.1.2. SCHIFFAHRT UND WERFTBETRIEBE

Hochsee-Handelsflotte. Im Jahre 1966 bestand die Hochsee-Handelsflotte des staatseigenen Jakarta Lloyd aus 28 Schiffen. Davon waren 10 gechartert. Vier private Überseelinien arbeiteten nur mit gecharterten Schiffen. Bis 1969 war die Hochseeflotte auf 51 Einheiten mit 435.818 t « « Deadweight » angewachsen, während der Anteil der privaten Linien geschrumpft war. Im Jahre 1975 hatte sie nach einer Umstrukturierung 49 Einheiten mit 419.000 Bruttoregistertonnen (Anhangtabelle 65 und 66).

Dazu kamen 1977 noch 75 Einheiten « besonderer Hochsee-Dampfer », 858 Küstendampfer und 16 Pionierschiffe.

Da eine Hochseeflotte mit Devisen-Einkommen auch ausländische Werften und Docks für Reparaturen benützen kann, waren ihre Schiffe in einem besseren Zustand als die der interinsularen Flotte. Auch gab es in ihrer wirtschaftlichen Entwicklung kaum Probleme. Frachtüberhang wurde jeweils von fremden Linien übernommen. 1972 wurde der Hafen von Jakarta von 21 ausländischen Linien angelaufen. Der Umschlag geht aus Tabelle 77 hervor. So wuchs der Umschlag in Tanjung Priok, dem Hafen Jakartas, von 660.000 t im Jahre 1970 auf rund 8,3 Mill. t im Jahre 1976.

Die *interinsulare Handelsflotte*, für die Entwicklung des Landes von besonderer Bedeutung, setzte sich 1966

*) Weiteres über Werften vgl. unter « Industrie » Seite 182.

bis 1975 wie folgt zusammen: (Zahlen über interinsulare Transporte vgl. Tabellen 66 u. 76 im Anhang).

— Die *staatliche Gesellschaft PELNI* (Pelajaran Nasional Indonesia,):

1966 mit 89 Schiffen, davon 4 gechartert
nur zu 70% einsatzbereit;
1972 mit 97 Schiffe
(150.000 t) bereits alle einsatzbereit

— *32 private Schiffsgesellschaften mit insgesamt*

1966 126 Schiffen
(150.000 t) zu 80% einsatzbereit
1972 149 Schiffen
(180.000 t) alle einsatzbereit

— *ausserdem*

1966 ca 300 kleinere Fahrzeuge
(30.000 t)
1972 ca 400 kleinere Fahrzeuge
(46.000 t)

— *Zusammen* rechnete man 1975 mit 319 Einheiten von 330.416 BRT, die zudem alle im Einsatz waren. Dazu muss man noch rechnen,

1966 18.000 Segelboote
(400.000 t)
1972 15.000 Segelboote
(370.000 t)
1976 14.000 Segelboote
(350.000 t)

(vgl. Zeichnung 8 auf Seite 47).

Der Zustand der Schiffe war 1966 ausgesprochen schlecht. 30% der PELNI-Flotte waren nicht einsatzfähig, 20% der privaten Schiffe lagen still. Der Mangel an Werften und fehlende Ersatzteile waren die Ursache dafür. Das Grundproblem war jedoch der Kapitalmangel. Viele Schiffseigner konnten die verlangten Vorauszahlungen nicht leisten, und die Werften konnten nicht ihre Kapazität ausnützen. Erst 1972 liefen Programme an für die Werften zum Bau von Schiffen für den interinsularen Verkehr, desgleichen für die Überholung von Reparaturdocks und Schiffen, wie in Jakarta mit Hilfe des Germanischen Lloyd.

1968 wurden die Zahlungen der staatlichen Zuschüsse an PELNI eingestellt. Um die allgemeinen Schwierigkeiten und die Überbesetzung mit Personal auszugleichen, wurden darauf die Frachtraten erhöht. Für eine Mindeststrecke von 600 Seemeilen forderte PELNI für eine Tonne Fracht 3 Rupien. Es war jetzt billiger, Reis aus Thailand zu importieren als der Transport von Überschussreis aus Sulawesi.

Die geographische Lage Indonesiens, das mit einem weit auseinandergezogenen Netz von Häfen seinen Haupthafen Jakarta nahe am ausländischen Hafen Singapur hat, bewirkt das gestörte Gleichgewicht in der Handelsbilanz, das aus Tabelle 54 (Anhang) hervorgeht. Das langsame Ingangkommen der Einfuhrsubstitution zusammen mit den schnell angestiegenen wirtschaftlichen Aktivitäten erklärt diese negative Bilanz im Warenverkehr. Dieses Defizit wird nicht durch den geringen Überschuss ausgeglichen, den Java im interinsularen Verkehr besitzt.

Schwerwiegend sind die Folgen, die aus dem Rückgang der interinsularen Verbindungen im Zusammenhang mit den Exporten entstanden sind. Während die alte holländische KPM seit 1931 mit einer Minimalhäufigkeit von vier Wochen 280 Häfen des alten Kolonialreiches anlaufen musste (dazu noch weitere 202 Häfen je nach Bedarf), ist der Schiffsverkehr nach dem Abzug der Holländer auf den Ausseninseln praktisch zusammengebrochen. Zwar mag die Häufigkeit des Anlaufens etwas hoch gewesen sein und wäre wahrscheinlich bei den heutigen Kosten nicht aufrechtzuerhalten, doch die Nachkriegs-Situation führte auf einigen Inseln zum Rückfall in die Subsistenzlandwirtschaft und zu starkem Rückgang in der Produktion pflanzlicher Rohstoffe für den Export. Hier ist zu erwähnen, dass die « nützlichen Gebühren », die teilweise ein Drittel der gesamten Frachtkosten betrugen, sowie ein starker Rückgang der Koprapreise unmittelbar nach dem Krieg in dieser Richtung mitwirkten (58; 85; 173; 174; 214). Ungünstig für diese Bilanz wirken auch lang sich hinstreckende Inseln, für deren Gütertransport Strassen-und Schiffs — Transport konkurrieren.

Im Jahre 1977 erhielt Indonesien ein Weltbank-Darlehen von US$ 54 Mill., dazu von Gross-Britannien US$ 25 Mill, Norwegen $ 99,7 Mill. und von BAPINDO $ 15 Mill. In einem grossen Schiffahrtsprogramm sollen die überalterten Schiffe und Anlagen durch die neugegründete Firma PT PANN (Pengembangan Armada Niaga Nasional), ein regierungseigenes Unternehmen, repariert, bzw. ersetzt werden. Die zusätzlichen 113.250 BRT sollen 1979 2,5 Mill. jährlich beförderte Fracht (zusammen mit dem vorhandenen Schiffsraum) ermöglichen. Diese Zahlen schliessen sowohl die Hochsee-Handelsflotte als auch die interinsulare Flotte ein, die Ende 1976 auf eine operationelle Kapazität von 330.419 t « deadweight » geschätzt wurden.

1.1.3 FERNVERKEHRSSTRASSEN

Als die Wirtschaft 1966 beim neuen Anfang Inventur machte, war der Zustand der Strassen in Indonesien auf einem Tiefstand angelangt. Nur 5% der im ganzen 82.000 km ausgebauten Strassen waren 1966 in gutem Zustand. 85% benötigten Reparaturen, und der Rest war kaum noch befahrbar. Bis zum Jahre 1978 leistete die Regierung Erhebliches. Zuerst konzentrierte sich das Ministerium für Öffentliche Arbeiten auf die Wiederherstellung (« Rehabilitasi ») der Strassen. Dann erst ging man an die Planung neuer Strassen, die hinsichtlich ihrer Belastbarkeit den modernen Ansprüchen genügen. Bis 1976 (Anhangtabelle 64) hatte sich das Strassennetz um 500 km verlängert und waren alle Strassen verbreitert oder wieder in Stand gesetzt worden.

Der Zustand im Jahre 1966

Die bautechnische Anlage der Strassen entsprach 1966 noch weitgehend dem Standard von 1939. Nur etwa 5% waren für Achsdrücke über 5 t angelegt, 20% für Drücke zwischen 2,75 und 3,5 t und der Rest zwischen 1,5 und 2 t. Darum trat bei der Wiederherrichtung des Strassennetzes und dessen Ausbau die Anhebung des Standards (« Upgrading ») in den Vordergrund. Nur etwa 16% des gesamten Strassennetzes waren 1966 asphaltiert, 45% mit einer Kiesdecke versehen, die restlichen waren Erdstrassen. Die schwach ausgelegten und alten baufälligen Brücken (vgl. Anhangtabelle 64) setzten der Grösse der Lastkraftwagen eine Grenze. Es gab 1966 keine Gewichts-

INDONESIEN

VERKEHR - TRAFFIC - LALU LINTAS

Karte - Map - Peta 15

STILLER OZEAN

PHILIPPINEN

Mindanao

IRIAN JAYA

Sarong

Halmahera

Laut Sulawesi
Celebes See

Laut Maluku
Molukken See

Ceram

Buru

Ambon

Laut Banda See

Laut Arafura See

Port.Timor

Menado

Kolaka

SULAWESI

Timor

Kupang

Laut Flores See

Sumba

Lombok Sumbawa Flores

Ujung Pandang

SABAH

Kajan

Mahakan

BRUNEI

SARAWAK

Barito

KALIMANTAN

Banjarmasin

Pontianak

Kapuas

Billiton

Madura

Surabaja

Bali

Den Pasar
Benoa

Laut Jawa See

Joyokarta

MALAYSIA

THAILAND

WESTMALAYSIA

SINGAPUR

Bintan

Singkep

Bangka

Palembang

R. Musi

Telukbetung

JAKARTA

Bandung

JAVA

S U M A T R A

Siak

Padang

Medan

Banda Aceh

Strasse von Malakka

INDISCHER OZEAN

Strasse von Malokka

SECTION-AUSSCHNITT: JAVA

JAKARTA

Bogor

Bandung

Tjirebon

Tjilatjap

Jogjakarta

Solo

Malang

Surabaja

Probolinggo

Kalianget

Banjuwangi

0   100   200   300   400   500

0   200   400

Legend

— Strassen — Roads, — Jalan 2

⊢ Eisenbahnen Railways - Jalan Keretaapi

Haefen mit Umschlag (1961) - Ports with - traffic of - Pelabuhan

1 Mill.t und mehr over 1 mill.t.

150.000 - 1 Mill.t

unter 150 000t - under 150 000 t.

Flugplätze des Linienverkehrs - Airports - Lapangan terbang

SOURCE-QUELLE-SUMBER: STAT. BUNDESAMT 174

Geographisches Institut
der Universität Kiel

kontrolle und nur einen sehr notdürftigen Dienst für die Instandhaltung der Strassen.

Für die Wiederinstandsetzung, Verbreiterung und stärkere Unterbauung der Strassen sowie für intensivere Unterhaltungsarbeit war eine Re-Organisation der Strassenbau-Verwaltung erforderlich. Vor allem mussten zwischen Zentral-, Provinz, und Kabupaten- Verwaltung die Kompetenzen neu abgesteckt und entsprechende Mittel bereitgestellt werden. In der Vergangenheit waren die örtlichen Verwaltungsstellen mit den ihnen zur Verfügung stehenden Mitteln lediglich in der Lage gewesen, die Routinearbeiten an den Strassen zu bezahlen und zu überwachen. Mit diesem Rückstau von Arbeiten eines Zeitraumes von fast drei Jahrzehnten konnten sie es nicht mehr bewältigen. Vor allem fehlten die Techniker und die Baumaschinen. Eine Expertengruppe der Weltbank schätzte 1968 die notwendigen Mittel für die Wiederherstellung und Verbreiterung von 80 000 km Strassen auf US\$ 1,2 Milliarden. Dabei mussten 50% in ausländischer Währung bereitgestellt werden. Wegen der Paraffin-Basis des indonesischen Erdöls musste der Asphalt für den Strassenbau importiert werden. Zur gleichen Zeit konnte der Staatshaushalt auf Grund seiner Finanzlage nur 450 Millionen Rupien/Jahr für die Routinearbeiten an 10.000 km Strasse bereitstellen. Dies entspricht einem Satz von 250-300 US\$/km. Dies war trotz des damals niedrigen Lohnniveaus völlig unzureichend.

Im Rahmen des 1969 begonnenen Fünfjahresplanes stellte die Regierung 1969/70 für den Transportsektor 27 Milliarden Rupien oder 21,9% des gesamten Entwicklungsbudgets zur Verfügung. Hiervon entfiel der grösste Teil auf den Strassenbau. Etwa ein Drittel dieses Betrages war ausländische Projekthilfe. Bis zum Jahre 1970 stellten Experten der Vereinten Nationen für 12.000 km befestigte Fernverkehrsstrassen ein « Rehabilitations »- und für 29.000 km ein Strassendienstprogramm zusammen. Die Weltbank mit der Tochterorganisation IDA beschaffte einen Kredit in Höhe von 28 Millionen US\$ für 2.000 km Nationalstrassen höchster Priorität. Mittel für die Einrichtung von 20 Werkstätten und die Unterhaltung der Strassen in 20 Provinzen waren darin eingeschlossen. Ein Ausbildungsprogramm in Strassenbauarbeiten war angegliedert. Japan und die USA beteiligten sich mit Darlehen. Man rechnete 1970 mit 4,5 Milliarden Rupien für die Instandhaltung von 25.000 der wichtigsten Strassen.

Im Jahre 1970 liefen auch die Untersuchungen für den Sumatra-Highway an, denen umfangreiche allgemeinwirtschaftliche Studien folgten. Nach Abschluss der Untersuchungen und Durchführbarkeitsstudien begann man im Jahre 1972 mit den detaillierten Planungsarbeiten (214 und frdl. Mitteilungen von Public Works, Jakarta).

Zum Berichtszeitpunkt, 1978, hatte sich die Lage im Ausbau der Fernverkehrsstrassen etwa wie folgt entwickelt: Während der ersten Planperiode 1969/74 hatte das Generaldirektorat Fernverkehrsstrassen (Highways) im Ministerium für Öffentliche Arbeiten, wie oben ausgeführt, den Schwerpunkt auf die Wiederherrichtung und die Verbreiterung/Verstärkung (up-grading) der Strassen und Reorganisation und Ausrüstung der Verwaltungen konzentriert. Java und Bali wurden mehr oder minder lückenlos bedacht; auf den Ausseninseln musste man sich mit fragmentarischer Arbeit begnügen.

Während REPELITA II will die Regierung jetzt 10.000 km der wichtigsten Strassen weiter durch Fundamentverstärkung und Verbreiterung dem inzwischen gewachsenen Verkehr anpassen. Einige stets völlig verstopfte Strassen in der Umgebung von Jakarta und anderen urbanen Zentren will man ganz neu anlegen. Hierfür sind Rp 1 Mrd ausgeworfen worden. Die einzelnen Projekte wurden zum Besuchszeitpunkt noch evaluiert.

Mehrere Hundert Kilometer Teilstrecken des Sumatra-Highway sind 1978 fertiggestellt und bereits befahrbar. 82 000 km Strassen verschiedener Art wurden in den vergangenen zehn Jahren einer systematischen Überholung unterzogen (Anhangtabelle 64).

Im Jahre 1976 teilte man die vorhandenen und ausgebesserten und verbreiterten Strassen ein in:

— National-Strassen: 10.000 km
— Provinz-Strassen: 23.000 km
— Bezirks-Strassen: 49.000 km,

Für bestimmte Fernverkehrsstrassen will man 1978 Strassengebühren zwischen Rp 200 bis 300/Fahrzeug einführen, denn von 1975 bis 1977 fiel die Länge der unterhaltenen Strassen von 10.420 auf 8.900 und der Bau neuer Strassen von 230 auf 150 km/Jahr. Von 1974 bis 1978 wurden 850 km neue Strassen gebaut.

1.1.4. STRASSENTRANSPORT

Trotz Nachkriegskrisen, Aufständen und Inflation stieg die Zahl der Strassenfahrzeuge in Indonesien ständig von 61.000 Personenwagen im Jahre 1955 auf 338.000 1974 und 550.000 1977. Die Anzahl der Lastkraftwagen wuchs von 43.000 im Jahre 1955 auf 83.000 1965, 90.000 im Jahre 1969 und 170.000 1975 (216). Auch die Anzahl der Autobusse stieg von 1955 9.620 auf 1965 19.625, 1972 28.000, 1974 31.000 und 1977 38.000. Im ganzen gab es 1974 535.000 registrierte Privatfahrzeuge und dazu 945.000 Militärfahrzeuge. Für 1977 schätzt man 1,8 Millionen Kraftfahrzeuge.

Vor zehn Jahren

Im Jahre 1968 war die Mehrzahl der Fahrzeuge über zehn Jahre alt, und man rechnete 1970 mit nur 65% einsatzfähiger LKW's und Busse. Man findet Personenwagen der Jahre 1930-39 in noch gutem Zustand. Der Strassen-Gütertransport lag 1966 zu 90% in privaten Händen. Der grösste Teil der Bus-Verkehrsgesellschaften war jedoch regierungseigen:

Innerhalb Jakartas gab es 1967 drei staatliche Linien (PDD, TAVIP und DAMRI), die insgesamt 290 Autobusse betrieben. Den Bedarf an Bussen schätzten Verkehrsexperten seinerzeit auf 2000. Der Mangel an Ersatzteilen, besonders für die aus dem Ostblock stammenden Busse, legte den Grossteil von ihnen still. Ähnlich waren die Verhältnisse bei den Linien, die den Überlandverkehr betrieben.

Der LKW-Verkehr unterlag strengen Vorschriften, die allerdings sehr tolerant gehandhabt wurden. Nach einem Lizenz-System, das heute noch in Kraft ist, wurden die Dimensionen und das Gewicht der LKW's sowie die erhobenen Frachtsätze kontrolliert. Jährlich zweimal war eine Inspektion vorgeschrieben. In Anbetracht des Nachholbedarfs und der mit 6% pro Jahr wachsenden Ausdehnung des Verkehrs und des Strassennetzes rechnet man mit einem jährlichen Zuwachs von 15.000 neuer LKW's.

Die Frachtraten waren 1968 auf Rp. 7,50 für den Tonnenkilometer festgesetzt. Das war ziemlich hoch. Es gab zu der Zeit schon Unterschiede nach Angebot und Nachfrage sowie nach dem Zustand der Strassen. Die Raten unterschieden sich von Insel zu Insel oft um das zwei-drei-fache. Dies beeinflusste den Reispreis in den einzelnen Regionen.

Im Jahre 1970 betrugen die Raten Rp. 10/Tonne für Java und Bali. Auf Sumatra lagen sie mit Rp. 51/Tonnenkilometer noch höher.

Diese nicht strikt kontrollierten und durch LKW's der Streitkräfte, die auch private Transporte durchführen, niedrig gehaltenen Frachtsätze decken die Kosten nur unvollkommen. Sie lassen notwendige Erneuerungen nicht zu. Kredite sind zu teuer.

Auch 1972 wurde im LKW-Transport wenig verdient. Da die Brücken nur bis 3,5 t Achsdruck zuliessen und die Strassendecken und der Unterbau schwach waren, oft auch weite reparaturbedürftige Strecken aufwiesen, waren die Kosten für einen Tonnen Kilometer hoch, die Geschwindigkeiten niedrig und die Schäden bedeutend. Eine Verstärkung der Brücken und Verbesserung der Strassendecke liessen im Transport-Gewerbe die Kosten sinken. Statt im Jahre 1970 Rp. 9,5 t-km wirtschaftlicher kalkulierter Kosten brauchte man nach Erhöhung der mittleren LKW-Grössen von 3,5 auf 7,0 t nur mit 7,5 Rp für den Tonnenkilometer zu rechnen. Bei einer weiteren Erhöhung auf 10 t/Einheit wären es gar nur Rp 6,5/t-km.

Zehn Jahre lang Wachstum der Transportflotten

Zuerst suchte die Regierung die Verhältnisse im LKW-Verkehr zu bessern. Sie erliess strenge Vorschriften gegen die Nutzung von Militärfahrzeugen für Privattransporte (1972). Dann wurden die Achsdrucke kontrolliert und Vorschriften hinsichtlich des technischen Zustandes mit Kontrollen erlassen. Dass diese nach wie vor lax gehandhabt werden, ist eine andere Angelegenheit. Die Verantwortung für den Strassentransport liegt beim Ministerium für das Verbindungswesen. Zulassungszwang existiert nur für den Personentransport.

Von 1969 bis 1974 betrug das jährliche Wachstum in den Registrierungszahlen etwa 11%. Busse und LKWs nahmen mit jährlich 11,6% zu, PKWs etwas langsamer als 11%. Motorräder hingegen, die nicht unter dieser Zahl erfasst sind, nahmen mit 23% pro Jahr zu. So beeindruckend diese Zahlen sein mögen, so darf doch nicht vergessen werden, dass man oft unterlässt, ein inoperables Fahrzeug abzumelden. Man schätzte 1976 die Zahl der tatsächlich am Strassenverkehr teilnehmenden Fahrzeuge auf 65% der Eingangs angegebenen Zahlen. Regional ergeben sich 1978 beträchtliche Unterschiede. Man schätzte 1976 den auf Java und Sumatra entfallenen Anteil an der Transportflotte auf 89%. Java hat die grösste Dichte im Verkehrsaufkommen, gefolgt von Sumatra (registrierte Fahrzeuge pro km Strassenlänge) (vgl. Anhang-Tabellen 74/75). Die künftigen Wachstumsbewegungen schätzte man 1976 hinsichtlich einer Verdoppelung aller Kraftfahrzeuge innerhalb von 6-7 Jahren. Auch nahm man ein weiteres stärkeres Zunehmen der LKWs und Busse an. Jakarta hat 1977 3.500 Stadtbusse.

1.1.5. Eisenbahnen

Der Verkehr auf der Schiene spielt nur auf der Insel Java eine Rolle. 1968 waren 4.600 Kilometer Eisenbahn-gleise in Betrieb. Bis 1972 konnten mehrere wichtige Brücken wiederhergestellt, lange totliegende Strecken wieder befahren werden. Auch die lange Zeit unterbrochene, elektrisch betriebene Strecke Jakarta-Bogor nahm die staatliche Eisenbahnverwaltung PNKA (Perusahan nasional kereta api) 1972 wieder in Betrieb (230 für folgende Zahlen und Tatsachen; auch 214). 1977 misst man 6.800 km Gleise und ein $250 Mill. grosses Programm wird durchgeführt.

Der Zustand 1968

Auf der Insel Sumatra gab es 1968 vier voneinander getrennte Eisenbahnsysteme mit zusammen 2.000 km Gleisen, nämlich in Süd-, Ost-, West-und Nord-Sumatra.

Ganz Indonesien hatte 1968 7.930 Gleiskilometer, von denen 255 km doppelgleisig waren und 120 km elektrisch befahren wurden. Die vorherrschende Spurbreite ist 1,067 m. Ausnahmen sind 100 km einer 0,60 m breiten Spur auf Java und 540 km einer 0,75 m breiten Spur in Aceh, Nord-Sumatra.

Der technische Zustand der indonesischen Eisenbahnen war 1968 besser als der anderer Transportbetriebe des Landes. Die grosse Bevölkerungsdichte und das Fehlen von Konkurrenzunternehmen bewahrten sie vor einem ähnlichen Niedergang wie den der Schiffahrt. Trotzdem übertrafen 1966 die Ausgaben die Einnahmen, weil durch Inflation die Eisenbahntarife stets hinter den Kosten zurückblieben. In den Jahren 1967 und 1968 besserte sich diese Situation sehr schnell. Es gab kein Defizit mehr. Allerdings konnte man keine Gewinne für Abschreibungen oder Kapitalzinsen verbuchen. Auch bei den Eisenbahnen zog die personelle Überbesetzung wirtschaftlich nach unten. Bis 1966 ging der Frachtumfang stetig zurück und zeitweise auch die Personenbeförderung, wie die folgende Tabelle 7 zeigt.

Die Entwicklung ging in den zurückliegenden Jahren sehr stark in Richtung auf den Personenverkehr. Das Verhältnis von Güterverkehr zu Personenverkehr verschob sich hinsichtlich der Einnahmen von 1939 bis 1962, 1966 bis 1971 von 1 zu 1,6 auf 6,0 zu 8,0. Die enorm hohe Zahl beförderter Passagiere im Jahre 1962 ist auf die extrem niedrigen Eisenbahntarife zurückzuführen, die mit der Inflationsrate nicht Schritt hielten. Der fortschreitende Übergang der Fracht von der Schiene auf die Strasse spiegelt sich in der abnehmenden Fracht ab 1939 wider. Die Gründe liegen wahrscheinlich im besseren Kundendienst der LKW-Fuhrunternehmer; denn Frachtraten bei der Bahn waren stets niedrig. Die durchschnittliche Umschlagzeit für Eisenbahnwaggons betrug 1966 bei einer Frachtstrecke von rund 270 km einen Monat. Dies ist aussergewöhnlich lang. Die Dichte im Güterverkehr war 1966 115.000 t per km Strecke gegen 150.000 Tonnen im Jahre 1962, also ebenfalls niedrig. Die Beförderungsdichte an Passagieren ist jedoch mit 1,1 Millionen Passagierkilometer (Passagiere per km Strecke) für das Spitzenjahr 1960 sehr hoch.

Auf jeden Eisenbahner-Betriebswirt müssen die hohen Personal-Besatzzahlen beängstigend wirken. Im Jahre 1966 verzeichneten die indonesischen Eisenbahnen 85.000 Mann Personal, also 11 Mann/Km oder rund 1 Mann auf 100 m Strecke. Zum Vergleich sei die Besatzzahl der Niederlande angegeben, wo 1 Mann auf 8,9 Streckenkilometer kam (1964). Dieses Verhält-

TABELLE 7

INDONESISCHE EISENBAHN, PERSONEN-UND GÜTERVERKEHR 1939 BIS 1977, SELEKT.
(Indonesian Railways, Passenger and Goods Transport)

Jahr	Personenverkehr			Frachtverkehr		
	Passagiere Anzahl Millionen	Personen-Kilometer in Millionen	Durch-schnittl. Reise	Geladene Fracht in t	Tonnen-km Millionen	Durchschn. Fracht-km
1939	58,0	1 762	30,3	9 710	1 126	115,9
1959	147,0	6 297	42,8	6 000	1 046	174,3
1962 *	165,0	7 094	44,0	4 418	1 029	230,0
1966	95,0	5 894	62,0	2 950	792	267,0
1968	70,4	4 054	58,0	3 310	.	.
1969	55,3	3 422	62,0	4 025	.	.
1973	29,4	2 727	9,3	5 040	1 669	212,1
1974	25,4	3 466	13,6	4 540	1 116	245,8
1975	23,8	3 534	14,8	3 871	959	247,7
1976	20,06	3 371	16,8	3 322	701	211,0
1977 **	18,0	3 150	17,5	3 025	680	224,8

Quelle: Indonesische Eisenbahnen (230).   *) Von 1962 an nur 1,067 m Spurbreite.   **) Vorläufige Zahlen.

nis ist um so ungünstiger als die Verkehrseinheiten pro Mann in Indonesien unter 100.000 lagen, in den Niederlanden aber 410.000 betrugen.

Die Eisenbahnen im Jahre 1978

Nach wie vor betreiben die indonesischen Staatsbahnen sechs nicht miteinander verbundene Systeme von im ganzen jetzt nur noch 6.800 km. Davon sind 6.200 km 1,067 m Spur und 600 km schmalspurig. Die Insel Java hat das grösste Netz, im ganzen 2.800 km Haupt- und 2.000 km Nebenlinien. Die Investitionen der letzten zehn Jahre wurden nach einem vorläufigen Programm unter dem ersten Fünfjahresplan und nach einem von der deutschen Beratungsfirma DECONSULT (über GAWI, dann GtZ-entsandt) ausgearbeiteten Generalplan vorgenommen. Der erste Fünfjahresplan sah US$ 100 Mill. vor. Der Generalplan, der den Abfall des technischen Zustandes aufhalten soll, sollte in 1972er Preisen US$ 248 Millionen kosten. In den zweiten Fünfjahresplan wurden $ 158 Millionen eingeschlossen. Als nach der Energiekrise in Indonesien plötzlich überzählige Mittel vorhanden waren, kaufte die Regierung kurzfristig für $ 80 Mill. rollendes Eisenbahnmaterial ein. Grundsätzlich geht man laut Empfehlung der deutschen Beratungsfirma nach Prinzipien der Kosten-Ertrags-Analyse vor, die Schwerpunktprojekte ausarbeitete. Als Nahziel wurde lediglich das Wiedererreichen des technischen Zustandes von 1939 erklärt, ein bescheiden klingendes Wort, das zugleich ahnen lässt, in welchem desolaten Zustand sich das Eisenbahnsystem des Jahres 1968 befunden haben muss. Darum werden in erster Linie Gleise und Signaleinrichtungen erneuert.

Allgemeine Besserungsmöglichkeiten fassten die ausländischen Berater nach folgenden Linien zusammen:

Verbesserung des Passagiertransportes durch verstärkte Kontrollen. Zahlungspflicht der Personen des Militärs und der Regierungsdienste und angehobener Kundendienst würden 5 Milliarden Passagier-Kilometer erbringen (vgl. Tabelle 7). Die deutschen Eisenbahn -Berater halten sogar eine Zunahme von 90% für realistisch.

Streckennutzung: Die nur 115.000 Tonnenkilometer und etwa 580.000 Passagiere je Kilometer Strecke zeigen ebenfalls Steigerungsmöglichkeiten an. Allerdings sind dafür Brücken und Gleise zu erneuern. Im Jahre 1970 hatte die Eisenbahnverwaltung 160 km zusätzlicher Gleise verfügbar. In einigen Streckenabschnitten datieren die Gleise aus den Jahren 1880-1890. Die herausgenommenen Schienen montiert man wieder in weniger wichtigen Abschnitten. Die beratenden Ingenieure rechnen mit jährlich 120-130 km zu erneuernden Strecken. Gleichzeitig sind Dämme zu reinigen und neu mit Ballast zu versorgen. 1970 veranschlagte man die Kosten auf Rp 800/cbm (auf Java) und Rp. 1.400/cbm auf Sumatra. Ausserdem rechnet man mit 200 km/Jahr auszuwechselnder Teak-Eisenbahnschwellen. Da Teakholz, das 1968 teilweise noch von den Lokomotiven verfeuert wurde, sehr stark im Preis anstieg, denkt man an die Verwendung von Betonschwellen. Hierfür müsste dann ein Herstellungswerk errichtet werden.

Die Bedeutung der Eisenbahn im Verhältnis zu anderen Transportarten, vor allem der Schiffahrt, muss man in einem grösserem Rahmen betrachten. Die Strecke Surabaya-Jakarta ist mit 780 km ziemlich kurz und würde 1978 den Bau dieser Strecke nicht mehr rechtfertigen, zumal Schiffsfracht billiger als Bahnfracht ist. In Japan lässt man unter ganz ähnlichen Land/Wasser -Transportverhältnissen Transporte über 600 km grundsätzlich mit Schiffen durchführen. Zwischen Jakarta und Surabaya gibt es aber trotz der im Vergleich zur Bahn um 13% niedrigeren Frachtsätze so gut wie keinen Gütertransport per Schiff.

Das rollende Material bestand 1970 aus 870 Dampflokomotiven, darunter 100 D-250 Lokomotiven aus den Jahren 1952/55 und 22.500 Wagons a 12, t überwiegend 40 Jahre alt. Von den Lokomotiven waren 1970 nur 258 in Betrieb, von den älteren, noch mit

INDONESIEN

Karte - Map - Peta 16

SEE- UND LUFTTRANSPORT 1976 - EXPORT - IMPORT MAIN PORTS - LAPANGAN 2 TERBANG DAN LALULINTAS

Source - Quelle - Sumber: GARUDA Timetable I. II. 78

FLIGHTS PER WEEK
PENERBANGAN 2 / MINGGU

— MEHR ALS 10 FLÜGE PRO WOCHE
— 7-10 FLÜGE PRO WOCHE
— 3-6 FLÜGE PRO WOCHE
— 1-2 FLÜGE PRO WOCHE

● HAUPT FLUGPLÄTZE
• MITTELGROSSE PLÄTZE
· LANDEBAHNEN FÜR KLEIN-FLUGZEUGE

PELABUHAN, MUATAN
TONS
5 000 000
2 000 000
1 000 000

STILLER OZEAN
INDISCHER OZEAN
Laut Celebes See
Laut Banda See
Laut Maluku See
Laut Flores See
Laut Arafura See
Laut Java See

MALAYSIA
THAILAND
WESTMALAYSIA
SINGAPUR
BRUNEI
SABAH
SARAWAK
KALIMANTAN
SUMATRA
JAVA
SULAWESI
IRIAN JAYA
PHILIPPINEN
Mindanao
Halmahera
Ceram
Buru
Sumbawa
Flores
Sumba
Timor
Port.Timor
Bali
Lombok

Strasse von Malakka
Banda Aceh   1.025 000
Medan
Pakanbaru
Padang   211 000
Jambi
Benkulu
Palembang   2 990 000
Telukbetung
Bangka
Binton
Tanjung Pandan
Pontianak
Balikpapan
JAKARTA
Bandung
Jogjakarta
Semarang   495 000
Surabaja   277 000
Madura   2 072 000
Den Pasar
Benoa
Banjarmasin   235 000
Ujung Pandang   446 000
Palu
Kolaka
Kupang
Menado   398 000
Ambon
Biak
Sorong
875000

0   200   400 km

Holzkörpern versehenen Güterwagen nur 4 000 von
9 000. Pnka benötigte 1970 weitere 9 000 Güterwagen,
um die anfallende Fracht bewältigen zu können. Etwas
besser sieht es mit den Personenwaggons aus, von
denen 1970 noch 95% in Betrieb waren. Seit 1971 läuft
ein Ausbesserungs-und Modernisierungsprogramm,
das mehr Bequemlichkeit für die Fahrgäste vorsieht.
Hierfür veranschlagte man US $ 1,4 Millionen.

Die Wirtschaftlichkeit des Eisenbahnbetriebes versuchte die Regierung durch Personalverringerung und
Anhebung der Tarife zu erreichen. Für 1969 rechnete
man mit einem Verlust von Rp. 96 Millionen. Man
hoffte einen grossen Teil des Personenüberhangs durch
Erreichen der Dienstaltersgrenze loszuwerden. Die
organisatorischen Verbesserungen sollen zur Kosten-
deckung beitragen. -Allen Plänen und Anstrengungen
zum Trotz nahm der Eisenbahnverkehr jedoch auf
Grund der Ausdehnung des LKW-Transports von
1973 bis 1976 für Passagiere um 33% und Fracht
40% ab.

1.1.6. Luftverkehr

Von den 1978 bestehenden Luftfahrtgesellschaften
ist die Garuda die auch internationalen Linien
fliegt, die wichtigste. Daneben sind noch die Merpati
Nusantara und weitere acht kleinere zu nennen;
alle sind staatlich.

Der Luftverkehr wie auch die Flugplätze unterstehen
dem Ministerium für Transport-und Verbindungswesen
mit den Generaldirektoraten « Ziviler Flugverkehr
und Meteorologie ». Das Ministerium beaufsichtigt
auch private Luftlinien. 1970 flogen sechszehn internationale Linien Jakarta und Bali (Ngurah-Rai) an.

Im Gegensatz zu den anderen Verkehrsmitteln befand
sich die Garuda Indonesian Airways 1968 in einem
guten Finanz-und Wartungszustand. Garuda war
schon 1968 ein wirtschaftliches Unternehmen und
florierte anschliessend noch besser. Bis 1966 hatte
Garuda auf den internationalen Strecken nur Verluste
eingeflogen, dann aber schon 1967 den Ausgleich erreicht.
Garuda landet im ganzen auf 18 ausländischen Flug-
plätzen und hat von diesen aus Verkehrsrechte. Seit
1971 sind die Auslandsflüge einträglicher als die In-
landsstrecken.

Im *Inlandsverkehr* spielt Garuda eine wichtige Rolle,
indem sie im inter-insularen Verkehr eine empfindliche
Lücke schliesst. Sie fliegt elf der 13.000 Inseln an. Unter
Repelita II, 1974/79 sollen 33 kleine Flugplätze auf
den Ausseninseln instandgesetzt werden, um mehr
Bezirke in die nationale Wirtschaft zu integrieren (vgl.
Karte 16). 1970 hatte Garuda einen Flugzeugbestand
von 37 Flugzeugen, darunter 20 kleineren vom Typ
DC 3 und Convair 340/990, 2 DC 9 und 2 von der KLM
geborgte DC 8. Mit KLM fliegt Garuda im Pool. Mit
zwei im Jahre 1971 zugekauften DC9- Flugzeugen kam
Garuda im Inland auf 61.000 jährliche Flugstunden.
1975 nach Zukauf weiterer Flugzeuge, stieg die Leistung
auf 116.000 Flugstunden (Anhangtabelle 63). Die
beförderte Fracht stieg von 4.129 t im Jahre 1969 auf
22.619 t im Jahre 1975 an. Im Jahre 1966 hatte Garuda
Einnahmen in Höhe von Rp. 38 Millionen (nach Abzug der Steuern und Abschreibungen in Höhe von
Rp. 200 Mill). Der geschäftliche Erfolg war trotz der
Inflationslage und der Überbesetzung mit Angestellten

auf den günstigen Ladefaktor zurückzuführen. Häufig
waren Flüge ganz ausgebucht. Die verfügbaren Daten
über den Inlandsverkehr sind nicht immer konsistent
aber doch anschaulich. Die in Indonesien 1970/71
betriebenen Flugplätze des zivilen Verkehrs sind in
Karte 16 wiedergegeben. In den letzten Jahren wurden
die Flugplätze von Jakarta, Medan, Denpasar und
Jogyakarta für den Düsen-Flugverkehr ausgebaut. Die
anderen Flugplätze waren schon unter Sukarno über
die damals nötigen Anforderungen hinaus ausgebaut
worden und bedurften nach 1966 nur geringfügigerVer-
besserungen. Nach dem Ankauf der F-17 Fokker für
den Inlandverkehr mussten jedoch 18 der angeflogenen
1.200-1.600 m langen Ladebahnen auf 2.000 m und fünf
Plätze für DC 9 auf 2.500 m verlängert werden (231; 232).
Am eindrucksvollsten sind die Leistungen im Inlands-
Flugverkehr auf dem Sektor Passagierverkehr. Von
399.000 Passagieren im Jahre 1969 stieg die Anzahl der
beförderten Personen auf 2,7 Mill. an. Die Rolle als
Transportträger im interinsularen Personenverkehr
wird hierdurch besonders veranschaulicht. -1977 hatte
Garuda im ganzen 105 Flugzeuge, wovon 46 Tur-
bojets waren (vgl. Anhangtabelle 63).

1.2. Erziehungswesen

Es ist das besondere Verdienst der Ära Sukarno, sogleich mit dem Beginn der Unabhängigkeit, das Erziehungswesen bevorzugt gefördert zu haben. So begrenzt
die finanziellen Möglichkeiten waren, um so beachtli-
cher sind die Erfolge auf allen Gebieten der Erziehung.
Im Jahre 1971 besuchten etwa 80% der im Volks-
schulalter befindlichen Kinder für mindestens zwei
Jahre eine Schule. Allerdings beenden nur etwa 40%
sechs Volksschulklassen. Planung und Verwaltung des
Erziehungswesens wurden stets von Jakarta aus kontrolliert, ohne regionale Eigeninteressen zuzulassen.
Die Zuständigkeit für das Erziehungswesen hat das
Ministerium für Erziehung und Kultur (Menteri
Pendidikan).

Mit Neuorganisation des Ministeriums und der die
für die verschiedenen Sektoren zuständigen Generaldirektorate wurde auch ein Planungsbüro (BBP) für
die Entwicklungsarbeit im Erziehungswesen gegründet.
Für die Höhe der finanziellen Zuwendungen ist die
Schülerzahl massgebend. Ausser dem zuständigen
Ministerium befassen sich auch die Ministerien
für Landwirtschaft, Industrie und Religion mit
Ausbildungsprogrammen. Das Ministerium für
Arbeitskräfte unterhält Kurse für fachliche Weiter-
bildung.

Im Jahre 1977 rechnete man trotz des schnell wachsenden Schulsystems mit 17 Mill. jugendlichen *Analphabeten* im Alter von 7-18 Jahren und weiteren 23 Mill.
erwachsenen Analphabeten. Damit wird der Anteil an
Analphabeten (über 10 Jahre) an der Gesamtbevölkerung auf 40% veranschlagt (Schätzung der Weltbank
aus dem Jahre 1975).

Privatschulen spielen in Indonesien eine bedeutende
Rolle. Im Jahre 1972 schätze man den Anteil der Schüler,
die private Oberschulen besuchen, auf 40% aller Oberschüler. Auch von den Volksschülern besuchten 20%
private Schulen. Seit 1970 empfing Indonesien drei
IDA-Darlehen und zwei Weltbankdarlehen für die Verbesserung des formalen Schulsystems. Im Jahre 1977

erhielt das Erwachsenen-Bildungssystem PENMAS, das 30 Jahre alt ist, ein Darlehen über US$33 Millionen.

1.2.1. DIE STRUKTUR DES SCHULWESENS

In Indonesien können Schüler der Volksschulen nach sechs Grundschuljahren Oberschulen besuchen. Unter- und Oberstufe erfordern jeweils drei Jahre, so dass nach insgesamt 12 Schuljahren die Abschlussprüfung abgelegt werden kann, die dem Abitur entspricht.
Es gibt vier verschiedene Oberschultypen:

— allgemeinbildende
— technische
— landwirtschaftliche und
— Handels-Oberschulen

Etwa 85% aller Oberschüler der Unterstufe waren 1971 auf allgemeinbildenden Schulen. In der Oberstufe waren es 70%. Der Prozentsatz derer, die vor Beendigung der Schule ausscheiden, ist relativ hoch und betrug nach einem UNESCO-Bericht aus dem Jahre 1968 67% der Volksschüler, 25% der Oberschüler der Unterstufe und 40% der Oberstufen. 1975 waren 15% der Jungendlichen im Grundschulalter und 76% der Jugendlichen im Alter von 13-18 Jahren (Oberschulalter) ausserhalb der Schule. Das Lehrprogramm ist wegen des Fehlens genügender Ausrüstung und Lehrmittel 1972 noch stark auf das Auswendiglernen autoritativer Meinungen aus- gerichtet gewesen.

Die Hochschulausbildung umfasste 1971 40 staatliche Universitäten und Institute (JUNGE 97). Ausserdem gab es 45 private Universitäten und Institute, sowie weitere 155 Institute gehobener Art verschiedener Ministerien und privater Institutionen. Das Ministerium für Arbeits- kräfte unterhält acht Fortbildungsinstitute, von denen zwei in Jakarta von der ILO unterstützt werden.

1.2.2. REFORMEN UND ENTWICKLUNGSARBEIT

Im Schulsektor plant seit 1969 das oben erwähnte neu eingerichtete Büro. Die Ford-Stiftung unterstützt die laufende Arbeit des Büros. Eingeleitet wurde die Planungsarbeit durch eine Systemanalyse, die wiederum von UNESCO und dem Technischen Hilfeprogramm der Vereinten Nationen unterstützt wurde. Man zielte auf eine nationale Bedarfsstudie ab, die mit einer Bestandsaufnahme begann. Bestands- aufnahme und Bedarfsstudie umfassen:

— eine Analyse und Bewertung der Organisation des Schulwesens,
— Sammlung statistischer Daten,
— Budget-und Mittelplanung in Verbindung zum nationalen Bedarf an Arbeitskräften.

Die Systemanalyse soll Hilfen für politische Entschei- dungen geben, damit eine schnelle Re-Orientierung er- folgen kann.
Die Ergebnisse beider Studien liegen inzwischen vor, und werden im Rahmen des Fünfjahresplans verwirk- licht.

1.2.3. DER ERZIEHUNGSHAUSHALT

Im Haushaltsjahr 1969/70 betrugen die Ausgaben für Investitionen und laufende Kosten Rp 43,5 Milliarden oder 13% des Gesamthaushalts. 80% dieses Betrages zahlte die Regierung über die für das Erziehungswesen zuständigen Ministerien aus (vgl. oben) und den Rest über andere Institutionen.
Die Ausgaben entsprechen etwa dem Anteil am Gesamthaushalt wie in Ländern mit entsprechenden Einnahmen. Von den 43,5 Milliarden Rp. waren 34 Milliarden für wiederkehrende Ausgaben bestimmt. Das waren 15,5% des gesamten Haushalts. Hierin sind die über das Ministerium für lokale Angelegenheiten laufenden Gehälter für die Lehrer in den Provinzen eingeschlossen, die an Volksschulen tätig sind. Ober- schullehrer werden direkt von Jakarta aus bezahlt.

1.2.4. LEHRMITTEL kamen in den Budgets des Erzieh- ungsministeriums stets zu kurz. Das Ministerium hatte einen Haushalt von Rp. 7 Milliarden (1969/70) und musste 85% dieser Summe für Lehrergehälter auf- wenden. Deshalb sah die Regierung für die weiteren Planjahre 1970/74 im ganzen Rp. 95 Milliarden oder 15,3% des gesamten Staatsbudgets vor. Etwa 50% hiervon sind für technisches Training vorgesehen. Schulbücher sind von den Schülern selbst zu bezahlen. Schwierigkeiten in der Durchführung des Erzieh- ungsprogrammes ergaben sich in erster Linie aus der Streulage der unzähligen kleinen Schulprojekte. Im Jahre 1969/70 konnten von den im Haushalt vorgesehenen Mitteln in Höhe von Rp. 5,6 Milliarden nur 81% plangerecht ausgegeben werden. Mit der Aufnahme der Tätigkeit der neuen Büros für Erzieh- ungsplanung verbesserten sich diese Verhältnisse.
Ohne ein regionales Programm besonders zu verkünden, versuchte der Staat durch höhere Zu- wendungen in neun Provinzen den Mangel an Lehrern und an Lehrmitteln zu beheben.

Der *Bau von Schulgebäuden*, vor allem Volksschulen, für den 1973 Rp. 18,8 Milliarden an die 26 Provinzen vergeben worden sind, wurde in den neun bedürftigsten Provinzen durch solche höheren Zuwendungen unter- stützt. Von 1974 bis 1978 wurden 31.000 neue Schulen gebaut.

Die *Schulverwaltung* auf Regional-(Provinz) ebene wird durch die aufgeteilten Zuständigkeiten stark er- schwert. Der regionale Koordinator (Peiwakilan) der Zentralregierung muss seine Amtsbefugnisse mit dem provinzialen Beauftragten für das Volksschulwesen (Dinas Pendidikan) teilen. Der Vertreter der Zentral- regierung kontrolliert die Lehrpläne, Bücher und die Evaluierung der Erziehung, während der Provinziale Schulrat sich um Gehälter, Ausrüstung und Lehrmittel, sowie um die Schulgebäude kümmert. Ausnahmen sind die Provinz West-Sumatra und der besondere Bezirk Jogyakarta, wo beide Zuständigkeiten in einer Hand liegen. Die höheren Schulen in den Regionen machen ihre eigene Planung und reichen diese direkt nach Ja- karta ein, unter Umgehung der Provinzialverwaltung. Koranschulen und andere religiöse Schulen haben ihr eigenes, dem Staat parallel laufendes System (90; 214; 215 u. 233).

Regionale Erziehungs-und Schulprobleme werden schwierig, weil die verschiedenen Zuständigkeiten die Formulierung von koordinierenden Plänen zwischen primären und sekundären (Volks-und Ober-) Schu- len erschweren. Darum gibt es auch keinen institu- tionellen Mechanismus, der die Integration der Erziehungsprogramme in die regionalen wirtschaft- lichen Erfordernisse besorgt. So gab es bei einem Ein- stellungstop von Volksschullehrern und weiterlaufender Lehrerausbildung in den Jahren 1968/70 ein Überangebot. Dazu kommt, dass die Datensammlung noch nicht richtig funktioniert. Obwohl Schulen eine Vielzahl von Berichten anfertigen müssen, bleiben manche Fragen der Jugendprobleme unberührt. Als positive Ansätze sind die Kurse in Erziehungsplanung zu erwähnen, die kürzlich das « Büro für Entwicklung des Erziehungswesens » (BPP) in Jakarta für Angestellte der regionalen « Perwakilan » einrichtete. Zahlen über regionale Unterschiede im Schulbesuch finden sich in Anhangtabelle 68.

Nach zehn Jahren Aufbauarbeit verzeichnete Indonesien am Ende des Jahres 1976 statt 53% Analphabeten (1960) nur noch 40%. Der Anteil der Grundschulbesucher stieg von 1960 59% auf 1977 64%. Die Anzahl der eine Oberschule besuchenden Schüler verdoppelte sich von 6% auf 12% (aller möglichen Oberschüler).

1.2.5. DER BEDARF AN QUALIFIZIERTEN ARBEITSKRÄFTEN

Hierüber liegen in den Jahren 1969/72 Studien der Ford-Stiftung und der bilateralen holländischen Hilfe, die beide mit BAPPENAS zusammenwirkten, vor. Besonders wichtige Schwerpunkte griffen die Untersucher heraus und projizierten deren Bedarf voraus (Vgl. auch S.39). Die Jahre 1968/72 waren in erster Linie auch auf diesem Gebiet eine Periode der Re-Konsolidierung und allgemeinen Verbesserung, «rehabilitasi». Es gab in den vergangenen Jahren einen sehr empfindlichen Mangel an mittleren technischen Fachkräften der Elektrotechnik, mechanischen Werkstätten und des Bauwesens. Da eine landweite Untersuchung fehlte, konnten keine Zahlen genannt werden. Stichproben-Untersuchungen gaben dann einen ersten Anhalt.

Im übrigen wirkten Einstellungssperre der Regierung (seit 1966) und die Bemühungen der industriellen Firmen, die vorhandenen Arbeitskräfte besser zu nutzen, auf die Nachfrage nach Arbeitskräften stark dämpfend.

Ausländische Hilfe wurde für die Heranbildung qualifizierter Fachkräfte eingesetzt, und zwar in erster Linie für die herstellende und verarbeitende Industrie. Bis 1971 konnten 7.500 neue Arbeitsplätze durch die inzwischen angelaufenen mit ausländischer Hilfe finanzierten Projekte geschaffen werden. Die erforderliche zusätzliche Ausbildung besorgten die Firmen als « up-grading » aus eigenen Mitteln (215).

1.2.6. SCHWERPUNKTE ZUSÄTZLICHER TECHNISCHER AUSBILDUNG

Daten über notwendige Ausbildung sind noch rar. Ohne Frage sind jedoch die Landwirtschaft und alle technischen Berufe Schwerpunkte solcher Ausbildung. Deshalb schritt der Staat zu Sofort-Massnahmen in diesen beiden Sektoren, ohne die Ergebnisse von Untersuchungen abzuwarten. Die Regierung ist sich darüber klar, dass der Mangel an Lehrmitteln und somit überwiegend theoretische Unterricht zu einer praxisfremden technischen Schulung der Praktikanten führen muss. Man versuchte diesem Übelstand abzuhelfen, indem man mit Auslandsfirmen, die in Indonesien tätig waren, Praktikantenverträge abschloss. Die Praktikanten, die an dieser Ausbildung teilnahmen, mussten sich mit Unterschrift verpflichten, nach dem Abschluss, wieder in den alten Bertieb zurückzukehren. — Ebenso wurde mit den mehreren tausend im Ausland befindlichen indonesischen Praktikanten verfahren.

1.3. Gesundheitswesen

Am Ende des letzten Weltkrieges gab es einen nach holländischer und einheimischer Bevölkerung getrennten Gesundheitsdienst. Die ärztliche Versorgung der holländischen Bevölkerung war nur während des Zweiten Weltkrieges zeitweilig in Frage gestellt. Sie normalisierte sich nach dem Krieg sehr schnell. Um die Versorgung der indonesischen Bevölkerung zu sichern, stellte die Kolonialregierung ab 1949 eine grössere Anzahl ausländischer Ärzte an. Um 1954 waren darunter zeitweilig 350 deutsche Ärzte, die laut Anstellungsvertrag ausschliesslich für die indonesische Bevölkerung tätig sein mussten (236 und frdl. Mitteilung von Dr. med. M. HEINZMANN), auch für folgende Abschnitte (auch 131).

Medizinische Ausbildung in der Nachkriegszeit

Gleichzeitig begann die Regierung die Ausbildung von indonesischen Arzten stärker als vor dem Krieg zu fördern. Die Anzahl der Medizin Studierenden in Jakarta nahm schnell zu. Ausserdem schickte die Regierung Jungakademiker zur Fachausbildung oder Spezialisierung ins Ausland. Diese holländische Ausbildungspolitik setzte die indonesische Regierung fort, beschränkte jedoch die Anzahl der Studenten, die im Ausland ein Grundstudium absolvieren wollten. Sowie sie über eigene Ärzte verfügte, liess dann die unabhängige indonesische Regierung die Verträge mit den ausländischen Ärzten auslaufen.

Zeitweilig gab es durch Zusammentreffen von Inflation und dem Schluss der Tätigkeit holländischer und anderer ausländischer Ärzte, die nach der Beendigung der holländisch-indonesischen Kooperation (1956/57) noch im Lande geblieben waren, grosse Schwierigkeiten. Die Bedingungen in den Krankenhäusern verschlechterten sich. Medikamente fehlten und der allgemeine medizinische Standard sank ab. Laufende Programme zur Bekämpfung endemischer Krankheiten wurden in Mitleidenschaft gezogen, und die Anzahl der Malariafälle nahm wieder zu. Diese Tropenkrankheit trat wieder in Gegenden auf, in denen sie bereits als ausgelöscht galt. Auch die Pockenimpfungen konnten wegen des Mangels an Personal und Seren nicht mehr in notwendigem Masse durchgeführt werden. Den Tiefstand erreichte die prekäre gesundheitliche Situation im Jahre 1967. (Frdl. Mitteilung Dr. med. O. KARNEN).

Trotz dieser Umstände und Ereignisse hatte sich das Zahlenverhältnis von Ärzten zu Einwohnern erheblich gebessert. Im Jahre 1954 kam ein Arzt auf 60.000 Einwohner, 1970 bereits einer auf nur 26.370. In ländlichen Gegenden war das Verhältnis erheblich ungünstiger und betrug in manchen Gegenden 100.000 bis 150.000 Menschen für einen Arzt gegenüber 5-10.000 in den Städten. Im Jahre 1977 war das Zahlenverhältnis von Ärzten zur Bevölkerung 1: 24.000.

Die Anzahl der Polikliniken hatte im Zeitraum 1954/68 um jährlich 1000 zugenommen, Entbindungsanstalten um jährlich 350. Besonders problematisch war zeitweilig die Versorgung mit Medikamenten (1960/67).

Im Jahre 1973 gab es 23 medizinische Ausbildungsstätten verschiedener Art, doch nur die fünf in Jakarta, Surabaya, Bandung, auf Bali und in Ujung Pandang dürfen in eigener Sache selbst Prüfungen abhalten und Diplome ausstellen. Die Absolventen der anderen Schulen müssen anschliessend eine staatliche Prüfung recht hohen Niveaus bestehen.

1.3.1. DER GENERALPLAN FÜR DAS GESUNDHEITSWESEN

Schon vor dem allgemeinen Fünfjahresplan wurde der Generalplan für das Gesundheitswesen in Angriff genommen. Im April 1968 hielt die Regierung eine nationale Gesundheitskonferenz ab. Hohe Beamte des Gesundheitsministeriums und aus den Dienststellen der Provinzen nahmen teil. Die Weltgesundheitsorganisation (WHO) und UNICEF halfen bei der Vorbereitung und Durchführung der Konferenz.

Wie der allgemeine Fünfjahresplan sollte der Gesundheitsplan die Massnahmen der Regierung bis zum Jahre 1974 festlegen. Er war so aufgestellt, dass er in jährlichen Teilplänen durchgeführt und aus den Erfahrungen korrigiert werden konnte. Der Generalplan gab neben allgemeinen Richtlinen auch detaillierte Nah- und Fernziele an, beschrieb Methoden der Durchführung und die administrative Abwicklung. Die Beiträge der internationalen und bilateralen Hilfsorganisationen waren aufgeführt, wie auch die Partnerschaftsleistungen der Regierung.

Konzept und Hauptbestandteile des Generalplans

Erster Teil des Generalplans war die Wiederherstellung der 1969 bestehenden medizinischen überholungsbedürftigen Einrichtungen.

Kernstück des Generalplans war die Integrierung des kurativen und preventiven Gesundheitsdienstes. Auf allen Ebenen von Zentralregierung, Provinz-und Bezirksregierung sollten die Dienststellen gleichermassen ausgerichtet, ergänzt und angemessen ausgestattet werden. Die tragende Institution und gleichzeitig Kernstück des Konzepts wurden die auf Bezirksebene befindlichen und weiter geplanten integrierten Gesundheitszentren. Diese hatten nach dem Plan die bestehenden Polikliniken, Entbindungsanstalten und verschiedenen Beratungsstellen für Familienplanung, Ernährung, Umweltgesundheit, Gesundheitserziehung, Zahnmedizin, Schulmedizin sowie die Überwachungsstelle für ansteckende Krankheiten und die Führung der gesundheitsdienstlichen Statistik zu koordinieren. Diese als A-Zentren bezeichneten Dienststellen haben zugleich die in dichter besiedelten Gegenden vorhandenen B-Stellen zu überwachen und zu betreuen. Die A-Zentren haben direkte Verbindung mit den auf Provinzebene vorhandenen klinischen und beratenden Kapazitäten. Weiterhin enthielt der Plan Richtlinen für die medizinische und paramedizinische Ausbildung, Kostenvoranschläge für erforderliche Ausbildungsstätten und Informationen über benötigte Forschung auf dem Gebiet der Medizin. Als BAPPENAS den ersten Fünfjahresplan formulierte, übernahm diese oberste Planungsbehörde die wesentlichen Gedanken und Leitlinien des Generalplanes für das Gesundheitswesen. Schon 1969 wurde erheblich mehr als im Jahre 1968 von den geplanten Zielen verwirklicht, obwohl damals die Mittel noch begrenzt waren.

1.3.2. DER ZUSTAND DES GESUNDHEITSWESENS ENDE 1977

Das bedeutsame Ergebnis der Arbeit in den neun Jahren des Generalplans ist die Koordination von privaten, schon in der Planausführung gebildeten Gesundheitszentren und die Integrierung in das grosse Programm. Weiterhin muss die Organisation der Gesundheitszentren als hervorragendes Ergebnis bezeichnet werden.

Gesundheitszentren

Bereits im Jahr 1969 konnten 290 funktionsfähige und integrierte Gesundheitszentren « A » verzeichnet werden. Im Jahre 1970 folgten weitere 180 Zentren des Typs A. Ende 1977 gab es im ganzen 960 Zentren.

In den ersten Anlaufjahren arbeiteten die Zentren hauptsächlich an der Verbesserung des bestehenden Netzes d.h. den Verbindungen und des Austausches untereinander, der Ausbildung von technischen Assistenten und auf Schulungskursen für traditionelle Hebammen (« dukun baji »), von denen es 1974 eine auf 80.000 Einwohner gab.) Unter den angeschlossenen Dienststellen erfuhren die Schulgesundheitsdienste besondere Förderung. Die für die ersten Jahre gesetzten Ziele konnten erreicht werden. — Die Familienplanung konzentrierte sich auf die beiden Inseln Java/Madura und Bali. Man begann mit der Ausbildung von Hilfspersonal und konnte schon im ersten Jahr in Kurzlehrgängen 2.000 Helfer ausbilden 1976 5.200.

Die Kontrolle ansteckender Krankheiten erstreckt sich seit 1969 über das ganze Land. Seit 1970 konzentriert sich das Gesundheitsministerium mit dieser Arbeit auf die Ausseninseln. Dementsprechend musste Personal ausgebildet werden. Die Gesundheitszentralen registrierten in Jahre 1970 52.000 Lepra-Fälle. Jährlich kommen etwa 1.500 Erkrankte neu hinzu. Einen breiten Raum nahm stets die Tuberkulose-Kontrolle ein. Bis 1970 hatte die Regierung 5.000 Helfer für die Impfaktionen und Überwachungsarbeiten ausbilden lassen. 1970 wurden 4 Millionen Impfungen durchgeführt, 1976 7 Millionen. -Während REPELITA II baute die Regierung auch 60.000 städtische und ländliche Wasserversorgungsanlagen.

Medizinische Laboratorien auf Provinzebene liess die Regierung seit 1969 einrichten oder verbessern. Die folgenden Laboratorien erhielten neue Ausrüstung; Jakarta Jogyakarta, Semarang, Surabaya, Medan, Palembang, Samarindai, Denpasar und Mataram (bis Ende 1970). Weitere Laboratorien, und auch solche auf Kabupaten-Ebene, sind vorgesehen. Die Ausbildung von Laboranten spielte eine wichtige Rolle.

Die Verbreitung medizinischer Einrichtungen auf regionaler Ebene ist nicht gleichmässig. In Gebieten mit geringer Bevölkerungsdichte praktizieren die Ärzte nur in den Städten und den grösseren Ortschaften. Deshalb müssen die Bewohner weite Reisen unternehmen, um ärztlich versorgt werden zu können. Eine Bestimmung, nach der frisch approbierte Ärzte erst drei Jahre in ländlichen Gebieten praktizieren sollten, wurde meist umgangen. Tabelle 71 vermittelt einen Überblick der medizinischen Kräfte auf Regionalbene.

Zehn Jahre Entwicklung im Gesundheitswesen brachten für den durchschnittlichen Indonesier bedeutend verbesserte Gesundheitsdienstleistungen: Tausend Einwohner verzeichnete man 1977 je Krankenhausbett. 1960 waren es 1.370 und 1971 1.450 gewesen. Das Pflegepersonal nahm so stark zu, dass 1977 6.990 Einwohner statt 1970 7.630 auf eine Pflegeperson kommen. Das sind etwa Verhältnisse wie in Indien, jedoch bessere als in Bangladesh (vgl. S. xii).

_____

*) Ein annähernd optimales Verhältnis wäre 1 Arzt mit Hebamme auf 5.000 Einwohner.

1.4. Presse und Information

Presse und Information waren schon unter Sukarno besonders gefördert worden. Durch sie war es möglich, die indonesische Sprache im Lande schnell zu verbreiten. Besonders der Rundfunk konnte hier das Hauptorgan sein. Zwar gab es schon in holländischer Zeit kleine Rundfunkstationen, jedoch überwiegend mit Sendungen in holländischer Sprache. Ende der 50er Jahre erreichte die Stimme Sukarnos auch die letzte Insel. 1962 eröffnete die Regierung Fernsehprogramme. Sie sind 1978 noch auf die Hauptinseln beschränkt (11; 13 und *). Die Satellitenverbindungen bringen das Fernsehen jedoch schnell auf alle, auch die entlegensten, Inseln.

1.4.1. ZEITUNGEN

Bereits im Jahre 1615 hatte die VOC offizielle Bulletins gedruckt und verteilt. Aber erst vom Beginn des 19. Jahrhunderts an erschien regelmässig eine Zeitung der Kolonialbehörde. Es gab dann bis zum Jahre 1906 mehrere Versuche, private Zeitungen und Journale regelmässig herauszugeben, doch keine gewann irgendwelche Bedeutung. In diesem Jahr erlaubte die Regierung ein « Freies » Pressewesen. Neben den holländischen Zeitungen waren auch malayische und chinesische zu haben. Der überwiegende Teil der Zeitungen richtete sich in erster Linie an die Holländer, die Niederländisch-Indien als ihre Heimat betrachteten. Die « Inlandsche » Presse wurde von der Regierung wegen ihrer politischen Brisanz und ihrer Beziehungen zur Freiheitsbewegung sehr genau kontrolliert, und sie schrieb die jährliche Erneuerung der Lizenzen vor. Die Lizensierung behielten die Japaner im letzten Weltkrieg nach dem Verbot der holländischen Zeitungen für die malayischen Zeitungen bei. Nach dem Ende des Krieges verboten die Holländer indonesischsprachige Zeitungen in ihrem Machtbereich. Korrespondenten und Redakteure indonesischer Zeitungen waren bei den bestehenden politischen Konfliktstoffen immer mit Gefängnis bedroht.

Bis 1955 waren die indonesischen Zeitungen fast völlig frei von Regierungsaufsicht erschienen. Damals gab es rund hundert Tageszeitungen mit einer Gesamtauflage von etwa 750.000 pro Tag. Als 1956 der Notstand ausgerufen wurde, der bis 1963 andauerte, kontrollierte die Regierung die Zeitungen scharf. Die Folge war die Abnahme der Verlage und der Auflagenhöhe. Informations-und Bilddienste wurden in der ANTARA-Nachrichtenagentur vereinigt, die heute noch existiert. Unter Sukarno machten die kommunistischen Blätter über die Hälfte aller Zeitungen aus. Bis zum Ende seiner Regierung ging die Anzahl der Tageszeitungen bis auf 65 zurück. Die intellektuell ausgeprägteste, die « Indonesia Raya », wurde mehrere Male verboten.

Unter der neuen Regierung kamen die alten Zeitungen schnell wieder hoch. Im Jahre 1972 gab es 300 Blätter, 1977 schon 335, darunter auch halbwöchentliche und Wochenzeitungen. Eine Gesamttagesauflage von 1 Million wurde im April 1969 erreicht (das bedeutet

*) Material des Informationsministeriums, auch für folgende Abschnitte.

eine Zeitung für 100 Einwohner), 1977 1,6 Millionen. Der Verbrauch an Zeitungen war von 1960 0,2 kg, auf 1970 0,3 kg bis Ende 1976 auf 0,5 kg pro Kopf und Jahr gestiegen. Das ist mehr als in Indien aber noch weniger als auf den Philippinen (0,3 kg bzw. 2,0 kg/Jahr/Kopf).

Es gibt eine besondere Eigenart des indonesischen Zeitungswesens, die sogenannten nationalen Zeitungen, die landweit erhältlich sind. Sie machen etwa 30% aller Zeitungen aus. « Angkatan Bersendjata » (= bewaffnete Streitkräfte), herausgegeben vom Informationsdienst der Streitkäfte, ist die wichtigste. Daneben gibt es die privat herausgegebenen, wieder oder neu erscheinenden « Indonesia Raya », « Nusantara », « Pedoman » und « Times Indonesia » *), englischsprachig. Andere Nationalzeitungen sind « Api Panca Sila » (= Panca Sila Flamme), « Abadi », die Zeitung der Moslems, « Sinar Harapan » (Strahlen der Hoffnung) der indonesischen christlichen Partei, « Mertju Suar » (Leuchtturm), die, Stimme der Muhammadijah (vgl. Seite 28) und « Kompass », eine katholische Zeitung. « Merdeka » (Freiheit) ist eine unabhängige Zeitung. Alle Blätter haben regionale Ausgaben oder Beilagen. Die meisten Zeitungen haben mit Mangel in der Maschinenausrüstung, an ausgebildetem technischen und redaktionellen Personal und mit Geldknappheit zu kämpfen. Um ihre Unabhängigkeit zu bewahren, können diese Zeitungen keine Unterstützung annehmen. Inserieren brachte wenig ein, da die meisten Firmen nicht in der Lage waren, Annoncen ständig zu bezahlen. Das bringt die Frage auf die potentielle Leserschaft, die viel grösser ist als die augenblicklichen Auflagen; viele konnten sich die Zeitungen lange nicht leisten.-Das Zeitungswesen erfreute sich bis 1974 einer allgemeinen Pressefreiheit, wurde dann jedoch auf Grund der Vorkommnisse bei dem Besuch des japanischen Ministerpräsidenten und der anschliessenden Unruhen und Kritik an der Korruption eingeschränkt. « Indonesia Raya » wurde wieder verboten. Im Jahre 1978 ist das Zeitungsgeschäft ein gutes Geschäft, das auch die Reklame zu nutzen weiss.

1.4.2. RUNDFUNK UND FERNSEHEN

Schon im Jahre 1927 nahm eine private Station Rundfunksendungen auf, und 1934 entstand der offizielle niederländisch-indische Rundfunk. Zwischen 1934 und 1936 formten sich weitere private Stationen, die Regierungsunterstützung erhielten und 1938 mit dem Rundfunk der Kolonialbehörde zur « Östlichen Rundfunk-Gesellschaft » fusionierten. Nach dem Einmarsch der Japaner im Jahre 1942 wurden die nur wenig zerstörten Einrichtungen wieder aufgebaut und neue eröffnet. Wegen Personalknappheit mussten die Japaner indonesische Hilfskräfte ausbilden, die den Grundstock für die RRI (Radio Republik Indonesia) legte. Nach der Rückkehr der Holländer ging der Rundfunk eine Zeitlang in den Untergrund und der holländische Regierungsrundfunk nahm seine Tätigkeit wieder auf. Mit Befriedung des Landes im Jahres 1950 wurde die RRI eine halbautonome Gesellschaft der neugegründeten Regierungsabteilung für das Informationswesen. Im Jahre 1977 unterstehen Rundfunk und das 1962 eröffnete Fernsehen dem Generaldirektorat für Radio, Film und Fernsehen innerhalb der Abteilung für Informationswesen. Es gibt 170 Stationen in allen Provinzen des Landes (auf Java fünf Fernsehstationen).

Alle Rundfunkstationen sind zu einem einzigen Netz vereinigt, das wegen der grossen Entfernungen und Geländeschwierigkeiten nur mit Kurzwelle arbeitet. Einige Stationen arbeiten mit Relaisstationen und senden in ihrem Bereich das Programm von Jakarta. Neben der Zentrale in Jakarta gab es 1972 13 regionale Stationen mit einigen Relaisstationen. Hier sind die kleinsten Stationen, die oft von kirchlichen Missionen oder auch Kabupaten-Verwaltungen betrieben werden, nicht mitgerechnet. Diese kleinen Stationen befassen sich mit Gottesdiensten und kirchlichen Nachrichten bzw. behördlichen Mitteilungen für Aktionsprogramme und Landfunk.

Die Programme von Rundfunk und Fernsehen sind informativ und enthalten wenig Unterhaltungsstoff. Im Rundfunk nehmen religiöse Sendungen je nach Region noch 5-10% der Sendezeiten ein. Moslem-und Christliche Feiertage werden mit speziellen Programmen begangen. In den Jahren 1969-1972 arbeitete ein landweit wirkender Landfunk mit deutscher Unterstützung, der die Methodik der Belehrung von Bauern zu verbessern suchte. Die Zuhörerschaft aller Rundfunkprogramme schätzte man 1972 auf 35 Millionen mit 4 Millionen Empfängern aller Typen. Daneben gab es etwa 100 000 Fernsehempfänger. In den Kampongs stellen Lurahs lautstarke Geräte auf und schaffen damit einen grossen Zuhörerkreis. Bis Ende 1977 wuchs die Zahl der Rundfunkhörer auf 66 Millionen mit 6 Millionen Empfängern an. Damit hat Indonesien eine grössere Dichte als Indien und sogar die Philippinen. RRI ist 1978 in 26 von 27 Provinzen zu empfangen und die Relaisstationen haben im ganzen (180) 2.200 KW.

1.4.3. *Das Filmwesen* belebten die Chinesen schon im Jahre 1925 durch Importe, vorwiegend für die chinesische Kolonie. Dann gab es private Verleihe für Klubs und auch für Familien. Lichtspieltheater eröffneten bald überall in den grösseren Siedlungen, und sie wurden oft von chinesischen Geschäftsleuten betrieben. Heute sind die meisten Kinos im Besitz indonesischer Privatleute.

Bis 1930 waren alle Filme ausländischen Ursprungs. Dann drehten die Holländer den ersten Film im Lande. Es folgten bald Filmgesellschaften, finanziert und geleitet von Chinesen. Die chinesischen Produktionen ahmten die chinesischen Abenteuerfilme nach und zeigten in einigen Filmen vom Genre der « Sarong-Romanzen » auch amerikanischen Einfluss. Traditionelle Geschichten und Szenen wurden gezeigt, so dass sich die javanischen Kinobesucher in dieser Flimmerwelt heimisch fühlten. Während der Besatzungszeit sank die Produktion auf einige wenige Propagandafilme, und erst 1950 gab es wieder indonesische Filmstudios, ein regierungseigenes, und dann 1952 12 private. Diese Zahl sank bis 1972 auf drei Produzenten. Technisch konnte eine erhebliche Verbesserung erzielt werden, nur fehlte Kapital. Die über 1.000 Lichtspielhäuser des Landes bevorzugen ausländische Filme, die erheblichen Zuspruch finden, jedoch für den Besucher relativ teuer sind. Die Filmzensur durch den « Film-Promotion-Board » der Abteilung Information sorgt dafür, dass gemäss dem « Adat » keine der sozialen oder religiösen

Gruppen in ihren Gefühlen verletzt wird. Auch die Interessen der Regierung dürfen nicht gestört werden. Koloniale oder neokoloniale Züge eines Films dürfen den Indonesier nicht als minderwertig oder lächerlich darstellen. Im Jahre 1967 wurden nur 18 indonesische Filme produziert, 1972 schon 74.

1.4.4. DAS BUCH-VERLAGSWESEN IST schwach ausgebildet. Die ersten indonesischen Druckereien und Verlagsanstalten wurden erst nach der Kapitulation Japans gegründet. Im Jahre 1972 soll es etwa 800 unabhängige Verlage gegeben haben, die jedoch oft nur kleine Verlagsdruckereien waren. Der Verlag Gunung Agung war lange der Bekannteste, da er sich mit dem Druck und Vertrieb von Reiselektüre über Südostasien befasste. Der grösste Verlag ist jedoch « Balai Pustaka », die offizielle Regierungsdruckerei. Sie hat moderne Druckmaschinen und eine Mehrfarben-Klischeeanstalt.

Zu den Aufgaben gehört der Druck von Banknoten und Regierungsformularen, von Berichten und offiziellen Verlautbarungen. Ausserdem werden kleine Broschüren gedruckt. Weitere Verlage sind Pembangunan, Tinum Mas und die Universitätsdruckerei, Penerbit Jamabatan. Diese Verlagsanstalt ist eine gemeinnützige Firma, die anfangs mit einer holländischen Druckerei zusammenarbeitete und sich auf einige bekanntgewordene Serien spezialisiert hatte wie « The world around US » (in indonesisch und teilweise in englisch), sowie auf Biographien einiger Staatsmänner Asiens. Bücher werden in kleinen und grossen Buchläden angeboten. Oft sind sie ausverkauft, weil die Nachfrage grösser ist als die Produktion. Buchimporte sind so teuer, dass meist nur wenige Exemplare vorhanden sind. Es gab nach dem Krieg zwei Billig-Buch-Programme, eins unter Sukarno für wissenschaftliche Lehrbücher, und seit 1969 ein weiteres mit amerikanischer Entwicklungshilfe. Hierbei übernahm die Regierung oder die ausländische Hilfsorganisation den Hauptteil der Kosten. Schliesslich schenkte die UNESCO eine grössere Anzahl von Titeln an öffentliche Bibliotheken. Von diesen richtete das Erziehungsministerium über tausend im ganzen Lande ein, besonders ausgerichtet auf die Bedürfnisse der jungen Leserschaft.

Ausländische Buchringe, die den Buchmarkt Indonesiens untersuchten, kamen zu dem Schluss, dass vor allem junge Leser angesprochen werden müssen. Die Verbreitung ausländischer Literatur ist ein Übersetzungsproblem. Die Leserschaft holländischer Bücher wurde 1972 auf 1,5 Millionen geschätzt, nimmt jedoch ständig ab, dafür die englischsprachigen Bücher zu.

1.4.5. HERKÖMMLICHE NACHRICHTENMITTEL UND -STÄTTEN haben immer noch ihre Bedeutung, besonders in entlegenen Gebieten in Irian Jaya und im Innern Kalimantans. Die öffentlichen Märkte sind die wichtigsten Plätze für Nachrichten. Offizielle Mitteilungen werden auf dem Dorf durch den Häuptling bekanntgegeben, oft noch durch Ausrufen. Auch der Dorfrat gehört in diese Kategorie. An die Stelle der offiziösen Informationsquellen treten immer mehr die Organisationen, z.B. Jugendverbände, politische Parteien und die Schule. Das Teehaus und die Familienfeiern, Slamatans, werden aber noch eine lange Zeit die Rolle von Nachrichtenbörsen haben.

1.5. Das Post-und Verbindungswesen

Fernverbindungen für die Nachrichtenkommunikation sind wegen der Insellage ganz besonders wichtig. Diese mussten bis 1975 als unzureichend bezeichnet werden. Allerdings hat das Büro des Präsidenten mit den regionalen militärischen Befehlshabern zu jeder Tag-und Nachtzeit drahtlose und dabei ausgezeichnete Verbindung. Dieses System wird auch für wichtige Mitteilungen der Verwaltung freigegeben, nicht jedoch für den Geschäftsverkehr.

Das Telephonnetz Indonesiens ist unter den ECAFE-Ländern 1972 das zweitschlechteste gewesen. Darum schenkt die Regierung Verbesserungsarbeiten grösste Beachtung. Im Jahre 1974 wurden Verträge für die Einrichtung eines Inlands-Satellitensystems unterzeichnet. Die Dichte von Fernsprechanschlüssen soll sich während des zweiten Fünfjahresplan verdoppeln.

Im Jahre 1978 ist das Verbindungsnetz zwar noch nicht vorbildlich, hat sich jedoch in den letzten 4 Jahren wesentlich gebessert, nicht zuletzt durch die Satelliten « Palapa », die im Rahmen des SKSD (Sistem Komunikasi Satellit Domestic) zwischen 1975 und (Palapa II) März 1977 gestartet wurden. Dadurch wuchs die Kapazität der Telephonanschlüsse 1976 um 33%, so dass 225.100 Anschlüsse erreicht werden konnten (Ende 1976). Die Häufigkeit der Gespräche nahm dadurch rapide zu, sowohl grenzüberschreitend wie auch im Lande (39% bzw. 18%).

Auch das Telegrafen-und TELEX-System wurde in den letzten Jahren ausgedehnt. Ende 1976 gab es 610 Telegrafenämter, und mehrere Landesteile wurden neu durch Einrichtung von Relaisstationen verbunden, so Süd-und Zentral-Kalimantan (mit Banjarmasin und Ujung Pandang) und innerhalb der Molukken (Ambon mit Ternate). Ausserdem wurde das Java-Bali-Kurzwellensystem bis Irian Jaya verlängert.

Die Post-und Giro-Dienste wuchsen im Jahre 1976 um 22%, und in den Jahren davor mit jeweils über 15%.

Hiermit die Elemente der Infrastruktur abschliessend, sind andere zu den Grundbedingungen gehörende Einrichtungen wie das Finanz-und Bankwesen zu untersuchen.

(9) Wajang Kulit; Musikinstrumente; Java: Schattenfigur aus Leder für das « wajang kulit »-(Ramayana-Mahabarata) Spiel; Spielpausenfigur aus Leder; Teile des « gamelan »-Orchesters, Gong (aufgehängt) « gamelan »-Becken und Hauptbecken (vor Musikanten).

1.6. Öffentliche Finanzen, Geld und Preise

Die Wiederherstellung einer stabilen Wirtschaft war im Jahre 1967 eine der vordringlichsten Aufgaben der neuen Regierung. Als Suharto 1966 die Regierung übernahm, gelang es ihm, in den darauffolgenden Jahren durch die in ihrer Höhe immer noch einmalige Umschuldung und mit Hilfe von weiteren Krediten die Zahlungsbilanz auszugleichen und in den weiteren Jahren Einnahmen und Ausgaben unter Kontrolle zu halten. Schon 1968 konnte die Inflation gestoppt und das Vertrauen in die Regierung wiederhergestellt werden. Damit war die Regierung in den Stand versetzt, eine geordnete Finanzpolitik zu betreiben und langfristige Wirtschaftspläne aufzustellen

Die Konsolidierung der Finanzen in den Jahren 1967 bis 1975 ist eine der grössten Leistungen der indonesischen Regierung. Dann brachte die PERTAMINA-Krise mit der Fast-Bankrott-Erklärung eine akute Zahlungskrise. Doch die durch die schlechte Unternehmensführung herbeigeführten kurzfristigen Zahlungsverpflichtungen konnten weitgehend erfüllt werden. Dies wurde teilweise durch neue Verhandlungen über die PERTAMINA-Verträge, besonders für Tanker und anderes überhöht angesetztes Material, erfüllt. In vielen Fällen musste PERTAMINA Konventionalstrafen zahlen. Oft wurden Investitionspläne verschoben und vielfach mittelfristige Darlehen erhalten, und zwar sowohl von ausländischen Banken als auch von Lieferanten. Das resultierte allerdings auch in einer scharfen Erhöhung der Schuldendienste. Ab 1976 hielt die Regierung das Borgen ausländischer Mittel in Grenzen und bemühte sich um bessere Steuereinziehung. Im Jahre 1977 konnten die ersten Erfolge solcher Sparmassnahmen verbucht werden.

1.6.1. DAS FISKALISCHE SYSTEM

Indonesien hatte vor dem grossen wirtschaftlichen Abstieg seinen letzten Haushaltsüberschuss im Jahre 1952, als infolge der hohen Einnahmen durch den Korea-Boom trotz der damals sinkenden Erträge die Plantagen noch ausreichend exportierbare Produkte abgeworfen hatten. Anschliessend war die Bilanz 15 Jahre lang negativ. Einen besonders tiefen Stand erreichten die Defizite schon im Jahre 1955, als die Ausgaben die Einnahmen um 40% überstiegen. Nach der im Jahre 1955 durchgeführten Währungsreform gingen die Defizite vorübergehend zurück. Doch schon im Jahre 1962 wurde wieder ein Defizit in Höhe von 65%, 1963 von mehr als 100% der Einnahmen erreicht. Notwendige Reis-Importe, Gehaltserhöhungen für die Beamten und Angestellten zusammen mit einem staatlichen Bonus zeigten die grosszügige Ausgabenpolitik, während die Staatseinnahmen immer mehr zurückgingen. Einen Überblick gibt die folgende Tabelle 8. Tabelle 8 im Anhang zeigt den konsolidierten Haushalt.

Die Stabilisierung der Finanzen, die aus Tabelle 8 ersichtlich ist, wird durch bemerkenswerte Wachstumszahlen begleitet, die erst in den Jahren 1976/77 durch die PERTAMINA-Krise und die dadurch bewirkte allgemeine Finanzkrise eine Abschwächung erfuhren. Für 1973/74 wurde ein Haushaltsplan aufgestellt, der mit Rp. 862,4 Milliarden ausgeglichen war. Im Staatshaushalt

TABELLE 8

STAATSHAUSHALT IN MRD. RP. 1952-1978/79

(The Budget)
(jeweilige Preise)

Jahr-Year	Einnahmen, Receipts			Ausgaben, Expenditure			Saldo *) Wirklich
	Budget	Wirklich	Differenz	Budget	Wirklich	Differenz	
1952 [1]		15			12		+3
1955		14			16		—2
1960		54			61		—7
1965	671,25	960,71	289,52	1648,22	2526,32	878,10	—1565,55
1966	7,55	13,14	5,59	23,40	29,43	6,03	16,29
1967	81,30	84,90	3,60	81,30	87,56	6,26	2,66
1968	138,69	185,28	46,59	138,65	185,28	46,63	0
1969/70 [2]	327,42	334,76	7,34	327,42	334,67	7,25	0,09
1970/71	444,90	465,13	20,23	444,90	457,93	13,03	7,20
1971/72	585,21	563,55	21,66	585,21	545,00	40,21	18,55
1972/73	751,60	748,41	3,19	751,60	736,32	15,28	12,09
1973/74	862,40	1171,68	309,28	862,40	1164,26	301.86	7,42
1974/75	1577,30	1985,71	408,41	1577,30	1977,93	400,63	7,78
1975/76	2734,70	2733,49	1,21	2734,70	2730,30	4,40	3,19
1976/77 **)	3520,6	3689,8	169	3520,6	3684,2	163,6	5,4
1977/78	4200,00	.	.	4200,00	.	.	.
1978/79	4800,00	.	.	4800,00	.	.	.

Quelle: Source-Sumber: Biro Pusat Statistik, Indikator Ekonomi 1977 (216) und BAPPENAS Annual Development Plan 1977/78 (nicht veröffentlicht).
   [1]) Alte Rupiah-old Rupiah-alte Rupien. — [2]) Year ending March-Jahr endet Ende März.
   *) In Milliarden Rupiah — (billions Rp.).
   **) Vorläufige Zahlen.

TABELLE 9

ÖFFENTLICHE FINANZEN, EINNAHMEN 1969/70-1975/76
(Public Finance - Revenues)
(real zu 1971/72 er Preisen, in Milliarden Rupiah)

	1969/70	1970/71	1971/72	1972/73	1973/74	1974/75	1975/76*
Steuern, direkte	105,8	129,1	180,8	284,8	140,4	231,0	351,5
Einkommensteuer	14,5	14,0	18,0	21,6	33,3	43,4	.
Körperschaftssteuer	18,4	22,3	26,7	28,3	49,1	99,9	.
» aus d. Erdöl	57,6	74,1	112,7	192,8	.	.	.
Rückhalte-IPEDA	15,1	18,5	22,3	25,4	52,9	78,4	.
Andere	0,2	0,2	1,1	2,4	0,1	0,1	.
Steuern, indirekte	81,7	99,2	100,1	110,4	66,7	103,0	134,3
Verkaufssteuern	18,4	19,8	25,5	31,3	54,3	86,3	.
Akzise	38,3	41,9	41,4	43,2	.	.	.
Andere Öl-Einnahmen	20,8	32,8	28,3	30,1	.	.	.
Andere	4,2	4,7	4,9	5,7	10,2	13,6	.
Aussenhandelsabgaben	100,0	141,0	132,3	118,7	246,6	300,6	563,6
Importzölle	68,7	76,2	69,2	64,2	.	160,9	.
Verkaufsteuer	18,7	23,8	22,7	24,6	.	.	.
Exportsteuer, Zentralregion	8,8	26,9	28,4	29,9	.	.	.
Nicht-Steuer-Einnahmen	3,8	14,1	12,0	9,3	.	.	.
Anderes	.	.	.	.	.	.	.
Zusammen	287,5	369,3	413,2	523,0	—	—	.
Korrigiert *	243,7	344,6	428,0	590,6	967,7	1.753,6	.

Quelle: Zentrales Statistisches Büro Jakarta-Sumber: Biro Pusat Statistik
Source: Central Statistical Office, Jakarta (216).
*) Vorläufige Zahlen.

spielen fortan Auslandskredite nicht mehr die Rolle wie in den Jahren 1968 bis 1971. Ab 1972 stiegen die Einnahmen aus dem Erdöl kräftig an, um dann mit der Energiekrise der westlichen Welt, die hohe Einnahmen für die Ölländer brachten, sich von 1973/74 an zu vervielfachen. 1975/76 betrugen sie mit 2,7 Mrd. Rp. fast das Neunfache des Jahres 1969/70 (Anhangtabelle 7). 1976 betrugen die Öl-Exporte 475 Mill. Barrels, was eine Rekordmenge ist.

1.6.1.1. Die staatlichen Einnahmen

Haupteinnahmen des Staates sind die indirekten Steuern und Abgaben. Direkte Steuern spielen eine geringere Rolle. Die Gründe dafür liegen wahrscheinlich

in der Steuerpolitik und -verwaltung. Ausserdem sind die Einkommen bei einem grossen Teil der Bevölkerung so gering, dass sich eine Besteuerung kaum lohnen würde. Einen Überblick vermittelt die nachstehende Tabelle mit 1971/72er Preisen. Sie ist mit Tabelle 10 (jeweilige Preise) zu vergleichen (Anhang).

Unter den indirekten Steuern sind die Einnahmen aus dem Erdöl am grössten. Auch die Besteuerung des im Lande verbrauchten Benzins gehört hierher. Im Jahre 1966 entfielen 61% der Staatseinnahmen auf diese indirekten Steuern, später sogar bis zu 70%.

---

*) Durch Umstellung auf das neue fiskalische Jahr, das im März endet.

Steuern in Indonesien umfassen die gewöhnlichen Arten, die hier kurz skizziert werden sollen, eingeteilt nach direkten und indirekten Steuern *).

Direkte Steuern machten 1970 etwa 26% der Einnahmen aus und waren in anderen Jahren maximal 35%. Sie stiegen in rückliegenden Jahren auf Grund besserer Verwaltung absolut und anteilmässig. Direkte Steuern sind:

— Die Einkommensteuer, nach einem Gesetz aus dem Jahre 1944, die zwischen Einkommen aus abhängiger und unabhängiger Beschäftigung unterscheidet. 1967 wurde ein Jahreseinkommen aus abhängiger Beschäftigung von Rp. 240.000 mit 50% Steuer belegt und das gleiche Einkommen aus selbständiger Beschäftigung mit 60% besteuert. Die Steuerfreigrenze lag damals bei Rp. 12.600 für Verheiratete oder Einzelpersonen, Rp. 7.200 für die Ehefrau und Rp. 3.600 für jeden Abhängigen. Geschäftsleute schätzten sich selbst ein. 100.000 Steuerpflichtige zahlten 1972 Rp. 3,36 Milliarden. Ausländer unterliegen einer besonderen Regelung. Die Staatseinnahmen aus der Einkommensteuer stiegen 1966 (1969/70 bis 1975/76 von Rp. 12,1 Mrd. auf Rp. 61,7 Mrd. (Tabelle 10 im Anhang).

---

*) Diese Einzelheiten stellte der Verfasser im Rahmen der Vorbereitung des West-Sumatra-Projektes zusammen. Die Zahlenverhältnisse haben in erster Linie für Regionalplaner Bedeutung und sind zum Berichtszeitpunkt 1978 teilweise überholt.

Die Körperschaftssteuer beträgt zwischen 20% und 60% auf Gewinne zwischen Rp. 10.000 und 1 Million. Auf die Korporationssteuer der Ölfirmen wies der Verfasser auf Seite 189 hin. Staatliche Gesellschaften zahlten 1970 zwei Drittel aller Einnahmen. Der Anstieg der erfassten Jahre beträgt Rp. 15,6 Mrd. auf 128,2 Mrd., die der Ölfirmen aber noch einmal zehn Mal so viel.

— *Vermögenssteuer wird* auf Vermögen an Mobilien und Immobilien in Höhe von 0,7% des Marktwertes nach Abzug der Schulden erhoben. Selbsteinschätzung ist üblich. Nichtgeklärte Eigentumsrechte und Agrarbesitzrechte machen die Anwendung dieser Steuerart sehr schwierig.

— *Die Landsteuer* wird auf die Einkommen aus dem Boden erhoben und beträgt 5% der Netto-Einnahmen. Zur Berechnung benutzt man Marktpreise, z.B. Reis 1966 Rp. 100-175/100 kg, 1968 Rp. 600/Quintal. Kosten für die Produktion können abgezogen werden. Die Steuerfeststellung erfolgt durch Kommissionen.

— — *IPEDA ist* die landwirtschaftliche Grundsteuer, wurde 1972/73 in den zentralen Haushalt einbezogen und auf Rp. 15 Mrd. geschätzt (1975/76: 34,6 Mrd. Rupiah), und

— — *IREDA die städtische Haus-und Grundsteuer*. 1968 kostete ein teures Stadthaus in Jakarta Rp. 800/Jahr Steuer, was damals etwa DM 8 waren.

Die Gesamteinnahmen betrugen 1968 Rp. 4,0 Milliarden.

Die Einnahmen aus der Landsteuer verwenden die Kabupaten-Verwaltungen für Entwicklungszwecke.

— *Die MPO (Rückhaltesteuer)* zahlen zu 20% natürliche Personen, zu 56% private Unternehmen und zu 24% Staatsfirmen, hauptsächlich Banken, für Einnahmen aus Gross-Transaktionen. Einnahmen hieraus stiegen von 1969/70 15,3 Mrd. auf 1975/76 97,3 Mrd. Rupiah.

— *Andere direkte Steuern* betreffen Bankzinsen, Dividenden und ähnliche Wertpapier-Einnahmen und sind mit unserer Kapitalertragssteuer zu vergleichen.

Im Jahre 1977/78 machten direkte Steuern 70% der « domestic returns » aus.

Indirekte Steuern sind Exportzölle (25-30% aller Einnahmen = 1968), Importzölle (34-38%), Akzisen (14-18%) und Verkaufssteuern (10%), zusammen jährlich zwischen 60 und 70% aller Einnahmen des Staates (1970).

— *Exportzölle* machten in der Vergangenheit zusammen mit den Einfuhrsteuern über 50% aller Einnahmen aus. Bis 1967 erhob der Staat die Exportsteuern nach einem System multipler Wechselkurse. Dann wurde die Erhebung vereinfacht. 1971/72 betrug der Exportzoll 10% des Wertes. Nur 10-15% der Ausfuhren sind von ihm ausgenommen. Die Einnahmen aus dieser Steuer betrugen 1972 nur noch 7%, aber 17%, falls man die Exportabgaben aus dem Erdöl mit einbezieht. Von 1969/70 bis 1975/76 stiegen die Einnahmen hieraus von Rp. 7,4 Mrd. auf 61,6 Mrd.

— *Importsteuern* (Zölle) werden auf den cif-Preis erhoben. 1972 gab es 1.375 verschiedene Artikel mit 40 verschiedenen Zollsätzen zwischen 0 und 300%. Der Wert der Importsteuern fiel von 28% des Gesamt-Einfuhrwertes im Jahre 1969/70 auf 24% im Jahre 1970/71. Die Zoll-Einnahmen blieben in den vergangenen Jahren unter dem Voranschlag des Haushalts, stiegen in den Jahren 1969/70 bis 1976 von Rp. 57,7 Mrd. auf Rp. 174,0 Mrd.

— *Abgaben* erhebt die Regierung auf Tabak, Zucker, Bier und Alkohol. Seit 1966 sind die Akzisen eine Mehrwertsteuer statt wie bis dahin eine spezifisch erhobene Steuer. Die Sätze schwanken zwischen 10% bei Zucker und Petroleum und 50% bei Zigaretten und Bier und sogar 70% bei reinem Alkohol. Der Gesamtertrag 1969/70 mit Rp. 32,1 Mrd. stieg bis 1975/76 auf Rp. 97,3 Mrd.

— *Umsatz-und Verkaufssteuern* erhebt der Staat auf Güter und Dienstleistungen, 5-10% auf essentielle Dinge, 20% auf weniger benötigte Artikel und 50% auf Luxusgüter. 1971 wurde die Steuer neu festgesetzt. Seitdem wird die Mehrzahl der Güter mit 10% statt wie bisher mit 20% des Wertes besteuert. Trotzdem gab es in den Einnahmen aus dieser Steuer im Jahre 1971/72 mit 29% aller Einnahmen eine Zunahme gegenüber 8% im Jahre 1970/71. Im Januar 1972 zahlten 32.000 Firmen etwa Rp. 1,4 Milliarden an Steuern. Nur 440 Firmen zahlten monatlich je über Rp. 500.000, 60% weniger als Rp. 5.000/Monat. Finanzexperten meinen, mit dieser Steuer könnte erheblich mehr erzielt werden, wenn man das Hebesystem verbessert. Die Verkaufssteuer auf Importe, 1960 einmal abgeschafft, wurde 1968 wieder eingeführt und betrug 1972 30% der Zoll-Einnahmen, war 1975/76 Rp. 119,2 Mrd., die Verkaufssteuer auf Importe noch einmal Rp. 72,5 Mrd.

— *Andere Einnahmen* bringen die Holz-Royalties, der Verkauf von Gold, Gewinne der Staatsfirmen und der Bilanzvortrag aus dem Haushalt. Besonders stark wuchsen die Einnahmen aus Holz von Rp. 900 Millionen im Jahr 1971/72 auf Rp. 1,6 Mrd. im Jahre 1972/73. 70% dieser Royalties gehen an die Provinzverwaltung.

Das Wachstum der Einnahmen und die Steuererhebung der Regierung waren schon in den Jahren 1968-72 befriedigend. Innerhalb dreier Jahre konnte ein Anstieg der Einnahmen in Höhe von 30% erzielt werden, zusammen mit der Ölwirtschaft 44%. Im Jahre 1971/72 betrugen die Öleinnahmen 27% aller Einnahmen. Ihr Anteil wurde für 1972/73 auf 40% geschätzt. Mit dem sprunghaften Anstieg der Ölpreise stieg auch im Jahre 1974 dieser Anteil des Erdöls auf fast 70% der gesamten Güterausfuhr und betrug 1975/76 59%. Für die Jahre 1980/81 bis 1985/86 rechnet man mit einem Anteil der Einnahmen aus Öl-Exporten von 58% bis (fallend) auf 52% der Gesamteinnahmen.

1.6.1.2. *Die staatlichen Ausgaben*

Diese sind in Routineausgaben (des ordentlichen Haushalts) und besondere, hier hauptsächlich Entwicklunsausgaben, getrennt. Die Ausgaben im ordentlichen Haushalt verdoppelten sich von 1969/70-1972/73. Dabei blieb das Verhältnis zwischen den einzelnen Ausgabeposten ziemlich konstant. Allerdings stiegen die Schuldendienstleistungen leicht an und die Sachaufwendungen fielen, wie die folgende Tabelle zeigt. Mit der Energiekrise, die für Indonesien gestiegene Einnahmen wie ein unverhoffter warmer Regen bedeutete, konnte man die Ausgaben bis 1975/76 verdreifachen (Anhangtabelle 9).

In Zahlen ausgedrückt, entwickelten sich die *Personalausgaben* von Rp 12,7 Mrd. im Jahre 1966 auf 39,9 Mrd. im Jahre 1968, Rp. 103,8 Mrd. 69/70 und Rp. 594 Mrd. 1975/76, die für Sachaufwendungen von 7,8 Mrd. im Jahre 1966, auf 29,4 Mrd. im Jahre 1968, 50,3 Mrd. 1969/70 und 305 Mrd. 1975/76. Sachaufwendungen sind zu 50% für das Militär gemacht worden. Der Anstieg in den Personalausgaben spiegelt die

TABELLE 10

ÖFFENTLICHE FINANZEN, AUSGABEN, 1969/70-1973/74 U. 1976/77, IN V.H.
(Public Finance Expenditure)

	1969/70	1970/71	1971/72	1972/73	1973/74	1976/77
Personalausgaben	43	43	42	45	44,5	39,1
Sachaufwendungen	28	26	25	24	23,4	20,8
Lokale Verwaltung	20	18	19	19	19,6	19,20
Schuldendienst	7	10	13	11	10,8	11,6
Andere Ausgaben	2	4	1	1	1,7	9,3
Insgesamt	100	100	100	100	100	100,0

Quelle: Zentrales Statistisches Büro Jakarta (218). 1977/77 Bank Indonesia (242).

TABELLE 11

DIE FINANZIERUNG DES ENTWICKLUNGSHAUSHALTS, ZENTRALREGIERUNG, 1969/70-1973/74
REPELITA I IN MRD. RUPIAH, REAL ZU 1971/72 - PREISEN
(Financing of the Development Budget)

	1969/70	1970/71	1971/72	1972/73	1973/74
Einnahmen	287,5	369,3	413,4	573,8	671,0
Ausgaben ordentl. Haushalt	258,0	310,0	355,8	358,1	518,3
Nationaler Beitrag zum Entwicklungsprogramm	29,5	59,3	59,6	135,7	152,7
Ausländische Hilfe **)	78,4	85,1	92,7	97,5	168,4
Gesamter Rupiah Beitrag ***)	107,9	144,4	152,3	233,2	261,1

Quelle: BAPPENAS, 1973. (216)
*) Differenz 1-2 (Überschuss d. Ordentl. Haushalts). — **) Nur Programmhilfe. — ***) Summe 3+4. — ****) Diese Tabelle (Planzahlen) ist nicht unbedingt mit anderen Tabellen, die Ein-und Ausgaben zeigen, konsistent, zeigen, vielmehr die fortschreitende Revision der Planungen an. Es ist neben der Quelle auf das Jahr zu achten, in dem die Information gegeben wurde.

Gehaltserhöhung wider, die lange überfällig war. Einzelheiten sind der Tabelle 9 im Anhang zu entnehmen (vgl. auch Tabelle 8).

Die Ausgaben für den Entwicklungshaushalt setzen sich aus staatlichen und ausländischen Zahlungen zusammen. Der Beitrag aus dem Haushalt zum Entwicklungsbudget kommt aus dem ordentlichen Haushalt. Im Jahre 1969 betrug der Beitrag Indonesiens zu solchen Projekten 27% und stieg in den beiden darauffolgenden Jahren auf 40%. Für 1973/74 nimmt man einen indonesischen Beitrag in Höhe von 46% an (vgl. Tabelle 11).

Der Entwicklungshaushalt der Zentralregierung setzt sich zusammen aus:

— Ausgaben in Verbindung mit Projekthilfe;

— anderen Programmausgaben der Zentralregierung;

— Überweisungen an Provinzregierungen für Entwicklungszwecke;

— Anweisungen der Regierung für mittel-und langfristige Kredite durch die Banken an Privatfirmen.

Steigende wesentliche Beträge überwies die Regierung ab 1969/70. Tabelle 11 im Anhang zeigt die Tendenz in den Entwicklungsausgaben der Jahre 1968 bis 1976/77, die von 58 Mrd. auf 1.400 Mrd. Rupiah stiegen. Für 1972/73 lag im Dezember 1972 die

Schätzung von Rp. 200 Mrd. und für 1973/74 eine Schätzung von 235 Mrd. Rupiah vor, die dann jedoch übertroffen wurde. Bemerkenswert ist die Erfassung der IPEDA-Einnahmen für Entwicklungszwecke und die steigende Überweisung an die Regionen, die 1972/73 30% betrugen. Im ganzen stiegen die jährlichen Gesamtausgaben 1969/70 bis 1973/74 jährlich um durchschnittlich 20%, verdoppelten sich dann 1974/75, um weiterhin jährlich um 30% anzuwachsen. Den höchsten Betrag forderten anfangs die Ausgaben der Zentralregierung für eigene Programme 1969/70: etwa 70% der Gesamtausgaben. Dann wurde der Anteil auf 1973/74 37% und 1975/76 auf 27% gesenkt. Die für Projekthilfe notwendigen Rupiah-Beträge für die lokalen Kosten sind in Tabelle 12 eingeschlossen und stiegen von Rp. 25 Mrd. im Jahre 1969/70 auf Rp. 471 Mrd. im Jahre 1975/76. Dieser Anstieg bezieht sich in erster Linie auf die Projekthilfe (project aid), die in der Entwicklung des öffentlichen Sektors zunehmend eine Rolle spielt. Die Programmhilfe der Regierung entwickelte sich nur sehr langsam, von Rp. 65 Mrd. im Jahre 1969/70 auf Rp. 95 Mrd. im Jahre 1972/73, fiel dann aber 1975/76 auf Rp. 20 Mrd. (Anhangtabelle 14). Nach der Energiekrise erfuhren die REPELITA-II-Zahlen eine Revidierung, weil seit dem 1.1.74 dem Staat für den Entwicklungshaushalt erheblich grössere Beträge zur Ver-

TABELLE 12

EINNAHMEN-AUSGABEN-PROJEKTIONEN 1973/74 BIS 1978/79, IN MRD. RP.
(Revenue-Expenditure Projections of 1972 and 1976 for the Years 1973/74-1978/79)

	1973/74 alt	1974/75 alt	1975/76 alt	(1975/76) tatsächl.	1976/77 alt	1977/78 alt	1978/79 alt	1977/78 neu	1976/77 tatsächl.
Einnahmen, Inland	607	674	729	(2241)	795	838	912	3484	(2905)
Ordentl. Haushalt ...	469	512	562	(1332)	618	665	723	2079	(1629)
Entwicklungshaushalt	235	268	295	(1397)	327	346	381	1440	(2054)
Gesamte Rp.-Ausgaben	704	780	857	(2729)	945	1011	1104	3519	(3684)
Defizit	99	106	128	488	150	173	192	35	779

Quelle: BAPPENAS-Source. (254) und 1976/77 Bank Indonesia (242).

fügung stehen als ursprünglich angenommen. Das erklärt den Sprung in den Ausgaben von jährlich Rp. 300 bis 450 Mrd. in den Jahren 1972/73 bis 1973/74 auf das Doppelte und mehr der nachfolgenden beiden Jahre (vgl. Tabelle 11 im Text mit Tabelle 12 im Anhang). In REPELITA II wurden Rp. 9.000 Mrd. ausgegeben.

Der Ausgleich des Haushalts erfolgte bis 1974 vorwiegend aus der Entwicklungshilfe, wird jedoch seitdem vornehmlich aus den Öl-Einnahmen bestritten. Wie stark die plötzlich aus den Mehr-Einkommen des Erdöls gestiegenen Einnahmen die Haushaltsplanung beeinflussten, geht aus Tabelle 12 hervor, die alte Planung, tatsächliche Zahlen und neue Budget-Planung zeigt. Die Planung wurde 1972 angefertigt (in der Tabelle « alt », die neue 1977, « neu » und tatsächlich).

Zum *Finanzausgleich* dienten bis 1973 in erster Linie die Warenhilfen. Obwohl Indonesien seit den gestiegenen Öleinnahmen nicht mehr für die billigen IDA-Kredite qualifiziert ist, werden die jährlich neu festgesetzten Leistungen der Auslandshilfe nach wie vor auf den IGGI-Sitzungen in Paris (Intergovernmental Group on Indonesia) festgelegt.

1.6.3.1. *Kapitaleinfuhren*

Auslandshilfe und -schulden

Die garantierten Schulden Indonesiens aus der Zeit vor Suharto beliefen sich bis Juli 1966 auf genau US$ 1.988,6 Millionen (Darlehen, umgeschuldete Zinszahlungen und Moratoriumzinsen). Hiervon entfielen auf die westlichen Länder US$ 709,1 Mill., auf den Ostblock USW 1.261 Mill. und auf andere Länder $ 18,4 Mill. Es bestehen Umschuldungsabkommen mit allen Ländern ausser mit der Volksrepublik China. Dazu kommen noch die nicht garantierten Schulden, die sich 1966 auf US$ 82,7 Mill. beliefen.

Vom 1.7.1966 bis 31.12.1972 hat Indonesien Kredite in Höhe von $ 2.471,4 Mill. aufgenommen. Die Kredite an PERTAMINA sind hierin nicht enthalten. Die Kredite kamen bis 1976 aus den Ländern, die Mitglied der IGGI sind: USA, Japan, BRD, Niederlande, Australien, Frankreich, Grossbritannien, Kanada, Indien, Belgien, Dänemark, Italien, Neuseeland, Schweiz, Weltbank/IDA, IMF, UNDP, Asiatische Entwicklungsbank), unter denen USA, Japan und Deutschland die Hauptgläubiger

sind. Alle zwei Jahre treten die Mitglieder in Holland zu Beratungen zusammen, um die wirtschaftliche Lage und den Kreditbedarf Indonesiens zu beraten. Sie sind auch bei der Abstimmung der Kredite behilflich. Bis 1976 wuchsen die Schulden weiter an, wie Tabelle 27 im Anhang zeigt.

Danach beliefen sich Ende Dezember 1976 alle Auslandsschulden auf US$ 14,4 Milliarden, wovon $ 4,3 Mrd. noch nicht ausgegeben waren. Im Jahre 1976/77 wurden US$ 1,6 Mrd. an Schuldendiensten gezahlt. Diese werden im Jahre 1977/78 $ 1,66 Mrd. betragen, 1978/79 auf $ 0,75 Mrd. und 1980/81 eine halbe Milliarde fallen, dann aber bis 1985/86 wieder auf 1 Milliarde ansteigen. Die Schuldendienstrate, das Verhältnis von Schuldendiensten zum Export von Gütern und Nicht-Faktor-Diensten, mit Öl-Exporten auf Netto-Basis (Faktor-Zahlungen und Einfuhren der Ölfirmen ausschliessend), betrugen 1976/77 14,2%. Nach Projektionen der Bank Indonesia werden diese bis 1979/80 auf 19% ansteigen, dann aber langsam abnehmen, 1985/86 etwa 16% betragen.

Der Umfang der verschiedenen Hilfeformen der Jahre 1969/70 bis 1977/78 geht aus Tabelle 14 im Anhang hervor. Wie bereits an anderer Stelle erwähnt, nahm die Projekthilfe laufend zu und übertraf bereits 1973/74 die Programmhilfe. Die weitere Aufgliederung der Hilfeformen findet sich in Tabelle 15. Neben der abnehmenden Programmhilfe geht hieraus auch ein Abnehmen der Nahrungshilfen (einschliesslich PL 480) hervor.

Ausländische Investitionen

Der Kapitalstrom aus direkten ausländischen Investitionen nahm in den späten 60er Jahren bis Anfang der 70er Jahre schnell zu. Die indonesische Regierung hatte eine offene Politik für ausländische Investitionen im Bergbau und in der Holz-Industrie erklärt. Auch das Hotel-und Bankengewerbe war für Ausländer offen. Doch seit etwa 1974 blieben die Investitionen bei rund $ 450 Mill/Jahr. Die Überweisungen der auf Grund von Investitionen erzielten Gewinne nahmen in den rückliegenden Jahren entsprechend zu. Sie stiegen von kleinsten Anfängen (1971/72) aus US$ 80 Millionen im darauffolgenden Jahr und US$ 400 Mill. im Jahre 1976/77. Die sektorale Aufteilung der Investitionen geht aus Tabelle 17 im Anhang hervor. Tabelle 16 im Anhang gibt die Aufstellung der ausländischen Investitionen nach Geberländern, die auch für die Ausführungen auf Seite 207 Bedeutung hat. Wie dort näher ausgeführt ist, nahmen die genehmigten Investitionen 1976/77 dann plötzlich scharf ab.

1.6.2. Das monetäre System

1.6.2.1. *Geld und Kredit*

Die bis 1966 schlechte wirtschaftliche Entwicklung des Landes mit zunehmenden Defiziten des Staatshaushaltes und negativer Zahlungsbilanz hatte sich in einer starken Zunahme der Geldversorgung niedergeschlagen. Die Produktion stieg kaum, stagnierte oder ging zurück. Im Jahre 1958 war die Produktion um fast 20% abgesunken. Darauf änderte die Regierung im August 1959 die Wechselkurse von US$ 1 = Rp. 11,40 auf Rp. 45,00. Bankguthaben über Rp. 25.000 wurden eingefroren und Banknoten grösser als Rp. 500 um 10% abgewertet. Dadurch reduzierte die Regierung den Bargeldbestand von Rp. 24 Mrd. auf 18 Mrd. Die kurzfristigen Bankeinlagen konnten damit von 9,7 Mrd. auf Rp. 3 Mrd. reduziert werden. Da aber der Staat selbst durch den defizitären Haushalt und durch Förderung unrentabler Staatsbetriebe zur Aufblähung des Geldumlaufs beitrug, trat der alte Zustand bald wieder ein. 1965 nahm deshalb der Staat einen Währungsschnitt 1: 1000 vor. Doch der Geldumlauf stieg weiter an und wuchs von Rp. 2,6 Mrd. im Jahre 1965 auf Rp. 14,3 Mrd. 1966 und 34 Mrd. im Jahre 1967. Gleichzeitig verschlechterte sich der Dollarkurkurs von Rp. 10 im Jahre 1965 auf Rp. 143 im Herbst 1966. Dann erholte sich der Kurs etwas, fiel bis Ende 1967 auf Rp. 290 per US-Dollar. Gleichzeitig hatte sich der Freimarkt-Kurs vom Verkaufswert für Exportzertifikate gelöst, die im November 1967 mit Rp. 160 verechnet wurden (174; S 47).

Fortan gab es neben freien Devisen-und Exportbonus-Kursen Kurse für Sonderzwecke wie Kredit-

Bonus, Zoll-Berechnung und Touristen. Die Kursentwicklung war bis Frühjahr 1970 unübersichtlich. Zum Export-Bonus-Kurs (B.E.) wurden u.a. alle Devisentransaktionen der Regierung durchgeführt. Ausländische Kapitalinvestitionen und bestimmte Dienstleistungen wickelte die Regierung ebenfalls über diesen Exportbonus-Kurs (B.E.) ab. Das Durcheinander wurde dadurch vergrössert, dass über den Zusatzdevisen-Markt (D.P.) Dienstleistungen bezahlt und Waren importiert werden durften, deren Zahl jedoch beschränkt war (175).

Am 17. April 1970 bestimmte die Regierung die Parität US$ 1 = Rp. 378. Aus Devisengeschäften mussten 10% an den Staat abgeführt werden. Der DP-Kurs galt noch für die Abrechnung von Devisen für Touristen und Geschäftsreisende. Seitdem bewegte sich die Rupie in Parität mit dem US-Dollar. Die Regierung konnte den Kurs jedoch nicht halten und musste 1971 die Rupie um 10% abwerten. Als dann der US-Dollar 1973 abgewertet wurde, zog die Rupie mit. Bei Jahresende 1977 betrug der US-Dollar-Kurs 415 (1 Rp. = 0,0024 US$).

Zentral-und Notenbank ist die « Bank of Indonesia » (« Bank Negara Indonesia Unit I »). Seit dem 1.1.1969 gibt es eine Neugliederung der bis dahin in der Bank Negara zusammengefassten staatlichen Banken des Landes. Die Regierung gab jeder Bank die Eigenständigkeit für Geld-und Kreditgeschäfte mit abgegrenzten Wirtschaftsbereichen zurück (vgl. S. 67).

Die Geldschöpfung obliegt der Bank Negara. Einen Überblick der Geldversorgung gibt die folgende Tabelle 13:

Die Tabelle gibt die früher erwähnte Währungsumstellung der Jahre 1959/60 nicht wieder, wohl aber die von 1965/66. Der Bargeld-Umlauf betrug 1966 Rp. 5,3 Mrd. und nahm im selben Jahr um 763% zu. In den folgenden Jahren beschleunigte sich die Zunahme dann nicht mehr so stark, betrug 1967 131%, 1969 58% und 1971 noch 32,4%, stieg dann bis 1973/74 nur leicht auf 48%. Die Tabelle gibt die Gesamt-Geldversorgung und die kurzfristigen Einlagen mit der Summe beider, absolut und in v.H. jährliche Zunahme.

1.6.2.2. *Die Struktur des indonesischen Finanzwesens*

Das staatliche Finanzsystem besteht aus den Konten des Finanzministeriums (Schatzamtes), der Bank Indonesia und der Entwicklungsbanken. Dazu kommen innerhalb des organisierten Finanzsystems die kommerziellen Banken, die zum Teil staatlich sind sowie andere Banken und bankähnliche Institutionen. Einen Eindruck von der Grösse der einzelnen Institutionen gibt Tabelle 14.

Aus der Tabelle ist die Verdreifachung der Guthaben und die Verdoppelung der Einlagen ersichtlich.

Die Zentralbank (Bank Indonesia) ist immer noch die bedeutendste Finanzinstitution, doch die anderen Banken holen bis 1971 erheblich auf. Die gesamten Reserven von Bank Indonesia entwickelten sich von 1966 Rp. 1,44 Mrd. über 1968 Rp. 9,15 Mrd. 1972 Rp. 98 Mrd. zu Dezember 1974 Rp. 249 Mrd. und Januar 1977 Rp. 502 Mrd.

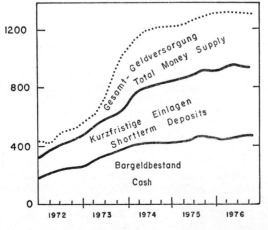

GELDVERSORGUNG

SUPPLY OF MONEY

Abb.5   Quelle - Source : INDIKATOR EKONOMI, 1977 (216)

TABELLE 13

GELD-UND KREDIT-GELDVERSORGUNG, 1966-1978, IN MRD. RP.
(Money Supply Currency Position and Demand Deposits Position)

Jahresende	Geldversorgung (Currency Position) Mrd.Rp.	Kurzfristige Einlagen (Demand Deposits Pos.)	Insgesamt Total in Mrd. Rp.	Insgesamt Zunahme in v.H. (Change %)	Index in 1966er Preisen
1966	14,36	7,85	22,21	—	100
1967	34,10	17,37	51,47	131,8	.
1968	74,68	39,21	113,89	121,3	.
1969	115,70	67,74	183,44	61,1	212
1970	154,62	95,67	250,28	36,1	266
1971	199,36	121,40	320,76	28,2	332
1972	271,77	202,77	474,61	48,0	391
1973	374,97	294,03	669,00	41,0	437 **)
1974	496,92	443,29	937,52	40,1	439
1975	625,34	624,75	1250,10	33,3	478
1976	778,95	821,95	1600,90	28,0	555
1977	946,3	864,30	1810,6	13,0	627
1978 (l. Quartal) *) .	1088,8	871,23	1960,0	8,0	.

Quelle: Zentrales Statistisches Büro « Facts and Figures », Jakarta auch Indikator Ekonomi, jährliche Ausgaben (216; 218).
*) März 1977. — 1977/78 u. Index: Bank Indonesia (242).
**) Ab 1973: März.

TABELLE 14

ASSIETEN UND EINLAGE-VERBINDLICHKEITEN VON BANKEN, 1968, 1971 U. 1975
(Demand Position of Banks)
(in Mrd. Rupiah)

	1968		1971		1975	
	Guthaben	Einlagen Verbindl.	Guthaben	Einlagen Verbindl.	Guthaben	Einlagen Verbindl.
Zentralbank	269,9	130,9	598,6	287,2	876,0	455,0
Kommerzielle Banken	115,8	53,4	611,1	284,4	1456,0	356,0
Staatliche Banken	89,2)	(37,1)	(471,3)	(227,0)	.	.
Privatbanken	(18,3)	(14,2)	(52,1)	(28,8)	.	.
Ausländische Banken	(8,3)	(2,1)	(87,7)	(28,6)	.	.
Entwicklungsbanken	11,0	6,0	47,4	10,0	88,7	34,0
Staatliche Entw. Banken	(7,9)	(3,6)	(32,9)	(2,3)	.	.
Regionale Entw. Banken	(3,1)	(2,4)	(14,5)	(7,7)	.	.
Andere Banken	0,5	0,1	3,1	1,0	12,6	3,5
Staatliche Sparkassen	—	—	(2,8)	(0,8)	.	.
Andere	—	—	(0,3)	(0,2)	.	.
Andere Finanzinstitute	.	.	.	.	.	.
	395,2	190,4	1260,2	582,6	.	.

Quelle: Bank Indonesia (242).

Kommerzielle Banken sind neben den fünf staatlichen Banken die 110 Privatbanken mit Zweigstellen und 11 ausländischen Banken (Stand 1978). Bezüglich Einlagen und Kreditvolumen und der Grösse des Zweigstellensystems stehen die staatlichen Banken an der Spitze. Die fünf staatlichen Banken schieden im Jahre 1969 aus dem Verband der « Bank Indonesia » aus, um sich mehr einer sektorgebundenen Tätigkeit widmen zu können.

— Bank Rakyat Indonesia für die Landwirtschaft;
— Bank Nagara Indonesia 1946, für Industrie, Transport und Agrarexport;
— Bank EXIM Indonesia für Export von Plantagenprodukten;
— Bank Bumi Daya für den Bergbau, auch f. Plantagenprodukte;
— Bank Dagang Negara für den Export von Bergwerkerzeugnissen.

Anfänglich waren die Banken stark spezialisiert. Im Laufe weniger Jahre (seit 1969) entwickelten sie sich zu reinen Handelsbanken, die alle Geschäfte durchführten. Die Regierung hat sie in der Vergangenheit auch in die Leitung der Entwicklungsgelder eingeschaltet, da die dafür vorgesehenen Entwicklungsbanken administrative und Management-Schwierigkeiten hatten. Dazu trug auch das von der Regierung geförderte mittelfristige Kreditprogramm bei.

Die privaten kommerziellen Banken wurden in den letzten Jahren durch die Zentralbank gefördert. Die Zentralbank garantierte ihre Einlagen und erlaubte die Re-Diskontierung bis zu einem bestimmten Prozentsatz zur Hälfte der Zinssätze, die von den Privatbanken genommen wurden. Die Zentralbank benutzte die Privatbanken auch für die Weiterleitung mittelfristiger Kredite. Zusammen mit den Niederlassungen ausländischer Banken besassen diese privaten kommerziellen Banken 1972 11% aller Assieten des gesamten Bankensystems, einschliesslich Bank Indonesia.

An Niederlassungen ausländischer Banken gab es 1978 11 in Jakarta. Hierunter sind die First National City Bank Chase Manhattan Bank, und die Europäisch-Asiatische Bank, vormals Deutsch-Asiatische Bank, zu nennen sowie 3 aus Singapur (einschliesslich Verbindungsbüros).

Obwohl die Banken noch stark auf ausländische Kundschaft eingestellt sind, kümmern sie sich verstärkt um heimische Geschäfte industrieller Investitionen und die Finanzierung und Abwicklung von Exporten, die in ausländischer Währung getätigt werden.

Die 1950 geschlossene Börse wurde im August 1977 wieder eröffnet.

28 Entwicklungsbanken besassen nur 4% der Assieten aller Banken oder 8% aller kommerziellen Banken (1972). Damit blieb der Anteil der Institution hinter der Ausweitung der Investitionen im privaten Sektor proportional weit zurück. Besonders in der Vergabe langfristiger Kredite war ihre Rolle bisher noch stark begrenzt.

Hier sind zu nennen:

— BAPINDO (Bank Pembangunan Indonesia) die indonesische Entwicklungsbank;
— eine private Entwicklungsbank;
— 26 regionale Entwicklungsbanken.

Die BAPINDO (Bank Perusahan Indonesia) 1960 gegründet, war in den ersten fünf Jahren lediglich Leitstelle öffentlicher Mittel und nahm 1966 nach Erschöpfung der Ressourcen eine kommerzielle Banktätigkeit auf. Im Jahre 1970 wurde sie reorganisiert und mit Hilfe der IDA und einem US$ 10 Millionen-Kredit institutionell und finanziell saniert. Nach der Re-Organisation und einem Kreditprogramm der Jahre 1972-75 soll BAPINDO langfristige Kredite mit einer Laufzeit von maximal 15 Jahren an kleinere und mittlere Betriebe vergeben. Dafür waren US$ 40,6 Mill. vorgesehen. Schliesslich soll BAPINDO Hauptfinanzinstitut für langfristige Kredite an die Industrie werden. Im ganzen zahlte die Weltbank seit 1972 US$ 108,5 Mill. über diese Bank.

Die Rückzahlungsergebnisse waren Ende 1976 mit nur 54% zwar höher als 1973 mit 37% aber doch im ganzen zu niedrig. Überfällige Darlehen betrugen 1976 8,8% aller ausstehenden Darlehen von BAPINDO. Besondere Probleme der Rückzahlung gibt es in der Textilindustrie und bei den interinsularen Schiffahrtslinien. So schuldete PELNI Ende 1976 BAPINDO US$ 2,4 Mill. an überfälligen Zins-Zahlungen. Wie die meisten indonesischen Banken leidet BAPINDO an Personal-Überbesetzung. Internationale Finanzinstitute fordern deshalb strenge Aktionsprogramme zur Beseitigung dieses Misstandes.

Die 1977 vorhandenen 26 regionalen Entwicklungsbanken sollen ähnliche Aufgaben wie BAPINDO erfüllen.

Entwicklungs-Finanzierungsgesellschaften

Die IDFC wurde von der Bank Indonesia zusammen mit der Regierung der Niederlande 1972 gegründet und hatte anfangs US$ 6,5 Millionen zur Verfügung. Sie soll langfristig Kredite an industrielle Unternehmen vergeben. Neben dieser PT Indonesian Finance Corporation gibt es die PT Private Development Finance Company of Indonesia (PDFCI), die 1977 Rp. 16 Milliarden Mittel hatten.

Andere Bank-Institutionen sind die auf Spareinlagen eingestellten:
— Dorf-und Paddy Banken;
— Genossenschaftsbanken;
— Marktkassen;
— allgemeine Sparkassen. Sie sind auf ländliche Gegenden beschränkt.

Es gab im Dezember 1977 nahezu 9.500 dieser kleinen Geldinstitute. Eine grössere Anzahl von ihnen war so gut wie nicht in Funktion. Die Dorf-und Paddybanken werden meist von den Dorfältesten geleitet. Sie brauchen keine Rücklagen zu besitzen (Reserven) und vergeben hauptsächlich Verbrauchskredite. Alle Zahlungen werden als Natural-Zahlungen in Form von Reis vorgenommen. Alle diese dörflichen Geldinstitute befinden sich unter der Aufsicht der Bank Rakyat.

Die Sparkassen befinden sich bereits in kleineren Städten. Diese leihen angesammelte Fonds an die örtliche Behörde aus. Die Spartätigkeit erlebt seit 1970 einen eindrucksvollen Aufschwung. Anreiz waren die relativ hohen Zinssätze und die stabilisierte Währung. Darauf führte die Regierung im August 1971 die beiden Formen des
— Sparbuchsparens « TABANAS ») und des
— Versicherungssparens (« TASKA ») ein.

Die Einlagen für beide Sparformen vervielfachten sich im Zeitraum Herbst 1971 bis März 1977 von Rp. 5,03 Mrd. auf Rp. 123,3 Mrd. Die 1971 in Jakarta bestehenden 230.000 Sparverträge zeigen, dass es sich dabei um Einlagen des kleinen Mannes handelt. Im Mai 1972 betrug das durchschnittliche Einzelguthaben nur Rp. 25.478 (DM 198). Auf ganz Indonesien berechnet wiesen 1972 die 1,83 Mill. Sparkonten durchschnittlich Einlagen von Rp. 8.026 (DM 62) auf. Man darf sicherlich die Zahl der Konten mit der Anzahl der Sparer gleichsetzen und kommt so auf 1,8 Mill. Kleinsparer oder auf 3% der Bevölkerung (21). 1977 gab es 6 Mill. TABANAS-Sparer mit 6,6 Mill. Konten, 10.000 TASKA-Sparer und 1,5 Mill. PERATA P3 (Studenten-) Sparer (neu).

Man rechnete Mitte 1972 mit 1,3-1,4 Mrd. DM als Spar- und Festgelder auf allen Konten in Indonesien (21). Diese Summe ist als Beweis für das Vertrauen des Sparers zur Währung und zu den Banken zu werten. Bis Ende 1977 waren die Spareinlagen und Festgelder auf 3,6 Mrd. DM angewachsen.

Pfandhäuser gab es 1977 441 im Lande

Determinanten und Projektionen für den Umfang des Finanzsystems

Der Fortschritt der Jahre 1968 bis 1972 in der Wiederherstellung des Finanzsystems wurde bei relativer Preisstabilität zu hohen Zinsraten erreicht. Zeiteinlagen waren das Hauptmittel, schnelles reales Wachstum zu erreichen und den finanziellen Druck zu erleichtern. Dies unterstreicht die Notwendigkeit einer geeigneten Finanzpolitik für die Investierung des Sparens in Wertpapieren.

Weil es in Indonesien noch keine vierteljährlich errechneten Werte des Bruttosozialproduktes gibt, ist es noch nicht möglich, die Bedeutung von Einkommen und Zinsraten für die Bestimmung des Wachstums von Quasigeld abzuschätzen. Die Ergebnisse von Regressions-Berechnungen der Jahre 1968 bis 1972 zeigen jedoch an, dass hauptsächlich die realen Zinsraten die Wachstumsschwankungen in Spareinlagen und Termineinlagen erklären.

Untersuchungen über die Nachfrage nach Spar- und Termineinlagen für das Jahr 1972 ergaben bei einer jährlichen Inflationsrate von 2% (1972) und Senkung der Zinsrate von jährlich 26,8 auf 18% für einjährige Einlagen ein Nachlassen der Spartätigkeit. Weitere Untersuchungen über *mögliche reale, totale liquide Assieten* durch Gurley (65) und andere Finanzexperten ergaben bei einem Basiswert von 1972 Rp. 590 Mrd. liquide Assieten bei 1971er Preisen für 1979 Rp. 1.513 Mrd. Hierbei sind 8% jährliches Bruttosozialprodukt-Wachstum, 2% Inflation und 18% nominelle Zinsrate vorausgesetzt. Dies bedeutet jährlich 12,5% Wachstum in realen totalen liquiden Assieten. Bei höherer Inflation (4%), niedriger Zinsrate (12%) kam man nur bei 8% Wachstum auf 1979 1.150 Mrd. liquide Assieten.

Bezüglich Anfall an realen Termin- und Spareinlagen wird nach ähnlichen Grundannahmen für 1979 auf 573 bis Rp. 941 Mrd. geschätzt. Die offensichtliche Abhängigkeit der Beträge von der Höhe des Zinssatzes zeigt die Bedeutung der richtigen Zinspolitik an, die künftig einzuschlagen ist. Hohe Zinsraten werden das private Kapital über Sparkonten mobilisieren, das dann für die Entwicklung eingesetzt werden kann. Während der Jahre 1968 bis 1971 wuchs die gesamte Kreditsumme jährlich um 46% und im Jahre 1971 um 43%. 1972 setzte sich die fallende Tendenz fort.

Langfristige Kreditmöglichkeiten für Industrie und Landwirtschaft gab es 1968 so gut wie nicht; jedenfalls nicht aus privaten Quellen. Die Investitionen in den landwirtschaftlichen Sektor waren in jenen Jahren niedrig, im Vergleich zur Gesamtproduktion der Landwirtschaft sogar extrem niedrig. Darüberhinaus hatten mittelgrosse landwirtschaftliche Betriebe überhaupt keinen Zugang zu Krediten. Weltbank und

Asiatische Entwicklungsbank bevorzugten in den ersten 5 Jahren des Wiederaufbaus die Grossbetriebe. Darum eröffnete die Regierung im Jahre 1969 ein mittelfristiges Kreditprogramm.

1.6.2.3. *Das Investitions-Kreditprogramm*

Dieses mittelfristige Kreditprogramm startete die Regierung im April 1969. Die staatlichen kommerziellen Banken, BAPINDO und einige regionale Entwicklungsbanken der Provinzregierungen sind die Träger dieses Regierungsprogrammes. Bei einer Laufzeit von 5 Jahren gewähren sie zu Zinssätzen von (1971) 12% hauptsächlich Kredite an Privatbetriebe. Die Firmen, die Kredite beantragen, müssen 25% der Kreditsumme aus eigenen Mitteln aufbringen. Die Mittel werden den Entwicklungsbanken von den Staatsbanken zur Verfügung gestellt. 75% kommen aus eigenem Etat und kosten 4% p.a., 25% aus dem Staatshaushalt; sie geben sie zinsfrei weiter. Die spezifischen Bedingungen änderte die Regierung im Laufe des Programms. Am Anfang kamen 1/3 aus dem Budget. Dieser Anteil verringerte sich 1970. Im Jahre 1970 gab es keine zusätzlichen Haushaltsmittel mehr. Seit 1971 kommen 80% der Mittel von der Zentralbank und 20% von den Staatsbanken. Bei Vergabe der Kredite sah man 1972 10% der Mittel als von der Regierung kommend an, 20% von den Staatsbanken und 70% von Bank Indonesia (Zentralbank).

Die in Tabelle 15 gezeigte Zusammenstellung gibt über die Verwendung Aufschluss: 25% der Kredite gingen an Staatsbetriebe. Ende Dezember 1971 betrugen die Zusagen Rp. 110 Mrd. und die tatsächlich ausgezahlten Beträge Rp. 73 Mrd. Am 1. April 1977 waren Rp. 343 Mrd. zugesagt und Rp. 262 Mrd. Aussenstände.

Kreditzusagen stiegen von 1971 auf 1972 um 72%, die tatsächlich ausgezahlten Beträge stiegen um 81%. Die ausgezahlten Beträge beliefen sich 1971 auf Rp. 33 Mrd. (netto); etwa soviel wie 1970. Im Jahre 1972 zahlte man weniger aus. Dies wird auf die sorgfältiger durchgeführten Vorprüfungen zurückgeführt.

Die Tabelle zeigt die anfängliche Vernachlässigung der Landwirtschaft mit (1972) nur etwa 8% der Kreditbeträge. Dies steht im Gegensatz zur Bedeutung der Landwirtschaft. Hotelfinanzierung und Einkauf von Lastkraftwagen wurden bevorzugt. Herstellende Industrien erhielten 1972 weniger als in den Vorjahren. Das weist auf eine allgemeine Verschiebung der Kreditquellen für die Industrie hin. Die Landwirtschaft aber hat nur eine Kreditquelle, so dass dieses Verhältnis für die Landwirtschaft noch minderer ist.

Bank Rakyat ist die Landwirtschaftsbank der Funktion nach. Aber ihre Tätigkeit für die Landwirtschaft ging in den letzten Jahren zurück. Das sollte mit einem neuen Programm der Weltbank durch niedrigverzinsliche IDA-Kredite anders werden. Erste Untersuchungen wurden im Herbst 1973 durchgeführt. Die Vorschläge lauten jedoch auf Stützung des Verkaufspflanzensektors, nicht des Reisanbaues, der formell bereits durch das BIMAS-Programm abgedeckt ist (vgl. S. 147). Der Grund ist darin zu suchen, dass sich Indonesien als Öl-Grossproduzent nicht mehr für IDA-Darlehen qualifiziert. Im Jahre 1977

TABELLE 15

AUFTEILUNG MITTELFRISTIGER KREDITE FÜR INVESTITIONEN 1970; 1975 U. 1977
(*Distribution of medium-term credits for investments*)
(in % aller Darlehen)

	1970		1975		1977	
	Zusagen Commitments	*Auszahlungen Disbursements*	*Zusagen Commitments*	*Auszahlungen Disbursements*	*Zusagen Commitments*	*Auszahlungen Disbursements*
Herstellende Industrie	67,8	56,4	63,4	62,3	39,9	36,9
Dienste	23,6	34,8	28,3	27,5	40,0	42,1
Transport	(19,1)	(28,2)	.	.	.	.
Hotels	(4,2)	(6,1)	.	.	.	.
Landwirtschaft	7,0	7,1	6,3	7,9	14,1	15,6
Bergbau	0,6	0,8	0,4	0,5	1,5	1,6
Andere	1,0	0,9	1,6	1,8	4,5	3,8

Quelle: Bank Indonesia. (242).

startete diese Bank zusammen mit dem Dorfgenossenschafts-System BUUD ein neues « Joint Collateral Credit Scheme ».

Die Diversifizierung des Kreditprogramms sieht die Regierung als eine Notwendigkeit an. Abgesehen von einer Verschiebung des Kreditprogrammes von Hotels und Transport in Richtung Landwirtschaft schlug sie vor, auch mehr Kredit in kleineren Beträgen zu gewähren und dies nicht nur im Raume Jakarta. Im Jahre 1971 wurden 4,5% aller Projektkredite für Darlehen über Rp. 200 Mill. beansprucht. Diese verbrauchten 50% des gesamten Kreditvolumens. Hiervon ging die Hälfte in den Raum Jakarta/Bandung. Im März 1972 bestimmte die Regierung darum Rp. 1 Mrd. als Höchstgrenze eines Darlehens. Eine im Jahre 1972 angesetzte interministerielle Evaluierungskommission erbrachte folgende Ergebnisse:

— Feststellung, dass das mittelfristige Kreditprogramm ein Erfolg war, weil dadurch der Privatsektor an relativ billige Darlehen kam;
— die Rückzahlungen waren mit 35-45% der mittelfristigen Kredite 1972 noch mässig. Häufig mussten Umschuldungen vorgenommen werden;
— die Laufzeit von 5 Jahren ist nicht ausreichend. BAPINDO ist nicht mehr an die 5-jährige Begrenzung gebunden, wohl aber die fünf staatlichen Banken;
— diese Probleme können nicht durch die Schaffung der « Credit Insurance Corporation » (1970) gelöst werden. Deshalb will die Regierung mit Hilfe der Weltbank zu einer Kreditpolitik gelangen, die die bestehenden Schwächen vermeidet.

Entwicklungsdarlehen (DLBS = Development Loans of the Banking System)
Die Entwicklungsdarlehen der Bank INDONESIA laufen über staatliche und private Banken als mittel- und langfristige Kredite an staatliche und private Unternehmen erst seit 1971. Ein Teil der bi-und multilateralen Hilfe soll hiermit erfasst werden. Bank Indonesia vergibt die Mittel zu 4,5%/Jahr an Staatsbanken, die die Darlehen für die Dauer von 3-12 Jahren an

Betriebe der Industrie und des Exports weitergeben. Maximal werden 3 Jahre Moratorium gewährt. Der Zinssatz beträgt 12%. Ein erstes Darlehen von Japan war bis Juni 1972 vergeben (US$ 10 Mill.). Bis 1975 gelangten weitere Darlehen zur Auszahlung. Da die Darlehen an den Bezug des Projektbedarfs aus Japan gebunden waren, gab es einigen Widerstand, der 1974 zu den blutigen Demonstrationen gegen « japanischen Wirtschaftskolonialismus » führte.

Kurzfristige Darlehen

Das Problem der kurzfristigen Kredite liegt in Indonesien in deren Sicherung, die oft bis zu 150% der Kreditsumme, selten nur 25%, beträgt. Der höhere Satz wird von Erstkunden verlangt. Besonders hart sind kleine und mittelgrosse Betriebe betroffen. Die Ursachen sind auch in der geringen Kapazität der Banken zur Beaufsichtigung der Darlehen zu suchen. Die Kreditanträge kleiner Betriebe erfordern fast genau soviel Arbeit wie Anträge auf grosse Darlehen. Die oben erwähnte Kredit-Versicherungs-Korporation könnte hier Abhilfe schaffen, hat aber Personalmangel und wurde die ersten zwei Jahre nicht arbeitsfähig.

Die Landwirtschaft ist hinsichtlich kurzfristiger Kredite durch das oben schon erwähnte BIMAS-Programm (vgl. auch S. 147) besser bedient. Die chronische Nahrungsknappheit zwang schon früh dazu, über die vorhandenen 1.600 Zweigstellen und mobilen (Fahrzeug-) Einheiten der Bank Rakyat Indonesia (BRI) landweit kurzfristige Kredite an die Bauern zu erteilen. Nach ersten Anfängen geriet das BIMAS-Programm in eine Kapitalknappheit. Darum schaltete man ausländische Firmen (CIBA, BASF, HOECHST und AHT) ein. Mit Beendigung dieser 2-3 Jahre laufenden Programme im Jahre 1971 leitete die Regierung ein verbessertes Kreditsystem mit Gewährung von Einzelkrediten an Bauern ein (im Gegensatz zu den landwirtschaftlichen Krediten der vorausgegangenen Periode, die an die Dorfältesten vergeben worden waren).

Nur in Gegenden mit intaktem Gesellschaftssystem

TABELLE 16

Die zahlungsbilanz der Jahre 1972/73-1976/77, jeweilige Preise,
(1975/76 in Klammern zu 1972/73er Preisen)
Im Sommer 1975 sah die indonesische Regierung die Zahlungsbilanzsituation wie folgt
(in Mrd. US$)

	1972/73	1973/74	1974/75	(1975/76)	1975/76 zu 1972/73er Preisen	1976/77
Exporte, Öl, netto (vgl. S.255)	0,40	0,64	2,64	3,07	(0,50)	3,66
Nicht-Öl	0,97	1,90	2,06	1,97	(1,15)	2,54
Insgesamt	1,37	2,54	4,70	5,04	(1,71)	6,20
Importe, Hauptgüter	0,37	0,74	1,43	1,55	(0,55)	6,89
andere (incl. Dienste)'........	1,56	2,56	3,52	4,51	(2,59)	1,40
Insgesamt	1,93	3,30	4,95	6,06	(4,14)	8,29
Saldo	—0,56	—0,76	—0,25	—1,02	(—1,43)	—1,12
Offizielles Kapital, netto	0,42	0,56	—0,57	0,53	(0,27)	1,99
Versch. Kapitalien, incl. Errata	0,57	0,56	—0,33	0,89	(0,43)	0,25
Monetäre Bewegungen	—0,43	—0,36	0,01	—0,40	(0,21)	0,66

Quelle: Bappenas (254).

reichte die Autorität der Dorfältesten dazu aus, die Rückzahlungen fristgemäss und in vollem Umpfang zu gewährleisten. Durchschnittlich betrug der Prozentsatz der Rückzahlungen nur etwa 45-55%. Das hat sich seit der Einführung des verbesserten Kreditsystems durch Darlehen an Einzelbauern erheblich gebessert. Die Rückzahlungsraten liegen seitdem bei etwa 80-90%, je nach dem Ausfall der Ernte.

Rationierte Klein-Darlehen (nur für die Reisproduktion) für die Dauer von neun Monaten zu einem Zinssatz von 12%/Jahr wurden 1972 an 12 Mill. Reisbauern gegeben. Neben der Finanzierung von Produktionsmitteln (Dünger, Pflanzenschutzmitteln sowie hochgezüchtetem Saatgut) ist auch ein kleinerer Konsumkredit eingeschlossen, der für die Bezahlung von Arbeitern oder für den Familienunterhalt bestimmt ist. Es wird möglichst in Naturalien ausgezahlt oder in Bezugsscheinen für Produktionsmittel. Im Gegensatz zu dem von 1969 sehr bescheidenen BIMAS-Programm hat das verbesserte Kreditsystem landweite Bedeutung erreicht.

Die Kreditexpansion der Jahre 1965-77. Vor 1965 ging diese Hand in Hand mit Geldschöpfung und Preissteigerung. Anfang 1965 hatte der Staat diese Expansion noch gefördert, um Produktion und Aussenhandel aufrecht zu erhalten und auszudehnen. Doch schon 1966 ergriff die Zentralbank restriktive Massnahmen, die anschliessend noch verschärft wurden. So schränkte die Regierung die nahezu unkontrollierte Kreditgewährung an die Staatsbetriebe ein. Sie beschränkte Exportkredite auf 40% des Ausfuhrwertes und erhöhte später auf 75%. Sie untersagte Kredite zur Zahlung von Steuern ganz und beschränkte Kredite für Importe auf 35% des Wertes für Konsumgüter und 65% bei Investitionsgütern. Gleichzeitig verteuerte sie die Kredite auf 25-55% jährlichen Zins. Trotzdem blieben diese noch hinter der Inflationsrate zurück. Ab Oktober 1966 galten Jahreszinsraten zwischen

90 und 158%. Ab Juni 1967 gab es Zinssätze zwischen 10 und 12%/Monat. Mit Verlangsamung der Inflation, zu der die restriktiven Massnahmen beitrugen, senkte die Regierung die Zinssätze. Anfang 1969 zahlte man 12% p.a. für mittel-und langfristige Investitionskredite (174 und 175). In den Folgejahren verfolgte man weiterhin diese restriktive Politik der Aufrechterhaltung der monetären Stabilität bei gleichzeitiger Unterstützung des wirtschaftlichen Wachstums. Zinssätze bewegten sich seit Dezember 1974 zwischen 12 u. 24%.

1.6.3. Märkte und Preise

Der alte Malayenmarkt ist heute nur noch auf dem Lande zu finden. Jakarta, aber auch Medan und Surabaya haben moderne Marktstrassen und Geschäftshäuser, in denen Transaktionen internationalen Zuschnitts abgewickelt werden. Man darf nicht vergessen, dass die Plantagenwirtschaft ein feines, ausgedehntes kaufmännisches Verkaufssystem hatte, das die Preisveränderungen auf den Rohstoffmärkten sofort registrierte. Die Entwicklung der letzten zehn Jahre aber brachte Jakarta auf den Rang einer Stadt mit Welthafen. Im Jahre 1978 findet man in Jakarta alle Waren, die man auch in Singapur findet. Manche Beobachter sprechen schon davon, dass Jakarta Singapur den Rang ablaufen wird.

Zwar sind die *Preise* für einige *Hauptnahrungsmittel* und für bestimmte Exportprodukte staatlich festgelegt, doch im allgemeinen herrscht der freie Markt mit Preisen, die Angebot und Nachfrage bestimmen. Auf dem Lande ist der Handel immer noch in der Hand von Mittelsmännern, die einen Grossteil des Gewinnes kassieren. Grosshandelspreise zeigt Tabelle 18.

Auf die Vermarktung agrarischer Erzeugnisse geht der Verfasser auf Seite 196 ein. Hier sei nur die monetäre Seite der Märkte und Preise kurz gestreift.

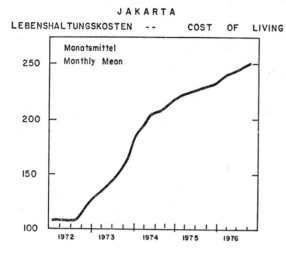

JAKARTA

LEBENSHALTUNGSKOSTEN -- COST OF LIVING

Abb. 6 Quelle-Source: INDIKATOR EKONOMI 1977 (216)

In Preisindices ausgedrückt heisst dies, dass Exporte, die 1972/73 100 waren, im Jahre 1975/76 549 sind (Öl), bzw. 172 (Nichtöl). Importe verteuerten sich von 1972/73 100 auf 1975/76 284 (Hauptgüter). Hinsichtlich der Projektion für 1977/78 wird auf Anhangtabelle 23 hingewiesen, die nicht in allen Punkten mit der obigen übereinstimmt.

Dies bedeutet, dass Exporteinnahmen 1972/73 bis 1974/75 von $ 1,4 auf 4,7 Mrd. oder auf das Dreifache stiegen. Im selben Zeitraum stiegen jedoch auch die Preise ganz erheblich, wie oben angedeutet. Nahrungsmittel, Dünger und Baumwolle, die zusammen ein Drittel aller Importe ausmachen, verteuerten sich ebenfalls auf das Dreifache. Innerhalb zweier Jahre stieg der Importindex um etwa 70%. Damit hat sich in realen Werten der Wert der Exporte innerhalb der beiden Jahre nur verdoppelt, obwohl die Ölpreise um das Sechsfache anstiegen. Wenn man dann weiter den Abfall im realen Wert des Kapitaleinstroms berücksichtigt, kommt man zu einer Erhöhung der Import-Kapazität von $ 2,4 Mrd. auf $ 3,5 Mrd. Damit war der Wechsel in Indonesiens Kaufkraftänderung weniger dramatisch als man zuerst denken mag.

Man kann dennoch feststellen, dass die Potenz für Importe und für die Rückzahlung der Schulden erheblich wuchs. Trotzdem blieb das laufende Konto für die Zahlungsbilanz im Minus. Obwohl mit $ 250 Mill im Jahre 1974/75 ziemlich niedrig, nahm man für 1975/76 einen Anstieg auf $ 1 Mrd. an. Am Ende des fiskalischen Jahres 1974/75 hatte man nur Devisenreserven für 2-3 Monate an Einfuhren.

Um den Einfluss der gestiegenen Einnahmen aus dem Erdölverkauf (vgl. 9. 255) richtig zu sehen, muss man erkennen, dass der Einstrom von Dünger und Nahrungsgütern erheblich wuchs ($ 300 Mill. im Jahre 1972/73 auf $ 1,3 Mrd. im Jahre 1973/74). Es konnte mehr Reis importiert und Reserven angelegt werden (März 1975 800 000 tons). Düngerimporte stiegen im selben Zeitraum von 0,5 Mill. auf 1,3 Mill. t im Jahre 1974/75. Damit trugen die Dünger-Importe zu einem höheren Reis-Pro-Kopf-Verbrauch bei. -Auch andere Importe stiegen kräftig an, die auf intensivere Geschäftsaktivitäten im Lande hinweisen. (Vgl. auch Seite 263: Verwendung der gestiegenen Öleinnahmen).

Die *Preisetwicklung* der Jahre 1952-1965 spiegelte den Währungsverfall wider. Seitdem haben sich die Preise stabilisiert, wie die Tabellen 18-22 zeigen. Diese Aufstellung zeigt ähnliche inflatorische Tendenzen, wie sie in den Ländern der westlichen Welt in den letzten Jahren herrschen. In den Jahren 1976/77 betrug sie jährlich nicht über 20%.

Die Jahre 1967 bis 1971 brachten Stabilität für Investitionen und für den Verbraucher. Das wurde mit der Trockenheit des Jahres 1972 anders. Gegen Ende 1972 stiegen die Preise auf allen Gebieten an. Der Zusammenhang mit der Reisknappheit war bei der ersten Teuerung offensichtlich. Eine zweite Welle von Preissteigerungen kam im Mai/Juni 1973. Hierbei handelte es sich um eine weltweite Inflation. Mit den Lebenshaltungskosten stiegen auch die Preise für die Exporterzeugnisse der Plantagenwirtschaft.

Im Zeitraum 1968 bis 1972 stieg das Nationaleinkommen jährlich mit etwa 6,8% in realen Werten. Dies war etwas besser als das durchschnittliche Wachstum anderer Entwicklungsländer (6,4%). Der Warengüter produzierende Sektor wuchs jährlich mit etwa 5%, wozu auch die Landwirtschaft zu rechnen ist. Bei günstigerem Wetter, d.h. in diesem Fall mehr Niederschlägen, wäre der Trend wahrscheinlich 5,5% gewesen. Im Jahre 1972 fiel die Wachstumsrate auf 4,5% zurück. Dieses immer noch relativ gute Wachstum wurde durch aussergewöhnlich hohe Wachstumsraten der Bergbau-und Ölindustrie sowie der Holzexportwirtschaft gehalten. Die Tabellen 50 u. 55 zeigen einige dieser Veränderungen auf (Anhang). Diese Entwicklung spiegelt sich auch im folgenden Kapitel wider, das den Aussenhandel betrifft (S. 74). Vorher wird die Zahlungsbilanz Indonesiens als überleitendes Kapitel behandelt.

Zwei Jahre später, im Sommer 1977, nach der Überwindung der PERTAMINA-Finanzkrise ergab sich gegenüber 1975 ein etwas anderes Bild: Im Frühjahr 1976 hatte Indonesien gerade die Bargeldkrise um PERTAMINA überstanden. Die unmittelbar anstehenden Zahlungsobligationen waren gerade alle beglichen. Dafür hatten verschiedene PERTAMINA-Verträge neu verhandelt werden müssen, so dass die Grösse der Projekte verkleinert wurde. Weil dadurch Zahlungsverzögerungen eintraten, mussten oft Konventionalstrafen gezahlt werden. Währungsreserven mussten dafür angegriffen und mittelfristige Darlehen von ausländischen Banken und Lieferanten arrangiert werden. Wenn dann immer noch Mittel fehlten, wurde vom inländischen Bankensystem geborgt. Indem Indonesien mit den unmittelbar anstehenden Problemen befasst war und diese zu lösen suchte, mussten einige nicht sehr erwünschte Entwicklungen hingenommen werden. Die bis 1980 projizierten Schuldendienste

*) Zu jeweiligen Preisen 1975/76, in Klammern zu 1972/73-Preisen.
**) Änderungen in den « terms of Trade ».

zeigen einen scharfen Anstieg. Der dem öffentlichen Sektor zugeteilte Finanzanteil stieg ebenfalls an, während der dem privaten Sektor zugeteilte Anteil fiel. Ausserdem war das Investitionsprogramm für den öffentlichen Sektor durch das Investitionsprogramm von PERTAMINA stark beeinflusst, weil dieses auf grosse industrielle Projekte und teures Gerät ausgerichtet war. Um das Pertamina-Problem zu lösen, hatte die Regierung ein Sparprogramm beschlossen, erlassen und bis zum Berichtszeitpunkt strikt eingehalten:

— weiteres Borgen wurde auf einem vertretbaren, regulierbaren Niveau gehalten, US$ 3,4 Mrd. im Jahre 1976 und $ 2,1 Mrd. 1977;

— Absetzung weiterer grosser Projekte, die Finanzmittel stark in Anspruch nehmen sowie Hinausschieben des Einkaufs teurer Ausrüstungen;

— Reduzierung des Borgens der öffentlichen Hand vom inländischen Bankensystem, um die inflationären Tendenzen zu bekämpfen;

— die Steuereinziehung wurde intensiviert.

Diese Massnahmen wurden im Jahre 1976 allgemein verordnet und durchgeführt. Im Jahre 1977 sind erste Erfolge des Sparprogramms sichtbar. Das Nationaleinkommen stieg weiter an. Von 1970 12,6 Mrd. US Dollar war es auf 1977 23 Mrd. gestiegen, und man nimmt an, dass es bis 1980 auf US$ 27,5 Mrd. ansteigen wird. Gleichzeitig stieg auch das Pro-Kopf-Einkommen von 1969 US$ 80 auf 1978 $ 180/Jahr.

Die *Inflationsrate* beträgt nach über 600% in den Jahren 1965/66, im Jahre 1977/78 um 10% (Präsidentenrede vom März 1978), was in etwa der Rate in mehreren europäischen Ländern entspricht.

Die Sparrate beträgt März 1978 15% des Nationalprodukts.

Devisenreserven lagen März 1978 bei US$ 2,8 Milliarden, betrugen am Ende des ersten Fünfjahresplans erst $ 1 Mrd.

Kostengünstige Darlehen erhält Indonesien von der Islamischen Entwicklungsbank in Jeddah, Saudi-Arabien, was somit ein gewisser Ausgleich für den Verlust der Qualifikation für die IDA-Kredite ist.

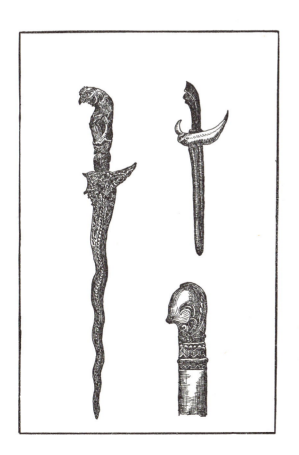

(10) Waffen aus Java: Kris mit silbernem Griff (Vogelkopf); Scheide mit Schlangennachbildung; Kris (gerade); Schwertgriff.

1.7. Aussenhandel und internationale Wirtschaftsbeziehungen

Indonesien, ein starker Handelspartner

Im Jahre 1978 steht Indonesien im Mittelpunkt weitreichender internationaler Wirtschaftsbeziehungen. Jakarta erreicht allmählich für Südostasien eine ähnliche Bedeutung wie Singapur. Das war nicht immer so in den letzten 20 Jahren. Den Holländern war es nicht gelungen, den einst blühenden Aussenhandel nach dem Kriege wieder zu beleben. Die Wirren der Revolution und Polizeiaktionen hemmten anfangs jeglichen Aufschwung. Als 1950 durch ein Arrangement zwischen der jungen Revolutionsregierung und den Niederlanden allmählich Frieden einkehrte, konnte sich das Wirtschaftsleben nur langsam wieder entfalten, weil die Rohstoffpreise nach der Koreakrise stark gedrückt waren. 1957 verliessen die holländischen Wirtschaftsführer das Land und hinterliessen empfindliche Lücken im Management. Eine Periode wirtschaftlicher Isolation mit der deklamatorischen ohnmächtigen Erklärung der Eigenständigkeit (Berdikari) folgte. Schliesslich hörten ausländische Investitionen auf. Sukarno nahm fortan keine westliche Wirtschaftshilfe in Anspruch und brach die diplomatischen Beziehungen mit den meisten westlichen Ländern ab. Politische und militärische Überlegungen bestimmten für lange Zeit die wirtschaftlichen Beziehungen zu den Ländern in Übersee (8; 54; 96; 128; 136; 173; 218).

Erst mit dem Beginn der Regierung Suharto im Jahre 1966 trat ein Wandel ein. Der Präsident bekannte sich ausdrücklich zur wirtschaftlichen Zusammenarbeit mit den traditionellen indonesischen Handelspartnern. Dies waren in erster Linie westliche Länder. Die während der Regierung Sukarno forcierten Handelsbeziehungen mit den Ostblockländern liess die neue Regierung auf den früheren Stand absinken. Den Mangel an Führungskräften schloss Indonesien durch Herbeirufung ausländischer Experten, die zu einem guten Teil aus der anlaufenden Entwicklungshilfe finanziert wurden. Indonesien wurde wieder Mitglied der Vereinten Nationen und der Weltbank. Indonesien konnte im Rahmen der dafür gebildeten Arbeitsgruppe, des « Paris Club », eine Umschuldung erreichen und durch neue Kredite aus der wirtschaftlichen Stagnation herauskommen. Gleichzeitig befasste sich eine zweite multilaterale zwischenstaaliche Gruppe, die speziell für Indonesien gebildet worden war, mit Sanierungsprogrammen zur Wiederinstandsetzung und Weiterentwicklung der Wirtschaft (IGGI).

Im Jahre 1974 konnte Indonesien wieder das Vorkriegsvolumen des Exports erreichen, das in erster Linie agrarische Rohstoffe enthielt. Es kann die Erzeugnisse ohne koloniale oder postkoloniale Abhängigkeit verkaufen. Die sich entwickelnde Ölwirtschaft hatte daran grossen Anteil. In der Welt des Handels ist Indonesien 1978 ein gleichberechtigter Partner.

Tabellen 16 bis 18 lassen den Umfang des Aussenhandels erkennen. Tabelle 77 im Anhang mit dem Warenverkehr wichtiger Häfen vermittelt einen Eindruck vom Güterumschlag. Hiernach ist Palembang (einschliesslich des Erdöls) der wichtigste Umschlagsplatz, gefolgt von Jakarta (Tanjung Priok), Surabaya und Belawan.

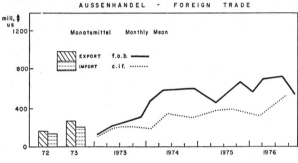

Abb. 7   Quelle - Source: Indikator Ekonomi, 1977 (216)

1.7.1. DER AUSSENHANDEL ALLGEMEIN

Der Aussenhandel entwickelte sich in den Jahren 1968 bis 1972 wegen des Nachholbedarfs zügig, stieg in den Jahren 1973 und 1974 weiter an. Einige Zahlenreihen veranschaulichen dies:

Im Jahre 1971 setzten sich die Exporte der wichtigsten Nicht-Erdölprodukte etwa wie folgt zusammen: Plantagenprodukte 55,5%, Holz 23,1% Mineralien wie Zinn, Bauxit, Eisensand, Kupfer und Nickelerze 10,1%, andere landwirtschaftliche Erzeugnisse ausserhalb des Plantagensektors (Mais, Maniok, Erdnüsse, Sojabohnen und Fische 11.3%.

Man nahm an, dass innerhalb des Fünfjahresplans 1969/74 eine Verschiebung in Richtung auf einen

TABELLE 17

ENTWICKLUNG DES AUSSENHANDELS IN DEN JAHREN 1970/71-1976/77, IN MILL. US$
(Development of Foreign Trade)

	1970/71	1971/72	1972/73	1973/74	1974/75	1975/76	1976/77
Exporte Erdöl (netto)	.	204	372	640	5.152	5.273	7.350
Exporte ohne Erdöl	761	784	970	1.910	2.030	1.870	2.863
Importe ohne Erdöl	1.057	1.135	1.645	.	.	.	.

Quelle: Wirtschaftsministerium (1970/71 und 1971/72) (254) Ostasienverein (143) für Jahr (1972/73) ab (1973/74) Bank Indonesia (242)

höheren Anteil der Holzexporte zu verzeichnen sein würde. Bis auf den zeitweiligen Abfall der Holzexporte im Jahre 1975 um 31% hat sich dies bewahrheitet.

Entwicklung bis 1974

Obwohl die offiziellen Statistiken je nach der Erfassungsart schwanken, schätzte man die Zunahme aller Exporte des Jahres 1972/73 gegenüber dem Vorjahr auf ca. 36%. Hierin nahmen die Nicht-Erdölexporte nur um 24% zu, so dass der Hauptanteil auf die Ölexporte entfällt. Im gleichen Zeitraum erhöhten sich die Importe ausser bei Erdöl um 44% (143, S. 157). Die Exportziffern sind im einzelnen bei den verschieden Produkten der Landwirtschaft, der Industrie und des Erdölsektors zu finden. Bemerkenswert ist, dass im Jahre 1972/73 zum ersten Mal der Erlös aus dem Holzexport grösser war als aus dem Export von Kautschuk (vgl. auch Seite 145). Der Export von Kautschuk,

Palmöl und Kopra ging zurück, bei Tabak und Kaffee nahm er zu.

Die Situation im Jahre 1977

Im Jahre 1976 wuchs der Aussenhandelsüberschuss um 20%. Auf Grund des scharfen Erdöl-Preisanstiegs im Jahre 1973 hat Indonesien seit 1974 einen erheblichen Handelsüberschuss, im fiskalischen Jahr 1976 US$ 2,3 Mrd., eine Zahl, die 25% der gesamten Exporte entspricht. Diese Situation beruht allerdings vollkommen auf dem Erdöl. Andere Exporte machten wertmässig nur die Hälfte aller importierten Waren aus, und hier sind die US$ 1 Mrd. Importe der Ölfirmen nicht eingeschlossen. 1977/78 hatte Indonesien wieder US$ 2,6 Mrd. Überschuss bei $ 8 Mrd. Exporten und $ 5,4 Mrd. Importen (vorläufige Zahlen).

Japan ist mit 36% Indonesiens grösster Handelspartner, zusammen mit den USA beträgt der Anteil

TABELLE 18

EINFUHR NACH WICHTIGSTEN LIEFERLÄNDERN, 1970-1976/77, IN MILL. $
(Imports by major Countries of Origin)

	1970	1971	1973	1974	1975	1976	1976/77
Japan	262,8	389,7	799,7	1.131,6	1.477	1.485	1.139
U.S.A.	157,7	176,4	512,6	609,8	670	987	877
BR Deutschland ...	84,8	114,9	196,3	315,3	363	485	460
Singapur	49,1	72,7	133,8	250,2	.	549	497
Taiwan	35,2	51,8	48,8	113,9	.	.	84
Grossbritannien	30,0	49,5	103,1	147,0	165	176	169
Niederlande	46,0	52,3	90,6	101,9	133	173	165
Australien	25,4	32,7	96,3	144,0	172	189	173
Frankreich	.	.	.	.	89	201	194
VR China	30,5	31,2	.	.	.	.	.
Sowjetunion	.	.	.	.	37	17	.

*) Erst seit 1972 getrennt ausgewiesen.
Quelle: Central Bureau of Statistics 1970-1972 (218).
    Central Bureau of Statistics 1973 und 1974 (s16,S.117).
    1976/77: Bank Indonesia.

TABELLE 19

AUSFUHR NACH WICHTIGSTEN BESTIMMUNGSLÄNDERN, IN MILL. US$, 1970-1976/77
(Exports by Major Countries of Destination)

	1970	1971	1973	1974	1975	1976	1976/77
Japan	297,0	529,5	1.707,4	3.969,3	3.132	3.564	3.854
U.S.A.	110,7	181,9	465,3	1.580,3	1.865	2.452	2.728
Singapur	152,7	142,6	341,0	558,4	.	644	729
BR Deutschland ...	44,7	60,0	118,7	161,4	135	204	209
Niederlande	41,9	63,8	100,9	139,4	181	228	272
Frankreich	.	.	.	.	13	32	36
Grossbritannien	4,9	7,9	.	.	31	44	54
Belgien/Luxemburg .	14,9	14,7	16,4	11,5	.	.	16
Hongkong	9,8	10,5	14,0	24,2	.	.	26
Italien	14,9	14,7	.	.	.	.	81
Australien	.	.	.	.	20	31	30
Sowjetunion	.	.	.	.	26	37	.

*) 1971 und 1970 unter « übriges Asien ».
Quelle: Central Bureau of Statistics (218) 1970-1972.
    Central Bureau of Statistics (216,S.108).f.1973 u.1974.
    1976/1977: Bank Indonesia.

EXPORTE   NACH   INDONESIEN   AUS   HAUPTLIEFERLÄNDERN

EXPORT   TO   INDONESIA   FROM   MAIN   SUPPLYING   COUNTRIES

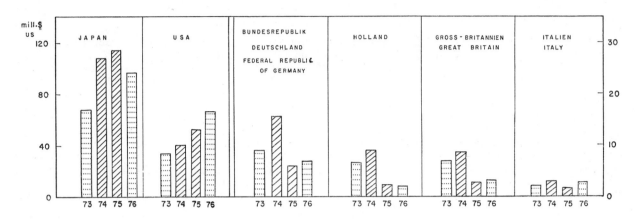

Abb. 8   Quelle - Source: INDIKATOR EKONOMI, 1977 (216)

70%. Ausser Singapur haben andere ASEAN-Länder einen relativ geringen Handel mit diesem Land.

Unter den Entwicklungen der letzten Jahre fällt besonders der schnell wachsende Handel mit Singapur auf, der von 1972 bis 1976 um 337% anstieg.

Japan konnte 1977 seine Aussenhandelsbeziehungen zu Indonesien weiter ausbauen und nimmt grössere Mengen Holz, Erdöl und Mineralien ab. Eine Übersicht der Haupthandelsländer Indonesiens geben die Tabellen 18 und 19.

Es wird angenommen, dass Japans Anteil am indonesischen Export in naher Zukunft auf über 50% ansteigen wird. Der Anteil der BRD betrug 1974-76 5-6% des gesamten Aussenhandels.

1.7.2. DIE HANDELSBEZIEHUNGEN MIT DEUTSCHLAND SIND DIE INTENSIVSTEN von allen Partnern der europäischen Gemeinschaft. Die Bundesrepublik steht im Jahre 1972 mit 30% der Exporte vor Holland mit 25%. In den letzten Jahren ging der Warenaustausch leicht zurück (vgl. Tabelle 18 und 19). Dieser Rückgang beruhte wahrscheinlich auf den besseren Zahlungs- und Lieferbedingungen anderer Partnerländer.

Deutschland nimmt in erster Linie Plantagenprodukte ab, wie Tabak, Kautschuk, Gewürze, Ölfrüchte und Ölkuchen. Holz spielt noch eine geringe Rolle. Exportschwierigkeiten bestehen bei Mais, Tapioka und Kopra. Der Zentralmarkt für den indonesischen Exporttabak an der Bremer Tabakbörse hat sich weiter konsolidieren können. Der Umsatz an indonesischem Tabak in Bremen stieg von 90,28 Millionen DM im Jahre 1971 auf DM 128,22 Millionen im Jahre 1972 (OSTASIATISCHER VEREIN 143; S. 159). Deutsche Exporte nach Indonesien bestehen in Kraftfahrzeugen und Maschinen aller Art, elektronischen Erzeugnissen, Produkten der chemischen Industrie und Instrumenten. Einen Überblick über den Umfang des Warenverkehrs zwischen den beiden Ländern gibt die folgende Tabelle 20:

1.7.3. DIE DEUTSCHEN INVESTITIONSPROJEKTE IN INDONESIEN mit umfangreichen Lieferungen haben im Rahmen der Handelsbeziehungen ihre Bedeutung. Seit Inkrafttreten des Investitionsgesetzes im Januar 1967 wurden (bis 31.12.1972) 24 deutsche Investitionsprojekte mit Kapitalverpflichtungen in Höhe von US$ 29,5 Millionen genehmigt. Davon wurden 19 Projekte mit einem Kapitalaufwand von rund US$ 20 Millionen bereits ausgeführt. Hierin sind die Beiträge der Kreditanstalt für Wiederaufbau in Frankfurt und der Norddeutschen Raffinerie in Höhe von US $ 30 Millionen zum US-Freeport Schwefel-Projekt in Irian Jaya nicht enthalten. Ende 1977 schätzte man die gesamten privaten Investitionen auf DM 80 Mill.

1.7.4. DIE DEUTSCHE KAPITALHILFE wurde im Jahre 1973 weiter verstärkt und besonders auf den Gebieten der Elektrizitätsversorgung, des Telephon- und Eisenbahnbaues ausgedehnt.

TABELLE 20

AUSSENHANDEL INDONESIEN-BUNDSREPUBLIK, 1968-1977 IN MILL. DM

(Foreign Trade: Indonesia-Federal Republic of Germany)

Jahr	Handelsvolumen	Indonesische Lieferungen	Deutsche Lieferungen
1968	644,0	405,2	238,8
1969	648,1 (+ 1,0%)	434,9	263,2
1970	701,7 (+ 8,3%)	364,8	336,9
1971	714,2 (+ 2,0%)	343,3	370,9
1972	631,3 (—12,0%)	276,1	355,2
1973	756,0 (+20%)	284,9	471,1
1974	1.096,4 (+35%)	371,2	725,2
1975	.	.	1.097,1
1976	1.515,8	448,8	1.067,0
1977	1.471,8	459,8	1.012,0

Quelle: Ostasiatischer Verein, Hamburg 1977 (143; 254). 1977 (1976/77): Bank Indonesia.

TABELLE 21

DEUTSCHE KAPITALHILFE (IN MILL DM) 1968/77 *)
(German Financial Aid)

Jahr	Programm-hilfe	Projekt-hilfe	Mainte-nance Support	Insgesamt
1968	50	40	—	90
1969	60	50	—	110
1970	55	65,7	—	123,7
1971	60	59,7	15,3	135
1972	66,5	61,9	16,6	145
1973	64,5	80	15,5	160
1974	.	.	.	40
1975	.	.	.	160
1976	.	98	.	348
1977	.	110	.	380

Quelle: Ostasiatischer Verein, Hamburg (143; 254)
1974-77: Bank Indonesia (242).

Später wurden Projekte des Schiffsbaus und Strassenbaus eingeschlossen. Die Kapitalhilfe belief sich Ende 1977 seit Beginn der « technischen Zusammenarbeit » auf DM 1,5 Milliarden. Für 1977/78 beträgt sie DM 380 Mill. und lag 10% höher als 1976.

Die zu 2% vergebenen Darlehen haben eine Laufzeit von 30 Jahren. Einen Überblick vermittelt Tabelle 21.

1.7.5. DIE DEUTSCHE TECHNISCHE HILFE, seit 1970 « technische Zusammenarbeit » (kerjasama technis) genannt, ist ebenfalls nicht unbeträchtlich. Das West-Sumatra-Regionalprojekt ist bei weitem das grösste. Daneben umfasst sie seit den ersten Anfängen mit dem Forstprojekt Bogor eine lange Liste, zu der die Arbeit des Eisenbahnen Teams, die Düngerlieferungen für die Reisintensivierung und das Fernsehteam gehören.

1.7.6. DIE TECHNISCHE HILFE INTERNATIONALER ORGANISATIONEN umfasst die verschiedenen spezialisierten Organisation wie FAO, ILO, WHO, UNICEF und andere. Hier mögen die Leistungen der Ernährungs-und Landwirtschaftsorganisation der Vereinten Nationen (FAO) als Beispiel des Beitrages zur Übertragung technischen Wissens genügen, und es wird bewusst darauf verzichtet, die Leistungen der bilateralen Geber ebenfalls aufzuführen, zumal Empfänger in der Dritten Welt jüngst weniger Gewicht auf die Entsendung von Fachkräften legen, so nötig diese in vielen Fällen auch noch sein mögen. -In den Jahren 1972 bis 1977 zahlte die FAO US$ 17,9 Mill. (Indonesien an FAO: etwa 1,5 Mill. Dollar). Für die fünf Jahre 1978 bis 1983 wird FAO $ 24 Mill. an verlorenen Zuschüssen, hauptsächlich für Kleinbauernprojekte und -programme an Indonesien zahlen.

(11) Sateverkäufer aus Surabaya.

1.8. Regierung und Verwaltung sind ebenfalls Elemente grundlegender Art, die sowohl für die Wirtschaftsanalyse wie für die Regionalstudie bedeutend sind.

Pancasila, ein Begriff aus dem Sanskrit, bedeutet die « fünf leitenden Prinzipien », die die Grundlage der Staatsphilosophie Indonesiens bilden. Diese fünf Prinzipien sind Religion, Humanismus, Nationalismus Demokratie und soziale Gerechtigkeit. Pancasila will eine mehr kooperative als sozialistische Gesellschaftsform sein und ist anti-kapitalistisch. Kapitalismus ist in Indonesien identisch mit Kolonialismus und Monopolismus. Die erste Verfassung von 1945 fusste auf diesen Pancasila-Grundsätzen. Sie konzentrierte die legislative und exekutive Gewalt in den Händen der revolutionären Führer. Die freien Teile Indonesiens wurden 1945 bis 1950 nach diesen Grundsätzen geführt und verwaltet. (Für dieses Kapitel: 11; 13; 14; 56; 116).

1.8.1. Bemühungen um eine neue Verfassung

Als im Jahre 1950 eine neue provisorische Verfassung ausgearbeitet wurde, bezog man die Pancasila-Grundsätze wiederum mit ein. Sie sind bisher Bestandteil der indonesischen Staatsidee geblieben. Die damalige Verfassung verlieh dem Präsidenten mehr zeremonielle Funktionen und beschränkte seine Macht. Die Legislative wurde in einem Parlament verankert, dem das Kabinett verantwortlich war. Während diese Gewaltenteilung anstrebte, blieb die frühere Vereinigung der Macht in einer Hand tatsächlich weiter bestehen. Das Parlament wurde ernannt statt gewählt. Es gab zwischen 1950 und 1955 fünfzehn Kabinette. Dann liess die Regierung 1955 zwei Wahlen abhalten, eine für die Mitglieder der verfassunggebenden Versammlung, die eine endgültige Verfassung schaffen sollte und eine für den Volksvertretungsrat, der als Parlament dienen sollte, bis die Verfassung fertiggestellt war. Vier grössere politische Parteien, die noch heute existieren, führten den Wahlkampf:

— PNI, Partei der Nationalisten, gegründet 1927
— Masyumi und
— Nahdatul Ulama, zwei Moslemparteien, und
— PKI, die Kommunistische Partei Indonesiens.

Daneben gab es noch etwa 30 kleinere Parteien, die alle im Parlament vertreten waren. Im Jahre 1959 setzte Präsident Sukarno die vorläufige Verfassung von 1950 ausser Kraft und verkündete die stärker autoritäre Verfassung von 1945 als nationale Charta für ewige Zeiten. Der Anlass dazu war das Vordringen der Na-sakom-Idee, einer Mischung von Nationalismus, Religion und Kommunismus. Wirklicher Grund waren jedoch die Unruhen, die Sukarno zu diesem Schritt veranlassten (169 S. 22).

1.8.2. Präsident Sukarno und seine Regierung

Im Jahre 1959 ernannte sich Sukarno zum Staatsoberhaupt, im Jahre 1960 zum Präsidenten auf Lebenszeit. Zur gleichen Zeit prägte er den Begriff der « geführten Demokratie ». Die Zahl der Parteien beschränkte er auf zehn, eine der grössten, die muslimische Masyumi-Partei, erklärte er wegen Teilnahme

am 1958er Aufstand für ungesetzlich. Die Wirtschaft unterwarf er einer strengen Kontrolle und staatlicher Lenkung in Planung und Produktion. Über die Presse liess er eine Zensur verhängen. Massnahmen zur Zerstreuung revolutionärer Versammlungen und Aktivitäten gehörten bald zur Tagesordnug. Für Beamte wurde die Annahme und tatkräftige Unterstützung der neuen Staatsidee Voraussetzung zur Erlangung oder Beibehaltung des Amtes. Um die Massen für seine Politik zu gewinnen, begann Sukarno mit dem Abhalten von Massenkundgebungen und politischen Volksbegegnungen. Dadurch erlahmte die politische Aktivität der Parteien, und die politische Arbeit beschränkte sich auf die staatliche Führung und Beeinflussung der Massen durch Kundgebungen und Aktionen.

Der 1956 gewählte parlamentarische Rat wurde 1960 aufgelöst. An seine Stelle setzte Sukarno einen Rat, bestehend aus 283 Mitgliedern, die vom Präsidenten bestimmt wurden. Zusammen mit Vertretern der einzelnen Regionen, funktionalen Gruppen und technischen Organisationen wurde diese Versammlung « die grosse konsultative Volksversammlung » (MPRS-Majelis Permusyawaratan Rakyat Sementara) und existiert noch heute. Sie ist für die Festsetzung der politischen Leitideen verantwortlich. Bis zum Jahre 1966 stand diese Versammtung ganz unter dem Einfluss von Präsident Sukarno. Seither spielte diese Volksvertretung als Legislative eine grössere Rolle.

1.8.3. Der Übergang zur Regierung Suharto

Die Regierung General Suhartos nahm ihren Anfang mit der Abwehr des kommunistischen Staatsstreiches vom 1. Oktober 1965 durch die unter seiner Führung stehenden Streitkräfte. Präsident Sukarno hatte ihm dazu den Auftrag erteilt. Ruhe und Ordnung wurden wieder hergestellt, und die kommunistische Partei wurde verboten. « Orde Baru », neue Ordnung, heisst seine neue Regierungspolitik. General Suharto hatte in allen seither amtierenden Regierungen die Führerrolle. Nach zehn Jahren Präsidentschaft ist das besonders Bemerkenswerte an Suhartos Regierungszeit, einen eigenen indonesischen politischen Stil geprägt und mit « GOLKAR » ein besonderes Parteisystem geschaffen zu haben.

1.8.4. Das Regierungssystem

Im Jahre 1978 leitet eine präsidiale Form der Regierung die Geschicke der Republik Indonesien gemäss der Verfassung aus dem Jahre 1945. Die « Neue Ordnung » (« orde baru ») unter Präsident Suharto bekennt sich zur Herrschaft des Gesetzes. Seit 1955 gab es keine echten Wahlen. Trotzdem konnte die öffentliche Meinung in den konstitutionellen Organen reflektieren. Die Macht liegt bei der « Vorläufigen beratenden Volksvertretung » (MPRES), welche die nationale Politik bestimmt und die legislative Funktion besitzt. Die exekutive Gewalt ist dem Präsidenten verliehen, der von der MPRS gewählt wird und der er mit seinem Kabinett verantwortlich ist. Die MPRS setzt sich aus dem Kongress (MPR) und dem Parlament (DPR) zusammen. Zwar wurde theoretisch die Trennung von Exekutive und Legislative wiederhergestellt, die star-

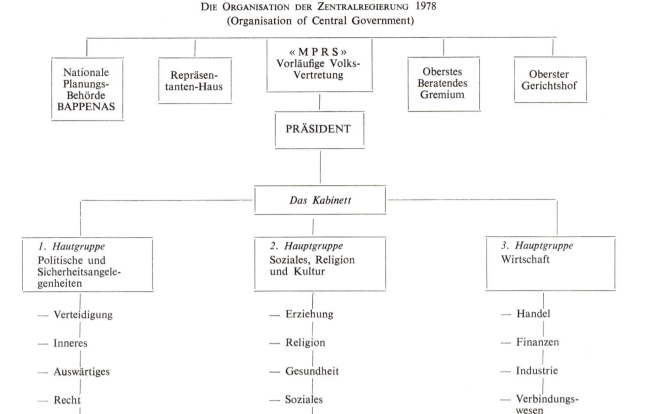

DIE ORGANISATION DER ZENTRALREGIERUNG 1978
(Organisation of Central Government)

ken präsidialen Einflüsse auf die legislativen Organe blieben jedoch bestehen. Die Unabhängigkeit des « Obersten Gerichtshofes », des Rechnungshofes und des « Obersten Beratendes Rates » blieben unangetastet. Beamte dürfen keine Doppelfunktionen ausüben. Die heutige Struktur der Regierung Suharto spiegelt das neue Indonesien wider. Dieses « Kepribadian Indonesia » ist eine Synthese traditioneller Werte und westlicher Einflüsse. Entscheidungen fallen unter allseitiger Teilnahme und Zusammenarbeit (« gotong-royong ») an der Diskussion (« Musjawarah »), wobei ein übereinstimmendes Ergebnis (« Mufakat ») unter Berücksichtigung moderner Technologie und wissenschaftlicher Erkenntnisse erreicht werden muss.

1.8.5. DIE ZENTRALREGIERUNG (Organisation vgl. oben). Die Rolle des Präsidenten in der Regierung wird durch die Zeitumstände bestimmt, durch die Gegenwart der Militärs in der Regierung besonders gestützt. Die herkömmlichen autoritativen Gepflogenheiten im täglichen Leben Indonesiens spielen eine wesentliche Rolle. Im Gegensatz zu seinem Vorgänger Sukarno ist Präsident Suharto in erster Linie Präsident auf Grund des Ansehens seines Amtes.

Das Amt des Präsidenten übertrug Sukarno nach dem fehlgeschlagenen Coup vom September 1965, bei dem er eine unbestimmte Rolle spielte, und die aufrührerischen Kräfte gewähren liess, gemäss der Verfassung auf seinen Nachfolger. Vom 30. September 1965 bis zum 11. März 1966 dauerte diese Übertragungsprozedur, und es scheint als ob das Protokoll viel-hundertjähriger javanischer Geschichte mit seinen Traditionen und Gepflogenheiten dies bestimmte. Die provisorische Volksvertretung ratifizierte die Handlung der Überreichung des präsidialen Instruktionsbriefes im Juli 1966, doch erst im März 1967 zog sie das Mandat Sukarno zurück. Zum ersten Mal wählte der Kongress Suharto im Jahre 1968 zum Präsidenten, ein zweites Mal 1973. Die letzte Wiederwahl war im März 1978, die ihn wieder für fünf Jahre als Präsident bestätigte.

Das Kabinett (vgl. oben) hat drei Hauptgruppen mit je einem « Superminister », die 17 Minister der « departemen » und sechs « jüngere Minister » sowie vier Staatsminister. Neun sind Hauptverantwortliche.

Die *Mitglieder der MPRS* werden grösstenteils vom Präsidenten ernannt, weil Parlamentswahlen nicht

INDONESIEN

VERWALTUNGSEINTEILUNG - ADMINISTRATION - ADMINISTRASI 1977

Karte - Map - Peta 17

STILLER OZEAN

IRIAN JAYA 26

THAILAND

WESTMALAYSIA

M A L A Y S I A

Strasse von Malakka

SINGAPUR

Bintan

Singkep

Medan

Padang

S U M A T R A

Palembang

Bangka

Billiton

Telukbetung

INDISCHER OZEAN

SABAH

BRUNEI

S A R A W A K

Pontianak

KALIMANTAN

Bandjarmasin

Laut Java See

JAKARTA

Bandung

J A V A

Jogyakarta

Madura

Surabaja

Bali

Den Pasar
Benoa

Lombok

Sumbawa

Flores

Sumba

Laut Flores See

Udjong Pandang

SULAWESI

Kolaka

Laut Sulawesi
Celebes See

PHILIPPINEN

Mindanao

Menado

Laut Maluku
Molukken See

Halmahera

Ceram

Ambon

Buru

Laut Banda See

Timor

Kupang

Port. Timor

Laut Arafura See

Sarong

PROVINZEN

1 Djawa Timur
2 Djawa Tengah
3 Djawa Barat
4 Raja
5 Jogyakarta
6 Sumatera Utara
7 Sumatera Barat
8 Riau
9 Jambi
10 Sumatera Selatan
11 Lampung

12 Atjeh
13 Bengkulu
14 Kalimantan Barat
15 Kalimantan Timur
16 Kalimantan Selatan
17 Kalimantan Tengah
18 Sulawesi Selatan
19 Sulawesi Tengah

20 Sulawesi Tenggara
21 Sulawesi Utara
22 Maluku
23 Bali
24 West-Nusa Tanggara
25 Ost-Nusa Tanggara
26 Irian Jaya - 27 Timor

0   200   400 km

5° 0° 5° 10° 15°

100° 110° 120° 130°

abgehalten werden. Die Bedeutung einer Schein-Institution wie unter Sukarno verlor die MPRS durch Suhartos andere Einstellung zur Konstitution: er besteht auf Debatten und Beratungen. Der Präsident ernennt auch die Gouverneure der Provinzen, die heute in grossen Teil Militärs sind. Auch andere hohe Persönlichkeiten der Verwaltung mit Ausnahme der Rechtsressorts werden vom Präsidenten ernannt. Seit dem Rücktritt Hattas im Jahre 1956 war der Posten des Vizepräsidenten lange unbesetzt. Im Jahre 1978 ist Abdel Malik Vizepräsident. 360 der 920 Kongressmänner sind 1977 gewählt (39%); 62% derselben sind Golkar-Parteimitglieder. Die restlichen 61% sind nominiert. 165 Sitze werden von Generälen (oder entsprechenden Rängen) eingenommen. 54 von ihnen sitzen im 460-Mann starken Parlament.

Das im Jahre 1968 ernannte « Entwicklungs-Kabinett », kleiner in Anzahl als vorangegangene Kabinette, wurde von Suharto zum Zweck der Planung des ersten Fünfjahresplans 1969/74 eingesetzt. 1968 gab es 23 direkt dem Präsidenten verantwortliche Minister. Ausserdem gab es eine wechselnde Anzahl Staatsminister, die als seine besonderen Berater fungierten. Die meisten Minister sind schon seit acht Jahren im Amt; im April 1978 gab es eine Umbesetzung. Das Kabinett arbeitet flexibel. Der Präsident ist ermächtigt, Arbeitstreffen für einen oder mehrere Minister einzuberufen. Plenarsitzungen schliessen neben den Leitern der Ressorts auch die Direktoren des Rechnungshofes, der Obersten Planungsbehörde BAPPENAS und die Befehlshaber der Streitkräfte ein. Nach wie vor hat das Militär auf allen Gebieten von Staat und Wirtschaft grossen Einfluss, wie es im Wesen von Befreiungsarmeen liegt. Darum muss man heute noch in Indonesien von dem Regierungsprinzip der « Zwei Funktionen » sprechen. - 1978 sind 15 des 30 Mann starken Kabinetts Militärs (auch die Hälfte der 24 « älteren Minister »).

1.8.6. DIE VERWALTUNG

Verwaltungsmässig ist Indonesien 1978 in 27 Provinzen, Daerah Tingkat I, eingeteilt, wie Karte 17 zeigt. Die Grösse schwankt zwischen 422.000 qkm für Irian Jaya und 577 qkm für Jakarta. Als Daerah Chusus, abgekürzt D.C., hat Jakarta den Rang einer Provinz, wie auch Jogyakarta in Zentral-Java. Die Einwohnerzahlen der Provinzen schwanken zwischen 30 Mill. und weniger als 1 Mill. Die Volkszählung 1961 und die Landwirtschaftszählung 1963 arbeiten noch mit 22 Provinzen. Erst 1964 wurden die neuen Provinzen Lampong, Mittel-Sulawesi und Südost-Sulawesi geschaffen und 1977 Timor.

Die Zentral-Regierung ernennt die Provinz-Gouverneure und die höheren Provinz- und Lokalbeamten. Im übrigen geniessen die Provinzen erhebliche Autonomie, wenn diese auch nicht näher definiert ist, unter REPELITA II hinsichtlich der Regionalentwicklung etwas spezifiziert wurde.

Daerah Tingkat II entsprechen den Regentschaften der holländischen Zeit und sind den deutschen Regierungsbezirken vergleichbar. 300 Kabupaten, den deutschen Landkreisen entsprechend, wurden nach dem Wegfall der Regentschaften selbständige Verwaltungen. Von ihnen haben 12 mehr als 1 Million Einwohner. Daneben gibt es noch 64 Stadtbezirke, die Kota Praja und die Kotamadyas (1978). An der Spitze eines Kabupaten steht ein Bupati, an der eines Kotamadya der Walikota (Bürgermeister).

Für die Statistik gewinnen die Kecamatan künftig mehr an Bedeutung. Die verschiedenen Entwicklungs-Aktionen werden auf der Basis Kecamatan organisiert. Als Daerah Tingkat III gibt es 3.363 Kecamatan. In der niederländischen Zeit gab es zwischen den Kecamatan und Regentschaften die Kawedanen, die inzwischen fortfielen. Die Kecamatan sind mit den deutschen « Ämtern » zu vergleichen und haben als Zusammenschluss mehrere Dörfer (Desa), eine gewisse Selbstverwaltung. An der Spitze des Kecamatan steht der Camat.

Weiterhin zählt man etwa 60.000 Dörfer mit dem Lurah als Dorfältesten und 500.000 « desas » (kleinste Dorfeinheiten).

Es gibt auf Provinz-, Kabupaten-und Kotamadya-Ebenen gewählte Gremien, doch ihre legislative Macht ist begrenzt. Die stets vorhandenen regionalen Aspirationen muss die Zentralregierung durch ein zentral gelagertes Entscheidungen-Fällen abfangen. Neuerdings hat man jedoch mehr und mehr die Notwendigkeit der Dezentralisierung für Entwicklungszwecke erkannt (vgl. S. 237). Dadurch sollen die legislativen Zuständigkeiten jedoch nicht vermehrt werden. Selbst auf der erst 1977 neu eingeordneten Provinz Timor gibt man vom Gouverneur bis zum Camat den Einheimischen alle Möglichkeiten der Selbstverwaltung, nur dass das Indonesische das Portugiesische ersetzt.

1.8.7. DAS FINANZIELLE MANAGEMENT DER INDONESISCHEN WIRTSCHAFT ALS GANZES

Mitte 1977 ergibt sich dem Beschauer rückblickend etwa folgendes Bild: Während der Jahre 1970 bis September 1972, in einer Zeit stabiler Preise, dehnte sich die Geldversorgung mit etwa 30% aus und erreichte Ende 1972 sogar 60%. Als dann im Jahre 1972 die Trockenheit die Reisversorgung gefährdete, stiegen die Preise. Als der Umfang der Reisknappheit klar wurde, erlaubte die Regierung grössere Reisimporte. Doch vorerst war die Knappheit so stark, dass sie erheblich die Preise in die Höhe trieb, von September 1972 bis Januar 1973 um 50 bis 100%. Nach der Verteilung der zusätzlich importierten Reismengen konnte die Regierung den Reispreis wieder etwas drücken oder doch halten.

Doch dann erfolgte zu Beginn 1973 der allgemeine Preisauftrieb, da die weltweite Inflation auch auf Indonesien übergegriffen hatte. Importgüter, auch mögliche Exportgüter für den Inlandsmarkt, verteuerten sich. Dazu kamen die grösseren Kaufmöglichkeiten durch die gestiegenen Exporteinnahmen. Schliesslich hatte der stark erhöhte Reispreis seinen verzögerten Effekt auf Einkommen und andere Preise. Dies drückte auf die Nachfrage nach Geld und machte die Beurteilung der richtigen monetären Ausdehnung schwierig. Obwohl die Regierung passende Massnahmen erliess, erreichte die Inflation im Jahre 1974 fast 50%. Zum gleichen Zeitpunkt wurden die ersten gestiegenen Einnahmen aus dem Öl verfügbar, die die Inflation weiter vorantrieben.

Um gegen solche Tendenzen anzugehen, erliess die Regierung im Frühjahr 1974 eine Reihe von Verordnungen, die im fiskalischen Jahr 1974/75 die Inflationsrate auf 20% reduzieren sollten. Sie waren meist monetärer Art, und man wollte ein grosses Plus im Haushalt haben. Ausserdem plante die Regierung, weiterhin grössere Mengen Reis zu importieren und einzulagern. Solche nationale Vorsorge wollte man auch auf Dünger, Zement und andere essentielle Artikel ausdehnen. Gleichzeitig gingen auf dem Weltmarkt die Preise zurück, so dass zusammen mit den getroffenen Massnahmen der Regierung die Inflation tatsächlich bei 18% gehalten werden konnte. Auch die Banken waren vorsichtiger mit der Finanzierung neuer Projekte geworden.

Ende 1974 fühlte man den Zeitpunkt gekommen, einige Restriktionsmassnahmen zu lockern, Kredite zu verbilligen und den Diskontsatz zu senken. Es wurden die Gehälter für Beamte und Angestellte erhöht. Auch die Reis-und Düngerpreise wurden erhöht, um die Last der Subventionen zu verringern. Auf Grund der guten Ernte 1974/75 und der Reisvorräte blieb der Preisanstieg gering.

1975/76 nahm die Geldversorgung mit jährlich etwa 30% und die Inflation mit über 20% zu, 1977 unter 20%. Um einen zu starken Anstieg der Preise zu vermeiden, importierte die Regierung 1976 1,5 Mill. t Reis, 1977 die gleiche Menge und beabsichtigt 1978 sogar 2,5 Mill. t einzuführen, um eine durch Trockenheit drohende Hungersnot abzuwenden.

1.8.8. REGIONALREGIERUNG UND -ENTWICKLUNG

Indonesien hat von Natur aus einen ausgesprochen regionalen Aufbau. Die Gliederung in zahlreiche Inseln bringt eine weitgehende eigenständige Lebensweise mit sich. Dementsprechend passte die Regierung die Verwaltung diesem regionalen Charakter an. Die Planung regionaler Projekte steckt noch in den Anfängen, wird jedoch von den regionalplanerisch interessierten Gruppen oder auch von ausländischen Organisationen aufgegriffen. Es sind im Jahre 1972 bereits erfreuliche Ansätze der Koordination aller wirtschaftlichen Massnahmen in den Regionen vorhanden. Vor allem ist man auf die gleichmässige Verteilung der ausländischen Hilfegelder gemäss der erkannten Notwendigkeiten bedacht. Die Koordination in der Planung und Überwachung obliegt der obersten Planungsbehörde BAPPENAS.

Neben den zentral gesteuerten bisher zahlenmässig begrenzten regionalen Entwicklungsprogrammen haben die meisten der 300 Kabupaten und mehr als 50 Kotamadyas mit im ganzen etwa 500.000 Dörfern (desas) in irgendeiner Form ein lokales Entwicklungsprogramm. Sie hind häufig lokal finanziert. Viele erhalten grössere Zuschüsse von der Zentralregierung.

Die regionale Unausgeglichenheit Indonesiens ist das besondere Entwicklungsproblem. Es gibt grosse regionale Unterschiede in:

— dem Pro-Kopf-Einkommen,
— dem Beschäftigungsgrad in nicht-landwirtschaftlichen Berufen,
— der Bevölkerungsdichte,
— der Zahl der Arbeitsplätze in der Industrie,
— der Verteilung devisenbringender Exportzweige

Regionale Einkommensverhältnisse

Auf die natürlichen, spontanen Wanderungsbewegungen von den Ausseninseln nach Jakarta und anderen Städten wies der Verfasser hin. Auf die Transmigrationsunternehmen der Regierung ging der Verfasser an anderer Stelle ein. Hier wird auf die unterschiedlichen Löhne hingewiesen, die auf Java im Jahre 1971 nach Umfrage des Verfassers 75-125 Rp/Tag in Zentral-Java, 125-175 Rp/Tag, in West-Sumatra, sogar 200-300 Rp/Tag in Nord-Sumatra und auf Kalimantan betragen. Diese Angaben reflektieren das Überangebot an Arbeitskräften auf Java und die relative Nachfrage auf den Ausseninseln sowie die unterschiedlichen Lebenshaltungskosten.

Dieses Einkommensgefälle reichte nicht aus, Menschen aus übervölkerten Gebieten in wirtschaftlich günstigere abwandern zu lassen oder dort für längere Zeit zu arbeiten. Erst die hohen Löhne auf den Ölfeldern nebst den sozialen Einrichtungen vermögen Menschen anzulocken.

Bezirks- und Dorf-Entwicklungsprogramme der Regierung basieren auf dem Einkommen und dem Steuersatz pro Kopf der Bevölkerung. In den dicht besiedelten Teilen des Landes werden solche Programme deshalb finanziell versorgt. Vermarktungs- und Transportprojekte konnten in diesen Gebieten erfolgreich verlaufen. Das durch die Regierung gestartete INPRES-Programm zeigte auf Java grössere Erfolge als auf den Ausseninseln. Aufgrund der Pro-Kopf-Zuteilung haben diese regionalen Projekte eher Erfolgsaussichten. Zwar spielen die Beschäftigungs- und Einkommenverteilungsprogramme der Regierung eine Rolle im landwirtschaftlichen Sektor; auf lange Sicht wird jedoch auf Java der industrielle Sektor die Oberhand gewinnen. (REPELITA II: Rp. 450/Kopf).

Die regionale Verteilung der Investitionen war 1972 noch auf Jakarta und einige andere grössere Städte wie Surabaya, Jogyakarta und Medan ausgerichtet. 75% aller ausländischen Entwicklungsvorhaben sind in diesen Ballungsgebieten zu finden, obwohl das Investitionsgesetz genügend Anreize für Projekte auf den Ausseninseln bietet (vgl. S. 207). Konzentration auf die Zone Jakarta ist nicht verwunderlich, wenn man bedenkt, dass die Steuereinnahmen in diesem Ballungsgebiet viel höher sind als in vergleichbaren Ballungsgebieten (Kotamadyas) der Ausseninseln, wo bei gleicher Bevölkerungszahl nur 40% des Steueraufkommens von Jakarta erreicht werden. In den Kabupaten ist dieses Steueraufkommen noch geringer. 1971 war die Steuerkapazität pro Kopf in den Kabupaten Javas 150-250 Rp gegenüber 700-850 Rp in den Stadtbezirken (Kotamadyas).

Regionaler Ausgleich der Investitionen ist deshalb weiterhin das Ziel der Zentralregierung. Man beschloss eine Verdoppelung bis Verdreifachung der für ländliche Gebiete vorgesehenen Programmausgaben. Die Landentwicklungssteuer (IPEDA) wurde diesen Erfordernissen angeglichen. Im zweiten Fünfjahresplan zahlte man Rp. 63 Milliarden für solche regionalen Entwicklungsprooramme. Vorerst konzentrieren sich die Programme auf die Verbesserung von Strassen und Bewässerungsprojekten, bei denen es sich noch nicht um die « Terminale Wasserkontrolle » handelt.

Später sind in erheblichem Umfange auch Krankenhaus- und Schulprojekte und andere soziale Infrastrukturprojekte vorgesehen. Die Unterhaltskosten solcher Vorhaben sind bisher noch niedrig, müssen aber künftig in den Programmbudgets stärker berücksichtigt werden.

Die finanziellen Quellen solcher regionalen Entwicklungsprogramme sind neben den erwähnten IPEDA-Einnahmen auch Einnahmen aus dem Erdöl, aus Bodenschätzen und aus den Exportabgaben, ADO, wobei für die Zuweisung der Anteile aus der Exportabgabe die Ursprungsregion der Exportgüter massgebend ist. Dass ein solches kompliziertes, durchaus westlich zu nennendes Verwaltungssystem funktioniert, ist in erster Linie auf das Rechtssystem zurückzuführen, das vom römischen Recht abgeleitet ist.

1.8.9. DAS RECHTSSYSTEM: — « Adat », das herkömmliche Recht, und das islamische Recht waren die beiden seit langem bestehenden Rechtssysteme. Diesen fügten die Kolonialherren das westliche Rechtssystem hinzu. Obwohl in der Kolonialperiode jedes Recht seinen eigenen Bereich hatte, gab es Überschneidungen und Uneinigkeit darüber, welches Recht in einzelnen Fällen anzuwenden sei. Im letzten Weltkriege führten die Japaner die Jurisdiktion eines Regierungs-Gerichtshofes für Zivil- und Kriminalprozesse ein. Diese für alle Gebiete geltende Änderung bewirkte eine Schmälerung des gleichfalls schon lange bestehenden « Eingeborenenrechts ».

Die junge Republik schaffte das *Eingeborenenrecht* 1947 in den javanischen Fürstentümern ab, behielt es nur noch für die Ausseninseln bei. Abgesehen von dem durch die Japaner eingeführten Gerichtshof, der weiter bestand, übernahm die Republik das alte Rechtssystem, versuchte es jedoch zu vereinfachen. Alle indonesischen Verfassungen und Regierungen erkannten die Kontinuität des Rechts als ersten Grundsatz an. Es gab allerdings durch den Übergang von der Bundesregierung (1945-49) zur unitären Regierung einige Verwirrung. Die Holländer hatten versucht, in den verschiedenen Staaten der Ausseninseln, ihr Konzept eines kolonialen Rechtssystems aufrechtzuerhalten.

Nach 1950 unternahm die Regierung Anstrengungen, das Rechtssystem für alle Landesteile zu vereinheitlichen. Die Verordnung zur Abschaffung des Eingeborenenrechts aus dem Jahre 1947 dehnte sie auf die Ausseninseln aus. Im Januar 1951 veröffentlichte die Regierung die neue Rechtsstruktur, definierte Zivil- und Kriminalrechtsvorgänge und grenzte dieselben ab. Strafrecht und Zivilrecht waren von diesem Zeitpunkt an einheitlich und unterschieden sich wenig von dem der Vorkriegszeit. Das « Adat »-Gesetz hat noch überall da Gültigkeit, wo es nicht von besonderen Verordnungen ersetzt wurde. Das islamische Recht wendet man in erster Linie in den Bereichen Heirat und Scheidung an und versucht es auf die Erbfolge auszudehnen.

Gegenwärtige Trends in der Änderung des indonesischen Rechtssystems konzentrieren sich vor allem auf das « Adat »-Recht. Sein Anwendungsbereich nahm ständig ab und wird wahrscheinlich weiter abnehmen. Die Problematik liegt im kommunalen Charakter des « Adat »-Rechts, das die Interessen einer Gemeinschaft besser wahrnimmt als die eines Indivi-duums. Im Gegensatz zum westlichen Rechtssystem hemmt das « Adat » die Initiative des einzelnen. So ist zu erwarten, dass künftig das Rechtssystem des « Adat » weiter durch Verordnungen durchlöchert wird. Es besteht aber die Gefahr, dass in etwaigen regionalistischen Krisen die Frage des « Adat »-Rechts zu einem besonderen Streitpunkt werden kann. Lokale Führer in den Provinzen sehen im Adat einen Konservator sozialer Werte, der alteingefahrene Verhaltensweisen erhält und Beziehungen traditioneller Art pflegt. Die Elite in der Zentralregierung jedoch benutzt das indonesische Recht zugleich als ein Instrument der sozialen Veränderung und ist entschlossen, dieses auch einzusetzen, wenn es die Einheit des indonesischen Staates fördert (195; 196).

1.8.10. DIE REGIONALPLANERISCHEN IMPLIKATIONEN DER SOZIAL-UND INFRASTRUKTUR, wie sie im allgemeinen existieren, sind bekannt und spielen in Indonesien eine ganz ähnliche Rolle wie in anderen Ländern. Sozialordnung und Infrastruktur sind Hauptansatzpunkte in der Regionalplanung und -entwicklung. Hier kommt es darauf an, die durch die Insellage bedingten besonderen Kommunikationsschwierigkeiten zu erkennen und zu benennen. Nur dann kann man die Konsequenzen für die Regionalplanung richtig ermessen.

Die vorhandenen Sozialordnungen sind dennoch in Indonesien von grösserer Bedeutung als in anderen Entwicklungsländern und müssen im Falle ethnisch verschiedener Gruppen-oft durch Meere getrennt- im Ansatz der Regionalplanung entsprechend berücksichtigt werden. So würde die Eignung der Javanen für industrielle Entwicklung die auf Java erforderliche industriell betonte Regionalentwicklung begünstigen, während sich eine solche durch das Fehlen einer Eignung in Neu-Guinea oder in Zentral-Kalimantan schwierig gestalten würde. Dies ist nur ein Beispiel für die Notwendigkeit soziologischer Erhebungen vor Beginn der Planung. Nicht übersehen darf man die Abwanderung qualifizierter Arbeitskräfte in die Hauptstadt und ihre Auswirkung auf eine regionale Entwicklung.

Zur *Infrastruktur* kann die interinsulare Schiffahrt nur bedingt einen regionalen Entwicklungsbeitrag leisten, da sie sehr begrenzte Kapazitäten hat. Doch sind es nicht nur Schiffsraum, Organisation und die Verwaltung, die Mängel aufweisen, sondern auch der Zustand der Häfen. In jeder Regionalplanung Indonesiens sollte deshalb die Hafenplanung einen besonderen Platz einnehmen.

Fernverkehrsstrassen werden in der Regionalplanung ebenfalls von Bedeutung sein. Nur in einigen Gebieten Kalimantans und Sumatras kann Boot-Transport auf Flüssen den Strassentransport ersetzen. — Die Eisenbahnen werden auf den Ausseninseln keine grössere Bedeutung erlangen, weil auch in Indonesien die Strasse die Schiene ablöst. — Der *Luftverkehr* hat für die regionale Entwicklung die besondere Aufgabe, die Verbindung v.a. der Führungskräfte auf den Ausseninseln zur Hauptstadt aufrechtzuerhalten.

Erziehungswesen, Gesundheitsdienst und andere soziale Einrichtungen sind in der Regionalarbeit fast alle gleichwertig einzuschliessen, weil sie den Menschen als Voraussetzung gleichwie als Produktionsfaktor pflegen und erhalten, durch allgemeine und fachliche Ausbildung ihn erst auf die höheren Aufgaben in der Wirtschaft und des täglichen Lebens vorbereiten. Die isolierten Regionen benötigen einerseits eigene Einheiten, können aber anderseits auf die spezialisierten Einrichtungen auf der Hauptinsel nicht verzichten. Das bezieht sich auf Fachschulen und Spezialkrankenhäuser. Deshalb ist in solchen Fällen eine überregionale Zusammenarbeit (in Indonesien) nötig. Die Tatsache, dass neben vielen Dialekten und Inselsprachen eine einheitliche Landessprache, bahasa Indonesia, besteht, muss für die Regionalarbeit hoch eingeschätzt werden.

Massenkommunikationsmittel sind wegen der isolierten Regionen gut entwickelt. Kurzwellensender und Lokalausgaben der Nationalzeitungen vermitteln qualitativ und quantitativ gute Informationen.

Kreditprogramme in der Regionalarbeit sind abhängig von der Funktionsfähigkeit der Regionalbanken. Ihr mehr oder minder grosser Erfolg hängt von diesem Umstand ab. Die regionale Steuererhebung, von der die Verwaltung in den Regionen besonders profitiert, funktioniert noch schlecht. Die Ausfuhrabgaben der Regionen spielen ebenfalls eine Rolle, während örtliche Abgaben in unkontrollierbare Kanäle fliessen.

Aussenhandel und « Export » der Inseln-Regionen sind wichtige Aspekte dieser Regionalarbeit, die durch das Fehlen verlässlicher Daten sehr erschwert wird. Weitergehend als sonst bei Länderberichten ging der Verfasser deshalb auf die Transport- und Aussenhandelsleistungen der einzelnen Inseln ein.

Zentralregierung und regionale Verwaltung werden in naher Zukunft ihre Arbeit noch nicht koordinieren können, da sich auf manchen Inseln herkömmliche Rechtssysteme erhielten, die neben dem nationalen Rechtssystem beachtet werden müssen. Stammesrecht steht oft in Widerspruch zum indonesischen Recht — Tatsachen, die der Regionalplaner zu beachten hat.

Bevölkerung und Regionalentwicklung. Auf die Transmigration zum Zwecke des Besiedlungsausgleichs zwischen Java und den Ausseninseln geht der Verfasser an anderer Stelle ein (S. 151). Die Lösung des Bevölkerungsproblems durch Transmigration ist finanziell und organisatorisch unmöglich, wie dort geschildert sein wird. An dieser Stelle ist aber noch etwas über die Zuverlässigkeit der Bevölkerungs-und Wanderungsdaten zu sagen, die für einen Regionalplaner so wichtig sind: gewisse Schlüsse können nicht gezogen werden, weil die Zahlenreihen der einzelnen Zensusjahre noch zu wenig konsistent sind. Im Jahre 1961 wurden Zahlen oft zu niedrig angegeben. Im Jahre 1971 wurden längst nicht alle Zugewanderten nach Jakarta erfasst, weil sie keine Zureisegenehmigungen hatten. So muss die an sich wichtige regionale Diskussion über Bevölkerung sehr kurz ausfallen. Gezogene Schlüsse würden oft Trugschlüsse sein. Ähnlich schwierig ist die Deutung der statistischen Zahlen über den Reisanbau im folgenden Kapitel. Doch lassen sich aus dem Pro-Kopf-Reisverbrauch wechselseitig Schlüsse auf die Bevölkerung ziehen. Auf die allgemeinen Bevölkerungsprobleme und Wachstumstrends der Zukunft ging der Verfasser auf Seite 56 ein.

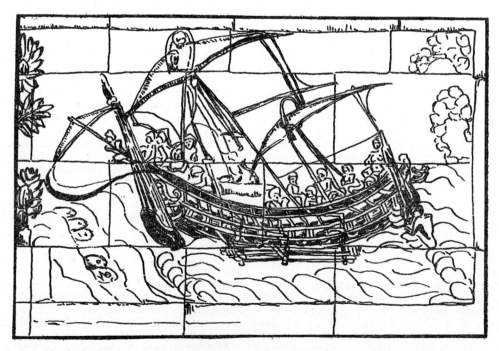

(12) Altindisches Kauffahrtschiff (Relief an der Aussenmauer des Borobodurtempels, Zentral-Java.

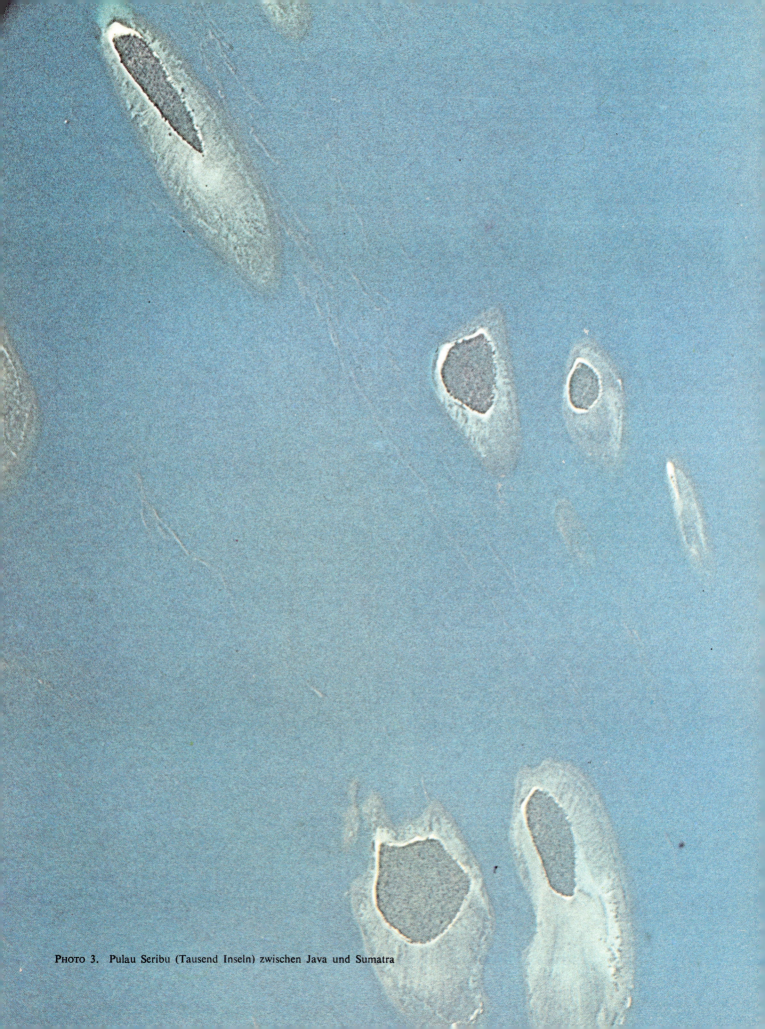

PHOTO 3. Pulau Seribu (Tausend Inseln) zwischen Java und Sumatra

Photo 4. Die Hauptgeschäftsstrasse, M.H. Thamrin Boulevard, in Jakarta, an der Botschaften und Hotels liegen

PHOTO 5. Strassenszene in Alt-Jakarta

Photo 6. Der Vulkan Merapi auf Java bei Klaten

PHOTO 7. Java: Büffelgespanne beim Vorbereiten der SAWAHs (Reisfelder)

PHOTO 8. Rodung im Urwald von Sumatra

PHOTO 9. Seenlandschaft am Gunung Kerinci auf Sumatra

PHOTO 10. Landschaft im Küstenstreifen bei Padang (West-Sumatra)

Photo 11. Totenfeier in Tanah Toraja auf Sulawesi (Celebes)

Photo 12. Kampongbewohner Zentral-Javas

III. Hauptkapitel
Die Räumlichen Implikationen Sektoraler Entwicklung

(13) Zentral-Java: SAWAHS vor dem Vulkan Merapi bei Klaten

2.0 Die Agrarwirtschaft des Landes

Mit einem Anteil von 37% an Indonesiens Brutto-Sozialprodukt des Jahres 1975 (vgl. Tabelle 19 im Anhang) ist die Landwirtschaft einer der Haupt-Produzenten. Etwa 33% aller Exporte stammen ebenfalls aus der Landwirtschaft (vgl. Tabelle 23 im Anhang; für 1975/76). Zwei Drittel der Bevölkerung finden in der Landwirtschaft ihre Beschäftigung. Neben der Subsistenz-Landwirtschaft mit vorwiegend Reis-Anbau finden wir ausgedehnte Plantagenkulturen mit stark unternehmerischen Akzenten, wie sie von den holländischen Gründern gesetzt worden waren.

2.1 Die Anbauzonen des Landes

Auf den Hauptinseln (Java/Madura, Bali und Lombok) werden vornehmlich Nahrungspflanzen auf den fruchtbaren Böden vulkanischen Ursprungs kultiviert. Dort leben 67% der Bevölkerung. Auf den weniger fruchtbaren Ausseninseln befinden sich überwiegend Plantagenkulturen. Auf ihnen wird Reis nur an wenigen Stellen kultiviert. Vorherrschend sind Baumkulturen und der Anbau von Gewürzpflanzen. Unterschiedliche Bodenarten und -typen brachten auch hier verschiedenartige Anbausysteme hervor wie z.B. auf Sumatra und Nusa Tenggara. Auch auf Java variieren die Böden sehr. Sie sind zudem auf West-Java stärker ausgepowert als in Zentral-und Ost-Java.

INDONESIEN

ANTEIL DER LANDWIRTSCHAFTLICHEN FLÄCHE AN DER GESAMTFLÄCHE – AGRICULTURAL AREAS OF TOTAL

Karte – Map – Peta 18

SOURCE-QUELLE (Stat. Bundesamt 174)

Anteil der landwirtschaftlichen Fläche
an der Gesamtfläche in %

unter 1 – under	20 bis unter 30
1 bis unter 5	30 bis unter 40
5 bis unter 10	40 bis unter 50
10 bis unter 20	50 bis unter 60
	60 und mehr

SECTION- AUSSCHNITT: JAVA

INDONESIEN

AGRARPRODUKTE - AGRICULTURAL PRODUCTS - PRODUKSI PERTANIAN

Karte - Map - Peta 19

Legend:

Pfeffer	Pepper
Gewürznelken	Clove
Tabak	Tobacco
Kaffee	Coffee
Kautschuk	Rubber
Mais	Corn
Tee	Tee
Muskat / Nutmeg	
Ölpalmen / Oilpalms	
Kokospalmen / Cocospalms	
Zuckerrohr / Sugar Cane	
Rosellahanf / Rosella Hemp	
Sago	
Reis / Rice - Reis	

Map labels:

THAILAND

WESTMALAYSIA

M A L A Y S I A

SINGAPUR
Bintan
Singkep
Bangka
Billiton

Medan
Padang
Palembang
Telukbetung
JAKARTA
Bandung
Jogyakarta

Strasse von Malakka

INDISCHER OZEAN

BRUNEI
SABAH
S A R A W A K
KALIMANTAN
Pontianak
Banjarmasin

Laut Java See

J A V A

Madura
Surabaja
Bali
Lombok
Sumbawa
Den Pasar
Benoa

SULAWESI
Menado
Kolaka
Ujung Pandang

Celebes See
Laut Celebes See

Laut Moluken See
Laut Moluku See

Laut Flores See
Flores
Sumba
Sumbawa

PHILIPPINEN
Mindanao

Sorong

IRIAN JAYA

Halmahera
Buru
Ceram
Ambon

STILLER OZEAN

Laut Banda See

Laut Arafura See

Timor
Kupang
Port. Timor

0°
5°
10°
15°

100°
110°
120°
130°

200 400

SECTION - AUSSCHNITT: J A V A

JAKARTA
Bogor
Bandung
Tjirebon
Tjilatjap
Semarang
Solo
Malang
Surabaja
Probolinggo
Kalianget
Banjuwangi

0 100 200 300 400 500

Quelle - Source: Verfasser (Author)

Diese sehr weitgefasste Einteilung lässt sich durch nähere Standortsbezeichnungen genauer präzisieren- (vgl. Karte 19 auf Seite 95).

— Reis wird hauptsächlich auf Java, Sumatra, Bali und Sulawesi angebaut
— Maisanbau findet sich vornehmlich in Ost-Java u.Ost-Sulawesi.
— Sago ist die Hauptnahrungspflanze in Irian-Jaya und auf den Molukken.
— Plantagenkulturen sind auf Sumatra vorherrschend. In früherer Zeit war Java die Insel mit dem dichtesten Plantagenanbau gewesen. Die wachsende Bevölkerungsdichte verdrängte diese Kulturen.

Ausser der horizontalen Gliederung kann man auch eine vertikale feststellen. Das Fehlen ausgeprägter Hochflächen lässt diese jedoch unvollständig erscheinen:

Niederungen:

— Reis wächst in den Niederungen, desgleichen
— Ölpalmen, Kautschuk
— Tabak, Zuckerrohr,
— Gewürze wie Pfeffer,
— Kokospalmen und Sagopalmen unmittelbar an der Küste.

Berghänge;

— Reis bis zu 1.500 m Höhe,
— Kaffee zwischen 400 u. 2.000 m Höhe,
— Tee zwischen 500 u. 1.500 m Höhe,
— Zahlreiche Gewürzpflanzen wie Gewürznelken und Zimt bis 1.000 m Höhe und
— Tabak bis 1 200 m Höhenlage.

Hochflächen:

— Mais gedeiht bis zu 2.000 m Höhe,
— Kopfkohl zwischen 1.500 und 2.000 m Höhe,
— Kartoffeln zwischen 1.500 und 2.500 m Höhe,
— Getreide wie Weizen und Gerste innerhalb dieser Höhenlagen in kleinen Versuchen.

Von geschlossenen Anbaugebieten als geographisch fest-umrissene Kulturlandschaften zu sprechen ist aufgrund obiger Bedingungen und vorhandener Massierung bestimmter Kulturen möglich. Sie sind zu finden als:

— Reis — Anbaugebiete in den Niederungen von Java, Sumatra, Sulawesi und Bali, als
— Ölpalm- und Kautschukplantagen in Nord-Sumatra zwischen Medan und Pematang-Siantar; für
— Kautschuk (Hevea) im Kleinanbau in den Niederungen Sumatras, auf Jambi und Riau;
— Kaffee auf den Höhen Javas, Sumatras und Sulawesis unter Schattenbäumen oder frei;
— Mais in Ost- Java und anderen trockeneren Teilen des Landes.

Obleich der Anbau landwirtschaftlicher Kulturen in Indonesien unter nahezu optimalen Bedingungen erfolgen kann, zwingen heute Nahrungsmittelnot und Devisenmangel mehr und mehr zu Intensivierungsmass-nahmen. In der Trockenzeit kommt es oft zu Wassermangel in der Bewässerung. Vergleichsweise hat Indonesien fast ideale Anbaubedingungen für die klassischen Plantagenkulturen wie Ölpalmen, Kautschuk, Tee und Kaffee, die in ihrer intensiven Kulturform hier ihren Ausgang nahmen (vgl. Seite 106).

Die durchschnittliche jährliche Gesamtproduktion geht aus Tabelle 22 hervor. Paddy (Reis) und Mais nehmen den weitaus grössten Raum ein. Unter den Plantagenkulturen sind nach der Fläche Kautschuk, Kaffee und Tabak an erster Stelle zu nennen. Kokospalmen nehmen eine Sonderstellung ein. Die Erträge rückliegender Jahre zeigt Tabelle 38 im Anhang.

Einen Überblick über die Entwicklung der Anbauflächen und Erträge der Jahre 1960 bis 1976 vermitteln die Tabellen 38 bis 46 im Anhang.

TABELLE 22

LANDWIRTSCHAFTLICHE PRODUKTION, 1966, 1971 UND 1976
(Agricultural Production)

Erzeugnis	Anbau in 000 ha 1971	Produktion			Ertrag in kg/ha 1971
		1966	in 000 t 1971	1976	
Reis, paddy [1]	8.466	17.960	26.392	30.212	2.310
Mais (maize)	2.687	3.717	2.606	2.512	1.050
Maniok (cassava)	1.671	11.232	19.690	12.418	5.500
Kaffee (coffee)	295	136	197	176	480
Kopra (Kokospalmen)	1.600	1.200	1.149	1.530	640
Kautschuk (rubber)	1.972	654	804	823	410
Ölpalmen, Öl (oilpalms)	126	174	248	434	1.790
Ölpalmen, Kerne (kernels) ...	126	18	23	22	110
Zuckerrohr (sugarcane)	125	900	1.041	1.380	7.134
Kapok	115	.	28	.	240
Erdnüsse (groundnuts)	475	263	284	332	1.000
Sojabohnen (Soybeans)	700	417	516	482	570
Süsskartoffeln (Sweetpot.)	401	2.476	2.211	2.418	775
Tabak (Tobacco)	209	100	77	88	500
Tee (Tea)	95	60	71	73	1.010
Baumwolle (Cotton)	.	3	2	5	.
Pfeffer (Pepper)	.	15	24	27	.
Gewürznelken (Clove)	.	12	14	16	.

Quelle: Landwirtschaftsministerium und Zentrales Statistisches Büro (216; 227).
[1] Beim Reisanbau gibt das Landwirtschaftsministerium 8,222 Millionen ha, 24,557 Mill t erzeugten paddy an.
[2] Produktion in Zucker, hier einschl. Schätzzahl f. « Bauernzucker » (vgl. Tabelle 26).

Eine Aufteilung der angebauten Feldfrüchte nach Regionen ist nur für Nahrungspflanzen vorhanden. Es fehlen die Angaben für Nicht-Nahrungspflanzen.

Desgleichen wurde die anteilmässige Erzeugung der einzelnen Inseln am landwirtschaftlichen Nationalprodukt nicht herausgestellt. Aufschluss über regionale Verteilung geben Tabellen 80 u. 81 im Anhang. Danach ist der Reisanbau zu über 50% auf Java konzentriert, Mais zu 70% und Maniok zu 76%. Erdnüsse und Sojabohnen erreichen noch höhere Anteile an der Gesamtanbaufläche Indonesiens. Fast der gesamte Zuckerrohranbau befindet sich auf Java (vgl. auch Karte 19 auf Seite 95).

Einen groben *Überblick der tierischen Produktion* vermittelt Tabelle 23.

Hinsichtlich der Leistung dieses landwirtschaftlichen Unter-Sektors weist der Verfasser auf die Ausführungen auf Seite 130 ff.hin. Die Zuordnung ackerbaulicher Kulturen und der Tierhaltung zu bestimmten Wirtschaftsformen geht aus dem nachfolgenden Abschnitt hervor.

TABELLE 23

VIEHHALTUNG IN INDONESIEN 1961-1976, IN 000
(Livestock Numbers in Indonesia)

	1961	1964	1967	1972	1976
Rinder-cattle	6.348	6.537	6.816	6.375	6.150
Wasserbüffel-buffaloes	2.893	2.896	2.731	2.822	2.256
Ziegen-goats			7.093	7.189	10.391
	11.507	10.960			
Schafe-sheep			3.704	2.910	.
Schweine-pigs	2.687	2.940	3.294	4.294	2.645
Pferde-horses	720	653	632	693	624

Quelle: Generaldirektorat Viehhaltung im Landwirtschaftsministerium. (272) — Dep. o. Agric. FAO estimates.

2.2 Die Agrarstruktur

Die landbauliche Produktion unterteilt man in Indonesien in den

— Klein-Anbau (Pertanian Rakyat) und den
— Kommerziellen Anbau in den Plantagen (Perkebunan).

Der Reisanbau ist auf die Kleinbauern konzentriert, da nur der arbeitsaufwendige Anbau durch das Verpflanzen von Hand betrieben wird. Verkaufspflanzenprodukte erzeugen Kleinanbauer wie auch die Plantagen. Die Viehhaltung liegt bei den Kleinbetrieben. Erst in jüngster Zeit nimmt die Viehhaltung in grösseren Unternehmen auf den Inseln von Nusatenggara und auf Sulawesi zu. Landwechselwirtschaft ist ausser auf den Inseln Java und Bali noch überall anzutreffen.

2.21 DER KLEINANBAU-PERTANIAN RAKYAT

Nach Japan und Taiwan dürfte Indonesien die bestkultivierten Reisfelder der Welt besitzen. Doch noch müssen Mineraldüngung und Pflanzenschutz auf den neuesten technologischen Stand gebracht und die terminale Wasserkontrolle eingeführt werden. Die Kulturtechnik hat bereits einen hohen Stand erreicht.

Auf den Ausseninseln gibt es die

— Landwechselwirtschaft (Perladagan), den

— Regenlandbau (Pertanian ditanahkering) und die

Bewässerungslandwirtschaft (Pertanian ditanah jang berpengairan; Pertanian disawah).

Zahlenmässig steht der Klein-Anbau in Indonesien vornan. Von den im Jahre 1963/64 veranschlagten 17,5 Millionen ha landwirtschaftlich genutzten Landes gab es unterteilt nach Eigentumsverhältnissen:

— 12.884.000 ha kultivierten Landes in Händen von Kleinbauern in
   12.236.000 landwirtschaftlichen Betrieben, von denen
       7.884.000 Privateigentum waren, mit 9.089.000 ha Land;
        833.000 waren Pachtbetriebe mit 540.000 ha Land;
       5.589.000 stellten Mischformen dar (Eigentumsland und zugepachtetes Land mit
           3.255.000 ha Land.

Im Jahre 1973 führte Indonesien einen neuen landwirtschaftlichen Zensus durch. Die Zahlen haben sich auf kleinere Betriebe verschoben. Die weitergehend in Eigentumsformen einmündende Aufteilung mit ihren Problemen der Agrarverfassung sind auf Seite 33 dargestellt [1].

Nach der Bearbeitung gab es 1964

— 10.663.000 ha Land das vom Eigentümer bearbeitet wurde;
— 2.221.000 ha, die von Teilbauern und Pächtern bearbeitet wurden.

Die problematischen Pachtverhältnisse sind ebenfalls auf Seite 33 ff. bereits behandelt worden.

Nach der Art der Wasserbeschaffung konnte man 1964 den Kleinanbau unterteilen wie folgt;

— 12.884.000 ha kultivierten Landes in
    4.075.000 ha Sawah Land (Sumpfreis), davon
    2.351.000 ha bewässerte Sawahs;
    8.809.000 ha waren Regenland, wovon
    1.249.000 ha auf den Wanderfeldbau entfielen.

Noch zu erwähnen sind die in Indonesien schwer erfassbaren Formen der Kampong-Landwirtschaft d.h. des Frucht- und Gemüsenanbaues am Wohnhaus (Pekarangan), die auf Java 20% der gesamten Nutzfläche erreicht, und der kombinierte land- und forstwirtschaftliche Anbau (Taungya-Kultur der Literatur;) auf Java Tumpang-sari-System (vgl. Seite 158 ff.)

---

[1] Ende 1977 lagen die Ergebnisse des neuen landwirtschaftlichen Zensus noch nicht vor. Dies sind die Ergebnisse des Zensus von 1964.

INDONESIEN

ANTEIL DER BEWÄSSERTEN FLÄCHE AN DER GESAMTFLÄCHE - IRRIGATED AREAS IN % OF TOTAL

Karte - Map - Peta 20

STILLER OZEAN

IRIAN JAYA

Sarong

Mindanao

PHILIPPINEN

Halmahera

Laut Molukken See

Ceram

Buru

Ambon

Laut Banda See

Menado

Port.Timor

Laut Arafura See

SABAH

Laut Celebes See

SULAWESI

Kolboa

Ujung Pandang

Timor

Kupang

BRUNEI

SARAWAK

KALIMANTAN

Banjarmasin

Laut Java See

Madura

Surabaja

Bali Lombok Sumbawa Flores

Laut Flores See

Sumba

Den Pasar Benoa

Palangkaraja

MALAYSIA

SINGAPUR

Bintan

Singkep

Bangka

Billiton

Palembang

Telukbetung

JAKARTA

JAVA

Bandung

Jogyakarta

THAILAND

WESTMALAYSIA

Strasse von Malakka

Medan

Padang

INDISCHER OZEAN

200 400

Anteil der bewässerten Fläche an der Gesamtfläche in %

▨	20 bis unter - under 30
▨	30 bis unter - under 40
▨	40 bis unter - under 50
■	50 und mehr

⬚	unter - under 1
⬚	1 bis unter 5
⬚	5 bis unter 10
⬚	10 bis unter 20

Resultsof Agric. Census 1963 - Ergebnis der Landwirtschaftlichen Betriebszählung 1963
Source - Quelle - Sumber: STAT. BUNDESAMT

AUSSCHNITT: JAVA

JAKARTA

Bogor

Bandung

Tjirebon

Kalianget

Surabaja

Probolinggo

Malang

Jogyakarta

Tjilatjap

Banjuwangi

0 100 200 300 400 500

2.2.1.1 *Die Landwechselwirtschaft oder der Wanderfeldbau* (Perladangan)

Aus der Landwechselwirtschaft hat sich ein anderer Kleinanbau entwickelt. Er sei hier vorangestellt, weil die einzelnen Entwicklungsstufen noch heute existieren. — Einige Stämme pflegten bis vor kurzem das Sammeln von Früchten und deckten ihren Nahrungsbedarf sonst aus der Jagd. Solche Stämme finden wir auf Kalimantan und in Irian Jaya.

Die Landwechselwirtschaft hat auf den einzelnen Inseln verschiedene Formen:
In *West-Sumatra, Jambi und Riau* schlagen die Bewohner den primären oder *sekundären Wald* und pflanzen auf dem hügeligen Gelände Mais und Gewürzpaprika.
Auf weniger steilen Flächen kultiviert der Wanderfeldbauer Trockenreis (padi ladang). Dieser Anbau stellt wegen der Erosionsgefahr eine abträgliche Bodennutzung dar. Schädlicher aber ist, dass solcher Anbau nach 2-3 Jahren wieder aufgegeben wird und sich danach « alang-alang » — (Imperatum cylindricum) ansiedelt, ein sehr tief wurzelndes Rhizomgras, das sich nur schwer wieder ausrotten lässt. Die natürliche Fruchtbarkeit des Bodens reicht hier nicht mehr zur Regeneration des ursprünglichen Waldbestandes aus. Man schätzt die in Indonesien vorhandenen alang-alang-Flächen auf 28 Millionen ha (vgl. auch Seite 14, Karte 6).

2.2.1.2 *Der landwirtschaftliche Kleinanbau auf Java/Madura und Bali*

Im Regenlandbau und in der Bewässerungslandwirtschaft überwiegt der Kleinanbau. Exporte aus dem Kleinanbau betrugen nach Schätzung im Jahre 1971 US$ 270 Millionen, aus dem Plantagenbau US$ 182 Millionen.

Der Kleinanbau ist besonders auf Java/Madura und Bali ausgeprägt. Überwiegend Böden mit hoher Fruchtbarkeit und ausgedehnter Bewässerung haben hier zusammen mit der grossen Bevölkerungsdichte die niedrige durchschnittliche Betriebsgrösse von 0,6-0,8 ha hervorgebracht. Für ganz Indonesien liegt sie bei 1,1 ha. Sie beträgt zum Vergleich 2-3 ha in Laos und Kambodia, 1,5 ha in Vietnam, 3,5 ha in Thailand und 6 ha auf den Philippinen und in Malaysia. In Zentral-Java, wo die Bevölkerungsdichte bis zu 1.500/qkm beträgt, wie im Kabupaten Klaten, finden sich Betriebsgrössen von durchschnittlich 0,5 ha (vgl. HECKENSTALLER, 63). Bei 80%-85% der Kleinbetriebe fehlt die Arrondierung, wie der landwirtschaftliche Zensus anzeigt. 1963/64 waren Betriebe von 0,1-0,25 ha in 2 bis 4 Parzellen unterteilt. Bei der nächsten Betriebsgrössenklasse beträgt der Grad der Parzellierung nur noch 1,7 (Betriebsgrössen zwischen 0,25 und 0,75 ha).

Landwirtschaftliche Nebenbeschäftigung

Der Verfasser untersuchte in West-Sumatra eine grosse Anzahl von Betrieben in der Grössenordnung etwa eines Hektar. Hiervon hatten 75% einen Nebenerwerb. Es ist im allgemeinen nicht leicht festzustellen, ob tatsächlich ein Nebenerwerb vorliegt, da die Übergänge von der Hauptbeschäftigung zum Nebenerwerb in der Landwirtschaft gleitend sind. — Auf Bali, Lombok und Sulawesi beträgt der Anteil der Nebenerwerbs-Betriebe 5-10%.

2.2.1.3 *Der Kleinanbau auf den Ausseninseln*

Hier handelt es sich überwiegend um Regenfeldbau. Die Bewässerung ist weniger entwickelt. Da die Betriebe im ganzen grösser sind, können auch Nicht-Reis-Kulturen betrieben werden, die zum Export gelangen wie z.B. Kautschuk und Pfeffer. Ihr Anbau ist weit verbreitet. Doch ist die Produktivität in diesen Kleinbetrieben relativ niedrig und die Vermarktung schlecht entwickelt. Überproduktion führt gelegentlich zum Zusammenbruch des Preisgefüges. Durch den Mangel an Schiffen kann der Überschuss selten rechtzeitg aus dem Markt genommen werden.

2.2.1.4 *Kleinanbau in Hausgärten (Pekarangan)*

Dieser auch als Kampong-Landwirtschaft in der internationalen Landbau-Literatur bezeichnete Teil der indonesischen Landwirtschaft erreicht auf Java etwa 20% der landwirtschaftlichen Nutzfläche. Da am Hause hauptsächlich Kokospalmen, Bananen, Hülsenfrüchte (darunter auch Soja-Bohnen) kultiviert werden, ist der Kalorienertrag höher als in der SAWAH-Produktion (von Reis). Die intensive Kultur wird durch den Anbau in Etagen (obere Etage Bäume, darunter Sträucher und unter diesen krautartige Pflanzen) noch unterstrichen.

2.2.1.5 *Die räumlich differenzierte Darstellung* des Anbaues von Nahrungspflanzen nach weiteren regionalen Gesichtspunkten scheitert vorerst am Fehlen regional herausgearbeiteter Charakteristika und regional aufgegliederter Statistiken. Dies dürfte sich allmählich mit dem Aufbau der regionalen Entwicklungsbe-

hörden (BAPPEDAS) bessern. Die Ausführungen über den Kleinanbau abschliessend, darf betont werden, dass es keinen stereotypen Kleinanbau auf Java und dem entgegengesetzt einen ebenso gleichförmigen auf den Ausseninseln gibt. Vielmehr haben die einzelnen Inseln ihren eigenen Anbaucharakter und grössere Inseln wiederum mehrere Typen von Anbaugebieten. Die z. Zt. laufenden « Farm Management Surveys » im Rahmen der Regionalplanungen, die Seite 219 noch eingehender dargestellt werden, werfen hierauf allmählich Licht.

2.2.2 DER KOMMERZIELLE ANBAU IN DEN PLANTAGEN

Von den einst 4.600.000 Hektar mit Plantagenkulturen bestandenen Flächen befanden sich im Jahre 1972 nur noch 820.000 ha (vgl. Tabelle 6, Seite 20) in Grossbetrieben. Von diesen gab es 1971 1.150. Vor dem letzten Weltkrieg waren die Plantagenbetriebe überwiegend in europäischem Besitz. Sie galten als die grössten und technologisch am besten entwickelten der tropischen Zone. Obleich sie nur etwa 8 % der gesamten kultivierten Fläche einnahmen, produzierten sie 60 % der Exporte Niederländisch-Indiens (im Jahre 1939).

Durch die Wirtschaftskrise der 30er Jahre wurde den Plantagen grosser Schaden zugefügt und ihre Kapitalsubstanz stark angegriffen. Durch Kriegsfolgen und deren Auswirkungen in der Zeit von 1955 bis 1965 verloren sie das Personal für Management und Technik. Schon zu Beginn des letzten Weltkrieges siedelten landlose Bauern auf den schlecht verwalteten Plantagen. Einmal niedergelassen, liessen sie sich von dort nicht wieder vertreiben. Auf Java dezimierte die japanische Besatzungsmacht die vornehmlich mit Kaffee und Tee bestandenen Plantagenflächen und liess Reis anbauen. Auch diese Flächen blieben nach dem Abzug der Japaner in der Hand von Kleinbauern (vgl. RÖLL, 154).

2.2.2.1 *Gewürzhandel und Kulturzwang*

Der Gewürzhandel hatte schon im 16. Jahrhundert die Portugiesen und Holländer, später auch die Engländer, nach Indonesien geführt. Zur Sicherung des Handels legten sie « Faktoreien » an. Das besondere Interesse der Holländischen Ostindien Kompanie (V.O.C.) galt den Molukken. Mit der Etablierung der holländischen Kolonialmacht wandte sich das Interesse von den Molukken Java zu. Auf die javanische Landwirtschaft pfropften sie ihr koloniales System, wie GEERTZ C. (60) es ausdrückte. Erst gegen Ende des 19. Jahrhunderts wandte sich die Aufmerksamkeit wieder den Ausseninseln zu. Die besondere Tat der Holländer in dieser frühen Periode war die Einführung und die Aufnahme so wichtiger Kulturen wie Kaffee, Zuckerrohr, Pfeffer und einiger Gewürze in den kommerziellen Anbau.

Die Holländer wendeten eine Verfahrensweise an, die als « Duale Methode » bezeichnet worden ist: der javanische Kleinbauer musste auf einem Teil seines Bodens Pflanzen des kommerziellen Anbaus kultivieren und an die Gesellschaft abliefern. Die « Holländische Ostindien Kompanie » war zu Beginn nur am Handel mit den Exportprodukten interessiert, schaltete sich später aber auch in die Anbaukontrolle ein. Man war bestrebt, die einheimischen Fürsten mit ihren Beamten für die Interessen der Kompanie einzuspannen und scheute nicht vor Zwangsmassnahmen zurück.

2.2.2.2. *Das « Cultuurstelsel » des General-Gouverneurs van den Bosch*

Dieses Kultursystem löste die Pionierperiode der VOC ab. — Das holländische Wort « Cultuur » muss im deutschen sinngemäss mit Anbau im englischen mit « cultivation » übersetzt werden.

Unter diesem ausgeklügelten System, das weniger ein Anbau-als ein Abgabesystem war, musste der javanische Bauer auf einem Fünftel seines Bodens Plantagenkulturen anbauen und an die Regierung abliefern, statt wie bisher Steuern zu zahlen. Wahlweise konnte er auch an 66 Werktagen auf regierungseigenen Plantagen oder in öffentlichen Bauvorhaben diese Steuerleistung abarbeiten.

Die neue Bestimmung war der Grundstock eines grosses Systems politisch-ökonomischer Natur. In Java waren rund 5 % der Fläche mit solchen Pflanzen bestellt und etwa 30 % der Bewohner involviert. Gleichzeitig wurde der im vorhergehenden Abschnitt erwähnte Ausdruck vom dualen System stärker betont. Dieses System war 20 Jahre lang von 1830 bis 1850 in Anwendung und trug entscheidend zur Entwicklung Javas bei. In dem Masse, wie die Plantagentechnologie und ihre Kapitalintensität fortschritten, vertiefte sich der Gegensatz zum herkömmlichen javanischen Wirtschaftssystem.

GEERTZ C. (60) hat in seinem Buch « Agricultural Involution » die einzelnen Abschnitte der Entwicklung von allen Autoren am besten dargestellt und herausgearbeitet, wie trotz anfänglichen Kapitalmangels

ZUCKERPLANTAGE JATIROTO · KUBUN GULA

Karte - Map - Peta 21

ZUCKERROHR SUGARCANE - GULA

Sumber - Quelle- Source: Atlas van Tropisch Nederland 1938

nach und nach über die ersten « technischen » Bewässerungssysteme der Grundstock zur Plantagenwirtschaft gelegt wurde. Der lange Weg, den die Exportwirtschaft Javas vom « Cultuurstelsel » bis zur Plantagenwirtschaft beschritten hat, wird am besten durch die vorhandene, sich über 150 Jahre erstreckende Statistik veranschaulicht, die hier aber geschenkt sei.

2.2.2.3 *Die Entwicklung der Plantagenwirtschaft*

Aufstieg und Blüte der Plantagenwirtschaft fallen in die Jahre 1870 bis 1927. Sie wurde herbeigeführt und beschleunigt durch die Mechanisierung der Zuckerherstellung. Dieser Prozess wurde jedoch nicht ins Extrem getrieben. Stets war eine grössere Anzahl ungelernter Arbeiter auf den Zuckerplantagen tätig. Auch war der Anbau von Zuckerrohr durch die Notwendigkeit des Fruchtwechsels eng mit dem Reisanbau verwoben. Das Landbaugesetz des Jahres 1870 regelte diesen periodischen Umtrieb: Bauernland wurde für den meist einjährigen Zuckerrohranbau durch die Zuckerfabriken gepachtet und plantagenmässig genutzt. Nach dieser Nutzung wurde das Land an die Eigentümer zurückgegeben, die es in herkömmlicher Weise wieder selbst bewirtschafteten. Nur so konnten Plantagenkultur und kleinbäuerliche Wirtschaftsweise nebeneinander bestehen.

Um die Jahrhundertwende erfolgte der Übergang des Plantagen-Anbaus aus der Hand der Zuckerbarone in den Besitz der grossen Gesellschaften. Die « Nederlandsche Handel Maatschappij », die sich erst auf den Transport der Erzeugnisse aus dem « Cultuurstelsel » konzentriert hatte, dann aber Bankgewerbe und Plantagenwirtschaft aufnahm, besass im Jahre 1915 bereits 15 Zuckerfabriken und kontrollierte über 60 Zuckerrohr-, Kaffee-, Tee- und Kautschukplantagen. Die im Jahre 1878 gegründete « Handels Vereeniging Amsterdam » (HVA) kontrollierte zur selben Zeit 14 Zuckerfabriken und mehrere Plantagenbetriebe. In Vorstenlanden, dem Zuckerrohr-und Tabakanbaugebiet von Klaten, fusionierten die Zuckerbarone der « Cultuurstelsel »- Zeit mit der « Cultuur Maatschappij » Vorstenlanden, die schon 20 Zuckerfabriken im Jahre 1913 auf sich vereinigte; dazu kamen Kaffee-, Tabak- und Tee-Plantagen.

Die Plantagen der Ausseninseln

Besonders die Plantagenwirtschaft Sumatras begann sich ab 1813 zu entwickeln. Durch Unternehmer aus Ost-Java wurde der Anbau von Tabak eingeführt und mit dem Anbau von Ölpalmen begonnen. Einen späteren Impetus gab die Einführung von *Hevea brasiliensis*, der südamerikanischen Kautschukpflanze mit dem berühmten Umweg über « Kew Garden », dem Botanischen Garten von London, und über Malaya (1906). Die wachsende Bevölkerungsdichte Javas, die um die Jahrhundertwende eine weitere Plantagenausdehnung auf der Hauptinsel nicht zuliess, erzwang die Verlagerung der Plantagenwirtschaft von dort auf die Ausseninseln, vornehmlich nach Sumatra. Dem Mangel an Arbeitskräften half man durch Anwerbung chinesischer Arbeiter ab.Später brachte man javanische Kontraktarbeiter nach Sumatra. Bei Beginn des Ersten Weltkrieges arbeiteten 100 000 Javanen in Nord-Ost-Sumatra.

Im Jahre 1870 kamen noch 87% der Exporte aus Java und von den Ausseninseln nur 13%. 1900 entfielen schon 30% der Einnahmen auf die Ausseninseln, 1930 bereits 56% (58). — Sie betrugen 1930 600 Millionen Gulden, wovon allein 33% aus dem Tabak-und Ölpalmbezirk zwischen Deli und Pematang-Siantar kamen (vgl. Karte 22). Ein weiteres Drittel waren Erlöse aus dem Verkauf von Erdöl aus dem Gebiet Palembang-Jambi.

An dieser Stelle sei auch die stille Entwicklung erwähnt, die im Kleinanbau von Pfeffer und Kautschuk auf Sumatra und anderen Ausseninseln vor sich ging. Während Pfeffer aus der Zeit des « Cultuurstelsel » im Lande angebaut war, ging der Anbau von Gummi von den Plantagen auf die kleinbäuerliche Landwirtschaft über. Schon im Jahre 1938 kamen etwa 55% des Kautschuk-Exports aus den 800.000 Kleinbetrieben des Landes. Von 1913, als die ersten Gummibäume gezapft werden konnten, bis 1940 stieg der Kautschuk-Export von 3.000 t auf 182.000 t.

Die Plantagen bis zum Ende der Sukarno-Regierungszeit

Die Folgen von Krise und Krieg, Besetzung von Plantagenflächen durch landlose Bauern sowie die dadurch verursachten geringeren Investitionen in Versuchsanstellung (Düngung, Pflanzenschutz, Verarbeitung) und Züchtung neuen Pflanzenmaterials bewirkten, dass die Produktion der Plantagen laufend abnahm. So verringerten sich die Plantagenflächen von einem Maximum von 3,4 Millionen ha im Jahre 1927 auf 2,4 Mill. ha im Jahre 1937 und 1,6 Mill. ha im Jahre 1963. Gleichzeitig fielen die Erträge von der Flächeneinheit, so bei Ölpalmen von durchschnittlich 3-3,5 t Öl/ha auf 2,0 t/ha. Der Ausstoss der Plantagen verringerte sich zwischen 1938 und 1960 in der Tabak-Erzeugung um 86%, bei Cinchona

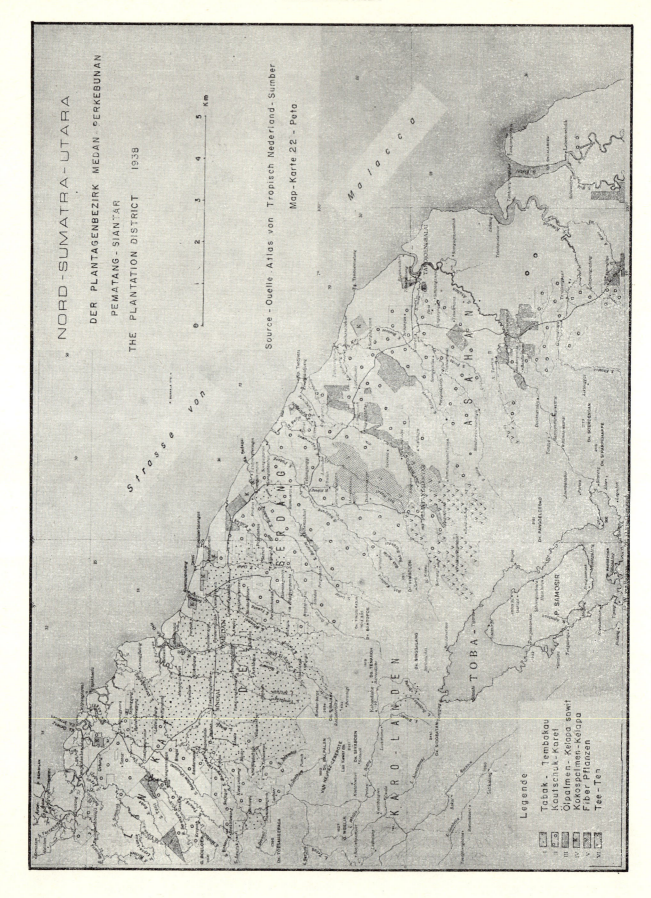

NORD-SUMATRA-UTARA

DER PLANTAGENBEZIRK MEDAN-PERKEBUNAN
PEMATANG-SIANTAR

THE PLANTATION DISTRICT 1938

Source-Quelle: Atlas von Tropisch Nederland-Sumber
Map-Karte 22-Peta

Legende
I Tabak-Tembakau
II Kautschuk-Karet
III Ölpalmen-Kelapa sawit
IV Kokospalmen-Kelapa
V Fiber-Pflanzen
VI Tee-Teh

(Chinarinde) 78%, Kakao 65%, Tee und Zuckerrohr 55% und bei Kaffee um 52%.[1] Nur die Kautschuk-Erzeugung konnte sich auf Grund der ausgeweiteten Flächen bei den Klein-Anbauern halten.

Schrumpfung der Flächen und fallende Flächenerträge gingen mit steigenden Kosten pro Flächeneinheit Hand in Hand. Der Besatz mit Arbeitskräften des technischen und aufsichtführenden Personals und damit ein wesentlicher Kostenfaktor, blieb. Gleichzeitig mussten die Plantagen höhere staatliche Abgaben zahlen und daneben « nützliche Abgaben » an örtliche und regionale Stellen, die durch kein Gesetz oder keine Anordnung verbrieft waren.—Der Stellenwert der einzelnen Plantagenprodukte geht aus Tabelle 32 im Anhang hervor (vgl. auch Tab. 17).

Die Entwicklung während der letzten 10 Jahre

Die Suharto-Regierung befasste sich mit Erfolg unter Mithilfe der Weltbank und der Asiatischen Entwicklungsbank mit der « Rehabilitation » der wirtschaftlich aussichtsreichsten Plantagen. Besonders im Ölpalm- und Kautschuk-Sektor unternahm sie Anstrengungen, die jedoch wegen des noch unzulänglichen Managements und des Mangels technisch geschulter Kräfte nur langsam fruchteten; die Produktion stieg bis 1972 nur unwesentlich an. Erst von diesem Jahr an etwa nahm die Produktion der Plantagen; wie z.B. bei Kautschuk, Zucker und Ölpalmen (vgl. Anhangtabelle 33 merklich zu. Besonders hervorzuheben sind die Erfolge auf den Zucker-und Ölpalm-Plantagen, die von den beiden oben erwähnten internationalen Banken Darlehen und technischen Knowhow erhielten.

Neben den Problemen im Anbau hatte dieser Untersektor Probleme in der personell übersetzten Verwaltung. Die zu Einheiten zusammengeschlossenen Plantagengruppen (z.B. Kautschuk und Ölpalmen) arbeiten nicht harmonisch zusammen. Oft halten sie an alt-überlieferten Vorstellungen fest und lehnen den Anbau von Nahrungspflanzen grundsätzlich ab, halten dagegen eine z.B. bei Tabak im Deli-Bezirk bis zu 7-jährige Brache ein. Diese Handhabungen und Zustände können nur allmählich abgeändert werden. Ansätze für eine bessere Zusammenarbeit mit dem Nahrungspflanzensektor liegen vor. Auf weitere Ergebnisse im Wiederaufbau der Plantagen während der letzten 10 Jahre geht der Verfasser bei den einzelnen Kulturen ein, so auch auf den neuen Lösungsversuch in der Zuckerindustrie mit Kleinanbauern.

2.2.2.4 Aussichten künftiger landwirtschaftlicher Entwicklung, auch regional untersucht.

Die Frage, wie die Aussichten der einzelnen Inseln und Landesteile in der Landwirtschaft sind, muss unter Berücksichtigung von Boden, Klima, Entwicklungsstand der einzelnen Regionen und Verbindungsmöglichkeiten erörtert werden. Dabei kann man diese Frage nur beantworten, wenn man sich darüber klar geworden ist, ob die Transmigration eine Lösung bringen kann. Dann wird man entweder auf den Hauptinseln weiter intensivieren (und auf verstärkte Umsiedlung verzichten) oder aber in erheblich stärkerem Masse Menschen von den übervölkerten Hauptinseln auf die Ausseninseln umsiedeln. Auf die Transmigration geht der Verfasser auf Seite 151 näher ein. Wie man dort sehen wird, waren, die bisherigen Transmigrationsbemühungen keineswegs ein Erfolg. Dies schliesst nicht aus, dass es in Zukunft gelingen wird, gangbare Transmigrationsprojekte zu entwickeln. Doch die Tatsache, dass die Bevölkerung Javas sich jährlich um über ein und einhalb Millionen Menschen vermehrt, weist eindringlich darauf hin, dass Transmigration allein keine Antwort ist. Eine so grosse Anzahl Menschen kann man schwerlich umsiedeln. Auch bei unerwartet hoch ansteigenden Öleinnahmen könnte man nicht die dafür notwendigen Geldmittel finden. Darum neigt der Verfasser dazu, die Transmigration als ein Instrument der Erschliessung der Ausseninseln in eigener Sache zu betrachten, nicht aber als Mittel zur Lösung des Bevölkerungsproblems der Hauptinseln.

Aus diesen Gründen sollte die landwirtschaftliche Entwicklung Javas weiterhin den Weg der Intensivierung nehmen, besonders durch Massnahmen der terminalen Wasserkontrolle und der Entwicklung der Bewässerung auf dem Felde des Bauern, aber auch durch besseres Saatgut, durch Düngung und Pflanzenschutz. Gleichzeitig müsste man die steilen Hänge Javas, die in unverantwortlicher Weise abgeholzt wurden, durch Massnahmen der Erosionsbekämpfung schützen. Ähnliches trifft für Madura, Bali, Lombok und West-Sumatra zu. Flankierende Massnahmen wären Verbesserung der Infrastruktur und der Ausbildung. Die eigentliche Lösung aber wäre die integrierte Entwicklung inklusive Familienplanung.

Für die Ausseninseln optimale Entwicklungsmöglichkeiten vorauszusagen ist beim augenblicklichen Stand der Bodenkartierung, die noch im Erkundungstadium steckt, schwierig. Auf Landreserven ging der Verfasser auf Seite 20 ein. Diese sind sehr reichlich auf den meisten Ausseninseln vorhanden. Auf allen

---

[1] Zahlen der Plantagenverwaltung Perkebunan, 1971.

Ausseninseln sind die Aussichten für Viehhaltung allgemein als günstig zu betrachten. Die Anbauaussichten lassen sich etwa wie folgt näher umreissen:

— *Sumatra* hat ausgesprochen gute landwirtschaftliche Entwicklungsaussichten. Weiterhin können Kautschuk, Ölpalmen, Kakao, Kokosnüsse und Gewürze vermehrt angebaut werden. Für Gemüse bestehen Aussichten für den Export nach Singapur.

— *Kalimantan* hat sicherlich seinen Entwicklungsschwerpunkt im Forstsektor. Doch nach Erschliessung der Niederungen im Bereich der Gezeiten gibt es gute Aussichten für den Reisanbau. Sonst bestehen auch hier Möglichkeiten für Baumkulturen.

— *Sulawesi* hat begrenzte Aussichten wegen des hohen Gebirgsanteils. Über die anderen Ausseninseln ist bisher zu wenig bekannt.

Plantagen-oder Kleinanbau.

Die jüngste Geschichte mit dem Niedergang und der Übernahme der privaten Plantagen durch den Staat als heute allgemein bekannte PNP's (PN Perkebunan) bescherte dem Staat ein besonderes Erbstück, das in seiner künftigen Behandlung keineswegs unproblematisch ist. Der fast totale Niedergang gab die Gelegenheit, eine neue Plantagenpolitik zu beginnen. Bevölkerungsdichte und Landnot mit kleinsten Betriebsgrössen stehen auf den Hauptinseln Java und Bali dem Wiederaufbau von Plantagen entschieden entgegen. Auf Grund der oben dargelegten Transmigrationsproblematik wäre auf den wenig bevölkerten Ausseninseln eine Berechtigung für den Gross-Anbau von Verkaufsfrüchten gegeben. Aber auch dort gibt es Umstände, die einer Fortführung oder einem Wiederaufbau der Plantagen nicht günstig sind. Es fehlen die technischen Fertigkeiten in der Führung und Unterhaltung der mechanisierten Betriebe, es mangelt an technischem und Management-Personal. Schliesslich ist die Atmosphäre nach der endlich erreichten Freiheit nach 300 Jahren Kulturzwang ungeeignet für den Masseneinsatz von Menschen zur Verrichtung der anfallenden Arbeiten, der zugegebenermassen zu einem grossen Teil den Maschineneinsatz erübrigen könnte. Zwar ist die Macht der Gewerkschaften noch gering, doch die Arbeitspolitik des Staates ist schlecht auf die staatlichen Interessen an den Plantagen abgestimmt. So dürfen z.B. keine Arbeiter entlassen werden.

Da die Plantagenkulturen nach den Merkmalen des Arbeits- und Maschineneinsatzes nicht gleich zu behandeln sind, sollte man für die künftige Entwicklung die einzelnen Kulturen danach unterscheiden und versuchen, sie in die künftige Agrarpolitik einzuordnen. Hierauf ist von Seite 112 an näher einzugehen. Diese Planungsarbeit wurde den jungen Planern im Jahre 1967, als man nach dem Niedergang der Wirtschaft mit Suharto neu begann, durch die innerhalb von 20 Jahren zu beobachtenden Trends leicht gemacht: Kautschuk und Kaffee waren schneller und umfassender als alte Pflanzer zu hoffen wagten, in die Hände der früher als ungeeignet bezeichneten und auf jeden Fall unerfahrenen Kleinbauern übergegangen. Immerhin hatte die Plantagenarbeit dem Kuli genug Lehrzeit für den Eigenbau abgegeben.

Deshalb wird man künftig die besonders arbeitsaufwendigen Kulturen, die keine sofortige und weitgehende maschinelle Aufbereitung für den Export erfordern, in den Händen der Klein-Anbauer lassen und sogar den Anbau in diesem Sektor noch zu fördern suchen. Besonders sind die Kulturen für den Klein-Anbau geeignet, die im Export keinen zu schwer erreichbaren Qualitäts-Standard fordern.

An dieser Stelle sollte auch ein Wort über die ehemaligen deutschen Plantagen in Indonesien fallen: Obwohl andere Länder wie USA, Gross-Britannien, Belgien und sogar in einigen Fällen besonderer Arrangements Holland die privaten Pflanzungen ihrer Bürger aus indonesischem Staatsbesitz zurückerhielten, wehrt sich Indonesien aus rechtlichen Gründen — die deutschen Plantagen zu re-privatisieren. Man sagt, dass Holland sie bei Kriegsbeginn 1939 enteignet habe und der indonesische Staat deswegen in der ganzen Angelegenheit nichts tun könne (vgl. auch S. 177).

2.2.3.   DIE VIEHHALTUNG ist nur auf den Kleinen Sundainseln (Nusa Tenggara) auf besondere Betriebe neueren Ursprungs konzentriert. In Kleinbetrieben herkömmlicher Art hält man auf diesen Inseln Vieh aus Gründen der Kapitalanlage, doch wird auch geschlachtet oder lebend exportiert. Sonst werden Rinder und Wasserbüffel in erster Linie als Zugvieh gehalten. Die Fleischerzeugung und Milchgewinnung sind Nebenergebnisse der Viehhaltung. Nur in einigen grösseren Städten wie Jakarta und Surabaya gibt es Abmelkställe, die überwiegend in chinesischem Besitz sind. Vieh verleiht soziales Prestige. Zeburinder, (besonders in Trokkenfeldbau) und Wasserbüffel (vorwiegend im SAWAH-Anbau), weniger Pferde, verleihen soziales Prestige. Auf den Viehbesatz ist auf Seite 130 eingegangen. Auch auf die religionsbedingte Differenzierung, z.B. Schweinehaltung durch Chinesen und nichtislamische Gruppen (auf Bali, Irian Jaya und in Nord-Sumatra) sei hingewiesen. Ziegen und Schafe werden zur Verwertung des anfallenden Rauhfutters gehalten. Geflügel sucht sich die Nahrung im Kampong, dem indonesischen Hof am Hause, im « Desa », dem Dorf. Alles Vieh (mit den erwähnten wenigen Ausnahmen) befindet sich in Kleinbetrieben. Es gibt keine ausschliesslich viehhaltenden Bewohner der Inseln dieses Landes.

2.3 Die agrarische Produktion und Verarbeitung der Erzeugnisse

Für die Ernährung der Bevölkerung ist der Reis am wichtigsten. In höheren Lagen und trockeneren Gebieten ergänzt der Mais den Nahrungsbedarf (vgl. Seite 43).

Unter den Exportgütern steht Holz an erster Stelle, gefolgt von Kautschuk, Kaffee und Palmöl. Die Tierhaltung ist für die Deckung des Bedarfs an Zugkraft wichtig. Wegen des geringen Pro-Kopf-Einkommens sind Milch und Fleisch als tierische Proteinquellen für die menschliche Ernährung zu teuer, und Fleischgerichte sind auf wenige Festgelage im Jahr beschränkt.

Damit steht die pflanzliche Erzeugung an erster Stelle. Hier nimmt der Reisanbau, vorwiegend als Nassreis-Anbau, den ersten Platz ein, auch als Proteinquelle.

2.3.1. DER REIS-ANBAU

Von den 12,824 Millionen ha, die im Jahre 1971 mit Nahrungspflanzen bebaut waren, waren allein 8.324.000 ha mit Paddy bestanden (vgl. Tabelle 41 im Anhang). Wie Anhang-Tabelle 31 zeigt, nahm in den Jahren 1966 bis 1976 die Produktion laufend zu. So stieg die Anbaufläche von etwa 7 Mill. ha auf 8,5 Millionen ha (1975) und die Produktion von 18 Millionen auf 30 mill. t Paddy. Gleichzeitig wuchsen die Flächenerträge, wenn auch nur langsam, von 2,5 t Paddy/ha auf fast 3,5 t/ha.[1] Ein besonderes Merkmal der Reisproduktion ist, dass sie immer knapp unter dem Bedarf (z.B. 1971 etwa 26 Millionen t) blieb. Das mag zugleich ein Teil der indonesischen Agrarpolitik sein: es ist billiger zu importieren als eine erzeugte Menge zu lagern, zumal keine Lagerräume vorhanden sind, sondern erst gebaut werden müssen. Damit hielt die Reiserzeugung nur eben Schritt mit der von 1951 von etwa 80 Millionen auf 1977 140 Millionen angewachsenen Bevölkerung (vgl. Seite 22)[1]. Zahlen über vorhandenen Lagerraum in Indonesien befinden sich in Tabelle 48 im Anhang.

(14) Java: beim Pflanzen des Sumpfreises.

---

[1]) In Indonesien sind besonders die Zahlen um die Reiserzeugung stark umstritten. Das wurde auch nicht durch die Revision der Zahlen im Jahre 1970 verbessert.
*) Paddy-Nassreis, hier jedoch « ungeschälter Reis » insgesamt.

2.3.1.1 *Sumpf (Sawah) und Trocken-Anbau*

Paddy wird in der von November bis April andauernden Regenzeit und Hauptvegetationsperiode angebaut. Dieser Paddy heisst *padi rendengan* und steht auf bewässerten Feldern mit « voll-oder halbtechnischen Bewässerungssystemen » (vgl. Seite 134). Im Gegensatz dazu heisst der Reis-Anbau auf Regenland ohne Bewässerung *sawah tadahan* und leidet oft unter Überflutungen oder Trockenheit. Während der Trockenzeit mit Bewässerung angebauter Reis heisst in Indonesien *padi gadu*. Weil das Wasser nicht für die gesamte bewässerbare Fläche ausreicht, bzw. das Bewässerungssystem noch unvollkommen hinsichtlich terminaler Wasserkontrolle durchkonstruiert ist, beträgt die *gadu*-Paddyfläche nur einen Bruchteil der rendengan-Reisfläche. Bei ausgeglichener Wasserversorgung liegen die *gadu*-Reis-Erträge infolge grösserer Sonnenschein-Einstrahlung höher als beim Reis-Anbau während der Regenzeit. Die Reis-Erntefläche ist infolge Doppelanbau grösser (Anbauintensität über 100%) als die Reis-Anbaufläche.

In einigen ebenen Gegenden Javas und einiger Ausseninseln kommt es gegen Ende der Regenzeit infolge Übersättigung des Bodens mit Wasser zu grösseren, weite Strecken Landes bedeckenden Überflutungen. Dort sät der indonesische Landmann kurz vor solchen Regenfällen Paddy aus. Diese Form des Reis-Anbaus bezeichnet er als *gogorancah* (Trocken-Sumpf) Anbau. Die Pflege der Felder unterscheidet sich nicht wesentlich von der regulärer SAHAW-Reisfelder. Es ist dieselbe primitive Form des Reis-Anbaus, die auch in weiten Teilen Afrikas zu finden ist. Infolge stärkeren Unkrautwuchses und des nicht-kontrollierten Wasserhaushalts liegen die Erträge niedriger als im SAHAW-Reisbau.

Neben dem Nass-Reisanbau haben wir dann den Trocken (« Upland »—) Reisanbau zu betrachten. Im Wanderhackbau im leicht hügeligen Gelände gebauter Trockenreis wird als *padi ladang* (vgl. Seite 134) bezeichnet. Diese Form findet man vorwiegend auf den Ausseninseln an der « Siedlungsfront », wo die Bewohner dem tropischen Regenwald Kulturland abringen. Permanenter Anbau von Paddy auf Regenland heisst in Indonesien *padi gogo*. Die Ernte des zuletzt genannten Paddy (gogorantjahladang und gogo), dessen Anbau im November/Dezember auf Regen erfolgt, liegt in den Monaten April und Mai. Für die Auswertung von Statistiken ist wichtig zu wissen, dass *gogo* und *ladang*-Reis häufig in Mischkultur mit Mais und Maniok angebaut werden.

Die Verteilung der beiden erwähnten Anbauformen (nass und trocken) richtet sich nach dem zur Verfügung stehenden Land und nach dem Wasserangebot. Auch die Fruchtbarkeit der Böden spielt eine Rolle. Auf Java mit seinen fruchtbaren Böden und dem reichlichen und leicht verfügbaren Wasserangebot finden wir die (Dauer-) Nasskultur des Paddy, zumal der Boden knapp ist. Auf den weniger fruchtbaren Ausseninseln, wo Wasser für die Bewässerung häufig schwieriger zu beschaffen ist, andererseits mehr Boden zur Verfügung steht, überwiegt die Trockenkultur von Paddy (vgl. Zeichnung 14 Seite 107).

2.3.1.2 *Anbautechnik*

Wenn man von Reis-Anbau in Indonesien spricht, denkt man in erster Linie an den Nass-Reis-Anbau von Java, da dieser den weitaus grössten Raum einnimmt. Im Oktober/November (z.B.) sät der Reisbauer Javas die überlagerte Paddysaat in kleinen, besonders sorgfältig hergerichteten Reisgärten aus. Es wird bewässert und die junge Saat geschützt. Während der einmonatigen Anzuchtzeit bereitet der Bauer mit Wasserbüffeln oder per Hand durch wiederholtes Pflügen bzw. Kultivieren (vgl. Photo 7) das Sawah-Feld vor. Mit einer Pflanzlehre setzen die Frauen des Dorfes in gemeinsamer Arbeit die jungen Reis-(Paddy-) Pflanzen in den Sumpf. Düngung und Pflanzenschutz wurden in den letzten Jahren eine Selbstverständlichkeit, gefördert durch die verschiedenen Aktionsprogramme (vgl. Seite 147). Bewässerung und Pflege (Seite 134) folgen altüberlieferten Techniken und zeichnen sich durch grösste Sorgfalt aus. Nach 145-160 Tagen sind die indonesischen Paddysorten, die aus der Indica-Gruppe (indonesisch « cereh ») stammen, reif. Hochgezüchtete Sorten brauchen unter den Verhältnissen des Landes 110 bis 130 Tage bis zur Reife. Ernten und Dreschen folgen meist herkömmlichen Praktiken ohne Maschineneinsatz. Man erntet die Felder im Gemeinschaftseinsatz, indem die Frauen mit kleinen Messern « ani » die Rispen schneiden. Die Buben sammeln die Ernte ein, und die Männer tragen sie auf die Tenne, wo der Paddy vor dem Dreschen in der Sonne nachtrocknen muss.

Auf die Produktionstechnik geht der Verfasser auf den Seiten 133 ff. ein. Hier sollen die wichtigsten Zahlen der Anbauflächen und Erträge genannt werden, wenn auch Inkonsistenz den Leser oft verwirrt. Auf die Angebots-und Nachfrageprobleme geht der Verfasser auf Seite 141 ein.

2.3.1.3 *Die Steigerung der Reisproduktion in den rückliegenden 10 Jahren*

Am Ende der Sukarno-Regierung stagnierte die Reisproduktion bei etwa 12 Mill t Reis. Etwa seit 1967 berichteten indonesische Regierungsstellen schnell ansteigende Anbau-und Ertragszahlen. Tabelle 31 im Anhang bringt die im Jahre 1970 revidierten Zahlen, ohne dass die langjährig vorhandene Diskrepanz zwischen den Zahlen des Landwirtschaftsministeriums und denen des Zentralen Statistischen Büros ausgeräumt werden konnte. Tatsächlich gab es im Jahre 1968 keinen plötzlichen Anstieg in der Reisproduktion; vorher waren nur niedrige Werte berichtet worden.

Die Unstimmigkeiten in der Reis-Statistik müssen in erster Linie auf das unzulängliche Erhebungssystem zurückgeführt werden. Die Ernteproben, vorgenommen von Angestellten des Landwirtschaftsministeriums, (DIPERTA), örtlichen Führern und Beamten der Steuerbehörde für die Festsetzung der Landsteuer (IPEDA) sind oft zahlenmässig nicht ausreichend und dadurch statistisch nicht gesichert. Die Bauern haben ein Interesse, diese zur Festsetzung ihrer Steuer benutzten Zahlen niedrig zu halten. Hingegen waren die Angestellten des Landwirtschaftsministeriums daran interessiert, die wahren Zahlen an ihre Vorgesetzten weiterzumelden oder sogar höhere, um dadurch den Erfolg ihrer Arbeit zu belegen. Im Jahre 1970 verbesserte man das Ernteproben-System, und das Zentrale Statistische Büro ging auf die höheren Zahlenreihen über. Dies erklärt den Sprung von 23,5 Millionen t geernteten Paddy im Jahre 1969 auf 25,3 Millionen t im Jahre 1970. Die Zahlenreihen des Landwirtschaftsministeriums müssen nicht unbedingt besser sein. Die Korrektur in den Zahlen des statistischen Büros für 1970 bedeutet jedoch eine Bewegung auf die Zahlenreihen des Landwirtschaftsministeriums zu.

Diese bereits zur Agrargeschichte gewordenen Fragen sollen nicht weiter untersucht werden, müssen jedoch unbedingt vom Leser beachtet werden, wenn er die Zahlen früherer Mineraldüngerprogramme aus den Jahren 1960-63 studiert und mit denen des grossen BIMAS-Programms der Jahre 1969-71 vergleicht. Sicherlich kam es bei dem letzten, grössere Flächen abdeckenden Programm (vgl. DEQUIN 28, S. 391), auch zu Übertreibungen.

Leicht erklärlich sind die scharfen Aufwärtsbewegungen der Anbau-und Produktionszahlen der Jahre 1967/68. Damals stützte die Regierung den Mineraldünger, indem sie den « Rumus Tani » einführte, die Faustregel, dass das Verhältnis von Dünger/Reis-Preis 1:1 betragen muss. Gleichzeitig war das Wetter im Jahre 1968 besonders gut. Als dann 1968/69 die grossen kommerziellen Reisprojekte anliefen, « *BIMAS GOTONG ROYONG* » genannt, nahmen die Produktionszahlen aus der Reihe des Landwirtschaftsministeriums auf Grund der schlechteren Wetterlage nicht weiter zu. Nur die inzwischen korrigierte Zahlenreihe des Zentralen Statistischen Büros gibt einen (scheinbaren) grossen Erfolg des kommerziellen BIMAS-Programms an. Dieses dann abrupt abgebrochene Intensivierungs-Programm, das zeitweilig über 1 Million ha Paddy abdeckte, war trotzdem besser als ihr durch angebliche Korruptionsaffären geschädigter Ruf: Immerhin konnte man trotz der schlechteren Wetterlage der Jahre 1960-71 die Produktion halten. Besonders hervorzuheben ist, dass der angekurbelte Mineraldüngerverbrauch sich auf erhöhtem Niveau fortsetzte. Von 1971 an produzierte man jährlich über 25 Mill t Paddy.

Einen schweren Rückschlag in der Reisproduktion gab es im Jahre 1972. Auf Grund der aussergewöhnlichen Trockenheit dieses Jahres sank die Produktion wegen der Bewässerungsschwierigkeiten . Eine Reihe guter Regenjahre hatte die Indonesier sorglos werden lassen hinsichtlich nötiger Verbesserungen in den Bewässerungssystemen. Aufgrund der Wasserverschwendung innerhalb der traditionellen « Fliessbewässerung », bei der Wasser vom Kanalausfluss innerhalb eines Blocks von Feld zu Feld fliesst, reicht das Wasser in trockeneren Jahren nicht für die bewässerbaren Felder der Trockenperiode. Terminale Wasserkontrolle vgl. Seite 136) würde dies hingegen durch sparsamere Verteilung ermöglichen. Erst seit 1972 denkt man an die Verbesserung der Bewässerung auf dem Felde des Bauern, die trotz der relativ modernen, grossen Bewässerungssysteme bisher vernachlässigt wurde. Gleichzeitig kam es gerade in diesen Jahren zu einer erheblichen Flächenausdehnung, vornehmlich auf den Ausseninseln. Im Jahre 1973 setzte sich der Anstieg in der Reisproduktion weiter fort (28,1 Mill. t Paddy oder 14,6 Mill t Reis dann 1976 auf 15,7 Mill.t (Tabellen 31 u. 41 im Anhang) und 1977 15,9 Mill. t (Präsidentenrede vom März 1978).

Die Ausweitung der Reisanbauflächen der vergangenen 10 Jahre muss immer im Zusammenhang mit dem Schwanken der Reisanbauflächen während der vergangenen zwei Jahrzehnte gesehen werden. In erster Linie waren die Zunahmen der mit Reis bebauten Flächen ausschlaggebend für das schnelle Ansteigen der Produktion, nicht so sehr die Erhöhung der Erträge von der Flächeneinheit.

In den Jahren 1951 bis 1958 blieb die Anbaufläche mit 5,8 bis 6,9 Millionen ha einigermassen konstant. Anschliessend, bis 1967, stieg sie langsam auf 7,5 Millionen ha. Dieser gesamtindonesische Vorgang muss jedoch aufgelöst werden: auf den Ausseninseln, an der Siedlungsfront, dehnte sich die Reisanbaufläche stetig aus, so alleine auf Sumatra von 1960 bis 1967 um 200.000 ha. Zwischen 1960 und 1964 schrumpfte jedoch die Anbaufläche mit Nassreis auf Java um etwa 700.000 ha. Der scharfe Anstieg von 1967 auf 1968 um 500.000 ha muss in erster Linie auf die plötzliche Wieder-Inkulturnahme auf Java zurückgeführt werden, wo alleine 220.000 ha mehr als im Vorjahr angebaut wurden. Seit den im Jahre 1971 in Tabelle 41 im Anhang verzeichneten 8,3 Millionen ha hat die Anbaufläche bis 1973 wieder um 200 000 ha zugenommen (227) beredtes Zeugnis für die Aufbauarbeit der letzen 10 Jahre. Im ganzen beträgt der Zuwachs in der Reisproduktion 1976 jedoch nur 2,5%, was für die Versorgung der Bevölkerung nicht ausreicht. 1,5 Mill t. Reis mussten importiert werden.

2.3.1.4 *Künftige Ausweitungsmöglichkeiten der Anbauflächen* müssen in erster Linie auf den Ausseninseln gesucht werden, wo seit 1968 die Hälfte aller Zunahmen verbucht werden konnte. Nord-Sumatra und Süd-Sulawesi sind besonders ausgeprägte Regionen mit Zunahmen in der Anbaufläche. Untersucht man regionale und zentrale Statistiken, wird man unerklärliche Diskrepanzen feststellen, so bei Süd-Sulawesi um mehr als 100.000 ha. Diese Angaben müssen deshalb wieder mit den hergebrachten Unzulänglichkeiten in der Verwaltung gesucht werden. Weitere Aspekte der Reisversorgung müssen von der Vermarktung her betrachtet werden, auf die der Verfasser auf Seite 140 eingeht. Entscheidend ist jedoch, dass die Reiserträge nicht schnell genug steigen und die Anbauflächen entsprechend schnell zunehmen. Diese müsste jährlich um 400.000 ha zunehmen, um die gegenwärtige Versorgung von 120 kg/Kopf aufrechtzuerhalten. Im Jahre 2.000 braucht Indonesien dann 31 Mill. t/Jahr. Dafür müsste die Reisproduktion jährlich um 720.000 t oder 5% wachsen. Doch sie nimmt nur mit 2,5% zu (vgl. S. 178).

2.3.2 ANDERE FELDFRÜCHTE

Neben dem Reis nehmen andere Feldfrüchte des Kleinanbaus einen sekundären Platz ein. Nur etwa 6 Millionen Hektar entfallen gegenüber den 8,5 Millionen ha Paddy auf Nicht-Reispflanzen. Die Entwicklung in der Erzeugung der Nicht-Reispflanzen geht aus Tabelle 31 im Anhang hervor. Wir ersehen daraus die folgenden Zahlenreihen.

TABELLE 24

ERZEUGUNG VON NICHT-REIS-NAHRUNGSPFLANZEN 1966; 1971; 1976 u. 1977

Production of Non-Paddy Crops
(in Tausend t)

	1966	1971	1976	1977 *
Mais (*Maize*)	3.717	2.606	2.512	2.856
Maniok (*Cassava*)	11.232	19.690	12.468	16.734
Erdnüsse (*Grondnuts*)	263	284	332	343
Sojabohnen (*Soybeans*)	417	516	482	523
Süsskartoffeln (*Sweet Pot.*)	2.476	2.211	2.418	2.563

Quelle: Zentr. Stat. Büro (216; 218).
   Source: Cent. Stat. Office.
   **) Vorläufige Zahlen.

Die fast gleichbleibenden Zahlen zeigen, dass Indonesien trotz aller Anstrengungen immer noch nicht genügend Reis anbaut, um als Selbstversorger gelten zu können. Und wenn dieser Punkt erreicht wäre, müsste man dann in der Lage sein, diese Nicht-Reispflanzen, die vorwiegend viel weniger Wasser für das Wachstum benötigen, auch anzubauen. Das aber ist erst in grösserem Umfang nach der Umstellung auf terminale Wasserkontrolle mit individueller Bewässerung und Dränage des Untergrundes möglich. Hier sind besonders die weiten flachen Ebenen an den Küsten betroffen. Bisher baut der indonesische Bauer die « zweiten Kulturen » (« *polowijo* ») vorwiegend auf den auf natürliche Weise hinreichend entwässerten Feldern (Hängen des Hügellandes) auf auslaufende Bodenfeuchtigkeit an, wenn der Paddy abgeerntet ist (zum besseren Verständnis vgl. Ausführungen über terminale Wasserkontrolle Seite 136).

Wie die oben angegebene Folge anzeigt, sind Mais und Maniok die nächstwichtigen Nahrungsmittel nach Reis und Zucker. Beide Kulturen baut der Bauer als Versicherung gegen einen Fehlschag der Paddy-Kultur an, und sie sind zugleich des armen Mannes Früchte, da sie in Lagen noch gedeihen, wo der Reis nicht mehr wächst. Maniok als Massenträger wird dann ausserdem angebaut, wenn auf kleinsten Flächen die Reisernte nicht mehr ausreicht, eine grosse Familie zu ernähren. Die abträglichen Auswirkungen der relativ einseitigen weil proteinarmen Maniok-Ernährung muss eine solche Familie dann in Kauf nehmen und sucht sie durch Soja-(Tempe) und Fischnahrung auszugleichen.

Viel stärker als Reis sind die « *polowijo* »-Früchte auf Java konzentriert. Während nur etwa die halbe Reisproduktion von Java herrührt, wachsen dort 90% der in Indonesien geernteten Sojabohnen, 80% des Maniok, 75% des Mais, 60% der Süsskartoffeln und 50% der Erdnüsse. Der grösste Teil der Mengen wird in dem sehr dicht besiedelten Zentral-Java erzeugt, wo erklärlicherweise der Wettbewerb der einzelnen Kulturen um Land sehr gross ist. Weiterhin konzentriert sich der Anbau dieser Nicht-Reispflanzen auf Ost-Java (227).

2.3.2.1 *Mais*

In der gesamt-pflanzenbaulichen Produktion stand der Mais (1971) wertmässig mit 6,5% nach Reis (50%), Kautschuk (10%) und Maniok (8%) auf dem vierten Platz. Mit den sehr niedrigen Durchschnittsernten von rund 1 t/ha nimmt der Mais jedoch den zweiten Platz hinsichtlich der Anbaufläche ein. In Zentral-Java ist Mais in Höhenlagen ein wichtiges Nahrungsmittel, so auch in Ost-Java, wo er auch in etwas niedrigeren Lagen angebaut wird. Im Export scheint Mais in jüngster Zeit einige Bedeutung zu gewinnen. In Indonesien wird er als Viehfutter nur wenig verwendet.

In den Jahren 1951 bis 1977 fluktuierte die Mais-Anbaufläche sehr stark. Da die Reis-Ernten seit Mitte der 60er Jahre reichlicher wurden und Mais als minderwertiges Nahrungsmittel gegenüber Reis gilt, stagnieren Anbauausweitung und Produktion seit 1966. Das Ausfuhrverbot von Mais nach dem Trockenjahr 1972 liess die Maiserzeugung langsamer als sonst zu erwarten gewesen wäre anwachsen.

Die Anbauflächen des Jahres 1971 betrugen auf Java 1,6 Mill. ha (Ost-Java 1 Mill·ha, Zentral-Java 490.000 ha und West Java 120.000 ha) auf Sulawesi 450.000 ha und auf den Kleinen Sunda- Inseln 175.000 Hektar. Seit 1969 suchte man in Süd-Sumatra grössere Flächen mit Mais für den Export durch japanische Vertragsfirmen zu bebauen.

Nach einer Prognose der «National Fertilizer Study (NFS 80)», die den künftigen indonesischen Maisanbau bis zum Jahre 1980 projizierte, wird der Anbau für die menschliche Ernährung bei etwa 4,35 Millionen t liegen, während dann 1,6 Millionen t in den Export gehen könnten. Die Gesamterzeugung, die 1971 2,8 Millionen t betrug, nahm die NFS für 1974 mit 4,3 Millionen t und 1980 mit 6,1 Millionen t an (tatsächlich 3 Mill t). Andere Prognosen liegen tiefer. So rechnet die Indonesische Studie für Angebot und Nachfrage (IS & D) (189) mit einer Abnahme des Pro-Kopf-Verbrauchs von 24,9 (1975) auf 22,8 kg im Jahr 1980 und kommt für ganz Indonesien für das Jahr 1980 nur auf 2,7 Millionen t, gegenüber 4,35 Millionen t (für Nahrung alleine) bei der NFS. Wahrscheinlich kann man trotz Anstrengung der Regierung nicht mit einer schnellen Zunahme des Exports von Mais rechnen, so dass Maisanbau und -erzeugung weiterhin durch eine starke Fluktuation gekennzeichnet sein werden (227). Die bisherige Entwicklung gibt der indonesischen Studie recht.

2.3.2.2 *Maniok und Süsskartoffeln*

Diese beiden Früchte haben zweierlei gemeinsam. Einmal sind sie in Anbau und Pflege sehr ähnlich. Andererseits werden beide als Sparbüchsen für Notzeiten betrachtet, wenn die Reisernten versagen oder die Reisvorräte erschöpft sind. Dies wird durch den Umstand herbeigeführt, dass beide Knollenfrüchte lange über die eigentliche Reife hinaus im Boden gehalten werden können.

In der Ausdehnung der Anbauflächen ist die Süsskartoffel weniger bedeutend als Maniok, der viermal soviel angebaut wird. Obwohl beide Früchte verglichen mit Reis zu den minderwertigen Nahrungsmitteln rechnen, sah man im 1969/74-Fünfjahresplan eine starke Anbauausdehnung vor. Allergings ist zwischen gegenwärtigen Anbau-und Produktionszahlen und projizierten Planzahlen wenig Zusammenhang, auch wenn man berücksichtigt, dass die Jahre 1970 und 1971 schlechte Erntejahre waren. Für 1980 rechnete die NFS 1971 mit 11,2 und 3,75 Millionen t Maniok bzw. Süsskartoffeln, die FAO für Maniok sogar mit 16,3 bis 18,8 Mill. t Die NFS rechnete in erster Linie mit Steigerungen im Ertrag von der Flächeneinheit. Die bisherige Entwicklung gab beiden unrecht: die Erzeugung beider Kulturen stagniert bei 11 bis 12 Mill. t Maniok und 2,5 Mill. t Süsskartoffeln (vgl. Anhangtabelle 31). Ausser für die menschliche Ernährung hat Maniok einige Bedeutung für den Export als Chips und Tapiokamehl. Im Jahre 1969 exportierte Indonesien 99.684 t Chips, 5.934 t Mehl und 2.225 t Tapiokamehl. Abnehmer sind Länder der Europäischen Gemeinschaft, besonders Deutschland und die BENELUX-Länder. Lange Zeit wurden die weiteren Marktaussichten als besonders günstig angesehen. In jüngster Zeit trat durch die neue Einfuhrpolitik ein Wandel ein (1973); Maniok-Chips als Futtermittel werden seit 1974 nicht mehr so günstig in den EWG-Raum hereingelassen (227).

2.3.2.3 *Sojabohnen*

Wie bereits oben angeführt, befinden sich 90% der Sojabohnenflächen auf Java, wo die Sojabohne als wichtige Proteinquelle die fleischarme Küche ergänzt. «*Tempe*» ist das wichtigste Sojabohnen-Präparat Javas, und gekeimte Sojabohnen werde zu vielen Gerichten gegeben; (hierher auch: «tahu»).

Die Anbaufläche entwickelte sich von 404.000 ha im Jahre 1951 stetig auf 700.000 ha im Jahre 1971 und stagniert seitdem. Für das Jahr 1980 rechnete der Fünfjahresplan mit über 1 Million ha Sojabohnen. Hierzu berechtigte der scharfe Anstieg der Inlandsnachfrage. Von 1968 bis 1972 stieg der Sojabohnenpreis um etwa 50%. Die NFS erwartete für 1980 eine Gesamterzeugung von 550.000 t Sojabohnen, also mit einem bescheidenen Anstieg von 100.000-150.000 t/Jahr. Diese Studie rechnet im Gegensatz zum Fünfjahresplan mit einer Schrumpfung der Anbaufläche. Anhangtabelle 31 zeigt, dass diese Erzeugung schon 1974 eintrat, dann jedoch wieder abfiel. 1976 wurden 480.000 t erzeugt.

Auf den Ausseninseln ist die Sojabohnenkost nicht verbreitet, da nur wenig Sojabohnen angebaut werden. Deshalb sieht der laufende Fünfjahresplan gerade dort eine stärkere Ausdehnung der Anbauflächen vor. Exportiert werden Sojabohnen aus Indonesien bisher nur in geringem Umfang, obwohl die Versorgungslage und die Preise einen solchen Export zulassen würden.

2.3.2.4 *Erdnüsse*

Das vorhandene Zahlenmaterial ist sehr uneinheitlich. Erdnüsse werden im ersten Fünfjahresplan zusammen mit Sojabohnen behandelt. Man rechnete von der kombinierten Anbaufläche von 1,174 Millionen ha ausgehend mit einem Anstieg auf 1973/74 2,02 Mill. ha. 1971 baute Indonesien 475.000 ha Erdnüsse an (Landwirtschaftsministerium) mit einem Ertrag von 1 t/ha (offizielle frühere Angaben-die späteren Zahlen nennen eine Erzeugung von 284.000 t im Jahre 1971). Die NFS ist der Meinung, dass alleine durch verbesserte Sorten eine erhebliche Produktionssteigerung möglich sein müsste. Sie rechnete 1971 bis 1980 mit einer Flächenausdehnung auf 500.000 ha, wovon der grösste Teil auf den Ausseninseln erfolgen müsste. Die NFS nahm für 1980 eine Gesamt-Erdnussernte von 400.000 t an und ging von erheblich geringeren Erträgen von nur 1-2 t/ha aus. Schliesslich brachte der im Jahre 1973 durchgeführte Landwirtschaftliche Zensus eine Klärung dieser Verhältnisse. Nach Anhangtabelle 31 erzeugten die indonesischen Bauern 1976 332.000 t. Im Export könnten Erdnüsse aus Indonesien einen Platz gewinnen. Bisher ist auch bei Erdnüssen der Export verschwindend gering.

Der Verfasser lässt einmal die über die Jahre unterschiedlichen offiziellen Meinungen durchscheinen, um zu zeigen, dass die Anbau-und Erzeugungsstatistik keineswegs als gesichert gelten kann.

(15) Klaten, Zentral-Java: Bei der Tabakernte in den ehema-
« Vorstenlanden », Tabak-Trockenscheunen.

2.3.2.5 *Tabak*

Der Tabak ist eine der Verkaufspflanzen, die sowohl im kleinbäuerlichen Anbau wie auch im Plantagen-Anbau zu finden ist. Statistisch ist eine Trennung nicht möglich. Deshalb bringt der Verfasser am Schluss des Kapitels einige Charakteristika der beiden Anbauformen.

Vor dem letzten Weltkrieg war der Tabak eine der wichtigsten Exportkulturen Indonesiens. Zwischen 1934 und 1939 exportierte Niederländisch-Indien jährlich zwischen 40.000 und 50.000 t Rohtabak.

In den 50 er Jahren ging der Anbau um mehr als 2/3, der Export noch stärker, zurück. Von 1952 an hatte der Tabakexport nur noch 4-6% des Wertes der landwirtschaftlichen Exporte. Im Jahre 1968 konnten in Nord-Sumatra die im DELI-Bezirk gelegenen Staatsplantagen und die in Zentral-und Ost-Java gelegenen auf bäuerlichem Anbau basierenden Tabak-PNP wieder 28.000 t exportieren. Eine Zusammenstellung des Tabakanbaus und Exports bringt die nachstehende Tabelle.

TABELLE 25

TABAKERZEUGUNG UND -AUSFUHR 1960-1977, IN T
(Tobacco Production and Export)

Jahr	Gesamtanbau-fläche, ha [1]	Erzeugung, in t				Export t Insgesamt	
		Kleinanbau	Virginia	Plantagen	Gesamt	[1]	[2]
1960	.	45022	23431	7277	75680	14812	(3400)
1961	.	54611	21433	5794	81838	16192	(3400)
1962	.	52615	19703	6517	78835	19221	(11000)
1963	.	60492	21808	6268	88586	18157	(11900)
1964	.	43066	9035	8043	60144	21263	(18700)
1965	.	62321	17829	6425	86575	19841	(12400)
1966	170000	68700	20200	11999	99899	22036	(12400)
1967	.	47750	10762	9461	67963	28322	(9000)
1968	.	37575	5668	9880	53123	20322	(8100)
1969	.	55900	17000	9700	72900	. .	(16400)
1970	171850	37000	14000	9820	70820	. .	(14200)
1971	.	54000	11000	9940	76940	. .	(18300)
1972	.	.	.	.	79000	.	26200
1973	.	.	.	.	80000	.	33300
1974	.	.	.	.	79000	.	28100
1975	.	.	.	.	82000	.	19600
1976	.	.	.	.	88000	.	20500
1977	185000	.	.	.	96000	.	19200

Quellen:
[1] National Fertilizer Study, Durchschnitt der Jahre 1965-70, Tabellen 11-38. (81).
[2] Zainul Jazni « Tobacco in the Indonesian Economy » in Agro-Ekonomika, Vol. (89).
[3] Wie (2).
[4] Zentrales Statistisches Büro. (216).

Der grösste Teil der Staatsplantagen liegt in Nord-Sumatra mit etwa 4.250 ha, Zentral-Java 6.550 ha und in Ost-Java mit 4.859 ha. Der kleinbäuerliche, meist für den heimischen Verbrauch bestimmte Tabakanbau, wird auf Zentral-und Ost-Java mit 90.000-100.000 ha betrieben und der Rest auf Bali, in verschiedenen Provinzen Sumatras, in Süd-Sulawesi und Nusa Tenggara. DELI, VORSTENLANDEN und BESUKI No sind die wichtigsten Sorten.

Der Inlandsverbrauch an Tabak, mit einem Elastizitätskoeffizienten von 1,0 versehen, ist stark angewachsen und sollte nach der IS+D Studie von 48.000 t im Jahre 1969 auf 67.000 t im Jahre 1975, auf 87.000 t 1980 steigen, dann auf 114.000 t 1985. Die FAO-Projektionen ähneln diesen Zahlen, gehen jedoch von einem höheren Inlandsverbrauch im Basisjahr aus, während die IS+D-Studie höhere Exportzahlen annimmt. Tatsächlich stieg der Inlandsverbrauch bis 1975 auf 62.400 t.

Der Tabakhandel mit Ein-und Ausfuhr-Ziffern ist je nach den Quellen, die z.T. auch den Zigarettenschmuggel mit berücksichtigen, unterschiedlich dargestellt. So gibt das Zentrale Statistische Büro für 1969 einen Import von 20.700 t an. Im Jahre 1969 meldete dieses Büro Importe von Tabak und Zigaretten in Höhe von US$ 20,0 Millionen. Das ist weniger als 1950, jedoch mehr als in der Mitte der 60er Jahre (14-15 Mio $). In den Jahren 1970 und 1971 waren in Ost-Java 50.000 bis 70.000 Ballen Tabak von je 100 kg auf Lager, die erheblich auf die Einfuhren drückten, die 1970 nur 1873 t betrugen. Die gesamte Exportmenge bewegte sich in den Jahren 1970 bis 1976 zwischen jährlich 14.000 bis (1973) 33.000 t und betrug 1976 20.500 t. Den deutschen Leser mag interessiereq, dass ein grosser Teil in Bremen vermarket wird, 1976

103.000 Ballen mit einem Wert von DM 105 Mill. 1977 wurden 19.200 t Tabak exportiert. Nach Deutschland sind die Niederlande, USA, Frankreich und Japan die wichtigsten Abnehmer.

Angebot und Nachfrage im Inland in der Zukunft sind mit starken Wachstumsraten zu veranschlagen. FAO und die IS+D-Studie nehmen eine Verdopplung der Nachfrage innerhalb 10-15 Jahren an. Dabei wird der Import-Anteil der USA auf Grund der Kostenvorteile asiatischer Lieferanten weiterhin zurückgehen (1950-40%, 1965 nur noch 20%). Die verschiedenen Studien nehmen an, dass der relative Anteil der Inlands- produktion wegen der schlechten Beratung und der minderen Qualität des Rohtabaks weiter fallen wird und dass die Philippinen und Thailand weiter an Boden gewinnen werden. Dieser Trend muss aber auch teil- weise der steigenden Inlandsnachfrage zugeschrieben werden, womit Indonesien in den kommenden Jahren Angebots- und Nachfrage-Gegenläufigkeiten zu erwarten hat.

Die nationale Düngerstudie (NFS) erwartet eine jährliche Flächenausdehnung von 2% vor allem auf den Ausseninseln. Dort gibt es noch freie Flächen. Die Absatzschwierigkeiten liegen eindeutig in der un- genügenden Qualität und in der mangelhaften Sortierung. Nur wenn es gelingt, die Qualitätsansprüche der heimischen Zigarettenfabriken zu erfüllen, können die Einfuhren aus Indien und den Philippinen zurück- gedrängt werden. Die heimische und ausländische Nachfrage nach Tabak dürfte stark genug sein, um eine grössere Anbauausweitung zuzulassen, wenn es nur gelingt, den Tabak zu Wettbewerbspreisen zu produzieren. Eine Anbaufläche von 185.000 ha (NFS-Studie) für das Jahr 1980 dürfte dann möglich sein.

Die Verbesserung in den Anbau-Praktiken wird von einer kürzlich fertiggestellten Studie über den DELI- Deckblatt-Tabak Nord-Sumatras gefordert. Dort folgt man noch Anbaupraktiken aus dem letzten Jahrhun- dert. Man glaubt nur dann qualitativ hochwertigen Tabak erzeugen zu können, wenn man wegen der dro- henden Älchengefahr einen Abstand von sechs Jahren beim Anbau von Tabak wahrt. Das mag wahr sein, aber man kann sich den Luxus der Schwarzbrache einfach nicht leisten. Es wird darum vorgeschlagen, durch Fruchtfolge die Älchengefahr zu beseitigen (vgl. Zeichnung 15 Seite 112).

Die charakteristischen Unterschiede im Anbau von Klein-und Grossbetrieben sind die Vermarktung und die Qualitätskontrolle. Tabakanbau in Kleinbetrieben ist vorwiegend auf die Vermarktung im Lande ausge- richtet; die Ausnahme stellt der Kleinanbau der «Voɪstenlanden» bei Klaten, Zentral-Java dar. Gross- betriebe, wie im DELI-Bezirk bauen für den Export an. Zumeist fehlt in den Kleinbetrieben, wie beim Tabakanbau um Wonosobo oder Semarang, die Qualitätskontrolle, die Vorbedingung für den Export aber auch für die landeseigene Zigarettenindustrie ist. In den letzten Jahren ist eine leichte Abnahme des Tabak- anbaues in Kleinbetrieben zu verzeichnen. So fiel von 1969 bis 1975 die in Kleinbetrieben erzeugte Menge von 162.000 t (1972 waren es sogar 196.000 t) auf 140.000 Tonnen (Anhangtabelle 31).

(16) Java: Beim Setzen des Zuckerrohrs

2.3.2.6 *Zuckerrohr*

Schon Anfang des 19. Jahrhunderts hatten die Holländer begonnen, auf der Insel Java die Kultur von Zuckerrohr in grösserem Stil aufzunehmen. Am Ende desselben Jahrhunderts war Niederländisch-Indien nach Kuba der Hauptproduzent von Zucker. In den Jahren 1928 bis 1931 waren rund 25 000 ha mit dem hohen schilfartigen Gewächs bebaut. Von 1900 bis 1930 stieg die Zuckererzeugung von 1 Million auf 3 Millionen Tonnen pro Jahr. Die Anbauflächen wuchsen bis 1935 auf 28.750 Hektar. Doch 1937 waren es schon 86.000 ha. Während und nach dem Zweiten Weltkrieg fiel die Zucker-Erzeugung stark, weil Zuckerrohr und Reis die gleichen Böden beanspruchen und die Reispreise stark anstiegen. 1966 waren 76.427 ha bebaut, an sich nur wenig unter dem Wert von 1937. Doch gleichzeitig fiel die Zuckerproduktion von der Flächeneinheit, im ganzen bis 1966 auf nur 798.000 t. 1968 war mit 759.000 t der tiefste Stand erreicht. Dann stiegen die Anbauflächen stark und die Menge (gering) wieder an, auf (1971) 1.051.000 t von 125.000 ha) Die acht grössten Zuckerplantagen bauten alleine zusammen 70.000 ha an. Private und staatliche Plantagen sowie Kleinanbauer zusammen produzierten 1976 1,38 Mill. Tonnen Zucker (Tabelle 26 im Text). 1974 erzeugten die Staatsplantagen 70%, Privatplantagen 12% und der Kleinanbau (dieser nur braunen) 18% der gesamten heimischen Produktion. 1976 wurden noch 250.000 t Zucker importiert.

Erzeugung

Im Jahre 1972 deckten die 55 kommerziellen Zuckerfabriken etwa 95% des Bedarfs an weissem Zucker. Davon sind 48 Fabriken Staatsbetriebe, zusammengefasst unter « PNP GULA ». Doch nur eine Fabrik der

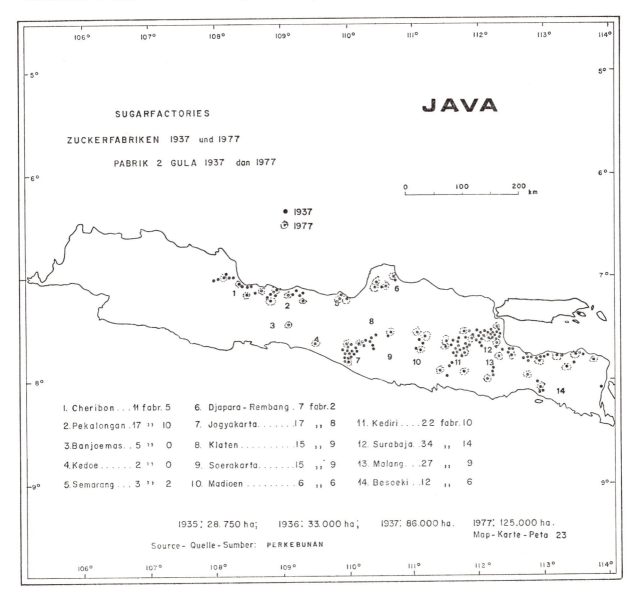

restlichen sieben war ganz in privater Hand; die anderen hatten staatliche Beteiligungen. Im gleichen Jahr waren alle Fabriken ausser einer, die sich auf Sumatra befand, auf der Insel Java angesiedelt. Der Niedergang der Erzeugung fällt auch in dieser Industrie mit dem Ende des Sukarno-Regimes zusammen. Von Jahr zu Jahr musste mehr an Zucker importiert werden, 1971 150.000 t. Der Erfolg der letzten zehn Jahre muss in der fast erreichten Selbstversorgung dieses wichtigen Nahrungsmittels gesehen werden. 1976 deckten die indonesischen Zuckerfabriken 86% des Bedarfs, obwohl die Erzeugung viel stärker zunahm als 1968 Planer zu hoffen wagten, 1968-74 mit jährlich 5,6% und damit stärker als bei Reis.

TABELLE 26

ZUCKERERZEUGUNG IMPORT UND VERBRAUCH IN INDONESIEN, 1966, 1968, 1970 BIS 1977, IN 000 T
(Sugar Production and Consumption in Indonesia)

	1966	1968	1970	1971	1972	1973	1974	1975	1976	1977
1. Produktion										
Weisser Zucker aus Plantagen	558	556	.	.	.	.	.	.	.	.
Weisser Zucker aus dem Klein-Anbau	47	45	73	.	.	.	.	.	.	.
Weisser Zucker, insgesamt	605	601	715	833	883	820	1024	1030	1056	1100
Brauner Zucker, Klein-Anbau	193	158	158	208	250	190	186	227	324	.
Gesamterzeugung	798	759	873	1051	1133	1010	1210	1257	1380*	1460
Davon Klein-Anbau	240	203	170	178	196	140	142	140		
2. Verbrauch										
Einfuhren	.	108	128	162	116	238	113	150	250*	.
Weisser Zucker	586	677	.	.	.	.	.	.	.	.
Brauner Zucker (gula mangkok)	193	158	.	.	.	.	.	.		.
Gesamtverbrauch	779	835	844	983	883	979	1104	1099		.

Quelle: Zentralbüro f. Statistik und Generaldirektorat f. Plantagen (218 f.d. Jahre 1966-72 und 216 f.f. Jahre 1973 bis 76) und BP3G.
*) Die Zahlen implizieren, dass auch gleichzeitig Zucker exportiert wurde.

Ein neuer Modus für den Kleinanbau

Wie die Tabelle zeigt, gibt es zwei Arten von Zucker-Erzeugung, von weissem Zucker in grösseren Betrieben und von braunem im Kleinanbau mit einfachen Kochanlagen. Etwa 30% des verbrauchten Zuckers war brauner Zucker (gleichzeitig wird auch etwas-hier nicht erfasster-brauner Palmzucker konsumiert). Der Anteil der kleinbäuerlichen Zuckererzeugung an der Gesamtproduktion beträgt ebenfalls etwa 30%. Neuerdings (ab 1975) will man mehr Zuckerrohr im Rahmen des TRI-Programmes in Kleinbetrieben anbauen. Auch soll die betriebswirtschaftliche Zusammenarbeit zwischen Kleinbauern und Zuckerfabrikanten verbessert werden. Dies geht auf die präsidiale Anordnung Nr. 9 von April 1975 zurück. Das Staatsplantagen—system soll allmählich durch ein Kleinanbau-System ersetzt werden, so dass das Pachten von Land für den Zuckeranbau bis 1979 verschwunden ist. Diese Umstellung soll durch ein BIMAS-Intensifikations-Programm erreicht werden. Unter dem neuen System sind die Zuckerfabriken für die Gestellung von Pflanzgut, Dünger und Pflanzenschutzmitteln verantwortlich, Bank Rakyat Indonesia für ein Kredit-Paket, das in vier Stufen an die Anbauer vergeben wird mit 1,25% Zinsen pro Monat, das nach der Verarbeitung zurückzuzahlen ist. Die Bezahlung erfolgt nach dem Zuckergehalt. Von diesem neuen System werden beide Formen des Zuckeranbaues betroffen « Tebu Rakyat biasa » und « Tebu Rakyat Intensifikasi (TRI), 1976/77 waren bereits 36.000 ha Zuckerrohr im Rahmen des TRI-Systems, intensiven Anbaues durch Kleinbauern, in Kultur.

Wirtschaftlichkeit

Im Weltdurchschnitt sind die indonesischen Zuckerfabriken mit einer täglichen Kapazität von 1.300 t als klein zu bezeichnen. Die meisten sind 40 Jahre alt oder älter und sind nur vereinzelt erneuert worden. Die im Jahre 1971 durchgeführte Zuckerstudie von BOOKERS AGRICULTURAL AND TECHNICAL SERVICES Ltd. in Zusammenarbeit mit der ECONOMIST INTELLIGENCE UNIT zollt den Managern und Technikern der indonesischen Zuckerindustrie für den kaum unterbrochenen Betrieb der Anlagen höchste Anerkennung. Heute würde man am besten die meisten Fabriken neu bauen statt sie zu erneuern. Das käme in vielen Fällen sogar billiger.

TABELLE 27

DURCHSCHNITTLICHE HEKTARERTRÄGE AN ZUCKERROHR, INDONESIEN 1935-1976 (SELEKT.)
(Average Yields of Sugarcane per Hectare, Indonesia)

	1935	1962	1965	1966	1970	1975	1976
Fabrik							
Zuckerrohr, t/h	139,8	72,0	91,6	85,8	95,4	98,3	.
Zucker %	8,88	9,36	10,65	7,77	10,20	10,35	.
Rohzucker, qt/ha	12,41	7,15	9,86	8,38	9,78	9,92	9,9
Klein-Anbauer, Rohzucker, qt/ha	.	.	.	3,8	4,1	6,3	6,0

Quelle: BP3G (Staatliche Zuckerplantagen) Jahresberichte 1963 bis 1977 (245).

Die Ernteperiode beträgt nur 115 Tage. Darum können die Fabriken keinen vollen Gebrauch von den vorhandenen Kapazitäten machen. Spätreifende Sorten fehlen. Durchschnittliche Hektarerträge an Zuckerrohr, Zuckerprozenten und Rohzucker pro Hektar gibt die obige Tabelle:

Im Jahre 1968, als der Zuckerpreis niedrig lag, waren die Produktionskosten mit 14,0 Rupiah/kg oder US$ 93/t zu hoch. Im Jahre 1971 kam die eben erwähnte Zuckerstudie wegen veränderter Marktlage zu dem Schluss, weiterhin mit den vorhandenen Anlagen auf Java Zucker zu produzieren, statt den gesamten Bedarf auf den Ausseninseln zu decken. Im Jahre 1971 machte die Zuckerindustrie nach den Kosten/Profit-Kalkulationen beträchtliche Gewinne. Wenn man die vorhandene Bewirtschaftung des Zuckers durch festgesetzte Preise und Schattenpreise für Löhne und ausländische Währungen zugrunde legt, fällt die Überschussrechnung noch günstiger aus. Ausserdem sind die sozialen Momente in der Beschäftigungspolitik zu berücksichtigen. Bei Kosten und Einnahmen aus dem Jahre 1972 und den zuckerwirtschaftlichen Massnahmen der Regierung wie im Jahre 1971 rechnet die Zuckerstudie über die nächsten zehn Jahre mit ausreichender Expansionsmöglichkeit der Zuckerindustrie und Kostengleichheit. Sie weist auf den Netto-Vorteil für die Volkswirtschaft und die Beschäftigung hin. Die Kalkulationen basieren auf einer angenommenen Gesamterzeugung von 1,5 Mill. t. Zucker im Jahre 1982, wovon 1970 erst 38% erzeugt wurden. 11% will man durch höhere Erträge von 30% der heutigen Fläche erzeugen. 30% sind nach dieser Empfehlung auf dem Umland nahe der Fabrik und 5% auf neuen Flächen zu erzeugen. Nur 16% dieser 1.5 Mill. t sollen nach den Plänen dieser Studie auf den Ausseninseln produziert werden. Im Jahre 1976 war man mit einer Gesamterzeugung von 1,4 Mill. t dem Produktionsziel schon ziemlich nahe (Tabelle 26). Der auf den Ausseninseln durch die vorhandenen drei Fabriken erzeugte Zuckeranteil betrug im gleichen Jahr erst 1%. Damit wird der *künftige Bedarf* angezielt, der von der britischen und FAO-Studie mit 1,3 bis 1,5 Mill. Tonnen für das Jahr 1980 angegeben wird.

Zur Erzielung dieser Produktion war die Überholung der veralteten Fabriken notwendig, deren Maschinen teilweise aus der Mitte des 19. Jahrhunderts stammen, und neue Fabriken mussten errichtet werden. Der Wirkungsgrad in der Zuckerextraktion lässt sich nach den Schätzungen dieser Experten durch Neueinbau moderner Anlagen um etwa 3-4% erhöhen. Ausserdem führte man spätreifende Sorten ein. Dadurch wurde die Kapazität der Zuckerfabriken erheblich erhöht, weil die Zuckerkampagne verlängert wurde.

TABELLE 28

GESCHÄTZTE KAPITALKOSTEN FÜR EIN ZEHNJÄHRIGES ZUCKERPROGRAMM, INDONESIEN, 1972
(Estimated Capital Costs of a 10-year sugar estates development programme)

	Inlandswährung	*Auslandswährung*	*Gesamtkosten*
	.... *in Mrd. Rupiah*		
Überholung, Ausdehnung und Reparatur bestehender PNP-Fabriken	46,7	93,9	140,4
Überholung usw. privater Fabriken	5,7	11,5	17,2
Gesamtüberholungskosten	52,4	105,4	157,8
Neue Fabriken auf Java	6,0	10,5	16,5
Neue Fabriken auf den Ausseninseln	24,3	36,5	60,8
Insgesamt neue Fabriken	30,3	47,0	77,3
Gesamte Kapitalkosten	82,7	152,4	235,1

Quelle: Zuckerstudie (17).

Notwendige Investitionen aufgrund der Studie (z.T. 1977 verwirklicht)

Die Studie befasst sich in detaillierten Kalkulationen mit den benötigten Mitteln für die Zuckerindustrie und kam auf einen geschätzten Kapitalaufwand von US$ 566 Millionen (Rp. 235 Milliarden). Tabelle 28 gibt einen Überblick.

Künftige Standorte. Hier kamen die verschiedenen Studien zu keinem einheitlichen Schluss. Die Zuckerstudie schliesst die unmittelbar unter dem Äquator gelegenen Gebiete wegen der zu gleichmässigen hohen Bewölkungsgrade aus. Die Düngerstudie rechnet auch mit Gebieten künftiger Entwicklung in Kalimantan und Nord-und Zentral-Sumatra. Diese schliesst die Zuckerstudie aus. Damit setzt die Zuckerstudie agronomische Logik gegen betriebswirtschaftliche. Zwar liegen die Pro-Hektarerträge in Gebieten mit viel Bewölkung wie auf den Ausseninseln niedriger, ebenso aber auch die Anlage-und Betriebskosten. Damit deckt die Zuckerstudie nur die unmittelbare Zukunft (ab 1972) ab. Auf die Dauer kann die Zuckerproduktion nicht auf Java beschränkt bleiben. 1978 arbeitet erst die Bone-Zuckerfabrik in Süd-Sulawesi mit (1976 13.000 t) gutem Erfolg. Die Cot Girek-Fabrik in Aceh konnte 1975 wegen Arbeiterprobleme noch nicht produzieren. Mitte 1977 nahm eine neue Fabrik in Lampung mit 32.000 t/Jahr die Erzeugung auf. Einen Schritt vorwärts in Richtung auf Selbständigkeit in der Neuanlage von Zuckerfabriken bedeutet das US$ 2 Mill-Joint Venture (Indonesisch-britisch-holländisch) Maschinenbau-Unternehmen in Sidoardjo, Ost-Java, das Teile von Zuckerfabriken und Fe'dbahnwagen herstellen und teilweise auch exportieren wird.

Ab 1978 will man dann keinen Zucker mehr importieren, obwohl bis 1977 noch jährlich bis 200.000 t importiert wurden.

Das künftige Wachstum der Zuckerindustrie projizierte die indonesische Regierung im Jahre 1975 für die Jahre 1975-80 mit jährlich 7,0%, für 1980-85 mit 8,0%. Diese Zahlen basieren auf einer tatsächlichen Ausdehnung von jährlich 4,4% für die Jahre 1967/69 bis 1971/73. Dies zeigt, dass man der Zuckererzeugung viel mehr Aufmerksamkeit schenkte, um von den US$ 85 Millionen pro Jahr (1974) für Zuckerimporte herunterzukommen. Tatsächlich haben diese Anstrengungen genützt. Ob das neue Klein-Anbauer-System diese Ziele hinreichend unterstützen wird, hängt vom Preis ab, den der Anbauer von der Fabrik erhält, sonst wird er weiterhin mehr Reis statt Zuckerrohr anbauen. Wie bei jeder rigorosen Umstellung gab es erst einmal einen Abfall der Produktion, da sich die Kredit-Vergabe als äusserst schwierig herausstellte, wie bei Tausenden kleiner Parzellen zu erwarten.

2.3.2.7 *Baumwolle*

Baumwolle wird wenig angebaut. In der grossen Anbau-Tabelle 31 werden 2.400-5.200 t/Jahr ausgewiesen. Im Jahre 1972 waren nur etwa 2.000 ha mit dieser an sich für Indonesien sehr wichtigen Frucht bepflanzt. Im Jahre 1975 erreichte der Anbau 4.000 ha. Der Versuchsanbau konzentrierte sich lange auf die Insel Lombok.

Versuchsanbau

Die grösste Anbauausdehnung hatte der Baumwoll-Anbau im Jahre 1943 unter japanischer Besatzung erfahren. Damals waren es etwa 35.000 ha. Baumwolle gedeiht also in Indonesien; es kommt auf die Anbau-Disziplin an. Auch vorher schon hatten die Holländer erfolgreich mit dem Versuchs-Anbau operiert. Nach dem letzten Krieg nahmen die Indonesier diese Erfahrungen nur zögernd auf. Doch bauten sie 1960 immerhin noch 25.000 ha an. Auf Grund der billigen Importe, auch unter dem amerikanischen PL 480-Programm, sank die Anbaufläche.

Importe an Baumwolle betrugen im Jahre 1970 240.000 Ballen, wovon der grösste Teil wiederum durch das PL 480-Programm der USA ins Land kam. Zusätzlich importierte Indonesien 1976 200.000 Tonnen Textilien.

Der Bedarf an Baumwolle für das Jahr 1970 wurde von den Vereinten Nationen auf 410.000 Ballen zu 500 lb (Pfund) geschätzt (UNIDO 178). Die FAO rechnet für 1980 mit einem Bedarf von 200.000 t (etwa 420.000 Ballen). Die IS u.D-Studie projizierte für 1985 einen Bedarf von 600.000 Ballen (etwa 300.000 t) Im Jahre 1975 lag der tatsächliche Gesamtverbrauch bei 85.000 t entsamter Baumwolle.

Selbstversorgung

Es gibt noch keine Studie, die anzeigt, dass Indonesien alle Baumwolle selber produzieren könnte. Es liegen aber Anzeichen dafür vor, dass es in der Lage ist, mittellange Baumwolle mit gutem Erfolg anzubauen. Diese macht etwa die Hälfte aller benötigten Baumwolle aus. im Jahre 1976 sah man Möglichkeiten einer

Flächenausdehnung durch eine neue Sorte, die in Ost-Java, wo es etwas trockener ist (zur Reifezeit), gut gedeiht. Die höheren Erträge (in Geldwert) würden gegen die Konkurrenzfrucht Reis (aber auch Mais) aufkommen können. Sonst ist landweit Rosella (Rami) die Konkurrenzpflanze zur Baumwolle.

Die vergangenen zehn Jahre brachten im Baumwolle-Anbau noch nicht wieder die im letzten Weltkrieg erreichten hohen Zahlen. Erste Fortschritte wurden jedoch erzielt, und es kommt jetzt auf eine neue Einfuhrpolitik an, um nach ausreichenden Anbauversuchen dann den kommerziellen Anbau substantiell auszuweiten.

2.3.3 BAUM- UND SONDERKULTUREN

Die Baum- und Sonderkulturen gehören zu den bedeutendsten landwirtschaftlichen Exportkulturen des Landes. Vor dem letzten Weltkrieg spielten auf diesem Untersektor noch die Plantagen die Hauptrolle. Seitdem werden Baumkulturen wie Kautschuk und Kaffee mehr und mehr von den Klein-Anbauern angepflanzt. Die Weltwirtschaftskrise der 30er Jahre und der letzte Weltkrieg hatten den Plantagensektor lahmgelegt. Vor dieser Krise war Indonesien für Kulturen wie Ölpalmen, Kautschuk, Tee, Pfeffer und Zucker wissenschaftliches Zentrum und Haupterzeuger von Pflanz- und Saatgut.

In den Jahren 1975-78 lautet die offizielle Plantagenpolitik für Baumkulturen auf Ausdehnung von Ölpalm-, Kautschuk- und Teeanbau. Zwischen 1975 und 1985 sollten solche Kulturen mit 4 bis 14% pro Jahr wachsen. Bei der Anbau-Ausdehnung will man sich ausschliesslich der verbesserten Technologie mit neuen Sorten, neuen Plantagenmanagement-Verfahren und neuester Verarbeitung bedienen. Dabei will man den Kautschuk im Kleinanbau besonders im Rahmen von Transmigrations-Programmen fördern. Man will sich der Erfahrungen aus Malaysia und Thailand bedienen, wo Kleinanbau von Kautschuk, Ölpalmen und auch anderen Baumkulturen erfolgreich mit den Plantagen konkurriert. Beratung im Anbau und Verbesserung der Vermarktung spielen die Hauptrolle. BAPPENAS rechnet mit weiter steigendem Inlandsbedarf solcher Produkte und lässt sich durch zeitweilig niedrige Preise nicht entmutigen.

Problematisch allein ist der Kokospalm-Anbau, der ausschliesslich im Kleinanbau liegt. Nach den Statistiken dehnten sich die Anbauflächen aus; doch die Erträge pro Baum gingen zurück. Da es noch einige Jahre dauern wird, bis neue Hybridsorten entwickelt sind, will die Regierung es vorerst mit Pflanzgut-Programmen versuchen.

Einen Überblick der Situation bei den Baumkulturen geben die folgenden Wachstumszahlen, die PERKEBUNAN 1975 veröffentlichte:

	Tatsächliches jährl. Wachstum im Produktions-Volumen, in % p. Jahr		*Angezielter Waschstumstrend für ganz Indonesien, in %/Jahr (Wertmässig)*	
	1961/63 bis 67/69	*1967/69 bis 71/73*	*1975/80*	*1980/85*
Kautschuk ..	2,1	2,3	4,0	6,0
Ölpalmen (-öl)	4,1	9,9	10,0	14,0
Kopra	1,9	1,2	2,0	2,0
Tee u.a.	.	.	4,0	6,0

BAPPENAS (254).

Wie in den vergangenen 10 Jahren dürfte damit auch künftig bei den Kulturen das stärkste Wachstum zu verzeichnen sein, die klar zur Domäne der Kleinbetriebe gehören, wie Kaffee und Kautschuk; doch auch den Ölpalmanbau hofft man künftig stärker auf Kleinbetriebe im genossenschaftlichen Verband ausdehnen zu können.

2.3.3.1 *Kautschuk*

Kautschuk ist eins der wichtigsten indonesischen Exportgüter. Mit 10% der landwirtschaftlichen Gesamtfläche und 27% des Wertes der landwirtschaftlichen Exporte (1976) führt der Kautschuk vor allen Plantagenprodukten. 79,2% der Kautschukbäume auf fast 2 Millionen Hektar befinden sich im Besitz von Klein-Anbauern. Der Rest steht auf Plantagen, die entweder staatlich, privat oder «joint ventures» sind. Vor dem

II. Weltkrieg war Indonesien einmal der Welt grösster Kautschukproduzent, 1977 zweitgrösster. Im selben Jahr produzierte Indonesien etwa 25% der Weltproduktion. In den Jahren 1965 bis 1975 nahm die Kauschukerzeugung in Indonesien um 19% zu, im Weltdurchschnitt jedoch um 46%. Die Plantagenproduktion nahm um 11% zu, während gleichzeitig die Plantagenfläche um 13% abnahm. Die Erzeugung in Kleinbetrieben nahm zur selben Zeit um 22% zu, während die Fläche der Klein-Anbauer um 9% anstieg. Die Vorausschätzungen der Erzeugung werden 1977 ausgehend von 825.000 t im Jahre 1976 auf 920.000 t im Jahre 1980, 1 Mill. t im Jahre 1990 angegeben. -Es gibt 259.000 ha private Plantagen in Indonesien.

(17) Sumatra: Beim Zapfen des Kautschuks.

Flächenerträge

Die Erträge im Kleinanbau liegen niedrig, bei etwa 325 kg/ha (420 kg/ha gezapft) (1976). Der Anteil der Bäume, die nicht gezapft werden, ist grösser als auf den Plantagen, wofür es mehrere Gründe gibt. Auf den Plantagen sind immer 2/3 gezapft, und die Erträge liegen höher, bei 565 kg/ha (785/ha/Jahr gezapft), in Privatplantagen bis 0,75 t/ha. Ganz allgemein kann angenommen werden, dass die Hektarerträge niedriger als in der Statistik angegeben liegen. Statistik und Berichterstattung geben die Flächen zu klein an. Damit sind die an sich schon niedrigen Hektarerträge noch niedriger. Diese sind auf schlechtes Pflanzmaterial und unzulängliche Kulturmassnahmen zurückzuführen. Das Landwirtschaftsministerium nimmt an, dass Kleinanbauer 2.000 kg/ha, Plantagen aus verschiedenen Gründen aber nur 1.000 kg/ha erreichen können.

Gesamterzeugung

Der wirtschaftliche Niedergang hatte zu diesem Abfall der Kautschuk-Erzeugung geführt. In der holländischen Zeit hatte sie noch 820.000 t betragen (1951). Im Jahre 1963 waren es nur noch 582.000 t. Bis 1976 hatte sich die Produktion wieder bis auf 823.000 t/Jahr erholt, doch hauptsächlich durch die Ausdehnung der Anbauflächen. Man nimmt an, dass die Anbaufläche um jährlich 5% wuchs und dadurch der jährliche Abfall von 2,5% kompensiert wurde. Die Flächenausdehnung liegt zum grössten Teil beim Klein-Anbau. Die ungefähre Entwicklung in Anbau, Produktion und Export von Kautschuk ist aus der folgenden Tabelle ersichtlich (vgl. auch Anhang-Tabellen 30 u 32).

Das Zentrum der Kautschuk-Erzeugung liegt auf der Insel Sumatra, gefolgt von Java und Kalimantan. Etwa 70% des Klein-Anbaus befinden sich auf Sumatra, etwa 1,3 Mill. ha. Davon benötigen etwa 1/3 im Jahre 1980 eine Verjüngung. Auf die Exportaussichten geht der Verfasser auf Seite 146 ein. Generell sind sie als gut zu bezeichnen. Sie hängen jedoch von Umständen wie Benzinpreis und Autoproduktion und andererseits vom Ansteigen des Pro-Kopf-Einkommens ab. Die FAO projizierte langsames Anwachsen der Kautschukproduktion (s. Seite 119. Tabelle 32 im Anhang geht auf die Kautschukexportzahlen im einzelnen ein). Man rechnet mit einer Zunahme der Exportwerte von Kautschuk zwischen 1975-80 von 6% pro Jahr.

Aussichten für den künftigen Anbau

Allgemein geht man von der Ansicht aus, dass dieses in den Tropen gelegene Land gewisse Vorteile im Kautschukanbau gegenüber anderen Ländern habe. Diese Vorteile gilt es auszunutzen. Dennoch meint die

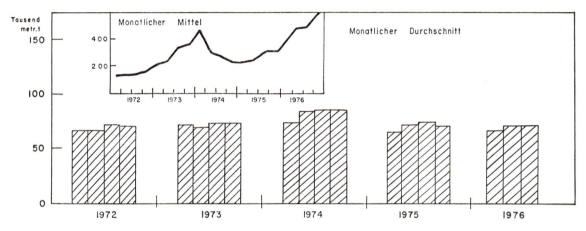

K A U T S C H U K - P R O D U K T I O N   P R E I S E   (London No. IRSS Spot)
R U B B E R   P R O D U C T I O N ,   P R I C E S

Abb 9 Quelle - Source: PERKEBUNAN, FRDL. MITTEILUNG SATTAR LOEBIS, 1977

TABELLE 29

ANBAU, PRODUKTION UND EXPORT VON KAUTSCHUK IN INDONESIEN, 1959-1977
(Cultivation, Production and Export of Rubber)

Jahr/Year	Anbaufläche / Cultivation area Plantagen * / Kleinanbau / Gesamt			Produktion / Production, t			Export in $ Mill. insgesamt
				Plantagen *	Kleinanbau	Gesamt	
1959				223.283	468.949	692.232	.
1960				219.433	436.582	656.015	.
1965				227.763	460.342	688.105	.
1966	keine Angaben verfügbar			223.444	430.903	654.344	.
1967				100.565	531.911	632.476	.
1968				205.906	513.778	719.684	.
1969				230.000	558.000	788.000	225,9
1970	317.000 ***	1.652.000 ***	1.969.000	238.000	571.000	809.000	253,4
1971				238.400	565.600	804.000	221,9
1972				238.800	569.200	808.000	189,1
1973	keine Angaben verfügbar			246.500	598.500	845.000	391,4
1974				248.700	569.300	818.000	479,2
1975				244.100	529.900	774.000	358,2
1976	440.000	1.900.000	2.340.000	246.800	576.200	823.000	530,8
1977	456.000 ****	1.868.000	2.344.000	.	.	.	640,0

Quelle: PERKEBUNAN. (251).
    *) Plantations, KEBUN PNP. — **)Smallholder, Rakyat. — ***) Dazu: 144.000 ha junge Plantagen und 161.200 ha junger Bäume der Kleinanbauer. — ****) Dazu 1977 120.000 ha junger Plantagen.

Nationale Düngerstudie (NFS-80), dass es mehr auf die Verbesserung der Inputs (Dünger, Pflanzenschutzmittel, Herbizide, veredeltes Planzenmaterial und Leguminosen als Bodenbedeckung) als auf die Flächenausdehnung ankomme. Von 1970 auf 1980 rechnete diese Studie deshalb nur mit einem Flächenwachstum im Kleinanbau von 1.700.000 ha auf 2 Mill. ha und den Plantagen von 317.000 ha auf 370.000 ha, wobei hier etwa ein Drittel junger Bäume hinzukämen. Die 2,37 Mill. ha Pflanzungen würden jedoch bei einem Ertrag von 390 kg/ha die FAO-Prognosen übertreffen (vgl. Tabellen 31 und 32).

Tatsächlich können Veränderungen in den Flächenerträgen die Gesamtproduktion erheblich beeinflussen. 1953-57 lagen die Erträge der Plantagen bei 645 kg, fielen bis 1958-62 auf 548 kg/ha und sollten sich laut Fünfjahresplan bis 1973/74 wieder auf 581 kg/ha erholen. Diese Zunahme liegt durchaus im Bereich des Möglichen. Eine Zunahme um 100 kg/ha auf dem Plantagensektor würde etwa 35.000 t mehr Kautschuk pro Jahr bedeuten, eine Zunahme von 25 kg/ha im Kleinanbau, jedoch 50.000 t mehr Kautschuk.

Kleinanbau statt Plantagen

Darum kommt dem Beratungsdienst für den Kleinanbau soviel grössere Bedeutung zu, als einer Neuanlage von Plantagen. Hier ist die Einführung hochertragreicher Klone das Wichtigste. Das oft von Wirtschaftlern erwähnte Umveredeln alter Bäume ist biologischer Unsinn. Im Umkreis der Plantagen könnte man veredelte Jungbäume verteilen, in entlegenen Gebieten käme das Veredeln aufs grüne Holz in Frage. Weiter wäre in den abgelegenen Anbaugebieten eine Anhebung der Erzeugerpreise notwendig. Preise unter 30% des F.O.B. Preises sind kein Anreiz für den Anbauer. Darum denkt man an gemeinschaftliche Sammel-und Koagulationszentren und Verarbeitung zu geräucherten Kautschukdecken. In den besser zugänglichen Gebieten wäre die Anlehnung der Kleinanbauer an Block-Kautschuk-Fabriken zu erwägen.

Neuanlagen neuen Typs gibt es seit etwa 1974

So plant die Regierung in Jakarta rund 300.000 ha neue Kautschukpflanzungen. Man will in « joint ventures » Nukleus-Pflanzungen mit Verarbeitungsanlagen anlegen, an die sich Kleinanbauer der Umgebung anschliessen können. Nachdem man in der Transmigration künftig den Baumkulturen einen Platz geben will, denkt man stärker an das Roden des Urwaldes und an die Anlage solcher Schwerpunkt-Zentren, die dann nach allen Seiten ausstrahlen könnten. Hier kommt es auf die Diversifikation an, mit der Kleinanbauer keine Monokultur betreiben, sondern andere Baumkulturen oder Nicht-Reispflanzen mit anbauen, um das Risiko zu verringern.

Die Tendenz der letzten 10 Jahre zeigt klar auf eine Verschiebung des Anbaues in den Kleinbetrieben. Die Erfolge im Export und im Ansteigen der Pro-Kopf-Einkommen der Anbauer geben der Plantagenpolitik recht, die sich gegen eine starke Unterstützung der Kautschuk-Plantagen entschied. Andererseits wurden die ausländischen Plantagengesellschaften, die unter Sukarno weichen mussten, unter Suharto zurückgeholt und halfen den Exportmarkt zu beleben, besonders mit den neuen Technologien der Aufbereitung. Wenn die Produktionszahlen der Staatsplantagen (1969: 110.000 t auf 1975: 137.000 t) trotzdem besser aussehen als im Kleinanbau (558.000 t auf 566.000 t), dann liegt das am grossen Nachholbedarf auf den Staatsplantagen (Tabelle 42 im Anhang).

2.3.3.2 Ölpalmen

Von den 1,2 Millionen Tonnen Palmöl, die 1973 als Exporte auf den Weltmarkt kamen (Welt-Erzeugung 2,5 Mill. t) verkaufte Indonesien 21% (nach Malaysia mit 67% aller Exporte). In der Erzeugung liegt Indonesien an dritter Stelle (11%) und hat insgesamt (1975) 135.000 Hektar Ölpalmen, von denen der überwiegende Teil in Staatsplantagen und vereinzelt in privaten Pflanzungen (etwa 30%) liegen. Nur rund 3.000 ha befinden sich in Kleinbetrieben. Anbau und Produktion gehen aus der folgenden Tabelle 30 hervor, die eine Verdoppelung der Produktion von 1970 bis 1976 zeigt.

Von den 126.000 ha des Jahres 1971 waren 70% in Staatsplantagen, 28% in grossen ausländischen Pflanzungen und 2% in der Hand von Kleinanbauern. Nach einem allgemeinen Niedergang der Erträge, die vor dem Krieg über 3,0 t Palmöl pro ha betrugen (in anderen Ländern bis zu 4,0 t) hat sich in den letzten Jahren eine Besserung eingestellt. 1977 betrug der Hektarertrag 3,4 t.

Export

Der grösste Teil der Ölpalm-Erzeugnisse wird exportiert. Wie Tabelle 47 im Anhang zeigt, wurden pro Jahr von 1960 bis 1966 zwischen 100.000 und 160.000 t Palmöl exportiert. Aus den Statistiken ergibt

---

* rubber sheets Kautschukdecken

TABELLE 30

ÖLPALM-ANBAU UND PRODUKTION IN INDONESIEN 1955 BIS 1977
(Oilpalm Cultivation and Production)

Jahr/Year	'000 ha Fläche Area	Produktion in '000 t		Ertrag		Exportwert $ Mill. *
		Palmöl Palmoil	Palmkerne Palm kernel	Palmöl Palmoil	Palmkerne Palm kernel	
1950	92,7	144,6	37,0	1,560	0,399	.
1955	101,4	165,8	41,9	1,635	0,413	.
1960	104,3	141,2	33,1	1,354	0,317	.
1965	107,8	156,7	23,5	1,454	0,301	.
1970	123,0	207,0	48,5	1,682	0,352	40,6
1971	126,0	248,0	56,1	1,968	0,357	49,8
1972	»	268,9	59,2	2.134	0,469	45,0
1973	»	290,0	64,1	2,302	0,508	75,1
1974	»	351,1	74,2	2,787	0,590	166,8
1975	135,0	411,4	83,5	3,047	0,169	151,6
1976	126,0	433,9	82,1	3,400	0,652	146,0
1977 [1]	128,0	435,0	83,1	3,400	0,650	130,0

*) Exportwert kombiniert f. Öl und Kerne.
[1]) Schätzzahlen.
Quelle: Source-Sumber: Biro Pusat Statistik, Jakarta (216).

sich, dass nur etwa 35.000 t Palmöl pro Jahr im Lande verbraucht wurden. Von 1966 bis 1976 war eine Steigerung auf 405.000 t zu verzeichnen. Dazu kamen im letztgenannten Jahr 32.000 t exportierter Palm-kerne. Der Exportwert ging auf Grund fallender Palmölpreise jedoch leicht zurück. Hauptabnehmer sind die Niederlande, Pakistan, Japan und die USA.

Angebot und Nachfrage von Ölen und Fetten allgemein projizierte die FAO für die Jahre 1970 und 1980 vom Durchschnitt der Jahre 1964- 66 ausgehend wie folgt:

TABELLE 31

INDONESIEN VORAUSSCHÄTZUNGEN VON ÖLERZEUGUNG UND
— EXPORT, IN '000 TONS —
(Projection of oil production and export)

	1964/6	1970	1980
Fette u. Öle-Fats and Oils			
Erzeugung-Production	618	740	994
Verbrauch-Consumption	351	437	583
Ölkuchen-mehl-oil cake-flour			
Erzeugung-Production	266	309	356
Verbrauch-Consumption	50	36	66
Handel-Trade	216	273	290

Quelle: Source: FAO (49).

Die FAO-Projektion rechnet mit einer starken Zunahme des Inlandsverbrauchs an Speiseölen und -fetten von 3, o kg im Jahre 1970 auf 3,4 kg pro Kopf der Bevölkerung im Jahre 1980. Nach anderen Studien könnte der Verbrauch künftig noch höher liegen. Da der Verbrauch an Kokosöl begrenzt ist, weil die Anbauausweitung bei Kokospalmen auf Schwierigkeiten stösst, wird man in erster Linie bei den Ölpalmen eine Ausdehnung der Flächen vornehmen müssen, um die jetzigen Exportzahlen halten zu können. Doch die Staatsplantagen sehen eine Zunahme innerhalb des Fünfjahresplans um 50 % vor. Ausländische Studien rechnen mit keiner so grossen Ausdehnung, weil der Weltmarkt mit Speiseölen nahezu gesättigt ist. Besonders Malaysia wird auf Grund vorgenommener Aufpflanzungen (Jungpflanzungen noch nicht im Ertrag) in den nächsten Jahren mehr produzieren und 1980 wahrscheinlich rund 1,9 Millionen Tonnen Palmöl exportieren. Für Indonesien nimmt die FAO ein Anwachsen der Exporte auf 1980 411.000 t an. Die Asiatische Entwicklungsbank rechnet nur mit 375.000 t. Dies wird bedeuten, dass Indonesiens Anteil an den Weltexporten von 21 % auf 15 % sinken wird. Der Speiseölmarkt verändert sich sehr schnell. Anfang der 60er Jahre waren die Preise hoch, fielen dann wegen russischer Sonnenblumen-Ölverkäufe, um anschliessend wieder zu steigen. In Indonesien herrscht darum die richtige Meinung vor, man sollte sich durch das starke Fluktuieren nicht beeindrucken lassen, zumal in Nord-Sumatra die besten Anbaubedingungen der Welt bestehen.

Entwicklungsmassnahmen

Dem Vorbild der ausländischen Palmplantagen in Nord-Sumatra folgend, schloss sich Indonesien mit Weltbankhilfe einem Förderungsprogramm an, das auf Grund von Reihenuntersuchungen das « Monitoring» des Nährstoffspiegels der Palmen als Grundlage hat. Es wurde eine Beratungsfirma gewonnen, die mit den Labors im benachbarten Malaysia eng zusammenarbeitet. Die Agrarhilfe der B R D fördert im Bezirk Marihat, Nord-Sumatra, ein ähnliches Labor für Blattuntersuchungen. Auch die Staatsplantagen nehmen, den privaten ausländischen Pflanzungen folgend, jährlich grössere Neuaufpflanzungen vor. Genaue Zahlen sind noch nicht erhältlich. Diese Methodik der Anwendung neuer Technologien wird fortgesetzt.

Neue Organisationsformen

Da sich Ölpalmen für den Kleinanbau eignen, denkt man an ein entsprechendes Programm für den Kleinpflanzer. Voraussetzung ist, dass in der Nähe eine Fabrik für die Verarbeitung vorhanden ist. Ein IDA-Projekt, das an sich für den Kleinanbau von Kautschuk sorgen soll, nimmt auch die Interessen der Kleinbauern für Ölpalmen wahr. Kleinkredite und Beratung werden gewährt. Eine genossenschaftliche Lösung wäre für die Organisation wohl die beste.

Die Anstrengungen der letzten 10 *Jahre* brachten das erhoffte schnelle Wiederansteigen der Flächenerträge. Zu viele überalterte Bestände waren zu Beginn des neuen Anfangs im Jahre 1966 vorhanden, Neuanpflanzungen hochgezüchteter Sorten verbunden mit der neuen Organisationsform versprechen einen weiteren Anstieg der Produktivität.

2.3.3.3 *Kaffee*

Nach dem Exportwert steht Kaffee 1977 hinter Kautschuk und Holz an dritter Stelle. Im Jahre 1970 gab es 350.000 ha Kaffeeanbauflächen, von denen 315.000 ha in Kleinbetrieben waren. Im Jahre 1960 betrug der Anbau in Kleinbetrieben erst 225.000 ha. Dagegen sank der Anbau in den Plantagen von 49.400 ha im Jahre 1954 auf 38.800 ha im Jahre 1969, wie Tabelle 32 zeigt: Bemerkenswert ist der 1976/77 plötzlich gestiegene Exportwert auf Grund höherer Kaffeepreise.

Von der Gesamtproduktion im Jahre 1970 von etwa 190.000 t wurden 47.450 t exportiert, im Jahre davor von 182.000 t etwa 104.000 t. Jährlich werden etwa 50.000 t übergelagert. Von der 1975er Ernte von ingesamt 159.000 t exportierte Indonesien (1976) 136.000 Tonnen (Tabelle 47 im Anhan*o*). Die zu 90-95 % aus Robusta-Kaffee bestehenden Kaffee-Pflanzungen erfuhren eine Zunahme im Ertrag von 400 kg/ha im Jahre 1958 auf 600 kg/ha im Jahre 1970. Die Hauptanbaugebiete liegen in West-und Süd-Sumatra, Bali, Javy, Lombok und Sulawesi. Nur auf Java und Bali findet man überwiegend Arabica-Kaffee. Da sich Robusta-Kaffee stark verästelt, ist vielfach ein Verjüngungsschnitt in den Pflanzungen der Kleinbauern notwendig, der alle 4-6 Jahre wiederholt werden muss.

Junge Pflanzungen stehen ohne Schattenbäume. In den Plantagenbetrieben sind sehr niedrige Erträge zu verzeichnen, da sie meist 40-60 Jahre alt sind. Die Erträge liegen dort unter dem angegebenen Durchschnitt, bei ca 300 kg/ha. Einige PNP Kopi-Plantagen begannen mit der Neuaufpflanzung, die an sich überall nötig wäre. Der grösste Teil der staatlichen Pflanzungen befindet sich auf Java, wo PNP Kopi 16.500 ha verwaltet. In Süd-Sumatra gibt es 3.500 ha.

Kaffeehandel, Angebot und Nachfrage

Im Jahre 1966 trug Indonesien 3 % zum Welt-Kaffeehandel bei. Die Kaffee-Quote der ICA betrug zur gleichen Zeit für Indonesien 66.545 t/Jahr. Von 1966 bis 1976 stieg die Produktion von 136.000 auf 176.000 t/Jahr. Die Erzeugerpreise lagen 1970 bei etwa 125.000 Rp. per Tonne. Der Exportpreis betrug zur gleichen Zeit Rp. 303.000/t (=etwa Str. $116/Pikul). Die Differenz von Rp. 178.000 verteilt sich mit 61.400 Rp auf verschiedene Abgaben und der Rest auf den Anbauer. Damit erhält der Anbauer noch nicht einmal 50 % des f.o.b.-Preises. Das ist jedoch mehr als im Kautschuk-Anbau (vgl. S.119). Die Kaffee-Aufkäufer verkaufen direkt oder über Exporteure (Regierungsagenturen, Agenturen von europäischen

TABELLE 32

ANBAUFLÄCHE, ERTRÄGE UND EXPORT VON KAFFEE, INDONESIEN 1954, 1960, 1965-1977
(Cultivated Area, Yields and Exports of Coffee, Indonesia)
(in 000 ha und 000 tons)

Jahr/Year	Plantagen		Kleinbetriebe/Rakyat		Export	
	Fläche/Area	Produktion	Fläche	Produktion	Menge, 000 t Tonnage	Wert, 000 $ Value
1954	49,4	.	132,5	.	.	.
1960	44,3	18,3	225,8	73,9	42,2	13.700
1965	35,8	14,1	297,4	91,5	108,2	31.600
1966	35,5	19,5	310,0	116,9	97,5	32.650
1967	.	18,8	.	117,0	133,1	.
1968	.	13,4	.	90,0	84,7	.
1969	38,8	20,9	.	161,5	104,3	59.700
1970	.	16,2	315,0	169,0	47,4	69.200
1971	.	19,4	.	178,0	74,3	55.300
1972	.	21,6	.	192,0	107,0	77.100
1973	.	10,0	.	140,0	100,8	77.600
1974	.	16,1	.	142,0	111,5	98.100
1975	.	15,2	.	144,0	128,4	99.800
1976	.	15,2	.	161,0	136,3	237.500
1977**	.	15,3	.	165,0	143.0	330.000

Quelle: Zentrales Statistisches Büro ausser. (216).
  *) Landwirtschaftsministerium.
  **) Vorläufige Zahlen.

und amerikanischen Kaffee-Importfirmen sowie über private örtliche Firmen. Die Staatsplantagen setzen den Kaffee über ihre staatlichen Stellen ab. Hauptabnehmerländer sind die USA, Niederlande und Japan.

Die von der Agrar-und Hydrotechnik im Auftrage der Weltbank durchgeführte Düngerstudie (NFS (81) rechnet mit einem Gleichbleiben der Anbauflächen bis 1980 und führt dies auf die unzulänglichen Kreditmöglichkeiten zurück. Eine jüngere Studie, die Indonesian Supply and Demand Study, ISu. D nimmt einen mittleren Anstieg bis 1980 auf etwa 270.000 t Kaffee/Jahr an. Das entspricht bei 718 kg/ha einer Fläche von etwa 350.000 ha (216-221).

Künftige Entwicklung

Der Anreiz zum Kaffeeanbau muss sehr gross sein, da die Anbauer auch ohne Kredit ihre Flächen stark ausdehnen. Ohne Rücksicht auf agrarpolitische Anordnungen (Quote) der Regierung wird die Produktion ausgeweitet, auch wenn zeitweilig ein niedriger f.o.b. Preis erzielt wird. Das Anwachsen der Lagerbestände ist auf die Anbauausweitung zurückzuführen, die dem Anwachsen der Quote vorauseilt. Die Preise, bis 1977 auf Rp 800.000/t gestiegen, sind ein erheblicher Anreiz. Jüngste Erhebungen ergaben, dass davon ein grösserer Anteil als in den Vorjahren an die Erzeuger weitergegeben wird. Die im Jahre 1980 mit Kaffee bestandene Fläche dürfte darum bei den Kleinanbauern mindestens 350.000 ha-wenn nicht mehr-betragen und die Gesamterzeugung an Kaffee wohl 200.000 t erreichen. Der Eigenbedarf Indonesiens könnte 100.000 t/Jahr betragen, und 1980 könnten an die 200.000 t Kaffee zum Export gelangen.

Falls die Nachfrage nach Kaffee sich ungenügend entwickelt, könnten die teuren Verjüngungsmassnahmen nicht durchgeführt werden und die ungünstigen Lagen wie Zentral-Sulawesi müssten durch Diversifikation anderen Nutzungen zugeführt werden (34). Doch zunächst gab es durch die Frostschäden an den Kaffeepflanzungen in Brasilien eine erheblich gestiegene Nachfrage.

Die Ergebnisse der letzten 10 Jahre im Kaffeeanbau und-Export sind ermutigend und als äusserst günstig zu bezeichnen. Die Verlagerung des Anbaues in den Kleinbetrieb setzte sich fort. Gleichzeitig gab die gestiegene Inlandsnachfrage Anreize für die Ausdehnung der Anbauflächen. Die Explosion der Kaffee-Preise in den Jahren 1976/77, auch im Zuge neuer Konzeptformulierung für die Rohstoffpolitik der Entwicklungsländer, wird wahrscheinlich eine weitere starke Ausdehnung bewirken, zumal die Anbaubedingungen Indonesiens äusserst günstig sind. Damit dürften die Prognosen oben erwähnter Studien teilweise überholt sein. Der Anstieg des Exports von 96.000 Tonnen im Jahre 1966 auf 136.000 t im Jahre 1976 ist für die Leistung in der Kaffeewirtschaft der beste Beweis (Anhang-Tabelle 47).

2.3.3.4 *Kokospalmen*

Nach indonesischen Schätzungen beträgt die mit Kokospalmen bestandene Fläche zwischen 1,5 bis 1,6 Millionen Hektar. Das ist eine höchst ungenaue und unzuverlässige Angabe, denn niemand kann die verstreuten Bestände auf den vielen Inseln aufgenommen haben oder berechnen, was nun zur Fläche einer Palme an einem Wohnhaus gehört. Auch die Produktion gibt man entsprechend vage mit 1,1 bis 1,5 Millionen Tonnen pro Jahr an. Die genau aussehende Zahl von 1,461 Mill. t scheint eine Fortschreibung zu sein. Die Zusammenstellung des Statistischen Zentralamtes über Kopraausfuhr zeigt eine geringe Kopramenge von etwa 4.000 t im Jahre 1976 (Anhangtabelle 32). Diese geringe Ausfuhrzahl umreisst den Charakter der Kokospalme für die Volksernährung.

Der *Kopraexport* betrug in der holländischen Zeit über 1 Mill.t pro Jahr und war 1962 auf 102.000 t zurückgegangen. Dieser Rückgang ist in erster Linie auf den höheren Inlandsverbrauch zurückzuführen. Kokosnüsse und Kokosöl sind wichtige Bestandteile der Nahrung einer indonesischen Familie. Weiterhin gab es erhebliche Erschwernisse im Export von Kopra durch örtliche Behörden. Eine grosse Schwierigkeit ist das Anlaufen der vielen kleinen Inseln ohne Hafenanlagen. All das führte dazu, dass ein grosser Teil der Kopra-Ernte mit kleinen Booten transportiert wird. Und weil an vielen Stellen das Ausland nicht viel weiter entfernt ist als der nächste indonesische Hafen, bringt man das Gut dorthin, man schmuggelt. Darum gibt es ausser der jährlichen 200.000 t eine grössere Dunkelziffer hinausgeschmuggelter Kopra. Mit der Trockenheit der Jahre 1972/73 kam der Export infolge Exportverbots dann ganz zum Erliegen. Die Inlandpreise wurden künstlich niedrig gehalten, niedriger als die Weltmarktpreise. Erst 1974 hob die Regierung das Exportverbot wieder auf. Doch vorher gab es noch weitere Wiederbelebungsversuche der Koprawirtschaft:

Man kam wegen des *Schmuggels nach den Philippinen* und auch *Singapur* zu einem Übereinkommen der Kopraverarbeitung zu Öl. Dieses Übereinkommen war jedoch in der Praxis nicht sehr befriedigend. Darum verlegte man sich wieder auf neue staatliche Massnahmen. Trotzdem fiel die Ausfuhrmenge, von 1965 noch 123.500 t Kopra, auf 1976 4.000/t (Anhangtabelle 47). Gleichzeitig stieg jedoch der Export von Kokosölkuchen, also dem Produkt der Kokosölmühlen, von 168.400 t im Jahre 1968 auf 392.800 t in Jahre 1976. Dies zeigt an, dass die Bevölkerung einen ständig jährlich steigenden Bedarf an Kokosöl hatte.

Förderungsmassnahmen für den Anbau von Kokospalmen reichten von der kostenlosen Abgabe von Jungpflanzen über Beratungsmassnahmen bis zu billigen Krediten. Besonders diese dürften von Bedeutung sein.

Den Export suchte man durch Herabsetzung der folgenden Steuern und Abgaben zu beleben, um so Anreize für Neuanlagen zu geben:

— Kopra-Rehabilitationssteuer von Rs 4 auf Rs 1 je kg Kopra;
— Cess-Steuer von Rp 5 auf Rp 2,5 pro kg Kopra;
— Fortfall der Gebühren für den Untersuchungsbericht (Rp. 150/Tonne).

Weiterhin wurden der Londoner und der UNILEVER-Vertrag revidiert. Die Neuaufpflanzungs-und Verjüngungspflanzungen zeigten ab etwa 1974 Erfolg.

Echte Exportanreize, ein höherer Netto-Erlös für den Anbauer, blieben lange aus. Dann brachten die 1975 stark gestiegenen Weltmarktpreise einen Wechsel. Für dieses Jahr rechnete man mit einer Gesamterzeugung von 1,5 Mill. t Kopra. Im Jahre 1976 setzte die Regierung eine Exportquote von 100.000 t fest und gab die Preise frei. Daraufhin nahmen die Anbauer verstärkt Neu-und Verjüngungspflanzungen vor. Man hofft, dass der echte Preismechanismus von Angebot und Nachfrage diese wichtige Industrie am besten beleben wird. Von 1975 US$ 178 pro «long ton» stieg der Koprapreis bis 1976/77 auf $ 370/t. (Tabelle 24 im Anhang). Doch trotz auf 1.521 Mill. t gestiegener Produktion fiel der Export auf 4.200 t, was auf den gestiegenen Bedarf im Lande hinweist.

2.3.3.5 *Tee*

Seit dem neuen wirtschaftlichen Anfang im Jahre 1967 spricht man auch von der Wiederbelebung der Tee-Industrie. Diese hatte durch den Zweiten Weltkrieg und die Nachkriegswirren sehr gelitten. Eine Studie der gemeinsamen Weltbank/Commonwealth Development Corporation-Gruppe schlug 1975 vor, es doch einmal wie in Kenya mit Tee-Fabriken für den Kleinanbau auf genossenschaftlicher Basis zu versuchen, nachdem die indonesischen Staatsbetriebe des Teeanbaus so wenig Erfolg hatten. 1976 ist Indonesien trotzdem der Welt drittgrösster Tee-Erzeuger nach Indien und China mit 77.000 t (18,9% höher als 1975), wovon 60.000 t exportiert wurden und US$ 55 Mill. einbrachten. 1977 lag die Erzeugung wieder 5,4% höher (vgl. Anhangtabelle 45).

Anbau

Im Jahre 1969 hatte Indonesien 57.100 Hektar Tee in Kleinanbau und 62.300 ha in Plantagen. Das sind zusammen 119.400 ha. Das war weniger als im Jahre 1955, als Indonesien noch 144.900 ha anbaute.

Der Kleinanbau erzeugte stets grünen, Plantagen schwarzen Tee. Einzelheiten von Anbauflächen und Tee-Erzeugung sowie Export befinden sich in den Anhangtabellen 32 u. 45. Es wurden nur die niedriger liegenden Zahlen des Landwirtschaftsministeriums wiedergegeben.

(18) West-Java: Teepflanzung am Puncak-Pass.

Erzeugung

Im Jahre 1938 hatte Indonesien einmal 72.000 t Tee erzeugt. Dieser erzielte auf dem Londoner Teemarkt höchste Notierungen. Im letzten Krieg schleiften die japanischen Besatzungstruppen die Hälfte der auf Java befindlichen Pflanzungen. Im Jahre 1966 erzeugten die ertragsfähigen Pflanzungen wieder 42.400 t im Kleinanbau und 34.500 t auf Plantagen, 1971 waren es 47.000 t schwarzer Tee und 24.000 t grüner. Der schwarze Tee wird durch ein besonderes Teebüro, dessen Direktor dem Landwirtschaftsminister direkt unterstellt ist, grösstenteils exportiert. Der grüne Tee wird im Lande verbraucht. Das internationale Tee-Abkommen vom Jahre 1970, das auch für das Jahr 1971 gültig war, genehmigte für Indonesien eine Exportquote von 35.000 t pro Jahr. Dieses Abkommen wurde selten eingehalten. Allein die Staatsplantagen produzierten mehr. Im Jahre 1975 lag die Tee-Erzeugung bei 75.000 t (216,S 101). Sie ist stark auf West-Java konzentriert. Das Verhältnis zwischen Plantagen und Kleinbetrieben hatte sich inzwischen stark verschoben. 60.000 t wurden auf Plantagen erzeugt und 15.000 t in Kleinbetrieben (vgl. Anhangtabelle 45).

Angebot und Nachfrage auf dem Inlandsmarkt werden von den einzelnen durchgeführten Studien ganz unterschiedlich dargestellt. Grob kann man annehmen, dass in den Jahren 1964-66 von den pro Jahr erzeugten 80.000 t im Lande 44.000 t verbraucht wurden. Das sind knapp 0,4 kg/Person. Die Differenz wurde exportiert. Die FAO rechnet mit einem Gleichbleiben des Pro-Kopf-Verbrauchs an Tee und einem Anwachsen der Produktion auf im Jahre 1980 103.000 t. Die IS u.D. Studie rechnet mit einem langsamen Ansteigen des Pro-Kopf-Verbrauchs von 0,55 kg im Jahre 1970 auf 0,66 kg für 1980 und 0.73 kg in Jahre 1985. In den projizierten Mengen für 1980 liegen beide etwa gleich (IS u.D: 104.998 t). Für das Jahr 1985 rechnet diese Gruppe mit einer Erzeugung von 131.261 t. Die Planungsbehörde BAPPENAS mit der damals in ihr arbeitenden Harvard University Advisory Group und einer Weltbank-Beratergruppe kam auf niedriger liegende Erzeugungszahlen für 1975 und 1980 (92.000 bzw. 100.000 t). Diese rechnen aber auch mit einem Ansteigen des Pro-Kopf-Verbrauchs. Die Zahlen der letzten Jahre zeigen (Anhangtabelle 45), dass die Studien zu optimistisch waren.

Die Probleme der Teewirtschaft liegen in den überalterten Pflanzungen und Fabriken sowie im Nichteinhalten der Pflück-und Sortierungsrichtlinien. Im Kleinanbau leidet der Tee ausserdem unter fehlendem Schnitt und Zwischenkulturen. Auch der Absatz macht Sorgen. Nach dem Abfallen der Qualität und dem

Verlust der traditionellen Märkte Holland und England bemüht man sich seit 1975 um Absatz in Ägypten und Irak. Die Weltbank gab 1972 ein Darlehen für die Erneuerung von Tee-Fabriken in staatlicher Hand.

2.3.3.6 *Gewürznelken*

Der « Kruitnagel » der Holländer (englisch « clove ») begründete einmal den Ruf der Gewürzinseln, auf denen die Gewürznelke wild wuchs, wie auch heute diese anspruchslose Pflanze fast überall gedeiht, wo Klima und Regen ihr zusagen. Schlecht kommt jedoch eine ölärmere Sorte fort, die auf Sansibar und Madagaskar gedeiht und für die indonesischen « Kretek »-Zigaretten besonders geeignet ist. Diese Nelken müssen importiert werden, wie die folgende Tabelle zeigt. Aber auch die einheimischen Nelken werden zu Zigaretten verarbeitet. * Der jährliche Bedarf betrug 1977 25.000 t Rohware, der durch die Ernte von 40.000 t gut gedeckt wurde.

1975 wuchsen Gewürznelken ausser auf den Molukken auch auf Sumatra (Nord-Sumatra alleine 14.000 ha). Zentral und West-Java (17.600 ha) und in Nord-Sulawesi 11.058 ha). Von rund 90.000 ha im Jahre 1971 hat sich die Anbaufläche bis 1977 mehr als verdoppelt (Tabelle 33). (W.-Sumatra: 23.000 ha; vgl. Seite 251).

Seit 1967 gab es einen geringen Rückgang in der Erzeugung, trotz Ausdehnung der Anbauflächen. Dies kann mit den noch zu jungen Pflanzungen zusammenhängen, die überall in den letzten Jahren angelegt wurden. Teilweise kann aber der Rückgang auch an dem vierjährigen Ertragszyklus liegen, der eine gute Ernte. zwei mittlere und eine kleine Ernte innerhalb von vier Jahren erwarten lässt. Die Ausdehnung der Anbauflächen ist auf die Preis-Anreize zurückzuführen. Indonesien ist der Welt grösster Gewürznelkenimporteur und Verbraucher durch die Kretek-Zigaretten-Industrie. Im Jahre 1968 kostete ein kg Gewürznelken zwischen 250 bis 900 Rp/kg, im Jahre 1971 schon 1600 - 1900 Rp für einheimische und 1900 bis 2400 für importierte Ware, 1976 Rp. 3.500/kg. Zigaretten aus Gewürznelken stiegen von 1968 Rp. 36,8 pro 10er Packung auf 1971 Rp. 50 und 1977 Rp. 125/Packung. Im Jahre 1971 führte WILLIAMS W.B. (207) eine Studie durch, die für das Jahr 1977 den Ausgleich zwischen Erzeugung und Bedarf vorsieht, wenn nach seinen Schätzungen etwa 24.500 t erzeugt werden können einschliesslich ölarmer Sorten. Diese Voraussage wurden trotz des Nelkensterbens weit übertroffen, obwohl die Anbauer nicht wie erwartet ölarme Sorten anbauten. Der Verbrauch an Kretek-Zigaretten stieg viel stärker als vorausgeschätzt. Im Jahre 1977 wurden 37 Milliarden Stangen Kretek-Zigaretten erzeugt.

TABELLE 33

GEWÜRZNELKENANBAU UND -EINFUHREN IN INDONESIEN,
1952, 1956, 1960, 1965, 1970-77
(Clove Production and Imports in Indonesia)

Jahr	× 1.000 ha Fläche	× 1.000 t Erzeugung	× 1.000 t Einfuhren
1952	10,9	3,0	2,7
1956	21,1	4,0	12,7
1960	36,6	6,0	6,8
1965	67,1	13,7	4,6
1970	82,9	12,5	8,8
1971	90,0	14,0	11,6
1972	.	13,0	13,5
1973	.	22,0	14,3
1974	.	14,0	4,9
1975	.	16,0	28,9
1976	.	21,5	10,3
1977	200,0	40,0	.

Quelle: Landwirtschaftsministerium. (227).

Gewürznelken werden noch ohne Intensivpflegemassnahmen kultiviert. Die nationale Düngerstudie (NFS-81) kommt auf Grund des Studiums von Versuchsakten zu dem Schluss, dass man mit Düngergaben erhebliche Ertragssteigerungen erzielen könnte. Bisher wird wenig gedüngt und man wird weiter Flächenausdehnung betreiben. Man rechnete (NFS) mit 94.000 ha im Jahre 1974 und 128.000 im Jahre 1980. Gebiete mit grossen Ausdehnungsmöglichkeiten sind auch Irian Jaya und die Molukken-Inseln.

---

*) « Kretek »-Zigaretten enthalten Gewürznelkenöl, das dem Tabak den spezifischen Duft gibt.

Die Entwicklung zeigt, dass diese Flächenausdehnung sogar noch früher erreicht wurde (Tabelle 33). (1977: 200.000 ha).

2.3.3.7. *Andere Gewürze*

Hier sind neben Pfeffer und Zimt auch Muskatnuss -blume sowie Gewürzpaprika zu nennen.

Der Pfeffer erreicht von allen Gewürzen im Anbau den grössten Umfang. Vor dem letzten Weltkrieg war Indonesien der Welt grösster Pfeffer-Exporteur. Die jährlich exportierten 60.000 t Pfeffer machten 80% der Welterzeugung aus. Im letzten Weltkrieg wurde die Pfeffer-Erzeugung fast ganz lahmgelegt. Lampung in Süd-Sumatra verlor 95% seiner Pfeffergärten, und der jährliche Export sank auf (1959) 42.000 t und schliesslich 15.000 t im Jahre 1966, stieg dann wieder auf 24.000 t im Jahre 1971 und 27.000 t 1976. Neben Viruskrankheiten waren Misstände im Zwischenhandel die Ursachen dafür. Hauptanbaugebiete sind Lampung (30.000 ha) und Bangka (5.000 ha). Kleinere Flächen gibt es auch in West-Sumatra (vgl. Seite 251) (750 ha), West-Java (1 000 ha) und Ost-Kalimantan (800 ha). Süd-Sumatra, das wegen der Nähe des Hauptanbaugebietes Lampung oft in einen Topf mit diesem geworfen wird, hat 7.000 ha Pfeffergärten.

Die Aussichten im Inlandshandel und Export von Pfeffer sind in der ISuD-Studie zusammengestellt worden. Mit einem Gesamtverbrauch von 1969 5.188 t, entfallen pro Kopf der Bevölkerung 0,445 kg. Exportiert wurden nach dem Pfeffermarktbüro im gleichen Jahr 14.900 t, nach dem Zentralen Statistischen Büro und dem Landwirtschaftsministerium 15.300 t. Für 1975 rechnete die Studie mit 6.558 t Inlandsverbrauch (0,0474 kg/Kopf) und 1985 mit 9.625 t (0,0536 kg). Zahlen über den künftigen Export liegen nicht vor.

Die Pfeffer-Erzeugung will man in erster Linie durch eine bessere Kultur dieser sehr anspruchsvollen Pflanze anheben. Bangka gibt mit Düngeranwendung und intensiven Pflegemassnahmen trotz podsoliger Böden mit hohen Erträgen ein Beispiel (Weisser Pfeffer). Viele Anbauer sind auf Grund des « Ijon »-Systems, bei dem ein Teil der Ernte vor der Reife zu sehr ungünstigen Bedingungen an die Händler verkauft wird, nicht in der Lage, die notwendigen Inputs zu kaufen.

Muskat-Nüsse. Mit 7.049 t Muskatnuss im Jahre 1974 und 11.800 t im Jahre 1976 ist Indonesien der Welt grösster Muskatnuss-Exporteur. Die entsprechenden Werte betragen US$ 2,46 bzw. 9,7 Mill.; 80% des Weltbedarfs werden in Indonesien erzeugt, und die EWG ist der grösste Abnehmer, weswegen der Einfuhrzoll von 8 auf 6% gesenkt wurde (10% auf 7% für gemahlene Nüsse). Die indonesische Muskatnuss zeichnet sich durch einen hohen « Myristicin- » Gehalt aus.

Der Zimtbaum (Cinnamomum burmani) liefert aus Höhenlagen über 1.000 m die qualitativ beste Rinde. Der Rindenextrakt ergibt einen Geruchsstoff für die Parfumindustrie. Die USA sind Hauptabnehmer der Rinde. (Unser Zimtgewürz für Speisen kommt aus Srilanka).

(19) Pfefferpflanze und Blüten-/Fruchtstand.

2.3.4. DIE TIERISCHE PRODUKTION

Indonesien hat von allen asiatischen Ländern den geringsten Tierbesatz. Die auf Seite 97 angegebenen Zahlen über die Tierhaltung in Indonesien beruhen auf Stichprobenerhebungen aus den Jahren 1957 bis 1977. Im grossen ganzen ist eine Abnahme der Rinderzahlen festzustellen (auf Java eine Abnahme, auf den Ausseninseln Zunahme). Wenig konsistent scheinen die Angaben über Schafe und Ziegen zu sein. Die Trends sind eine abnehmende Anzahl von Rindern und Wasserbüffeln. Dies stimmt mit den Beobachtungen im Lande überein. Rinder und Büffel erreichen auf Java/Madura und Bali die grösste Besatzdichte. Hingegen ist das Zahlenverhältnis Tier: Mensch auf den Kleinen Sundainseln am engsten, wo es ein Rind auf 5-6 Menschen beträgt. Aus Bali ist das Zahlenverhältnis 1:7-8 und auf Sulawesi 1:10. Dies zeigt die intensive Haltung auf Java und Bali, bzw. wird erklärlich, wenn man hört, dass Rinder auf den Kleinen Sundainseln und Sulawesi auch für die Fleischerzeugung gehalten werden. Einen Überblick vermittelt die folgende Tabelle, die auch die Aufteilung auf die einzelnen Inseln angibt:

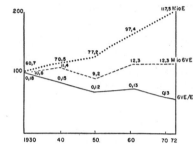

Abb.10   Die Entwicklung der Bevölkerung und der Viehhaltung
(in Grossvieheinheiten -GVE) mit deren Relationen
1930-1972, nach ZIMMERMANN (207, S. 166)

The Development of the Population and of Livestock in Large-Animal Units
with its correlation 1930-1972

TABELLE 34

VIEHHALTUNG AUF DEN INSELN INDONESIEN 1967 UND 1976, IN TAUSEND
(Livestock on the Islands of Indonesia)

Viehgattung	Java		Sumatra		Kalimantan		Sulawesi		Bali		Nusatenggara		Gesamt	
	1967	1976	1967	1976	1967	1976	1967	1976	1967	1976	1967	1976	1967	1976
Rinder (cattle) ..	4.583,7	3.782	780,0	647	76,5	90	571,8	289	310,0	—	в94,2	909	6.816,2	6.150
Büffel (buffaloes)	1.464,2	1.024	602,8	563	9,2	9	277,9	358	11,5	—	366,1	362	2.731,7	2.256
Schafe (sheep) ..	3.522,3	8.694	67,4	846	0,4	47	6,7	340	0,6	—	106,8	464	3.704,2	10.391
Ziegen (goats) ..	5.248,7		831,1		53,0		327,3		17,7		434,9		7.092,7	
Schweine (pigs) .	800,2	128	568,4	612	232,3	381	492,5	322	527,0	—	673,3	1.262	3.293,7	2.645
Pferde (horses) ..	167,4	130	32,5	24	1,5	2	134,1	180	8,3	—	288,3	288*	632,1	624

Quelle: Generaldirektorat Viehhaltung im Landwirtschaftsministerium, Jakarta 1969 und 1977 (227).
      *) 1976 Bali u.Nusa Tenggara zusammen.

Es fällt der starke Rinderbesatz auf dem relativ kleinen Bali auf, was auf den starken Einsatz in dem sehr intensiv betriebenen Reisanbau dieser Insel hinweist. Die relativ grosse Anzahl Schweine ist auf die hinduistische Religion zurückzuführen, da die islamische Religion die Schweinehaltung verbietet. Auch auf den anderen Inseln werden Schweine gehalten soweit die Bewohner Christen sind oder Naturreligionen angehören.

Regional sind die Tierbestände etwa wie folgt aufgeteilt: überall bis auf West-Java sind die Rinder zahlreicher als die Büffel. Ziegen dominieren auf Java, Nusa Tenggara, in Lampung und Nord-Sumatra. Schafe sind ähnlich verbreitet. Schweine sind in den nichtmoslimischen Gebieten und auf Bali zahlreich. Pferde spielen in Nusa Tenggara und auch auf Java als Zugtiere eine Rolle (207).

---

* Diese und folgende Informationen gehen auf Dir. Jen. Paternakan, Generaldirektorat Viehhaltung innerhalb des Landwirtschaftsministeriums zurück; Stand 1974.

Die Rinderhaltung ist hauptsächlich auf Zugkraftzwecke ausgerichtet. Daneben halten Bauern das Rind auch für die Fleischerzeugung. Die Kühe werden zum Pflügen und der Bulle zum Ziehen der typischen zweiräderigen Ochsenkarren eingesetzt. Kühe werden mit 2-3 Jahren angespannt. Nach dem Kalben lässt man sie vierzehn Tage im Stall. Nach 3 ½ bis 4 Jahren bringen sie das erste Kalb. Die vorherrschenden Rinderrassen sind das Ongolerind (Bos indicus), das Bantengrind (Bos sundaicus) und Kreuzungen derselben, wozu die Madurarasse gehört. Daneben gibt es noch einige lokale Rassen. -Mit nur 6 Millionen Rindern und 2 Millionen Büffeln ist der Zugkraftbesatz bei 12-16 Mill. Kleinbauern gering. Ein grosser Teil der Felder muss mit der Hand bestellt werden.

Das Ongolerind kam ursprünglich aus Indien, blieb nur auf der Insel Sumba rein erhalten. Im übrigen verwandte man das Ongolerind zum Aufbessern der lokalen Rasse auf Java, weshalb durch den Hybridisations-Effekt die Kreuzungsergebnisse auf Java besser sind als das Ausgangsmaterial. Für die Rindfleischerzeugung sind die Ongolerinder gut zu gebrauchen, obwohl das Wachstum in den ersten Monaten zu wünschen übrig lässt.

Das Balirind breitete sich von der Insel Bali auf allen Sundainseln und nach Sulawesi aus. Das wildartig aussehende Rind ist auffallend uniform. Seine viel gerühmte Anpassung an trockene Weiden ist noch nicht erwiesen. Auch ist noch nicht bekannt, ob man durch bessere Ernährung schnelleres Wachstum erzielen könnte. Das Ausschlachtungsergebnis ist besser als beim Ongolerind. Das Fleisch soll auch bei höheren Gewichten noch mager sein. Auf Bali sind Kreuzungen und die Ausfuhr weiblicher Tiere verboten.

Das Madura-Rind als Kreuzungsergebnis zwischen Bos indicus und Bos sundaicus ist kleiner als die anderen Rinderrassen. Das Madura-Rind ist auf die Insel, die den Namen gab, den Ostteil von Java und die Insel Flores beschränkt. Besonders hervorzuheben ist die gute Anpassungsfähigkeit an trockene Weiden, wie sie auf Flores vorkommen.

Die lokalen Rassen, wie sie noch rein auf Sumatra und Kalimantan zu finden sind, fallen im ganzen kleiner aus als die beschriebenen anderen Rassen. Die Regierung bemüht sich um Aufkreuzung mit dem Ongolerind.

Das *durchschnittliche Lebendgewicht bei den einzelnen Rassen* schwankt zwischen 400 (weiblich) und 550 kg (Bulle) beim Ongolerind, 300-400 kg beim Balirind und 200-300 kg beim Madurarind. Auf einigen Kleinen Sundainseln fällt das Ongolerind kleiner und leichter aus.

Haltung und Nutzung für Fleisch-und Milcherzeugung sind auf den einzelnen Inseln verschieden. Auf Java füttert der Bauer, was gerade am Rande seiner Paddyfelder wächst, oft sorgfältig zurechtgemacht und per Hand direkt in das Maul der Tiere. Dieses Futter ist weder im Nährwert und manchmal auch in der Menge nicht ausreichend. Auf Java stehen die Rinder im Stall, erhalten dort 35 kg Rauhfutter pro Tag. Auf Sumatra und Lombok werden sie auf der Weide angebunden (getüdert) und erhalten Rauhfutter. Der Finanz-Bedarf für Rindfleischproduktion nach neuen Methoden liegt bei US$ 20.000 pro Kleinbetrieb (Nahrungsbasis für eine Familie, verglichen mit US$ 6.000-8.000 bei Transmigration.) Auf den Inseln mit natürlichen Weiden, wie auf den Kleinen Sundainseln und in Teilen Sulawesis, läuft das Rind frei herum und nährt sich meist vom Alang-Alang-Gras (Imperata cylindrica). Abgesehen vom gelegentlichen Melken der für Zugzwecke gehaltenen Kühe gibt es etwa 90.000 Milchkühe, die vorwiegend in den Abmelkställen der grossen Städte Javas und Sumatras stehen. Man findet auch Schwarzbunte importierte Kühe mit niedrigen wie auch mit guten Milchleistungen. Die inländische Milcherzeugung deckte 1976 nur etwa 20% des Bedarfs. Im selben Jahr wurden 40.000 t verarbeitete Milch zu US$ 37,7 Mill. importiert. Der Pro-Kopf-Milchverbrauch lag 1976 bei 2,2 kg. Die Möglichkeiten der Steigerung der Milcherzeugung liegen u.a. in der Intensivierung; pro Kuh wurden 1976 nur 1.800 kg ermolken. Die Zahl der Rinderschlachtungen war 1970 672.000, schätzte man 1976 (vorläufig) auf rund 1 Million. Der Pro-Kopf-Fleischverbrauch lag 1976 bei nur 3,4 kg/Jahr, zu vergleichen mit den benötigten 8,1 kg (Standardzahl von 1968).

Der Grossviehbesatz schwankt zwischen 0,6 GVE pro ha in Kleinbetrieben mit Reis als Hauptfrucht, wobei kein Futter extra angebaut wird, bis 4 GVE pro ha in Betrieben mit vornehmlich Baumkulturen.

Entwicklungsmöglichleiten sah die Regierung lange in grossen regierungseigenen Weidebetriebprojekten wie mit Weltbankkrediten auf Sumba und Sulawesi. Diese sind zwar recht erfolgreich von der Technologie her, doch schwierig wegen Mangels an ausreichenden Weideflächen: das ursprünglich vorhandene Land wurde kurz vor Beginn der Projekte von den angeblich eigentlichen Eigentümern beansprucht. Die inländische Finanzierung erfolgte über Bank Indonesia. Für (private) Kleinunternehmer, die in den letzten Jahren (1970-77) zu finden sind, fehlen billige Kreditmöglichkeiten wie über BRI für den Reisbau. Hier müsste dann sehr viel auf veterinärmedizinischem Gebiet getan werden. Es mangelt an der Infrastruktur der Tierhaltung. In den Jahren 1976/77 hat Australien eine grössere Anzahl Zuchtrinder nach Indonesien exportiert.

Wasserbüffel werden in erster Linie für die Bearbeitung der Sawah-Felder gehalten. Daher findet man Büffel auf allen regenreichen Inseln, d.h. wenig auf den Kleinen Sundainseln und auf den Molukken, wo Reisanbau bisher wenig verbreitet ist. Seit einiger Zeit stellt man eine Abnahme der Wasserbüffel fest. Einige Beobachter führen dies auf die niedrige Fruchtbarkeit zurück. Andere geben den relativ hohen Anschaffungspreis der 500 bis 650 kg schweren Tiere an, der 1972 zwischen Rp. 60.000 bis 80.000 betrug Das waren damals 500-560 DM. Etwa 300.000 Büffel wurden 1972 geschlachtet und 320.000 im Jahre 1976.

Wie die Rinder leben auch die Wasserbüffel von den Resten landwirtschaftlicher Produktion. Im Gegensatz zu den Rindern können Wasserbüffel auch in tieferem Wasser stehende Grässer abweiden. In Süd-Kalimantan auf einer grossen alluvialen Ebene des Barito-Flusses, der jährlich von Dezember bis April das Land überflutet, gibt es eine besondere Art der Büffelhaltung zur Fleischproduktion; die Büffel weiden in bis zu 1 m tiefem Wasser. Sie fressen Wasserhyazinthen (*Eichhornia crassipes*) und Leersia-Gras (Leersia hexandra). Nachts bringt man sie auf Plattformen über der Hochwassergrenze. In der Trockenzeit fressen die Büffel dürres Gras.

Schafe werden in Indonesien 20 bis 30 kg schwer und werden hauptsächlich auf den Kleinen Sundainseln und in Zentral-und West Java gehalten. Die grobe Wolle wird in einigen staatlichen Webereien, meist in Gefängnissen, wie in Wonosobo und Bogor, verarbeitet. Die Schafe werden jedoch vorwiegend zur Fleischproduktion gehalten. Sie lammen zweimal im Jahr.

Ziegen kommen in zwei Hauptrassen vor, « Jamma Pari », auch « Etawah » genannt, und « Kambing kajan ». Die Jamma-Rasse wurde erst vor dem letzten Weltkrieg aus Indien importiert und mit den lokalen « Kajan » gekreuzt. Kambing kajan ist eine kleine, harte Rasse zwischen 20 und 30 kg Gewicht. Eine Kreuzung, die heute überall in Indonesien zu finden ist, wird bis zu 45 kg schwer. Wirtschaftlich haben Ziegen eine grössere Bedeutung. Sie verbrauchen das anfallende Rauhfutter, das nicht von Rindern und Büffeln genutzt werden kann. Deshalb sind die Ziegen mehr auf den weniger intensiv bearbeiteten Inseln zu finden. Sie werden in kleinen Herden von 4-15 Tieren gehalten, die gemeinsam gehütet werden. In intensiver bebauten Gegenden sind Stallhaltung und Handfütterung üblich. Ziegen bringen ihre Jungen unabhängig von der Jahreszeit zur Welt. Zwillinge sind häufig.

Geflügel gibt es in jedem Kampong. Die Hühner stammen meist vom Junglehuhn ab. Auch Enten werden gehalten. Kommerzielle Haltung in grösseren Hühnerfarmen ist noch relativ selten. Immerhin schätzte man 1972, dass die Mehrzahl der in Jakarta verkauften Eier aus kommerziellen Zuchten stammte. Es gibt auch eine Hähnchen-Masthaltung nahe Jakarta. Krankheiten und unzulängliche Futterversorgung verursachen in diesen noch grössere Schäden und Ausfälle. Stetig ist jedoch eine Verbesserung der Wirtschaftlichkeit solcher Haltung zu verzeichnen. Man schätzte die Hühner 1972 im ganzen Lande auf 75 Millionen. Enten haben in einigen Gebieten eine besondere Bedeutung als Eierlieferanten und als Unkrautvertilger in den Reisfeldern. Eine Ente legt bis zu 250 Eier pro Jahr; das zweite Legejahr ist das beste. Geschlachtet werden sie mit einem Gewicht von etwa 1,75 kg.

Die künftige Entwicklung der Tierhaltung und der Versorgung mit tierischem Protein wird regional betrachtet vom jährlichen Pro-Kopf-Einkommen und von der Bevölkerungsdichte bestimmt werden. Beide brauchen nicht in die gleiche Richtung zu wirken; auch der Fleischexport ist zu berücksichtigen.

Auf den dicht besiedelten Inseln mit intensiver Feldnutzung befindet sich das *Rind im Wettbewerb mit dem Menschen* um die pflanzliche Anbaufläche. Hierauf wies Wander (203) hin. Solange das jährliche Pro-Kopf-Einkommen niedrig liegt, unter US$ 200/Jahr, lohnt sich keine Protein-Produktion über den tierischen Magen. Man wird vorerst eine Abnahme der Tierhaltung auf diesen Inseln feststellen und erst nach dem Erreichen eines höheren Pro-Kopf-Einkommens und Sicherung der Reisernten eine Steigerung der tierischen Erzeugung. Bei der Entwicklung der Rohölpreise und nach Auffinden weiterer Ölquellen braucht dieser Zeitpunkt keineswegs fern zu sein. -Vgl. auch Abb. 10 auf Seite 130.

Nach Mitteilung des Landwirtschaftsministeriums sanken die *Schlachtraten* für Rinder und Büffel von 1967 bis 1971 von 1 1/4 Millionen auf rund 950.000 pro Jahr. Auch die Ziegenschlachtungen nahmen Schätzungen zufolge ab.

Der *Export* von Rindern und Büffeln stieg von 1965 bis 1970 von 19.000 Stück auf 89.000. Von 1971 bis 1975 hingegen war eine Abnahme festzustellen. Auf die Vermarktung geht der Verfasser an anderer Stelle ein (146).

In Gebieten mit mässiger Bevölkerungsdichte wie Süd-und Nord-Sumatra, Süd-und SO-Sulawesi sowie auf Nusa Tenggara wird man künftig zur Steigerung der Einkommen von Kleinbauern der Viehhaltung im Rahmen gemischter Landwirtschaft als Regenlandbau mit zusätzlicher Bewässerung erhöhte Aufmerksamkeit schenken. Daneben aber kommen künftig durchaus Grossprojekte infrage, wie sie auf Timor (40.000 ha), geplant sind. Allerdings sind hierfür oft noch die schwierigen Landeigentumsfragen zu klären.

2.4 Die Technik der Agrarproduktion

Hier sollen die einzelnen Techniken der Agrarproduktion nur soweit skizziert werden, wie sie für die besondere indonesische Situation wichtig sind. Die beiden Ökosysteme der SAWAH-Kultur von Reis, d.h. Anbau von Paddy im Sumpf, und das Extrem des Wanderhackbaus umreissen und begrenzen diesen Themenkreis. Mittelpunkt der Betrachtung ist die Bewässerung, die trotz der Lage dieses Landes in den feuchten Tropen Hauptproblem der Entwicklung ist.

2.4.1 BODENBEARBEITUNG UND PFLEGE DER KULTUREN

In Regenfeldbau ist das Pflügen mit einem primitiven Pflug mit Eisenschar üblich. Im Wanderfeldbau bedient man sich vorwiegend eines Pflanzstocks. Man verwendet mit Nägeln besetzte Bretter zum Aufreissen des Untergrunds in den Pflanzenreihen. Im Trockenfeldbau wird intensiv gehackt (Hacke = « pacul »).

2.4.2 MINERALDÜNGUNG UND VERMARKTUNG DES MINERALDÜNGERS

Eher als in anderen Entwicklungsländern fand die Anwendung von Mineraldünger Eingang, in der Plantagenwirtschaft erklärlicherweise eher als in der übrigen Landwirtschaft. Dennoch hat Indonesien mit seinen jährlich um 2% wachsenden 140 Millionen Einwohnern eine der niedrigsten Dünger-Anwendungsraten Asiens. Stickstoff 20,0 kg, P_2O_5 1,9 kg und K_2O 0,6 kg/ha (1977). Dies sind nur etwa 50% des in Asien verzeichneten Pro-Hektar-Verbrauchs. Im Jahre 1974 betrug der Verbrauch an Reinstickstoff 443.000 Tonnen, 1977 bereits 575.000 t. Etwa 70% sind Stickstoffdünger, 20% Phosphatdünger und der Rest Kalidünger. Letzterer wird hauptsächlich in der Plantagenwirtschaft verbraucht. Internationale Konsulting-Kreise berechneten, dass der Verbrauch noch ein oder zwei Jahre lang mit jährlich 10% wachsen, sich dann aber auf 7%/Jahr verlangsamen wird, bis etwa 1983. Von diesem Jahr an wird sich der Düngerverbrauch auf etwa 825.000 Tonnen pro Jahr (das sind etwa 1,8 Millionen Tonnen Ware) abflachen. Der Verbrauch an Phosphat und Kalidünger wird mit 20% bzw. 25% jährlich schneller wachsen und noch 1983 in beiden Fällen etwa 18% pro Jahr betragen. Während 1974 114.600 t Rein-Phosphorsäure und 17.000 t Rein-Kali verbraucht wurden, waren es 1977 schon 195.000 bzw. 32.000 Tonnen. Das Gesamt-Nährstoffverhältnis wird sich von dem sehr ungünstigen 3,9: 1: 0,15 im Jahre 1974 auf das günstigere Verhältnis von 2,4: 1: 0,84 einstellen, meint die internationale Studie.

Regional gibt es im Verbrauch grössere Unterschiede. Java verbrauchte 1976 etwa 80% des gesamten Stickstoffs, 70% des Phosphats und 30% des Kalis. Auf der grossen Insel Kalimantan wird am wenigsten gedüngt.

Eigenerzeugung und Düngereinfuhren hatten 1976 ein Verhältnis von 1:2 erreicht und werden nach den installierten und im Bau befindlichen Anlagen (vgl. Seite 190) 1983 nur noch etwa 1:0,85 betragen. Mit der Düngererzeugung hatte Indonesien erst 1964 begonnen. -1977 exportierte Indonesien bereits Dünger nach den Philippinen.

Verteilung und Vermarktung waren bis 1975 noch sehr unzulänglich, wurden dann durch ein von der Weltbank mit US$ 68 Millionen als Darlehen unterstütztes $130 Mill. Projekt ausgebaut. Die Verteilung wird von lizensierten Importeuren und Erzeugern durchgeführt. Der subventionierte Düngerpreis (zur Minderung der Inflation) ist auf den cif-Java-Preis ausgerichtet. Zu einer Zeit, als der Importpreis für Harnstoff $390/t (Rp. 176.00g) betrug, war der Einzelhandels-Verkaufspreis $145 (Rp. 60.000/t).

In den letzten 10 Jahren wurde durch die Zunahme von etwa 8 kg Reinnährstoffe auf etwa 20 kg/ha ein beachtenswerter Fortschritt erzielt.

Projektionen künftigen Düngerkonsums könnten sich nach dem Verbrauch in Japan oder Korea (160 bzw. 150 kg Rein-Stickstoff) oder anderen Reis anbauenden Ländern Asiens ausrichten (durchschnittlich 1976 35 kg/ha), verglichen mit Indonesiens knappen 20 kg/ha. Projektionen mit jährlichem Zuwachs von 7-10% (Seite 147) sind nicht überoptimistisch, wenn man die tatsächlichen Verbrauchszahlen von 1972-74 mit den für diese Jahre projizierten vergleicht. Der Verfasser hatte 1971 daran mitgearbeitet und den voraussichtlichen Verbrauch trotz Anwendung moderner Projektionsverfahren für 1972 und 1973 zu niedrig angesetzt. Der für 1983 veranschlagte Verbrauch von 1,4 Mill. Tonnen Reinnährstoff würde durch eine Eigenerzeugungs-Kapazität von 858.000 t Rein-Stickstoff (gegenüber 825.000 t Verbrauch) nur bei Stickstoff gesichert sein. Phosphate und Kali müssen weiterhin eingeführt werden (1982 340.000 t P_2O_5 und 286.000 t K_2O).

Pflanzenschutz-Chemikalien werden ebenfalls überwiegend importiert. Die Verbrauchszahlen pro Flächeneinheit liegen wie beim Dünger verglichen mit anderen asiatischen Ländern niedrig. Eine grössere Anzahl Pflanzenschutzchemikalien wird bereits im Lande aus importierten Grundstoffen formuliert.

2.4.3 BEWÄSSERUNG

Trotz der hohen Niederschläge in den tiefen Tropen nimmt die Bewässerung einen hervorragenden Platz ein. Im grossen ganzen ist sie trotz früher holländischer Bemühungen noch weitgehend unterentwickelt, besonders in der terminalen Wasserkontrolle.

2.4.3.1 *Geschichtliches*

Die Wasserkultur des Reises reicht einige tausend Jahre zurück. Schon mit den frühen Wanderungen brachten Protomalaien und Deuteromalayen die Reiskultur in verschiedenen Entwicklungsstadien nach Indonesien. Sicherlich wurde Reis auch im Wanderhackbau kultiviert, wie man diese Form der Landwirtschaft auch heute noch in Indonesien finden kann. Als die wasserreichen Ebenen nicht mehr genügten, wurden die angrenzenden Hügel und die Berghänge terrassiert und durch Regen oder Wasserläufe bewässert.

Auch im frühen Anbau wird man frühzeitig die Vorteile der Bewässerung genutzt haben. Die Terrassierung erforderte schon den Bestand grösserer Gemeinwesen und wurde dann von den Dorfgemeinschaften ausgeführt. Damals entstanden die ersten SAWAH-Gemeinschaften. Im Reisland entwickelten sich die Königreiche und die Fürstenhöfe. Da das Reisland die Basis ihrer Macht bildete, sorgten die Höfe durch den Bau von Kanälen und Bewässerungssystemen, durch Wasserrecht und Aufsicht für einen reichen Ertrag der SAWAHS. Nur die Kultur des Wasserreises ermöglichte es, die Mengen Reis zu erzeugen, die für die Ernährung der wachsenden Bevölkerung und für die Ausübung der Macht in grossen Reichen nötig war. Der Bau der Bewässerungsanlagen lag oft in der Hand von Prinzen des Herrscherhauses. So baute Nikromotirto unterhalb des Dieng-Plateaus um Wonosobo ein kompliziertes Bewässerungssystem. Ein leuchtendes Beispiel dieser frühen Bewässerungskunst sind die sogenannten « halb-technischen » Anlagen der Insel Bali aus dem 11. Jahrhundert. Meist handelte es sich um Kanäle, die das Wasser aus Seen oder Flüssen als Hangkanäle zu den Feldern führten. Im herkömmlichen Verfahren floss das Wasser von Terrasse zu Terrasse und aus der letzten in einem Kanal ab. Man bezeichnet solche einfache Bewässerung als « Fliessbewässerung ».

Als die Holländer nach Batavia kamen, bauten sie in der Umgebung der Stadt bald die ersten Bewässerungsanlagen. Wegen der in der Ebene oft fehlenden Vorflut war die Dränage schwierig. Den Holländern waren solche Schwierigkeiten aus ihrem eigenen Delta-Land vertraut. Ein Beispiel für eine gut entwickelte Bewässerungsanlage ist die Zuckerplantage Jatiroto (Karte 21). Später waren grössere Kanäle notwendig, die neben der Bewässerung der ständig wachsenden Plantagen mit Verkaufsfrüchten auch den Anbau von Reis und anderer Nahrungspflanzen mit Wasser versorgen konnten. Das Verteilungssystem auf den Reisfeldern war völlig den Bauern überlassen. Für den Anbau von Zuckerrohr, Tabak und später von Ölpalmen wurden überall auf den Plantagen auch die Kanäle auf den Feldern entwickelt. Lange Zeit waren diese holländischen Anlagen vorbildlich. Ihre grossen Zuführungskanäle waren die ersten modernen Anlagen in tropischen Ländern. Während des Zweiten Weltkrieges und danach verfielen zahlreiche Anlagen. Die indonesische Regierung hatte unmittelbar nach der Unabhängigkeit nicht die Fachleute der oberen Ränge, die für die Erhaltung der Bewässerungsanlagen hätten sorgen konnen. Und während der mindestens 15 Friedensjahre unter Sukarno verfielen viele der Anlagen.

2.4.3.2 *Die Situation nach dem Sukarno-Regime* ist gekennzeichnet durch die « Rehabilitasi » (Wiederherrichtung) solcher teilweise verfallenen und schlecht funktionierenden Bewässerungsanlagen. Häufig fehlten die ingenieurmässigen Unterlagen für den Betrieb der Anlagen sowie statistisches Material über Wasserabnahme, aus denen man notwendige Änderungsarbeiten ableiten könnte.

Als Folge des zeitweiligen Verfalls war ein Rückgang in der bewässerten Fläche festzustellen. Durch die seit 1968 laufenden Wiederherrichtungsarbeiten konnte diese Fläche noch nicht wieder voll versorgt werden. Einen Überblick der vorhandenen Bewässerungsflächen verschafft Tabelle 35 mit den im Jahre 1968 verzeichneten Bewässerungs-Systemen.

Wie Tabelle 36 im Anhang zeigt, wurden in den Jahren 1969/70 bis 1975/76 im ganzen 2,028 Millionen Hektar bewässerten Landes bearbeitet, davon 300.452 ha neu bewässerten Landes. Dies bedeutet, dass die gesamte bewässerbare Fläche von 4 Mill ha auf 4,3 Mill. ha ausgedehnt wurde.

2.4.3.2.1 *Die verschiedenen Bewässerungssysteme*

Die *technischen* und *semi-technischen Bewässerungssysteme* sind von der Wasserwirtschaftsbehörde geplant worden, die eine Unterabteilung des Ministeriums für Öffentliche Arbeiten ist. Die Merkmale der

TABELLE 35

BEWÄSSERUNGSARTEN IM REISANBAU, INDONESIEN, 1968, IN '000 HEKTAR
(Types of Irrigation in Paddy Cultivation, Indonesia)

	Bewässert				Flut/ Sumpf-Reis	Regen-Anbau	Reisanbau Insgesamt
	Voll-technisch	Halb-technisch	Her-kömmlich	Ins-gesamt			
Java	1.233	698	755	2.686	94	623	3.493
Bali	0	33	64	97	0	0	97
Sumatra	110	170	358	638	175	336	1.149
Kalimantan	2	21	125	148	87	96	331
Sulawesi	136	75	130	341	3	181	526
Nusa Tenggara u. Molukken	63	20	74	157	38	113	307
Indonesien	1.544	1.017	1.506	4.067	397	1.349	5.813

Quelle: Landwirtschaftsministerium (227 u. 229).

technischen Bewässerung sind ein Wehr im Fluss und volle Wasserkontrolle bis zum Ende des sekundären (Verteiler-) Kanals ohne die Massnahmen auf den Feldern selbst. Messeinrichtungen für die Wasserabgabe sind vorhanden.

Die semi-technischen Bewässerungssysteme besitzen ebenfalls ein Wehr, aber die Auslegung der Kanäle ist technisch weniger vollkommen. Sie beruhen wie die technischen auf Schwerkraft-Bewässerung, haben aber keine Messeinrichtungen. Beide Systeme sind staatlich; die Behörde beaufsichtigt die Wasserabgabe und besorgt den Unterhalt der Anlagen. Beide Arten sind für den Norden Javas typisch.

Die herkömmlichen (Dorf) Bewässerungssysteme sind unter der Obhut der dörflichen Wasserunutzungs-gemeinschaften, die die Anlagen unterhalten und die Verteilung des Wassers beaufsichtigen. Die « Dorf »-Systeme sind viel kleiner als die technischen und semitechnischen und befinden sich meist im Bereich des Oberlaufs. Kommen sie am Unterlauf vor, heissen sie auch oft « wilde Bewässerungssysteme ». Ihr Zustand ist im Jahre 1972 oft besser als der der Regierungsanlagen. Für die Wassernutzung durch Dorf-Systeme am Oberlauf und der technischen und semi-technischen am Unterlauf gibt es staatliche Regeln.

Die Bewässerungsanlagen von Sumatra, besonders von West-Sumatra, sind weniger entwickelt als auf Java. Die Eingruppierung in « technische und semi-technische » trifft an sich nicht ganz zu. Viele der semi-technischen Systeme von West-Sumatra befinden sich am Oberlauf und sind dann in der Hand von dörflichen Gemeinschaften.

Wie Tabelle 35 zeigt, betreffen diese drei Arten der Bewässerung zusammen für Java für das Jahr 1968 fast 2,7 Millionen Hektar. Im Jahre 1937 waren es über 2,8 Mill ha, und zwar 1,25 Mill. ha technische, 0,9 Mill. ha semi-technische und 700.000 ha « Dorf ». Bewässerung. Auf das Schwanken der Reis-Anbauflächen wies der Verfasser auf Seite 109 hin. Ganz Indonesien hatte 1970 über 4 Mill. ha bewässertes Land. Grössere staatlich betriebene Bewässerungs-Projekte befinden sich auf Sumatra und Sulawesi.

Flutbewässerung dürfte für die Zukunft grössere Bedeutung erlangen. Hierunter ist der Wasserrückstau auf den grossen Flüssen Sumatras und Kalimantans bei Flut in der Java-See im Mündungsgebiet zu verstehen. Der Höhenunterschied der Meeres-Gezeiten kann für Bewässerung ausgenutzt werden. Ein Problem stellen die Schutzdeiche dar, die zugleich entsprechende Einrichtungen für die Dränage besitzen müssen. Beim Reis-Anbau auf versumpften und lange überfluteten Flächen gegen Ende der Regenzeit kommt es darauf an, dass das Wasser Abfluss hat. Die Reisernten aus solchen Lagen sind unsicher, aber wesentlich sicherer als bei Anbau auf Regenland.-Diese Methode ist auch als Tide-Hub-Bewässerung bekannt.

Regen-Reis-Anbau gibt es in allen niederschlagsreichen Gegenden, die zugleich etwas verdunstungs-geschützt sind und ziehende Nebel aufweisen. Damit kommen hierfür Berglagen um 400-800 m in Frage. Solche Reisfelder sind terrassiert und weisen manchmal Vorrichtungen für das Auffangen des seitlichen Hangwassers auf.

Andere Bewässerungsflächen, die Tabelle 35 nicht enthält, bestehen vor allem auf den ausgedehnten Zuckerrohrplantagen von Java. Alleine Ost-Java besitzt 60.000 ha unter « technischer » Bewässerung für Zuckerrohr. Auch andere als Reiskulturen wie Sojabohnen und Mais werden oft bewässert.

2.4.3.2.2 *Die « Rehabilitasi » Projekte* der Regierung innerhalb des Fünfjahresplans 1969-1974 umfassten Rp. 70 Mrd. oder US$ 175 Millionen. Die Kosten der Verbesserungsarbeiten für Bewässerung betrugen Rp. 236 Mrd oder US$ 590 Mill. Das sind 60% des gesamten landwirtschaftlichen Entwicklungsbudgets. Man schätzt, dass von 2,9 Millionen Hektar Bewässerungsanlagen auf Java 1,9 Millionen ha eine Wiederherstellung der primären und sekundären Kanäle erfordern. Die Internationale Entwicklungsgesellschaft (IDA) der Weltbank stellte Mittel für die Finanzierung solcher Massnahmen für 820.000 ha zur Verfügung. Diese Massnahmen werden jedoch nur wenig zur Ausdehnung der Bewässerungsflächen beitragen. Eine solche Ausdehnung ist nur durch Vermehrung der Bewässerungsflächen der Trockenperiode möglich, die 1970 nur rund 24% der gesamten bewässerten Fläche betrugen. Auch die Ertragssteigerung auf der Flächeneinheit wird durch diese Massnahmen nur wenig unterstützt. Diese Baumassnahmen sind mehr eine Voraussetzung für das weitere Funktionieren der Bewässerungsanlagen überhaupt. Seit 1974 erhält Indonesien statt der weichen IDA-Darlehen nur noch reguläre Weltbankdarlehen, bis 1977 im ganzen US$ 650 Mill. zu 6-8,2%/Jahr.

Um eine Vermehrung der Bewässerungsflächen zu erreichen, genügt es nicht, die Wiederherstellung der primären und sekundären Kanäle zu betreiben. Dafür ist vielmehr die Verbesserung der Bewässerung auf dem Felde notwendig.

Bewässerung und Intensität der Landnutzung hängen stark von der künftig zu leistenden Arbeit auf diesem Sektor der in Indonesien « bäuerliche Bewässerung » genannten Art der Bewässerung ab. Nur wenn die unten behandelte terminale Wasserkontrolle in grossangelegten Programmen in Angriff genommen wird, kann hier entscheidender Wandel geschaffen werden. Die laufenden Vorhaben im Bewässerungssektor wirken nur in geringem Umfang in diese Richtung. Gegenwärtig können, wie oben angeführt, etwa 24% der bewässerbaren Fläche auch in der Trockenzeit mit Wasser versorgt werden. Die laufenden IDA-Projekte vermögen nach vorsichtigen Schätzungen eine Steigerung um 5-8% zu bewirken.

« *Rehabilitasi* »- *Projekte* werden ebenfalls einen kleinen Beitrag dazu leisten und vielleicht wird so eine Gesamterhöhung von 10% erreicht. Man schätzt, dass für ganz Java im Rahmen der laufenden Massnahmen eine Erhöhung der Trockenzeit-Bewässerung auf 40% der Gesamtfläche möglich sein wird. Abgesehen von der weiter unten behandelten terminalen Wasserkontrolle könnte noch die vermehrte Wasserspeicherung eine Ausweitung herbeiführen. Reseserven liegen auch in der Grundwassererschliessung.

2.4.3.2.3 *Wasserspeicherung und terminale Wasserkontrolle*

Die Wasserspeicherung für die Trockenzeit ist künftig weiterhin als eine wirkungsvolle wenn auch kostspielige Entwicklungsmassnahme anzusehen. Bisher besitzt Indonesien mit dem Jatiluhur-Damm eine Wasserspeicherung im Citarum-Fluss unweit Bogor/Jakarta. Bei einer Wassermenge von 4 Mrd. Kubikmeter in der Regenzeit (November bis April) und nur 950 Mill. cbm in der Trockenzeit werden zwei Milliarden Kubikmeter gespeichert. Seit der Fertigstellung des Dammes (1967) nahm die Bewässerungsfläche während der Trockenzeit um 125.000 ha zu. Damit macht sie rund 1/4 aller in Indonesien während der Trockenzeit bewässerten Flächen aus.

Ausser diesem Damm gibt es 30 in Tabelle 35 (Anhang) aufgeführte Stauseen, von denen sechs ein Fassungsvermögen zwischen 10 und 100 Millionen Kubikmeter haben. Die meisten sind kleiner als 10 Millionen cbm und zudem reparaturbedürftig. Weitere 7 Dämme befinden sich im Bau, von denen der Karankates-Damm in Ost-Java der grösste ist. Er sollte 1973 fertiggestellt sein und die Wassermenge des Brantas-Flusses in der Trockenzeit um 20 cbm/sec. erhöhen. Das reicht aus, um am Unterlauf etwa 20.000 ha während der Trockenzeit zusätzlich zu bewässern. Daneben soll auch Elektrizität erzeugt werden. Der Sempor-Damm sollte 1972 in Angriff genommen werden und weitere 10.000 ha Trockenzeit-Reisfläche bringen. Von den erwähnten zahlreichen Studien ist die von IDA finanzierte im Cimanuk-Bassin die wichtigste. Dieser Damm würde weitere 90.000 ha für den Doppelanbau von Reis oder den Anbau anderer Früchte mit Bewässerung ermöglichen.

Bei den Bewässerungsmöglichkeiten während der Trockenzeit muss berücksichtigt werden, dass die Bewässerung einen Nutzungsgrad von 50% hat und der Wasserbedarf bei den hohen Temperaturen für eine Wachstumsperiode 10.000 cbm/ha beträgt.

Terminale Wasserkontrolle durch Verbesserung der Wasserverteilung auf dem Felde und Dränage des Untergrunds wirkt wassersparend. Dadurch kann in der Trockenperiode mehr Land bewässert werden Vor allem aber werden die Felder individuell bewässert, und der Untergrund kann trocken gehalten werden, bzw. frei von stauender Nässe, wodurch der Anbau von Nicht-Reispflanzen möglich wird. Bisher können solche « polowijo », « zweiten » Früchte, wie sie in Indonesien genannt werden, nur auf den natürlich dränierten, durchlässigen Böden angebaut werden. Es müssen erhebliche Anstrengungen gemacht werden, um genügend

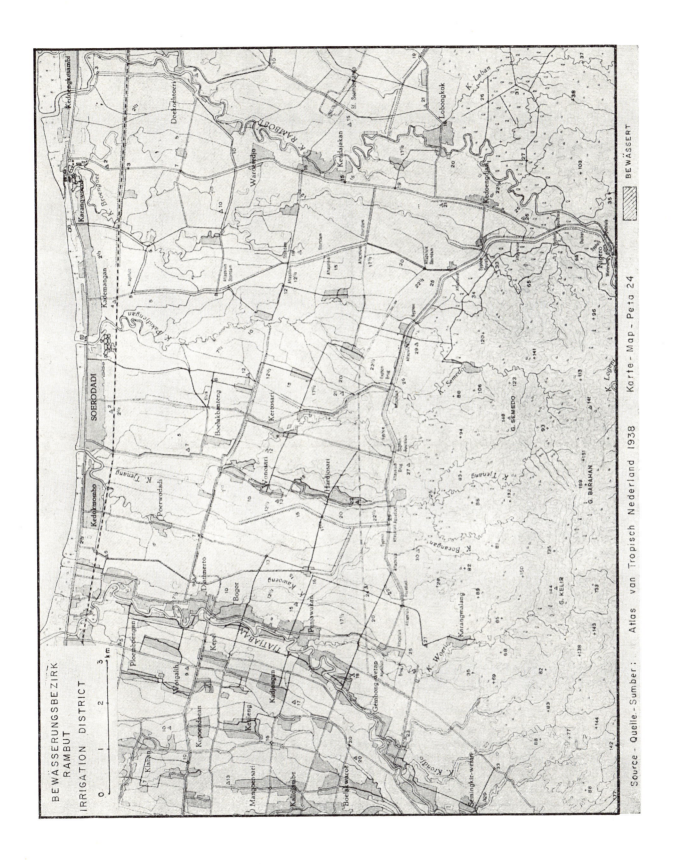

BEWÄSSERUNGSBEZIRK
RAMBUT
IRRIGATION DISTRICT

SOERODADI

TJATJABAN

Source - Quelle - Sumber : Atlas van Tropisch Nederland 1938 Karte - Map - Peta 24

BEWÄSSERT

Reis für die Versorgung der Bevölkerung zu ernten. Es wird immer schwieriger, ausreichende Mengen aus anderen Ländern zu annehmbaren Preisen zu importieren. Eine ausreichende Bedarfsdeckung setzt jedoch Lagerung im Lande voraus. Gelingt es, den Eigenbedarf aus den gesteigerten Flächenerträgen zu decken, können die dabei frei werdenden Felder mit den « zweiten » Früchten bestellt werden.

Bisher pflanzt der Bauer Reis mit der « Fliessbewässerung ». an Aus dem sekundären Verteilerkanal wird das Wasser in den von den Bauern angelegten Feldkanälen auf die oberste Terrasse des SAWAH-Blocks geleitet, von wo es von Terrasse zu Terrasse, wie bei einem römischen Brunnen, fliesst und an der letzten in einen Abzuggraben austritt. Manchmal wird durch um den Block herumgeführte Feldkanäle eine raschere Wasserverteilung erreicht, doch nur selten ist eine individuelle Bewässerung möglich.

Stagnierende Nässe während der Kultur und danach aufreissender und harter Boden sind äussere Kennzeichen dieser Bewässerungsmethode. Niedrige Flächenerträge und dadurch niedrige Einkommen der Bauern sind die Folgen.

Die Lösung dieses kulturtechnischen Problems kostet Geld und erfordert technische Kenntnisse bei der Anlage der Abflussgräben und der Erhaltung ihrer Funktion. Das Wasser muss an der günstigsten Stelle herangeführt und nach einem Schema verteilt werden. Manchmal wird hierfür erst eine Flurbereinigung erforderlich sein oder eine Grenzbegradigung im Bereich der Zubringerkanäle. Planierungsarbeiten und der Bau von Erddämmen (um die einzelnen Felder) sind zu bewältigen. Obwohl der Bauer die meisten dieser Arbeiten-ausser Bau von in Beton ausgeführten Verteileranlagen-selbst oder in Gemeinschaftsarbeit ausführen kann, ist doch ein gewisses Ingenieurwissen für die zweckmässige Ausführung nötig, die meist eine vorherige Vermessung erfordert. Bei der Lösung der anstehenden kulturtechnischen Probleme hat sich der 1968/69 im Lande arbeitende Dr. Max MÜLLER aus Bamberg besonders verdient gemacht.

Die ersten Investitionen, die durchgeführt wurden, erfolgten auf kleinen Versuchsflächen. Man rechnet mit der Notwendigkeit der Verbesserung von 2,5 Millionen ha Land. Bei einer durchschnittlichen Investition von US$ 800/ha, die für die nahe Zukunft anzunehmen ist, benötigt man dafür 2,0 Mrd. Dollar und wahrscheinlich 15 Baujahre. Während des zweiten Fünfjahresplans nimmt man bei Semarang ein erstes Pionierprojekt von 1.000 ha in Angriff. In anderen Ländern, z.B. Indien, wo diese Methode als « Command Area Development » bekannt wurde, werden seit 1973 im Rahmen der Kapitalhilfe grössere Investitionen vorgenommen. Dort belaufen sich im Jahre 1977 die Kosten pro Hektar ohne ein Betonieren der Feldkanäle-aber mit festen Verteilerkästen-auf etwa US$ 600/ha. Die Entwicklung der terminalen Wasserkontrolle wird künftig grössere Beachtung finden, da die Wirtschaftlichkeit solcher Massnahmen günstig ist, zumal die Preise für Mineraldünger seit der Energiekrise (1972/73) stark gestiegen sind und die terminale Wasserkontrolle wie Düngung, sozusagen als « Luft-Düngung » wirkt.

2.4.3.2.4. *Die Grundwasserschliessung für Bewässerung* steht erst ganz am Anfang. Es fehlt an Daten über Grundwasserschichten, -tiefen und -kapazität. Man hat jedoch gute Erfahrungen in der Nähe von Vulkanen. Doch Gebiete, die am meisten einer Bewässerung aus dem Grundwasser bedürfen, wie das Karstgebiet Gunung Kidul südöstlich Jogyakarta, besitzen in leicht nutzbarer Tiefe keine wasserführenden Schichten. Es gibt auch Gegenden mit artesischen Vorkommen, die teilweise aktiven Wasseraustritt aufweisen. Es existieren mehrere Untersuchungsprojekte mit ausländischer Hilfe, so mit IDA-Hilfe bei Madiun im oberen Solo-Bassin und mit britischer Hilfe bei Kederi im Nganjuke-Fluss-System. Die indonesische Regierung selbst hatte bisher wenig Möglichkeiten für die Erforschung der Grundwasservorkommen. Dem Direktorat « Geologische Surveys » in Bandung stehen mit der Abteilung Geologischer Ingenieurbau und Hydrogeologie im Ministerium für Bergbau nur etwa tausend Test-Brunnen zur Verfügung. Die vorhandenen hydrogeologischen Karten von Java/Madura, Bali, Lombok und einigen Landesteilen sind meist vor dem letzten Weltkrieg auf Grund der 600 Beobachtungsbrunnen, die damals vorhanden waren, angefertigt worden. Seit 1972 gibt es auch ein Direktorat Grundwasser im Ministerium für Öffentliche Arbeiten.

2.4.3.2.5 *Erosionsschutz in den Einzugsgebieten*

In der Nachkriegszeit wurden die Kahlflächen am Oberlauf der Flüsse, die durch die Abholzung entstanden waren, besiedelt. Ohne Terrassierung wurde das Land bebaut. Die Erosion zerstörte rasch den Boden, die feinen Bestandteile wurden fortgeschwemmt und bewirkten die verstärkte Sedimentablagerung der Flüsse (vgl. S. 12). Flussläufe zwischen Deichen oberhalb der bebauten Fluren sind in Zentral-Java keine Seltenheit. Das Fehlen von Vegetation vermehrt die Gefahr der Überflutungen. Der Rückgang der während der Trockenzeit bewässerten Fläche von 50% (1937) auf 30% im Jahre 1972 der Regenzeitflächen in Ost-Java ist auf diese Entwicklung zurückzuführen.

Die Forstabteilung im Landwirtschaftsministerium, der der Erosionsschutz untersteht, schätzt die einer Aufforstung bedürfenden Fläche auf 8 Mill. ha, wovon 1,8 Mill. ha in Java liegen. Bei dem augenblicklichen

Budget der Forstbehörde können jedoch jährlich nur 40.000 ha aufgepflanzt werden. Weitere 90.000 ha werden im Begrünungsprogramm des Landwirtschaftsministeriums betreut.

2.4.3.2.6 *Wasserwirtschaft und Verwaltung der Bewässerungsprojekte*

Bei der Zentralregierung liegt die Verantwortung für die Entwicklung der Bewässerungsressourcen im Ministerium für Öffentliche Arbeiten und Elektroenergie, Generaldirektorat « Entwicklung der Wasservorkommen ». Ihm unterstehen die Direktorate Bewässerung, Flüsse und Sümpfe sowie Flutbewässerung, dann Planung und Programmierung für Logistik (Einkauf und Unterhalt) und für Forschung (Institut für Hydrologisches Ingenieurwesen).

In den Regionen sind die Zuständigkeiten verteilt auf

— Forsten für den Erosionsschutz,
— Zentrale und provinziale Büros des Ministeriums für Öffentliche Arbeiten für Bau, Betrieb und Unterhalt von Bewässerungssystemen bis hinunter auf den sekundären Kanal,
— Landwirtschaftsministerium für den tertiären Bereich und darunter. Das Ministerium für lokale Angelegenheiten hat ebenfalls ein Wort mitzureden. Nur die Zusammenarbeit zwischen Landwirtschaftsbehörde, Dorfverwaltungen und Komitees für Bewässerung können die Systeme einigermassen in Ordnung halten.

Die provinzialen Dienste übernehmen ein Bewässerungssystem nach seiner Fertigstellung. Die « Otorita Jatiluhur », eine halbautonome Behörde, bildet eine Ausnahme. Im allgemeinen sorgen die provinzialen Dienste für alle notwendigen Arbeiten einschliesslich Deiche und Küstenschutz. Sie schalten sich auch in die landwirtschaftlichen Aktionsprogramme, wie das Reis-Intensivierungsprogramm Bimas, ein. Einen Sonderfall stellt auch die Wasserwirtschafsbehörde in Ost-Java dar, die nicht mit dem provinzialen Büro des Ministeriums für Öffentliche Arbeiten identisch ist. Diese Behörde ist dem Gouverneur direkt unterstellt und hat zehn besondere Bewässerungsbezirke. Hier weichen die Grenzen der Bezirke oft von denen des Ministeriuns für Öffentliche Arbeiten ab. Die kürzeren Dienstwege haben bewirkt, dass der Zustand der Bewässerungssysteme Ost-Javas besser ist als der anderer Provinzen und Inseln. Die provinzialen Dienste befassen sich nur mit den primären und sekundären Kanälen und Bewässerungseinrichtungen, einschliesslich 50 m des tertiären Kanals.

Die örtlichen Bewässerungsdienste bearbeiten ausschliesslich den tertiären und quartären Abschnitt der regierungseigenen Bewässerungssysteme. Auch in dörflichen Bewässerungssystemen betreuen die lokalen Dienste nur den tertiären und quartären Abschnitt. Für den primären und sekundären Teil der Dorf-Bewässerungssysteme delegierte die Provinz an die Kabupaten besondere Bewässerungstechniker. Das Ministerium für lokale Angelegenheiten unterhält eigene Büros für den « Ländlichen Bewässerungsdienst ». Schliesslich hat auch das Landwirtschaftsministerium dafür einen eigenen Beratungsdienst, der Hilfestellung beim Bau von Feldkanälen gibt und sich um die Bildung von Bewässerungsgemeinschaften bemüht.

2.4.3.2.7 *Fortschritte der letzten 10 Jahre in der Bewässerung* sind in erster Linie in den mehr als zur

Hälfte technisch einwandfrei wiederhergerichteten Systemen zu sehen. Das Aufgreifen der ersten Vorprojekte (« Pionierprojekte ») für die terminale Wasserkontrolle und die « Tide-Hub-Bewässerung » können als erste Schritte in Richtung auf die notwendige neue Technologie angesehen werden. Wie auf Seite 134 ausgeführt, konnte die Bewässerungsfläche um 300.000 ha, nach einer anderen Berechnung (Umstellung auf permanente) sogar um 500.000 ha ausgedehnt werden (Tabelle 36 im Anhang). Nach der Rede von Suharto im März 1978 wurden weitere 500.000 ha « rehabilitiert ».

2.4.4 VERARBEITUNG LANDWIRTSCHAFTLICHER ERZEUGNISSE

Hier handelt der Verfasser alle nach Ernte und Drusch durchgeführten Aufbereitungsmassnahmen agrarischer Erzeugnisse ab. Nicht immer kommt eine Verarbeitung einer Verwertung gleich. Der Reis als Hauptnahrungspflanze spielt hier die bedeutendste Rolle.

2.4.4.1 *Reisverarbeitung und -aufbereitung*

Der grösste Teil der Reisernte-nämlich 85%-wird durch Stossen in Handarbeit geschält (pounding) und meist im Haushalt verbraucht. Nur 25% der Ernte gelangen geschält oder ungeschält auf den Markt. Rund 10% der Reisernte werden durch sogenannte Reishuller geschält und nur 5% durchlaufen moderne Reismühlen mit Poliereinrichtungen. Der unpolierte Reis ist wegen seines höheren Gehaltes an Vitaminen und Mineralstoffen der Gesundheit zuträglicher als polierter Reis. Einige der Probleme bei der mechanischen Verarbeitung von Reis stammen aus der Behandlung auf dem Felde und nach dem Ernten. Der grösste Teil wird als « Rispen-Paddy » mit 10-15 cm langen Stengeln gebündelt. Auf den Ausseninseln wird der Halm geschnitten und durch Austrampeln oder Ausschlagen mit Stöcken gedroschen. Der Reis wird bis zum Entschalen gelagert, auf dem Bauernhof in geflochtenen Behältern, sonst in herkömmlichen Lagerräumen. Moderne Reissilos sind noch sehr selten.

Die Reisentschälung durch Huller und Reismühlen ist auf das meist sonnengetrocknete Gut angewiesen. Da diese Trocknung oft unterbrochen wird, weil es zwischendurch regnet und die Sonnentrocknung vielfach zum Platzen der Körner führt, ist dieser getrocknete Reis qualitativ oft minderwertig und liefert braunen gebrochenen Reis.

Die Reishuller (*schäler*)

Es gab 1972 etwa 7.500 einfache Entschälungsmaschinen (Huller) im Lande, die gewöhnlich von einer 6-12 PS starken Dieselmaschine angetrieben werden. Solche sind oft mit einer Reinigungsmaschine gekoppelt. Man verwendet sie manchmal auch zum Polieren. Das Produkt enthält einen hohen Anteil zerbrochener Körner. Für den Unternehmer ist entscheidend, dass eine solche Anlage wesentlich billiger ist als eine mechanische Reismühle.

Mehrstufige mechanische Reismühlen gab es 1972 etwa 3.500 im Lande. Grundelemente einer mechanischen Reismühle sind eine Entschälungsmaschine, eine Reinigungsmaschine und ein Polierer. In Java sind zusätzlich eine Dreschmaschine und bei grossem Anfall von Paddy ein mechanischer Trockner erforderlich. Im Rahmen der deutschen Agrarhilfe wurden solche mechanischen Reismühlen in Java und West-Sumatra installiert. Weitere, auch grössere mit 2-4 tons Paddy-intake/h, wurden als « joint ventures » zwischen indonesischen und japanischen Firmen errichtet. Die Existenz der in West-Sumatra arbeitenden Reismühlen « kincir air » mit Wasserantrieb von Holzstempeln wurde durch solche mechanischen Reismühlen nicht bedroht. Mechanische Reismühlen arbeiten seit 1972 mit dem Ansteigen der Weltmarktpreise für Reis mit grösserem Gewinn. Die meist chinesischen Unternehmer arbeiten wirtschaftlicher als es die staatlichen und genossenschaftlichen Reismühlen vermögen, die alle von älterem Typ sind. Meist erfordert die Beschaffung von Ersatzteilen aus dem Ostblock zu viel Zeit.

2.5 Die Vermarktung der agrarischen Erzeugnisse

Kernstück der indonesischen Marktpolitik in der Landwirtschaft ist die Stabilisierung der Reispreise, sowohl für den Anbauer als auch für den Verbraucher. Der Reispreis ist in Indonesien ein politischer Preis. Sind die Reispreise stabil und auf annehmbarem Niveau, verhält sich die Bevölkerung ruhig, wie die Erfahrung aus der Vergangenheit zeigte. Trotzdem gibt es Bewegungen in den Reispreisen, die von aussen kommen. Von 1965 bis 1972 fielen die Preise für Reis ständig. Der darauf folgende Anstieg war veranlasst durch die Trockenheit des Jahres und durch die allgemeine Verteuerung auf dem Weltmarkt. Reisversorgung und Preiskontrolle liegen in der Hand einer besonderen Agentur der Regierung, BULOG (Badan Urusan Logistik) genannt. Es ist ein militärisch organisiertes logistisches Kommando, das die Belieferung des Militärs und der Regierungsstellen durchführt, die zum Teil mit Reis bezahlt werden. Erst in dritter Linie greift BULOG in den lokalen Reismarkt ein. In den rückliegenden Jahren 1968/72 brauchte Bulog sogar sehr selten nur einzugreifen, zumal nur 25-35% des gesamten Reishandels über BULOG laufen. Der Hauptteil läuft trotz der vorhandenen Restriktionen über den privaten Handel, so dass sich in den günstigen Jahren 1968/72 der Reispreis sozusagen von selber regelte. Im Jahre 1970 war die Stabilisierung des Reispreises erreicht. Dies war in erster Linie auf 3 Faktoren zurückzuführen:

— weiterhin marktausgleichende Tätigkeit des privaten Handels-trotz bestehenden Verbots;

— steigende Produktion in den Hauptanbaugebieten, die eine weitgehende Deckung der Nachfrage in der Region selbst und in den anstossenden Regionen zur Folge hatte;

— Reisimporte als Nahrungshilfe wurden trotz der steigenden Produktion fortgesetzt.

Im Frühjahr 1972 hatten die Reispreise auf dem Weltmarkt ihren niedrigsten Stand seit Kriegsende erreicht. Die in Japan gehaltenen Vorräte trugen hierzu bei. Daraufhin reduzierte die indonesische Regierung die Produktionsziele im Reisanbau und setzte auch die Zahlen für einzuführende Reismengen herab. Seit Ende 1972 stiegen die Reispreise laufend, weshalb die Produktionsziele wieder angehoben wurden. Das Produktionsziel für das Jahr 1978/79 ist 18 Mill. t (erzeugt wurden 1975 15,3 Mill. t ausgedrückt in weissem Reis).

Auf den Ausseninseln kam es in einigen von der Natur begünstigten Gebieten bis 1972 zum Entstehen grosser Reisvorräte, die wegen des fehlenden Schiffsraums im interinsularen Verkehr nicht verteilt werden konnten. In diesen Regionen drückten die Vorräte auf die Preise, und daraufhin wurde der Anbau reduziert. Gleichzeitig setzte BULOG die Qualitätsanforderungen für Reis herauf und verringerte die Vorauszahlungen bei Verträgen von 50% auf 25%. Zu allem Überfluss hatte man die Ernte für 1971/72 überschätzt. Dann setzte die grosse Trockenheit des Jahres 1972 ein, die die Ernten erheblich unter dem Durchschnitt hielt. Plötzlich fehlten 400.000 t Reis auf dem Markt, und die Preise schnellten in die Höhe. Die Regierung musste dann Reis zu Überpreisen einführen.

Seit 1974 wird auch auf den Ausseninseln verstärkt Reis angebaut. BULOG erhöhte die Anstrengungen, diesen auf das übervölkerte Festland zu transportieren. Im Jahre 1975 konnte BULOG 550.000 t bereitstellen, im Jahre darauf wieder nur 460.000 t, weshalb weiterhin Reis importiert werden muss. Für das fiskalische Jahr 1977/78 plant BULOG die Einfuhr von 1,5 Mill. t Reis, wovon 700.000 t kommerziell importiert werden sollen, 750.000 t aus Nahrungshilfen stammen. Eine eiserne Reserve von 700.000 t Reis soll angelegt werden.

2.5.1 ANGEBOT UND NACHFRAGE IN REIS

Die Richtigkeit der Reisstatistik Indonesiens wurde schon immer bezweifelt und damit auch die mit ihr zusammenhängenden Zahlen von Bevölkerung, Einkommen und Wachstum. Im Jahre 1970 korrigierte man Reis-Anbauzahlen nach oben (vgl. S. 109). Die Volkszählung von 1971 fiel mit rund 119 Millionen niedriger aus als die bei früheren Zählungen durch Hochrechnung gewonnene Zahl von 124 Millionen. Die damit « gegenläufige » 5%-ige Korrektur ergibt eine « Verbesserung » in der Reisstatistik, die es dem Planer leichter macht, zu verstehen, warum Indonesien bisher noch immer nicht genug zu essen hatte.

Bevölkerungszahlen und-wachstum

Die vor der letzten Volkszählung des Jahres 1971 durchgeführten Studien wie die NFS (81) und die « FAO and Indonesia Supply and Demand Studies » (51) rechnen für 1970 mit einer Bevölkerung von nahezu 120 Millionen und einer Wachstumsrate von 2,5 bis 2,8%. Dagegen arbeiteten die « Rice Marketing Study » (222) und die « Rice Production Intensification Programme Evaluation Study » (82) mit der Bevölkerungszahl 115 Millionen (1976) und der « Wachstumszahl » 2,1%. Damit treffen die beiden letzten Studien die durch die Volkszählung festgestellten Zahlen besser als die beiden weiter oben erwähnten Studien. Sie beruhen auf der in Stichproben 1970 durchgeführten Hauszählun. Damit entstanden bei den Projektionen für die Jahre 1975 bzw. 1980 Unterschiede in der Bevölkerungszahl von 8 bzw. 12 Millionen. Dadurch kommt man in der Reisbedarfsschätzung für 1970 auf 1 Mill. t weniger. Auch die Wachstumszahlen fielen bei den einzelnen Studien sehr unterschiedlich aus. Im Gegensatz zur Reis-Vermarktungsstudie (222) und Reis-Evaluierungsstudie (82), die für den Zeitraum 1970 bis 1980 ein Ansteigen von 2,07 auf 2,43% annahmen, arbeiteten alle anderen Studien (NFS) (80), Zuckerstudie (18) und die FAO (51) mit zu hohen Zahlen. Auch die Weltbank arbeitete in ihren früheren Studien mit Wachstumszahlen um 2,7%, rechnete aber für 1980 mit einem Abfallen auf etwa 2,0%.

Einkommen und Wachstum des Einkommens

Der Fünfjahresplan 1969/74 kannte keine Wachstumszahlen der Vorjahre, sondern gab nur an, dass ein bestimmtes Wachstumsziel eine bestimmte Zunahme im wirtschaftlichen Wachstum bedeutet. Bei einer Zunahme der Bevölkerung von 2,5% rechnete man im Fünfjahresplan mit einem Pro-Kopf-Wachstum im Einkommen von 2,5%. Die weitere indonesische Regierungsquelle « Zentrales Statistisches Büro » rechnete zwischen den Jahren 1960 und 1970 mit anfangs 1%, später 2,5%, mit einem Maximum von 5% im Jahre 1967 und einem Mimimum von bis 3% im Jahre 1963. Da das Bevölkerungswachstum um 2% betrug, war das Pro-Kopf-Einkommen etwas über Null oder negativ. Nach derselben Quelle wuchs es ab 1965 mit etwa 1,8% pro Kopf und Jahr. Es nahm von 1968 an noch etwas zu. Eine Übersicht weiterer Wachstumszahlen anderer Stellen zusammen mit Bevölkerungszahlen finden sich in der folgenden Tabelle.

Die Wachstumsrate, die vom 1971-Zensus errechnet wurde, liegt damit nur wenig höher als die unter (5) angegebenen Werte der Reisevaluierungsstudie (81), d.h. 119,2 Mill gegenüber 117,7 Millionen.

2.5.2. DIE VERMARKTUNG ANDERER ERZEUGNISSE des Nahrungspflanzen-Untersektors spielt sich vorwiegend auf Wochenmärkten ab. Ausserdem gibt es private Grosshändler, die für die Verteilung von Erzeugnissen wie Mais, Bohnen und anderen Trockenerzeugnissen im Lande sorgen.

TABELLE 36

ARBEITSZAHLEN VON BEVÖLKERUNGSWACHSTUM UND EINKOMMEN VERSCHIEDENER PLANUNGSSTELLEN
UND STUDIEN, 1961 BIS 1992
(Different Assumptions for Population Growth by Study Groups)

		1961	1965	1966	1969	1970	Projektionen 1970-75	Projektionen 1976-80	1992
5-Jahresplan/ Zentrales Statistisches Büro (241)	Bevölkerung in Mill.	97,1	107,0	109,6	118,1	—	—	—	—
	Einkommen/Wachstum, %	—	—	—	—	—	5,0	—	—
	» Wachstum pro Kopf, %	—	—	—	—	—	2,5	—	—
FAO (51)	Bevölkerung in Mill.	.	105,7	.	.	119,8	136,7	157,1	.
	Einkommen/Wachstum, %	.	.	.	.	.	3,0	3,5	.
	» Wachstum pro Kopf, %	Trend	—	—	—	—	0,3	0,7	—
Reis- Vermarktungs Studie (222)	Bevölkerung in Mill.	—	—	—	—	115,3	130,9	143,3	—
	Einkommen/Wachstum, %	—	—	—	—	—	4,6	4,6	—
	» Wachstum pro Kopf, %	—	—	—	—	—	2,5	2,5	—
Nationale Düngerstudie (80)	Bevölkerung in Mill.	—	—	—	118,1	—	138,4 *	158,7 *	—
	Einkommen/Wachstum, %	—	—	—	—	—	5,2	6,3	—
	» Wachstum pro Kopf, %	—	—	—	—	—	2,5	2,5	—
Reisprodukt. Intensivierg. Progr.-Eval. (81)	Bevölkerung in Mill.	—	—	—	—	114,3	128,1	143,4	—
	Einkommen/Wachstum, %	—	—	—	—	—	5,0	—	—
	» Wachstum pro Kopf, %	—	—	—	—	—	2,92	3,5	—
Zuckerstudie (18)	Bevölkerung in Mill.	—	—	—	—	127,2 **	145,6 **	165,2	210,1
	Einkommen/Wachstum, %	—	—	—	—	—	7,0	6,5	—
	» Wachstum pro Kopf, %	—	—	—	—	—	4,3	3,9	—
INDONESIA SUPPLY & DEMAND STUDY (223)	Bevölkerung in Mill.	96,4	105,5	108,3	116,5	119,5	138,4	157,2	—
	Wachstum i.Einkommen, %	—	—	—	—	—	6,0	6,0	—
	» pro Kopf-Einkommen,%	—	—	—	—	—	3,3	3,3	—

Quelle: Wie unter 1-7 angegeben.
     *) 1976 bzw. 1981. — **) 1972-1977-1982-1987-1992.

2.6. Selbstversorgungsmöglichkeiten

Im Jahre 1975 musste man mit einer Bevölkerung von 129 Millionen rechnen. Diese ergeben zusammen mit 13,685 Mill. t im Lande erzeugten Reis und einer importierten Reismenge von 1 Mill. Tonnen einen Pro-Kopf-Verbrauch von 121,6 kg pro Jahr. Im ganzen ergibt sich ein Bedarf von 14,685 Millionen Tonnen.

Eine einfache Kalkulation zeigt, wie sich bei verschiedenen Wachstumsraten die Bedarfszahlen an Reis gegenüber dem erzeugten Reis verhalten. Die folgenden Annahmen werden vorausgesetzt:

(1) Wachstum der Bevölkerung 2,0 %/Jahr.
(2) Zunahme der Erzeugung von Reis pro Jahr 4,6 % [1].
(3) Jährliche Zunahme des Pro-Kopf-Einkommens.

    — für die niedrige Schätzung   2 %
    — für die mittlere Schätzung   2 %   für die Jahre 1975-78
                                     3 %   »   1979-83
                                     4 %   »   1984-85
    — für die hohe Annahme   4,0 %

(4) Einkommenselastizität für Reis   0,6

Nach der Formel $\dfrac{Q : Q\,(1 + P)\,1 + ng)}{}$ ist die folgende Tabelle errechnet worden.

Dabei sind: Q: = Menge

             O: Basisjahr für den Verbrauch
             P: Jährliche Wachstumsrate der Bevölkerung
             n: Einkommenelastizität der Nachfrage
             g: Jährliche Wachstumsrate des Einkommens

TABELLE 37

ANGEBOT UND NACHFRAGE VON REIS, INDONESIEN, PROJIZIERT 1975-1985
(Production and Demand for Rice in Indonesia, projected)

Year Jahr	Bevölkerung in Tausend [1]	Eigenerzeugung bei 0,6%/Jahr Zuwachs [2]	Bedarfsdeckung mit Reis bei Annahme von					Defizit Überschuss
			hohem Verbrauch	Defizit (—) Überschuss (+)	mittlerem Verbrauch	Defizit/ (—) Überschuss (+)	niedrig. Verbrauch	
					in '000 Tonnen			
1975	129108	13685						
1976	131690	14314	15338	—1024	15155	—841	15155	— 841
1977	134324	14973	16020	—1047	15643	—670	15643	— 670
1978	137010	15662	16732	—1070	16147	—485	16147	— 485
1979	139751	16382	17476	—1094	16766	—384	16667	— 285
1980	142253	17136	18253	—1117	17409	—273	17204	— 68
1981	148216	17923	19064	—1141	18076	—153	17758	+ 165
1982	151263	18748	19912	—1164	18769	— 21	18330	+ 418
1983	154284	19611	20797	—1186	19489	+122	18920	+ 691
1984	157253	20513	21722	—1209	20355	+158	19529	+ 984
1985	160481	21456	22689	—1233	21260	+196	20158	+1298

Quelle: Verfasser.
[1] Zuwachsrate von 2% pro Jahr zugrundegelegt.
[2] Zuwachsrate des zweiten Fünf-Jahresplans, 4,6%.

Indonesiens Reisbedarf scheint nach den hohen Vorausberechnungen zu wachsen. 1978 fehlen danach etwas über 1 Mill. t Reis. Tatsächlich wurden 1977 1,5 Mill. t importiert, und damit ist Indonesien der Welt grösster Reisimporteur, der 25% der Weltexportmenge kauft. (vgl. S. 110). Für 1978 rechnet man sogar mit 2,5 Mill. t zu importierenden Reis.

Ausser Reis sind weitere Kohlehydrate in der Nahrungsbedarfsrechnung aufzuführen. Neben Reis mit 121 kg/Kopf und Jahr wurden 1973 23 kg Mais, 13 kg Maniok und Süsskartoffeln und 4 kg Weizen verbraucht. Die offiziellen Wachstumsraten für privat verbrauchte Produkte, basierend auf dem Konsumenten/ Ausgaben Survey von 1969/70, wurden bis 1985 wie folgt projiziert:

— Getreide und -produkte	5,4% pro Jahr
— Maniok und -produkte	4,3
— Fisch-und Meeresfrüchte	8,1
— Fleisch-, Eier, Milchprodukte	10,6
— Gemüse, Früchte, Leguminosen	8,1
— Fertignahrung	10,5
— Tabak, Betelnuss, Alkohol	8,3
insgesamt durchschnittlich	7,6% pro Jahr.

Der Verbrauch von Weizen-Produkten stieg hingegen stärker als erwartet. Für 1977/78 plant man die Einfuhr von 920.000 t für die drei grossen Weizen-Mühlen Bogasari I, Bogasari II und Prima. Hiervon kommen 300.000 t aus dem PL 480-Nahrungshilfeprogramm der USA und 150.000 t aus Nahrungshilfen Australiens, Kanadas, Frankreichs, Belgiens und Italiens; der Rest wird kommerziell importiert. Die eiserne Reserve von BULOG betrug 1977 50.000 t Weizen, 10.000 t Bulgur und 20.000 t Sojabohnen.

Hierfür wurden jedoch höhere Wachstumsraten im Pro-Kopf-Einkommen angenommen, nämlich 10% pro Jahr, so dass sich die Einkommen bis 1985 verdoppeln. Dabei wurden keine drastischen Änderungen in der Einkommensverteilung angenommen. Verglichen mit der Kalkulation in Tabelle 37 bedeutet dies ein bei Reis um etwa 1% stärkeres Wachstum pro Jahr, was somit eine noch schnellere Steigerung der Produktion verlangt als in der Tabelle angenommen. Weizen wird jedoch nicht in Indonesien in nennenswertem Umfang (Ausnahme Dieng Plateau, Zentral-Java und Brastagi, Nord-Sumatra) angebaut.

2.7. Exporte Landwirtschaftlicher Erzeugnisse

Diese Frage wurde bereits kurz unter 1.5 « Aussenhandel und Internationale Wirtschaftsbeziehungen », S. 118 behandelt. Der Versorgungslage ensprechend wird ein Reisexport in den nächsten Jahren nicht möglich sein. Auf die Exportaussichten wird auch bei den einzelnen Produkten eingegangen.

Die Produktion im Plantagen-Untersektor (meist Exportgüter) wuchs in den letzten fünf Jahren um jährlich etwa 4,0%. Kaffee, Palmöl und Zucker waren die am stärksten gesteigerten Erzeugnisse. Die Entwicklungsziele wurden auf den Regierungsplantagen bei Kaffee, Kautschuk und Palmöl erreicht. Im Kleinanbau überstieg die Kaffeeproduktion die geplanten Ergebnisse.

Tabelle 38 gibt einen Überblick über rückliegende Exportleistungen. Einzelheiten gehen aus Tabellen 23, 59 und 60 im Anhang hervor.

TABELLE 38

WERT LANDWIRTSCHAFTLICHER EXPORTE, INDONESIEN 1965-1977 ZU JEWEILIGEN PREISEN AUSGEWÄHLT
(Value of Agricultural Exports, in Mill. US$, current prices)

	1965	1966	1967	1968	1969	1970	1971	1972	1974	1976	1977
Kautschuk (rubber)	260,1	235,3	189,2	175,5	220,7	260,0	222,2	195,3	840,4	811,5	850
Kaffee (coffee)	30,7	38,5	45,0	44,4	51,3	65,6	55,4	72,0	111,9	136,3	330
Palmöl (palmoil)	15,0	21,7	28,6	20,9	22,2	36,6	46,4	42,2	281,2	405,6	380
Palmkerne (palmkernel)	2,1	2,1	4,0	4,7	4,0	5,0	5,6	3,7	28,5	25,6	27
Tabak (tobacco)	33,6	27,2	21,2	21,7	13,8	11,5	19,9	29,5	28,1	20,5	24
Tee (tea)	14,0	18,4	10,0	16,9	9,7	17,6	28,8	31,9	55,7	47,5	53
Pfeffer (pepper)	9,1	13,6	18,2	13,5	10,4	2,0	24,7	20,5	15,7	28,8	55
Kopra (copra)	18,4	24,3	14,5	40,1	18,7	29,4	14,7	3,9	—	3,9	4
Koprakuchen (c. cake)	5,5	7,0	3,6	2,4	1,9	5,6	11,4	13,1	22,0	29,0	36
Muskat und andere Gewürze (nutmeg)	6,5	11,8	9,8	7,3	5,1	6,4	6,2	5,5	2,0	6,0	14
Essent. Öle (et. oils)	.	.	.	.	.	2,1	4,0	5,7	.	.	3
Chinarinde (Cinchona)	.	.	.	.	.	2,3	1,6	3,7	.	.	5
Andere Plantagen-Produkte (others) ..	.	.	.	.	.	1,9	1,6	2,0	.	.	.
Insgesamt (Total)	395,0	399,9	344,1	347,4	357,8	446,0	442,5	429,0	.	.	.

Quelle: «Indonesian Financial Statistics», Monthly Bulletin, Bank Indonesia, March 1973 und Biro Pusat Statistik 1977 «Indikator Ekonomi» ( ).
*) Vorläufige Schätzungen (216).

	1971	1976
Holz	US $ 229,8 M	$ 760 Mill.
Mais, Maniok, Erdnüsse u.a.	US $ 42,9 »	.
Häute und Felle	US $ 9,1 »	.
Fischwaren und andere tierische Produkte	US $ 36,7 »	.

Während der nächsten fünf Jahre werden weitere Zunahmen im Export (vgl. Tab. 17) von Kaffee, Palmöl und -Kernen, Gewürznelken und Zucker erwartet. Man rechnet mit einer Wachstumsrate im Plantagensektor von 5% pro Jahr, die damit nur wenig oberhalb der Leistung der vergangenen Jahre liegt.

Der Export von Lebendvieh stieg von 19.000 Stück im Jahre 1965 auf 51.000 im Jahre 1968 und auf 89.000 im Jahre 1970 (vgl. Seite 182), ging dann leicht zurück. Geflügel wird noch nicht exportiert. Milcherzeugnisse wurden 1971 für US$ 11,5 Millionen importiert.

Bei den Fischereiprodukten stieg der Export von Krabben (shrimps) von 1969 US 877.000 auf 1971 US$ 13,74 Millionen. Der Export anderer Fischereierzeugnisse nahm langsamer zu, nicht zuletzt deshalb, weil Fischer von Kalimantan in die Holzkonzessionen als Holzarbeiter abwanderten.

Im Forstsektor wuchsen die Exporte 1966-1974 mit jährlich rund 40%, und zwar bei ganzen Stämmen von US$ 12,5 Millionen im Jahre 1968 auf US$ 230 Millionen im Jahre 1972 und US$751 Mill. im Jahre 1976 (vgl. Seite 220). Damit liegt Holz wertmässig im agrarischen Export vor den Kautschukausfuhren, die lange an der Spitze lagen. Für die nächsten Jahre rechnet man mit einer Steigerung von 11% pro Jahr des Wertes im Holzexport, hauptsächlich auf Grund der «Holzverarbeitungs-Klausel». Das bedeutet bis 1980 in laufenden Preisen ausgedrückt eine Verdoppelung (Anhangtabelle 23).

2.7.1. Der Beitrag landwirtschaftlicher Exporte zu den Einkommen

Gemäss den Zahlungsbilanzberichten erhöhten sich die gesamten landwirtschaftlichen Exporte von US$ 388 Millionen im Jahre 1968, auf 1.600 Mill. $ 1973 und auf US$ 2.020 Mill. im Jahre 1976 (vgl. Tabelle 23 im Anhang). *) Im Zeitraum 1965 bis 1972 stieg der Wert der Forstprodukte am stärksten an. Im Jahre 1970 betrug der Beitrag der landwirtschaftlichen Produkte zum Nationaleinkommen 13%, mit den Holzexporten 16%. Selbst wenn man berücksichtigt, dass der Preisunterschied zwischen f.o.b. - und Erzeugerpreisen relativ gross und der Wertunterschied « Bruttowert des Produkts » und « Mehrwert des Produkts » relativ klein ist, trägt der landwirtschaftliche Export erheblich zum Einkommen der Landwirtschaft bei, besonders zum Bareinkommen. -Der Beitrag zum Bruttosozialprodukt war im gleichen Jahr 45%, 1975 33,2% (Anhangtabelle 18).

2.7.2. Landwirtschaftliche und nichtlandwirtschaftliche Exporte

Im Jahre 1971 betrug nach einer Aufstellung des Handelsministeriums der Wert aller indonesischen Exporte US$ 1.351,5 Millionen. Davon entfallen auf den Forstsektor US$ 168,6 Millionen und auf die Landwirtschaft US$ 513,9 Millionen. Der Ölexport belief sich auf US$ 548,9 Millionen und der Export von Zinn auf US$ 82,6 Mill. Die Differenz machten andere Mineralien und Produkte aus. Damit umfassten die nichtlandwirtschaftlichen Exporte die Hälfte aller Exporte.

2.7.3. Exportaussichten der wichtigsten landwirtschaftlichen Produkte

Über die Aussichten des Holzexports wird auf Seite 164 berichtet. Es ist schwierig, mehr darüber zu sagen, da die Holzexporte viel stärker als die landwirtschaftlicher Produkte von agrarpolitischen Massnahmen abhängen. Am leichtesten lassen sich Exportaussichten der Plantagenkulturen voraussagen, da man deren Produkte in den nächsten Jahren nur beschränkt im Lande verarbeiten kann.

Die Produktion von Kautschuk wird nach den Prognosen in den nächsten Jahren um etwa 60% ansteigen, hauptsächlich auf Grund grösserer Investitionen der letzten Jahre bei grösseren Pflanzungen. Die Verbesserung im Kleinanbau von Gummibäumen wird sich wahrscheinlich nicht vor 1980 auswirken. Eine Zunahme des Kleinanbaus wird auf spontane Neupflanzungen zurückzuführen sein. Kleine Zunahmen im Wert des Kautschuk-Exports wird es wahrscheinlich auch aus der besseren Verarbeitung geben. Düngung und andere Kulturmassnahmen werden weniger Einfluss haben als die Aufpflanzung neuer hochertragreicher Klone.

Die Nachfrage

In den Jahren bis 1970 stieg die Nachfrage nach Elastika um etwa 75%, die Nachfrage nach Naturkautschuk jedoch nur um 32%. Damit fiel der Anteil von Naturkautschuk an den Elastika nach der Untersuchung der FAO (51) von etwa 45% auf 33%. Stets wurden jedoch alle Kautschukernten einschliesslich der Lagerbestände der USA 1-8% der Jahresproduktion) verkauft. Die FAO rechnet weiter mit einem Ansteigen der Elastikanachfrage von 6,2 auf 6,6% für die 70er Jahre. Dies bedeutet einen Anstieg im Verbrauch von 6,2 Millionen t im Jahre 1964/65 auf 8,6 Mill. t im Jahre 1970 und auf 15,8-16,4 Mill. t im Jahre 1980. Hierin ist Naturkautschuk mit 3,0 (1964/65 auf 3,8 bis 4,9 Millionen t 1980) enthalten. Ob der obere oder untere Wert erreicht wird, ist durch die Entwicklung der Welteinkommen und den Wettlauf zwischen Naturkautschuk und Synthetika bedingt.

Das Angebot

Wie die folgende Tabelle zeigt, rechnet man für Indonesien mit einem nur geringen Ansteigen der Kautschukproduktion, verglichen mit anderen Kautschuk erzeugenden Ländern.

Auch die Studie der « Internationalen Kautschukgruppe » rechnet — wie die FAO auf Grund niedriger Aufpflanzungsraten — mit langsamem Anwachsen der Produktion. Dagegen haben andere Länder entschieden stärker forcierte Aufpflanzungsprojekte. Darum wird Indonesien trotz Zunahme im Export relativ weiter zurückfallen, von 30% an der Weltproduktion auf etwa 20% im Jahre 1980. Wie Tabelle 29 über den Anbau von Gummibäumen auf Plantagen zeigt, gibt es nur wenig Unterschiede in den Produktionszahlen verschiedener Quellen. Hingegen variieren die Zahlen stark beim Kleinanbau (Tabelle 32 u. 33 im Anhang). Auf Grund dieser Inkonsistenz der Kautschukzahlen ist es schwierig, Genaues über den

TABELLE 39

KAUTSCHUKPRODUKTION UND -PROJEKTIONEN AUSGEWÄHLTER LÄNDER 1962/63-1980
(Rubber Production, projections for selected Countries)

	1962/63 Durchschnitt	1964/66 Durchschnitt	1970 Schätz- zahlen	1980 Verbrauch von « Ethrel »	
				eingeschlossen	ausgeschlossen
Malaysia	833	951	1 300	2 130	.
Indonesien	649	694	800	900	.
Thailand	190	215	285	485	.
Ceylon (Sri Lanka)	161	120	162	250	.
Afrika	152	163	216	321	340
Süd-Amerika	29	34	30	54	60
Welt (+)	2 128	2 359	2 950	3 407	4 800
Fernost (+)	1 948	2 161	2 704	4 032	4 400

Quelle: FAO (49).
   (+) summiert nicht auf.

Kautschukverbrauch im Lande zu sagen. Grobe Schätzungen sprachen von etwa 30.000 t/J. Rohkau-tschuk am Ende der 60er Jahre 1970 stellte Indonesien 320.000 Reifen und 237.000 Schläuche her. Gegenüber 1964 ist dies nur eine geringe Zunahme. Es bleibt die Frage, welchen Platz Indonesien auf dem Weltmarkt halten kann. Hier ist entscheidend, zu welchem Preis es in Zukunft produzieren kann, denn es gibt billigere Produzenten als Indonesien, wie z.B. Malaysia. Die FAO hat einen C.I.F.-Preis von 12 bis 14 cents für ein englisches Pfund RSS für 1980 vorausgesagt.

Kaffee, Tee und Kakao

Während die Exportaussichten des Kautschuk sehr stark vom Aufkommen synthetischer Stoffe für die Autoreifenherstellung abhängen werden (man denke nur an die neuentwickelten Polyurethan-Reifen), gibt es andere Warengüter, die im Export von der Überfülle des Marktes abhängen. Ohne auf die Ein-zelheiten der individuellen Exportaussichten einzugehen, kann man sagen, dass die drei Artikel Kaffee, Tee und Kakao, etwa gleichmässig stark betroffen sind. Kaffee ist für Indonesien bei weitem am wich-tigsten. Die Quotenbeschränkung macht dem Land zu schaffen. Tee hatte einst grössere Bedeutung, sank aber nach dem Zweiten Weltkrieg stark ab. Kakao hat nur marginale Bedeutung, da die Anbaufläche gering ist.

Ölpalmen, Kokospalmen (Kopra), Gewürze und andere Produkte der Plantagen oder des Waldes (gesammelt), sowie Holz und Fisch

Diese dritte Gruppe von Agrar-und Meeresprodukten hat keine starke Limitierung in der Nachfrage, jedenfalls nicht in den nächsten zehn Jahren. Bei diesen Produkten spielen weniger Absatzfragen eine Rolle als Fragen der Rentabilität im Plantagen -und Verarbeitungs-Sektor. Die Ölpalmen betreffenden Exportfragen werden auf Seite 122 besprochen.

2.8. Landwirtschaftliche Institutionen und Dienste

Die Organisation der Landwirtschaft, ihre Institutionen und Dienste, ist ein Spiegelbild der in Indone-sien generell anzutreffenden Verhältnisse. Auf der einen Seite bestehen Millionen von Kleinbetrieben, die wegen der grossen Bevölkerungsdichte auf Java kleinste Einheiten erreichen und daher intensivst bearbeitet werden müssen. Auf den Ausseninseln hingegen sind die Betriebe grösser, werden extensiver bewirtschaftet und befinden sich oft in der extensiven Form des Wanderhackbaues. Es gibt etwas über 1.000 Plantagen-triebe, die grösstenteils der Regierung gehören.

Die indonesische Agrarpolitik muss deshalb, die breite Skala abdeckend, ihr Programm weit spannen:

Dienste und Programme für Kleinbetriebe

— Die BIMAS-Programme sollen dem Kleinbauern zu Krediten und modernen Produktionsmitteln verhelfen. Sie begannen mit dem Reisbau und wurden dann auf den Mais -und Zuckerrohranbau ausgedehnt.

— Das Transmigrationsprogramm hat die Aufgabe, Bauern aus dem übervölkerten Java auf die Ausseninseln umzusiedeln, die dort auf grösseren Landflächen als in ihrer Heimat produzieren sollen.

— Die Erneuerung des bäuerlichen Genossenschaftswesens wird seit 1967 durch das BUUD-Programm (Badan Usaha Unit Desa = (etwa) Dorf-Einheit Nutzungskörperschaften (= Genossenschaften) erstrebt. Ausländische Hilfsorganisationen leisten hierfür Beiträge.

— Der landwirtschaftliche Beratungsdienst, ohne den ein modernes Genossenschaftswesen nicht denkbar ist. — Es gibt einige wenige private Unternehmen, die sich mit der Diversifizierung anderer Nahrungspflanzenkulturen als Reiskulturen befassen wie z.B. die japanischen Unternehmen auf Sumatra und Süd-Sulawesi zur Förderung von neuen Export-Kulturen, hauptsächlich Mais.

— Bodenreform; diese blieb jedoch in ihren Anfängen schon etwa 1955 stecken.

Programme für Plantagenbetriebe

— Das Plantagenrehabilitationsprogramm zielt auf die Erneuerung der früher holländischen, jetzt staatlichen Plantagen durch Kapitaleinsatz und besseres Management.

— Die Rehabilitation der Zuckerindustrie wird getrennt behandelt, da diese vorwiegend auf Java konzentriert ist, zwar Staatsbetriebe darstellt, aber neuerdings nach dem Nukleusprinzip auf Kleinbauern ausgerichtet ist.

— Die grossflächigen Rinderfarmen auf den Kleinen Sundainseln und Sulawesi bedeuten eine ganz neue landwirtschaftliche Erzeugungsform, die es bisher in Indonesien nicht gab. Hier sollen ausländische Impulse helfen.

— Kreditprogramme für Verkaufsfrüchte, die nicht in Plantagen stehen.

2.8.1. REGIERUNGSDIENSTE UND-PROGRAMME FÜR KLEINBETRIEBE

2.8.1.1. *Das BIMAS-Kreditprogramm für kleinbäuerliche Reisbetriebe*

Die BIMAS-Programme in ihren verschiedenen Formen können auf die im Jahre 1960 gegründeten « PADI CENTRA » zurückgeführt werden, die zum Zwecke der Deckung des Eigenbedarfs an Reis gegründet worden waren. Diese ersten 500 Zellen zur Reisintensivierung durch Kredite zum Einkauf moderner Produktionsmittel waren wegen unzulänglicher Mittelbereitstellung ein Misserfolg (31 S. 58).

Im Jahre 1965 belebte man diese Bewegung unter einem neuen Namen, BIMAS. BIMAS heisst « *Bimbingan Massal Swa Sembada Bahan Makanan* », etwa « Anleitung der Massen zum Zwecke der Selbstversorgung mit Nahrungsmitteln ». Der Erfolg des BIMAS-Programms war infolge des durchlaufenen Lernprozesses während der Padi-Centra-Zeit und Heranbildung entsprechender Beratungskräfte eher befriedigend. Darum sollte man eher von einem Wachstumsprozess sprechen.

Kredite unter diesem Programm vergab die Bank Rakyat Indonesia (vgl. S. 70) auf Bezugscheinen über die Dorfältesten oder über Genossenschaften (1965/66). Später kam der Kredit auch über BULOG (1966/67) und PN PERTANI (1967). Das Kreditpaket bestand aus Bezugscheinen für Mineraldünger, Pflanzenschutzmittel, hochgezüchtetes Saatgut und einem Bar-Konsumkredit. Die Höhe variierte nach der angebauten Reissorte und stieg von Rp. 9.500 (1969) auf Rp. 14.000/ha. Anfänglich waren die Rückzahlunsraten gut. Die Zahlungsmoral verfiel jedoch mit Ausdehnung der Aktion, wie die Tabelle 40 zeigt:

Kommerzielle Bimasprojekte, auch unter dem Namen BIMAS GOTONG ROYONG bekannt geworden, fussten auf Krediten ausländischer Firmen an die Regierung, die ihrerseits die Kredite über die Bank Rakyat an die Bauern weitergab. Einzelne ausländische Grosschemiefirmen erhielten grössere Gebiete zugesprochen, in denen sie mit in-und ausländischen Beraterstäben und eigenem logistischen Stab auf Flächen von 50.000 Hektar (AHT in West-Sumatra), bis 250.000 ha (HOECHST in Ost-und Zentral-Java) und sogar 400.000 ha pro Saison (CIBA in ganz Java) operierten. Das Kreditpaket betrug wiederum zwischen 9.000 und 15.000 Rp. Vertreter der Industrie, wie v. DRYGALSKI, HAARING, HÖPPE, HOPPE, MOHRMANN, JOPPICH, WAHNSCHAFFT, WENTZEL, KARSTEN, HEINEMANN machten sich bei dieser Aktion verdient. Bei der Konstruktion des privaten Kredits der Grossfirmen hatte sich der deutsche Bankier ABS helfend eingeschaltet, der gerade in Jakarta weilte.

Auch hier waren Gruppenkredite vorherrschend. Die kommerziellen Kredite wurden beendet, als der Staat genügend Eigenmittel hatte. Gleichzeitig bemühte man sich um neue BIMAS-Formen. Eine von diesen war der « TANI MAKMUR »-Projekttyp, ebenfalls auf Gruppenkrediten beruhend mit Rückzahlungsergebnissen, von 90 bis 93 %, die durch die genaue Aufsicht der Regionalbanken erzielt wurden. Ihre eigentlichen Aufgaben lagen jedoch in Regionalprogrammen mit Diversifizierungs-und Bewässerungsaktivitäten sowie einem Paket ländlich-integrierter Projektelemente. Sie waren, vom GAWI-TEAM auf 30.000 Hektar geplant, Pilotprojekte für die Regionalentwicklung (29).

TABELLE 40

DAS BIMAS-KREDITPROGRAMM INDONESIENS 1960-1977, NASSREISFLÄCHEN
(The Agricultural Credit Programme BIMAS for Paddy Areas)

Jahr	Bimas-Typ	Abgedeckte Fläche in ha	Kredit-quelle	Kredit-Volumen in Mill.		in v.H. Rückzahlung nass-trocken
				Saison nass-trocken	Jahr	
1960	– PADI CENTRA	1.000	.	.	.	.
1964		7.500	.	.	.	.
1965		9.000	BRI			
1966	– Original-BIMAS	115.000	BRI	140- 110	250	96-86
1967		394.000	BULOG	790- 710	1.500	50
1968		450.000	PN PERTANI	900-1 100	2.000	77-51
1969	– Kommerzielle	1,0 Mill.	BRI	2.090- 170	12.000	47-35
1970		2,5 Mill.	BRI	1.650- 120	10.500	29-21
1971	– Verbessert	293.000	BRI	.	10.950	.
1972		446.000	BRI	.	.	.
1973	– Insgesamt	1.289.400	BRI			
1974	»	1.936.900	BRI			
1975	»	2.049.500	BRI	(keine Angaben vorhanden)		
1976	»	2.970.000	BRI			
1977 *	»	3.050.000	BRI			

Quelle: Landwirtschaftsministerium und (28).
   *) Vorläufige Schätzung (227; 33).

Das *verbesserte BIMAS-Programm (seit 1971) beruhte* auf Individualkrediten, die über das inzwischen angewachsene BRI-Zweigstellennetz mit entsprechendem Fahrzeugpark abgewickelt werden konnte. BRI formte Dorfeinheiten zwischen 600 und 1.000 ha mit 1.800 bis 3.000 Bauern. Jede Einheit hat einen landwirtschaftlichen Berater, einen Buchhalter und einen Kassierer. Die damit wirksame Aufsicht über die Kreditnehmer erzielte bessere Rückzahlungsergebnisse. -Von 1970 bis 1976/77 zahlte Bank Rakyat Rp. 226,8 Mrd., wovon 28,3 Mrd. oder 12,5% noch nicht zurückgezahlt sind.

Die « Rice Production Intensification Programme Evaluation »-Studie (82) stellte fest, dass die Verwaltungskosten bei der gegenwärtigen Flächenausdehnung und Kredithöhe noch höher lagen als der Zinsertrag, also den Staat zusätzlich belasteten. Nur bei einer Rückzahlungsquote von über 85% wurden die Verwaltungskosten gedeckt. Die Studie warf auch Licht auf das Vermögen der Bauern, Kredite zurückzuzahlen und stellte fest, dass erst oberhalb 0,85 Hektar Betriebsgrösse eine Rückzahlung durch den Bauern sicher war. Die durchschnittliche, vom BIMAS-Programm erfasste, Betriebsgrösse aber war etwa 0,75 ha.

Der Wert der verschiedenen BIMAS-Programme lag auch darin, dass über 1,3 Mill. oder 10% aller Reisbauern mit modernen Produktionsmitteln wie Mineraldünger und Pflanzenschutzmitteln in Berührung kamen. Träger des BIMAS-Programms ist der landwirtschaftliche Beratungsdienst.

PN PERTANI und BULOG waren bei den BIMAS-Aktionen stets Erfüllungsgehilfen, manchmal mehr, manchmal weniger engagiert (vgl. S. 141). PN PERTANI ist ein staatliches Fuhr-und Lagerhaltungs-Unternehmen, das 1961 zusammen mit den « Padi Centra » gegründet worden war, um die chinesischen Düngerhändler auszuschalten. Als der Verfasser im Jahre 1968 das Mineraldüngerprogramm vorbereitete, wies PN PERTANI eine Lagerkapazität von 400.000 t auf und besass 9.000 Angestellte. Der Fahrzeugpark, meist aus Lieferungen des Ostblocks bestehend, war jedoch kaum zur Hälfte einsatzbereit. So spielte denn PN PERTANI bei den kommerziellen BIMAS-Projekten trotz des dann verbesserten Fahrzeugparks nur eine untergeordnete Rolle. BULOG befasste sich schon einmal im Jahre 1966/67 mit dem BIMAS-Programm, dann wieder mit dem kommerziellen BIMAS (BIMAS Gotong Royong). 1975 ging PN PERTANI zum zweiten Mal in seiner Geschichte in Konkurs.

Die Erfolge im BIMAS-Programm nach zehnjähriger Aufbauarbeit sind im Jahre 1978 trotz gewaltiger Anstrengungen immer noch bescheiden. Nur etwa 30% der 8,5 Mill. ha Nass-Reisflächen werden vom Beratungsdienst abgedeckt und weniger als 10% der 5,5 Mill. ha « sekundäre Früchte » des Regenlandbaues. Denn das sind 1978 die BIMAS-flächen, und nur der Beratungsdienst macht das BIMAS-Programm wirklich erfolgreich. Infolge zu niedriger Erzeugerpreise konnten die Bauern die Kleinkredite nicht zurückzahlen (1.5.1977: US$ 25 Mill. Darlehen überfällig). Dadurch fiel die Zahl der am BIMAS-Programm teilnehmenden Bauern von 1974/75 2,6 Mill. auf 1976/77 2,1 Mill. Einige schlimme Jahre mit Trockenheit, Fluten und Schädlingen sind hierbei allerdings auch mit schuld.

2.8.1.2. Der landwirtschaftliche Beratungsdienst

Hierunter versteht man in der modernen Landwirtschaftsverwaltung das Bindeglied zwischen den Forschungseinrichtungen und den Landwirtschaftsbüros der Verwaltung sowie dem Bauern auf dem Felde. Diese Berater, die oft in den unteren Chargen keine Beamte sondern Angestellte sind, übertragen das Wissen moderner Landbautechnologie. Qualitative und quantitative Ausstattung dieses staatlichen Dienstes bestimmen den Wirkungsgrad.

Als der Verfasser im Jahre 1968 in Indonesien seine regionalplanerische Arbeit in den beiden Regionen Zentral-Java und West-Sumatra mit Mineraldüngerprogrammen begann, wies der Beratungsdienst im ganzen Lande etwa 9.000 Beamte und Angestellte auf. Hierzu zählten auch solche Beamte, die ausschliesslich Verwaltungsaufgaben verrichteten. Das 1977 existierende Verhältnis war etwa ein Berater für 4.500 Bauern. Das ist ein sehr weites Verhältnis. Nur in den BIMAS-Gebieten war es enger als dieser Durchschnitt, etwa ein Berater für 200 Betriebe, wenn man die ebenfalls als Berater eingesetzten Studenten und Oberschüler mit einbezog. Das besondere Kennzeichen war, dass der Beratungsdienst durch mehrere Generaldirektorate verschiedener Ministerien betrieben wurde und fachlich wenig qualifiziert war.

Auch im Jahre 1978 kann man nicht von einem klar umrissenen landwirtschaftlichen Beratungsdienst sprechen. In zehn Jahren wuchs die Anzahl der Beratungskräfte auf etwa 13.000 an, die sich aus dem Direktorat « Landwirtschaftliche Dienste » rekrutierten. Dort gibt es im ganzen etwa 19.000 Angestellte. Das Landwirtschaftsministerium hat im ganzen 30.000 als « Techniker » bezeichnete Beamte und Angestellte, die man auch Beratungsarbeiter nennen könnte. Wirklich als Berater aktiv waren 1977 nur 240 Spezialisten (subject matter specialists), 50 des mittleren Niveaus und 4.200 einfache Beratungsarbeiter (PPL).

Das *Generaldirektorat landwirtschaftliche Dienste* hat Sektionen für Hauptkulturen, Nebenkulturen (Nicht-Reispflanzen), Gemüse und Früchte, Bodenfruchtbarkeit, Wasserkontrolle, Mechanisierung, Erziehung, Beratungsdienst (!) Vermarktung, ökonomische Studien, Statistik und Planung-keine, für Kredit, für Beratungsdienste bei der Bewässerung auf dem Felde und für Inputs. Die einzelnen Sektionen arbeiten vertikal von oben nach unten, erreichen aber nicht den Bauernhof. Die horizontale Verbindung zwischen den Sektionen ist gering. Auf dem Dorfe ist der « Mantri » der unterste Vertreter aller Dienste, manchmal mit zwei Assistenten. Die Ausbildung der Mantris ist rudimentär. Nur etwa 10% haben einige Oberschulklassen besucht. Sie erhalten von allen oben erwähnten Sektionen Befehle und Anfragen und müssen monatlich berichten. Sie sollen den Bauern in BIMAS-Aktionen Hilfestellung geben, kommen aber kaum zu einer solchen Arbeit. Die Grundfrage ist, ob nicht ein horizontal auf Dorfebene gegliederter Beratungsdienst sinnvoller wäre. Die verschiedenen Büros auf Kabupaten-und Provinzebene wären dann überflüssig. Die 1974 erfolgte Reorganisation lässt zwar die Verwaltung des Beratungswesens beim Landwirtschaftsministerium, sieht jedoch die Agenturen für Forschung und Enwicklung sowie für Erziehung, Ausbildung und Beratung als zuständig an. Praktisch war der Beratungsdienst 1977 immer noch auf die BIMAS-Flächen beschränkt.

2.8.1.3. Das landwirtschaftliche Ausbildungswesen

Für die formale landwirtschaftliche Ausbildung ist das Landwirtschaftsministerium zuständig. Die Universitäten mit 56 Fakultäten für Landwirtschaft sind ausgenommen; sie unterstehen dem Erziehungsministerium.

Im ganzen Lande waren 1971 102 niedere Landwirtschaftsschulen mit etwa 10.000 Schülern vorhanden. 1970 gab es 2.500 Absolventen. Die Schulen unterstehen den Landwirtschaftsbehörden der Provinzregierungen und sind nur mit geringen Mitteln ausgestattet. Künftig sollen hier mehr junge Bauern ausgebildet werden. Bis 1977 stieg die Zahl der Schüler auf 16.700.

Die Höheren Landbauschulen sind getrennt nach 16 staatlichen, 51 provinzialen und 29 privaten Schulen, die alle ebenfalls nur mit geringen Mitteln ausgestattet sind. Im Jahre 1971 waren 11.300 Schüler eingetragen und gab es 2.800 Absolventen. Mit akademischen, landwirtschaftlich-fachlichen und praktischen Unterweisungen werden die Schüler auf die Behördenarbeitet. 1977 waren es 2.450 Absolventen.

In sechs Landbau-Akademien werden drei Jahreskurse geboten. 1970 gab es etwa 800 Studierende und 136 Absolventen. Da diese den Absolventen der Universitäten nicht als gleichberechtigt gelten, sollen die Akademien auslaufen und nur die für das Fischereiwesen bestehen bleiben. 1976 waren es 940 Studierende.

Im Jahre 1971 gab es 6.000 Universitätsstudenten der Landwirtschaft mit drei-bis sechsjähriger Studiendauer. Die Zahl der Absolventen ist mit jährlich rund 420 im Verhältnis zu den Studierenden zu gering. Das lässt auf die schlechte Eignung der Studenten für die anschliessende Tätigkeit schliessen. Ein Bedarf für gut ausgebildete Akademiker besteht durchaus. Bis 1977 stieg die Zahl auf 7.800 mit jährlich 570 Absolventen.

2.8.1.4. Die Landbauforschung

Im Jahre 1977 kommen fünfzehn Forschungsinstitute von fünf Generaldirektoraten direkt unter das Landwirtschaftsministerium, in dem Landbauforschung vornehmlich betrieben wird. Weitere drei PNP/PTP Forschungs-Institute wurden indirekt vom Generaldirektorat für Plantagenfrüchte beaufsichtigt. Zusätzliche Unterstützung erhält die Landbau-Forschung von den Universitäten, dem indonesischen Institut für die Wissenschaften (LIPI) und von privaten Anbauern. Die Forschungsmittel kommen in erster Linie aus dem regulären Haushalt der indonesischen Regierung und aus dem Entwicklungshaushalt. Akzise -Erhebungen auf Baumkulturen wie Ölpalmen, Kautschuk, Kapok, Tee und andere dienen teilweise auch der Forschung. Ausserdem geben etwa 18 ausländische Organisationen und bilaterale Hilfen Zuwendungen für 16 Forschungs-Organisationen.

Die Angestellten dieser Forschungseinrichtungen erhielten ihre Grundausbildung meist in einer der beiden in Frage kommenden landwirtschaftlichen Hochschulen. Bogor (IPB = Institut Pertanian Bogor) beherbergt die wichtigste Ausbildungsstätte mit im ganzen 2.000 Studierenden, von denen jährlich etwa 150-180 als Ir. (Ingenieur) fertig werden (äquivalent zum angelsächsischen B. Sc). Gajah Mada in Jogyakarta ist die andere Ausbildungsstätte mit jährlich etwa 100 Abgängern (vgl. S. 54).

Im Jahre 1973/74 betrug das Forschungsbudget Rp. 2,52 Milliarden ($ 6 Mill.). Der Landbau profitiert mit vom Bau des 1978 fertiggestellten Research/Science Technology Centre PUSPIPTEK in Serpong.

2.8.1.5. Das landwirtschaftliche Genossenschaftswesen

Wie die Transmigration unterstehen alle Genossenschaften und damit auch die landwirtschaftlichen Genossenschaften dem Ministerium für Transmigration und Genossenschaften (TRANSKOP). Nach einem Dokument des Direktorats für Genossenschaften (218) waren « Miss-Management und Politisierung » die Hauptursachen für den Niedergang der einst bedeutenden Institution. Es gibt auch heute noch-meist allerdings auf nichtlandwirtschaftlichen Sektoren-gut funktionierende Genossenschaften, und ihre besondere Darstellung wäre angebracht. Bis jetzt muss die Arbeit von HATTA (70), des einstigen Vizepräsidenten der Republik, obwohl inzwischen veraltet, weiterhin als Quelle dienen. Zusammenfassende Arbeiten sind auch von nichtindonesischen Autoren, wie z.B. von SCHILLER (170) erschienen.

Nach der Regierung Sukarno, die für den Niedergang der Genossenschaften allgemein verantwortlich gemacht wird, wurden 1967 durch Gesetz die grundlegenden Richtlinien für Genossenschaften neu geregelt. Die Regierung löste die nicht lebensfähigen Genossenschaften auf und reduzierte so ihre Anzahl von 64.096 im Jahre 1967 auf 14.745 im Jahre 1968. Im Jahre 1971 war ihre Anzahl wieder auf 17.225 angewachsen. Dieses Anwachsen darf als Zeichen neuen Lebens in den Genossenschaften gedeutet werden. Der Gesamtumsatz der Genossenschaften betrug 1971 Rp. 39 Milliarden und ihre Spareinlagen wuchsen von Rp. 207,2 Mrd. auf 1,75 Billionen Rupiah.

Das BUUD-Programm (Badan Usaha Unit Desa) (seit 1974 BUUD/KUD (KUD = Koperasi Unit Desa)

Weiter oben führte der Verfasser aus, dass die Genossenschaften bereits in das BIMAS-Programm einbezogen wurden. Es ist das Ziel des Landwirtschaftsministeriums, dass Dorfgenossenschaften die Funktionen der Dorfeinheiten im Laufe der Zeit übernehmen. Hierbei denkt man an die zusammenfassende Bearbeitung und Verwaltung der landwirtschaftlichen Erzeugnisse. Diese BUUD-Programme arbeiten mit einem jährlichen Haushalt von (1971/72) Rp. 616,5 Millionen oder DM 3 Millionen. Das ist noch recht bescheiden, aber doch ein Anfang. Der grösste Teil dieser Mittel ist für die genossenschaftliche Schulung bestimmt.

Andere landwirtschaftliche Genossenschaften, wie sie sich seit 1968 im Aufbau befinden, befassen sich stärker mit Produktion, so z.B. das vom Verfasser zeitweilig bearbeitete Projekt der Friedrich-Ebert-Stiftung westlich des Toba-Sees in Nord-Sumatra. In Zusammenarbeit mit dem TRANSKOP-Ministerium vermittelt die Entwicklungsabteilung der Stiftung die Arbeitsweise deutscher Genossenschaften. Bei dem herrschenden «Adat »-System funktionieren Kredit und Rückzahlung sowie Lieferung qualitativ hochwertiger Agrarerzeugnisse für den genossenschaftlichen Absatz noch nicht befriedigend. Die Genossenschaften befassen sich auch mit der Lieferung von Produktionsmitteln und Traktoren und versehen den Beratungsdienst. Es werden überwiegend sehr kleine Betriebe von 0,5 bis 1,0 Hektar Grösse betreut. Die wirtschaftlichen Erfolge sind bisher ebenfalls nicht befriedigend. Die Genossenschaften, die auf Kabupaten-Ebene existieren, haben geringen Gewinn. Das vorhandene Personal für Management reicht nicht aus für die Genossenschaften, die an sich auf Dorfebene arbeiten sollten.

In Ost-Java sind die Mais-Anbaugenossenschaften zu nennen. Auch diese Genossenschaften leiden unter Personalmangel, worunter immer Fachpersonal zu verstehen ist. Besonders beeinträchtigend wirken

Doppelfunktionen der Manager, die neben ihrer genossenschaftlichen Tätigkeit noch privaten Geschäften nachgehen. Berater dieser Genossenschaften werden von Japan entsandt. Die Betriebsgrössen scheinen für den Erfolg ausschlaggebend zu sein. So funktionieren Genossenschaften, die sich aus grösseren Betrieben um 1-2 ha zusammensetzen, besser als solche mit Betrieben um 0,5 ha.

Vermarktungsgenossenschaften neuen Typs sind erst im Entstehen. Hier ist ein Team deutscher Berater der GtZ unter B. SCHUBERT zu erwähnen, das in Zusammenarbeit mit FAO 1978 die Arbeit aufnahm.

Aufgaben der künftigen Entwicklung

Bisher stellen die landwirtschaftlichen Genossenschaften noch keine echte Alternative zu den vorhandenen Kleinbauernwirtschaften dar, weil ihre Anzahl zu gering ist. Die besten Kräfte des Dorfes wandern in die Stadt ab. Man versucht durch Anwerbung von Führungspersonal von ausserhalb dieses Problem im Management zu lösen.

Die Regierung sieht in den Genossenschaften in erster Linie ein Instrument zur besseren Verteilung des Einkommens und erst in zweiter Linie eine Steigerung des Volkseinkommens. Hierbei will die Regierung die Arbeitskräfte auf dem Lande vermehren und doch die absolute Erhöhung des Individual-Einkommens anstreben.

2.8.1.6. *Transmigration*

Hierunter versteht man im Jahre 1977 die durch das Ministerium für Transmigration und Genossenschaften (TRANSKOP) organisierte Umsiedlung von Bewohnern der Inseln Java und Bali auf die Ausseninseln. Der Verfasser hält sich weitgehend an diese Auslegung und behandelt spontane Bevölkerungsbewegungen bereits auf Seite 22 unter « Bevölkerung ». Die demographischen Aspekte der Transmigration hat der Verfasser ebenfalls unter dem gleichen Abschnitt abgehandelt. Da es schwierig ist, die offiziellen Transmigrationsbewegungen aus den allgemeinen Wanderungsbewegungen herauszulösen, zeigen einige der im Anhang gebrachten Tabellen diese Zahlen ebenfalls (37 u. 76).

Zu Beginn der Transmigration um 1900 kam es auf die Ansiedlung landwirtschaftlicher Familien von Java im südlichen Sumatra an; damit wollte man den Bevölkerungsdruck Javas mildern. Von 1905 bis 1922 hatte die holländische Kolonialregierung etwa 23.000 Familien umgesiedelt. Bis 1911 bezahlte sie die Umsiedlung voll, von 1912 bis 1932 wurde sie durch Bankdarlehen finanziert. Von 1932 bis 1941 trugen die Transmigranten unter dem « bawon »-System die grösste Last der Umsiedlungskosten, indem sie kurz vor der Ernte auf die schon laufenden Projekte geschafft wurden und an der Ernte teilnahmen. Dennoch wurden in diesem Zeitraum 162.600 Transmigranten umgesiedelt (von 1923-1931 nur 4.000).

Nach dem 2.Weltkrieg waren Verteidigungsgesichtspunkte und der Aufbau der Nation mit der Angleichung unterschiedlicher ethnischer Gruppen die Hauptbeweggründe. Tabelle 41 zeigt die Anzahl der von TRANSKOP umgesiedelten Familien. Hier sind die durch andere Ministerien und private Organisationen umgesiedelten Personen nicht einbegriffen. Unter Berücksichtigung dieser Zahlen kommt man auf etwa 150.000 Familien, die von 1950-1975 umgesiedelt wurden, oder ungefähr 600.000 Personen. Eine neuere Zusammenstellung derselben Stelle (vgl. Anhangtabelle 37) kommt für 1969/70 bis 1975/76 auf 57.062 Familien oder etwa 300.000 Personen. Neben dem TRANSKOP-Ministerium, das sich in erster Linie mit der Umsiedlung von landwirtschaftlichen Familien, dann aber auch mit der Anwerbung von Arbeitern für private und öffentliche Gesellschaften auf den Ausseninseln befasst, sind noch einige andere Regierungs-Institutionen mit der Transmigration betraut. Plantagenarbeiter wirbt das Generaldirektorat für Staatsplantagen im Landwirtschaftsministerium an. Mit kleineren Siedlungsprojekten befassen sich auch:

— Die « Universität von Indonesien » in Jakarta, die jährlich etwa 80-240 Facharbeiter auf den Ausseninseln ansiedelt;
— die « Universität Diponegoro » in Semarang, die durchschnittlich 95 Familien pro Jahr transmigrieren liess;
— die katholischen und protestantischen Kirchen, die jährlich bisher bis zu 300 Familien ansiedelten;
— das Verteidigungsministerium, das sich mit der Ansiedlung ausgedienter Soldaten befasst.

Die Transmigration war stets begrenzt

Wie auf Seite 152 ausgeführt, blieb der Umfang der Transmigration stets begrenzt. Nach vorläufigen Statistiken des TRANSKOP-Ministeriums* wurden 1972 etwa 14.700 Familien angesiedelt. Eine Analyse der auf den Personenverkehr auf Fährbooten zurückgehenden Personenbewegungen brachte den Netto-Auswan-

---

* Seit März 1978 gibt es ein eigenes Ministerium für Transmigration.

dererstrom für die Jahre 1960-64 auf 53.000 Personen. 112.000 Migranten waren aus Java und Bali ausge-
wandert, aber 59.000 *nach* Java gezogen. Man nimmt an, dass mehr als die Hälfte spontane Migranten waren.
Der Rest waren regierungsseits finanzierte Zivilisten und entlassene Soldaten, die als Siedler sowie auch
Kontraktarbeiter für die Plantagen offiziell umgesiedelt wurden.

TABELLE 41

ANZAHL DER IN DEN JAHREN 1950-1976 ANGESIEDELTEN TRANSMIGRANTEN
(Number of Transmigrants settled)

Jahr	Familien	Personen	Jahr	Familien	Personen	Jahr	Familien	Personen
1950/51	790	2954	1957/58	4799	20603	1967/68	2991	13742
52	3885	17605	59	11439	46096	69	1881	7934
53	10141	40009	60	5622	22075	70	4489	23791
54	8409	29638	61	6165	20548	71	3865	20484
55	5491	21389	62	4874	22003	72	4600	24380
56	6091	25549	63	7692	32159	73	9300	49290
57	4968	23201	64	3400	14361	74	15887	84201
(7 Jahre)			65	13296	53362	75	11000	58300
			66	1148	4648	76	8100	42930
			1966/67	1312	6166	1976/77	.	.
1950-57:	39775	160345		58747	242021		62113	325052

Quelle: Ministerium TRANSKOP 1977 = Source. (254).
 *) Durch Multiplikation mit 5,3.

Während des ersten Fünfjahresplans wurden 58% aller Transmigranten nach Sumatra umgesiedelt,
und zwar 29% nach Lampung und 17% nach Süd-Sumatra, 14,6% dann nach Kalimantan und 26,2%
nach Sulawesi. Nur 1,2% wurden nach anderen Ausseninseln umgesiedelt.

In den letzten 10 Jahren eine geringe Beschleunigung der Transmigration

Die in Dekaden angeordneten Jahreszahlreihen zeigen nur unwesentliche Veränderungen. Deutlich
erkennbar ist der Tiefstand in der Transmigration zum Ende der Sukarno-Regierungszeit mit nur etwas
über eintausend Familien im Jahre 1965/66. Doch auch zu Beginn der letzten zehn Jahre des Wieder-
aufschwungs der Wirtschaft ist nur eine langsame Erholung festzustellen. Erst ab 1970 zeigt sich eine deutliche Belebung. Doch die ehrgeizigen Planzahlen des Fünfjahresplans, PELITA II mit 250.000 Familien
werden nicht erreicht werden. Im Jahre 1976 bereits hatte man das Planziel der Jahre 1974/79 auf 87.000
Familien redressiert. Auf die vielen stets zu hoch angesetzten Planzahlen soll deshalb nicht weiter eingegangen werden. Fragt man nach den Gründen des Stagnierens der Umsiedlerzahlen, kommt man auf ein
zu starres Festhalten am javanischen Siedlungsmuster. Darum beschritt die Regierung in den letzten zwei
bis drei Jahren einen neuen Weg einer flexibleren Handhabung der Ansiedlung. Vorausgegangene und
künftige Transmigrationsarbeiten bedürfen einer nähren Betrachtung.

Die TRANSMIGRATIONS-Politik und -Praktiken

Vollfinanzierte Transmigration (Government-sponsored transmigration)

Die Anwerbung der Siedler nahm die Regierung seit 1950 zu 46% in Zentral-Java und zu 27% in
Ost-Java vor, also in den Regionen mit dem niedrigsten Pro-Kopf-Einkommen und dem grössten Bevölkerungsdruck. Auf den Kleinen Sundainseln sind die Lebensbedingungen auch bei geringem Bevölkerungsdruck
manchmal ungünstiger als auf Java. Tatsächlich stammen die meisten der verbleibenden 27% Umsiedler
von den Inseln Bali und Lombok.

Der Anwerbungsmodus beruht auf einem Antragsverfahren, bei dem der Dorf-Älteste die Bewerber vorschlägt. Diese müssen dann ein kleines Examen in landwirtschaftlichen Produktionstechniken

---

*) Schon Mitte des 19.Jahrhunderts hatten die Holländer Bewohner Javas für den Einsatz auf den Plantagen Sumatras
umgesiedelt, z.T.zwangsweise; diese Art der Umsiedlung zählt nicht zur «klassischen» Transmigration.

ablegen. Andere Kriterien sind die politische Einstellung, Alter, Familienstand und Gesundheit des Bewerbers. Die Anzahl der Kinder spielt keine Rolle. Sobald die für die Umsiedlungsaktionen vorgesehenen Mittel feststehen, wird nach einem Schlüssel des TRANSKOP-Ministeriums für die einzelnen Bezirke die Anzahl der Umsiedler festgesetzt. Die Anzahl der im Jahre 1972 noch nicht berücksichtigten Bewerber schätzte TRANSKOP auf 180.000 bis 220.000 Familien. Diese Zahlen betreffen nur die ausschliesslich vom Staat finanzierten Umsiedlungsvorhaben.

Subventionierte Transmigration oder auch selbstfinanzierte (Government assisted T.)

Daneben gibt es seit 1969 die subventionierten Umsiedlungen. Die Regierung bezahlt diesen Siedlern nur einen Teil der Reisekosten. Diese Aktion blieb unterhalb der Planzahl, weil die Siedler die Reisekosten nicht aufbringen konnten. Die Auslese erfolgte auch hier nach ähnlichen Gesichtspunkten wie oben angeführt. In einzelnen Jahren zahlten die Umsiedler ihre Überreise auch ganz. In beiden Fällen siedelte die Regierung die Transmigranten auf von der Regierung geplanten Projekten an.

Spontane Transmigration ohne irgendwelche Hilfe der Regierung wäre die dritte Form der Transmigration, die häufig schlecht statistisch erfasst ist.

Die Transmigrations-Projekte auf den Ausseninseln

Die Regierung legte bei der Auswahl der geeigneten Siedlungsgebiete das Hauptgewicht auf Bewässerbarkeit, da man gute Vorbedingungen schaffen wollte für die mit der SAWAH-Kultur vertrauten Javanen. Da TRANSKOP in erster Linie auf Regierungsland zurückgreifen musste, war das Angebot bewässerbaren Landes begrenzt. Die Grösse der Umsiedler-Parzellen schwankte in der Vergangenheit zwischen 1,8 und 2,6 ha. Bemühungen, Land von den Grossfamilien («marga») zu erwerben, waren nicht immer erfolgreich; meist gaben diese nur minderwertiges, schlecht bewässerbares Land ab. Darum war die Regierung immer wieder auf die freien Sumpfgebiete Kalimantans und Süd-Sumatras angewiesen. Mit der Wahl solcher Projektflächen war aber der Keim für den häufig eingetretenen Fehlschlag gelegt. Auch die auf den Projekten verbliebenen Siedler stehen vor dem Problem, wie sie bei weiterer Steigerung der Reisproduktion in Indonesien Nicht-Reiskulturen auf wasserübersättigten Böden anbauen sollen. Umfangreiche Dränarbeiten werden hier erforderlich (vgl. S. 135).

Alternativen für die Art der Umsiedlungsprojekte wären der Regenlandbau und die Einbeziehung von bisher mit Wäldern bestandenen Arealen mit guten Böden. Eine weitere Lösung bietet sich an durch die Durchführung der Landreform aufgrund des seit 1960 bestehenden Gesetzes über Landeigentum auf den Ausseninseln. Dieses wird durch das Gesetz mit maximal 20 ha pro Familie begrenzt. Weiter gibt es die Möglichkeit, die grossen Flächen guten Landes im Besitz des Verteidigungsministeriums, für die Ansiedlung von ehemaligen Soldaten vorgesehen, teilweise für die Umsiedlungsarbeit durch das TRANSKOP-Ministerium freizugeben.

Die Erwerbsgrundlage der Transmigranten

Wie oben erwähnt, zielten die Umsiedlungsprojekte von Beginn an auf den Anbau von SAWAH-Reis (Sumpfreis) ab. In vielen Fällen musste die Regierung jahrelang Transmigrationsprojekte als Verlustgeschäft betreiben. Die 1972er Projekte benötigten aufgrund von Fliessbewässerung (S. 136) einen Zuschuss von Rp. 30.000/ha und Jahr und solche mit Staudämmen und Schwerkraftbewässerung von Rp. 45.000 bis 50.000/ha und Jahr. Daran sind die niedrigen Reispreise schuld gewesen. Nur Projekte mit natürlicher Schwerkraftbewässerung (aus Flüssen abgeleitet) konnten einen Gewinn von 20.000 bis 25.000 Rupiah pro ha und Jahr erzielen.

Eine systematische wirtschaftliche Evaluierung der Transmigrationsprojekte fehlt bisher. Kritiker sind der Meinung, dass Projekte mit Regenlandbau besser ausfallen würden, zumal künftig nach Deckung des Reisbedarfs ohnehin auf andere Kulturen ausgewichen werden muss (S. 148).

Siedlungsformen auf Transmigrationsprojekten folgten meist den Vorbildern der javanischen Heimat. So findet man auf den Projekten die «Kampong-» Dörfer Javas wieder mit aneinandergedrängten Hütten auf Parzellen von 1500 bis 3000 qm, die den Gemüse-und Obstgarten aufnehmen (die Felder liegen ausserhalb des Dorfes). Die Entfernungen zu den Feldern betragen dadurch oft drei bis fünf km. Dies ist bei dem oft völligen Fehlen von Strassen ein ins Gewicht fallender Nachteil, um so mehr als künftig grösserer Bedarf an Produktionsmitteln wie Mineraldünger besteht und die dadurch steigenden Ernten nach guten Transportwegen verlangen.

Die Gesamtkosten der völlig vom Staat finanzierten Umsiedlungsprojekte/Familie betrugen nach Angaben des TRANSKOP-Ministeriums im Jahre 1971/72 Rp. 260.000. Diese könnten nach verschiedenen Darstellungen wie folgt unterteilt werden:

TABELLE 42

KOSTEN DER TRANSMIGRATION

— Anwerbung	Rp.	2.000- 4.000
— Transport (nebst Verpflegung)	Rp.	50.000- 60.000
— Rodung und Einebnen	Rp.	20.000- 30.000
— Hausbau (vor Eintreffen der Siedler)	Rp.	40.000- 70.000
— Nahrungshilfe für 12 Monate	Rp.	35.000- 40.000
— Arbeitsgeräte und Produktionsmittel	Rp.	20.000- 30.000
— Allgemeinkosten	Rp.	40.000- 60.000
Insgesamt zwischen	Rp.	207.000-294.000

Auf Projekten mit Flutbewässerung lagen die Kosten pro Familie 1972/73 bei etwa Rp. 300 000 pro Familie. Die Regierung ist überzeugt, dass die relativ hohen Allgemeinkosten, wie Ausgaben für ärztliche Untersuchung, für Begleitpersonal, dann auch die Verwaltungsausgaben, erheblich gesenkt werden könnten. Bisher werden diese Ausgaben aus dem Haushalt des TRANSKOP-Ministeriums bezahlt, und die Siedler brauchen nichts zurückzuzahlen. Sie sind allerdings sogleich zur Zahlung der IPEDA-Steuer verpflichtet (vgl. S. 63). Anders sind die Verhältnisse bei den nur teilweise vom Staat getragenen Umsiedlungsaktionen, die oben als subventionierte erwähnt wurden.

Transmigration auf die Plantagen

Die ersten « Transmigrationen » führten die Holländer schon in der zweiten Hälfte des 19.Jahrhunderts durch, als sie das bis dahin gebräuchliche System des « cultuurstelsel » (vgl. Seite 101) aufgaben und mit der Anlage von Plantagen anfingen (GEERTZ 59). Vorher gab es zwar schon Plantagen, jedoch nur auf Java, wo ausreichend Arbeitskräfte zur Verfügung standen. Auf den Ausseninseln, und hier war es in erster Linie die Insel Sumatra, hatten die Versuche, die Einheimischen als Arbeitskräfte anzustellen, keinen grossen Erfolg. Deshalb musste man Javanen anwerben, die an die Plantagenarbeit gewöhnt oder doch leichter anzulernen waren. Fachkräfte holte man sogar aus China und trug damit zur Vergrösserung des Anteils der Auslandschinesen in Indonesien bei.

Es liegen keine genauen Zahlen über diese Umsiedlung der Javanen vor, zumal Anwerbung, Transport und die Unterbringung auf den Plantagen das Odium der Skalverei trugen. Vor 1914 bedeckten die holländischen Plantagen eine Fläche von rund zwei Millionen Hektar. Wenn man bei der Berechnung der auf den Plantagen damals beschäftigten Arbeiter von der Annahme ausgeht, dass man wie heute ausserhalb Javas pro Hektar Plantagenfläche eine Arbeitskraft benötigte, ergibt das eine Gesamtzahl von rund zwei Millionen. Da meist auch die Frauen arbeiteten, waren es ungefähr eine Million Familien. So einfach ableiten lassen sich aber diese Zahlen nicht, weil die meisten der ledigen Arbeitskräfte bei Beendigung ihres Vertrages wieder nach Java zurückgingen. Andere, die für die Arbeit auf den Plantagen zu alt waren, siedelten in der Nähe, um Reis und andere Nahrungspflanzen anzubauen. Die Zahlen können nur ungefähr zutreffen. Das beweisen statistisch besser erfasste Zahlen aus dem Jahr 1930, nach denen jährlich etwa 20.000 Arbeiter von den Plantagenverwaltungen angeheuert wurden. Nach dem Zweiten Weltkrieg ging die Anzahl der für die Plantagen nach Sumatra angeworbenen Javanen zurück. Inzwischen hatte sich nämlich dort ein starker javanischstämmiger Bevölkerungsteil gebildet, der auf Plantagen arbeitete. Die Fläche der Plantagen war schon während der japanischen Besetzung geschrumpft und deshalb genügte die Anzahl der auf den Ausseninseln ansässigen Javanen und ihre Nachkommen für die Arbeit auf den Pflanzungen. - Der Verfasser hatte durch das Mineraldüngerprogramm für die Ölpalm-und Kautschuk-Pflanzungen in Nord-Sumatra mit der Zentralverwaltung zu tun und fand dort Aufzeichnungen, nach denen im Jahre 1962 3437 javanische Familien einwanderten, um auf den Regierungsplantagen zu arbeiten. Ab 1967 wanderten dagegen jährlich weniger als 1000 Personen ein. Für die wieder entstandenen privaten Pflanzungen kamen jährlich 200-300 Arbeiter nach Sumatra.

Eine kritische Betrachtung der Transmigraion alten Typs muss vor allem die übertriebene Budgetierung aller Massnahmen von der Anwerbung bis zur Ansiedlung beanstanden. Im Jahre 1976 nahm der Verfasser an einer Evaluierungsreise in die Transmigrationsprojekte im « Pasang-Surut »-Bereich an der Javasee mit dem Flutbewässerungs-System (vgl. S. 135) teil. Die dort neben den Javanen spontan siedelnden «Bugis», Bewohner der Küsten Kalimantans, wendeten nur 1/10 dessen für die eigene Ansiedlung auf, was die Regierung für die Javanen zahlen musste. Nach bereits fünf Jahren hatten die kommerziell sehr aktiven Bugis zudem gegenüber den Javanen das doppelte Pro-Kopf-Einkommen. Eigeninitiative scheint auch wieder in diesem Falle soviel billigere Investitionen zu ermöglichen. Dann hat man auf den Ausseninseln mit seinen ärmeren Böden im oft zu hügeligen (oder wie in Ost-Sumatra sumpfigen) Gelände die Produktionsmethoden Javas zu nahe und zu lange nachgeahmt, ohne gemäss den Gegebenheiten nach angepassten Lösungen zu suchen. Zu lange auch hat man die Transmigration als die Lösung des Übervölkerungsproblems der Insel Java betrachtet, ohne sie zu einem Entwicklungsinstrument im eigenen Recht zu machen. Im Jahre 1977 streiten sich noch zwei Strömungen in den Planungsgremien, welche Richtung eingeschlagen werden soll.

Neue Wege in der Transmigration

Man kann die angefangenen und oft seit Jahren mit Siedlern besetzten Transmigrationsprojekte nicht einfach aufgeben. Einige von ihnen laufen sogar mit gutem wirtschaftlichen Erfolg (S. 156). Andere müssen hinsichtlich der angebauten Früchte eine Änderung erfahren. Um den Anbau von Nicht-Reispflanzen zu ermöglichen, sind umfangreiche Dränarbeiten vorgesehen. Künftig wird man möglicherweise in der Planung auch auf den Anbau anderer landwirtschaftlicher Früchte aufgrund der Niederschläge ausweichen. Die Kostenverhältnisse liegen bei diesen Projekten weit günstiger. Doch könnten auch die Kosten für Siedlungen mit Bewässerung gesenkt werden. Wahrscheinlich könnte man mit 150.000 Rp./Familie statt 260.000 auskommen.

Transmigration auf Regenlandbau

Besonderes Augenmerk verdienen die Transmigrations-Siedlungen auf der Basis von Regenlandbau. Man rechnete 1974 in TRANSKOP mit Investitionskosten von nur Rp. 35.000 bis 45.000/ha bei einer Grösse des Betriebes zwischen 4 und 8 Hektar. Zur selben Zeit rechnete man bei einem 2-ha grossen Betrieb mit Nass-Reisanbau Rp. 775.000/ha, einschliesslich der Bewässerungskosten. Das Netto-Einkommen pro Familie würde auf einem 4-ha- Betrieb Rp. 114.000 und auf einen 8-ha-Betrieb Rp. 246.000/Jahr betragen. Die Familie könnte auf einem 2-ha-Reis-Betrieb nur bei günstigen Reis-Preisen einen Gewinn erzielen.

Fruchtfolgen und Gewinnlage

Allerdings kommt es immer auf die aufzugreifenden Fruchtfolgen an:

Ein 2 ha-Reisbetrieb mit Bewässerung:	2 Ernten Reis und 1 Ernte Mais oder Sorghum.
Ein 4 ha-Regenlandbau-Betrieb (intensiv)*:*	1 Ernte Trockenreis und Sojabohnen; 2 ha Mais und Bohnen und 1 ha Maniok.
Ein 8 ha-Regenlandbau-Betrieb mit gemischtem Anbau:	5 ha Weide, 1 ha Trockenreis und Soja, 1 ha Mais/Sorghum und Erbsen oder Bohnen und 1 ha Maniok — oder aber ein oder zwei ha Baumkulturen.

Die Baumkulturen sind für die Transmigration deswegen so attraktiv, weil man auch auf hügeligem Land siedeln kann. Kautschuk (Hevea) ist an erster Stelle zu nennen.

Viehhaltung und Transmigrationssiedlung

Erfahrungen mit integrierter Viehhaltung für die Fleischerzeugung sind begrenzt. Viehhaltung ist nur in Ost-Java und auf den Kleinen Sundainseln zu finden. Gemischte Betriebe mit Viehzucht im Rahmen von Transmigrationsprojekten benötigen eine längere Anlaufzeit. Die Viehhaltung liesse sich auch zu genossenschaftlichen Grossbetrieben variieren, wie auch Baumkulturen von Transmigranten als solche betrieben werden könnten. Hierzu ist allerdings ein gutes Management erforderlich und Fachkräfte für die einzelnen Sonderaufgaben, speziell für genossenschaftliche Arbeit modernen Stils.

Das Transmigrationskonzept im Jahre 1978

Zusammenfassend kann man sagen, dass die Ansiedlungskosten für eine Familie bis zum Zeitpunkt der vollen Produktion bei einem 8-ha-Regenbau-Betrieb Rp. 470.000 betragen, für einen 2-ha-Reisbetrieb aber Rp. 1 Million von der Regierung aufzubringen sind. Während bisher die Transmigranten auf Staatskosten angesiedelt wurden, denkt die Regierung daran, ausser der weiter oben erwähnten teilweisen Übernahme der Transmigrationskosten, auch zuerst die ganze Übersiedlung zu bezahlen, dann aber einen Teil zurückzuverlangen. Dies ist indessen eine innenpolitische Frage, und es ist ungewiss, wann die Regierung diesen Plan verwirklichen kann. Diese Planvorstellung leitet zur oben erwähnten subventionierten Ansiedlung über. Bisher denken verschiedene Kreise an ein Verhältnis in Zukunft von 1:4 voll finanzierter Transmigration = « umum » zur teilfinanzierten « spontan ». Im Programm des Jahres 1972/73 waren 30% subventionierte Transmigration. Nun wurde vorgeschlagen, die 25% « umum » Transmigranten als Pioniere für die nachkommenden Umsiedler einzusetzen. Sie sollten den Kern der künftigen Siedlung bilden, wenn der Erfolg sichtbar würde. Man plant, nur 1/3 des verfügbaren Landes am Beginn einer Siedlung zu verteilen, 1/3 aber für später nachkommende subventionierte Siedler und das letzte Drittel für örtliche Siedlungsbewerber in Reserve zu halten. Eine Erhöhung des Zuschusses von Rp. 30.000 auf 40.000 an teilfinanzierte Umsiedler soll die Bedingungen verbessern.

Die Organisation der Umsiedlungsarbeit, an der bisher verschiedene Dienststellen beteiligt waren, soll künftig in einer Hand vereinigt werden. Da das Generaldirektorat für Transmigration im TRANSKOP-Ministerium die meisten Erfahrungen hat, soll diesem Ministerium die Verantwortung für alle Massnahmen übertragen werden. Bisher gab es nämlich eine horizontale und eine vertikale Aufgliederung der Arbeiten. Baumassnahmen wurden vom Ministerium für Öffentliche Arbeiten durchgeführt, während Produktionsmittel und der Beratungsdienst vom Landwirtschaftsministerium zur Verfügung gestellt wurden. Die Rekrutierung von Landarbeitern im Zuge von « Transmigrasi sektoral » will man in Zukunft dem Bergbauministerium, diejenige von Waldarbeitern dem Landwirtschaftsministerium mit der Forstabteilung oder gemischte Projekte dem Arbeitsministerium unterstellen.

Der Umfang des Programmes

Obwohl ein häufig diskutiertes Thema und täglich in den Zeitungen behandelt, erhält die Transmigration nur 3-4% des gesamten Haushalts der Zentralregierung. Künftig werden die Umsiedlungsaktionen pro Jahr weit mehr als 15.000 Familien erfassen. Man ist der Meinung, dass bis zu 50.000 Familien pro Jahr umgesiedelt werden könnten. Inzwischen würden die besseren wirtschaftlichen Aussichten durch laufende Projekte auf der Basis von Regenlandbau sichtbar werden. Man könnte dann mit verringertem Budget diese Zahl erreichen, wenn am Verhältnis 1:4 tatsächlich festgehalten würde. Rund 12.000 Siedler würden dann zum Pionierkern gehören. Die jährlich zu entwickelnde Fläche würde bei einer durchschnittlichen Betriebsgrösse von 6 ha und 50.000 Familien 300.000 ha sein. Die Entwicklungskosten würden nach groben Schätzungen etwa Rp. 4 Milliarden pro Jahr zusätzlich betragen. Das ist etwa der Betrag, der 1972 für die Entwicklung der Bewässerungs-Infrastruktur ausgegeben wurde.

Land für ein so umfangreiches Programm wäre für Regenlandbau genügend vorhanden. Allein in Sumatra gibt es etwa 10 Millionen Hektar Hügelland mit ausreichenden Niederschlägen und annehmbarer Bodengüte. Auch auf der Insel Kalimantan ist noch viel Land verfügbar, wenn auch kostspieliger zu erschliessen, weil Dränage nötig ist.

Auf Sulawesi sind Landreserven geringer. Auf den Inseln Ceram und Buru gibt es ausreichende Landflächen.- Dieses immer noch bescheidene Programm würde die demographische Situation kaum erleichtern. Der jährliche Zuwachs beträgt etwa 500 000 Familien, also etwa zehnmal soviel wie man ansiedeln könnte. Doch auch ohne die Lösung des Bevölkerungsproblems auf Java hat die Transmigration ihren unmittelbaren Nutzen, indem sie zur Entwicklung auf den Ausseninseln beiträgt. Die 3% zusätzliche jährliche landwirtschaftliche Nutzfläche helfen mit die gesamte Ernährungssituation zu bessern.

2.8.2. PROGRAMME FÜR PLANTAGEN UND GROSSBETRIEBE IN IHREN AUSWIRKUNGEN AUF ANGRENZENDE KLEINBETRIEBE

Hier werden nur die Auswirkungen der bestehenden Grossbetriebe auf die Kleinbetiebe der Umgebung untersucht und geschildert. Besonders neue Technologien werden häufig von Plantagen auf kleinbäuerliche Betriebe relativ schnell übertragen.

2.8.2.1. *Die Mais-Anbau-Konzessionäre*, hauptsächlich die japanische Firma Mitsugoro in der Provinz Lampung in Süd-Sumatra, wirken durch ihre grosszügigen Anbauversuche mit neuen Sorten und neuen Kulturtechniken auf die Bauern der Umgebung. Durch Maschineneinsatz soll Mais für den Export erzeugt werden. Zusätzlich wollen die ausländischen Firmen den Mais der angrenzenden Klein-Bauernbetriebe mit aufkaufen und ebenfalls exportieren. Neben den Kultivierungs-Massnahmen sind auch Infrastruktur-Baumassnahmen zu erwähnen, die für die Kleinbauern von Nutzen sind. Sie profitieren auch von den Maisaufbereitungs-und Vermarktungseinrichtungen. Das Jahr 1973 brachte einen Rückschlag, als die Regierung auf Grund der Trockenheit des Vorjahres den Export von Mais untersagte.

2.8.2.2. *Kautschuk-Entwicklungsprogramme* für Grossbetriebe in Teilen Nord-und Ost-Sumatras beeinflussen auch die umgebenden kleinbäuerlichen Kautschukpflanzungen im günstigen Sinne. Bauern pflanzen ertragreiche Klone auf. In West-Sumatra gibt es das Kautschukprogramm des mit deutscher Unterstützung laufenden Regionalprojektes West-Sumatra. Die Weltbank plant « Nukleus »-Plantagen, die auf die Kautschukpflanzungen in Kleinbetrieben ausstrahlen sollen.

2.8.2.3. *Die Zuckerplantagen Javas haben in anderer Hinsicht* enge Beziehungen zum Kleinanbau. Traditionell verpachten Kleinanbauer von Reis in Zentral-und Ost-Java ihr Land gemeinsam blockweise (10-100 ha) an Zuckerrohrplantagen, die es für ein Jahr mit Zuckerrohr bebauen. Das Land des Kleinbauern wird bei der Plantagennutzung verbessert durch die dafür nötige Bodenbearbeitung und seine Dränierung sowie Düngung.

2.8.2.4. *Die staatlichen Tabak-Plantagen* Zentral-Javas arbeiten in ganz ähnlicher Weise mit den Kleinbauern der « VORSTENLANDEN » zusammen. Bei dieser Zusammenarbeit bestellt jedoch der Kleinbauer selber sein Land und pflanzt, pflegt und erntet für das staatliche Unternehmen die von diesem gelieferten Tabakpflanzen (213; 214; 215; 216; 217; 218; 222; 223; 226; 227; 228; 6; 8; 80; 45; 47 = Quellen obigen Kapitels).

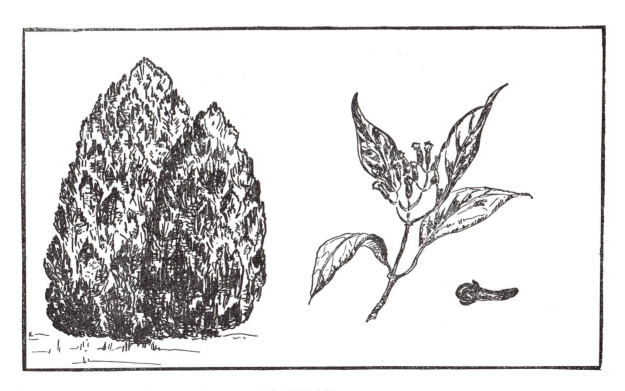

(20) Gewürznelkenbäume, Zweig und Knospe (getrocknet)-Molukken

(21) Forstbaumschule in Java: Teak und Kiefern

2.9. Die Fortswirtschaft

2.9.1. EINLEITEND

Indonesien hat nach der UDSSR, Kanada, Brasilien, den USA, Australien und Zaïre (Kongo) die siebtgrössten Waldreserven der Erde — die grössten Asiens. Etwa 60 % der Gesamtoberfläche oder 120 Millionen ha (vgl. Seite 20) sind Wälder. Die Expansion im Holzexport war hinter der des Erdöls die grösste in Indonesien, vor allem in Kalimantan, dann in Sumatra, den Molukken und in Sulawesi. Die planvolle Ausbeutung der primären Waldbestände und fachgerechte Betreuung der Wirtschaftswälder und der Holzindustrien spielen für die Wirtschaft des Landes eine hervorragende Rolle. Dafür gibt es mehrere Gründe:

— die Waldreserven sind nach Fläche und Qualität sehr gross;

— die langfristigen Nachfrage-Aussichten nach Holz sind günstig, und Exporte könnten bis 1985 nahezu 1 Milliarde Dollar pro Jahr erreichen, das ist fast das Zehnfache dessen, was 1970 exportiert wurde;

— die Entwicklung in diese Richtung bahnt sich günstig an. Schon bis 1970 hatte die Regierung 55 Forstkonzessionen vergeben, die reichlich Investitionen für das Land enthielten. Ende 1975 betrugen alle ausländischen Investitionen US$ 550 Mill. Weitere neue Konzessionen sind ab 1977 untersagt.

Die Voraussetzungen für eine sinnvolle Ausnutzung dieser Waldreserven und der Einbau der Holzwirtschaft in die indonesische Gesamtwirtschaft sind im Jahre 1977 dennoch wenig günstig.

— Die Forstbehörde ist fachlich wenig qualifiziert, zahlenmässig unterbesetzt und kapitalmässig unzureichend ausgestattet.

— Als Ministerial-Abteilung ist diese Behörde politisch wie wirtschaftlich schwach.

— In der regionalen Arbeit fällt die Forstbehörde in bezug auf Einflussnahme und Durchsetzungsvermögen weit zurück, zumal die nicht-forstwirtschaftlichen Instanzen, wie Gouverneurs- und Militärzuständigkeiten sich auf den entfernten Ausseninseln über die in der Hauptstadt Jakarta erlassenen Anordnungen vielfach hinwegsetzen.

Die Wirtschaftswälder Javas, meist hochwertiges Teakholz enthaltend, sind gut verwaltet; Aufpflanzungsarbeiten laufen zufriedenstellend. Im Vergleich zu den grossen natürlichen Holzreserven nimmt das Teakholz Javas jedoch einen relativ kleinen Raum ein.

Bis 1975 wurde die Ausbeutung der Holzreserven auf den Ausseninseln nach einer wenig rücksichtsvollen Verfahrensweise vorgenommen. Die Bewertung des Einschlages wurde vielfach zu niedrig angesetzt, so dass örtliche Beamte durch nützliche Abgaben der Konzessionäre profitierten. Häufig wurden beim Einschlag des Holzes Vegetationsdecke und Junggehölze wenig geschont, so dass die natürliche Verjüngung der Baumbestände in vielen Konzessionsgebieten in Frage gestellt ist. Vor allem aber entgehen der indonesischen Volkswirtschaft durch falsche Bewertung der Bestände (und Zahlungen in private Hände und Militärkassen) Geldmittel, die sie für den Aufbau der Volkswirtschaft und so auch für eine starke Forstbehörde, benötigt. Seit einigen Jahren bemüht man sich um Abstellung dieser Missstände. Der Export-Stellenwert der Waldwirtschaft ist mit einem Gesamtexportwert im Jahre 1976 von US$ 751 Mill. (an zweiter Stelle) hinter dem Erdöl und vor landwirtschaftlichen (Plantagen-) Produkten umrissen. Etwa 90% der Holzerzeugung wird exportiert, und Indonesien ist der grösste Holzerzeuger in Südost-Asien überhaupt.

2.9.2. DIE WALDRESERVEN

Die heute noch geltenden Schätzungen der Waldreserven beruhen auf Zahlen, die aus der Zeit kurz nach dem 2.Weltkrieg stammen. Nur in einigen Gegenden haben die Behörden die Zahlen auf einen neueren Stand gebracht. Karte 6 auf Seite 14 gibt einen Überblick über die vorhandenen Wälder aufgrund ökologischer Typen und geographischer Verbreitung. Die folgende Tabelle gibt die Waldflächen auf den einzelnen Inseln an.

TABELLE 43

VERTEILUNG DER WALDFLÄCHEN NACH REGIONEN, 1975
(Distribution of Forest Areas by Regions)

	Gesamte Land-Oberfläche	Von Wald bedeckte Fläche	Anteil der Waldfläche in v.H.
	.... in mill. ha .... %		
Kalimantan	53,9	41,0	76,1
Sumatra	47,4	28,0	59,1
Sulawesi	18,9	10,0	52,9
Java und Madura	13,2	3,0	22,7
Molukken und Halmahera	8,0	6,0	75,0
Kleine Sundainseln	7,0	2,0	28,6
Irian Jaya u.a. Inseln ..	53,5	30,0	56,1
Insgesamt	201,9	120,0	59,44

Quelle: Generaldirektorat Forsten im Landwirtschaftsministerium 1977 (224; 225).

Etwa 95 Mill ha der 120 Mill. oder 75% sind primäre Wälder, die sich hauptsächlich wie folgt zusammensetzen: (Einzelheiten siehe Tabellen 44-46)

— *Tropischer Regenwald*   2,0-1000 m: Meranti und Merawan
                     1000 -3300 m: Lorbeer-Eichen-und Kastanienwälder als Schutzwälder
                     über   3300 m: Araucarien und Podocarpus.

— *Laubabwerfende Mischwälder*, Monsun- oder Jahreszeitenwälder genannt, in Höhen zwischen 20, 1000 m, hauptsächlich auf den Kleinen Sundainseln, Tectona, Albizia, Eucalyptus und Casuarina.

— *Küstenwälder* mit Terminalia und Hibiscus-Arten.

— *Sumpfwälder* mit Sapotacea und Shorea.

— *Mangrovenwälder* im Saum des Gezeitenwechsels.

Im Zuge der Genehmigung von Konzessionen und um die produktiven tropischen Regenwälder zu schützen, entwickelte das Generaldirektorat Kategorien optimaler Landnutzung. Da es noch keine vollständige Waldinventur gibt, werden diese Kategorien vorerst als Grundlage für die Planung benutzt.

Im Jahre 1975 schätzte man die mögliche jährliche Holzproduktion auf 35 Millionen Festmeter (vgl. S. 161). 1973 wurden bereits 24 Mill. Festmeter erzeugt.

TABELLE 44

KLASSIFIZIERUNG VON FORSTLAND, IN MILL. HEKTAR, 1972 u. 1975
(Classification of Forests)

	1972	1975
— Schutzwälder für Einzugsgebiete (Waldflächen oberhalb 500 m) auf den Ausseninseln, oberhalb 700 auf Java (Catchment Protection Forests)	48,0	11,5
— Naturschutzwälder	.	3,1
— Nutzwälder, Waldflächen unterhalb dieser Höhen (Exploitable Forests)	45,0	35,4
— Kombiniert (Schutz-Nutzwälder)	.	4,7
davon:		
— — Passend f. ständige Nutzung .... 24 ⎫		
— — Wirtschaftsforsten von Java .... 3 ⎬ (1972)		
— — Geeignet für Landwirtschaft .... 18 ⎭		
— Degenerierte Wälder (sekundäre Forsten oder Land, das z.T. durch Feuer oder Wanderhackbau geroded ist (Secondary Forests)	27,0	67,5
Insgesamt (Total)	120	122,2

Quelle: Generaldirektorat Forsten im Landwirtschaftsministerium 1972 (224; 225). 1975: Biro Pusat Statistik.
Source: Directorate General Forests in Dep.o. Agriculture.

Es ist nicht ersichtlich, nach welchen Kriterien die Wälder beurteilt wurden, die zur Überführung in die landwirtschaftliche Nutzung als geeignet angegeben wurden. In den einzelnen Jahren schwanken die Angaben, z.B. auch für degradierte Wälder.

Über die Nutzung der Wälder durch bestehende Konzessionen und Neuvergaben solcher existierten im Jahre 1972 die folgenden Zahlen:

TABELLE 45

WALDKONZESSIONEN UND WEITERE UNTERSUCHUNGEN FÜR DIE VERGABE, 1972, in Mill. ha
(Forest Concessions and further Surveys for Concessions)

	Fläche in Mill. ha	Anzahl Verträge
Vergebene Konzessionen	11,8	75
Vorbereitung neuer Verträge	10,3	139
Surveys vorbereitet	19,7	174
Anträge für weitere Konzessionen erhalten (Applications for further Concessions)	14,8	112
Insgesamt (Total)	56,6	500

Quelle: Generaldirektorat Forsten im Landwirtschaftsministerium, 1972 (224; 225).

Diese Tabelle gibt nur die an ausländische Konzessionäre oder an joint ventures gewährten Lizenzen wieder, nicht jedoch die Einschlag-Lizenzen, die an örtliche Kleinunternehmer vergeben wurden.

2.9.3. DIE KONZESSIONEN spielen die hervorragende Rolle im Export von Holz. Tabelle 46 gibt einen Überblick über die Exporte der Jahre 1970 bis 1977.

Das auch als Urwald-Meranti bezeichnete Merantiholz stammt ausschliesslich aus Konzessionseinschlägen.

TABELLE 46

HOLZ-EXPORTE VON INDONESIEN NACH ARTEN, 1970-1977 IN 000 CBM (Rm)
(Timber Exports from Indonesia by Species)

Baumart	1970		1973 cbm	1975 cbm	1976 * cbm	1977 * cbm
	cbm	v.H.(%)				
Meranti (Shorea spp.)	5.018	67,8	11.272	9.491	.	.
Ramin (Gonystyllus spp.)	681	9,2	1.903	800	.	.
Agathis (Agathis spp.) (Weichholz)	425	5,7	760	353	.	.
Pulai (Alstonia spp.)	118	1,6	334	165	.	.
Teak (« Djati ») (Tectona grandis)	118	1,6	72	0,3	.	.
Keruing (Kapur)	85	1,2	1.352	1.426	.	.
Djelutung (Dyera spp.)	27	0,4	3.738	1.646	.	.
Andere-Others	940	12,5	.	.	.	.
Insgesamt-Total	7.412	100,0	19.433	13.921	14.600	15.400

Quelle: Generaldirektorat Forsten im Landwirtschaftsministerium, 1971 bis 1977 (224; 225).
Source: Directorate General of Forestry.
*) Vorläufige Zahlen.

Im Sommer 1971 gab die indonesische Regierung eine Verordnung heraus, nach der Konzessionen an Ausländer gesperrt wurden. Bis 1976 wurden wieder Ausnahmen gemacht und weitere Konzessionen erteilt. Wie immer die Schätzungen ausgefallen sind, hoch oder tief, es ist sicher, dass weitere Vorkommen für die Vergabe von Konzessionen knapp geworden sind. Einige der erteilten Konzessionen fallen unter die Kategorie « konvertierbar für Landwirtschaft ». Andere liegen schon in Schutzgebieten, d.h. in Einzugsgebieten der Flüsse. Nimmt man an, dass die Mehrzahl der vergebenen Konzessionen für den Nutzwald gilt, muss man folgern, dass bereits mehr als die Hälfte vergeben ist (Vgl. Tabelle 44). Ausserdem ist zu berücksichtigen, dass sich zahlreiche Anträge zur Zeit der Vergabesperre bereits in Bearbeitung befanden. Berücksichtigt man diese, kommt man unwillkürlich zu dem Schluss, dass nur noch wenig von den 24 Millionen Hektar Wald vorhanden sein kann, bzw. diese Zahl bereits überzogen worden ist. Der bisher grösste jährliche Einschlag ist 1974 mit im ganzen 24 Mill. Festmeter auf 17 mill. ha für das Jahr 1973 gemeldet worden.

Ertragszahlen für Konzessionsverträge werden von der Regierung ohne Inventur bestimmt. Die bisher gemachten Stichproben zur Ermittlung dieser Zahlen sind so klein, dass sie nicht auf grössere Flächen übertragbar sind. Zusätzlich sind weitere Erhebungen auf 2-10% der Fläche durchgeführt worden, die noch nicht ausgewertet sind. Die Konzessionäre müssen so vor dem Vertragsabschluss weiterhin selbst Erhebungen anstellen.

Für Planungszwecke bedient sich die indonesische Forstbehörde durchschnittlicher Stammvolumina und Flächenertragsmassen. Für den Hochwald auf den Ausseninseln nimmt man 100 Raummeter pro Hektar an. Ein Ertrag mit mehr als 50 Raummeter pro ha gilt als kommerziell auswertbar. Den jährlichen Zuwachs veranschlagt man auf 1-1,5 Raummeter pro Hektar und im ganzen 25-30 Mill. Rm verkäuflichen Einschlags. Den jährlichen Gesamteinschlag schätzt man wie oben erwähnt auf 35 Millionen Raummeter. Bei einem Umtrieb von 35 Jahren und 30 Raummeter pro Hektar Einschlag/Jahr — in dauernd nutzbaren Wäldern und in solchen, die durch Kahlschlag in landwirtschaftliche Flächen überführt werden, rechnet man mit max. 36 Millionen m³. Letzte müssen nach indonesischen Schätzungen 60 Jahre alt sein und 50 Raummeter pro ha erbringen. Man rechnet mit einer ab 1973 auf 31 Millionen Raummeter eingespielten Einschlagzahl (für alle Wälder) bis vorerst 1990 (229).

Diese Angaben scheinen zu optimistisch zu sein. Einige Firmen klagen über Ertragszahlen von nur 8-15 Raummeter pro Hektar, womit sie nahe an die Grenze der Wirtschaftlichkeit gelangen. In Ost-Kalimantan verzeichnen Firmen die höchsten Erträge mit 50-150 Raummeter pro Hektar für alle Holzarten, darunter 30-120 Raummeter für Meranti. In den übrigen Konzessionsgebieten liegen die Ertragszahlen niedriger.

Die Gesamtproduktion an Holz und Holzprodukten ist nicht besonders gut erfasst. Die sich in der FAO-Statistik « Yearbook of Forest Products » (55) wiederspiegelnden offiziellen indonesischen Zahlen lassen dies erkennen, wie die daraus zusammengestellte Tabelle zeigt. BANK INDONESIA (1977) gibt im Gegensatz zur Tabelle 47 für die Jahre 1973 und 1974 höhere Werte (25,8 Mill. Rm. bzw. 23,28 Mill. Rm.) an. 1977 betrug die Produktion 23,5 Mill. Rm. Der Einschlag anderer Holzarten als Teak nahm 1977 um 11% zu.

TABELLE 47

FORSTLICHE PRODUKTION 1969-1976, IN '000 RAUMMETER OD. (t)
(Timber Production)

	1969	1970	1971	1972	1973	1974	1975	1976
1) Gesägte Stämme, Veneer (C) ..	80	80	100	100	100	90	60	.
2) Gesägte Stämme, Veneer (NC) .	7000	10700	13700	16821	26190	21642	16296	.
3) Pulpe (C)	19	20	30	40	40	30	20	.
4) Grubenholz (C)	20	20	20	20	20	20	20	.
5) And. industr. Rundholz (C) ...	2	2	2	2	—	—	2	.
6) And. industr. Rundholz (NC) .	18130	18630	19130	19630	19740	20600	20950	.
7) Eisenbahnschwellen	10,7	24,5	18	26,6	34,3	51,7	46,9	.
8) Gesägtes Holz (C)	20	20	20	20	20	—	—	.
9) Gesägtes Holz (NC)	1662	1662	1662	1662	1662	785	1705	.
10) Sperrholz	6,6	7	10	14	36	—	8,2	.
11) Chemische Holzpulpe (metr.t) .	—	—	—	—	0,5	2,5	1	.
12) Ungebleichte Sulfatpulpe (metr.t)	—	—	—	—	0,5	2,5	1	.
13) Andere Fiberpulpe (metr.t)	—	15	17	22	36	40	45	.
14) Zeitungspapier (metr.t)	3	3	3	3				.
15) Druck-u.Schreibpapier (metr.t) .	6	6	6	6	40,2	38,6	45	.
16) Rundhölzer	10390	11068	11570	12290	13530	13280	12950	.
17) davon Rundh. (C)	101	102	104	109	116	115	114	.
Insgesamt-Total	13.096,0	14.197,1	15.151,2	16.137,5	16.556,9	17.621,6	16.881,4	21.332,0

Quelle: Computerprintouts der FAO, Januar 1977. (50).

2.9.4. WIRTSCHAFTSFORSTEN

Teakwälder

Etwa 750.000 Hektar Teakwälder stehen auf Java. Kleinere Teakwälder gibt es auf Sulawesi und auf einigen der Kleinen Sundainseln. Teakanpflanzungen wurden seit gut 100 Jahren auf kalkhaltigen Böden unterhalb 500 m Höhe vorgenommen. Die älteren Pflanzungen befinden sich in Ost- und Zentral-Java.

Der durchschnittliche Umtrieb von Teak beträgt etwa 70 Jahre. Man rechnet mit einem Hektarertrag von 100 Raummeter. Dieser Ertrag entspricht einem jährlichen Zuwachs von 1,5 Raummeter. Die Holzqualität ist schlechter als in Thailand oder Burma. Aus diesem Grunde wird rund die Hälfte des Einschlags an die Eisenbahnen für Schwellen und als Brennmaterial abgegeben. In Ost- und Zentral-Java sind die besten Bestände zu finden; 450.000 ha erbringen jährlich etwa 800.000 Raummeter. Pro Jahr können etwa 25.000 Hektar neu aufgepflanzt werden. Diese Neuaufpflanzungen nimmt man nach dem « tampung-sari »-System vor. Hierbei müssen die Bauern für die ihnen zur landwirtschaftlichen Nutzung überlassenen Rodungen die neuen Pflanzstellen herrichten und die darauf von der Forstbehörde gepflanzten Bäume zwei bis vier Jahre pflegen. Hierüber hat NESMER (73), der das System Berma-System nennt, ausführlich gearbeitet (vgl. auch RÖLL 156). Der Teakholzeinschlag nahm 1976 und 1977 jeweils um 4% zu.

Nadelhölzer

Pinus merkusii, eine tropische Kiefer und Agathis borneensis sind in den 30er Jahren aufgepflanzt worden und bedecken heute auf Java und Sumatra in Höhenlagen zwischen 800 und 1.600 m weite Landstriche. Man pflanzte sie vornehmlich auf Böden vulkanischen Ursprungs. Am Toba-See in Nord-Sumatra gibt es 20.000 ha Kiefernwälder und in Aceh 150.000 ha. Auf Java zählte man 1971 an Pinus merkusii-Wäldern 69.000 Hektar und 15.000 ha an Agathis-Wäldern. Das sind zusammen rund 255.000 ha Nadelwälder. Bei 20-jährigem Umtrieb verzeichnet man einen jährlichen Zuwachs von 15-20 Raummeter/Hektar. Der tatsächliche Zuwachs liegt in Pflanzungen, die aus minderwertigem Saatgut stammen, niedriger, etwa bei 7-15 Raummeter pro Jahr und Hektar. Ein weiterer Mangel ist das schlechte Management. Bei besserer Wirtschaftsweise, besserem Saatgut und Schädlingsbekämpfung könnte man von den rund 70.000 ha Kiefernwäldern Javas mit einem Zuwachs von 1,5 Mill. Raummeter/Jahr rechnen. Gute Aussichten haben auch die Bestände am Toba-See. Bei den sehr verstreut liegenden Kiefernwäldern von Aceh dürfte ein besseres Management schwierig sein.

Andere Forstpflanzungen bestehen aus Eucalyptus alba, Albizia falcata, Dalbergia latifolia, Acacia decurrens und Anthecephalos cadamba. Hauptverbreitungsgebiete sind Java, Sulawesi, Sumatra und die Kleinen Sundainseln und sollen etwa 130.000 ha betragen. Da sie auf Böden angepflanzt werden, die für Kiefern und Teak ungeeignet sind, bilden diese Pflanzungen eine sinnvolle Ergänzung des Waldbestandes.

2.9.5. FORSTVERWALTUNG UND -MANAGEMENT

Eine Verwaltung wurde 1870 durch deutsche Forstwirte eingerichtet. Alle Wälder sind Staatsbesitz, ausgenommen etwa 20.000 ha. Das Generaldirektorat Forsten in Jakarta mit fünf Direktoraten betreut die Wälder über 27 regionale Forstverwaltungen. Alle sind direkt dem Generaldirektorat Forsten verantwortlich, dem 1972 vier Direktoren beigeordnet waren. Ein Sekretariat unter Führung eines Generalsekretärs erledigt die anfallenden Arbeiten.

Die Vorgänge werden in einer Arbeitslinie erledigt. Damit gibt es einen Arbeitsstau und infolge der verschiedenen Direktorate Überschneidungen. Ausserdem befindet sich ein Teil der Büros im 60 km entfernten Bogor, so dass es zu Doppelbearbeitungen kommt. Man denkt deshalb an die Einführung einer dreilinigen Arbeitsteilung von Management, Verwaltung und Forschung.

Ein spezielles Staatsforst-Unternehmen, B.P.U. PERHUTANI, wurde im Jahre 1962 gegründet mit dem Ziel, die Ausbeutung der Forsten zu unterbinden und die Vermarktung des Holzes zu beleben. Es verwaltet die Forsten in Ost- und Zentral-Java sowie einen Teil der Primär-Wälder auf den Ausseninseln. Eine Rolle spielte diese Staatsfirma als Arbeitgeber im überbevölkerten und unterbeschäftigten Java. Ihr Wirtschaftserfolg war gering, in einigen Gebieten sogar ausgesprochen schlecht. In Kalimantan mussten mehrere ihrer Unternehmen schliessen.

Die finanziellen Auflagen, die eine hohe Abgabenrate an den Staat vorsahen, trugen zum Misserfolg bei. Falsche Buchungen führten 1970 dazu, dass nur US$ 0,25 pro cbm an den Staat abgeliefert werden konnten. Das waren nurmehr 2% der Brutto-Erlöse. Deswegen kam es 1971 zur Auflösung der Firma B.P.U. PERHUTANI.

Die ländliche Arbeitsbeschaffung wurde sowohl durch das Generaldirektorat Forsten als auch durch PERHUTANI gestützt. Von den 40.000 Angestellten und Beamten arbeiteten 70% für PERHUTANI und davon die Mehrzahl in Java. - Von den 1.750 Beschäftigen des Generaldirektorats in Jakarta/Bogor waren nur 650 technische Kräfte, weshalb sich ein Mangel an Fachkräften bemerkbar macht. 1971 gab es nur 380 akademisch ausgebildete Forstbeamte, während man den tatsächlichen Bedarf auf 3.300 veranschlagte.

Die Bewirtschaftung der Staatsforsten und der Wälder lag bis zum Jahre 1957 bei der Zentralregierung. Als die Rechte der Lizenzvergabe den Gouverneuren übertragen wurden, durften die Konzessionen maximal 1.000 ha nicht überschreiten. Durch eine Gesetzesänderung im Jahre 1970 wurde diese Grösse auf maximal 100 Hektar und die Nutzungsdauer von 10 auf zwei Jahre reduziert. Die grundlegenden Gesetze zur Förderung ausländischer und indonesischer Investitionen stammten aus den Jahren 1967/68. Innerhalb einer 20-jährigen Konzessionszeit hatten die Vertragnehmer das Recht, ausländische Fachkräfte zu beschäftigen und ausser den Gewinnen auch das investierte Kapital rückzutransferieren. Im Falle einer Verstaatlichung sollte die Regierung nach diesem Gesetz einen Kompensationsbetrag zahlen (vgl. Seite 207).

Der Erfolg blieb nicht aus. Im Jahre 1972 gab es in Indonesien 15 ausländische Holz-Konzessions-Firmen, etwa 40 « Joint Ventures », bei denen ausländische und inländische Firmen gemeinsam ein Unternehmen bildeten und eine weitere Anzahl von 30-40 inländischen Firmen. Das zu investierende Kapital sollte gemäss Vertrag US$ 400 Mill. betragen, wovon die philippinische Firma A. SORIANO y CIA alleine etwa 60% zu investieren versprach. - So gelang es, ausländische Investoren anzulocken und gleichzeitig Geldmittel für die Entwicklung der Forstwirtschaft aus den Verträgen zu gewinnen; die Holzexporte stiegen sprunghaft an. Trotzdem kam beiderseits Kritik auf. Die Handhabung bei der Vergabe der Konzessionen war oft nicht korrekt. Von vielen Konzessionären wurden beim Einschlag die Junggehölze zu wenig geschont oder gar vernichtet. Zwei Jahre nach Gewährung der Konzessionen hatte noch keine der Firmen Verarbeitungsbetriebe eingerichtet, wie in den Verträgen vorgesehen und von den Indonesiern erwartet worden war. - Nach einer in den Verträgen enthaltenen Klausel war es dem Ermessen der Firmen überlassen, den Zeitpunkt solcher Investitionen zu bestimmen, und sie beriefen sich nun darauf.

2.9.6. HOLZ-INDUSTRIEN

Die Holzverarbeitung steht trotz weit zurückliegender Anfänge immer noch am Beginn. Die bestehenden Einheiten sind durch niedrige Effizienz und geringen Ausstoss gekennzeichnet, wie die folgende Tabelle zeigt.

TABELLE 48

HOLZ-VERARBEITUNGSBETRIEBE IN INDONESIEN, 1971
(Wood Processing Establishments in Indonesia)

Art des Betriebes Kind of establishment	Anzahl Number	Geschätzte jährliche Produktion	Durchschnitt- licher Ausstoss pro Einheit/Jahr	Ausgenutzte Betriebs- kapazität (used capacity)
		in cbm	*(units)*	
— Sägewerke mit Kraftantrieb (power sawmills)	415	900 000	2 150	50%
— Hand-Sägereien (hand sawmill)	3 600	3 100 000	850	
— Sperrholzfabriken (plywoodfactories)				
auf Java	2	5 000	2 500	10%
Sumatra	2	18 000	9 000	60%
Sulawesi	1	*ausser*	*Betrieb*	
— Holzkistenfabrik (boxfactory)	27	37 000	1 370	60%
— Streichholzfabriken (match factories)	11	50 000	4 500	50%
		(Kisten)		
— Bleistiftfabriken (pencil factories)	1	12 000	12 000	40%
		(Gross)		

Quelle: Industrieministerium 1971 — Source: Dep. of Industry. (219).

Von den 415 Sägewerken im Lande sind 1977 nur etwa 200 voll in Betrieb gewesen. 35 von diesen- hauptsächlich in West-und Zentral-Kalimantan — exportierten 80% der Gesamtmenge gesägten Holzes.

Die PERHUTANI-*Sägewerke* — 10 auf Java — mit einem Ausstoss von 18.000 cbm/Jahr und sieben Betrieben auf den Ausseninseln mit rund 80.000 cbm/Jahr sind die wichtigsten Verarbeitungsbetriebe. - Diese Anlagen des primären Verarbeitungskreises sind nicht in der Lage, den Bedarf des Landes an Roh- stoff Holz zu decken.

Statistiken des Jahres 1971 sprechen von 18.000 Beschäftigten in den Sägewerken des Landes, davon 7.000 in den Teak-Sägewerken von Java (217 Seite 157; 179). Investitionen der Jahre 1971 und 1972 er- möglichten 5.000 neue Arbeitsplätze in der Holzverarbeitung. Dazu kämen Beschäftigte oben erwähnter Industrien.

An *Weiterverarbeitungsbetrieben* sind 16 Papier- und Pulpe-Fabriken mit einem Ausstoss von 90.000 t. Papier/Jahr vorhanden (1976/77). 1977 deckten sie nur etwa 20% des Bedarfs. Alle Betriebe haben grössere technische und finanzielle Schwierigkeiten und arbeiten deshalb nur mit 40% ihrer Kapazität. Die Fabriken auf Java verarbeiten Reisstroh, zwei Betriebe auf Java und Sulawesi Bambus und drei Be- triebe in Nord-Sumatra Holz und auch importierte Pulpe.

Die 14 Sperrholzfabriken Indonesiens erzeugten 1977 25 Mill. Tafeln, wovon nahezu 90% in den Binnenmarkt gingen, wo sie zu Preisen, die 30% bis 35% über den Weltmarktpreisen liegen, abgesetzt werden. Der Bau von 12 weiteren Sperrholzfabriken ist geplant.

Die *künftige Entwicklung der Holzindustrien* ist auf den regionalen Ausgleich gerichtet. Dabei wird hauptsächlich in die Verarbeitungsbetriebe investiert, vorwiegend dort, wo es ausreichend Arbeitskräfte gibt, z.B. in Cilacap in Zentral-Java.

2.9.7. DIE HOLZVERMARKTUNG

Auf dem Weltmarkt stieg 1960 bis 1968 der Wert der Holzexporte aller Länder von US$ 6,2 Mil- liarden auf US$ 11,1 Milliarden (55 S.X). Hieran hatten die Entwicklungsländer einen Anteil von US$ 0,5 Milliarden bzw. US$ 1,4 Milliarden. Obwohl sich der Export der Entwicklungsländer fast verdreifachte, beherrschten die Industrieländer mit 80% den Welt-Holzhandel. Dieses liegt in erster Linie daran, dass die Entwicklungsländer hauptsächlich Rundholz exportieren. Von 1968 bis 1978 verdoppelte sich der Wert der Holzexporte abermals.

Kennzeichnend für den Trend des Welt-Holzhandels während der letzten 15 Jahre ist die Zunahme an tropischen Harthölzern. Sie machen 80% aller gehandelten Harthölzer aus. Indonesien rangiert nach den Philippinen und Malaysia seit 1970 an dritter Stelle in Asien. Es folgen Neu-Guinea und Papua, die britischen Salomon-Inseln, Burma und Thailand. Hauptmärkte für tropische Harthölzer sind nach Europa die Vereingten Staaten, Japan, Kanada, Australien und Südafrika. Der Verbrauch dieser Länder stieg während dei letzten 15 Jahre jährlich um 12%. Der gesamte Handel mit tropischen Harthölzetn wuchs jährlich um 4,8%. Hierfür ist Japan der grösste Einzelabnehmer in der Welt. Es importierte 1971 21 Millionen cbm, von denen 40% aus Indonesien kamen. In den Jahren 1973 und 1974 importierte Japan jeweils 12 Mill. Rm. aus Indonesien. Andere Hauptabnehmer sind Süd-Korea und Taiwan mit jeweils 2 Mill. Rm. und Singapur (0,7 Mill.).

Der indonesische Exportmarkt hatte im Jahre 1968 einen Wert von US$ 58,5 Millionen, 1969 von US$ 118,5 Mill., 1974/75 620 Mill. und 1976/77 US$ 760 Mill. Während die FAO US$ 28,4 bzw. 30,9 pro cbm zugrunde legte, lagen die indonesischen Zahlen pro cbm (10,1 bzw. 7,2 $/cbm) viel tiefer. Dieses hat seine Ursache in der Zugrundelegung der « Check-prices » bei der Berechnung des Gesamt-Holz-Exports. Im Jahre 1969 hob die indonesische Regierung diese Richtpreise an, so dass sie eher den FOB-Preisen entsprachen. Dennoch mögen die FAO-Zahlen etwas zu hoch liegen. Zahlen des Hauptimporteurs indonesischer Hölzer, Japans, vermögen ein besseres Bild zu vermitteln. Auf FOB-Preise reduziert, errechnet man bei den japanischen Preisen US$ 17/cbm für 1968 Y.6.120) und US$ 20 (Y.7.200) 1969. Im Jahre 1970 lag er bei 20.000 Yen, 1973/74 30.000 und 1976/77 45.000 Yen pro Raummeter.

Der indonesische Holzexport stieg von 1969 3,6 Mill. Rm. auf 1975 13,9 Mill. Raummeter (Tabelle 50 im Anhang). Der zeitweilige Rückgang im Jahre 1975 (31% geringere Einnahmen, 23% weniger Einschlag) war auf die Rezession in den Industrieländern zurückzuführen. Trotz der weltweiten Rezession stieg der indonesische Schnittholzexport von 80.800 Rm zu einem Wert von US$ 2,8 Mill. im Jahre 1971 auf 410.400 Rm. mit einemtWert von US$ 31,7 Mill. im Jahre 1975. -Volumenmässig war von 1970 bis 1976 eine Ausdehnung von 7,4 Mill. Rm. auf 14,6 Mill. Rm. zu verbuchen. Im fiskalischen Jahr 1976/77, das am 31.3.77 endete, waren es sogar 15,8 Mill. Rm. mit US$ 885 Mill.

Der Binnenmarkt

Die holzverarbeitenden Betriebe sind nur etwa zur Hälfte ausgelastet. Der Anteil von Schnittholz am Gesamtholzverbrauch betrug 1975 etwa 10% und stieg langsam weiter an. Dem gegenwärtigen Trend nach wird er 1980 dennoch 30% betragen, weil der Export ganzer Stämme zurückgehen wird. Der augenblickliche Holzverbrauch für die Papierherstellung ist mit 140.000 cbm/Jahr noch klein. Dagegen betrug der Papierkonsum 1977 240.000 t. Der Bedarf an anderen Hölzern wie Pfählen, Grubenholz u.a. wurde auf 1,8 Millionen cbm veranschlagt. - Der Feuerholzverbrauch, von FAO auf 95,5 Mill. t geschätzt wird wahrscheinlich wie in anderen Entwicklungsländern um 1-2% jährlich mit der Bevölkerung wachsen, um nach Erschöpfung der Reserven abzunehmen.

2.9.8. Einnahmen und Haushalt in der Forstwirtschaft

Die Staatseinnahmen aus dem Export von Stammhölzern, Royalties, werden nur auf die tatsächlich exportierte Menge dem Volumen nach erhoben. Die im Wald zurückbleibenden Abschnitte werden nicht gerechnet. Für die von den Konzessionären im Lande benötigte Menge brauchten 1972 nur 0,35 US$/ Raummeter abgeführt zu werden. 1971 betrug die Grund-Royalty Rp. 652 (US$ 1,57) pro Rm. Dazu kamen Rp 830/cbm Exportsteuer (10% des Check-Preises), Rp. 30/cbm Sortierabgaben und an örtlichen Abgaben Rp 10-40/Rm an Dorf-Entwicklungsabgaben. In Ost-Kalimantan kam 1971 noch eine Bagger-Abgabe hinzu, die fast so hoch war wie die Grund-Royalty. Ausserdem waren eine jährliche Lizenzgebühr von US$ 0,05/ha und Surveygebühren zu zahlen. Damit betrugen die Abgaben insgesamt rund US$ 6,00 pro Rm. Sie wurden etwa zu 2/5 an die Zentralregierung abgeführt. Konzessionäre haben darüber hinaus mit weiteren Abgaben zu rechnen. 1971 zahlte man an « nützlichen Abgaben » US$ 4,50/Rm. Diese zusätzliche Gebühr, die man als Stubbengebühr bezeichnen könnte, ist nicht höher als in anderen Ländern Asiens, in denen US$ 3 bis 5 pro Rm erhoben werden. Im Jahre 1971 betrugen diese Abgaben bis zu 25% des durchschnittlichen FOB-Preises. Durch den Tiefstand der Holzpreise auf dem Weltmarkt waren 1972/73 die Konzessionäre besorgt und verlangten von der Zentralregierung die Revision ihrer Investitionspläne. *Einnahmen aus Royalties* (ohne Export- und andere Steuern) waren während der letzten Jahre stetig angewachsen, wie die folgende Tabelle zeigt.

Zwischen 1970/71 und 1971/72 haben sich die Einnahmen verdreifacht, von rund US$ 7 Mill. auf US$ 22 Mill. Als die steuerfreien Jahre beendet waren, stiegen die Einnahmen weiter an. Zu etwa

---

* 1968 und 1969 FAO-Schätzungen, 1974 und 1976 Weltbank-Schätzungen.

TABELLE 49

ROYALTY-EINNAHMEN AUS DEM HOLZ-EXPORT IN INDONESIEN 1970-1976
(Royalty Income from Timber Export in Indonesia)
in Mill. Rupiah

	1970/71	*1971/72*	*1975/76*
Royalty	3 069,8	6.487,4	8.500,00
Baggergebühren	.	1.001,4	1.189,00
Insgesamt	3 069,8	6.487,8	9.689,00
Abgeführt an die Zentralregierung	925,7	2.647,4	2.854,00
Abgeführt an die Regionalentwicklung	2 144,1	3.840,4	6.835.00

Quelle: BAPPENAS, Jakarta. (254).

65% kamen die Einnahmen aus Kalimantan. Die Privatisierung von PERHUTANI wirkte gleichfalls in diese Richtung, da diese Firma auch diese Abgaben zu leisten hat. Während des ersten Fünfjahresplans versechsfachte sich der Wert aller Holzexporte von 1970/71 US$ 130 Mill. auf 1973/74 US$ 720 Mill. Er stieg bis zum Jahre 1975/76 nicht weiter, weil die Exportmengen fielen. (Vgl. Tabellen 30 u. 50 im Anhang) Darum sind die royalties im Jahre 1975/76 nur um soviel höher als 1971/72 als mehr Steuereinnahmen anfielen. Die Zahlen für das Jahr 1974 mit der höchsten Holz-Exportmenge, 19,5 Mill. Raummeter, sind nicht verfügbar.

2.9.9. FORSCHUNG UND ENTWICKLUNG

Forschungsinstitute des Forstsektors sind in bezug auf Sach- und Personalausstattung unzureichend mit Mitteln versehen. Das Verwaltungspersonal überwiegt mit 55-60%. Bis 1974 fehlte noch eine zentrale Lenkung auf diesem Sektor.
In Bogor befinden sich:

— das Forstwissenschaftliche Institut und
— das Holztechnologische Institut, in Bandung
— das Zellulose-Forschungsinstitut, dem Direktorat Chemische Industrie innerhalb des Industrie-Ministeriums unterstellt. Es befasst sich mit Pulp- und Papier-Forschung und ist besser mit Mitteln ausgerüstet als die der Abteilung Forsten unterstehenden Institute.

Die forstliche Entwicklungsarbeit sollte durch langfristig angelegte Massnahmen — durch eine Forstinventur und -Datenbank — besser fundiert werden. Die vorhandenen Luftaufnahmen konnten nur teilweise in der Planung Verwendung finden. Deshalb begann man 1972 die für die Vergabe von Konzessionen interessanten Gebiete erneut zu befliegen. Da die Konzessionäre laut Vertrag gehalten sind, ihre Konzessionsgebiete zu photographieren und zu kartieren, kann ein Teil der dafür erforderlichen Ausgaben auf sie umgeschlagen werden. Allein Java ist schon weitgehend planerisch bearbeitet worden. Sumatra war 1972 erst zu 5% aufgenommen. Markierungen nach Erkundungsstudien wurden auf Sumatra zu 75%, auf Sulawesi zu 55% und auf den Kleinen Sundainseln zu etwa 30% der Gesamtfläche vorgenommen. Man musste dann feststellen, dass auch diese Massnahmen nicht befriedigten und erkannte die Notwenigkeit einer neuen Generalplanung.

Die Entwicklungs-Strategie der Abteilung Forsten konzentriert sich deshalb zu einem guten Teil auf die Wald-Inventur auf den Ausseninseln. Nur durch eine bessere Erfassung der vorhandenen Bestände kann man die Holzgewinnung vorantreiben, ohne zukunftsträchtige Waldbestände vorzeitig zu zerstören. Mit der Inventur als Grundlage hofft die Abteilung Forsten, zu einem Generalplan für die Entwicklung der Infrastruktur und der Landwirtschaft (auf geeigneten Kahlschlagflächen) beizutragen. Auch kann die Verarbeitungsindustrie besser auf die vorhandenen Ressourcen abgestimmt werden. Diese Inventurarbeiten sind 1978 bereits weit fortgeschritten.

Indonesien ist bemüht, auf dem Gebiet der Versorgung mit Schnitt-und Papierholz Selbstversorger zu werden. Schnitt- und Sperrholz sollen auch in den Export gehen, und der Export ganzer Stämme soll reduziert werden. Eine intensivere Bewirtschaftung der Teak- und Kiefernplantagen Javas und Sumatras soll zu gleichmässigen Jahreserträgen führen.

Die Konservierungsmassnahmen seien abschliessend als besonders wichtige Massnahmen zur Erhaltung der natürlichen Bodenfruchtbarkeit genannt. Sie erfolgen zum Schutz der Quellgebiete grosser Flüsse, junger Baumbestände, zum Schutz steiler Hänge gegen Bodenerosion und zur Verhinderung der Ausbreitung des « Alang-Alang »-Grases. Im Januar 1978 wurden 3 Holztypen gegen Grosseinschlag geschützt wovon 14 Baumarten betroffen sind.

Entwicklungsaussichten auf dem Forstsektor

Hierbei ist nach den Exporttrends der wichtigsten Hölzer, der regionalen Schwerpunktarbeit und nach der Arbeit an den forstwirtschaftlichen Instituten zu unterscheiden.

Exporttrends und Selbstversorgungsaussichten — Wie oben ausgeführt (vgl. 2.9.8.), rechnet man mit einer Produktionsausweitung ganzer Stämme bis 1985 auf etwa 30 Mill. Raummeter. Die Meinungen der Planer über das Tempo der Exportausweitung gehen auseinander. Indonesische Institutionen wollen den Export schneller ausdehnen als ausländische Experten es für gut halten. Diese sind der Meinung, dass ein langsameres Abholzen die Baumbestände schonen würde. Später würden wahrscheinlich auch grössere Einnahmen erzielt werden können, weil stärkere Nachfragen Preissteigerungen bewirken. — Nach der Energiekrise, die Indonesien höhere Ölpreise bescherte, soll es zu einer Sinnes-Änderung in diesem Meinungsstreit gekommen sein; indonesische Forstleute haben sich der Meinung ihrer ausländischen Kollegen angeschlossen. Das brachte das Ende in der Vergabe weiterer neuer Holzeinschlag-Konzessionen. Gleichzeitig hob man den « Check-Price » an. 1974 rechnete man bis 1985 mit einem jährlichen Anwachsen des Einschlags von 8%, was diesen Rückgang wiederspiegelt.

Entsprechend der langsameren Abholzgeschwindigkeit rechnet man für die einzelnen Holzprodukte mit folgender Entwicklung:

— Selbstversorgung mit Schnittholz und Holztafeln verschiedener Gattungen bis 1978;

— Selbstversorgung in Pulpe und Papier bis 1985;

— Ausdehnung des Schnittholzexports von 1 Mill. Rm im Jahre 1974 auf 10 Mill. cbm 1985;

— Reduzierung des Holzstamm-Exports von 15 Millionen Raummeter im Jahre 1975 auf 10 Millionen Raummeter 1985.

2.9.10. FORSTLICHE REGIONALENTWICKLUNG. — Die Hauptaufgaben der forstlichen Arbeit auf den Ausseninseln sind die Forstinventur und die Forstkonservierungsarbeit, besonders auf Kalimantan. Besondere Bedeutung kommt dabei der Ausarbeitung von Standard-Formularen für Konzessionäre zu.

Für die Entwicklung der Ausseninseln, die nach ihrer Art eine Regionalentwicklung ist, hofft man durch die verschiedenen planerischen und Kartierungs- Arbeiten nebenbei Untersuchungs-Material und Planungsunterlagen zu erhalten. Holznutzung und forstwirtschaftliche Aufbauarbeit können zugleich mit der landwirtschaftlichen Entwicklung Teil der Regionalentwicklung sein. Im Entwicklungsverlauf muss es im fortgeschrittenen Stadium zu einer vertikalen und auch horizontalen Aufgliederung der holzverarbeitenden Industrien kommen, die durch den Staat zu regeln ist. Der Aufbau dieser Betriebe kann nicht mehr den Konzessionären überlassen bleiben, wie es in den Verträgen bisher festgelegt war. -Eine Aufgliederung verschiedener ökologischer Waldtypen nach Regionen zeigt Tabelle 49 im Anhang.

Weiterhin müssen forstpolitische Verordnungen und Gesetze geändert und der höheren Ausbaustufe angepasst werden. Ein Anheben der « Check »-Preise auf das Niveau wirklicher FOB-Preise ist unumgänglich. Die neue Steuerpolitik müsste es Investoren attraktiver erscheinen lassen, das Holz im Lande zu verarbeiten anstatt es in Form von Rundholz zu exportieren. Sie sollte gleichfalls Investoren zum Ausbau der Infrastruktur, z.B. durch den Bau von Strassen, Häfen und deren Verladeeinrichtungen anregen, entsprechende staatliche Garantien vorausgesetzt.

2.9.11. DIE WIRTSCHAFTSWÄLDER JAVAS UND DIE TRANSMIGRATION hängen eng mit der Wald — erschliessung auf den Ausseninseln zusammen. Die Bevölkerungsprobleme Javas sind in alle forstwirtschaftlichen Überlegungen einzubeziehen. Durch dauernden Holzraub an den steilen Berghängen in Java entstanden Kahlflächen, die von landlosen Bauern besiedelt wurden, was wiederum zu grossen Erosionsschäden führte.

Unter diesem Aspekt sind die nachfolgend aufgeführten forstwirtschaftlichen Massnahmen von vorrangiger Bedeutung:

Massnahmen auf Java:

— Aufforstung erodierter und für den Landbau zu steiler Hänge;
— Anlage von Schutzforsten in den erosionsgefährdeten Gebieten — auch auf Flächen, die für land-
  wirtschaftliche Bebauung an sich geeignet sind;
— Verbesserung des Managements der javanischen Teakwälder und Steigerung des Exports von
  Teakholz;
— Anpflanzung hochwertiger Kiefern und Ausdehnung dieser Forsten zu grösseren zusammenhän-
  genden Flächen, die die Anlage von Papierherstellungsbetrieben ermöglichen.
  Seit 1978 gibt es ein um $ 200 Mill./Jahr grosses Programm für die Wiederaufforstung und das
  « Begrünungsprogramm ».

Massnahmen auf den Ausseninseln:

— Räumung geeigneter Waldflächen im Anschluss an bestehende Transmigrationsprojekte durch
  die Forstbehörde, um zu umfassenderen Transmigrationsprojekten zu kommen, in denen auch
  Trockenfeldbau betrieben werden kann;
— Schutzmassnahmen in den Quellgebieten, um die jährlich wiederkehrenden Sturzfluten einzu-
  dämmen.

2.9.12. DIE ENTWICKLUNG DER FORSTWIRTSCHAFTLICHEN INSTITUTIONEN hängt vor allem von der
Verbesserung von Forschung und Lehre ab. Eine qualitative Verbesserung der forstlichen Ausbildung
ist Voraussetzung für die Lösung oben genannter Probleme.

Die Forschung ist nach neuen Gesichtspunkten auszurichten. Dabei sind zu berücksichtigen:

— Management der Wirtschaftsforsten und der Wälder nach modernen Erkenntnissen;
— Wiederaufforstung von Kahlschlägen;
— Landnutzungsstudien für Landwirtschaft und Forsten;
— Abholzung produktiver Wälder für Transmigration;
— Behandlung degradierter Waldflächen;
— Holznutzung in Wäldern, die nicht ausgesprochene Wirtschaftsforsten darstellen;
— Erosionsschutz und Aufforstung der Quellgebiete;
— Saatgutauslese für Vermehrungszwecke.

Die Forstverwaltung kann am besten im Sinne einer Dreiteilung (vgl. Seite 163) gestrafft und lei-
stungsfähiger gestaltet werden (vgl. US AID-Bericht 1971, 192).

Eine ökonomische Planungsstelle ist unerlässlich, um die für die weitere Entwicklung notwendigen
Präinvestmentstudien zu erarbeiten. Die Gründung dieser Stelle ist vorgesehen (213; 214; 215; 216; 218;
222; 225; 247; 192).

2.9.13. UMWELTSCHUTZ UND ERHALTUNG DER LANDSCHAFT

Am besten ist wohl an dieser Stelle eine so wichtige Frage wie die des Umweltschutzes anzubringen,
zumal die indonesische Regierung zum ersten Mal in Zusammenhang mit der Ausbeutung der Wälder
von Kalimantan die Beachtung dieser neueren Massnahme gefordert hat. Allerdings gab es schon früher
Anfragen dieser Art, als es um die Verseuchung der Luft mit Abgasen niedrigvolumiger Motoren in
den Strassen Jakartas ging. Die Stadt Jakarta allerdings kann auch in anderer Hinsicht als stark um-
weltgefährdend bezeichnet werden: die Slums an der Peripherie und die offenen Abwässergräben stellen
für die Hygiene eine ständige Gefahr dar und sind für die Umwelt eine grosse Belastung. — Andererseits wurde schon auf Jakarta als Gartenstadt hingewiesen (S. 38). In Jakarta hat die Weltbank ein
« Slum-clearing » Projekt laufen.

Die Landschaft Indonesiens, einer Inselwelt mit der ständig regenerierenden Kraft der Meere ver-
sehen, ist im allgemeinen noch als gesund zu bezeichnen, obwohl es an einigen « off-shore » -Bohrungen
bereits zur Wasserverseuchung mit Öl kam. Selbst dort, wo die Besiedlungsdichte fast unvorstellbare
Ausmasse erreicht hat, ergab sich eine biologische Ausbalancierung des Gleichgewichts: die in einigen
Teilen Javas ein Drittel der Gesamtfläche ausmachenden Siedlungs-(Dorf-und Stadt-) flächen sind unter
Kokospalmen angelegt, die der Bevölkerung einen wichtigen Bestandteil ihrer täglichen Nahrung lie-
fert (vgl. S. 100). Es wurde schon ausgeführt, dass der dörfliche Kampong kein Slum im Sinne der
Umweltschützer ist. (vgl. S. 37). Auf einige Gesichtspunkte in der Frage des Umweltschutzes wird auf
Seite 176 ff eingegangen.

(22) Herkömmliche Fischerei in der Java-See vor Bantam (West-Java)

2.10. Das Fischereiwesen

2.10.1. Allgemein

Im Jahre 1972 trug die Fischerei zwar nur geschätzte 2-3% zum Nationaleinkommen bei, steuerte aber mit etwa 70% zum gesamten Einweisskonsum bei. Das sind 10% der Gesamtnahrung (gewichtsmässig) aus. Der Pro-Kopf-Verbrauch an Fisch beträgt im Durchschnitt nur 10 kg pro Jahr-was auf die mangelnde Verteilung zurückzuführen ist, erreicht aber auf einigen Inseln Ost Nusa Tenggara bis zu 30 kg, in Ost-Java dagegen nur etwa 3 kg.

Im Jahre 1975 schätzte das Generaldirektorat Fischerei in Indonesien den Fang von insgesamt 295.000 Fischerei-Fahrzeugen, die zu 97% kleine Segelboote waren, auf 1,3 Millionen Tonnen. Exporte von Fischen und Fischwaren stiegen von fast zu vernachlässigenden Werten der Sukarno-Zeit auf 1969 US$ 2,5 Mill.; 1974 $ 92,3 Mill. und 1976/77 US$ 131,3 Mill. (Fische alleine: US$ 115 Mill.).

Für die Beschäftigung hat die Fischerei mit 1974 880.500 Fischern, von denen 600.000 hauptberuflich tätig sind, einen bedeutenden Platz. Dazu kamen zur gleichen Zeit 1,2 Millionen Süsswasser- und Teichfischer, von denen wiederum 400.000 vollberuflich beschäftigt sind.

Im Regierungsprogramm und REPELITA II sieht man in der Fischerei den Sinn, « die Proteinversorgung der Bevölkerung zu verbessern und gleichzeitig den Export zu steigern ». Darum konzentrierte sich der Zweite Fünfjahresplan auf Fischfang und -vermarktung, um der Bevölkerung billigeren Fisch bereitzustellen. Bisher scheiterte dies an den infolge primitiver Fangmethoden niedrigen Fängen und der schlechten Infrastruktur der Verteilung und Vermarktung. Die nationale Strategie unter den beiden seit 1969 laufenden Fünfjahresplänen betonte die folgenden Entwicklungsschwerpunkte:

— Wachstum industrieller Fischerei-Unternehmen grossen Stils durch ausländische und inländische Investitionen, stimuliert durch das « Foreign Investment Law Nr 1 » vom Jahre 1967 und durch das « Domestic Capital Investment Law Nr. 6 » vom Jahre 1968;

FISCHGRÜNDE – FISHING GROUNDS IN INDONESIA – DAERAH 2 IKAN

INDONESIEN

Karte - Map- Peta 25

STILLER OZEAN

IRIAN JAYA

Sorong

Laut Arafura See

Port. Timor

Laut Banda See

Ceram
Ambon

Buru

Laut Moluku Molukken See

Halmahera

Menado

Laut Celebes See

PHILIPPINEN

Mindanao

Kupang
Timor

Sumba

Sumbawa
Flores

Laut Flores See

Lombok
Bali

Den Pasar
Benoa

Kolaka

Ujung Pandang

SULAWESI

Surabaja
Madura

Jogyakarta

J A V A

Laut Jawa See

Banjarmasin

KALIMANTAN

Pontianak

SABAH

BRUNEI

S A R A W A K

M A L A Y S I A

SINGAPUR

Bintan

Singkep

Bangka

Billiton

Palembang

Teluketung

JAKARTA

Bandung

S U M A T R A

Padang

Medan

WESTMALAYSIA

THAILAND

Strasse von Malakka

INDISCHER OZEAN

Pelagic Coastal Fisheries,	Küstenfischerei	
Tuna Fisheries	Tun Fisch	
Horse Mackerel (Rastrelliger.spp),Makrelen		
Sardine Fisheries (Clupea spp.),	Sardinen	
Cassio xanthonotus	Cassiaxan	
Scomber Fisheries		
Shrimp Fisheries	Krabben	
MIXED,	Gemischt	

0   200   400 km

5°   0°   5°   10°   5°   15°

130°   120°   110°   100°   130°   120°   110°

— Gründung kommerzieller Unternehmen, die herkömmliche Fischer und modern wirtschaftende Verarbeiter mit Kühlanlagen heranziehen sowie vermarkten;

— stärkere Vermarktung von Frischfischen;

— Trawlfang von Garnelen für den Export;

— Kleinkredite für den einfachen Fischer durch Bank Rakyat Indonesia.

Bis etwa 1975 gingen die Entwicklungstendenzen mehr in Richtung auf «joint ventures» und damit Export hochwertiger Fischereierzeugnisse, danach jedoch mehr auf Unterstützung des mittelständlschen Fischers.

2.10.2. Die Fischgründe und der Fischreichtum

Obwohl nicht so fischreich wie der nördliche Stille Ozean und der Nord-Atlantik, sind die indonesischen Gewässer fischreicher als andere tropische Meere. Im Jahre 1974 schätzte man die Gesamtvorkommen in den Indonesien umgebenden 5 Millionen Quadratkilometer Gewässern an Fischen auf 5,8 Millionen Tonnen. Dies ist auf den hohen Anteil von Schelf-Gewässern mit 750.000 qkm «up-welling»-Gründen mit alleine 4,2 Mill. t Fischbestand zurückzuführen. Die Orientierung über die Lage dieser Fischgründe vermittelt Karte 25 auf Seite 170. Man ist weiter mit der Erforschung befasst.

Die Meeres-und Fischerei-Forschung in und um Indonesien begann mit der Sibolga-Expedition der Jahre 1899/1900. Im Jahre 1904 gründete die Kolonialregierung die «Visscherij Station» in Pasar Ikan, im alten Hafen von Batavia. Es folgten physisch-ozeanographische Expeditionen: Snellius 1929-30; Dana-Durchfahrt mit der «Albatros» im Jahre 1948 und die Galathea-Fahrt vom Jahre 1951 (13 Seite 71). Hauptergebnisse waren, dass die Gewässer Indonesiens Teil der Wassermassen des Stillen Ozeans sind, zumal diese durch zahlreiche Kanäle mit demselben verbunden sind. Heute liegt die Forschung in den Händen des «National Committee on Oceanic Research» (NCOR) (13; S. 78).

Die geschätzten Fischvorkommen in den «Aufquell»-Gewässern Indonesiens zeigt die Tabelle 50, die auf dem FAO/UNDP «Survey of Resources in the Indian Ocean and Indonesia Area» vom Dezember 1971 gründet, doch durch neue Zahlen ergänzt ist. Im Juli 1978 läuft ein neuer FAO/UNDP Survey mit Bremer Hilfe unter dem Bremer Brandhorst an.

TABELLE 50

GESCHÄTZTE FISCHVORKOMMEN IN DEN AUFQUELL-GEWÄSSERN INDONESIENS 1971 UND ERGÄNZT BIS 1975
(Estimated Fish Resources in the up-welling waters)

Gewässer/Waters	Fläche/Area 000 qkm	Vorkommen/Resources t/qkm	Netto-Tonnage Mill.t/Saison
Java-See	300	6,6	2,00
Östl. Arafura See	250	5,1	1,28
Flores See	100	0,7	0,07
Banda See	100	8,5	0,85
Zwischensumme (Sub-Total)	750	5,2	4,20
Indischer Ozean			0,14 *
Andamanen See	100	2,2	0,22
Golf von Thailand	75	20,7	1,56
Vietnam	200	16,6	3,32
NW Australien	300	4,9	1,48
Insgesamt-Total	1425	8,4	10,92

Quelle: FAO/UNDP Survey of Resources in the Indian Ocean and Indonesia Area, Dec. 1971. (51) u. Generaldirektorat Fischerei.

Die gesamte Schelf-Wasserfläche (bis 200 m Tiefe) beträgt etwa 1.382.000 qkm und die Länge der Küstenlinie etwa 36.834 km.

Die Fischgründe lassen sich untergliedern in die der Java-See, weiteren an der Nordseite Indonesiens und die des Indischen Ozeans. Besonders ergiebig sind die der Malakkastrasse, der Nordkuste Javas und der Gewässer um Neu Guinea (Irian Jaya).

Garnelen-Gründe sind sehr ergiebig vor der Ostküste Sumatras zwischen 0°30N und 1°5 S. der Nordküste Javas und in den Flachwassergebieten Kalimantans. Das ergiebigste Gebiet ist das durch indonesisch-japanische joint ventures abgedeckte südwestlich von Neu-Guinea. 1976 fing man dort für US$ 45 Mill. (ca 25.000 t) Shrimps.

2.10.3. DIE GEGENWÄRTIGEN FANG- UND PRODUKTIONSZAHLEN

Für das Jahr 1969/70 gab die indonesische Regierung das Gesamtaufkommen an Fischen mit 1,2 Mill. t an. Etwa 2/3 entstammen der See und 1/3 Binnengewässern. Von 1960 bis 1968 haben sich die Fänge im Salzwasser fast verdoppelt, während die Produktion der Fischwirtschaft im Binnenland um nur etwa 30 % stieg. Seit 1968 gab es abermals eine Verdoppelung, wie folgende Tabelle zeigt.

TABELLE 51

INLANDFISCHEREI, FLÄCHE UND PRODUKTION, 1972
(Fresh Water Fishing, Area and Production)

	Fläche/Area 000 ha	Mögl.Ertrag/Yield kg/ha	Produkt.Potential 000 t	Produktion 000 t
Brackwasser-brackish	177	600	106	52
Reisfelder-paddy fields	3 000	200	600	20
Süsswasserteiche-ponds	36	2 000	72	42
Süsswasserseen-Lakes	140	300	42	.
Sümpfe-swamps	6 000	100	600	315
Insgesamt-Total	9 353		1 420	429

Quelle: Generaldirektorat Fischereiwesen, 1973 — Source: (231).

TABELLE 52

FISCHFANG UND FISCHWIRTSCHAFT IN INDONESIEN, 1960-1976, IN TAUSEND t
(Ocean and Fresh Water Fish Production)

	1960	1962	1964	1966	1968	1970	1971	1973	1975	1976*
Erzeugung-Production										
Hochsee-Ocean	412	538	590	721	722	802	820	860	885	890
Binnengewässer-Fresh water .	347	375	410	400	450	447	424	405	504	568
Ingesamt-Total	759	913	1000	1121	1172	1249	1244	1265	1389	1458
Prozentuale Zusammensetzung (Percentual)										
Hochseefischerei-Ocean	54	57	59	65	62	66	66	68	64	61
Binnenfischerei-Fresh water .	46	43	41	35	38	34	34	32	36	39
Produktions-Index (1960=100)										
Hochseefischerei-Ocean	100	130	143	175	190	195	129	208	215	216
Binnenfischerei-Fresh water .	100	108	118	115	130	129	122	117	145	164
Insgesamt-Total	100	120	131	148	154	163	164	167	183	192

Quelle: Generaldirektorat Fischerei Jakarta, 1977 — Directorate General Fisheries.
     *) Vorläufige Zahlen

Die Fangzahlen für beide, Süsswasser und Meer, sind in den vergangenen Jahren laufend leicht gestiegen, so bei Süsswasserfischen im Jahre 1977 wieder um 2,4%, bei Seewasserfischen um 5,5% auf im ganzen 1,55 Mill.t Fische.

TABELLE 53

HOCHSEE-FISCHFANG DER EINZELNEN INSELN, INDONESIEN, 1969 U. 1973
(Ocean Fish Production of different Indonesian Islands)

	Fischer in 000'	Anteil %	Boote in 000'	Anteil %	Produkt. per Boot t	Prod. per Mann t	Gesamt-produkt. 000't	Gesamt-produkt. 1973 000 t	Anzahl Motor-boote 1973
				...... 1969					
Java	265,4	30,0	39,3	14,0	3,9	0,58	154,4	147,6	1200
Sumatra	159,0	17,9	38,8	13,8	8,7	2,13	336,9	362,8	5300
Kalimantan	43,2	4,9	22,2	7,9	4,4	2,25	97,2	103,3	1900
Sulawesi	260,4	30,5	121,2	43,5	1,0	0,46	123,3	141,4	300
Bali	16,7	1,9	8,8	3,1	0,4	0,21	3,5		
Kleine Sundainseln (westl. T.)	15,9	1,7	4,3	1,5	4,8	1,28	20,4	38,5	55
Kleine Sundainseln (östl. T.)	22,9	2,6	7,2	2,6	1,5	0,46	10,7		
Molukken	65,0	7,3	33,0	11,8	1,0	0,51	33,0	66,4	315
West Irian (Irian Jaya)	22,0	2,5	6,0	2,0	1,0	0,26	5,8		
Indonesien	880,5	100	280,0	100	2,8	0,89	785,3	860,0	9070

Quelle: Zentralbüro für Statistik, Jakarta, 1972 — Central Statist. Office. (217), auch 1975.

Grosse Unterschiede in der Produktivität der einzelnen Inseln lassen sich aus Tabelle 53 ablesen (vgl. auch Tabelle 78 im Anhang): 80 % aller motorisierten Fischereifahrzeuge befinden sich auf Sumatra und auf Kalimantan; fast die Hälfte davon ist in der Provinz Riau beheimatet. Im Jahre 1971 gab es auf Java nur 130 motorisierte Fischereiboote und in Zentral-Sulawesi 40 Boote (217, Seite 140-145), 1973 bereits 1.200 bzw. 300. Die Anlandung von Fischen wuchs in den erfassten 16 Jahren um 92 % von 1966 bis 1976 um etwa 25 % (vgl. Tabelle 52).

2.10.4. DIE FANGMETHODEN

Unter den herkömmlichen Fangmethoden gibt es beide, die passiven (mit feststehenden Netzen) und die aktiven (mit Haken und Netzen). Das Fallennetz (bagan in Java oder kelong in Sumatra) ist in Indonesien stark verbreitet. Mit ihm können bis zu 20 t Fisch im Jahr gefangen werden. Weitere Netze mit ähnlicher Fangleistung sind ein Fallennetz aus Sumatra (Ci-Ci) und das Netzgestell selo.

In Aertembagar in Nord-Sulawesi entwickelte das Generaldirektorat Fischerei mit ausländischer Hilfe den Skipjack-Fang mit 5-10 t grossen Booten, die täglich bis zu einer Tonne fangen. « Pole and line »-Fischen wird hierfür angewandt.

An den Küsten Kalimantans und Irian Jayas gibt es seit 1970 den Garnelenfang kommerziellen Zuschnitts; von den in diesen Unternehmen arbeitenden 1.200 Fischern waren ca. nur 500 Indonesier. — Sobald die Indonesier im Krabbenfang mehr Erfahrung gesammelt haben, will man ihren Anteil an der Belegschaft erhöhen. Das Projekt befindet sich seit 1970 im Aufbau. Zunächst müssen die Gefrieranlagen weiter ausgebaut werden. Im Jahre 1973 betrug die Kapazität 1.200 t. Daran betrug der Anteil an Krabben 10 %. Der Fang der 80 Boote wird durch den Unternehmer örtlich oder im Exportgeschäft abgesetzt. Im Jahre 1974 trawlten schon 120 Schiffe mit 100 Bruttoregistertonnen oder mehr nach « prawns ».

2.10.5. DIE BINNENFISCHEREI

Von den 450.000 t Fisch aus der Binnenfischerei stammen 75 % aus Flüssen und Seen, 12 % aus Brackwasser, 10 % aus angelegten Fischteichen und der Rest aus Reisfeldern.

Die Hauptproduktionsgebiete sind Seen wie der Tempe-See auf Sulawesi, der Toba-See in Nord-Sumatra und der Singkarak-See in West-Sumatra. Auch die grossen Flüsse von Kalimantan und Sumatra sind bedeutende Lieferanten. Es handelt sich vorwiegend um Karpfen, Telapia, Schlangenkopf und Catfisch (Wels). Wegen der grossen Entfernungen zum Verbraucher muss der Fisch gesalzen oder getrocknet werden.

Fischwirtschaft findet man sowohl im Brackwasser an den Küsten, z.B. in Lagunen, als auch im Süsswasser in angelegten Fischteichen und in den Reisfeldern des Binnenlandes. Java und Süd-Sulawesi sind die Haupterzeugergebiete. Von den insgesamt 177.000 Hektar liegen 117.000 ha auf Java. Das Brackwasser erbringt den grössten Ertrag mit jährlich etwa 200-400 kg pro ha. In den Brackwassergebieten ist am stärksten der Milchfisch verbreitet.

Die Fischhaltung in Reisfeldern wird von der Regierung propagiert, um die Bevölkerung besser mit tierischem Eiweiss zu versorgen. Gurami, Karpfen und Telapia sind die Haupt-Fischarten in den Reisfeldern. Dadurch gestaltet sich die Schädlingsbekämpfung unter Anwendung chemischer Pflanzenschutzmittel, die auf die Fische giftig wirken, schwierig.

2.10.6. FISCH-BINNENHANDEL UND -VERARBEITUNG

Der private Gross- und Zwischenhandel

Im Fischhandel waren einst Unternehmer meist chinesischer Herkunft in einer monopolartigen Position. Durch Kredite zum Ankauf von Netzen brachten sie die Fischer in finanzielle Abhängigkeit, lieferten das Eis zum Frischhalten der Fänge auf den Booten, bestimmten die Verteilung, den Transport und den Preis der Fische. Der Verbrauchermarkt lag und liegt noch heute vornehmlich in den Städten. Auch Verarbeitungsbetriebe werden beliefert. Die Transporte werden möglichst mit Booten durchgeführt. Seit etwa 1965 ist der Fischhandel nicht mehr so einseitig in chinesischer Hand, zumal viele Chinesen Indonesier wurden. Transporte von Fischen über Land beschränken sich auf die Umgebung der Grossstädte. Meist werden die Fische jedoch gesalzen, geräuchert oder getrocknet. Man schätzt, dass mehr als die Hälfte des Fischkonsums auf gesalzene und getrocknete Fische entfällt. Transporte von Fisch über grössere Entfernungen gab es bis etwa 1975 praktisch nicht. Nur auf Java gibt es seit längerer Zeit einen LKW-Transport von Fischen auf die Märkte.

Moderne Verarbeitungsmethoden stecken noch in den Anfängen. Es gibt in Jakarta eine kleine Konservenfabrik für Fisch. Auch in Banjuwangi, Denpassar und Ambon gibt es kleine Anlagen, in denen Thunfisch, Sardinen und Milchfisch verarbeitet werden. Salzfische werden auch zu *trassi*, einer Fischpaste mit strengem Geruch, verarbeitet, die als Delikatesse betrachtet wird. Aus Krabbenmehl und Tapioka stellt man *krupuk* her, ein knuspriges Gebäck, das wie *trassi*, bei keiner Reismahlzeit fehlen sollte.

Fischereigenossenschaften sind im Ausbau begriffen und können vorerst nur einen kleinen Teil des Marktes beliefern. Soweit möglich, suchen solche Genossenschaften mit den, von der Regierung eingerichteten Märkten zu kooperieren, wofür sie 5% Kommission zu zahlen haben. Sonst müssen sie mit den unbeliebten Grosshändlern zusammenarbeiten. Solche Genossenschaften gibt es für die Hochseefischerei wie auch für die Binnenfischerei. Im Jahre 1971 bestanden 360 Genossenschaften, von denen 93 auf Sumatra, 92 auf Sulawesi, 85 auf Java, 40 auf Kalimantan und der Rest auf den übrigen Inseln arbeiteten. Die Mitgliederzahl betrug 1971 rund 65.000; davon stellte Java allein 45.000 Mitglieder. Das Hauptarbeitsgebiet der Genossenschaften liegt in der Vermarktung. In einigen Fällen befassen sie sich auch mit dem Bau von Booten, konnten aber bisher auf keinem ihrer Gebiete wesentliche Erfolge erzielen. Das lag an der bis 1975 einst zu verzeichnenden starken Politisierung der Genossenschaften, schwach ausgebildeten Managerfähigkeiten und einer schwachen wirtschaftlichen Basis. Seit 1974 laufen Anstrengungen des Genossenschaftssektors, Kühleinrichtungen und Kühlwagen für ein genossenschaftliches Verteilungssystem zu entwickeln.

2.10.7. DIE STRUKTUR DER INDONESISCHEN FISCHEREI UND IHRE ENTWICKLUNG

Die Struktur der indonesischen Fischerei, die aus Tabelle 78 hervorgeht, zeigt, dass Sumatra mit 8,7 t Fisch/Jahr und Boot die grössten Fangergebnisse hat. Dort befinden sich etwa 45% der ertragreichen Fischgewässer. Java hat an diesen nur einen Anteil von etwa 20% und Kalimantan von 12%. — Sulawesi besitzt mehr als 40% aller Boote; es hat jedoch nahezu die geringsten Fangergebnisse pro Boot und Jahr. Es folgen Sumatra und Java mit 14% aller Boote. Andere Gebiete sind von geringerer Bedeutung. — Sulawesi ist traditionell mit dem Meer besonders verbunden. Die Buginesen und Makasaren waren zu allen Zeiten wagemutige Seefahrer und Fischer.

Die Entwicklung in der Fischerei muss seit dem Beginn von REPELITA II mehr unter dem Aspekt einer besseren Eiweiss-Versorgung der Bevölkerung gesehen werden. Beim ersten Fünfjahresplan 1969/73 stand der Export vornean. Dies spiegelt sich in den Zahlen wieder: Von 1969 bis 1973 stiegen die Fisch-Exporte von 21.400 Tonnen im Wert von etwa US$ 2,5 Mill. auf über 52.000 Tonnen ($ 68 Mill.) im Jahre 1973. Dies waren zuerst vorwiegend Garnelen, dann zunehmend Thunfisch. Die grösste Exportmenge wird für 1974 verzeichnet, 55.000 t zu einem Wert von US$ 92,4 Mill. Die vorläufigen Zahlen für 1975 lauten 40.700 t zu US$ 88,1 Mill. (Tabelle 51 im Anhang).

Hauptabnehmer ist Japan. 1976 importierte es 22.618 tons Shrimps für Yen. 40 Milliarden.

Fischereiunternehmen

Die ersten kapitalintensiven und exportorientierten industriellen Fischereiunternehmen waren 1970 das Aertembaga Skipjack und 1974 das Fischereikreditprojekt für Skipjack-Fang in Ambon und für Trawler auf Java, beide von der Weltbank/IDA finanziert. Die Asiatische Entwicklungsbank finanzierte 1974 das Sorong Skipjack-Projekt. Insgesamt waren bis 1974 ausländische Kredite in Höhe von US$ 70 Millionen für die Fischerei bereitgestellt worden. Diese aufgrund der Kommerzialisierungs-möglichkeiten staatlicher Ämter vorangetriebenen joint-ventures haben z.T. guten Erfolg gezeigt. So stieg der Export von Garnelen sprunghaft. Staatliche Firmen für long-line Fischerei von Thunfisch in Sabang und Benoa arbeiten allerdings mit Defizit.

Die mittelständischen Fischer werden seit 1975 besser unterstützt, z.T. durch Genossenschaften, BUUD (vgl. 2.8.1.5.). Doch auch die Entwicklung dieser Betriebe bringt Probleme, die man nicht erwartet hatte, so.z.B. beim Versuch des Jahres 1974 die Sardinella-Fänge in der Bali-Strasse, hauptsächlich für Konservenfabriken, zu steigern: es kam zu einer einseitigen Ausrichtung hierauf; der herkömmliche Fischfang wurde vernachlässigt. Der Sardinellenfang wurde jedoch durch weitere zwei Genossenschaften erweitert, erfolgreich auf 60.000 t (durch 100 kleine Leicht-Boote und 200 Motorboote) gesteigert.

2.10.8. DIE REGIONALE AUFTEILUNG DER FISCHFÄNGE FÜR DAS JAHR 1971 zeigt Tabelle 78 im Anhang. Riau führt mit nahezu 179.000 t, gefolgt von Süd-Sulawesi und Nord-Sumatra.

Die höchsten Fangergebnisse pro Boot und Mann weist ebenfalls die Provinz Riau auf. Hier spielt die Nähe des Hafens Singapur eine Rolle mit seinem guten Ersatzteil- und Kundendienst und den günstigen Absatzbedingungen. Auch in Lampung sind die Fangergebnisse pro Boot hoch (24,25 u. 18,17 t pro Boot/Jahr. Das gesamtindonesische Fangergebnis ist mit 2,82 t pro Boot und 0,91 t pro Fischer bescheiden. Die Absatzmöglichkeiten spiegeln sich in den regionalen Zahlen wider (s.o.). Die Nähe von Singapur ist von Bedeutung für Riau, Nord-Sumatra und Lampung. Für Lampung ist gleichzeitig die Nähe Jakartas nützlich. Tabelle 78 im Anhang mit den Fangergebnissen des Jahres 1971 nach Regionen, zeigt — verglichen mit Tabelle 52 auf Seite 172 — gestiegene Fangzahlen. Daneben zeigt die Anhang-Tabelle die grossen Unterschiede in den Fangzahlen mit 3,4 kg pro Kopf der Bevölkerung für Java/Madura und fast 50 kg für Kalimantan. Indonesien hatte 1971 eine durchschnittliche Fangquote von 10,3 kg Fisch pro Kopf der Bevölkerung (213; 214; 215; 216; 217; 218; 222; 232).

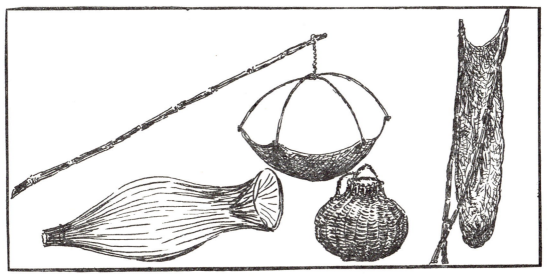

(23) Herkömmliche Fischfanggeräte aus Sumatra: Reuse und Fischkorb aus Rotang; zwei Tauchnetze

2.11. Die Landwirtschaft in der Wirtschaft des Landes, zusammenfassende kritische Beurteilung der Leistungen in den Jahren 1968-1978

Die Leistung der Landwirtschaft in den vergangenen zehn Jahren ist nicht einfach zu beurteilen. Grosse Gegensätze im Witterungsablauf verursachten Entwicklungen in der Ertragslage, die von der Norm abweichen. Ohne Zweifel hatte die günstige Witterung in den Jahren 1968 bis 1971 einen erheblichen Anteil an der jährlich verzeichneten Wachstumsrate von durchschnittlich 3,2%/Jahr in der Produktion von Nahrungspflanzen. Um gerecht zu sein, muss man einen guten Teil auf die verschiedenen Intensivierungs-und Ertragssteigerungsprogramme zurückführen. Im ganzen betrachtet, ist ein weiterer Teil des Vollbrachten ein Nachholen des in den 50er Jahren des wirtschaftlichen Durcheinander verursachten Rückgangs der Produktion.

Im Jahre 1978 ist das Gesamtbild der Landwirtschaft innerhalb der Wirtschaft trotzdem klar umrissen:

— die Landwirtschaft trägt rund 37% zum Bruttosozialprodukt bei (1978);
— etwa 33% des Exports kommen aus der Landwirtschaft einschliesslich Forsten (1976/77);
— etwa 62% der arbeitenden Bevölkerung sind in der Landwirtschaft beschäftigt (1977).

Diese eindrucksvollen Zahlen erreichte die Landwirtschaft trotz des nur langsamen Wiederbelebens auf dem Plantagensektor. Dieser könnte schätzungsweise 40% mehr zum Export beitragen als gegenwärtig. Trotz der bereits erreichten Konsolidierung der Plantagenbetriebe kam es noch nicht zu dem erwarteten starken Aufwärtstrend, den man von der Produktion auf Grund der günstigen natürlichen Bedingungen erwarten könnte. Aber auch im Nahrungspflanzensektor konnte Indonesien die Deckung des Nahrungsbedarfs aus eigener Produktion noch nicht erreichen. Jährlich müssen nach wie vor bis zu 1,5 Mill. t Reis importiert werden.

Die *Entwicklung in der Reiserzeugung* mit einer Zunahme von jährlich 3,2% ist zudem zu mehr als die Hälfte auf die Ausdehnung der Anbauflächen auf den Ausseninseln zurückzuführen. Der Rest geht auf die Steigerung der Erzeugung von der Flächeneinheit in den Hauptanbaugebieten Javas und Balis zurück. Doch auf den Ausseninseln konnten die Reisbauern ihre Flächenerträge steigern. Bei der Frage, wie weit Ausdehnung und Ertragssteigerung echtes Wachstum sind, stösst man schnell auf die ernüchternde Tatsache, dass ein grosser Teil nur den oben erwähnten Nachholbedarf der chaotischen Jahre 1960-66 darstellt, als das Wachstum in der Zunahme der Reiserzeugung stagnierte. Immerhin ist auch diese Leistung anzuerkennen. Die Regierung hatte hierfür die in Fachkreisen bekannt gewordenen Ertragssteigerungsprogramme mit modernen Inputs wie Mineraldünger und Pflanzenschutzmitteln sowie neuen Sorten in Gang gebracht. Sie repartierte die verlandeten und geborstenen Bewässerungskanäle. Diese « rehabilitasi »-Arbeiten bringen die Anlagen jedoch noch nicht auf den nötigen internationalen Stand. Erst etwa 3% aller Bewässerungsflächen können nach dem System der terminalen Wasserkontrolle mit Massnahmen auf den Feldern der Bauern individuell bewässert und vor allem auch entwässert werden.

Die *Intensivierungsprogramme* hatten ihre grossen Mängel. Als erster Mangel ist die Unzulänglichkeit im fachlichen Können und in der Einsatzbereitschaft der bis vor kurzem unterbezahlten Beratungsfachkräfte zu erwähnen. Im Kleinkreditsystem der Landwirtschaft gab es Kapitalmangel und Lücken in der Organisation, die bedingten, dass die Reisbauern nur teilweise und oft zu spät mit den Produktionsmitteln versorgt wurden. Die ins Gigantische ausgewachsenen Düngerprogramme grosser internationaler Firmen waren in ihrem Erfolg wegen fehlender Infrastruktur begrenzt.

In der Plantagenwirtschaft ist der schwerfällige Staatsapparat als grösstes Hemmnis einer schnelleren Erholung zu erwähnen. Ohne Frage hätte ein privatwirtschaftliches Management die grossen Aufgaben der « rehabilitasi » besser gelöst, wie es die re-privatisierten ausländischen Plantagenfirmen beweisen konnten. Diese arbeiten heute überwiegend mit indonesischem Personal. Diesen Umstand hat die Regierung jedoch erkannt und deshalb in Nord-Sumatra einen grossen Teil der Plantagen im Rahmen eines Managementprogramms und IDA-Darlehens an private ausländische Beratungsfirmen vergeben. Diese haben die Plantagen nach privatwirtschaftlichen Gesichtspunkten zu reorganisieren. Ihr Einfluss muss jedoch immer begrenzt bleiben, da sie nur über Counterparts auf die Vorgänge einwirken können. Und immer noch ist jede Neuerung, jede Änderung der bestehenden Anordnungen und Gepflogenheiten von der Zustimmung in Jakarta abhängig.

Die Produktionszunahme bei einigen Plantagenkulturen, wie z.B. dem Kautschuk, ist hauptsächlich auf die Ausdehnung der Anbauflächen in den Kleinbetrieben zurückzuführen. Die Erträge pro Flächeneinheit stiegen nur langsam. Zur teilweisen Entschuldigung muss angeführt werden, dass ein grosser Teil der erst vor einigen Jahren angesetzten Massnahmen auf Grund der langen Reaktionszeit der Baumkulturen noch nicht zum Tragen kam. Die seitdem verstrichene Zeit ist noch zu kurz. Ausserdem waren die Schäden im Plantagensektor durch Krieg und Wirren der Nachkriegszeit mit Enteignung der meist holländischen Eigentümer ungleich grösser als im Nahrungspflanzensektor. Wiederum ist das Geleistete auf den britischen, amerikanischen, belgischen und schweizerischen Plantagen anzuführen, die erheblich schneller die Produktion ankurbelten als ihre Kollegen auf den Staatsplantagen.

Die *Frage der ehemals deutschen Plantagen in Indonesien* scheint endgültig gelöst zu sein. Man verharrte auf dem juristischen Standpunkt, dass diese einst von den Holländern enteignet worden sind und deshalb die indonesische Regierung sich nicht zu Kompensationen oder zur Wiedererstattung veranlasst sieht. Die Regierung machte den ehemals deutschen Firmen kein Angebot im Rahmen eines « joint venture », die Wiederbelebung ihrer alten Plantagen zu betreiben und dabei deutsches Kapital zu investieren. Angebote, in unentwickelten Gebieten neue Plantagenbetriebe anzulegen, waren nicht attraktiv genug. Die indonesische Regierung war nicht bereit, selbst mit Kapital einzusteigen, obwohl dieses seit der Energiekrise im Lande verfügbar wäre. Anders wie andere ausländische Firmen sahen die ehemals deutschen Plantagenfirmen keinen Anreiz zur Finanzierung einer Pre-Investmentstudie, die immer die Vorbedingung für ein Investitionsprojekt sein muss. Im Gegensatz zu anderen ausländischen Entwicklungshilfen, z.B. Overseas Development Ministry in Grossbritannien sieht sich die deutsche Agrarhilfe nicht veranlasst oder imstande, solche Vorstudien, die zu rein privaten Investitionen führen, zu finanzieren (oder nur vorzufinanzieren für den Fall, dass es dann zu einem Projekt kommt). Verhandlungen über eine deutsche Beteiligung für Investitionen in neue Plantagen scheinen jedoch noch zu laufen.

Eine Zusammenarbeit mit deutschen beratenden Firmen ist gleichzeitig erfolgreich in Gang. Hier sind Projekte im Deli-Tabak in Nord-Sumatra, in der Bewässerung in Zentral-Java und in der Verarbeitung anzuführen.

Investitionen in der Landwirtschaft machten bis 1972 etwa 1/4 aller in Indonesien getätigten Investitionen aus. Die Regierung beteiligte sich hieran mit dem kleinsten Anteil, der in das Transmigrationsunternehmen floss. Infolge Kapitalmangels blieben die Investitionen der Regierung selbst im Plantagensektor denkbar gering. In ländlichen Gebieten kann man die gebauten Bezirksstrassen des Regierungsprogrammes als Investitionen für die Landwirtschaft bezeichnen. Die ausländischen privaten Investitionen sind im Vergleich dazu ganz erheblich, besonders in den Holz-Konzessionen auf den Ausseninseln und in den Plantagen. Ein beträchtlicher Teil floss in die Entwicklungsprogramme der Regierung, hauptsächlich in die Wiederherrichtung der Bewässerungsanlagen. Nicht zu vergessen ist in diesem Zusammenhang der grosse Beitrag der Reisbauern Javas und der Siedler auf den Ausseninseln, die durch ihrer Hände Arbeit investierten, indem sie Bewässerungsanlagen auf den Feldern wiederherrichteten oder Land rodeten und urbar machten. Ein grösserer möglicher Beitrag der Regierung für Investitionen in der Nahrungspflanzenerzeugung wäre durch die bessere organisatorische Gestaltung der Infrastruktur im Kreditwesen möglich. Daneben aber muss die Regierung künftig grössere Geldbeträge für den Nahrungspflanzensektor bereitstellen, soll das Wachstums hier wie bisher weitergehen.

Im Forstsektor sind die Leistungen in der Erhaltung und Verbesserung der sämtlichst bewirtschafteten Teakpflanzungen auf Java hervorzuheben. Die gute Einkommenslage dieses Zweiges gab der Forstverwaltung die Möglichkeit, ihre Bestände so zu pflegen, dass sie sich durchaus mit Beständen in anderen Ländern messen können. — Die Ausdehnung von Forstpflanzungen mit anderen Hölzern, wie z.B. tropischen und subtropischen Kiefern stagniert noch. Hier fehlen bisher die Mittel. Oft gibt es auch Mängel fachlicher Qualifikation der in der Forstwirtschaft Arbeitenden, soweit das Personal für neue Grossprojekte infrage kommt. -Die grossen Holzkonzessionen an ausländische Firmen auf den Ausseninseln durchschritten in den rückliegenden Jahren die « Goldgräberphase ». In den Jahren des Mangels, 1965-1970, musste die Regierung vor allem an die Einnahmen, konnte sie weniger an die Erhaltung und Verjüngung denken. Das änderte sich mit den neuen Verträgen.

2.12. Durchlaufene Phasen der landwirtschaftlichen Entwicklung 1967 bis 1970 und 1971 bis 1978 und künftige Entwicklungslinien

Wie überall auf der Welt durchlief das Land die ersten Phasen der Ausbeutung natürlicher Ressourcen und der Bildung erster Ackerbaugemeinschaften, in Indonesien der Sawahs. Beide Formen finden wir in einigen Teilen des Landes noch heute. Der Pflanzenbau und die Ernährung aus pflanzlichem

Protein überwiegen in Indonesien heute noch, wie man es bei dem niedrigen Pro-Kopf-Einkommen nicht anders erwarten kann. Viehhaltung dient in erster Linie Zugzwecken (für Ackergeräte). Die Plantagenwirtschaft, so technisch verfeinert und wissenschaftlich fundiert sie sein mag, dient in erster Linie auch nur der Ausbeutung natürlicher Vorkommen. Es gibt aber schon vielversprechende Ansätze zur Verarbeitung, wie z.B. in der Kautschuk-Verarbeitung.

An einigen Stellen des Landes ist der Durchbruch mit expandierenden sekundären und sogar tertiären Wirtschaftsformen gelungen. Die urbanen Industriezentren und die Erdölfelder sind zu nennen. In diesen Bezirken werden auch erste Ansätze zu integrierten landwirtschaftlichen Betriebsformen festgestellt. Man findet sogar schon Milchwirtschaft. Da in solchen Industriebezirken die Pro-Kopf-Einnahmen höher liegen, steht die Aufnahme tierischen Proteins mehr im Vordergrund. Die Zeit ist gekommen, und zwar seit dem Ölboom bereits in grösseren Landesteilen, an den Aufbau gemischter landwirtschaftlicher Betriebe zu gehen. Bei der künftigen Entwicklungsplanung kommt es auf das wohl ausgewogene Verhältnis dieser verschieden starken intensiven Produktionsformen und auf die Abstimmung der Gewichts-Verteilung zwischen den Haupt-und Ausseninseln an. Hierauf ist später zurückzukommen.

Die Planziele in der landwirtschaftlichen Produktion unter dem zweiten jetzt laufenden Fünfjahresplan werden nur schwer zu erreichen sein, falls es nicht gelingt, alle Faktoren optimal zu kombinieren. Dazu benötigt man noch das Glück guter Witterung mit ausreichend Niederschlägen.

Die im Jahre 1974 beim Anlaufen des Zweiten Fünfjahresplans von der Regierung ins Auge gefassten Ziele für die gesamte wirtschaftliche Entwicklung setzen bei einem Gleichbleiben der augenblicklichen Trends an. Ausserdem wird vorausgesetzt, dass etwa die Hälfte des Bevölkerungszuwachses in der Landwirtschaft bleibt. Im einzelnen wird bei der Planung vorausgesetzt, dass

— die landwirtschaftliche Produktion künftig mit 4,5% pro Jahr wächst, und zwar;

— — 3,5 bis 4,5% für Reis und
4,5 bis 5,5% für andere Kulturen, einschliesslich Plantagen, Viehhaltung, Forsten und Fischerei;
— die nichtlandwirtschaftliche Produktion müsste mit jährlich 9,5% wachsen.

Statt der oben erwähnten 3,5 bis 4,5% jährlicher Zuwachs bei Reis wuchsen die Reiserzeugungszahlen in den Jahren 1975-77 nur mit 2,5% pro Jahr. Das ist für die Versorgung der Bevölkerung zu wenig. Deshalb musste man 1977 wieder 1,5 Mill. Reis importieren. Nötig sind 5%/Jahr Zuwachs. Man gibt den Kreditprogrammen schuld, doch die Preispolitik dürfte entscheidend sein.

Bei oben erwähnten Planzahlen legte man als Wachstumszahl für das Bruttosozialprodukt 7% pro Jahr zugrunde. Damit bedeuten die Zahlen des Fünfjahresplans, dass die Einkommen in der Landwirtschaft mit jährlich 2,5% wachsen müssten und sich dabei innerhalb von 27 Jahren verdoppeln. Für die nichtlandwirtschaftlichen Sektoren bedeutet es eine Einkommensverdoppelung innerhalb von 11 Jahren, d.h. mit 6,5% pro Jahr. Dieser grosse Unterschied zwischen den primären und sekundär/tertiären Wirtschaftsformen muss grössere Spannungen und Wanderungsbewegungen hervorbringen, die das aufgezeigte Zahlenbild verändern müssen. Es bleibt die Frage, wann die Spannungen zu gross sein werden. In Jakarta-Kreisen denkt man deshalb an eine nationale Entwicklungsorganisation für Kleinbauern. Im Zuge breit angelegter « Minimum-Package-Programme » mit Dünger, Pflanzenschutzmitteln und Barkrediten soll die Erzeugung im Untersektor Nahrungspflanzen schneller als bisher angekurbelt werden, um damit die erkannten künftigen Spannungsprobleme zu mildern.

Mit den gestiegenen Einnahmen aus dem Erdöl verschoben sich die oben aufgezeigten Zahlen, kam die Regierung durch plötzlich vielfach angestiegene Einnahmen zu den für solche Programme benötigten Geldern. Dann wieder nach dem Fast-PERTAMINA-Bankrott mussten die Zahlen redressiert werden.

Sachliche Kritik ohne progressivistisches Vokabular muss jedoch auf einige besonders gravierende Umstände hinweisen, die der Verfasser vermeidet als Misstände zu bezeichnen, weil er bemüht ist, Wirtschaft und Landwirtschaft im Zusammenhang mit der politischen Konstellation Indonesiens zu sehen. Dann muss gesagt werden:

— die Selbstversorgung im Reisanbau wurde nicht erreicht, weil militärisch-strategisch wichtige Reiseinfuhren als notwenig angesehen wurden; der Reispreis für den Bauern ist zu niedrig.

— die Ausweitung des Maisanbaues wurde durch ebensolche strategisch-politischen Überlegungen durch einen Exportstop empfindlich geschädigt;

— in der Plantagenwirtschaft kam es zu keiner Reprivatisierung, weil aus Gründen innerer Sicherheit vielfach militärische Einheiten in den ehemaligen Plantagen liegen oder die militärisch ausgerichteten Gouverneure und Regionalverwalter in der staatlich gelenkten Plantagenwirtschaft politische und militärische Sicherheit sehen;

— die Bodenreform mit angeschlossenen Massnahmen wurde bisher aus Gründen religiös-sozialen, oft traditionell bestimmten Zusammenlebens nicht voll durchgeführt, um den inneren Frieden nicht zu stören;

— die bedingt planvolle Behandlung der Forsten auf den Ausseninseln mit starkem Eingriff des dort mächtigen Militärs erscheint aus ebensolchen Überlegungen gegenwärtig zwar nicht gerechtfertigt doch erklärbar;

— die im traditionellen Mittelsmannsystem (Chinesen) verhaftete Fischabsatz-Situation steht vorläufig noch einer modernen Lösung und Regelung entgegen, weil einfach die Institutionen oder indonesischen Unternehmer fehlen, das vorhandene System zu ersetzen.

— entscheidende Schritte zur Nutzung vorhandener Landreserven wurden nicht unternommen.

Diese Hinweise können die vielschichtig gelagerten Probleme nur andeuten. Sie sind den aufgeschlossenen militärischen Männern der Regierung bekannt und können nur in dem Masse abgestellt werden, wie das Land sich als Ganzes fortentwickelt.

2.13. Strategie und Ziele landwirtschaftlicher Entwicklungspolitik im Jahre 1978

Zur Wiederbelebung der Wirtschaft setzte die Regierung 1968 zuerst die an vielen Stellen dieser Studie erwähnten « Rehabilitasi »-Projekte in Gang, die in allen Sektoren zu finden waren. In der Landwirtschaft betrafen « rehabilitasi »-Projekte in erster Linie die Wiederherrichtung der grossen Bewässerungsanlagen im primären und sekundären Abschnitt (ohne die Feldkomponente der terminalen Wasserkontrolle). In der Plantagenwirtschaft waren « rehabilitasi »-Projekte bisher in erster Linie Investitionen in Verarbeitungsanlagen, notwendige Grossreparaturen und dann auch Verjüngung der Pflanzungen. Im Nahrungspflanzensektor konzentrierten sich die Massnahmen der Regierung auf die grossen Intensivierungsprojekte mit Düngereinsatz.

Da sich diese Strategie bezahlt gemacht hat, denkt die Regierung daran, sie in verfeinerter Form fortzusetzen. Auf dem Sektor Bewässerung will man künftig auch die Felder der Bauern erreichen. Über Kleinkredite mittel- bis langfristiger Art sollen Feldkanäle gebaut und Drängräben gezogen werden, so dass auch in der Regenzeit andere als Reispflanzen kultiviert werden können. Diese Art von Bewässerungsprojekten soll mit integrierten ländlichen Projekten umfassender Art gekoppelt werden, um die ländliche Szene im Sinne einer umfassenden Produktionsverbesserung und Verbesserung der Lebensqualität zu verändern. Hierfür will die Regierung ergänzende Dienste zur Verfügung stellen. Neben dem landwirtschaftlichen Beratungsdienst sind das landwirtschaftliche Kreditwesen und die Genossenschaften zu erwähnen. Hiermit soll den Kleinbauern, die bisher wenig Kapitalhilfe empfingen, zum ersten Mal in grösserem Umfang geholfen werden. Die ersten Vorprojekte laufen seit 1976; grössere sollen unter dem dritten Fünfjahresplan folgen, der 1979 anlaufen wird.

Die regionale Strategie war bis zum Ende des ersten Fünfjahresplans auf die Hauptinseln mit hohen Bevölkerungsdichten ausgerichtet. Das bedeutete, dass etwa 90% aller Kapitalmittel nach Java und Bali flossen. Das wurde mit den Arbeiten unter dem neuen Fünfjahresplan anders, als 1974 eine neue regionale Strategie begann.

Als Beispiel können die Transmigrationsprojekte angesehen werden. Ohne ausreichende Mittel setzte man die Siedler in den neuen Anbaugebieten an, so dass viele nach Erschöpfung der Projektmittel zurückwanderten. Nur die Besten blieben. Doch diese sammelten für die jetzt zu beginnende Transmigrationsarbeit wertvolle Erfahrungen wie auch die sie betreuenden Regierungsbeamten. Auf diese kann man unter einer neuen Strategie zurückgreifen. Hierunter sollen in umfassenden ländlichen Projekten ab 1976 ehemalige und neue Transmigrationsprojekte mehr als Selbstzweck-Projekte statt als Projekte für politische Zwecke in Angriff genommen werden, und zwar statt wie bisher ausschliesslich auf Grund von Bewässerungsprojekten künftig auch mit Hilfe von Regenlandbau-Projekten und solchen mit Baumkulturen.

Die neue Strategie betont die regionale Arbeit auf den Ausseninseln auch auf anderen Gebieten, so in der Viehhaltung. Die Verlagerung der klassischen Plantagenkulturen auf diese Inseln steht erst am Anfang. Doch schon hat man mit der Förderung von Baumkulturen, besonders Kautschuk in Kleinbetrieben, begonnen.

Planzahlen

Der zweite Fünfjahresplan 1974/79 rechnet für die Landwirtschaft als Ganzes mit einem möglichen Wachstum der Produktion von 5,7% jährlich, was noch höher als der auf Seite 178 ursprünglich erwähnte Satz ist. Man meint dann für 1980 bis 1985 sogar auf 6,4% jährlich kommen zu können. Dies sind erreichbare Wachstumszahlen, vorausgesetzt, die Verbindung aller Inputs und Anstrengungen gelingt. Man muss jedoch schon Ende 1977 erkennen, dass das REPELITA-II-Ziel trotz vieler Erfolge nicht erreicht werden kann. Die notwendigen Investitionen für ein 10-jähriges Programm sah BAPPENAS im Jahre 1975 wie folgt (zu 1973er Preisen): *)

1976-1985 notwendige Ausgaben	Java		Ausseninseln		Insgesamt	
	Mill. ha	*Mrd. Rp.*	*Mill. ha*	*Mrd. Rp.*	*Mill. ha*	*Mrd. Rp.*
— Bewässerung, neu	0,24	150	0,60	300	0,84	450
— » rehabilitasi « termin. Wasserkontrolle	1,02	100				100
— Baumkulturen, neu			2,55	300	2,55	300
— Neuaufpflanzungen..........			1,65	700	1,65	700
— Transmigration			3,0	650	3,00	650
— Viehhaltung		100		100		200
— Zuckerfabriken		200		200		400
— Forsten				100		100
— Fischerei		100		200		300
— Anderes		100		100		200
Insgesamt: für Java ...		750		650		3.400

Quelle: BAPPENAS, 1975, daher. (254).
*) Für Zeitraum 1975 bis 1985.

Die gesamte Investitionssumme von 3.400 Mrd Rupiah zu 1973er Preisen oder US$ 8 Mrd. ist etwa dreimal so hoch als das Ausgabenniveau von 1973. Das sind aber nur 10-15% aller für die wirtschaftliche Entwicklung vorgesehenen Ausgaben innerhalb der Jahre 1975-1985. Der grösste Betrag geht in Baumkulturen und Transmigration. Damit bekämen den grössten Anteil die Javanen, obwohl Java selbst nur 1/4 erhalten soll. Man kann wohl sagen, dass dies ganz enorme Beträge sind, die erst erübrigt werden müssen. Hauptschwierigkeit aber werden wohl aus der detaillierten Ausplanung und dem Management solcher Projekte erwachsen.

2.14.   Die regionalen Unterschiede in der Landwirtschaft 1978: Einmal auf Grund der klimatischen Unterschiede und der Entfernungen, dann aber wegen wirtschaftlicher Verschiedenheiten sind diese Unterschiede recht beträchtlich.

Im Anbau unterscheiden wir:

— das ausgeprägte Reisland Java, 50% aller Anbauflächen des Landes;

— den Maisbau der Inseln im Osten, (aber 70% auf Java);

— die Sagopalmenkultur in den wenig entwickelten Gegenden von Irian Jaya und den Molukken;

— die gemischten Reis- und Baumkulturen der Bewohner von Sumatra, Kalimantan und Sulawesi (Kautschuk: Sumatra und Kalimantan);

— den Wanderfeldbau in den entlegenen Gebieten.

Die Intensität des Anbaus schwankt entsprechend der Bevölkerungsdichte; im Plantagenbetrieb ist das eingesetzte Kapital massgebend. Auf den Ausseninseln gibt es Plantagenkulturen in Grossbetrieben mit hohem Kapitaleinsatz und daneben Kleinbetriebe mit geringer Intensität.

Höhe der Produktion und Verteilung der Nahrungspflanzen sind unterschiedlich, aber auf allen Inseln unterhalb des durchschnittlichen Weltniveaus. Das Fehlen eines verlässlichen und ausreichenden interinsularen Schiffsverkehrs macht die Verteilung der landwirtschaftlichen Erzeugnisse äusserst schwierig.

Die geringen Erfolge der Transmigration, die den regionalen Bevölkerungsausgleich herbeiführen sollte, sind auf die unterschiedlichen Lebensbedingungen der Inseln zurückzuführen, auf die Mängel, im Verkehrswesen und auf das Fehlen der erforderlichen Geldmittel. Besonders hervorzuheben ist, dass der Javane die Kultur des Wasserreises nicht ohne weiteres auf die Ausseninseln übertragen kann. Schon die Bodenverhältnisse sind dort anders, desgleichen die angestammten Boden- und Wasserrechte der einheimischen Bewohner.

Die langsamen Fortschritte in der Verbesserung der landwirtschaftlichen Dienste auf den Ausseninseln sind auf die Strukturschäden der Landwirtschaft im allgemeinen zurückzuführen, auf die grossen Entfernungen mit ihren Transport-und Kommunikationsproblemen und auf den Kapitalmangel. Deshalb ist Regionalinitiative besonders von den öffentlichen Diensten her notwendig.

Vermarktung und Ausgleich der landwirtschaftlichen Ressourcen wären in dem Grossraum Indonesien durchaus möglich. Mit den sprunghaft angestiegenen Einnahmen aus dem Erdöl hat Indonesien zum ersten Mal die Chance, die für einen solchen Ausgleich erforderliche Infrastruktur zu erstellen.

Landwirtschaftliche Entwicklungsplanung in Indonesien muss auf grund der aufgezeigten Schwierigkeiten regional erfolgen. Das hat die Planungsbehörde BAPPENAS erkannt und entsprechende Programme in Gang gesetzt. Hierbei sollen die bisher lose nebeneinander herlaufenden Bemühungen von Landwirtschaft, Forsten und Fischerei besser koordiniert werden. Auf regionale Betrachtungen im besonderen geht der Verfasser weiter unter 4.3 ein. - Entscheidend dürfte sein, ob es gelingt den benötigten Reis im Lande zu produzieren (1978 müssten statt der rund 16 Mill. t 17,5 Mill. t erzeugt werden) um damit von den hohen Devisenaufwendungen herunterzukommen (1977/78 US$ 500-600 Mill.). Zunächst wurde der « floor price » für Bauern für Paddy von Rp. 71 auf Rp. 75 für die 78er Ernte heraufgesetzt. Dabei sind die Hoffnungen auf den Reisanbau im Kleinbetrieb zu setzen, weil Reis-Plantagen maschinell betrieben einen hohen Kapitalaufwand verlangen (Rp. 2,2 Mill./ha) und nur langsam eine Rendite bringen.

(24) Bohrinsel in der Javasee

3.0   Industrie, Bergbau und Energie

Das Zentrum industrieller Aktivitäten ist Jakarta, wo 1976 33% der inländischen und 50% der ausländischen Investitionen konzentriert waren. In den Jahren 1961/71 konnte eine Zunahme des industriellen Ausstosses nur in der dörflichen industriellen Fertigung Javas festgestellt werden, und zwar in der Umgebung Jakartas und in Zentral-Java. Zwischen 1960 und 1965 betrug der Anteil der Industrie am Netto-Nationaleinkommen 12%. Die Industriepolitik war 1974 trotz der auf Java bereits vorhandenen Schwerpunktbildung keine ausgesprochene regionale Konzentration. Rohstoffe, darunter auch mineralische Vorkommen und Erdöl, werden bisher wenig verarbeitet. Der hohe Anteil der Rohstoffe ist kennzeichnend für ein noch frühes Entwicklungsstadium der Wirtschaft. Anhangtabelle 55 zeigt dann jedoch ab etwa 1972 eine beträchtliche Zunahme der industriellen Fertigung. Elektrische Energiequellen sind in Indonesien reichlich vorhanden. Es gibt bereits eine Anzahl von Gross-Wasserkraftwerken. Noch überwiegt jedoch die Stromerzeugung der kleineren städtischen Kraftwerke. Gegenwärtig befindet sich auf Java ein grösseres Verbundsystem im Ausbau. In allen Industriezweigen ist die statistische Datenausstattung gering und nur verspätet zugänglich. Industrie, Bergbau und Energie zusammen hatten 1975 etwa einen Anteil von 22% am Aufkommen für das Bruttosozialprodukt (Tab. 19 im Anhang).

3.1.   Die industrielle Basis

Indonesien ist reich an Bodenschätzen und agrarischen Rohstoffen, die für eine Verarbeitung geeignet sind. Erdöl wird auf den Inseln Sumatra und Kalimantan gefördert. Zwischen Sumatra und Java gibt es « off-shore »-Ölförderung und Neubohrungen in der Java-See. Im Jahre 1976 betrug die Erdölproduktion 47,4 Millionen t. Bei Arun in Nord-Sumatra und auch in anderen Bohrgebieten fand Mobil Oil im Jahre 1972 Erdgas. In Balikpapan arbeiten Raffinerien. Im Jahre 1974 erzielte der Erdölexport einen Überschuss von US$ 1,4 Milliarden.

Mineralien, Erze von Zinn, Nickel, Kupfer, Eisen, Bauxit, Schwefel und Phosphate, werden exportiert. Vorkommen, die 1978 untersucht werden, umfassen Uran und immer wieder bereits geförderte Erze in neuen Regionen, darunter auch Eisenerzlager in Süd-Sumatra sowie weitere Kupfererze in West-Sumatra. Steinkohle wird an die indonesische Eisenbahn geliefert. Die Förderung ging zeitweilig zurück. Man beabsichtigt, künftig die Steinkohle zu verkoken und dann für die Verarbeitung der Eisenerze Süd-Sumatras zu verwenden. Neue Kohlevorkommen gibt es in Süd-Sumatra und Kalimantan, die seit 1976 die Förderung anschwellen lassen.

Von den Plantagenprodukten werden Kautschuk und Palmöl teilweise im Lande weiterverarbeitet. Die Aufbereitungsmethoden werden verbessert und die Verarbeitung anderer bisher exportierter pflanzlicher Rohstoffe, wie Palmöl, angestrebt. Im Export sollen künftig mehr verbrauchsfertige Produkte enthalten sein. -Diese allgemeinen Ausführungen sollen die beabsichtigte Richtung der industriellen Entwicklung anzeigen.

3.2.   Die einzelnen Industrien Indonesiens

Im Jahre 1968 kennzeichnete Mangel an Kapital, an technischem und allgemeinem Management die Lage der indonesischen Industrie. Daneben gab es eine Vielzahl von Einzelproblemen, die die Regierung zu lösen hatte. Die ungünstige Preisstruktur in der Stromversorgung musste geändert werden. Die langanhaltende Inflation erforderte eine Neubewertung der Liegenschaften. Zölle und Steuern mussten angepasst werden.

Im Jahre 1978 steht die Industrie immer noch am Anfang ihrer Entwicklung. Die bescheidenen Beiträge dieses Sektors zum Bruttosozialprodukt beweisen es. Dennoch kann man von Fortschritten, von einem Ingangkommen der Entwicklung, sprechen. Zwar sind die Produktionszahlen des industriellen Sektors im Jahre 1972 unvollständig und es existiert auch kein laufender Index der industriellen Produktion, doch weisen die Ausstosszahlen bei Zement, Papier und Papierprodukten, Garnen und Textilien, Automobilreifen und pharmazeutischen Produkten für die Jahre 1970 und 1971 beträchtliches Wachstum auf. Die Einfuhrzahlen für Rohmaterialien und Kapitalgüter der mittleren bis grossen Industriebetriebe wiesen Ende 1971 Wachstumszahlen zwischen 12-15 bzw. 24-26% auf und deuten auf eine erhebliche Expansion hin. Die Eröffnung weiterer Fabriken lässt Steigerungen erwarten.

Die Jahre 1971/72 sind durch eine intensive Investitionstätigkeit, besonders auf dem Ölsektor, gekennzeichnet. Doch auch andere Untersektoren haben stark investiert. Bis zum Sommer 1972 verzeichnete das Investment Board bereits 37 Neugründungen, darunter 13 « joint ventures ». Diese Aktivitäten setzten sich weiter fort. Die Zollpolitik hat sich offenbar günstig ausgewirkt. Bis 1968 war das Zoll-Tarif-System mehr ein fiskalisches als ein protektionistisches. Zwar lagen die Importzölle hoch und hätten darum protektionistisch wirken müssen, doch sie erreichten genau das Gegenteil. Die Insellage mit den schwer zu schützenden Grenzen ermöglichte Schmuggel in einem selten gesehenen Umfang. Ausserdem war die Zollnomenklatur so kompliziert, dass sie Importeure abschreckte. Als man die Zölle ermässigte, verminderten sich die Einnahmen. Das mag auch auf Importverbote und Zollbefreiung zurückzuführen gewesen sein. Inzwischen scheinen echte Schutzwirkungen vom neuen Zollsystem auszugehen. Man will weitere Anpassungsvorkehrungen treffen. Eine Darstellung der Fortschritte in der indonesischen Industrie der Jahre 1967-77 befindet sich jeweils am Ende der Kapitel über die einzelnen Industrien.

3.2.1. ÖLINDUSTRIE

Das Vorkommen von Erdöl gehört im Verein mit den anderen Bodenschätzen und den günstigen Voraussetzungen zur landbaulichen Produktion zu den Segnungen des Landes. Indonesien könnte ohne das Erdöl existieren. Die Ölvorkommen stellen eine zusätzliche Ressourcenquelle dar. Sie machen Indonesien nicht zu einem der grossen Ölförderländer gleich den arabischen Ländern. Doch die aus dem Ölverkauf erzielten Einnahmen haben als Devisen grösseren Wert. Die seit der Energiekrise erzielten Mehreinnahmen veranlassten die Weltbank, Indonesien aus der Liste der für die billigen IDA-Kredite qualifizierenden Länder zu streichen. Dabei hoben diese Mehreinnahmen 1974 das Pro-Kopf-Einkommen nur um ganze US$ 10, nämlich von 110 auf 120 Dollar an. Doch abgesehen von diesem aus dem Bruttosozialprodukt errechneten Pro-Kopf-Einkommen (1977 US$ 180) war das Öl für den kleinen Mann bisher von geringem Vorteil. Bei den grossen im Zusammenhang mit der Ölindustrie durchgeführten Projekten filterte bisher wenig nach unten durch. Das bis 1975 separate Entwicklungskonzept der PERTAMINA mit dem folgenden Fast-Bankrott und der heute noch nicht abgeschlossenen Begleichung der Schulden für die aufwendigen Projekte und Ausrüstungen störte die Gesamtentwicklung erheblich. Die gesamtwirtschaftliche Bedeutung erhellt aus der Tatsache, dass Exporterlöse aus dem Erdöl 70% der Brutto-Einnahmen ausmachen.

Überblick der Entwicklung

Die Erdölförderung begann in Indonesien im Jahre 1893. Die alten Felder in Aceh, Nord-Sumatra und auf Ceram sind heute nicht mehr produktiv. Eine Raffinerie in Pangkalanbrandan wurde im Zweiten Weltkrieg zerstört und nicht wieder aufgebaut. Andere, ergiebigere Erdölfelder bei Pakanbaru in der Provinz Riau und bei Palembang und Jambi wurden 1945-55 erschlossen. Diese überflügelten die ersten Quellen bei weitem.

Im Jahre 1951 betrug der Ausstoss 152.000 Barrel pro Tag. Im Jahre 1966 erreichten die indonesischen Erdölfelder eine Tagesproduktion von 467.000 Barrel. Mit einer jährlichen Zuwachsrate von 16,5% stieg die tägliche Produktion bis 1970 auf 854.000 Barrel, erreichte 1972 über 1 Million Barrel/Tag *) und 1974 gar 1,45 Mill. b/d. Infolge überhöhter Ölpreise (Sept. 1975: $ 12,65) fiel dann bis Jan. 1977 die Produktion auf 1,25 Mill. Im Januar 1977 versuchte Indonesien trotz deklamatorischer Erklärung einer einheitlichen 10%-igen Preiserhöhung durch eine nur tatsächlich 5,5%-ige Erhöhung (gegenüber dem 1967er Preis) ein weiteres Absinken zu vermeiden (vgl. Tabelle 54).

3.2.1.1. Das PERTAMINA-Gesetz

Bis zum Jahre 1963 förderte nur die SHELL-Konzession, die auch die Bohrungen in den 90-er Jahren niedergebracht hatte. Ab 1912 hatte sich die Firma STANVAC und ab 1935 auch die CALTEX beteiligt. Im Jahre 1960 brachte die Regierung Sukarno dann das Gesetz 44 PRP heraus. Dieses besagte, dass Erdölförderungs-und-verarbeitungstätigkeit in Indonesien nur eine staatliche Gesellschaft betreiben kann. Das alte Konzessionssystem lief im Jahre 1963 aus, als die regierungseigene PERTAMINA (Zusammensetzung aus PERMIN und PERTAMIN) als Agentur der Regierung für Erdölförderung etabliert wurde. Fortan schloss PERTAMINA mit ausländischen Firmen Werkverträge ab, bei denen die indonesische Regierung 60% **) und die ausländische Firma 40% der Netto-Einnahmen exportierten Erdöls erhält. Zumeist blieben die Firmen auf den früheren Konzessionen. PERTAMINA kaufte 1965 für US$ 110 Millionen die Produktionsanlagen

---

*) Barrel/Tag auch b/d (barrel/day). — **) Später in 65% und 35% geändert.

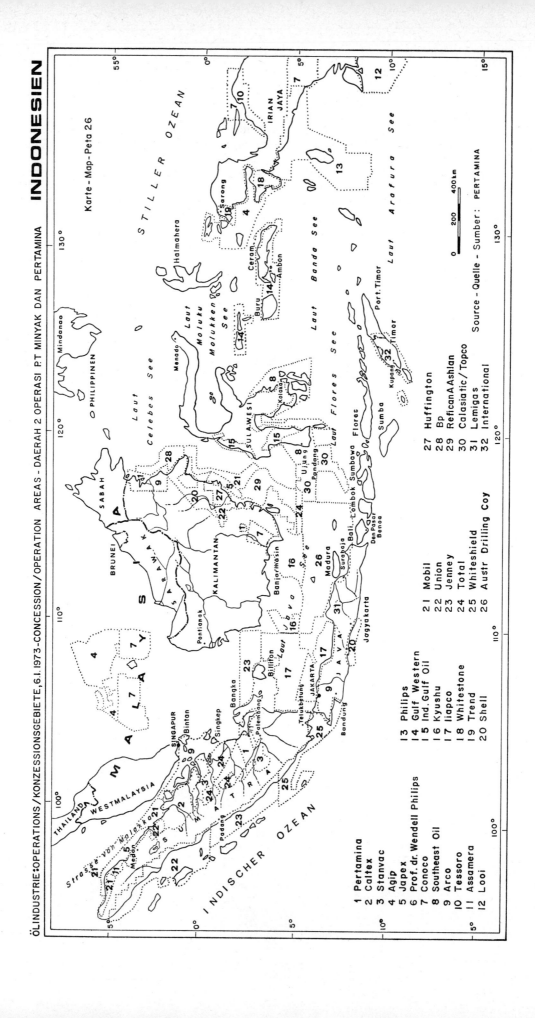

ÖLINDUSTRIE: OPERATIONS/OPERATIONS/KONZESSIONSGEBIETE, 6.I.1973 - CONCESSION/OPERATION AREAS - DAERAH 2 OPERASI P.T MINYAK DAN PERTAMINA

INDONESIEN

Karte - Map - Peta 26

Source - Quelle - Sumber: PERTAMINA

1 Pertamina
2 Caltex
3 Stanvac
4 Agip
5 Japex
6 Prof. dr. Wendell Philips
7 Conoco
8 Southeast Oil
9 Arco
10 Tessoro
11 Assamera
12 Looi

13 Philips
14 Gulf Western
15 Ind. Gulf Oil
16 Kyushu
17 Iiapco
18 Whitestone
19 Trend
20 Shell

21 Mobil
22 Union
23 Jenney
24 Total
25 Whiteshield
26 Austr Drilling Coy

27 Huffington
28 Bp
29 ReficanAAshlan
30 Calasiatic / Topco
31 Lemigas
32 International

und Raffinerien der SHELL und zahlte diesen Betrag über fünf Jahre ab. Die Vermarktungseinrichtungen und den « good will » der Firmen SHELL, STANVAC und CALTEX kaufte PERTAMINA im Jahre 1964 für US $ 12,9 Millionen. Die staatliche Firma PN PERTAMINA wurde am 28. August 1968 auf Grund der Regierungs-Anordnung Nr. 27/1968 gegründet, indem die beiden Firmen PERMIN und PERTAMIN vereinigt wurden. PERTAMINA kaufte die Sungeigerong-Raffinerie in Zentral-Sumatra am 5. Januar 1970 von der STANVAC für US$ 4.750.000. Am 15 September 1971 wurde das PERTAMINA-Gesetz unterzeichnet und in Kraft gesetzt.

Wirtschaftswissenschaftler und Journalisten haben behauptet, dass es dieses PERTAMINA-Gesetz war, auf das sich der jahrelang als Ölboss fungierende General Ibnu Sutowo stets berufen hatte, wenn er eigenwillige Planungen verwirklichen wollte. Tatsächlich war es nur ein Werkzeug in der von ihm gemachten Ölpolitik. Dass es missbraucht wurde, steht auf einem anderen Papier und ist nicht diesem Gesetz, sondern den allgemein herrschenden politischen Verhältnissen mit dem Dualismus von Militär-und Zivil-Verwaltung anzulasten. In erster Linie war das PERTAMINA-Gesetz dafür vorgesehen gewesen, die landeseigenen Interessen zu schützen, mehr als zuvor der indonesischen Wirtschaft und dem Volk zukommen zu lassen. Der Verfasser neigt zu der Auffassung, dass Sutowo als Offizier nicht tun konnte, was er wollte, dass « Binah Graha », also das Präsidentenpalais, hauptverantwortlich war und ist.

Prospektierungen-Verträge-Reserven

Prospektierung und Förderung von Öl unternimmt PERTAMINA in einigen Gebieten, einschliesslich der früher an SHELL konzessionierten, ganz allein. In anderen Gegenden des Landes arbeitet PERTAMINA im Rahmen sogenannter « productionsharing »-Vertrage durch andere, meist ausländische Firmen. Die ausländische Firma investiert im notwendigen Rahmen und erhält die Investitionen aus der Förderung zurück.

TABELLE 54

ERDÖLFÖRDERUNG IN INDONESIEN, 1972 BIS 1977
(Oil Production in Indonesia)

	Einheiten Units	1972	1973	1974	1975	1976	1977	in v.H. des Brutto-sozialpro-dukts	
								1972	1975
1. Produktion von Rohöl	mill barrels	391	486	505	550	550	614		
2. Inlandsverbrauch	» »	54	61	70	77	79	.		
3. » in Rohöläquivalent	» »	70	79	87	100	104	.		
4. Netto-Exporte, Rohöl	» »	321	407	418	450	455	.		
5. Exportpreis	$/bbl.	2,85	4,03	11,91	12,65	.	.		
6. Gesamtwert Rohölproduktion zu internationalen Preisen	Mrd.US$	1,11	1,96	6,02	6,93	.	.	11,1	24,9
7. Produktionskosten/Rohöl	»	0,17	0,33	0,82	0,94	.	.	1,7	3,4
8. davon in ausl. Währung	»	(0,13)	(0,28)	(0,68)	(0,78)	.	.	(1,3)	(2,8)
9. Faktorzahlungen an ausl. Gesellschaften	»	0,31	0,54	1,06	1,22	.	.	3,1	4,4
10. Netto-Profit f. Indonesien (6)-(7)-(9) .	»	0,63	1,09	4,14	4,77	.	.	6,3	17,1
11. dav. an Zentralregierung	»	0,55	0,93	3,21 [a]	3,64	.	.	5,5	13,1
12. dav. an lok. Verbraucher	»	0,03	0,11	0,71	0,85	.	.	0,3	3,0
13. an PERTAMINA	»	0,05	0,05	0,22 [a]	0,28	.	.	0,5	1,0
14. Netto-Deviseneinnahmen (6)-(8)-(9) [b] .	»	0,67	1,14	4,28	4,93	.	.	6,7	17,7
15. Verbraucht f. Inlandverbrauch v. Ölprodukten	»	0,28	0,46	1,24	1,52	.	.	2,8	5,5
16. Devisenbedarf v. PERTAMINA (ausschl. direkte Kosten) (verbleibend)	»	—0,01	0,04	0,40	0,34	.	.	—0,1	1,2
17. Rest (« Netto Öl-Exporte ») [b]	»	0,40	0,64	2,64	3,07	.	.	4,0	11,0

Quelle: PEOTAMINA Sept. 1977 (246). Für 1977: interne Kommunikation (März 1978).
[a]) Zahlen ohne Rückhaltebeträge PERTAMINA im Jahre 1974/75.
[b]) Wegen 3-monatiger Zahlungsverzögerung beziehen sich diese Zahlen auf das fiskalische Jahr (1.4. bis 31.3.).
[c]) Produktion war Anfang 1975 niedrig, hoffte man auszugleichen durch Neuverhandlung der Verträge.

Diese Art von Verträgen wurde 1966 zum ersten Mal eingeführt. Am Anfang erhält die ausländische Firma 35-maximal 40% der Netto-Einnahmen. Sobald die Förderung eine vorher festgesetzte Höhe erreicht, meist 75.000 Barrel/Tag, sinkt der Anteil der ausländischen Firma auf 32½% und schliesslich auf 30% (70:30

« split »). Diese Profit-Modalitäten wurden bis 1977 wiederholt abgeändert (1976: 85:15) und stets zum Nachteil der ausländischen Firmen. Trotzdem nahm die Anzahl der in Indonesien tätigen Firmen laufend zu. Einen Überblick vermittelt Karte 26 auf Seite 184. PERTAMINA bearbeitet die aussichtsreichsten Gebiete selbst oder durch Kontrakteure. Für Zentral-Sumatra wurden die 1982 auslaufenden CALTEX-Werksverträge 1973 abermals um 18 Jahre verlängert, und zwar für 8.898 qkm. Weitere 12.328 qkm, die den Firmen TEXACO und CALIFORNIA STANDARD zugeschrieben waren, sind hiervon ausgeschlossen. Für diese läuft der Vertrag 1983 aus.

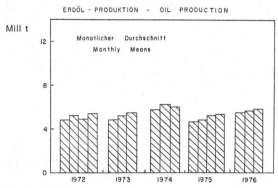

Abb. 11   Quelle - Source: Pertamina, 1977 (244) *

* in Mill. t

        Die beiden letztgenannten Firmen erhielten dafür in Zentral-Sumatra 22.210 qkm mit einem 30 Jahre dauernden « production-sharing »-Vertrag, der bei 65:35 beginnt und bei 60.000 Barrel/Tag auf 70:30 übergleitet, wobei für geologische Daten US$ 6 Mill. und für den Unterschrifts-Bonus US$ 2 Mill. zu zahlen sind. Über 8 Jahre stehen Ausgaben für US$ 15 Mill. an.

        Verträge: Im Oktober 1971 gab es 46 verschiedene Verträge (vgl. Tabelle 56 im Anhang). Die meisten « off-shore »-Verträge gingen als « production-sharing »-Verträge an ausländische Vertragsnehmer. Die Firmen müssen sich jeweils zu einer Mindestinvestition für Prospektierungen innerhalb von 8 Jahren verpflichten. Im Jahre 1971 betrugen diese US$ 450 Mill. Damit zeigt dieser Betrag einen nie dagewesenen Öl-Boom an. Seitdem hat Indonesien bis Ende 1972 zwei weitere Verträge unterzeichnet, einen mit INDONESIAN OFF-SHORE OPERATORS, Inc., für ein Offshore-Gebiet im südlichen Irian Jaya, und einen weiteren im August 1972 mit CEP-TOTAL im Mantalik- und Pamai-Gebiet von Zentral-Sumatra. 1974 boten die damals herrschenden Bedingungen für ausländische Firmen die besten wirtschaftlichen Anreize.

        Die Bohrtätigkeit erreichte 1971 die Rekordhöhe von 425 Bohrungen mit zusammen etwa 600.000 m. Das ist ungefähr zweimal soviel wie 1970. Einige Ölfunde wurden 1971 und 1972 gemacht, deren kommerzielle Auswertung einige Zeit in Anspruch nehmen wird. So wurde in Sumatra auf Land eine Reihe öltragender Schichten festgestellt. Ein weiteres neues Feld wurde in Nord-Sumatra in Alor Jimon bei Asamera entdeckt. Weitere fand man « off-shore » vor der Küste von Nord-West-Java. Dann wurden « off-shore » in Ost-Kalimantan bei Bekapai und Kerindingan weitere Ölfelder entdeckt. Ein Gas-Ölfeld fand die Huffington Virginia International Gruppe an Land bei Bandak in Kalimantan. Erdgas wurde auch bei Arun in Nord-Sumatra und in der China-See gefunden. Monatlich werden neue Vorkommen gemeldet. Sonst hat man seit der Entdeckung des Minas-Feldes keine ähnlichen an die im Nahen Osten heranreichenden Funde gemacht, doch die allgemeinen Aussichten sind günstig. Die Anzahl der niedergebrachten Bohrungen verringerte sich seit 1971 auf 220, 1975 180 und 120 im Jahre 1976. Die Gründe für den Rückgang dieser wichtigen Aktivität sind komplex und reichen von mangelnden Anreizen für ausländische Firmen (Verhältnisse auf dem internationalen Erdölmarkt) bis zu Vorgängen im Lande. Hauptgrund dürfte der für Ausländer ungünstigere « profit-split » sein. Erst in der zweiten Hälfte 1977 konnte PERTAMINA wieder eine Zunahme der Bohrtätigkeit feststellen. Die Gesamtreserven schätzte PERTAMINA 1975 auf 15 Mrd. Barrel.

        Die *Begrenzung der Schelfbohrungen* warf in den letzten Jahren das Problem der Grenzen auf. So bemühte sich die indonesische Regierung sehr bald um die Unterzeichnung verbindlicher Abkommen. Im Dezember 1971 unterzeichnete sie mit Thailand und Malaysia einen Vertrag über die Grenzen solcher Schelfgebiete in der Andaman See. Etwa 10 weitere Gebiete bedürfen einer Grenzfestlegung, so zu Australien und Vietnam. Mit Australien erreichte Indonesien bereits eine Grenzmarkierung im Raume von Irian Jaya und der Insel Timor.

        Steuervergünstigungen für ausländische Ölfirmen haben die Nachfrage nach neuen « production-sharing »-Verträgen in den Jahren 1966-73 erheblich angekurbelt. Da Bohrungen in Schelfgebieten bis zu zehnmal teurer sein können als Bohrungen an Land, sind solche Anreize auch erforderlich. Das Teheran-Abkommen vom Februar 1971 hat in den Ölländern des Nahen Ostens die Gewinnlage klar zugunsten der Ölländer verschoben und damit Indonesien eine Präferenz gegeben. Die Entwicklung im Ölgeschäft mit Drosselung der Förderung und Ölboykott im Zuge des Suezkrieges vom Herbst 1973 hat die Gesamtsituation in künftigen Ölgeschäften weiterhin zugunsten Indonesiens beeinflusst, zumal Indonesien bei Erhöhung der Ölpreise mitzog und so die Gewinnlage weiterhin verbesserte. Lediglich amerikanische Firmen haben durch die im Mai 1976 festgesetzte US-Steuerbestimmung, dass Öl, ausgellefertan die indonesische Regierung « royalty » ist, (heimische) steuerliche Nachteile.

Der wichtigste Unterschied bei Arrangements über Erdölprospektierung und -ausbeutung zwischen Indonesien und Ländern des Nahen Ostens ist die Festlegung der Gewinne im Falle Indonesiens auf tatsächlich erzielten Preisen und Brutto-Einnahmen. Dagegen basieren Verträge der Ölländer des Nahen Ostens auf hypothetischen Preisen, die als f.o.b. Preise für Häfen Nordafrikas und der asiatischen Mittelmeerküste veröffentlicht werden.

Es war das besondere Verhandlungsgeschick der indonesischen Ölhändler, trotz der relativ günstigen Prospektier- und Ausbeutungsbedingungen auf Grund der erwähnten Steuervergünstigungen, die allgemeine Gewinnteilung zugunsten Indonesiens festzusetzen. In der globalen Bedeutung Indonesiens als Öllieferant musste stets die im Vergleich zu den Golfländern geringe Förderung Indonesiens berücksichtigt werden. Einer Million Barrels pro Tag in Indonesien stehen 20,5 Millionen Barrels pro Tag in den Ländern des Nahen Ostens gegenüber.

3.2.1.2. *Ölproduktion*

Zahlen der Ölproduktion vergangener Jahre und eine Projektion wahrscheinlicher künftiger Förderung sind in den Tabellen 12; 54 (im Text) u. 57 u. 69 (Anh.) enthalten. Von 170,5 Millionen Barrel im Jahre 1966 stieg die Förderung auf 486 Millionen im Jahre 1973 und 550 Millionen im Jahre 1975. Für 1976 wurde die Zahl von 550 Millionen Barrels ausgewiesen. Der steile Anstieg in der Förderung bis 1973 rührt von einer Ausstossteigerung der an-Land-Quellen her, wie unter Werkverträgen von CALTEX und von den « production-sharing »-Verträgen der « off-shore »-Ölfelder. Eine Reihe wichtiger Installationen wurde 1972 in Betrieb gesetzt. In metrischen Tonnen ausgedrückt bedeuten obige Zahlen für 1973, 69,8 Mill. t und für 1974 73,8 Mill. t.

So hat CALTEX 1972 in Sumatra ein neues Sammel-Leitungssystem fertiggestellt, das Erdöl der Felder Bangko, Süd-Balam und Menggala zum Hafen Dumai führt. Auch von Kotabatak her wurde eine neue Leitung in Betrieb gesetzt, die das Erdöl des reichhaltigen Minas-Ölfeldes nach Dumai schafft. Gleichzeitig wurden 1972 weitere Lagertanks, eine dritte Pier im Hafen Dumai und in Verbindung hiermit ein verbessertes Überwachungssystem für die Verladung fertiggestellt. CALTEX war bei weitem die wichtigste Ölfirma in Indonesien mit im Jahre 1972 840.000 Barrels pro Tag. Eine Übersicht der verschiedenen Firmen mit ihren Anteilen an der jährlichen Förderung gibt Tabelle 53. (Vgl. auch im Anhang Tab. 56).

TABELLE 55

ERDÖLFÖRDERUNG NACH WERKVERTRÄGEN 1971 BIS 1974, IN MILLIONEN BARREL
(Oil Production by Work Contracts)

	1971 (*tatsächl.*)	1972 (*geschätzt*)		1973	1974
Werkverträge (Contracts of Work)					
Caltex	262,8	307,4		144,7	103,8
Stanvac	23,0	27,3	Mobil	8,2	14,9
Zwischensumme	295,8	334,7		152,9	118,7
Teilförderungsverträge (production sharing)					
ARCO (Ardjuna Feld)	1,5	13,2		.	.
IIAPCO (Cinta Feld))	2,5	13,5		14,0	18,6
GULF and WESTERN (Ceram)	0,5	0,5		.	.
UNION/JAPEX (Attaka Feld)	—	—		7,4	11,8
STANVAC (Korridor Block)	—	—		.	.
Zwischensumme	4,5	27,2		.	.
PERTAMINA (Einschliesslich Lemigas)	35,2	41,2		.	.
INSGESAMT	325,6	403,1		488,7	516,6

Quelle: PERTAMINA (1971 u. 1972) BANK INNONESIA (1973 u. 1974) (240; 242).

Die in den Jahren 1972 bis 1974 von der indonesischen Regierung erstellten Projektionen haben sich nicht bewahrheitet. Diese nahmen an, dass bei einer jährlichen Steigerung von 13,5%, 1976 täglich 1,8 Mill. barrels gefördert werden sollten. Erst dann sollte ein leichter Abfall auf 1970 1,7 Mill. barrel pro Tag eintreten. Hieran ist in erster Linie die Energiekrise schuld, doch auch ein früheres Erschöpfen der CALTEX-Felder in Zentral-Sumatra. Statt dort 1973 einen vorausgesagten Höhepunkt von 970.000 b/d zu erreichen, waren es nur 400.000, und die Förderung nahm dann ab (vgl. Tabelle 55). Im Jahre 1977 gibt es nur sehr vorsichtige Vorausschätzungen.

« *Pro-Rata* »-*Rohöl*-Abgaben stellen ein Charakteristikum in den Verträgen ausländischer Firmen mit der Regierung dar. Damit sind die Abgaben der fördernden Firmen zum Selbstkostenpreis plus (1971) 20 US cents pro Barrel an den indonesischen Markt gemeint. Im Jahre 1971 betrug der Anteil 15,1%, den Ölfirmen von der Förderung an die indonesischen Raffinerien abgeben mussten.

Im Jahre 1971 verkauften diese Raffinerien auf dem Inlands-Markt etwa 44 Millionen Barrel. Diese Menge entspricht nach dem in Indonesien geltenden konventionellen Satz von 10% für Verbrauch der Raffinerie an Kraftstoff und Verlust einem Input von 49,1 Millionen Barrel Rohöl.

Bei Teilförderungsverträgen wird nicht die gesamte Förderung, sondern nur der Anteil der ausländischen Vertragsfirmen für die Abgabe in Ansatz gebracht. PERTAMINA muss, wie eine Firma unter Werkvertrag, « pro-rata » abgeben.

Man erwartete im Jahre 1971, dass künftig die pro-rata Lieferungen an den indonesischen Markt um 8% stiegen (1971-1978). Dadurch waren die für den Export verfügbaren Mengen bis 1978 kaum beeinträchtigt worden die etwa 86,5% der Gesamtförderung betragen. Danach wäre der « pro-rata » Anteil von 1978 13,5% ständig gestiegen.-Hierüber gibt es in jüngeren Veröffentlichungen keine Angaben, so dass der jetzige Stand nicht angegeben werden kann.

Natural-Abgabe in Rohöl

Der indonesische Markt benötigt mehr Erdölprodukte der mittleren Fraktion als aus den pro-rata-Abgaben an Rohöl gewonnen werden kann. Deswegen raffiniert PERTAMINA weitere Rohölmengen, die als « crude-in-kind » bekannt wurden. Jeder ausländische Vertragsnehmer ist verpflichtet, bis zu 20% seiner Förderung zu tatsächlichen Exportpreisen an PERTAMINA abzugeben. Hiermit wird ein Teil der Steuerverpflichtungen der ausländischen Firmen abgegolten. Diese können auch in bar geleistet werden, und PERTAMINA importiert dann mittelschwere Destillate, Schmieröle und andere Spezialprodukte, sowie auch kleine Mengen Rohöl für die Herstellung von Asphalt, da die indonesischen Rohöle hierfür ungeeignet sind. Unter den bestehenden Teilförderungsverträgen ist PERTAMINA ermächtigt, bis zu 65%, also den ganzen Anteil, in natura zu beziehen, um der Nachfrage des Inlandsmarktes gerecht zu werden. Dadurch, dass der Überschuss des Rohöls dann von PERTAMINA auf eigene Rechnung importiert wird, testet die Firma den internationalen Markt in bezug auf die Preise.

3.2.1.3. *Export von Rohöl, Erdölpreise, Entwicklungen 1971-1978*

Erdölpreise können drastischen Änderungen unterliegen, wie der Ölboykott der Nahost-Ölstaaten vom Herbst 1973 bewiesen hat. Immerhin dürfte eine kurze Betrachtung Licht auf länger gültige Trends werfen.

Im Jahre 1971/72 stieg der Exportpreis für indonesisches Rohöl rapide an. Für das 35-grädige (API) Minas-Rohöl hob die Regierung den Preis von US $ 1,64 um 50 cents an; soweit es von der japanischen Firma Far East Oil Trading Company bezogen wird. Erdöl aus Dumai an andere Bezieher stieg von US $ 1,70/Barrel Anfang 1971 auf US $ 2,60 im Oktober 1971 auf US $ 2,96 im April 1972. Hier ist zu bemerken, dass 2/3 der exportierten Erdölmengen vom Minas-Ölfeld stammen und von Dumai aus verschifft werden.

Erdöl von anderen Feldern beeinflusste durch die Preise die Einnahmen aus Export weniger stark. Vom Rantau-Feld in Nord-Sumatra stammen etwa 1/4 aller PERTAMINA-Erdöl-Exporte. Dieses ebenfalls hauptsächlich nach Japan ausgeführte Öl ist leichter (etwa 45° API) und darum teurer. Vor April 1971 lag der Preis bei US $ 1,95 bis 2,13 und wurde innerhalb eines Jahres auf US $ 2,65/Barrel angehoben. Andere Erdölqualitäten stammen vom Klamono-Feld in Irian Jaya (22° API, US $ 2,85 im April 1972) und vom Bunju-Feld auf Kalimantan (33° API, April 1972 US $ 2,89/Barrel). *) Die ausländischen und inländischen privaten Unternehmer schlossen sich diesen Preisentwicklungen jeweils an. Der Preis indonesischen Erdöls für den Export wird durch drei Faktoren bestimmt:

— den f.o.b. Preis für das Erdöl aus dem Nahen Osten;
— eine Prämie für die bessere Qualität des indonesischen Öls, besonders durch den niedrigen Schwefelgehalt und
— den Frachtvorteil gegenüber dem Öl aus dem Nahen Osten für Japan.

---

*) Preise schliessen 90 Tage Kredit ein, bewertet mit 3-4 cents.

So vergleicht man mit dem persischen Erdöl « Light 34° ». Das Abkommen vom Februar 1971 zwischen den Ölstaaten des Nahen und Mittleren Ostens mit ausländischen Abnehmerstaaten bildete die Grundlage der Preise. Für das Jahr 1973 sind die Abkommen von Wien (Aug./Sept.) und das Preisdiktat von Kuwait (Oktober 1973) zu erwähnen. Indonesien schloss sich jeweils diesen Preiserhöhungen unter Betonung der nichtpolitischen Motivierung an, schlug aber stets den Bonus wegen des geringen Schwefelgehalts auf. 1973 gab es die Verdreifachung der Ölpreise; 1978 liegt der Preis bei 15 Dollar pro Barrel.

Abnehmer indonesischen Erdöls sind 1974 gewesen: Japan (mit 64% der Gesamtproduktion), die USA (25%) und eine Reihe westlicher Länder (zusammen 11%). Japan hatte 1973 schon einmal 71% abgenommen. Wegen der ab 1975 höheren Preise ging der nach Japan exportierte Anteil laufend zurück.

Die höhere Qualität indonesischen Öls jedoch wird erst anerkannt, seitdem am Ende der 60-er Jahre die Luftverschmutzung in den Städten eine Rolle zu spielen begann. Bis dahin stufte man Öl aus Indonesien niedriger als aus den Golfstaaten ein, weil der Paraffin-Gehalt in Raffinerien negative Auswirkungen hatte. Kraftwerke hatten schon immer keinen Nachteil in diesem Paraffingehalt gesehen. Sie betrachten die Möglichkeiten des Verkaufs von Paraffin als willkommene zusätzliche Einnahme. Seit der Gesetzgebung gegen Luftverschmutzung in japanischen Städten, spielt das indonesische Öl mit sehr niedrigem Schwefelgehalt (0,4%) eine Rolle, da Öl aus den Golfstaaten, relativ hohe Schwefelzahlen aufweist (1,5-2,5%). Der Mehrpreis für indonesisches Öl beträgt auf Grund dieses qualitativen Vorteils 10 cents pro Barrel für Minas-Öl, mehr als für das relativ schwefelfreie persische Öl.

Der Frachtvorteil indonesischen Öls auf den Fahrten in das in diesem Zusammenhang gewichtige Japan betrug etwa 16 cents per Barrel, da die Frachtbelastung für Fahrten zwischen persischen Häfen und Japan 45 cents pro Barrel und für Fahrten zwischen indonesischen Häfen und Japan 29 cents ist. Hierbei ist die Tatsache berücksichtigt, dass Tanker, die aus dem Persischen Golf nach Japan verkehren, etwa 150.000 bis 300.000 t, neuerdings gar 450.000 t gross sind und Tanker im Verkehr zwischen Indonesien und Japan nur 50.000 bis 100.000 t.

Die Einnahmen der indonesischen Regierung aus dem Erdöl entstammen drei Quellen:

— Anteil der Regierung als Gewinnanteil aus der Erdölproduktion und aus den Vermarktungsoperationen der ausländischen Firmen unter Werkverträgen und Teilförderungsverträgen,

— aus den Steuern auf PERTAMINAS Gewinnen aus der Erdölproduktion aus Anrainertätigkeit und aus dem Verkauf auf ausländischen Märkten,

— aus der Steuer von PERTAMINAS Verkäufen am Inlandsmarkt. Das ist die Summe des Gesamterlöses aus diesem Verkauf abzüglich der Kosten und Agenturgebühren der Firma.

Kapazität und Produktion der indonesischen Raffinerien

Im Jahre 1970 hatte PERTAMINA eine Kapazität von ungefähr 261.000 BPSD (Barrels per stream day = Fass pro Tag). Seit Januar 1970 sind alle Raffinerien des Landes im Besitz dieser staatlichen Firma:

— Sungei Gerong Raffinerie in Tranjung Uban mit dem Hafen (Ex-Stanvac)
— Plaju ⎫
— Wonokromo und ⎬ Ex Shell
— Balikpapan ⎭

Caltex hatte keine eigenen Raffinerien. PERTAMINA selbst besass vorher schon eine kleine Anlage in Pangkalan Brandan in Nord-Sumatra.

Bei der Übernahme waren alle Anlagen alt und unzulänglich. PERTAMINA brachte die Kapazität bis November 1971 auf 385 000 BPSD, und zwar:

— in Dumei im September 1971 eine Raffinerie von 100 000 BPSD und
— in Sungei Pakning im Dezember 1969 mit 50 000 BPSD.

An der Finanzierung beteiligten sich die japanische Sumitomo Shoji und Far East Oil Trading Firmen und die kanadische Firma REFICAN (für Sungei Pakning).

75.000 BPSD von der 1972 385.000 BPSD starken Destillierkapazität mussten wegen Überalterung ausser Betrieb gesetzt werden. Die verbleibenden 310.000 BPSD reichten 1973 noch für den Bedarf des Landes aus.

Im Jahre 1975 nahm in Cilacap, Zentral Java, eine neue 100.000/Barrel/Day-Raffinerie die Produktion auf. Sie kostete etwa US $ 320 Millionen. Der Bau einer weiteren Raffinerie wird erst im Jahre 1979 notwendig, vorausgesetzt, dass sich die Reduzierung des Imports von Fertigprodukten als wirtschaftlich erweist. Man denkt auch an den Export von Fertigprodukten, war sich aber zum Berichtszeitpunkt über die Wirtschaftlichkeit noch nicht klar. Unter japanischer Leitung war eine solche Raffinerie für den Export auf der Insel Batam vorgesehen, ausgerichtet auf die Ausfuhr nach Japan. Die Vorteile des Raffinierens in Indonesien wären die zusätzlichen Einnahmen der Arbeitskräfte und für Dienstleistungen, wenn auch beschränkt; dann aber die für die Regierung anfallenden Steuereinnahmen. Japans Vorteile wären die Vermeidung von Luftverschmutzung in ihrem Lande und die Übernahme des Handels mit den überschüssigen Produkten der Raffinerie.

Neben-Fabrikation der Raffinerietätigkeit. Im Jahre 1972 wurde eine Schmierfettfabrik in Tanjung Priok; dem Hafen von Jakarta, in Betrieb genommen, eine Mischanlage für Schmieröle in Tanjung Perak in Ost-Java und eine Asphaltfabrik mit 100.000 t/Jahr in Plaju in Süd-Sumatra. Die Ausgangsstoffe hierfür importierte PERTAMINA solange, bis die Raffinerie in Cilacap die Produktion aufgenommen hatte. Im Jahre 1977 haben vier Asphaltfabriken eine Kapazität von 300.000 t pro Jahr, können jedoch wegen Verteilungsschwierigkeiten nur (1977) 150.000 t absetzen; für 1978 sind 164.000 t Absatz angepeilt worden.

Die *PERTAMINA Öltankerflotte*

Im Jahre 1972 bestand die Flotte der PERTAMINA aus 95 Schiffen mit einer Brutto-Tonnage von 950.000 t. Hierin sind 150 kleinere Schiffe nicht eingeschlossen. Ein Teil der Schiffe war Eigentum der PERTAMINA, ein anderer Teil gechartert, und ein weiterer Teil unter « hire-purchase » (Leih-Kauf)-Verträgen. Bis Ende 1971 erhielt PERTAMINA 18 der im ganzen bestellten 25 Tanker mit 5.000 bis 8.000 Tonnen von norwegischen Werften im Rahmen der Leih-Kauf-Verträge. Ebenfalls in Norwegen bestellte PERTAMINA im Jahre 1971 zu den vorhandenen 30.000-45.000 t Tankern fünf Tanker von je 115.000 tons. Die Bestellung von weiteren drei Tankern von je 130.000 t unter Leih-Kauf-Verträgen von schwedischen Werften war im Dezember 1972 in Erwägung gezogen worden. Die letztgenannten Tanker sollen etwa US $ 20 Millionen pro Stück gekostet haben. Ein kleiner Teil wurde 1975 vor der PERTAMINA-Finanzkrise ausgeliefert, der grössere Teil der Verträge jedoch neu verhandelt. Zum Berichtszeitpunkt ist nicht veröffentlicht, wieviele Schiffe tatsächlich ausgeliefert wurden und wie gross die PERTAMINA-Flotte im Jahre 1978 ist.

Die *höheren Frachtkosten* der Verschiffung von Öl auf Leih-Kauf-Schiffen in PERTAMINA-Management wurden unter dem Aspekt der nationalen Selbständigkeit und Entscheidungsfreiheit in Krisenfällen gesehen. Die Frachtbelastung für ein Barrel Erdöl ab Dumai auf den Grosstankern, wie sie im internationalen Charter erhältlich sind, betrug 27-31 cents per Barrel (unter der Worldscale 65-67 Rate), soweit fünfjährige Verträge abgeschlossen werden können. PERTAMINA musste auf den eigenen Schiffen dafür 42 cent/Barrel unter dem W. 100-Schema in Ansatz bringen. Damit reduziert die Frachtmehrbelastung von 11-15 cents/Barrel die erzielbaren f.o.b. Preise ganz erheblich. Die gerade überstandene Finanzkrise verhütete solche Verluste, wenn auch auf einem recht schmerzlichen Wege.

Die *Interinsularen Verbindungen* baute PERTAMINA ständig weiter aus und sorgte für eine Verbesserung der Jetty-Anlagen auch in den kleinsten Häfen, die regelmässig angelaufen werden. In Zusammenhang mit dem Inlands-Öl-Transport stellt PERTAMINA auch die LKWs für die Verteilung.

3.2.1.4. *PERTAMINA angeschlossene Industrien*

Hier sind die Düngerfabriken und die petrochemischen Fabriken aufzuführen. PUSRI (P.N. Pupuk Sriwijaya), als Unternehmen des öffentlichen Sektors wurde 1969 als Indonesiens erste Düngerfabrik gegründet. Im Jahre 1964 nahm die auf Harnstoff-Erzeugung ausgerichtete Fabrik mit einer Kapazität von jährlich 100.000 Tonnen Harnstoff (= UREA zu 46% N) die Produktion auf. Die Auslastung betrug anfangs 84%, dann 99%. Nach einem Rehabilitationsprogramm im Jahre 1970/71 erreichte die Produktion sogar 103% der Kapazität. 1970 wurde das Unternehmen in den Status einer Aktiengesellschaft (P.T.) umgewandelt. Mit PUSRI II wurde im Jahre 1971/72 mit Hilfe eines Weltbank/IDA-Kredites in Höhe von US$ 83 Millionen die erste Ausbaustufe ausgeführt. Zusätzlich wurde eine Naturgas-Sammel- und -Überführungs-Anlage für $ 39 Millionen gebaut, die die Düngerfabriken mit Rohstoff versorgen soll. Mit einjähriger Verzögerung und etwa 10% Mehrkosten wurde PUSRI II Oktober 1974 fertiggestellt und produziert seidem jährlich um 200.000 t schwefelsaures Ammoniak (= Ammoniumsulfat 21% N) und 400.000 t Harnstoff (Kapazität: 660 t/Tag bzw. 1.150 t/Tag). PUSRI III, die dritte Ausbaustufe, wurde Anfang 1975 begonnen und soll eine Kapazität von 570.000 t Ware (1.725 t Harnstoff pro Tag) erreichen. Die Gesamtkosten schätzte man 1976 auf 210 Mill. Dollar, wovon etwa 73% Devisenausgaben sein sollen. Ort der PUSRI-Produktion ist Palembang/Sumatra. Damit kann PUSRI die Harnstoff-Produktionskapazität von bis 1976 480.000 t auf etwas über eine Million t, oder von 220.800 t Rein-Stickstoff auf 483.000 t pro Jahr erhöhen. Mit der Aufnahme der Produktion durch PUSRI III wird noch 1978 gerechnet.

Weitere noch von PERTAMINA geplante Düngerfabriken werden in Kujang (US$ 200 Mill. Darlehen vom Iran) und in Ost-Kalimantan errichtet (ab 1979 2 × 570.000 t UREA) sowie in Cilacap (ab 1980 200.000 t UREA/Jahr) und Aceh (ab 1981: 570.000 t Harnstoff).

Andere Düngerfabriken sind P.N. Petrokimia in Gresik in Ost-Java mit 1972 45.000 t Harnstoff und 150.000 t Ammoniumsulfat. Beide Düngersorten können untereinander entsprechend den Marktanforderungen erniedrigt oder erhöht werden. 1979 gehen dort auch Anlagen für 330.000 t TSP und 130.000 t NPK in Produktion.

Die Anstrengungen der letzten zehn Jahre, in der Düngerversorgung Selbstversorger zu werden, sind damit als erfolgreich zu bezeichnen. Wie auf Seite 133 ausgeführt, könnte Indonesien ab 1983 sogar Dünger exportieren. Dass tatsächlich schon 1977 Dünger nach Philippinen exportiert wurde, ist mehr als Probesendung zu bezeichnen. In seiner Rede vor dem indonesischen Kongress verkündete Präsident Suharto, dass sein Land Anfang 1978 die Kapazität von 2,2 Mill. t UREA pro Jahr erreicht hat.

Petrochemische Fabriken

Man beabsichtigt, die älteren Raffinierien von Plaju und S. Gerong bei Palembang in petrochemische Fabriken umzuwandeln. Eine neue Polypropylen-Fabrik in Plaju wurde im Jahre 1973 in Betrieb genommen. Die *Wirtschaftlichkeit* petrochemischer Fabriken in Indonesien muss unter dem Gesichtspunkt betrachtet werden, dass Erdöl wegen seiner hohen Qualität zu sehr günstigen Preisen verkauft werden kann. Investitionen in solche Anlagen aber haben stets nur dürftige Verzinsung erbracht. Darum muss im Interesse der indonesischen Wirtschaft die Entscheidung für weitere petrochemische Fabriken negativ ausfallen.

Joint Ventures zwischen PERTAMINA und anderen Firmen

Partner in einer joint venture auf der Basis 50:50 war bisher hauptsächlich die japanische Firma East Oil Trading Company, durch die PERTAMINA die Rohölprodukte verkauft. Im Sommer 1972 nahm PERTAMINA den Verkauf über eine neue joint venture mit der JAPAN INDONESIA PETROLEUM COMPANY auf. Sie wurde von TOYOTA MOTORS und INDUSTRIAL BANK OF JAPAN zum Zweck des Ölexports mit einem Grundkapital von 500 Millionen Yen ausgestattet. 50% des Kapitals hält PERTAMINA, 26% japanische Öl-Raffinerien und den Rest indonesische Privatleute. In jüngster Zeit hat PERTAMINA weiter in joint ventures investiert. Im Jahre 1972 ergab sich folgendes Bild: (Jahr der Gründung angegeben, inländischer Partner, ausländischer Partner und Zweck) das als Beispiel der Komposition solcher joint ventures dienen möge.

1970	P.T. PELITA		Flugzeug- und Helikopter-Verbindungsflüge
1970		TUGU:Insurance Hongkong	Versicherungsgeschäft
1971	P.T. Nusantara Star Exploration	Teledyn (USA)	50:50 Seismische Messungen und Datenverarbeitung
1971	P.T. Pertamina	Gulf Oil	Lagerung und Verpackung von importiertem Harnstoff-Dünger
1971	P.T. Dumai Dockyard Indonesia	Dumai Dockyard Ltd. Hongkong	60:40 Schiffsreparaturen auf einem 20.000 t Schwimmdock in Surabaya
1971		Interagencies Ltd. Hongkong	
1971		Ficker Ruwolt Pty Ltd Australien	Lieferung und Installation von Maschinenhallen, Werkstätten
1970	P.T. Krakatau Steel Cilegon	Indonesische Regierung	Stahlindustrie, Drahtherstellung
1971	Krakatau Hoogovens Intern. Pipe Ltd. Pty	Hoogovens, Holland and Intern. Pipe Ind. Manila	Herstellung von Stahlröhren (Spiralgeschweisst)

Die branchenfremden Industrien, die PERTAMINA durch solche joint ventures angeschlossen sind, setzten das Management einer massiven Kritik im In-und Ausland aus. Ohne gründliche ex-ante Evaluierung und Koordinierung mit anderen nationalen Projekten, zumal die oberste Planungsbehörde BAPPENAS oft ausgeschlossen war, plante PERTAMINA vorwiegend Grossprojekte, die -obwohl wirtschaftlich in Indonesien durchaus gerechtfertigt - den Anschein von Prestigeprojekten erweckten. PERTAMINA baute auf weiteres Wachstum. Die Ölpreiserhöhung seit der Energiekrise war darum für PERTAMINA ein warmer Regen; Ibnu Sutowo plante immer gigantischere Projekte. Dann kam infolge Einschränkung des Ölverbrauchs die Rezession und der Rückgang der Einnahmen. PERTAMINA geriet in Zahlungsschwierigkeiten und musste zahlreiche Projekte einfrieren, andere erheblich verkleinern, darunter auch das von deutschen Firmen gebaute KRAKATAU-Stahlwerk, das jedoch inzwischen weiter ausgeführt wird.

Soziale Einrichtungen der *PERTAMINA*

Überall in den Ölgebieten hat PERTAMINA die notwendigen Infrastrukturen ausgebaut, wie sie in der anspruchsvolleren und stärker belasteten Ölindustrie bekannt sind. Strassen und Hafenanlagen wurden angelegt und Hospitäler und Schulen für die PERTAMINA-Angestellten errichtet. Sie haben einen besseren Ruf als die staatlichen Institutionen dieser Art, da sie besser mit Geldmitteln ausgestattet sind. PERTAMINA will die unter harten Bedingungen arbeitenden Angestellten zufriedenstellen und ist daran interessiert, einen gut ausgebildeten und tatkräftigen Stab einheimischer Mitarbeiter heranzubilden, die in der Lage sind, auch schwierige technische Aufgaben zu übernehmen.

3.2.1.5. *Verwaltungszentrale in Jakarta und Kundendienst für ausländische Firmen*

Im Jahre 1971 eröffnete die PERTAMINA das Ölzentrum in Jakarta. Es bietet den ausländischen Firmen Büroräume und alle Dienste, die für die Verwaltung erforderlich sind. Der 1973 begonnene PERTAMINA-Turm mit 23 Stockwerken, wurde 1975 fertiggestellt und nahm die bis dahin notdürftig untergebrachten PERTAMINA-Verwaltungsangestellten sowie einige verstreut untergebrachten technischen Dienste auf.

Im Jahre 1972 stellte PERTAMINA das PERTAMINA CENTRAL HOSPITAL fertig, das von der Firma SIEMENS ausgestattet wurde. Es soll die PERTAMINA-Angestellten und Ausländer versorgen. Ein weiteres Hospital wurde 1975 fertiggestellt.

Bis zum Jahre 1971 waren diese Dienste nur in Singapur oder in Australien möglich. Die Reisekosten, die für die Inanspruchnahme dieser Möglichkeiten aufgewendet werden mussten, waren erheblich.

Seit Jahren schon beteiligt sich PERTAMINA am Budget der 12-klassigen internationalen Schule in Jakarta, deren Abschluss von anglo-amerikanischen Hochschulen zur Studienbewerbung anerkannt wird.

Im Jahre 1972 erliess das Bergwerksministerium durch Dekret neue Richtlinien, die die Beschäftigung von Ausländern in der indonesischen Ölwirtschaft regeln. Hier wird die Einfuhr von Material und Dienstleistungen reduziert. Damit waren die bisher von Singapur aus operierenden Kundendienste für PERTAMINA und die ausländischen Firmen gezwungen, in Indonesien Zweigstellen zu errichten.

Zusammen mit ausländischen Ölfirmen und der indonesischen Regierung arbeitete PERTAMINA seit 1972 an einem Entwicklungsprogramm für die 572 qkm grosse Insel Batam im Riau Archipel. Kernstück dieser 20 km südöstlich Singapur gelegenen Insel sind eine 300.000 Barrel/Tag grosse Raffinerie und ein Hafen für 200.000 t-Tanker. Daneben sollen verschiedene Industrien, die Fremdenindustrie und die Landwirtschaft entwickelt werden. Man nahm an, dass die Entwicklung die Bewohnerzahl von 1972 8.000 auf 1984 600.000 Menschen anschwellen lassen wird (157; S. 527).

Projekte, im Planungsstadium oder bereits im Bau *)

— zwei Gas-Verflüssigungsanlagen von zusammen etwa US$ 2 Mrd. (1979/80);
— ein grosser petrochemischer Komplex in Süd-Sumatra für die Produktion von Ausgangsmaterialien für künstliche Fasern, Kosten etwa $ 1 Mrd. (1985);
— das Stahlwerk Cilegon, US$ 875-1.000 Mill. (1978 mit der ersten Stufe);
— eine 20.000 ha-Reispflanzung, wovon ein Teil bereits verwirklicht ist;
— die Öl-Basis Batam, 1. Phase etwa US$ 375 Mill. (siehe oben), im ganzen US$ 500 Mill. (216; 215; 214; 244; 245; 239; 240).

3.2.1.6. *Das PERTAMINA-Entwicklungsprogramm der Jahre 1966 bis 1975*

Die mit Monopolrechten ausgestattete Firma PERTAMINA hatte bis 1975 ein eigenes Entwicklungsprogramm. Im eigentlichen Ölsektor ist dies eine Selbstverständlichkeit. Doch auch in den dazugehörenden Diensten hatte PERTAMINA in der Vergangenheit eine eigene Infrastruktur aufgebaut und sich weit in die verwandten Untersektoren ausgebreitet. Damit verfolgte die Firma ein Programm, das die Bewohner der Ölbezirke in einem höheren Masse an den Einnahmen aus dem Öl partizipieren liess, als es in der Verdünnung über das ganze weite Inselreich möglich war. In regionalentwicklungspolitischen Ausdrücken: PERTAMINA verfolgte eine Politik der Konzentration. Dem Trend in den Bevölkerungsbewegungen zu Wanderungen in die Ölbezirke begegnet PERTAMINA mit weit vorausschauenden Infrastruktur- und Sozialprogrammen.

Während eine solche Entwicklungsarbeit relativ leicht mit sozialen Vorteilen zu begründen ist, ist das Unterfangen, als staatliche Firma sämtliche Funktionen eines in der Privatwirtschaft anderer Länder sonst von zahlreichen Firmen und Organisationen abgedeckten Untersektors zu übernehmen als gewagt zu bezeichnen.

3.2.1.7. *Die Entwicklung der Einnahmen in den Jahren 1966-1978*

1966-1970: In den ersten Jahren der « ordre baru » stieg der Wert der Ölproduktion von Rp. 487 Mill. auf Rp. 996 Mill./Jahr.-Eiannhmen aus dem Erdöl setzten sich aus verschiedenen Komponenten zusammen, einmal aus den Einnahmen, die ausländische Ölfirmen abführen, aus den Bonus-Zahlungen und aus den Operationen der Firma Pertamina. Hier sind die Verkäufe auf dem heimischen Markt zu nennen. An Verhältnissen aus den Jahren 1971/72 bis 76/ 77 wurden bekannt:

---

*) Jahr der Fertigstellung in Klammern.

— *1971/72/73*: Die von *ausländischen Ölfirmen empfangenen Beträge* stiegen in den *Jahren* 1971 bis 1973 von Rp. 112, 7 Mrd oder US$ 284,3 Mill. im Jahre 1971/72 auf Rp. 201,4 Mrd oder US$ 485,3 Mill. im Jahre 1971/72. *Die Bonus-Zahlungen* auf die Produktion betrugen 1973 500 Mill. Rupiah. PERTAMINA zahlte ferner an die Regierung 1971/72 Rp. 1,5 Mrd. an Bonus. Die *Einnahmen aus den Verkäufen auf dem heimischen Markt* betrugen 1972/73 Rp. 31,6 Mrd. Dies bedeutet, dass zwischen 1971/72 bis 1972/73 ein Anstieg von Rp. 115 Mrd. auf Rp. 232 Mrd. zu verzeichnen war. und zwar zu jeweiligen Preisen.

— *1973/74-77*: *Die Gesamteinnahmen aus der Erdöl-Förderung* entwickelten sich dann ab 1973/74 wie folgt:

	1973/74	*1974/75*	*1975/76*	*1976/77*
	.... *Mrd. Rupiah*			
— « normale » Öl-Einnahmen *	347	358	341	376
— zusätzliche Öl-Einnahmen *	—	955 **	864	1295
(Tatsächlich empfangen)	347	1313	1205	1671

Diese Beträge sind mit den in Tabelle 5 enthaltenen Netto-Öl-Einnahmen zu vergleichen: (Anhang): Rp. 641 Mrd.: 1094 Mrd.: 1302 Mrd.: 1518 Mrd. Rupiah Tabelle 23 im Anhang gibt die Zahlen von Tabelle 5 mit konstanten Preisen des Jahres 1973/74: Rp. 641 Mrd.; 730 Mrd.; 600 Mrd.; 650 Mrd. Rupiah. Diese letzte Zahlenreihe zeigt an, dass es mit den Einnahmen aus dem Erdöl keineswegs so gut steht, wenn man die stark gestiegenen Preise dazu ins Verhältnis setzt. Man kann dann sagen, dass sich diese in den letzten vier Jahren gerade so die Waage hielten. Im Gegensatz zur Reihe 347 bis 1671 stellen die beiden letzten Reihen 641 bis 1518 Mrd. Rupiah und 641 bis 650 Mrd. Rupiah berechnete Geldbeträge dar.

— *Projektionen für 1980/81 bis 1985/86 (Anhangtabelle 23)* sehen einen Anstieg von jährlich Rp. 2635 Mrd. auf Rp. 4046 Mrd. voraus (jeweilige Preise), die dann real wohl einen Abfall darstellen werden. Diese Vorausschätzungen schliessen bis 1980 bereits die Exporte an verflüssigtem Gas mit ein, da die Investitionen dafür bekannt und weit (in der Verwirklichung) vorangeschritten sind.

Der Wert aller PERTAMINA-Liegenschaften wurde im Jahre 1975 auf US$ 3,1 Mrd. oder Rp. 1.286,5 Milliarden geschätzt. Das ist etwa 1/10 des Wertes von EXXON, die als der Welt grösste Ölfirma gilt. Es war ein sehr schnelles Wachstum dieser grössten indonesischen Firma, wenn man bedenkt, dass dieser Wert 1971 erst US$ 875 Millionen betrug.

Am Anfang des Jahres 1978 bietet sich für die unmittelbare Zukunft ein Bild des Optimismus, der 1977/78 mit 1,52 Mill. barrels/Tag rechnet; jedenfalls ist das Budget danach ausgerichtet. So rechnet man denn also mit abermals 17% Wachstum der Einnahmen über denen des Vorjahres-wie 1976/77 über 1975/76 (244). Anfang 1978 nimmt PERTAMINA 20-25 Jahre anhaltende Ölreserven an, mit im ganzen 15 Mrd. Barrel, wovon jährlich 500 Mill. ausgebeutet werden.

3.2.2. BERGBAU (HARTE MINERALIEN)

Indonesien besitzt reiche Vorkommen an harten Mineralien, wie Zinn, das schon seit mehreren Jahrzehnten abgebaut wird, Bauxit, Nickel, Eisenkies, Kaolin und seit langem Kohle. Eine Übersicht der in Indonesien vorkommenden abbauwürdigen und sonst vermuteten Mineralien gibt Karte 3, S. 5.

Harte Mineralien waren seit jeher eine gute Einnahmequelle des Landes. In den letzten Jahren der Regierung Sukarno verfielen die Schürf- und Bergwerkseinrichtungen, weil Devisen für den Kauf von Ersatzteilen und für neue Anlagen fehlten. Mit dem breit angelegten « Rehabilitations-Programm » der jetzigen Regierung wurde dieser Untersektor neu belebt. Durch die Öffnung der indonesischen Wirtschaft zum Ausland konnten auf diesem Gebiet ausländische Firmen tätig werden. Die zu intensivierende Durchforschung des geologisch extrem komplexen Landes ist eine wichtige künftige Aufgabe.

Die Ausbeutung der Bodenschätze alleine für den Export ist regional-entwicklungsbezogen neutral oder wenig fördernd. Erst wenn Veredlung und Verarbeitung aufgegriffen werden, können die einzelnen

---

*) « Normale » Öleinnahmen sind die Beträge aus Dollar-Betrag Steuer je barrel exportierten Öls, erhalten von der Regierung im Jahre 1973/74 angewandt auf das Volumen exportierten Öls vom folgenden Jahr.
**) Dieser Betrag schliesst den Betrag mit ein, den PERTAMINA an Steuer zurückgehalten hat.

Regionen voll in den wirtschaftlichen Genuss der Vorkommen gelangen. Es kommt darum auf die Zusammenarbeit aller Disziplinen an.

Bergwerkindustrie, die andere Bodenschätze als Erdöl ausbeutet, beeinflusst die Vorgänge in der indonesischen Wirtschaft weniger als die Ölindustrie. Nur während der Aufbauphase solcher Industrien gibt es bestimmte Vorteile für die allgemeine Wirtschaft. Verarbeitet wird von den gewonnenen Mineralien und Bodenschätzen wenig. Allerdings fliessen « Royalties », Exportsteuern und andere Abgaben, die solche Firmen zu zahlen haben. — Minenprojekte erfordern lange Reifezeit, bis investierte Kapitalien einen Ertrag bringen. Gleichfalls sind sie kapitalintensiv.

TABELLE 56

PRODUKTION AUSGEWÄHLTER ERZE, METALLE UND EDELMETALLE 1967 BIS 1977 IN TAUSEND T *
(Production of selected Minerals and ores)

	1967	1968	1969	1970	1971	1972	1973	1974	1975	1976	1977 **
Erdöl (Crude oil) (in Mill t)	.	.	36,6	42,1	43,8	36,9	45,6	46,8	45,4	47,4	48,1
Zinn und -konzentrat	13,8	16,9	17,4	19,1	19,8	21,9	23,0	25,0	24,4	23,4	25,1
Bauxite	912	879	927	1229	1238	1276	1224	1290	993	940	1030
Kohle	208	176	190	172	198	180	149	156	206	193	230
Nickelerz	172	262	256	600	900	935	867	879	781	830	967
Eisensande	—	—	—	—	271	300	281	365	353	292	310
Kupfererz	—	—	—	—	—	—	—	231	210	210	189
Manganerz (1960-66: 400-12700) ..	.	.	.	.	.	.	.	.	.	.	.
Schwefel (1960-66: 500- 1500) ..	.	.	.	.	.	.	.	.	.	.	.
Blei/Zinkerz (1964: 650 t)	.	.	.	.	.	.	.	.	.	.	.
Gold (1960-66: 6700 Unzen) .	.	.	257 kg	237	330	330	351	256	529	355	420
Silber (1960-66: 300000-2,2 mill Unzen) .	.	.	10,6 t	8,8	8,9	8,6	9,6	6,6	4,7	10,8	3,0

Quelle: 11, S. 119, BAPPENAS und PERTAMINA 1977 — Source (254; 244).
 *) Wenn nicht anders erwähnt.
**) Vorläufige Zahlen der Presse.

Der Wert der Exporte von Mineralien betrug im Jahre 1973 bei Zinn US$ 86 Mill., Nickel, US$ 11 Mill., Kupfer US$ 48 Mill. und Bauxit US$ 5 Mill. Gemäss den Weltmarktpreisen am Ende des Jahres 1974 projizierte man an Export-Einnahmen bei Zinn für 1975 $ 150 Mill., 1980 $ 180 Mill.; Nickel 1975 $ 14 Mill., 1980 $ 285 Mill.; Kupfer 1975 $ 76 Mill., 1980 $ 130 Mill.; Bauxit 1975 $ 8 Mill., 1980 $ 35 Mill. Die Bedeutung solcher Vorkommen ist darum für die Volkswirtschaft ganz offensichtlich (216; 214; 215; 242; 243). Tatsächlich wurden die Einkommensziele schon früher erreicht, so bei Zinn 1977 $ 181 Mill.; Kupfer 1977 $ 95 Mill.

3.2.2.1. Die Zinnerzeugung

Indonesien hatte im Jahre 1976 einen Anteil von 13% an der Welterzeugung in Zinn-Konzentrat * an dritter Stelle hinter Malaysia (35,6%) und Bolivien (15,8%). 1970 waren es erst 10%, und 1967 bei Neubeginn war es gar erst ein noch viel kleinerer Bruchteil. Die Ausrüstung war heruntergewirtschaftet und das Management arbeitete nach veralteten Methoden. Dabei hatte Indonesien während der holländischen Zeit mit modernen Druckstahlpumpen 1941 bereits einmal 51.000 t gewonnen. Von 13.800 t (1967) war die Gewinnung 1970 auf 19.100 t, 1974 35.000 t gestiegen. 1976 waren es 23.418 t. (vgl. Tab. 56). Ausgang der Zinngewinnung war einmal 1816 die Insel Bangka, 400 km südöstlich von Singapur. Nach Kriegswirren und Niedergang unter Sukarno lag der Neubeginn im Jahre 1969.

Vorkommen und Ausbeutungsprobleme

Zinnerz ist aus dem granitischen Grundgebirge abgetragen und auf vorzeitlichen Talsohlen und in Urstromtälern und rezenten Flüssen und Flussmündungen bis weit ins Meer hinein als Zinnseife abgesetzt worden. Die Hauptvorkommen Indonesiens befinden sich auf den drei Inseln Bangka, Billiton und Singkep. Man vermutet weitere Vorkommen bei den Roal-Inseln sowie kleinere auf Sumatra.

_____

*) Ohne den Ostblock, Albanien und Vietnam.

Die Vorkommen an Zinn betragen etwa 700.000 t Metall. Darüber hinaus vermutet man Reserven, die eine Produktion für weitere 35-40 Jahre sicherstellen könnten. Das Problem in der Zinnförderung liegt im Zinngehalt. In 30 Jahren musste man auf immer weniger zinnhaltige Mineralien zurückgreifen. Es sank der Zinngehalt in einem cbm Erz von 9,73 kg auf 1972 0,44 kg. So musste man im Jahre 1977 4,11 Millionen cbm Boden bewegen. Das ergibt einen Durchschnitt von 0,5 kg/m³. Bei den im Jahre 1967 geltenden Zinnpreisen lohnte sich noch eine Ausbeutung bei 0,5 kg/m³ Zinngehalt. Eine Tonne Zinn kostete 1967 US\$ 3.000. Die Förderung geht fast ausschliesslich auf das Konto der staatlichen Firma PN TIMAH, die sich 1967 mit folgenden Entwicklungsproblemen befassen musste.

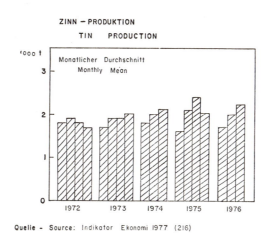

ZINN – PRODUKTION

TIN PRODUCTION

Abb. 19. Quelle - Source: Indikator Ekonomi 1977 (216)

Man rechnet mit einer möglichen Baggerleistung von 50 Millionen m³, um dadurch jährlich 15.000 t Zinn zu gewinnen. Im Jahre 1968 war die Baggerkapazität im Zinn-Bergbau 33 Millionen m³. Diese Menge erzielten 18 Grossräumer. Die Bagger waren nur zu rund 60% ausgelastet. Man hätte also mit den 18 Baggern die 50 Mill. m³ erreichen können. Jedoch musste diese Reserve gehalten werden, weshalb man weitere 8 Grossräumer benötigte. Die Überholung der Grubenbagger war darum vordringlich, als man 1967 die Maschinerie der Zinngruben überprüfte. Im Jahre 1969 erreichte P.N. Timah wieder 58,2 Mill. m³ Abbau. 37 Bagger waren im Einsatz, davon 13 in den Schelfgebieten, darunter der grösste Bagger der Welt « Bangka » mit 2.000 t/Tag. Für die Anschaffung der Bagger hatte die Weltbank 1967 einen grossen Kredit gewährt. Darauf erreichte die Produktion 1968 wieder 25.000 Tonnen. Die neue 25.000-t-*Zinnschmelze* in *Mentok* war seit dem Jahre 1961 im Bau. Diese von KLÖCKNER-HUMBOLDT DEUTZ gelieferte Anlage arbeitete lange nicht befriedigend.

Die ursprüngliche Schmelzkapazität von 25.000 t/Jahr sank im Jahre 1969 auf 5.300 t. Die Konzentrate wurden zum Schmelzen nach Malaysia verschifft. Inzwischen wurde der notwendige Reinheitsgrad erreicht und 1970 wurden 13.000 t in dieser Anlage produziert.

Ausserdem gab es einige Probleme anderer, wenn auch nicht weniger kostspieliger, Art. Das Kraftwerk Mantung benötigte 1965 eine Generalüberholung, neue Dampferzeuger eine neue Turbine und umfangreiches Ersatzteilmaterial. Die Umstellung auf Ölbetrieb erforderte andere Lagerungseinrichtungen und Nebenbetriebe; eine Öltankfarm, Werkstätten und verschiedene Hafenanlagen des Zinngrubenbezirkes mussten 1968 neu installiert werden.

Private Unternehmen in der Zinnausbeutung

Zur Ausbeutung der Zinnerze wurden private ausländische Unternehmen nur begrenzt zugelassen. Ihre Tätigkeit war auf die Operationen in den Schelfgebieten von Bilitung und Bangka beschränkt. An Land werden Zinnlager vermutet. Im Jahre 1970 war eine ausländische Firma in der Erforschung weiterer Zinnvorkommen tätig (B14 Billiton Maatschappi). Bis 1971 prospektierte sie an der Südseite der Insel Bilitung und bei der Insel Kalimantan. Die Ergebnisse waren recht positiv. 1970 verhandelte auch die australische Firma Broken Hill Property wegen eines Prospektierungs-Vertrages für Untertaglager. An Land werden noch reichhaltige Zinnlager vermutet.

Ausländische Hilfe für die Zinnausbeutung durch PN Tímah beschränkte sich auf Technische Hilfe.
So wurden durchgeführt:

— eine von den Vereinten Nationen finanzierte Untersuchung im Schelfgebiet der Inseln Bangka
  und Bilitung;
— eine seismische Untersuchung der holländischen technischen Hilfe mit dem Ergebnis geologischer
  Karten für den Meeresgrund, die weitere Zinnlager aufzeigen. Die Kosten dafür waren f 800.000
  (holländische Gulden).

Regelungen für den Zinnexport und Einnahmen

Indonesien ist Mitglied des vierten internationalen Zinnabkommens, das seit dem 1.Juli 1971 in Kraft
ist. Der internationale Zinn-Rat (International Tin Council) setzt die Quoten fest, die einzelne Länder exportieren dürfen. Da sich die indonesische Zinnbergwerksindustrie im Stadium der Überholung und Wiederinstandsetzung befindet, war das Quotensystem für Indonesien ungünstig. Die produzierten Mengen
konnten aber abgesetzt werden.

Einnahmen und Gewinnlage: Die Einnahmen werden zu 75% für die Gesellschaft und zu 25% für die
Regierung gebucht. Die Gesellschaft zahlt 3% an eine Regierungsgesellschaft als Managementgebühr
und 1% an das Bergbauministerium. Diese Aufteilung war für die Regierung günstig, nachdem sie aus
anderen Erzgewinnungen nur 10% erhält.

Die Deviseneinnahmen aus Zinn wuchsen im zweiten Abschnitt der 60er Jahre jährlich mit 10% und
erreichten im Jahre 1971/72 68 Mill. Dollar. Auf dem Weltmarkt ist in den letzten Jahren eine leicht
abnehmende Preistendenz von US$ 1,67 auf $ 1,65/kg festzustellen gewesen. Zur Jahreswende 1977/78
beträgt der Preis jedoch bisher nicht erreichte US$ 8,26/kg und brachte 1977 US$ 181 Mill. Einnahmen.
Auf der Londoner Metallbörse wird Zinn aus Indonesien als « bank tin » gehandelt.

Die Lage Ende 1977

Die Produktionsverhältnisse deuten abermals auf eine Jahresproduktion von etwa 25.000 t. Dies
bedeutet, dass Indonesien es schaffte, innerhalb der rückliegenden 10 Jahre die Anlagen und die Produktion trotz fallender Konzentratprozente auf relativ hohem Niveau zu halten. Nach vielem auf und ab
der Preise bieten die Preisverhältnisse zu diesem Zeitpunkt grösste Anreize, Diese haben eine Höhe erreicht,
die verarbeitende Industrien dazu treiben könnte, statt Zinn andere Metalle und Chemikalien zu verwenden.
Darum sind Anreize für weitere weltweite Investitionen- so auch in Indonesien-erforderlich, um die Preise
auf annehmbarer Höhe zu halten. Die meisten der Bagger (2) sind 42 Jahre alt. Trotz der für 1978 erwarteten US$ 200 Mill. Einnahmen aus Zinnexport, denkt Indonesien kaum an grössere Investitionen. Dabei
schätzt man die Reserven auf 900.000 t Metall. Auch ohne Prospektion kann man noch 40 Jahre lang auf ge-
genwärtigem Niveau fördern. Wegen der 1977/78 hohen Zinnpreise und des fehlenden Puffer-Vorrats
durch den Internationalen Zinn-Rat, hat Indonesien sehr gute Verdienstchancen. 1977 war Zinn die
drittgrösste Einnahmequelle.

3.2.2.2. Kohleförderung

Vor dem Kriege hatten die Holländer in Indonesien etwa 2 Millionen Tonnen Kohle pro Jahr gefördert. Sie betrieben damit die Eisenbahnen auf den beiden Inseln Sumatra und Java und bunkerten ihre
Schiffe damit. Für die Hausfeuerung wurde Kohle wenig verwendet, wohl aber in den damals vorhandenen wenigen Industriebetrieben. PN Tambang Batubara die staatl. Kohlenminen-Gesellschaft, hofft
bis 1981 wieder auf jährlich 2 Mill. t zu kommen. Hauptschwierigkeit ist die nur durchschnittliche Qualität
der Kohle, die sich darum schlecht absetzen lässt.

Nach dem Krieg hat sich die Kohleförderung nicht recht erholt, zumal wegen der fehlenden Kleinnach-
frage (fehlender Bedarf für den Hausbrand) kein besonderer Anreiz vorlag. Dann erlebte das Erdöl eine
starke Förderung. 1964 förderte man in der Grube Bukit Asam noch 445.900 t, 1969 nur noch 191.000 t
(vgl. Tabelle 56). Das Kohlenbergwerk arbeitete nur noch mit 1/10 seiner eigentlichen Kapazität. Es
fehlte an Ersatzteilen, die man dann aus einem Ostblockland (Polen) kaufte. Nach einer japanischen
Studie soll die Kohle künftig stärker am Ort verarbeitet werden. Seit 1974 betreibt die Firma Tambang Batubara zusammen mit NV Shell Minjbouw die Mine (Bukit Asam) (243). Dann fand man jüngst
(1975) bei Suwahlunto, ebenfalls in West-Sumatra, weitere Lager. Rio Tinto Bethlehem schätzt dieselben
auf 150 Mill. Tonnen. Bergbauminister Dr. SADLI sieht nach diesen Funden wieder ganz andere Möglichkeiten und spricht der Kohle nach dem Versiegen der Erdölquellen eine grosse Zukunft zu. Man
spricht von der Möglichkeit, jährlich 10 Mill. t zu exportieren, hauptsächlich nach Japan. Weitere
Kohlelager befinden sich im westlichen Süd-Sumatra und in Ost-Kalimantan (vgl. Karte 3 Seite 5).

Darüberhinaus gibt es auf weiteren Inseln Vorkommen minderwertiger Steinkohle, ausserdem Braunkohle und Lignit. Auch die bis zu 7 m tiefen holzreichen (Lignine enthaltenden) Torfe an der Ostküste Sumatras und Süd-Kalimantans könnte man hierherrechnen.

Die verwertbare Kohle stammt sämtlich aus dem Tertiär und rangiert dort vom Eozän bis Pliozän. Die Kohle ist bituminös bis sub-bituminös mit einem Heizwert von 9.000 bis 15.000 B.T.U. Zum grössten Teil ist die Kohle brüchig und bröckelt wegen des hohen Wassergehaltes bei zu langer Lagerung. Zum Verkoken ist die bis 1969 gefundene Kohle schlecht geeignet. Neuere Tests sollen besser ausgefallen sein. Diese letzten Tatsachen sind für den Aufbau einer Eisen-und Stahlindustrie im Lande ausschlaggebend (11, Seite 133). Im Mai 1977 wurden die ersten 7.500 t Kohle nach Bangladesh exportiert.

Eine 1978 zusammenfassende Beurteilung der Kohlevorkommen Indonesiens lässt erkennen, dass durchaus viel grössere Reserven als der augenblickliche Abbau vermuten lässt, vorhanden sind, die die Ölreserven bei weitem überdauern könnten. Damit hat das Land hinsichtlich der Sicherung des steigenden Elektrizitätsbedarf einige Garantien. Darüber hinaus könnte Indonesien auch, wie oben angedeutet, grössere Mengen Kohle exportieren, wenn es damit auch nicht in den Kreis der grossen Kohleexporteure treten wird. Weitere künftige Nutzungen würden durch die auf den Gebieten der Vergasung, Gassynthese, Karbonisierung und Hydrogenisierung liegenden Möglichkeiten eröffnet werden. 1976 wurden von den 193.000 t geförderter Kohle 60.000 t in den alten Minen West-Sumatras (Ombilin) und der grössere Teil aus der Mine Bukit Asam in Süd-Sumatra gewonnen.

3.2.2.3. *Nickelerze*

In Südostasien ist Indonesien der Hauptproduzent von Nickelerzen. Die gesamte Förderung, im Jahre 1976 mit 830.000 t, wurde nach Japan verkauft. Es gibt grössere Vorratshalden, so dass die Förderzahlen nicht den Exportzahlen gleichen. Exportiert wurden 1969 259.361 t, im Jahr danach 425.000 t. Die Steigerung des Exports von Nickelerzen ist in der Verbesserung der Verladetechnik und -einrichtungen sowie in der grösseren Vorratshaltung begründet. Ausserdem akzeptiert Japan seit 1968 auch Erz, das nur 2,4% NI+CO statt bisher 2,8% enthält. Die kommerziell wichtigen Nickelerze zerfallen in die drei Kategorien der Sulfid-Nickelerze, der Nickelsilikate im Eisenerz und der Nickel führenden Eisenerze. Die Nickelerze Indonesiens gehören zur letzteren. Die ersten Nickelerzgruben wurden auf den Inseln Mantang und Lemo in SO Sulawesi und in Pomalaa ebendort ausgebeutet. Später ging man landeinwärts zum Towuti See im Innern SO Sulawesis, dann zum Matano-See. Auch in SO Kalimantan steht das gleiche Nickelerz an.

Die Ausbeutung des Nickelerzes obliegt der staatlichen indonesischen Firma PN Aneka Tembang (Staatliches Unternehmen für allgemeine Bergwerksarbeiten). Aneka Tembang schloss im Jahre 1962 einen Teilförderungsvertrag mit der japanischen Firma SUNIDECO und der indonesischen Firma PT Nickel Mining. Danach müssen beide gemeinsam pro Jahr 120.000 t Nickelerz für Ausrüstung zahlen, die die Firma SUNIDECO lieferte. Fernziel der Firma PN Aneka Tembang ist die Errichtung einer Nickelschmelze für die in Süd-Sulawesi gefundenen niedrigprozentigen Nickelvorkommen.

Die Vermarktung des Nickelerzes bereitet trotz wiederholter Gerüchte über eine Sättigung der Märkte bei dem hohen Bedarf der japanischen Industrie keine Schwierigkeiten. Trotzdem wären aufbereitete Nickelerze oder Nickel noch günstiger zu verkaufen. Die weiteren Exportaussichten für Nickelerz aus Indonesien sind gut. Man schätzt, dass der Vorrat noch für 35-50 Jahre reicht. Prospektierungen unternahmen ausser der staatlichen indonesischen Gesellschaft, die sich auf niedrigprozentiges Nickel konzentriert, auch die International Nickel Company (INCO), und zwar im Gebiet des Matano-Sees, Malili in SO Sulawesi, die Pacific Nickel (USA-Kanada und Holland) in Irian Jaya und die japanische INDECO im Gebiet der Insel Halmahera. Bis 1970 hatte keine dieser drei Firmen die Förderung aufgenommen (237). *H*auptabnehmer sind die USA und Japan.

Im Jahre 1976 erwogt ein US/niederländisches Konsortium eine Grossinvestition in Höhe von US$ 1 Milliarde für den Abbau von Nickellagern auf der Insel Gag, im Raume Irian Jaya. Dies beweist, dass die Nickelindustrie trotz der im Jahre 1975/76 stark gedrückten Weltmarktpreise an eine gute Zukunft dieses Erzes glaubte. PN Aneka Tembang will zudem in Südost-Sulawesi mit Hilfe eines japanischen Darlehens in Höhe von US$ 17 Millionen ein Nickelraffinerieprojekt für eine Leistung von 20.0000 Tonnen Eisennickel pro Jahr starten.

Der Erfolg der Jahre 1967 bis 1976 wird am besten durch die Steigerung der Nickelerzgewinnung von 172.000 t auf über 800.000 t während der letzten fünf Jahre veranschaulicht. Mit der Erschliessung weiterer Lager in Zentral-Sulawesi und Irian Jaya wird die Erzgewinnung weiter zunehmen. Die steigenden Weltmarktpreise für Nickel sind dafür ausreichend Anreiz.

3.2.2.4. *Bauxit*

Die Bauxitförderung begann im Jahre 1935 mit der Öffnung des Lagers auf der Insel Bintan. Im Jahre 1964 erreichte die Bauxitförderung 647.800 t, 1969 927.000 t und 1972 1.276.000 t, um dann 1977 auf

1,05 Mill. t zu fallen. In Zukunft erwartet man jedoch nach der Entdeckung grosser Lager in West-Kalimantan abermals eine Steigerung.

Die Vermarktung dieser Erde bietet gewisse Schwierigkeiten, da auch umliegende Länder wie die Philippinen Bauxit fördern und exportieren. Ausserdem spielt die Frachtbelastung eine grosse Rolle. Japan nimmt die Hauptmenge ab. In der Vermarktung von Bauxit, das eine Frachtbelastung von 40 - 50% des Gesamtpreises hat, liegt Indonesien in Konkurrenz mit Australien. Indonesische Bauxit-Erze aber sind niedrigprozentig. Auf die Verarbeitung solcher Bauxite ist die japanische Industrie vornehmlich ausgerichtet. Die japanischen Schmelz-und Aluminiumwerke sollen in der Produktivität hinter den amerikanischen und kanadischen liegen, weshalb sie gezwungen sind, diese billigeren Erze zu kaufen. Darüber hinaus sind die Japaner sogar gezwungen, Aluminiumschmelzen in den Ländern der Erzvorkommen zu errichten, um Frachtkosten zu sparen. Auf die künftig vom Asahan-Damm in Nord-Sumatra zu beziehenden billigen Strommengen gestützt, errichtet man dort ein Aluminiumwerk. Japan stützt sich auf neue Bauxitvorkommen in den für die staatlichen Unternehmen reservierten Gebieten. Auch auf Bintan soll eine Schmelze gebaut werden; beide Anlagen sollen 1981 fertiggestellt sein.

Im Jahre 1963 schätzte man die gesamten Bauxitreserven der Welt auf 5,76 Mrd. Tonnen. Dazu kämen noch 8,7 Mrd. t minderwertiger Vorkommen. Hiervon sollen nach denselben Schätzungen auf Bintan 25 Mill. t guter und 10 Mill. t minderwertiger Vorkommen entfallen (11, S. 135).

Die US-Firma Alcoa konzentrierte sich auf die nichtreservierten Gebiete und entdeckte dann in West Kalimantan weitere, in ihrer Grössenordnung noch nicht bekannte Lager. Dort will diese Firma US$1 Mrd. investieren, um eine Aluminiumchmelze mit einzuschliessen. Das Auffinden weiterer Bauxit-Lager liegt durchaus im Bereich des Möglichen, weil die Voraussetzungen für die Bildung alluminöser Laterite, die sich unter dem Einfluss des humiden tropischen Klimas aus dem alluminiumreichen Gestein bilden, auch noch an anderen Stellen gegeben sind. Schwierigkeiten für den Export liegen meistens im kostspieligen Bau eigener Häfen und teurer Verladeeinrichtungen in unmittelbarer Nähe der Lagerstätten.

3.2.2.5. *Kupfer*

Die Kupfervorkommen von Irian Jaya geniessen das Hauptaugenmerk des Bergbauministeriums. Im Jahre 1973 begann dort die Firma Freeport Indonesia in den Ertsberg -Bergen mit der Förderung dieses begehrten Erzes. Im Jahre 1974 förderte man bereits 230.000 t. Man hofft auf jährlich 280.000 t zu gelangen. Auch in West-Sumatra entdeckte man jüngst abbauwürdige Kupfervorkommen. Kupfererze werden nach den USA und Japan exportiert.

3.2.2.6. *Andere Erze, Metalle und Edelmetalle*

Gold und Silber: Goldminen werden überwiegend als Volksminen betrieben und haben nur geringe Förderung. Sie werden von Ortsansässigen bemannt, um die Juweliere am Platz zu versorgen. Zumeist beuten die Bewohner die zahlreichen Minen in Nebenbeschäftigung aus. Die Ausbeutungsrechte für Gold liegen in Indonesien bei der staatlichen Firma PN Aneka Tembang, der « allgemeinen Bergwerksgesellschaft ». Die Regierung unternahm in den Jahren 1972 bis 1974 eingehend Prospektierungsarbeiten, um Schürfmöglichkeiten und Scheidungstechniken zu erkunden. Ein Gramm Gold wird in Indonesien meist zusammen mit 40 g Silber gefunden. Im Gebiet von Logas hat die Regierung jetzt den ersten Bagger für solche Arbeiten eingesetzt. Der Inlandgoldpreis lag mit US$ 40 pro Unze höher als im internationalen Handel (1970). Eine t Golderz enthält durchschnittlich 7,3 g reines Gold, und falls nicht bald neue Vorkommen gefunden werden, wird man den Betrieb schliessen müssen.

Zwischen 1900 bis 1940 wurden 3,25 Millionen Unzen Gold und 32 Millionen Unzen Silber gefördert. In jüngeren Jahren ist nur die Produktion der Mine Cikotok in West-Java erwähnenswert (1976 394 kg). Die in der Statistik angegebenen jährlichen Fördermengen (Tabelle 56) betreffen nur die staatlichen Minen (4.000 bis 7.000 Unzen/Jahr). Die private, unorganisierte Förderung wurde für die Jahre 1960 bis 1965 auf 30.000 Unzen/Jahr geschätzt (11; S. 136). Die Karte mit den Bodenschätzen auf Seite 5 zeigt zahlreiche Lagerstätten, von denen nur die von Sumatra und Java nennenswerte Produktion aufweisen. Neuerdings versucht man die Goldmine Lebong Tandai in Bengkulu zu reaktivieren.

Diamanten beutet ebenfalls die PN Aneka Tembang aus. In Süd-Kalimantan hat die staatliche Firma eine neue Waschanlage eingerichtet, die Ende 1970 ihre Arbeit begann.

Blei und Zink, die meist in derselben geologischen Formation vorkommen, werden in Indonesien in keinem nennenswerten Umfang abgebaut, zumal die Transportbedingungen zu den Lagerstätten äusserst schwierig sind und die diese Metalle führenden Mineralien Galena und Sphalerit nur in kleinem Umfang vorkommen. 1964 wurden 650 Tonnen dieser Materialien abgebaut (11; S. 120 u. 137).

INDONESIEN

INDUSTRIE - STANDORTE UND VERARBEITUNG - LANDW. PRODUKTE - AGRICULTURAL PROCESSING AND INDUSTRIAL SITES

Karte - Map - Peta 27

Legend:

Symbol	German	English
Zuckerrohr	Sugar Cane	Gula
Kautschuk	Rubber	Karet
Holzgewinnung	Timber	Kaju
Erdölleitungen	Pipelines	Minyak
Industriestandorte	Industrial Areas	Bogor
Erdölraffinerien	Oil Refinery	

400 km

SECTION - AUSSCHNITT: JAVA

0   100   200   300   400   500 km

Cilegon — JAKARTA — Bogor — Bandung — Cirebon — Semarang — Sola — Jogyakarta — Cilatjap — Kalianget — Surabaja — Probolinggo — Malang — Banjuwangi

Map labels:

PHILIPPINEN — Mindanao — STILLER OZEAN — Menado — Laut Maluku — Molukken See — Halmahera — Sorong — IRIAN JAYA — Ceram — Buru — Ambon — Laut Banda See — Laut Celebes See — SULAWESI — Kolaka — Ujung Pandang — Laut Flores See — Flores — Sumbawa — Lombok — Bali — Den Pasar — Benoa — Sumba — Kupang — Timor — Port. Timor — Laut Arafura See — Madura — Surabaja — JAVA — Jogyakarta — Bandung — JAKARTA — Laut Java See — Billiton — Bangka — Singkep — Singapur — Bintan — Palembang — Telukbetung — Pontianak — Bandjarmasin — KALIMANTAN — SARAWAK — BRUNEI — SABAH — M A L A Y S I A — WESTMALAYSIA — THAILAND — Medan — Padang — S U M A T R A — Strasse von Malakka — INDISCHER OZEAN

130° 120° 110° 100° 5° 0° 5° 10° 15° 130° 120°

Geographisches Institut
der Universität Kiel

Chrom in abbauwürdigen Mengen wird 180 km nördlich Parepare auf Sulawesi vermutet. Drei japanische Firmen haben mit der indonesischen Firma T. PERTO ein Prospektierungsabkommen geschlossen.

Kaolin wird zusammen mit Zinn gefunden. Die neuseeländische Firma Crownlyn bemühte sich 1970 um eine Konzession für den Abbau von Kaolin zusammen mit Zinnerz.

Manganerzförderung datiert auf das Jahr 1918 zurück, war jedoch nie bedeutend. 1961 wurden noch 12.700 Tonnen Erz gefördert. Seitdem nahm die Fördermenge ständig ab, was damals auf Schwierigkeiten mit den Arbeitern zurückzuführen war (11. S. 137).

Eisenkies-Vorkommen liegen an der Südküste von Zentral-Java. Im Jahre 1971 wurde von einer japanischen Firma mit der Ausbeutung begonnen. Jährlich werden 300.000 t Eisenkies-Konzentrat im Austausch gegen eine Aufbereitungsanlage an Japan geliefert. Eine australische Firma übernahm die Ausbauarbeiten im Hafen. Zufahrtstrassen und Verladeeinrichtungen wurden von indonesischer Seite gebaut.

Die Schwefelvorkommen Indonesiens sind an die vulkanische Tätigkeit gebunden. In den Jahren 1960 bis 1966 wurden 500 bis 1.200 t Schwefel gewonnen (11; S. 119). Man nimmt nicht an, dass die Schwefelproduktion mit anderen Lagerstätten der Welt konkurrieren kann. Doch wird man gezwungen sein, für die zahlreichen Verarbeitungsprozesse im Lande soviel wie möglich zu produzieren, um von den relativ hohen Einfuhrmengen herunterzukommen (11; S. 137).

Uran: Im Jahre 1974 entdeckte man in West-Kalimantan reiche Uran-Vorkommen. Französische und deutsche Teams sind an den Durchforschungsarbeiten beteiligt. Man meint dass man 1985 mit dem Abbau beginnen kann.

3.2.2.7. *Die regionale Verteilung* der Bodenschätze lässt eine gewisse Massierung auf den Inseln Sumatra, Java, Kalimantan und Sulawesi erkennen. Auch auf Irian Jaya werden jährlich neue Funde gemeldet. Dagegen hat man auf den Inseln der Molukken (mit Ausnahme von Mangan in Nord-Halmahera und Asbest in Zentral-Halmahera) nur wenige Vorkommen entdeckt. Ausser Blei und Zink auf Lombok und wenig abbauwürdigen Eisenerzen auf Sumbawa und Flores gibt es in Ost-Nusa-Tenggara keine Lagerstätten. Einige Bedeutung misst man dem Auffinden weiterer Kupferlagerstätten wie jüngst auf Irian Jaya zu. Auch auf Timor wird Kupfer gefunden.

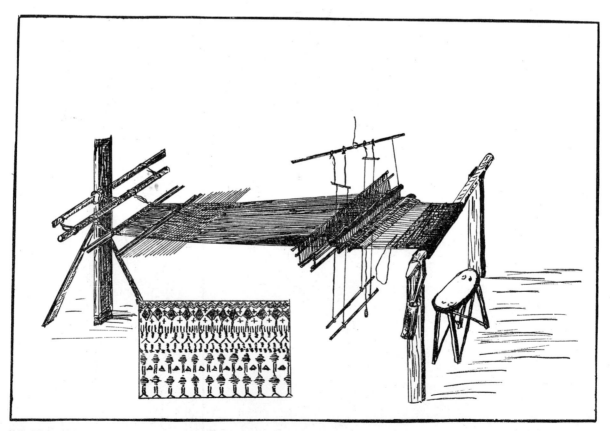

(25) Webstuhl aus West-Sumatra mit Brust-und Tuchbaum sowie Zubehör; Muster

3.2.3. INDUSTRIELLE VERARBEITUNG

3.2.3.1. *Eisen- und Stahlverhüttung*

Das bedeutendste Eisenwerk steht in *Cilegon in West-Java*, das anfangs eine Kapazität von 100.000 t Eisenbarren, Rundstahl, Nägel und Draht haben sollte. Das aus der Sowjetunion stammende und von ihr finanzierte Werk lag 1968 bereits 2 1/2 Jahre in der Aufbauphase still. Die von sowjetischen Technikern entworfene Verhüttungsanlage kostete bereits US$ 8,5 Millionen. Der Beitrag der indonesischen Regierung betrug bis 1968 US$ 8 Mill., die für den Bauplatz, die Gleis- und Hafenanschlüsse, sowie für Nebenanlagen aufgewendet wurden. Bis zur Stillegung des Baues waren nur 5% der Ausrüstung installiert worden. 80% der Ausrüstung (etwa im Wert von US$ 29,1 Mill.) waren 1968 bereits eingetroffen. Angesichts der oben erwähnten beträchtlichen Kosten ist daran zu denken, dass ein solches Projekt mehr bedeutet als nur ein Eisen-oder Stahlwerk. Die Entwicklung einer kleinen Region hing an diesem Projekt. So war ein Dampfkraftwerk von 38 Megawatt eingeplant, das sowohl Dieselöl als auch Kohle verwenden konnte. Bei dieser Auslegung könnte das Kraftwerk ganz Süd-Ost-Java versorgen. Wasserzuführung aus einer Entfernung von 40 km war eingeplant, die sowohl vom Werk als auch von der Landwirtschaft genützt werden sollte. Die Entwicklung des Hafens von Merak sah einen 800 m langen Kai und eine Werft für Schiffe mit 30-35 Fuss Tiefgang vor. Der 10 km vom Werk entfernte Hafen wurde durch eine Mole gegen Winde geschützt, wodurch der Hafen für die Fischerei Bedeutung erhielt.

Nach dem neuen Anfang, 1968, blieb dass weitgehend unausgepackte Werk lange im Freien liegen. Nachdem infolge der Ölkrise in Indonesien plötzlich mehr Mittel zur Verfügung standen, ging man 1974 an die Fortsetzung des Aufbaus. Einige deutsche Firmen sind ebenfalls beteiligt. Bei der Ausplanung ging die endgültige Auslegung des Werkes jedoch in zu grosse Ausmasse. Hierfür fehlten der PERTAMINA, die 1973 die Federführung übernommen hatte, 1974 die Mittel. Erst Anfang 1975 reduzierte man das Werk auf die ursprüngliche Auslegung (der 1973er Planung) und übergab die Federführung der Hüttenwerksleitung (237 u. 240). Im Sommer 1976 bezifferte man den Gesamtumfang des Kombinats auf US$ 2.000 Mill. Da die indonesische Regierung nicht zahlen konnte, waren die beteiligten ausländischen Firmen zu Zwischenkrediten gezwungen. Auch borgte die indonesische Regierung z. T. von ausländischen Privatbanken. *Im Jahre 1978* waren von den im Bau befindlichen Anlagen schliesslich drei Fertigungsanlagen für Draht, Schweissrohre und Baustahl in Betrieb. Weitere Herstellungsanlagen harren der Ausführung. Auch die ursprünglich auf 2 Mill. t Stahl/Jahr ausgelegte Hüttenanlage für direkte Reduktion, die jetzt auf 500.000 t verkleinert wurde, ist noch nicht fertig.

Fertiggestellt ist eine US$ 170-Millionen Gasleitung vom Arjuna-Ölfeld nach Merak-Cilegon West-Java; sie soll auch gleich die Kujang-Düngerfabrik mit Erdgas versorgen. Im ganzen wurden zur Zeit PERTAMINAS US$ 1 Milliarde in diesen riesigen Komplex investiert, bevor der Ölfirma die Federführung genommen wurde. Sicherlich steht dieses Werk am falschen Platze; ein Bau in der Nähe der Erdgas-Vorkommen oder an den Erzlagerstätten wäre billiger gewesen. Andererseits sind in West-Java die Industrie-Arbeiter vorhanden, und für das «tote Ende» der Region West-Java ist das Hüttenwerk Ausgangspunkt künftiger industrieller Entwicklung.

3.2.3.2. *Die Textilindustrie*

Unter den herstellenden Industrien ist die Textilindustrie die älteste (1920) und wichtigste in Indonesien. Im Jahre 1964 beschäftigte sie 290.000 Arbeiter, das sind 30% aller in dieser Industrie Beschäftigten. In dieser Zahl sind die in der Heimindustrie Beschäftigten nicht enthalten. Der im Jahre 1970 durchgeführte «Survey of Manufacturing Industries 1970» ergab 168.650 in der Textilindustrie Beschäftigte. Im Durchschnitt pro Betrieb waren es 34,3 Personen. Es gab 1970 437 grosse, 4.469 mittlere und eine nicht ermittelte Anzahl kleinerer Textilbetriebe. Es sind die kleineren Betriebe, die die Differenz zu der Zahl von 1964 verursachen.

Die Erzeugung von Stoffen aus der heimischen Textilindustrie schwankte bis 1968 zwischen 400 und 800 Millionen Meter oder zwischen 4-8 m pro Kopf der Bevölkerung. Das Jahr 1966 war mit 4 m pro Kopf Textilienverbrauch absolutes Minimum. Die Regierung plante von da an 5 m für 1967, 8 m für 1969 und 10 m im Jahre 1974. Im Jahre 1970 produzierte die Textilindustrie 575 Mill. Meter. Das waren erst etwa 5 m pro Kopf der Bevölkerung. Für das Jahr 1971 schätzte man die Erzeugung auf 732 Mill. m (vgl. Tabellen und Anhang). Baumwolle ist Hauptrohstoff in der Textilindustrie. Sie wird überwiegend aus den USA, und zwar als PL 480-Gut eingeführt. Indonesien könnte auf den Kleinen Sundainseln eigene Baumwolle anbauen (vgl. Seite 118). Andere Materialen wie Rayon und andere Synthetika, auchtWolle, werden kaum verarbeitet. Der Gesamtbedarf Indonesiens an Rohmaterialien für die Textilindustrie und an Textilien lässt sich aus den in Tabelle 57 gegebenen Zahlen abschätzen und ist im einzelnen aus Tabelle 57 im Anhang zu ersehen.

TABELLE 57

EINFUHR AN ROHMATERIALIEN FÜR DIE TEXTILINDUSTRIE UND TEXTILIEN 1954-1975 (SELEKT.)
(Import of Raw Material for the Textile Industry and import of textiles)
(in mill. m)

Jahr	Roh-Baum-wolle	Baum-woll- u. Rayon-Garne	Ver-fügbar ins-gesamt Garne	Gebleicht und cham-briertes Hemd-material	Fertig-produkte	Fertig-produkte ins-gesamt	Äqui-valente in Fertig-produkten insgesamt
			..... In Mill. Meter				
1954	5,5	10,9	15,7	24,6	24,0	48,6	496
1960	11,1	58,7	68,5	14,9	11,9	26,8	622
1965	n.a.	45,5	45,5 [3]	11,1	7,4	18,5	667 [3]
1966	n.a.	21,3	21,3 [3]	5,9	13,3	19,2	692 [3]
1967	20,5 [4]	14,4	32,4	.	.	.	731
			..... in Mill. US$				
			Synthetische				
1970	28,5	27,8	22,4	.	.	.	99,7
1973	92,5	30,5	69,9	.	.	.	245,3
1975							

[1]) 12% Schwund beim Spinnen angenommen. — [2]) Durchschnittlich 0,145 kg Garn per m. angenommen in Heimarbeit u. Gewicht für einen m. importiertes Textil: 0,125 kg. — [3]) Nicht eingeschlossen importierte Rohbaumwolle, niedrig in diesen Jahren. — [4]) Rohbaumwolle äquivalent der geschätzten heimischen Garnproduktion.
Quelle: Industrial Census of 1964 and Survey of Manufacturing Industries 1970, sowie Ministry of Industry (219; 254).

Produktionsanlagen

Die Zusammensetzung der Maschinenausrüstung in der Textilindustrie gibt Tabelle 58. Man begann am Ende der Kolonialzeit mit Handweberei und ging allmählich auf Maschinenantrieb über. In den Jahren 1954 bis 1960 war eine besonders starke Entwicklung im Aufbau der Textilindustrie zu verzeichnen (vgl. Tabelle 58).

TABELLE 58

DIE MASCHINENAUSRÜSTUNG IN DER TEXTIL-INDUSTRIE, AUSGEWÄHLTE JAHRE, 1935 BIS 1975 selekt.
(Machinery Outfit in the Indonesian Textile Industry)

	1935	1939/40	1955	1962	1964	1967	1970	1975	1976
Spinnereien:									
Spindeln	0	15.000	.	.	178.000	420.000	481.000	800.000	840.000
Webereien:									
Mechanische Webstühle	414	8.000	12.700	20.300	.	28.000	35.335	50.000	52.000
Handwebstühle	3.915	44.000	78.900	224.000	.	280.000	166.000	60.000	58.000
Strickereien:									
Mechanisch	.	.	.	2.088	.	9.800 }	5.800	5.000	.
Handgetrieben	.	.	.	5.700	.	1.200 }			
Finishing: Kapazität, Mill.m	.	.	.	207	.	220			
Batik-Herstellung	.	.	.	.	.	.	1.400	1.500	.
Kleider-Fabriken	.	.	.	.	.	.	1.000	1.200	.

Quelle: The Textile Industry, Bulletin of Indonesian Economic Studies, No. 2, Canberra 1965, Seite 34 Abteilung f. Textillen (250; 254).

Spinnereien

Spinnereien sind in Indonesien relativ jungen Ursprungs. Vor dem Jahre 1965 gab es im ganzen acht Fabriken mit 234.000 Spindeln. Die meisten Anlagen wurden am Ende der 50er Jahre erbaut. Bis zum Jahre 1968 kamen weitere acht Spinnereien hinzu. Von den 16 Spinnereien mit insgesamt 420.000 Spindeln waren vier Betriebe mit 116.000 Spindeln in privatem Besitz. Der grösste Teil der Betriebe gehört der Zentral-oder Provinz-Regierung. Inzwischen kamen bis zum Jahre 1970 vier Spinnereien mit weiteren 120.000 Spindeln hinzu. 1968 waren sieben Spinnereien integriert mit Webereien, darunter die vier privaten Betriebe. In den Jahren 1967 bis 1972 gab der «Foreign Investment Board» weitere Genehmigungen für die Investition in die Textil- und Lederindustrie, wie Tabelle 59 zeigt.

TABELLE 59

INVESTITIONEN IN DIE TEXTIL- UND LEDERINDUSTRIE 1967-72 UND 1.U.2. FÜNFJAHRESPLAN
(Investments in the Textile and Leather Industry)

	Genehmigt	*Tatsächlich ausgeführt*
1967-69	37,6	2,4
1970	38,2	9,0
1971	107,1	34,9
1972	76,2	43,5
1969/70-1973/74	—	1.100,0 (tatsächlich)
1974/75-1978/79	—	562,00 (geplant)

Quelle: « Foreign Investment Board », Jahresbericht 1973. Directorate General of Textile Industry (250; 254).

Jährlich vergab die Regierung Verträge an Spinnereien in Taiwan, im Jahre 1967 für 7.200 t, und für 1971 waren 12.000 t vorgesehen. Die Minderleistung war auf die vor 1965 erbauten acht Spinnereien zurückzuführen, die sich 1968 in technisch schlechtem Zustand befanden. Inzwischen wurden sie durch Kredite für Reparaturen und Überholarbeiten weitgehend wieder instandgesetzt. Auch fehlten bis 1967, als bei einer Kapazität von 38.000 t nur 18.000 t Garne produziert wurden, die Rohmaterialien. Diese haben die USA seitdem mit ihren PL 480-Lieferungen jährlich besorgt. Im Jahre 1972 war die Kapazität der installierten Spindeln [1] 48.000 t Garne in drei Arbeitsschichten. Tatsächlich erzeugten die Spinnereien aber nur 35.000 t.

Die indonesische Textilindustrie ist mit ihren Spinnereien in einem recht guten Zustand, wenn man mit anderen Industrien vergleicht. Auch die wirtschaftlichen Voraussetzungen sind bei den niedrigen Löhnen gut. Im Jahre 1967 produzierte Indonesien so kostengünstig, dass Garn zu 140 Rupien per kg aus der Fabrik verkauft werden konnte, importierte Garne Rupien 167 kosteten. Spinnereien in Jakarta und Umgebung arbeiteten im Jahre 1968 mit einer Gewinnmarge von 3-4%. Im Jahre 1975 gab es bereits 32 Spinnereien mit im ganzen 800.000 Spindeln.

3.2.3.2.1. *Webereien*

Von den im Jahre 1968 installierten 28.000 mechanischen Webstühlen waren 3.000 in staatlichen Betrieben. Nur ein kleiner Teil der Betriebe war integriert mit Spinnereien. Im Durchschnitt waren 35 Webstühle pro Betrieb installiert, und der grösste Teil der mechanischen Webstühle war 1968 auf 2.800 Webereien verteilt. Die 280.000 Handwebstühle verteilten sich 1968 auf 35.000 Betriebe.

Die gesamte theoretische Produktionskapazität betrug 1968 bei zwei Schichten 382 Millionen Meter Textilien in Betrieben mit Kraftantrieb und 590 Millionen Meter in Kleinbetrieben mit Handbetrieb. Die Kapazität von 972 Millionen Meter hätte pro Kopf der Bevölkerung mehr als 8 Meter produzieren können, um dadurch in den Jahren 1960-65 Importgenehmigungen für Garne zu erhalten. Die Importeure verkauften dann die Garne mit einem guten Gewinn weiter an bereits arbeitende Webereien. Die 382 Millionen Meter Weberkapazität ist mit der Nachfrage in Höhe von 731 Millionen Meter für 1967 (vgl. Tabelle 57) zu vergleichen. Tatsächlich produzierte man in Indonesien im Jahre 1967 nur 226 Millionen Meter. Hiervon waren 70% Webprodukte. Die Ausnutzung der maschinellen Webstühle wurde 1967 mit 30% veranschlagt. Die ausgesprochen schlechte Lage, in der sich die Webereien im Jahre 1968 befanden, hatte sich 1972 gebessert, ist jedoch noch nicht befriedigend. Es ist festzustellen, dass grosse und mittlere Webereien in einer besseren wirtschaftlichen Lage sind als kleine, spezialisierte Betriebe. Im Jahre 1975 gab es 900 Betriebe mit 50.000 mechanischen Webstühlen (Tabelle 58).

---

[1] Die Diskrepanz zwischen installierter Kapazität und Produktion ist auf die erst Ende des Betriebsjahres fertiggestellten Anlagen zurückzuführen, die nicht voll arbeiten konnten.

3.2.3.2.2. *Strickereien*

Im Jahre 1968 gab es 280 Unternehmen dieser Art, die sich alle in privater Hand befanden. Einige der grösseren Strickereien haben kombinierte Web-Strickerei-Produktion. Von diesen wiederum befindet sich nur ein kleiner Teil in Textilfabriken mit Spinnereien. 1968 hatten die indonesischen Strickereien durchschnittlich 35 Maschinen pro Betrieb, bei einer Gesamtzahl von 10.000 Strickmaschinen. 1968 war die Produktionskapazität 230 Millionen Meter pro Jahr. Tatsächlich erzeugten die Maschinen nur 65 Millionen Meter. Hierbei liegt allerdings die Annahme zugrunde, dass 30% aller importierten Garne in die Strickereien gehen. Für einen Meter gestrickte Ware nimmt man einen Materialverbrauch von 0,105 kg an. -Bis 1975 war die Anzahl der Strickereien auf 5.000 (Maschinen) gefallen, die Ausrüstung jedoch modernisiert worden (vgl. Tabelle 58).

Finishing

Dieser Zweig der Textilindustrie beschränkt sich auf Bleichen, Stärken und Kolandern. Textil-Drucken war stets begrenzt und erklärt zum Teil die geringe Auslastung der Webereien.

Mehr als 75% der bestehenden « Finishing »-Kapazität sind in grösseren Webereien und Spinnereien mit Webstühlen etabliert. Die Kapazität betrug 1968 220 Mill. Meter. Die « Finishing »-Kapazität ist manchmal grösser als die der Webereien und Spinnereien, manchmal reicht sie nicht aus. In den zurückliegenden Jahren mit grösserem Webausstoss wurden deshalb Finishing-Aufträge ins Ausland vergeben. Die Auslastung bestehender Kapazitäten und die wirtschaftliche Lage der Finishing-Betriebe wird als befriedigend bezeichnet. Das Drucken/Färben von Baumwollgewebe zur Herstellung der typischen indonesischen Batik-Tücher ist eine sehr arbeitsintensive Prozedur. Man schätzt den jährlichen Ausstoss auf 100 Millionen m. Es gibt zwei grössere Webereien, die das Batik-Gewerbe beliefern. Die billigen Fabrikate dienen der Landbevölkerung als Kleidung. Gute Qualitäten werden in den Städten verkauft oder verarbeitet (18; 238).

3.2.3.2.3. *Die wirtschaftliche Entwicklung in der indonesischen Textilindustrie 1966-76*

Diese wurde nach dem letzten Weltkrieg erheblich angekurbelt. Vor allem trug hierzu die Subventionierung bei der Einfuhr von Garnen bei, indem eine günstige Wechselquote für Garnimporte gewährt wurde. Die staatlichen Handelsfirmen fanden schnell heraus, dass es lukrativer war, Garne statt Rohbaumwolle zu importieren. Grössere Betriebe profitierten ausserdem mehr von der Subventionierung als die Betriebe mit Handwebstühlen. Die Einfuhr von Rohbaumwolle war nach 1962 stark gefallen. Erst im Jahre 1966 hob die Regierung den Devisenkurs für Warenimporte von Rp. 10 auf Rp. 90: einen US$ an. Diese Änderung in den Devisenbestimmungen für den Garnimport bestimmte die Situation nach 1966: Die Kosten für Garne stiegen um das 4-5-fache an, aber auch Rohbaumwolle wurde teurer. Im Lande hergestelltes Garn war jedoch billiger, weil die Textilindustrie noch von den vergangenen billigen Importen profitierte. Dann aber kamen japanische Importe unter dem « stop gap » -Kredit-Sytem. Ähnliche Importe an bedruckten Baumwollstoffen aus Hong Kong fachten das « tengpa-cover » - Kreditsystem an. Als Folge fielen die Textilpreise sehr stark, um erst nach Beendigung dieser Aktion im Jahre 1967 wieder anzuziehen.

Diese Kosten/Preis-Relation hätte für die ganze Industrie heilsam werden können. Doch fallende Preise für Fertigprodukte bei gleichzeitig anziehenden Garnpreisen bescherten der Webindustrie eine starke Rezession, von der sie sich nur langsam erholte. Nur die grösseren Betriebe verstanden es, sich Staats- und Militäraufträge zu sichern und die schlechten Zeiten so zu überbrücken.

Im Management und in der Produktivität der einzelnen Textilfabriken bestehen grosse Unterschiede. Der Wettbewerb zeigte darum in den Jahren 1968 bis 1972 guten Erfolg. Die Spinnereien mussten mit Finanzgeschick und rationeller Produktion arbeiten, nachdem sie jahrelang vom Staat unterstützt worden waren.

Das Hauptproblem der Regierung aber war die Justierung von Webkapazitäten, Spinn- und Finish-Kapazitäten, so dass ein harmonischer Produktionsstrom entstehen konnte. Dass ein Land ohne nennenswerten Baumwollanbau eine eigene Textilindustrie zur Abdeckung des Inlandsbedarfes aufbauen kann, ist bei den niedrigen Löhnen möglich. 1967 waren die Ausgaben für Textilimporte extrem hoch. Für die Einfuhr von Rohbaumwolle gab man US$ 20 Millionen, für den Import von Garnen $ 16 Mill. aus, jedoch US$ 180 Mill. für den Import von Fertigfabrikaten. Textilien machten ein Drittel des Wertes aller Importe aus.

Die wirtschaftliche Situation der Strickereien war relativ besser als die der Webereien. Der Importzoll für Strick- und Wirkwaren war 1968 mit 10% besser als für Webwaren mit 30 - 45% und gab so mehr Schutz für die Produktion.

Unter dem ersten Fünfjahresplan verfolgte die Regierung einen intensiv vorangetriebenen « Rehabilitasi » Plan für die Textilindustrie. Ausserdem wurden zahlreiche neue Anlagen geplant und gebaut. Hauptziel war, die Einfuhren durch erhöhte Inlandsproduktion zu drosseln. Gleichzeitig sollten Beschäftigungs-möglichkeiten geschaffen werden. Wie weiter oben gezeigt wurde, konnte man den Ausstoss erheblich anheben (vgl. auch Anhang-Tabelle 55). 1976 wurde in Webereien dreimal soviel erzeugt wie 1968 (1200 Mrd. Meter statt, 373). Die Garnerzeugung wurde angekurbelt. Trotzdem, konnte man 1973 erst 51% des Bedarfs decken. Während des ersten Fünfjahresplans hatte sich die Einfuhr darum noch einmal von 167.000 Ballen auf 334.000 Ballen verdoppelt. Darum ist noch ein erheblicher Bedarf an Spinnereien vorhanden. Seit 1974 sind die Preise für importierte Garne allerdings niedriger als im Lande produzierte. Dennoch bleiben die Beschäftigungs-und Effizienz-Momente (importierte Garne treffen oft zu spät ein und führen zu Produktionsausfällen).

Hinsichtlich der Struktur strebte man seit 1969 eine stärkere Integrierung an, dass Textilfabriken nicht nur Spinnereien sind sondern zugleich auch Webereien und evtl. weiterverarbeitende Betriebe.

3.3. Die Lage der indonesischen Industrie 1978

Im vorangegangenen Teil gab der Verfasser einen Überblick der einzelnen Industrien und ihrer Schwie-rigkeiten bei der Wiederingangsetzung zu Beginn der jetzigen Regierung. Hier soll versucht werden, die Aufbauleistung im industriellen Sektor für die Jahre 1967 bis 1977 zu analysieren. Zwangsläufig spielt in diesem Zusammenhang die herstellende Industrie eine grössere Rolle als die Erdöl-und Mineralienausbeu-tung, deren Entwicklung im vorangegangenen Teil dargestellt wurde.

3.3.1. DIE STRUKTUR DER HERSTELLENDEN INDUSTRIE

Der Beitrag der herstellenden Industrie zum Bruttosozialprodukt betrug in den Jahren 1965/71 etwa 8-9%. Eine genaue Ermittlung ist auf Grund fehlender Statistiken nicht möglich. Die neuesten Erhe-bungen basieren auf einer Befragung der Industrie im Jahre 1970. Genauer und mehr in Einzelheiten gehend war ein Zensus aus dem Jahre 1964. Anhangtabellen 52; 53; und 55 befassen sich mit Struktur und Produk-tion von Industriebetrieben.

3.3.1.1. *Trends in der Produktion*

Zahlenmaterial des Zentralen Statischen Büros über die Produktion der herstellenden Industrie zeigt-den Trend auf, der zwischen 1963 und 1972 zu beobachten war. In mittleren und grösseren Betrieben fiel die Produktion vom Niveau des Jahres 1963 auf einen Tiefstand im Jahre 1965/66, um dann ab 1967 wieder anzusteigen. Am Ende des Jahres 1969 hatte die Industrie das Niveau des Jahres 1963 wieder erreicht, und am Ende des Jahres 1970 überschritten. Einige Sparten, wie die Ölherstellung aus Kopra, hinken hinterher. Einen Überblick der wiederbelebten Industrieproduktion geben Tabelle 55 und 58 im Anhang. Im einzelnen erzielten die wesentlichen Industrien die folgenden Produktionsergebnisse:

— *Das Nahrungsmittelgewerbe* trug am meisten zum wertmässigen Ausstoss und zur Beschäftigung bei. Hier sind die Zucker-und Reismühlenindustrie die einzigen Grossbetriebe. Sonst überwiegen Kleinbetriebe wie Nudel-Tempe (Sojakuchen), Fischsossen, -Mixed Pickles -und Speiseöl-erzeugung. Der grösste Teil der Reismühlen, etwa 80%, besteht aus Kleinbetrieben. Von 1968 bis 1975 stieg die Kokosnussölerzeugung von 208.000 t auf 265.000 t, die anderer Speiseöle von 23.500 t auf 30.000 t. Diese Zunahme entspricht dem Bedarf der inzwischen angestiegenen Ein-wohnerzahl.

— *Die Gummiwarenindustrie* leistete ebenfalls einen bedeutenden Beitrag zum Bruttosozialprodukt. Hier werden vor allem neue Fabrikate wie Gummisandalen und andere Gummiartikel hergestellt. Die Block-Gummi-Fabriken bereiten den Rohkautschuk für den Export auf. Die Autoreifenherstel-lung verzehnfachte sich in den Jahren 1966 bis 1976 (vgl. Tabelle 55 im Anhang) von 239.000 auf 2,4 Mill. Stück.

— *Die Textilindustrie* hat die spektakulärste Wiederbelebung gezeigt und folgt nach dem Nahrungs-mittelgewerbe in der Schaffung von Arbeitsplätzen an zweiter Stelle. Die staatlichen Textilbetriebe konnten die Auslastung der Kapazitäten von 60 auf 80% erhöhen. In der privaten Textilindustrie ist gleichfalls eine Erhöhung des Ausstosses zu vermerken. Die Webereien produzierten 1968 373 Milliarden Meter Textilien, 1972 852 Mrd. und 1977 1.300 Mrd. m (oder rund 1,3 Bill. m). Die Erzeugung von Garnen stieg nicht ganz so stark von 1968 130.000 auf 1976 513.000 Ballen.

— *Die Tabakverarbeitende Industrie* als weitere grössere Industrie vermehrte ihren Ausstoss seit etwa 1969 beträchtlich. Die Zigarettenherstellung stieg von 1970 bis 1972 von 13 Milliarden auf 17 Mrd. Stück. Dazu kommen 1972 20 Mrd. Kretek-Zigaretten. 1975 betrugen die Zahlen 21 Mrd. bzw. 31 Mrd. Stück (Anhangtabelle 55).

— *Junge Konsumgüterindustrien* wie die Herstellung von Farben, Gebrauchsgläsern, elektrischen Geräten, Plastikartikeln und pharmazeutischem Verpackungsmaterial erlebten seit 1968 einen bemerkenswerten Aufschwung, obwohl genaue Zahlen hierüber nicht vorliegen. Die Zahl der hergestellten Radioapparate stieg von 42.000 im Jahre 1965 auf 391.750 1968 und 1 Mill. im Jahre 1975, die für Fernsehgeräte von 1.200 im Jahre 1968 auf 166.000 1975. Hier könnten auch Nähmaschinen angeführt werden, deren Ausstoss sich von 4.000 auf 520.000 desselben Zeitraumes erhöhte, oder elektrische Birnen von 5 auf 21 Mill.

— *Die Baustoffindustrie* mit Zement, Keramiken und Ziegeln zeigte steigende Produktionszahlen. Einige der Artikel werden in kleinen Betrieben hergestellt für die statistische Angaben unvollkommen sind. Die Zementproduktion hat den Stand von 1960 mit 1,3 Millionen t 1975 mit 1,8 Mill. t überboten 1977: 5 Mill. t. Die Herstellung von Wasserrohren stieg von etwas über 1.000 m im Jahre 1968 auf 94.000 m im Jahre 1975, die Baustahlherstellung von 1969 4.500 t auf 1975 152.000 t.

— *Die Mineraldüngerherstellung könnte* folgen: Im Jahre 1968 wurden etwa 84.000 t hergestellt; 1976 waren es 437.000 t.

— *Die Montage von Kraftfahrzeugen* entwickelte sich in den letzten 10 Jahren zu einer wichtigen Industrie, sodass die Einfuhr von fertigen Fahrzeugen untersagt werden konnte. Während 1968 nur 4.000 Fahrzeuge zusammengebaut wurden, (1966 waren es schon einmal über 10.000) stieg der Ausstoss bis 1975 auf 80.000, der von Motorrädern von 6.200 auf 300.000 Stück.

— *Einige Kleinindustrien* für Haushaltsgeräte und Artikel des täglichen Gebrauchs spielen ebenfalls eine Rolle. Eine im Jahre 1961 durchgeführte Stichprobenerhebung liess erkennen, dass etwa 1.850.000 Personen in solchen Kleinindustrien arbeiten; die mittelgrossen und grösseren Betriebe aber nur 1 Million Beschäftigte haben. Die Streichholzherstellung kletterte von 1968 238 Millionen Schachteln auf 780 Mill., die Herstellung von Zahnpasta von 13 Mill. auf 103 Mill. Tuben.

In den Jahren 1968/72 gab es eine Anzahl Stillegungen, die auf eine Erhöhung des Ausstosses der verbleibenden Betriebe schliessen lassen. Andererseits hatten bis zum Jahre 1977 erst wenige der ausländischen Neugründungen die Produktion aufgenommen, so dass die Wiederbelebung der indonesischen Industrie überwiegend von den bereits 1966 arbeitenden Betrieben getragen wurde. Die zahlreichen ausländischen Investitionen seien hier angeführt, die in der Anhangtabelle 17 statistisch ihren Niederschlag fanden.

3.3.1.2. *Qualität und Mannigfaltigkeit der Erzeugnisse*

Es gibt eine Vielfalt indonesischer Industrieerzeugnisse. Der Ausstoss ist nicht nur gestiegen, auch die Qualität, gemessen am internationalen Standard, wurde laufend verbessert. In der Metallverarbeitenden Industrie ist jüngst eine erhebliche Ausdehnung zu beobachten. Neu aufgenommen wurde die Herstellung von Wasserrohren, Wellblech. Draht, Spritzen für den Pflanzenschutz sowie der oben erwähnte Zusammenbau von Fahrzeugteilen deutscher, japanischer, italienischer und amerikanischer Fabrikate.

3.3.1.3. *Die Grösse der Betriebe* ist noch begrenzt. 86% der Beschäftigten befanden sich laut Untersuchung aus dem Jahre 1967 (235) in Betrieben mit 10 - 49 Arbeitern, 7,8% in Betrieben mit 50 - 99 und nur 6,3% in Betrieben mit mehr als 100 Arbeitern. Die grössten Fabriken sind die Pusri-Dünger-Fabrik mit 1971 1.500, die Gresek und Padang Zement-Fabriken mit 1970 1.600 bzw. 1.150 Arbeitern und die Papierfabrik Leces mit 1.135 Arbeitskräften. In der Weberei gab es im Jahre 1970 einige Neuzugänge an grossen Betrieben mit mehr als 500 Stühlen. Die Mehrzahl aller Betriebe ist jedoch klein und überwiegend in Familienbesitz. Einzelheiten sind aus Anhang-Tabelle 40 ersichtlich. Neuere Zahlen sind nicht verfügbar; doch dürfte sich die Anzahl der Beschäftigten in den meisten Fällen verdoppelt haben.

Die Kapitalausstattung der Firmen, Management und Produktivität

Auf Grund der erst im Jahre 1969 gebremsten Inflation war die Kapitalausstattung lange begrenzt. Qualifizierte Arbeitskräfte sind immer noch rar. Das Management ist oft der Aufgabe nicht gewachsen und die Produktivität nicht befriedigend. In den Familienbetrieben ist das Management im allgemeinen besser als in den staatlichen Betrieben. Hier ist die Investition vorsichtiger und besser abgestimmt worden. Auch sind die Allgemeinkosten in solchen Familienbetrieben niedriger als in Staatsbetrieben. Staatsbetriebe haben eine grosse Belastung durch die Verpflichtung zur Stellung freien Wohnraums, Transport und zu sonstiger Fürsorge.

3.3.1.4. *Staatsbetriebe*

In den Jahren 1968/72 wandelte die Regierung verschiedene staatliche Industriebetriebe (= Perusahan Nasional = P.N.) in Privatbetriebe (Perusahan Terbates = P.T.) um. Dieser neue rechtliche Status bedeutet keineswegs immer eine völlige Privatisierung. Vielmehr ist damit die Unabhängigkeit des Betriebes vom bisher zuständigen Ministerium oder Generaldirektorat gemeint. Die Staatsbetriebe bilden den überwiegenden Teil der grösseren Betriebe. Ihr Beitrag zum Brutto-Sozialprodukt ist aber nicht sehr gross. Der grösste Teil dieser Staatsbetriebe besteht aus Spinnereien, die 10% aller in mittleren und grösseren Textilbetrieben Beschäftigten aufnehmen. Webereien sind im Gegensatz dazu überwiegend in privater Hand. Man schätzte den Anteil der in Staatsbetrieben beschäftigten Personen für 1977 auf etwa 15% aller in der Industrie Beschäftigten.

3.3.1.5. *Industrielle Beschäftigung*

Im Jahre 1971 verteilten sich die Arbeitskräfte der einzelnen Sektoren nach dem damals durchgeführten Zensus wie folgt: Landwirtschaft 63,2%, Bergbau 0,2% herstellende Industrien, 5%, Baugewerbe und öffentliche Versorgungsbetriebe 2,0%, Handel und Tourismus 10,5%, Transport und Verbindungswesen 2,3% und Finanz-und Versicherungswesen 14,3% (221). Die Zusammensetzung industrieller Beschäftigung nach den Hauptindustrien und nach den Regionen ist aus Tabellen 52 u. 85 im Anhang ersichtlich. Die einzelnen Industriebetriebe sind klein und haben durchschnittlich weniger als 30 Arbeiter. Ausserdem fällt auf, dass die Konzentration industrieller Beschäftigung in Java/Madura grösser ist als deren Anteil an der Gesamtbevölkerung. Ungefähr 54% aller industriellen Arbeiter waren 1970 in der Nahrungsmittel- und Textilindustrie beschäftigt. Tabellen 52; 53; 73 und 83 im Anhang befassen sich mit Industrie und Beschäftigung noch weiter ins Einzelne gehend. -Die 1978 rund 1,6 Mill. Industriearbeiter in 2.500 Betrieben profitieren künftig vom neuen ASTEK-Versicherungsplan der Regierung, der für das Alter und den Todesfall vorsorgt. Für die Altersversorgung zahlen Betrieb und Arbeitnehmer 1,5% bzw. 1% der Lohnsumme in einen staatlichen Fond.

3.3.2. *Industriepolitik und -gesetzgebung seit 1967*

Industriepolitik und Anreize für Investitionen in Indonesien sind so ausgerichtet, dass metallurgische und die auf Erdöl basierende chemische Industrie besonders gefördert werden. Es gibt einen grossen Binnenmarkt und billige Arbeitskräfte. Während beide industriellen Planungen als Fernziele bezeichnet werden müssen, hat die Regierung sich bei Neuorientierung der Industrie im Jahre 1968 auf jene Industrien konzentriert, die die Landwirtschaft unterstützen. Hier sind die Düngerindustrie, Pflanzenschutzmittel- und die Landmaschinenindustrie zu nennen. Neben der Produktionsmittelindustrie wären dann noch die Industrien aufzuführen, die Pflanzenfasern, Kautschuk, Öl und Nahrungsmittel weiterverarbeiten. Damit steht die gegenwärtige Industriepolitik im Gegensatz zu der früheren, die die Grundindustrien betonte. Begonnene Projekte der Grund- und Schwerindustrien sollen jedoch möglichst zu Ende geführt werden. Nicht betroffen von diesem Richtungswechsel sind einige Industrien und Gewerbe, die ohnehin bereits entwickelt sind wie die Textilindustrie und die Zementfabriken. Es gibt gesperrte und geschützte Bereiche, je nachdem, ob eine Industrie aus eigenen Mitteln entwickelt werden kann (und ob dazu die fachlichen Fähigkeiten vorhanden sind)-.

3.3.2.1. *Investitionsmittel*

Private Mittel für Investitionen im industriellen Sektor waren lange sehr rar. In der Zeit der staatlich geleiteten Wirtschaft war die Bildung privaten Kapitals schwierig. Grössere Industriebetriebe waren verstaatlicht. Der wichtige Sektor des potentiell vorhandenen Kapitals der Auslandschinesen liegt solange brach, wie keine klaren Richtlinien hinsichtlich der Handhabung dieses Ausländerkapitals vorhanden sind. Mit der Rückkehr zur Marktwirtschaft begannen die Verhandlungen über die Rückgabe der verstaatlichten ausländischen Anlagen mit Ausnahme der in ehemals holländischen Besitzungen. Ein Investitionsgesetz wurde erlassen, das ausländische Kredite regelt wie sie einer Regelung in anderen Ländern entspricht.

3.3.2.2. *Die Überführung (Reprivatisierung) der ausländischen Industriebetriebe Indonesiens*

Die Überführung (Reprivatisierung) aller ausländischen Industriebetriebe mit Ausnahme der holländischen, war im Juli 1967 erfolgreich eingeleitet worden. Im Jahre 1975 war der Stand folgender:

— Unilever Seifen- und Margarinefabrik Jakarta,
— Colibri Seifenfabrik, Surabaya,
— Prodenta Zahnpastafabrik, Surabaya,

— Arche Backölfabrik Jakarta,
— Fileo Backölfabrik Surabaya,
— Good Year Reifenfabrik, Bogor,
— Heineken Brauerei, Jakarta,
— Everready Batteriefabrik Jakarta,
— Bata Schuhfabrik Jakarta,
— Naspro (Pharmazeutische) Fabrik Jakarta,
— Zwei Getränkefabriken der Firma Fraser and Neave, Jakarta u. Surabaya,
— Vier Zigarettenfabriken der Firma BAT in Cirebon, Semarang, Surabaya und Malang.

Ehemals holländische Betriebe fallen unter den Kompensationsvertrag. Die nichtholländischen ausländischen Eigentümer werden nur bei Neuinvestitionen durch das neue Gesetz betroffen. In einigen Fällen konnte die indonesische Regierung Zusicherungen erhalten, wie von Unilever und Good Year, die US $1,5 Millionen bzw. US$13 Millionen neu investieren wollten (1975).

3.3.2.3. *Das Ausländer-Investitionsgesetz* vom 10. Januar 1967 und Gesetze 1,11 u. 12 sehen Überweisungsgarantien, Steuerpräferenzen, Landbenutzung und Schiedssprüche im Falle einer Nationalisierung vor. Private ausländische Investitionen sind in den meisten Sektoren ausser in der Waffenproduktion möglich. Investitionen in Kraftwerke, Häfen, Eisenbahnen, Flugverkehr, Schiffahrt und andere Verbindungsmittel unterliegen der staatlichen Kontrolle. Die indonesische Regierung ist dafür bekannt, solche Klauseln grosszügig auszulegen, wie z.B. für die Bodenstation des Intelsat-Nachrichten Satelliten der Firma IT & T. Für Investitionen unter US $ 2,5 Millionen ist eine lokale Mindestbeteiligung erforderlich. Dieses Gesetz wurde durch den Entscheid des Präsidenten Nr. 21 vom Jahre 1973 mit Grundregeln der Kapitalinvestition ergänzt.

Die Steuerregelungen reichen von einer fünfjärigen Befreiung von der Körperschafts- und Kapitalertragssteuer für Dividenden, über eine ebensolange Zollbefreiung für die Einfuhr von Kapitalgütern und Maschinen bis zur Befreiung von der Kapital-Stempelmarkensteuer. Für weitere fünf Jahre ist eine ermässigte Körperschaftssteuer vorgesehen oder eine beschleunigte Abschreibung. Es liegt im Ermessen der Regierung, nicht näher spezifizierte Klauseln auszulegen. Die Befreiung von Steuern ist in der Instruktion Nr. 6 des Jahrer 1967 näher spezifiziert, wo eine zweijährige Befreiung für alle Investitionen über US $ 2,5 Millionen und unterhalb dieses Betrages mit indonesischer Beteiligung stipuliert ist.

Ein weiteres steuerfreies Jahr erhalten ausländische Investoren, die Güter produzieren und die Devisen sparen. Investitionen ausserhalb Javas schliesslich bringen sogar ein viertes steuerfreies Jahr ein und gelten so auch für Java, vorausgesetzt, dass mit der ausnahmsweise hohen Investition ein grosses Risiko verbunden ist. Erst-Investitionen vor dem Jahre 1968 hatten sogar fünf steuerfreie Jahre.

Das Investitionsgesetz sieht die *Überweisung von Einnahmen* in der ursprünglichen Währung zum jeweiligen Wechselkurs vor und zwar sowohl für Gewinne nach Steuer, Abschreibung, Bezahlung ausländischer Fachkräfte als auch im Falle einer Verstaatlichung für den Kompensationsbetrag. Zu nicht spezifizierten Kosten, die auch hierunter fallen können, gehört z.B. der Erlös aus dem Verkauf der Aktien an Indonesier. Auch Zinszahlungen für ausländische Schulden sind frei von irgendwelchen Transferierauflagen.

Ausländische Firmen können als juristische Personen auftreten, wenn es sich nicht um einen Zweigbetrieb des ausländischen Stammlandes handelt. Als solche können diese ausländischen Firmen in Indonesien nach dem Gesetz Land besitzen, bebauen und nutzen. Schliesslich gibt die indonesische Regierung in dem Gesetztext die Zusicherung, eine Verstaatlichung nur aus nationaler Notwendigkeit vorzunehmen. In einem solchen Fall soll der vorher vereinbarte Kompensationsbetrag oder ein von einer Schiedsrichterstelle zu bestimmender Betrag an den ausländischen Investor gezahlt werden.

3.3.2.4. *Steuern und Zölle als Regulativ industrieller Entwicklung.*

Die im Jahre 1972 bestehenden Zoll- und Steuersätze müssen als hemmend für eine industrielle Entwicklung bezeichnet werden. Im Jahre 1970 führten zwei Mitglieder der Harvard Advisory Group eine Studie hierüber durch. Die wichtigsten Ergebnisse waren:

— Viele herstellende Industrien sind durch hohe Zölle vor ausländischer Konkurrenz geschützt;
— Durch weitverbreiteten Schmuggel ist jedoch dieser Schutz durchbrochen und die Industrien sind dadurch der ausländischen Konkurrenz ausgeliefert;
— Nicht verzeichnete Einfuhren, als technischer Schmuggel bezeichnet, betragen 25-40% der Gesamt-Textileinfuhren; sie schädigen die heimische Produktion;
— Materialien und Halbfertigwaren sind machmal mit höheren Zöllen belegt als Fertiggüter;
— Zollauslösung und Verzollung nahmen durch die wegen der niedrigen Entlohnung von den Zollstellen geforderten sogenannten «nützlichen Abgaben» einen grossen Teil der Zeit der Unternehmer in Anspruch und verursachten beträchtliche, nicht kontrollierbare Ausgaben; in letzter Zeit trat eine Besserung ein;
— Verkaufssteuern sind an sich hoch und durch verschiedene sich summierende Nebengebühren unüberschaubar, da sie in allen Produktionsstufen erhoben werden;
— Einfuhrsperren für bestimmte Güter sollten die heimische Produktion schützen, verursachten jedoch bei der geringen Produktion eine Verzerrung der Preise und des Qualitätsstandards.

Die protektionistischen Zölle stammen noch aus den 50er Jahren und müssen als Hauptursache der Ineffizienz in der Industrie ohne gesunden Wettbewerb angesehen werden. Entsprechend obiger Kritik wurde diese Zollgesetzgebung inzwischen verbessert.

Körperschaftssteuer

Im Jahre 1970 senkte die Regierung die Körperschaftssteuer von 60% auf 45%. Dies war eine erhebliche Erleichterung. Gleichzeitig damit ging eine Neufestsetzung des Einheitswertes Hand in Hand. Die Inflation hatte die Wertmasstäbe erheblich verzerrt, so dass eine solche Revision lange fällig war. Auf den Mehrwert wurde dann eine 20% ige Steuer erhoben.

Die Steuererhebung erfolgt nicht einheitlich. Unternehmer können mit den Steuerbeamten verhandeln und oft den geforderten Betrag vermindern. Das Einkommen des Staates aus der Körperschaftssteuer ist deshalb klein. Die Feststellung der Gewinne nach der Besteuerung zu statistischen Zwecken wird dadurch schwierig.

3.3.2.5. Kredite für inländische Firmen

Die Kreditknappheit ist durch die ausländischen Investitionen und joint ventures nur zum Teil behoben. Im Zuge der Stabilisierung und Inflationsbekämpfung hatte der Staat die Kredite verteuert. Darum mussten die besonders wichtigen Finanzierungen für die Nahrungsmitteleinfuhren und -Lagerhaltung sowie für Rohmaterialien- und Ersatzteileinfuhr der Exportwirtschaft vorbehalten bleiben. Die Zucker- und Textilindustrie verschlangen einen Grossteil solcher verbilligten Kredite.

Das Sparprogramm, das im Jahre 1968 durch hohe Sparzinsen angekurbelt wurde, setzte die Banken in die Lage, mittelfristige Darlehen an die Industrie zu vergeben. Die langfristigen Kredite an die Industrie beschränkten sich im Jahre 1972 auf Kredite ihrer Lieferanten. Diese Kreditverknappung war auch der Grund für die geringe Ausnutzung der Kapazitäten. Wie auf Seite 69 ausgeführt, sind kurzfristige Kredite für 2-4% pro Monat für die Industrie verfügbar.

BAPINDO ist die für mittel- und langfristige Kredite an die Industrie geschaffene Bank. Die Neufassung der Kreditpolitik bedeutet zugleich auch eine Reorganisation der BAPINDO. Darüber hinaus sind zwei weitere solcher Kreditinstitute geplant.

3.3.2.6. Reprivatisierung von Industrien

Die Schaffung von PT's als privatrechtliche Betriebe ist ein grosser Schritt in Richtung auf eine bessere Effizienz der indonesischen Industriebetriebe. Privatisierte Betriebe sind stärker auf Kredite angewiesen, als es die staatlichen Betriebe wegen des Finanzausgleiches am Jahresende durch den Staat sind. Ausserdem sind deren Maschinenanlagen veraltert und entsprechen nicht den in der Privatwirtschaft gestellten Anforderungen.

Diese Auszüge aus den verschiedenen Gesetzen und Entscheidungen sollen Licht auf die umfangreichen Neuregelungen für Investitionen in Indonesien werfen. Im Rahmen dieser Arbeit kann dieses Thema nicht erschöpfend behandelt werden, und es wird auf die Arbeit von KEBSCHULL, D. MAYER O.G. (95) verwiesen, sowie auf die Mitteilungen des Ostasiatischen Vereins. Hier soll auf die entscheidende Wendung gegenüber der Sukarno-Politik hingewiesen werden.

Ergebnisse der Investitionspolitik bis zum Jahre 1978 lassen sich etwa wie folgt zusammenfassen:

Seit Inkrafttreten des Gesetzes über « Investment of Foreign Capital » von 1967 (Law No 1/1967) sind die ausländischen Investitionen in Indonesien ständig gestiegen. Alleine in den ersten acht Jahren 1967 bis 1975 genehmigten die indonesischen Behörden über 800 ausländische Investitionsprojekte mit einem Gesamtbetrag von rund US$ 3 Milliarden. Doch wie stets in Indonesien, gibt es zwischen Plan und Erfüllung eine nicht unerhebliche Kluft. Im selben Zeitraum wurden von der beantragten Investitionssumme nur 30% tatsächlich investiert. Deshalb sah die indonesische Regierung trotz der Vorkommnisse um die Unruhen vom Jahre 1974 wegen der grossen Auslandsbeteiligung an indonesischen Projekten eine stärkere Investitionstätigkeit ausländischer Unternehmen für die Folgejahre vor.

An erster Stelle der genehmigten Investitionen standen 1975 die USA mit 630 Millionen Dollar und 92 Projekten, gefolgt von Japan und den Philippinen sowie einer Reihe anderer Staaten. Die Bundesrepublik stand an zehnter Stelle mit 25 Projekten. Eine Reihe wichtiger Projekte war in der offiziellen indonesischen Verlautbarung nicht mitgezählt worden, z.B. die Beteiligung der Norddeutschen Raffinerie am Kupfererzprojekt der US Freeport Sulphur in Irian Jaya mit 27 Mill. US$, die der DEMINEX im Erdölsektor, die an der Europäisch-Asiatischen Bank, Jakarta, und an einem Zementprojekt. Deutschland war kritisiert worden mit nur etwa 1% der Gesamtinvestitionen und DM 75 Mill. ausnehmend stark zu zögern Doch das Bild sieht bei den realisierten Projekten anders aus.

Gemessen an der realisierten Investitionssumme stand die Bundesrepublik 1975 an achter Stelle unter den ausländischen Investoren, obwohl sie sonst als Geber von Entwicklungshilfe an dritter Stelle rangiert. Die USA und Japan nahmen auch dort die ersten beiden Plätze ein. Nimmt man alle Investitionen also die der öffentlichen Hand (einschliesslich Entwicklungshilfe) und privater Gesellschaften zusammen, rangiert die Bundesrepublik (wie beim Aussenhandel und in der Entwicklungshilfe alleine) an dritter Stelle zusammen mit Frankreich und der Schweiz. Dass vor der finanz-und wirtschaftsstarken Bundesrepublik so viele andere Länder in den privaten Investitionen rangieren, hat zu allererst historische Gründe. Man denke daran, dass die USA und Frankreich und die Schweiz ihre früheren Besitzungen zurückerhielten, Deutschland, Japan und die Niederlande aber nicht. Dann aber spielen sicherlich die Entfernungen eine Rolle. Wirtschaftliche und politische Stabilität sind gegeben und scheinen auch in Zukunft genügend Sicherheit zu gewährleisten. Dass die kulturellen Beziehungen auf Grund historischer Entwicklung relativ schwach sind, dürfte ebenfalls abträglich wirken. Im Jahre 1976 fielen die gesamten ausländischen Investitionen (von 1974 US$ 1,392 Mrd. und 1975 $ 1,944 Mrd.) auf US$ 423 Mill. neue Investitidnen. Für 1977 schätzt man gar nur $ 280 Mill. an genehmigten Investitionen. -Alle Investitionen stiegen in den letzten fünf Jahren mit jährlich 13 %.

3.3.2.7. *Perspektiven für künftige industrielle Entwicklung*

Der Fünfjahresplan 1974/79 verschafft dem industriellen Sektor eine überragende Rolle in der Entwicklung des Landes. Die vergangenen zehn Jahre der Regierung Suharto dienten der Rekonsolidierung und Festigung der noch jungen Industrie (vgl. Seite 194. Dennoch trägt die Landwirtschaft im laufenden Fünfjahresplan die Hauptlast. Die oberste Planungsbehörde, BAPPENAS, hat für beide Sektoren eine Strategie der Regionalentwicklung entworfen, nach der auch die Industrie eine Rolle spielen wird für die besserer Verteilung von Einkommen und Abbau bestehender wirtschaftlicher Spannungen. Tendenzen lassen sich aus Tabelle 89 im Anhang aus den Zuwendungen der Zentralregierung für Entwicklungsprojekte in Regionen ablesen.

Das Problem der Arbeitslosigkeit und Unterbeschäftigung ist im laufenden Plan stärker als bisher berücksichtigt. Man kann der Industrie bei der Behebung dieses Problems die Hauptrolle übertragen, doch grundlegende Entwicklungsstrategien in der Industrie können verhindern, dass es zu Fehlentwicklungen kommt. Statt automatisierter Anlagen sind deshalb für Indonesien leichtere Industrien mit einem höheren Anteil im Herstellungsprozess angebracht. Es ist wichtig, die Kosten für einen Arbeitsplatz von bisher Rp. 10-20 Millionen auf 2-5 Mill. zu senken. Leichtindustrien haben eine kürzere Umschlagzeit für das investierte Kapital. Eine der als notwendig erkannten Massnahmen ist in diesem Zusammenhang der Fortfall von Subventionen für kapitalintensive Betriebe, die zugleich teure Arbeitsplätze bedeuten. Die exportorientierten arbeitsintensiven Betriebe verdienen besondere Beachtung, da sie Devisen beschaffen. Erklärtes Ziel solcher Massnahmen ist jedoch die bessere Einkommensverteilung durch mehr Arbeitsplätze in der Industrie. Die Bevorzugung kleiner und mittlerer Betriebe der Leichtindustrie braucht nicht zu bedeuten, dass Betriebe der Schwerindustrie vernachlässigt werden. Das industrielle Wachstum erfordert, dass die Entwicklung der Kleinindustrien auch grössere Industrien nach sich zieht in dem Masse, wie diese wirtschaftlich werden. Die selektive Betonung der Leichtindustrie bedeutet nur, dass Schwerindustrien künftig nicht protektionistisch und subventioniert behandelt werden.

Die gelenkte industrielle Entwicklung für den letzten Teil der 70er Jahre sieht auch die Beeinflussung der Nachfrage vor, indem die Massen-Konsumartikel stärkere Betonung finden. Autos und Luxusartikel sind mit Sondersteuern belegt.

3.4. Die Energieversorgung

Nach dem ursprünglichen Ansatz von REPELITA II sollten (1974-1979) 7,5 %des Entwicklungshaushaltes in den Ausbau der Stromversorgung gehen. Von der 1973/74 installierten Kapazität von etwa 1 Mill. KW wurden nur 20% an die Industrie verkauft. Die meisten Fabriken betrieben ihre eigenen Generatoren. 1975/76 wurden pro Kopf der Bevölkerung nur 21,2 Kilowattstunden an Strom verbraucht (in Indien, 108 und auf den Philippinen 255). Diese Zahlen unterstreichen die Bedeutung, die dem Ausbau der Stromversorgung zukommt.

3.4.1. DIE VERHÄLTNISSE UNTER SUKARNO

Bis zum Jahr 1954 war die Elektrizitätserzeugung und Stromversorgung zum grössten Teil in privater Hand. Es gab private Elektrizitätsgesellschaften mit Regierungsbeteiligung, und zwar in West und Ost-

Java, Süd-Sumatra, Nord-Sulawesi und auf Bali. Zumeist waren dies Wasserkraftwerke mit Überlandleitungen.

Durch das Dekret vom 3. Oktober 1963 wurden alle privaten Elektrizitätsgesellschaften verstaatlicht. Dieser Prozess dauerte von 1954 bis 1957. Im Herbst 1958 wurde die Staatliche Elektrizitätsgesellschaft « Perusahaan Listrik Negara » (PLN) gegründet, um diese Elektrizitätsgesellschaften zu verwalten. PLN wird von einem Vorstand, bestehend aus dem Präsidenten der Gesellschaft und drei Direktoren für Entwicklung und Bau, Betrieb und Logistik sowie für das Geschäftswesen, verwaltet. Die Regierung bestimmt dieses Management. Die Tätigkeit von PLN wurde vom Generaldirektorat Stromversorgung und Industrie beaufsichtigt. Dieses Generaldirektorat untersteht direkt dem Ministerium für Öffentliche Arbeiten.

PLN bildete 1971 sechzehn Strombezirke für die Verwaltung der Stromversorgung. Die Gesellschaft ist auch für den Bau kleiner Kraftwerke verantwortlich. Der Bau grösserer Anlagen untersteht dem Generaldirektorat für Stromversorgung und Industrie. Zwischen 1957 und 1958 wurden nur geringfügige Investitionen vorgenommen. Die Stromversorgung befand sich in einem schlechten Zustand, als diese 1967 neu geplant wurde. Im Jahre 1967 betrug die gesamte Kapazität 585.811 Kilowatt, zusammengesetzt aus 282.599 KW Wasserkraftwerken, 125.194 KW Dampfkraftwerken und 178.018 KW Dieselaggregaten. Anfangs gab es 67 Wasserkraftwerke, 18 Dampfturbinen und 493 Dieselaggregate in 190 Kraftstationen. Die von diesen Anlagen produzierte Anzahl Kilowattstunden betrug 1966 1,561 Mrd. Die in Industriebetrieben vorhandene Kapazität ist darin nicht eingeschlossen. Sie wurde auf weitere 200.000 Kilowatt geschätzt.

3.4.2. Der Wiederaufbau

Die Reorganisation begann mit einem Revirement des Management, das in den sechzehn Bezirken relativ selbständig arbeitet. Eine anerkannte ausländische Gruppe beratender Ingenieure reorganisierte die Verwaltung. Dies war die Voraussetzung für einen IDA-Kredit für das Stadtverteilungsnetz Jakarta. Das Beratungsbüro erarbeitete auch die Rechtsgrundlagen für PLN als staatliche Gesellschaft (Körperschaft des Öffentlichen Rechts), die in finanziellen und personellen Entscheidungen vollkommen unabhängig ist. Das Beratungsbüro bewertete alle Installationen und Liegenschaften der PLN neu. Neue Stromtarife führte die Beratungsfirma ein und passte die Einziehung der Stromgebühren modernen Methoden an.

Im Jahre 1970 betrug die gesamte Kapazität 550.000 Kilowatt. Die einzelnen Kraftstationen hatten etwa 200.000 Kilowatt Dieselagregate, 113.000 Kilowatt Dampfkraftwerke, 42.000 Kilowatt Gasturbinen und etwa 200.000 Kilowatt Wasserkraftturbinen. Daneben gab es 115 000 bis 200.000 Kilowatt private Kraftwerke. Jakarta hatte im Jahre 1970 50 % des verbrauchten Stroms aus privaten Anlagen. Dies war eine Zeiterscheinung, bedingt durch Mangel an Kapazitäten und zurückzuführen auf den progressiven Gebührentarif. Der Preis pro KWh stieg rasch mit der Höhe des Stromverbrauchs.

Die grösseren Stromerzeugungsanlagen waren 1971 :

— das Wasserkraftwerk Jatiluhur bei Jakarta, 125.000 Kilowatt, (Juanda-Station);

— das Wärmekraftwerk Tanjung Priok in Jakarta mit 50 000 Kilowatt;

— ein Kraftwerk in Surabaya mit 25 000 Kilowatt aus Dampfturbinen und

— Kraftwerke zu je 1.000 Kilowatt aus Gasturbinen in Semarang, Palembang

Diese Kraftwerke befanden sich 1971 in technisch gutem Zustand. Alle andere bedurften einer gründlichen Überholung z.B. lag das Kraftwerk Bukittinggi in den Jahren 1968/71 oft 2-3 Tage pro Woche wegen Ersatzteilmangels still.

Während Repelita I fügte die Regierung (1969/73) im ganzen 320.000 KW neuinstallierte oder grundüberholte (zuvor stilliegende) Kapazität hinzu. Während Repelita II sollen weitere 1.000 Megawatt zum 1974 geschätzten Kostenpreis von Rp. 380 Mrd. installiert werden (etwa US$ 1 Mrd.).

3.4.3. Der ende des Jahres 1977 erreichte Zustand

Im Januar 1977 betrug die installierte und bereits Strom erzeugende Kapazität der PLN im ganzen 1.220.000 KW. Davon waren 321.000 oder 26,3 % Wasserkraftwerke, 250.000 oder 20,5 % Dampfkraftwerke, 316.000 oder 25,9 % Dieselaggregate und 333.000 KW oder 27,3 % Gasturbinen. Zusätzlich kaufte

PLN Strom von der 125.000 KW Juanda-Station am Jatiluhur-Staudamm (eigene Gesellschaft) und von einigen Kraftanlagen der PERTAMINA, sowie einigen weiteren kleinen Anlagen. Ende 1977 schätzte man den Pro-Kopf-Stromverbrauch auf 30 KWh. Präsident Suharta gab im März 1978 in seiner Rede vor der Volksversammlung die installierte Kapazität mit 1.500 Megawatt und 2.500 MW als Nahziel an.

Die Überlandleitungen von PLN befinden sich überwiegend auf Java, da es sich auf den Ausseninseln meist um lokale Stromversorgungszentren handelt. Die 1978 vorhandenen 6.500 km Überlandleitungen (2.000 km zu 30 kV und der Rest zwischen 25 u. 150 kV) ermöglichen noch nicht annähernd die Nutzung der installierten Kapazität. Weitere 1.000 km Leitung sind im gleichen Jahr in Bau (zumeist 150 kV). Die Transformatoren-Kapazität wuchs in den ersten drei Jahren von REPELITA II von 682 MVA auf 1.100 MVA. Die Asiatische Entwicklungsbank stellte 1977 Mittel für weitere 2.900 MVA zur Verfügung. Einen Überblick der zurückgelegten Entwicklung vermittelt Tabelle 61 im Anhang.

3.4.4. VORAUSSCHÄTZUNGEN

Mitte 1977 schätzte die Asiatische Entwicklungsbank in Manila, ausgehend von 1975/76 erzeugten 3,8 TWh, den Bedarf für 1978/79, am Ende von REPELITA II auf 5,7 TWh; 1983/84: 13,7 TWh. Die entsprechenden Verkaufszahlen: 1975/76:2,8 THW; 1978/79 4,3 TWh und 1983/84 11,0 TWh. (Terrawatt-Stunden). Die verschiedenen Pläne sind wiederholt umgestossen worden. Mitte 1977 galt ein Plan, der « Java Power System Development Plan 1978/85 », angefertigt von einer amerikanischen Firma, der PLNs Verkäufe von 80% weiterhin garantieren sollte. Den Plan für Sumatra machte eine japanische Firma, im ganzen über 10 Jahre veranschlagt. Beide Pläne haben Empfehlungen für den dritten Fünfjahresplan. Auch für die anderen Inseln plant man ähnliche Projektionen, doch die Fertigstellung der Pläne nimmt noch einige Zeit in Anspruch. Im ganzen will man, ausgehend von den 1.220.000 Kilowatt und den 1.556.000 KW im Bau befindlichen Kraftwerken, weitere 2.912.000 KW hinzufügen, um dann 1983/84 4.132.000 KW installierte Kapazität zu haben. Nach 1967er Preisen würde dieser Ausbau im ganzen US$ 4,4 Mrd. kosten, wovon alleine $2,7 Milliarden Devisenkosten wären. Der Ausbau des Überlandleitungssystems ist hierin eingeschlossen.

Gleichzeitig denkt die Nationale Atomenergie Agentur BATAN an Uranium-Brennstoff als Alternative zum C-Brennstoff. Diese Stelle rechnet mit 64.000 MW Strombedarf am Ende des Jahrhunderts. Hingegen könnte man nur maximal 6.000 MW aus Wasserkraft gewinnen. Um die Differenz an Strom zu erzeugen, müsste man jährlich 200 Mill. t Steinkohle verstromen. Hingegen benötigt man dazu nur 7.500 t Uran. Java alleine benötigt 1997 17.400 MW elektrische Energie.

3.5. Die Fremdenindustrie

Das ansprechende sonnige Klima ist für den Tourismus von gleich starker Anziehungskraft wie die Schönheit von Natur und Menschen dieser tropischen Inselwelt. Die grossen Städte mit ihren Sehenswürdigkeiten, die exotischen Dörfer mit ihren bunten Märkten, die Zeugen alter Kulturen und Religionen sind weitere Anziehungspunkte. Tempelfeste und Tänze bezaubern den Besucher. Noch liegt das Land ausserhalb des Massentourismus. - Das hat sicherlich seine Vorzüge, bedeutet aber für das Land Investitionen, die sich nur langsam amortisieren. Vorläufig (1975), stehen Hongkong, Thailand und Singapur mit jährlich 1.082.000. 820.000 und 780.000 Besuchern vor Indonesien, das im selben Jahr 366.000 hatte. Den ausländischen Touristen bewegen folgende Motivationen:

— *Eine Reise nach Indonesien* wird oft bei der Buchung einer Reise in die oben genannten Länder als Abstecher angefügt. Europäische Luftlinien und eine Schiffahrtslinie starten ihre Rundreisen durch die indonesischen Inseln von Häfen dieser Länder. Der « Hukepack-Tourismus » spielt noch eine Rolle.

— *Auf Bali* findet der Fremde die alten Tempel mit ihren tänzerischen Darbietungen, die Bauernkünstler von Ubud mit ihren Malereien und Holzschnitzereien; er findet Museen in Denpassar, Silberschmiede in der Nähe der Stadt - alles eingebettet in eine Landschaft grosser Schönheit, deren Bewohner ungeteilt ihren Sitten und Gebräuchen leben.

— *Sumatra* hat mit dem Toba-See und dem Dreick Medan-Brastagi-Parapat sowie dem Gebiet Bukittinggi mit den Singkarak und Maninjau Seen zwei Zentren.

— *Der Bezirk von Jogyakarta* mit den Tempeln in Prambanan und Borobodur wird besonders häufig im Sommer besucht, wenn in Prambanan die Ramayanafestspiele stattfinden, denen in den mondhellen Nächten der grosse Tempel (vgl. Federzeichnungen) als Kulisse dient. Bekannt sind die Gemäldeausstellungen heimischer Meister und die Kunstfertigkeit der Silberschmiede von Kota Gede bei Jogyakarta. Hier ist auch das Zentrum der Batik-Industrie.

— *Das Dieng - Plateau* mit dem ältesten Tempelbezirk Javas oberhalb der Stadt Wonosobo, rund 160 km von Jogyakarta entfernt, ist weniger bekannt, bietet dem Kenner die Miniaturtempel aus der frühesten Zeit der Hindukultur. Man beabsichtigt, hier die Mahabarata-Spiele wiederaufleben zu lassen. Die vulkanische Bergwelt des Dïeng ist bezaubernd.

— *West-Java mit den Tausend Inseln* ist ein beliebtes Reiseziel für Touristen, die den Wassersport lieben. Der mondän-teuer reisende Tourist bevorzugt die Luxus-Bungalows auf Pulau Putri. Wer das einfache Leben schätzt, wird sich in den Hütten auf Opak und Kaliageh wohlfühlen.

— *Von Jakarta aus zu erreichen sind* der Botanische Garten in Bogor, die Bergwelt des Puncak und die Steilküste im Süden West-Javas.

— *Andere Anziehungspunkte sind* die Tanah Toraja Totenfeiern auf Sulawesi, die Insel Ambon in der Molukkengruppe, Kalimantan und die Kleinen Sundainseln.

— *Auf Irian Jaya* gibt es herrliche Strände bei Jayapur und Wamena und bei Agats Holzschnitzereien.

— Wahrscheinlich wird das vom jetzigen Generaldirektor Achmat Tirta geförderte *Strandleben* der vielen Inseln künftig die meisten Touristen anziehen.

Von allen Sehenswürdigkeiten und Touristik-Zentren zieht die Insel Bali bisher die meisten Besucher an, gefolgt von Jogyakarta. Jakarta wird von den meisten als Durchgangspunkt angesteuert, obwohl es Direktflüge nach Bali gibt. Die räumliche Verteilung der Touristenströme wird durch eine Anzahl von Hemmnissen bestimmt, die sowohl im Verbindungswesen wie in einigen grundsätzlichen Schwierigkeiten im Hotelgewerbe liegen. Auch spielen Eigeninteressen der örtlichen Behörden eine Rolle, die durch ungerechtfertigt hohe « nützliche Abgaben » der oft ausländischen Unternehmer diesen die Unternehmungslust vergällen. Die internationale Tourismus-Konferenz vom Jahre 1974 gab Indonesien die Möglichkeit, der Welt das Land mit seinen Schönheiten zu zeigen, dabei die Gastlichkeit der Hotels zu beweisen und zugleich Geschäftsabschlüsse zu tätigen. Man hatte versucht, in sehr kurzer Zeit die Hotels entsprechend durchzuorganisieren. 1976 gab es 378 Hotels mit 19.787 Zimmern, die sich etwas stark auf Java und Bali konzentrieren.

Touristische Wachstumszahlen sind noch wenig erfasst. Doch einzelne der vorhandenen Zahlen weisen auf bemerkenswerte Wachstumsvorgänge hin. So nahm die Zahl der Touristen in den Jahren 1967-1972 um 50% zu. Im Jahre 1971 waren noch 42% aller Reisenden Geschäftsreisende. Von den 220.000 Touristen des Jahres 1972 besuchten 60.000 im Direktflug Bali, weitere 20.000 Bali und auch Jakarta. Die restlichen 140.000 lassen sich regional nicht aufteilen. In den letzten fünf Jahren 1972/77 hat sich die Anzahl verdoppelt (:1976: 401.000; 1977 430.000; hierron namen 30.000 aus Deutschland).

Die Probleme und die regional unterschiedlichen Wachstumsvorgänge im Tourismus sind oben bereits angeschnitten. Nach den Prioritäten könnte man die zu beseitigenden Schwierigkeiten sowie die Notwendigkeiten wie folgt gruppieren:

— langwierige Visumerteilung, Häufung von 16 verschiedenen Abgaben;

— Erstellung weiterer Erster-Klasse Hotels, nicht nur in der Hauptstadt, wo in den letzten Jahren mehrere in Bau waren bzw. gerade fertiggestellt sind, sondern auch an den Plätzen der Sehenswürdigkeiten; damit bessere Platzausnutzung (jetzt: Jakarta 69%, Bali 58,3%, Jogyakarta 44,9%;

— damit zusammenhängend besser funktionierende Versorgung mit qualitativ einwandfreien Gütern des Hotelgewerbes, die allen Anforderungen gemäss internationalem Standard gerecht werden. Beide Punkte werden über die bessere räumliche Verteilung der Tourismusströme entscheiden. Eine einseitige Entwicklung kann nicht damit verhindert werden, dass die Regierung - wie geschehen - nur einer begrenzten Anzahl Fluglinien erlaubt, Bali, das auf Grund der besseren Bedingungen am häufigsten frequentiert wird, direkt anzufliegen.

— Bessere Verkehrsverbindungen an die Orte mit Sehenswürdigkeiten.

— Kontrolle der 460 Reisebüros und bessere Mittelausstattung.

Die *künftige Entwicklung des Tourismus* in Indonesien wird wahrscheinlich noch für einige Jahre komplementär zu den drei oben erwähnten Nachbarländern bzw. Städten Thailand, Hongkong und Singapur bleiben. Sie wird weiterhin vom Einbau der Reisen in das südasiatische Package-Tour-System abhängen, vorausgesetzt, dass es gelingt die benötigten Hotelunterkünfte bald zu schaffen, das Speisenangebot und die Dienstleistungen auf die Touristengewohnheiten abzustimmen und allem ein attraktives Preisniveau zu geben. Das zuständige Ministerium für das Verbindungswesen bemüht sich um bessere Koordinierung der regierungsseitigen und privaten Anstrengungen zur Belebung des Tourismus, verkündete Anfang 1978 Visum-Ausgabe bei Eintreffen von Gruppen im Lande. Für Westeuropa wurde in Frankfurt und für Nordamerika in San Francisco jeweils ein indonesisches Informationszentrum für den Tourismus eingerichtet. Die Ausbildung von Hotel-und Tourismuspersonal erfolgte 1976 in 32 Ausbildungszentren.

3.6. Industrialisierung und Regionalentwicklung

Für eine Industrialisierung bietet sich in erster Linie das dicht bevölkerte *Java* an. Es ist hierzu auf Grund des relativen Zurücktretens der Landwirtschaft besonders prädestiniert. Schon jetzt befinden sich 77% aller Industriebetriebe auf Java. Zahlen über die regionale Verteilung finden sich in Tabelle 90 im Anhang. Nach dem Gesamtwert aller Industrien betrachtet, erhielt Java sogar 90% aller Investitionen.

Auf Sumatra stehen 11% aller Industriebetriebe; sie sind speziell auf die Verarbeitung von Plantagenprodukten ausgerichtet. Die Verarbeitung von Erdöl wurde in neuerer Zeit aufgenommen. Auch die Holzverarbeitung hat Aussichten. In Süd-Sumatra bestehen Möglichkeiten einer verstärkten verarbeitenden Industrie.

Sulawesi (Celebes) besitzt ebenfalls einige Industriebetriebe. Besonders gute Entwicklungsaussichten bestehen für die Aufbereitung des dort gefundenen Nickels und dann auch wegen der Holzvorkommen.

Probleme und Schwierigkeiten im Aufbau regionaler Industrien ergeben sich nach Darstellung indonesischer Stellen aus:

— der unzureichenden Anzahl von Ingenieuren und Technikern;
— der wenig qualifizierten Schulung der Facharbeiter;
— den unzureichenden Geldmitteln sowie;
— den oft unklaren Investitionsvorschriften, Vermarktungs- und Steuerregelungen sowie Monopolen.

BAPPENAS — mit der Abteilung Regionalplanung — versucht seit 1971 in der Regionalenwicklung auch den industriellen Aufbau in entsprechende Bahnen zu lenken und bemüht sich um die Ansiedlung verschiedener Industrien auf den Ausseninseln. Regionalprojekte werden deshalb in allen Teilen überprüft und Darlehen von bestimmten Auflagen in dieser Richtung abhängig gemacht.

In der Regionalplanung von West-Sumatra sind seit 1968 Industrieprojekte feste Bestandteile der Regionalentwicklung (vgl. Seite 219). Auch generell sind erste Schritte in der Industrieentwicklung der Ausseninseln vollzogen, und ist die Landwirtschaft dort nicht mehr alleiniger Produktionssektor. Damit rückt die industrielle Entwicklung gegen die Landschaft vor.

Umweltschutz

Der Umweltschutz als programmatische Forderung wurde in den Jahren 1971/72 zum ersten Mal in Jakarta in Zusammenhang mit der Abholzung der Wälder Kalimantans erhoben (vgl. S. 158), findet heute mehr und mehr in das Denken der Regionalplaner Jakartas Eingang. Es fehlt für die Erhaltung der Wälder ein abwandelbares Konzept, das von allen Entwicklungsgremien angewandt werden kann. Es fehlen vor allem auch noch die Planstellen für die Regierungsbeauftragten, die auf die Einhaltung von Richtlinien schauen. Bisher deckt die vitale Tropenvegetation Wunden in der Landschaft schnell wieder zu, und sei es mit dem Alang-Alang-Gras. Der Umweltschutz wurde bereits Bestandteil der Regionalprojekte, die mit ausländischer Hilfe finanziert wurden. Seit 1973 gibt es ein Umweltschutzgesetz.

3.7. Regionale Entwicklungsaspekte und Trends aus den bisherigen Kapiteln

Die regionalen Unterschiede im wirtschaftlichen Wachstum wie sie in Tabelle 82 im Anhang durch Zahlen wiedergegeben sind, lassen sich wie folgt zusammenfassen:

— Sulawesi und Kalimantan weisen die grössten Zuwachsraten auf, hauptsächlich aufgrund der Erdöl- und Holzvorkommen;

— West-Java und Jakarta folgen durch wirtschaftliches Wachstum aufgrund der in West-Java vorhandenen Fertigungsbetriebe, der Holzvorkommen und der Reiserzeugung. Jakarta hat grosse Wachstumsraten bei Dienstleistungen und im Handel;

— Riau und West-Sumatra folgen, beide mit annehmbaren Zuwachsraten auf Grund der Bergbaus und der Holzvorkommen. Auch die Sektoren Öffentliche Verwaltung und Dienstleistungen wuchsen stark;

— Zentral- und Ost-Java stagnierten, wie auch;

— Nusa Tenggara und die Molukken.

In ähnlicher Weise lassen sich die Wachstumsraten aus der mit Tabelle 82 verwandten Tabelle 90 (Anhang) ablesen:

— *Java* wird durch Jakarta die grösste Zunahme im Bruttosozialprodukt zu erwarten haben, angeführt von den Erfolgen in der industriellen Produktion und gefolgt von den Einnahmen aus Tourismus und Transportwesen.

— *Zentral-Java* wird durch die Industrieanlagen von Cilacap profitieren, mehr noch durch die Vielzahl kleiner herstellender Betriebe.

— *West- und Ost-Java* werden ebenfalls durch neue industrielle Betriebe wachsen, so durch ein Stahlwerk in West-Java und durch Düngerfabriken.

— *Sumatra* kann sich weiterhin auf die Einnahmen aus Erdöl, Holz und der Landwirtschaft stützen.

— *Riau und Jambi* werden in Erdöl- und Holzeinnahmen künftig vornanstehen. *West-Sumatra* hat hauptsächlich aus der Landwirtschaft seine wachsenden Einnahmen, so auch *Nord-Sumatra* durch die Plantagen.

— In *Süd-Sumatra* gibt es neben einem Wachstum in der Landwirtschaft auch gute Aussichten für die herstellende Industrie.

— *Kalimantan* wird besonders in *Ost-Kalimantan* wachsen, wo es die grössten Holzreserven hat und auch Ölvorkommen vermutet werden. Die anderen Provinzen dieser Insel werden ebenfalls durch Holzeinnahmen aber auch durch landwirtschaftliche Produktion wachsen.

— *Sulawesi* zeigt steigende Einnahmen aus Holz und Mineralien. Wahrscheinlich werden *Nord- und Süd-Sulawesi* ein schnelleres Wachstum als die Mitte und *SO-Sulawesi haben*.

— *Bali* wird durch den Tourismus weiterhin steigende Einkünfte verzeichnen können.

— *Die Molukken* haben Zuwachs durch Holzausbeutung.

— *Irian Jaya* wird gleichfalls durch die Holzausbeutung profitieren, aber auch durch Erdöl und Mineralien.

Zusammenfassend kann gesagt werden, dass die Ausseninseln rohstofforientiert bleiben, während die wirtschaftliche Zukunft Javas von den menschlichen Reserven und der Infrastruktur abhängen wird. Dabei werden die Unterschiede in der Bevölkerungsdichte eine geringe Rolle spielen. Diese Verhältnisse spiegeln sich in der Anhangtabelle 88 über die Steueraufkommen wider.

3.8. Die aus der Sektoren-Analyse resultierenden Implikationen für die Regionalplanung

Aufgrund vorstehender Analyse scheint die Annahme berechtigt, dass die während des ersten Fünfjahresplans (REPELITA I) getroffenen wirtschaftlichen Entwicklungsmassnahmen mit dem Schwergewicht auf makrowirtschaftliche und sektorale Objekte die regionalen Disparitäten in Wachstum und Entwicklung und den landwirtschaftlichen Dualismus der Ausseninseln weiter begünstigten. Da man bis 1971 den räumlichen Aspekten der Sektoralplanung wenig Aufmerksamkeit geschenkt hatte und eine Regionalplanung ausser der auf Seite 219 folgenden West-Sumatra-Planung nicht existierte, konnte man keine Überlegungen anstellen über die komparativen Kostenvorteile der Produktion auf den Ausseninseln, darum auch keine Unterlagen für die Planung wirtschaftlicher und sozialer Infrastruktur gewinnen sowie schliesslich keine geeigneten Projekte mit regionalen Wachstumspotenzen und sektoralen Erfordernissen finden und vorbereiten.

Seit Beginn des Regionalprojektes West-Sumatra im Jahre 1968 und der für dieses Projekt durchgeführten Studie sowie weiterer Untersuchungen in Indonesien (vgl. Seite 237) wird deutlich, dass das

Zurückbleiben regionaler Entwicklung die Folge einer Verkettung voneinander abhängiger Gegeben-heiten ist.

Als erste Ursache muss die Vernachlässigung der Wiederherstellung und Verbesserung der inter-insularen Transport-und Verbindungslinien genannt werden. Wie die Zentralregierung früh erkannte, gibt es auf den Ausseninseln Wachstumspole (z.B. Medan), die durch ein verbessertes Transportsystem erheblich unterstützt würden. Hingegen die Molukken, Ost-Nusa-Tenggara und Nord-Sulawesi wurden vernachlässigt. Der Schiffahrt und dem Strassenverkehr wurde zu wenig Beachtung geschenkt, und in die Eisenbahnen wurden zu grosse Investitionen zur Wiederherstellung (rehabilitasi) gelenkt. Strassen-verbindungen blieben mangelhaft. Die Ausbaggerung der Häfen und der Bootsverkehr auf den grossen Strömen in das Landesinnere hätten erheblich verbessert werden können. Schliesslich war das Luftverkehrs-netz zu weitmaschig. — Zur Durchführung solcher Transport- und Verkehrsprojekte sind Regional-studien erforderlich, die die Prioritäten feststellen und zur Beseitigung der Nachteile führen können. 1973 begann die indonesische Regierung mehrere solcher Studien (vgl. Seite 237). Im Jahre 1978 ist Indonesien praktisch vollständig durch Regionalstudien abgedeckt.

Als zweite Ursache kann man die fehlgeschlagenen Transmigrationsprojekte nennen, die wegen Fehlens gründlicher Regionalstudien zu einseitig angesetzt waren und die sektoralen Erfordernisse nicht be-rücksichtigten.

Als dritte Ursache dürfte die falsche Annahme genannt werden, Jakarta sei bereits zu gross, über-völkert und damit beschäftigungswirtschaftlich und bevölkerungspolitisch ausser Kontrolle. Hierzu ist zu sagen, dass andere Grosstädte Asiens schneller wuchsen. Darum muss angezweifelt werden, dass die Urbanisation Jakartas bereits ausreicht, alle Aufgaben industrieller Entwicklung für dieses Land zu erfüllen. Allerdings sei auch vermerkt, dass Grosstädte mit Millionen von Einwohnern für Entwick-lungsländer ungut sind. Nach dieser umfassenden Wirtschaftsanalyse gelangt der Verfasser mit einer Darstellung der Region West-Sumatra, den verschiedenen Planungsstudien und Schritten der Projekt-ausführung zum auf S. 237 eingefügten Kapitel « Gegenstand und Ziele der indonesischen regionalen Entwicklungsplanung ».

(26) Reismühle, wassergetrieben, Minangkabau (West-Sumatra) (ein unterschlächtiges Wasserrad treibt auf und ab bewegte Holzstempel an, die den Paddy ausstampfen)

(27) Blütenpflanzen und Farne: Nepenthes, eine fleischfressende Pflanze; Indischer Tempelbaum, Erd-und Baumorchideen; Blatt einer Monstera deliciosa (Philodendron)

218

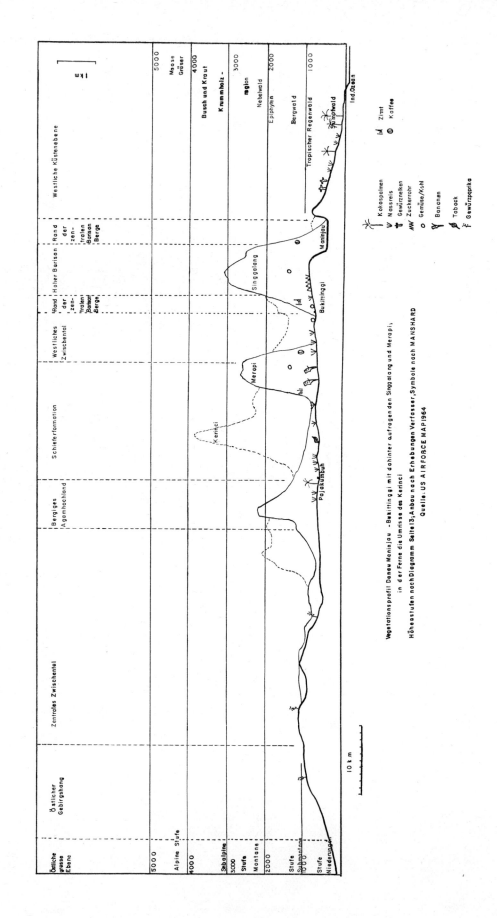

Vegetationsprofil Danau Maninjau – Bukittinggi mit dahinter aufragend den Singgalang und Merapi,
in der Ferne die Umrisse des Kerinci
Höhenstufen nach Diagramm Seite 13; Anbau nach Erhebungen Verfasser; Symbole nach MANSHARD
Quelle: US AIRFORCE MAP 1964

IV. Hauptkapitel - Regionalentwicklung in Indonesien

(28) West-Sumatra: Auf der Fahrt von der Küste (Padang) auf das Hochland (Bukittinggi)

4.0. Regionalentwicklung West-Sumatra - Planung und Ausführung *

Regionalgeographische Betrachtungen erläutern den komplexen Charakter der regionalen Probleme eines Landes. Gewisse Elemente einer Landesbeschreibung lassen sich erst bei detaillierter Untersuchung einzelner Gebiete herausstellen. Geographen und Regionalplaner sind auf solche Studien angewiesen, wenn sie sich mit operationaler Regionalplanung befassen.

Die folgenden regionalplanerischen Skizzen gruppieren sich um das seit 1968 laufende Regionalprojekt West-Sumatra (34), das im Jahre 1978 mit einem Gesamtbetrag von etwa DM 200 Millionen für Technische Hilfe und Kapitalhilfe in Ausführung und Planung zu Buche steht. Indonesische Stellen rechnen mit einer Gesamtdurchführungsdauer von 20 Jahren. Einen wesentlichen Teil der Finanzierung trägt die Bundesrepublik Deutschland.

Die von der Technischen Hilfe der Bundesrepublik Deutschland untersuchten Projekte waren von der indonesischen Regierung vorgegeben. Es waren für Soforthilfemassnahmen im Rahmen der Mineraldünger-Input-Projekte gleichzeitig vier Regionen genannt worden:

— Zentral-Java;
— Süd-Ost Sulawesi;
— Nord-Sumatra und
— West-Sumatra (142).

*) Da der West-Sumatra-Teil Planung und Ausführung betrifft, darüber hinaus noch Evaluierung, kommt es hier des öfteren zu einigen Wiederholungen, die jedoch unvermeidbar waren, um die drei Aktivitäten für sich verständlich als Abschnitte bestehen zu lassen.

Von diesen erhielten Klaten in Zentral-Java und Tanah Datar in West-Sumatra Düngerlieferungen für den Reisanbau und Nord-Sumatra ebenfalls dieses Produktionsmittel für den Ölpalmanbau. Im August 1968 trafen die ersten Düngermengen ein. Dann gab die indonesische Regierung ab August 1968 nach einem Ersuchen an die B.R.D. weitere Gebiete für regionale Vorstudien frei:

— Tanah Toraja in Zentral-Sulawesi;

— die Inseln Ambon und Ceram der Molukkengruppe;

— Wonosobo und Umgebung in Zentral-Java;

— die Insel Bali und

— Tanah Jawa in Nord-Sumatra (34; 35; 36; 37; 38).

Diese Gebiete wurden bis 1970 nacheinander auf die Eignung als ländliche Entwicklungsregionen untersucht. Der ausschliesslich landwirtschaftliche Charakter der auszuführenden Regionalprojekte war von der indonesischen Regierung ebenfalls vorgegeben worden.

Im Laufe der zweijährigen Vorstudien fiel die Wahl für ein grösseres Regionalprojekt auf die Region West-Sumatra, die die 42.000 qkm grosse Provinz *) umfasst. Für diese Entscheidungen waren mehrere Gesichtspunkte ausschlaggebend, auf die im folgenden eingegangen wird. Es folgen kurze Abrisse der anderen vom Verfasser und seinen Mitarbeitern untersuchten Gebiete.

Eine Übersicht des Standes regionalplanerischer Arbeiten in West-Sumatra leitet auf die Pläne und Programme der indonesischen Regierung in der Regionalplanung über. Dieses Hauptkapitel schliesst mit zusammenfassenden regionalen Vergleichen und Schlussfolgerungen.

Exkurs: Ein Abriss der Geschichte West-Sumatras und Stand der regionalplanerischen Forschung

Die Bewohner West-Sumatras gehören zu jenem grösseren Teil der indonesischen Bevölkerung, der unter « jüngere indonesische Kulturvölker » zusammengefasst wird (HEYNING in: WESTERMANN-Lexikon 1969). Wie bereits eingangs auf Seite 24 angeführt, gelangten Angehörige der palämongoliden Rasse um etwa 2500 v. Chr. aus dem südlichen China über Hinterindien nach Sumatra. An der Ost-küste landend, waren sie wahrscheinlich die Flüsse aufwärts in das Gebirge von West-Sumatra gewandert. Um die Zeitenwende und darüber hinaus bestanden Kontakte mit China.

Wie in andere Teile des damaligen Indonesiens brachten zwischen 300 und 900 n.Chr. indische Kaufleute und Priester hinduistisches Kulturgut in diese Gebirgszone Sumatras. Die Reiskultur gelangte damals auch nach West-Sumatra. Etwa zur selben Zeit kam das Land in Kontakt mit arabischen Händlern. Von den Küstenorten aus verbreiteten sie den Islam im indonesischen Archipel. Vom 7. oder 8.Jahrhundert an gab es stärkere chinesische Handelskontakte, die sich vorwiegend auf die östlichen Küstenorte an der Java-See beschränkten.

Die hinduistischen Königreiche der Gebirgszone Sumatras und auch in West-Sumatra (Minang-kabau) sollen erst um 1350 gegründet worden sein (LOEB 1935 (288)). Neben dem « Darek » (: Zentral-reich auf dem Agam-Plateau) gab es drei oder vier « Rantau » (Aussensiedlungen), von denen Ba-tanghari, Kuantan und Kampar ostwärts von Minangkabau belegt sind. Weiterhin unterhielt das Mi-nangkabau-Königreich Verbindung zu den Handelsniederlassungen an den beiden Küsten der Java-See und am Indischen Ozean.

Der Niedergang der hinduistischen Königreiche fällt, wie im übrigen Indonesien, mit der Ausbrei-tung des Islam zusammen, der von JOUSTRA (283) auf das 16.Jahrhundert angesetzt wird. Die bereits früher bekehrten Aceh (vgl. Seite 26) beherrschten West-Sumatra eine Zeit lang, bis vom 18.Jahrhundert an die holländische ost-indische Kompanie (VOC) West-Sumatra mehr und mehr in den Griff bekam. Die Engländer verwalteten West-Sumatra von ihrem Hauptsitz im nahen Bengkulu (zeitweilig von Ba-tavia) von 1795 bis 1819. Die holländische Kolonialherrschaft schloss an, während der es zu den « Padri »-Aufständen, einer fanatischen Moslemsekte, gegen das 1842 endgültig endende Minangkabau-Königshaus kam. Die Holländer nuzten diese Fehde für sich aus und verbannten den letzten König nach Batavia.

Die traditionelle Sozialstruktur Minangkabaus wird von PISTORIUS (1871) (295), WILLINCK (1909) (302), WESTENENK (1915) (301), LEKKENKERKER (1916) (112), SCHRIEKE (166), JOUSTRA (1923) (283), LOEB (1933) (288), JOSSELIN DE JONG (1951) (282) und schliesslich U. SCHOLZ (1977) (297) ausführlich behandelt und sei hier weitgehend geschenkt; Hauptzüge derselben sind auf Seite 249 geschildert.

Der jüngere soziale Wandel, der etwa mit der Mitte der « ethischen Phase » anzusetzen ist, wird von SCHRIEKE (1928) mit dem Eingang der Geldwirtschaft, dem Bau der Eisenbahn und der Strassen,

---

*) ausser Mentawai Inseln.

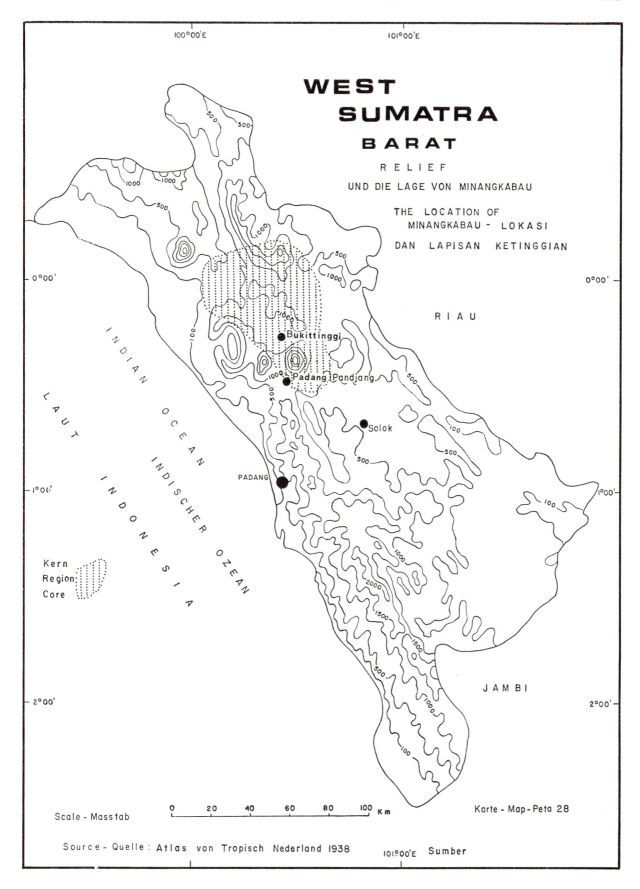

WEST
SUMATRA
BARAT

RELIEF
UND DIE LAGE VON MINANGKABAU

THE LOCATION OF
MINANGKABAU - LOKASI

DAN LAPISAN KETINGGIAN

RIAU

Bukittinggi

Padang Pandjang

Solok

PADANG

Kern
Region
Core

INDIAN OCEAN

INDISCHER OZEAN

LAUT INDONESIA

JAMBI

Scale - Masstab

0   20   40   60   80   100 Km

Karte - Map - Peta 28

Source - Quelle: Atlas von Tropisch Nederland 1938   Sumber

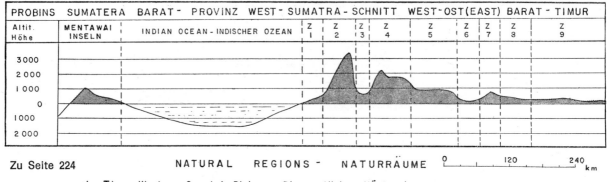

PROBINS SUMATERA BARAT - PROVINZ WEST - SUMATRA - SCHNITT WEST - OST(EAST) BARAT - TIMUR

| Altit.
Höhe | MENTAWAI
INSELN | INDIAN OCEAN - INDISCHER OZEAN | Z 1 | Z 2 | Z 3 | Z 4 | Z 5 | Z 6 | Z 7 | Z 8 | Z 9 |

Zu Seite 224

NATURAL   REGIONS -   NATURRÄUME

0   120   240 km

Source

Quelle

Sumber

DIPERTA

W. Sumatra

1. The Western Coastal Plain - Die westliche Küstenebene - Dataran pantai

2. The Central Mountain Fringe (Shale Formation) - Der zentrale Gebirgsrand - Gunung Barisan

3. The Western Inter - Valley - Das Westliche Zwischental - Lemba bengtah jalaur

4. The Intermediate Mountainchain - Die Gebirgszwischenkette

5. The Agam Plateau - Die Agam Hochfläche - Perbukitan

6. The Central Inter Valley - Das Zentrale Zwischental - Lembah - lembah bengtah tengah

7. The Eastern Mountain Fringe - Der östliche Gebirgsrand - Pegunungan timur

8. The Eastern Mountain Slopes - Der östliche Gebirgshang

9. The Riau / Djambi Marshes - Marschland von Riau / Jambi - Dataran Jambi

(Das Vegetationsprofil auf Seite 218 zeigt den Querschnitt bei Bukittinggi)

Errichtung von Bildungsstätten, Einführung der Handelspflanzen und neuer Kulturtechniken, und der Landverknappung erklärt. Hauptzüge sind die starke Migration nach Java, Erschütterung der überlieferten Familien-und Agrarverfassung und Abbau der Autorität der Familien-und Dorfhäupter. Solche Wandlungen spiegeln sich auch in den Schriften der das Land studierenden Geographen, Landeskundler und ersten Regionalplaner wider.

Die grösste Bedeutung für die Erkundung Zentral-Sumatras, wie West-Sumatra damals hiess, hat die «Koninklijke Naturkundige Vereeniging» des damaligen Niederländisch-Indien. In ihrer Zeitschrift «Natuurkundig Tijdschrift voor Nederlandsch Indie» veröffentlichte diese naturkundige Gesellschaft zahlreiche auch heute noch aktuelle Beiträge von Mitgliedern und mitarbeitenden Wissenschaftlern. Gleichzeitig (1847) veröffentlichte F. JUNGHUHN (284) seine ersten physiogeographischen Forschungsergebnisse Sumatras (z.B. «Die Battaländer auf Sumatra», Berlin 1847). Er arbeitete auch intensiv über Java.

Der «Topographische Dienst» der holländischen Kolonialverwaltung begann mit Landvermessung und Kartierung ab etwa 1860. West-Sumatra wurde erst etwa 1885 bis 1895 vermessen und kartiert.

Das geographische Standardwerk über West-Sumatra, sieben umfangreiche Bände mit Ergebnissen verschiedener Forschungsgebiete, gab P.J. VETH (1881-1892) heraus. Er hatte 1873 die «Koninklijke Nederlandsch Aardrijkundig Genootschap» gegründet, die auch eine Zeitschrift herausgab. Die in den Jahren 1877 bis 1879 durchgeführte Expedition durch Zentral-Sumatra erbrachte die Hauptergebnisse des oben angeführten Werkes. Später schloss sich eine geographisch-geologische Forschungsreise unter J.W. IJZERMAN an, der die Ombilin-Kohlenfelder erkundete. Die geographische Durchforschung wurde in den ersten Dekaden des 20. Jahrhunderts von Nachbarprovinzen aus teilweise weiter betrieben, mit HELBIG (279) und VOLZ (298) in Nord-Sumatra.

Geologen, Ethnologen und Soziologen wie COLLET (1925) (274), VAN BEMMELEN (1949) und die bereits oben erwähnten PISTORIUS bis DE JONG lösten die Geographen ab. Hier sind auch die landwirtschaftlich-wissenschaftlichen Studien mit aufzuführen, die der Verfasser einleitete und mit HECKENSTALLER, SAURE (1969), KOHLBACH (1972) und HÄSELBARTH (1974), BAUER (1976) und ERNST (46) abgerundet werden. Im Gefolge der landwirtschaftlichen und Bodenerkundungsstudien kamen Geographen wie RÖLL, SCHOLZ, U. und ZIMMERMANN, G. nach West-Sumatra, sowie dann die Regionalplaner-Teams KÖTTER/JUNGHANS und KRUSE-RODENACKER/DÜRR.

Auch die wissenschaftliche Mannschaft des Weltwirtschafts-Instituts Hamburg unter KEBSCHULL ist hier anzuführen. Für sich stehen die Arbeiten von VERSTAPPEN (1973) (194), der sich mit geomorphologischen Arbeiten, KLÜBER von der Asiatischen Entwicklungsbank, der Wasserkraftreserven untersuchte, und CORDONNIER mit seinen sozialgeographischen Untersuchungen.

Ausser den deutsch-oder holländischsprachigen Veröffentlichungen gibt es zahlreiche Artikel des australischen «Bulletin of Indonesian Economic Studies» mit Autoren wie R.C. RICE, A. BOOTH, SURATMAN, P. GUINESS und MUBYARTO in englischer Sprache, die von etwa 1968 an hauptsächlich wirtschaftliche Entwicklungen in der Region behandeln. Schliesslich gibt es auch englischsprachige Artikel deutscher Autoren und dann natürlich indonesischsprachige indonesischer Autoren wie MUBYARTO, SURATMAN und andere.

4.1. Regionalstudie West-Sumatra, Methodisches

Die sogenannten Ausseninseln Indonesiens sind durch eine stark unterschiedliche Entwicklung charakterisiert. Im Gegensatz zu Nord-Sumatra, dem Kernland des Plantagenanbaus, hat in W.-Sumatra die Erwerbslandwirtschaft im Kleinanbau begonnen. Die wenigen einst existierenden Plantagen wurden im letzten Weltkrieg zerstört. Der Fachwelt ist eine frühe soziologische Studie über den Zustand der Provinz während der Jahre zwischen den beiden Weltkriegen überliefert. Im Jahre 1928 führte der holländische Soziologe SCHRIEKE im Auftrage der holländischen Kolonialregierung nach den kommunistischen Unruhen von 1926 eine Untersuchung durch, um die Gründe der politischen Bewegungen zu finden (166). Der sozio-kulturelle Wandel in der Gegenwart geht aus seiner Schrift besonders gut hervor, wenn man seine Schilderungen mit der heutigen Zeit vergleicht.

4.1.1. EINLEITUNG

Die Region Minangkabau mit ihrem intensiven SAWAH-Reis-Anbau im dichtbesiedelten Zentrum (5.000 qkm, vgl. Karte 28) und Wanderhackbau an der Peripherie, ist das Kernstück der rund 42.000 qkm grossen Provinz mit 1968 2,5 Mill. Einwohnern. Der intensive Reisanbau wurde hier schon früher als in anderen Gebieten der Ausseninseln betrieben. Kleinanbau von Kautschuk, Kaffee und Gewürzen sowie Kokospalmen (Kopra) gibt es seit der Ausdehnung des Plantagenprodukt-Exports in Indonesien, also seit etwa 1908/12.

Die Entwicklung zum Ackerbau dürfte schon vor unserer Zeitenwende begonnen haben. Der Ursprung der Minangkabau-Kultur geht auf das etwa 900-1.100 m hohe Agam-Plateau zwischen Bukittinggi und Batusangkar zurück. Auf Grund der festgefügten SAWAH-Kulturgemeinschaften konnte sich eine eigene aus orthodoxem Islam, matrilinearer Erbfolge und besonderer Morallehre bestehende Kultur entwickeln. Sicherlich spielen Relikte des frühen hinduistischen Königreiches in Süd-Sumatra (vgl. S. 24 und Karte 10) eine Rolle. Dieses Hochland besitzt ausgeprägte natürliche Grenzen. Im Norden trennen tiefe Flusseinschnitte bei Libuk Sikaping, Panti und Rau das Plateau vom übrigen Norden der Insel Sumatra. Im Süden bildet das zerklüftete Kerinci-Massiv die Grenze, im Osten die flachen Marschländereien von Bangkinnang und Taluk. Im Westen schliesslich befindet sich die Küste des Indischen Ozeans zwischen Pariaman, Padang und Painan (39). An der Peripherie des SAWAH-Kultur-Zentrums, das unmittelbar unter dem Äquator liegt, ist die Siedlungsfront mit Wanderhackbau (Landwechselwirtschaft) im schwer durchdringbaren Regenwald mit hohen Niederschlägen. An diese Siedlungsfront sandte das Hochland von Agam wahrscheinlich schon seit Jahrhunderten seine Söhne. Als aus dem übrigen Indonesien die Kunde von den neuen landwirtschaftlichen Kulturen mit den für den Export geeigneten Früchten nach West-Sumatra gelangte, nahmen die wirtschaftlich aufgeschlossenen Bewohner die Produktion dieser Innovationen im Kleinanbau auf.

— am Kerinci-Massiv entwickelte sich die Kaffee-Kultur von 190 Tonnen im Jahre 1913 über 300 t im Jahre 1923 und auf 3.000 t 1926. Bei Ausbruch des Krieges waren es nach der inzwischen überstandenen Wirtschaftskrise wieder über 3.000 t/Jahr. Ausländische Pflanzer waren hier aktiv;

— bei Inderapura im Süden und Lubuk Sikaping breitete sich ebenfalls der Kaffeeanbau aus, wobei hier einheimische Siedler einen grösseren Anteil hatten;

— Gewürznelkenkulturen legte man an den Hängen nach Osten in Höhen zwischen 100 und 800 m Höhe an und auf den flach-runden Hügeln am Meer;

— Kautschukanbau in Kleinbetrieben erstreckte sich in den weiten Marschländereien von Riau und Jambi;

— Zimtrinde und Cinchona sammelten die Bergbauern des Plateaus von den in Hainen inzwischen gepflanzten Nutzbäumen; Cinchonaplantagen wurden angelegt, Zimtsträucher in den Hausgärten angepflanzt;

— Kokospalmanbau an der Küste beruhte ursprünglich auf dem natürlichen Vorkommen dieser Palme; man weitete die Kokospalmhaine für die Gewinnung der begehrten Kopra aus.

Die Unruhe während dieser Zeit des Umbruchs vom reinen Wanderhackbau zum Anbau von Verkaufspflanzen muss in der Auseinandersetzung der Anbauer mit den angeblichen Landbesitzern und den verhassten Zwischenhändlern gesehen werden. Einmal wollten einflussreiche Landeigentümer in Ausweitung ihrer zuerst engen Grenzen den Pionierarbeit leistenden Anbauer um den Ertrag seiner Arbeit bringen und ihm Pacht und Zins abverlangen, wo an sich vorher kein Herrenrecht war sondern dichter Urwald. Zum andern wollte ihm der Zwischenhändler den grössten Teil des Erlöses abjagen. Darum trug der Anbauer seine Produkte lieber selber ins ferne Padang, um den besseren Preis zu erzielen (166 S. 98-106). Gleichzeitig lockerten sich schon damals die Bande der grösseren Familie, verloren die Stammesführer an Einfluss und trat der Gegensatz zwischen alter und junger Generation hervor. SCHRIEKE (166 S. 107) meint sogar, Züge protestantischen Glaubenseinflusses entdeckt zu haben. Nach dem Zweiten Weltkrieg, der den Abzug aller Ausländer verursachte, verteilte sich die männlichen Minangkabau-Bewohner mehr denn je über Indonesien, hauptsächlich um Handel zu treiben. Die zurückbleibenden Bauern bauten die Reiskultur aus.

Nennenswerte Investitionen fehlten. Die Wechselwirkungen zwischen ethno-soziologischer Forschung und wirtschaftlicher Erschliessung waren trotz der frühen holländischen Studien bis zur vorliegenden Arbeit wenig transparent. Die holländische Kolonialregierung korrigierte nach der SCHRIEKE-Studie die schärfsten Massnahmen, die das Eigentum an Land betrafen, so dass es anschliessend für Konzessionäre nicht mehr so leicht war, Land für die Anlage von Plantagen zu erhalten: die Bewohner konnten nun nachweisen, dass es ihr Eigentum war.

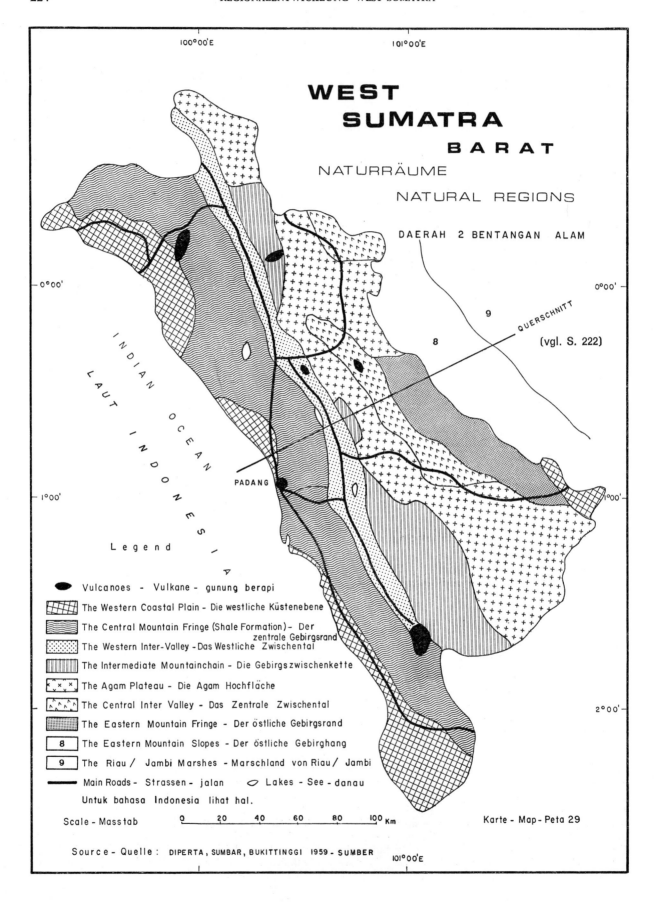

WEST
SUMATRA
B A R A T

NATURRÄUME

NATURAL REGIONS

DAERAH 2 BENTANGAN ALAM

QUERSCHNITT

(vgl. S. 222)

INDIAN OCEAN

LAUT INDONESIA

PADANG

L e g e n d

Vulcanoes - Vulkane - gunung berapi

The Western Coastal Plain - Die westliche Küstenebene

The Central Mountain Fringe (Shale Formation) - Der zentrale Gebirgsrand

The Western Inter-Valley - Das Westliche Zwischental

The Intermediate Mountainchain - Die Gebirgszwischenkette

The Agam Plateau - Die Agam Hochfläche

The Central Inter Valley - Das Zentrale Zwischental

The Eastern Mountain Fringe - Der östliche Gebirgsrand

8   The Eastern Mountain Slopes - Der östliche Gebirghang

9   The Riau / Jambi Marshes - Marschland von Riau / Jambi

Main Roads - Strassen - jalan   Lakes - See - danau

Untuk bahasa Indonesia lihat hal.

Scale - Masstab   0   20   40   60   80   100 Km

Karte - Map - Peta 29

Source - Quelle: DIPERTA, SUMBAR, BUKITTINGGI 1959 - SUMBER

4.1.2. Ziele der Regionalplanung, Entwicklungskonzept und Arbeitsmethodik

4.1.2.1. Ziele der Regionalplanung -Arbeitsumfang und -richtung

Zweck der 1968 begonnenen Regionalplanung war die Schaffung von Arbeitsunterlagen für die umfassende Regionalentwicklung. Dass die landwirtschaftliche Entwicklung hierbei vornean stand, durfte für diesen Zusammenhang keine Rolle spielen. Die mit einfachen Arbeitshilfsmitteln und begrenzten Geldbeträgen 1968 ins Feld gezogene Planergruppe musste der später mit grösseren Mitteln einzusetzenden Regionalplaner eingedenk sein. Man muss bedenken, dass in den 60er Jahren die Diskussion der Auswertung der Satellitendaten und des Einsatzes von Computern bereits in vollem Gange war. Doch die Entwicklungsgelder vergebenden Gremien waren dafür damals noch nicht vorbereitet. Deshalb musste der Verfasser die später einzupassenden Möglichkeiten von Anfang an im Auge behalten und erst einmal ohne modernste Hilfsmittel beginnen.

Doch bereits die Frage von neu zu erfliegenden Luftbildern sollte zur Kardinalfrage werden. Man hielt ein neues Befliegen für nicht notwendig. Die existierenden Karten der Jahre vor dem Ersten Weltkrieg wurden für ausreichend erachtet. Andererseits gab es für Sumatra wegen der dort fast ständig hängenden Wolkendecke noch keine qualitativ befriedigenden Satellitenbilder.

Die wirtschaftlichen Ziele der Regionalarbeit stellten die ersten Planer nach den damals gültigen Globalkriterien für die Regionalarbeit zusammen. Zuerst galt es, das zu bearbeitende Gebiet aus anderen von der indonesischen Regierung benannten Regionen auszusuchen. Die hierfür verwendeten Kriterien waren:

— *Produktions-und Marktbedingungen* der für das Gebiet in Frage kommenden Verkaufsfrüchte. Diese nahmen in den Abwägungen den ersten Platz ein. Hier schnitt West-Sumatra gut ab. Die Betriebseinheiten sind grösser als auf Java, jungfräulicher Boden ist noch vorhanden, und der Absatz der Erzeugnisse ist sowohl im Plantagenbezirk Nord-Sumatra wie im nahen Singapur möglich.

— *Der Bevölkerungsdruck* für die Ingangsetzung des Entwicklungsprozesses ist grösser als in den angrenzenden und in anderen untersuchten Regionen und nach Ansicht der Planer gross genug. Andererseits ist eine die Initiative hemmende Lethargie auf Grund zu kleiner Nahrungsbasis wie auf Java nicht zu befürchten.

— *Alternative Beschäftigungsmöglichkeiten* dürfen für das hauptsächlich landwirtschaftlich zu entwickelnde Gebiet nicht zu reichlich und in zu grosser Nähe vorhanden sein. Das ist in West-Sumatra der Fall, weshalb ja eine Wanderungsbewegung besteht.

— *Die relativ gesicherte Subsistenzgrundlage* in West-Sumatra ist für das Regionalprojekt als nicht zu günstig zu beurteilen. Das Planerteam setzte auf den ausgeprägten Geschäftssinn der Minangkabau-Leute, der dafür in nichtlandwirtschaftlichen Sektoren eine umso stärkere Aktivität versprach.

— *Profunde Kenntnisse* über das ausreichend in sozio-ökonomischer Hinsicht studierte West-Sumatra sind vorhanden. Nur Java war besser durchforscht.

— *Vielseitiger Projektansatz* zur Minderung des Risikos war in West-Sumatra gegeben. Neben den Hauptnahrungspflanzen Reis und Mais sorgen Verkaufspflanzen im Kleinanbau sowie in der Plantagenkultur, Gewürzpflanzen und verschiedene Verarbeitungsmöglichkeiten agrarischer Produkte hierfür.

— *Gute Koordinierungsmöglichkeiten* zwischen nationalen und regionalen Zielen in Padang und Jakarta versprachen eine reibungslose Durchführung des Projektes. In Jakarta bestand der dringende Wunsch, in dieser in den Jahren 1958/62 von Aufständen heimgesuchten Region «etwas zu tun», um künftige politische Friktionen herabzusetzen. Zwar gab es auch in den anderen vorgeschlagenen Regionen Java, Molukken und Sulawesi ähnliche geschichtliche Vergangenheiten, doch die akute Gefahr eines Abfalls soll in West-Sumatra am grössten gewesen sein. Die Erkennung dieser Sachverhalte war für die richtige Anpassung der Projektziele an die sozio-ökonomischen Bedingungen der Regionen erforderlich.

4.1.2.2. Das Entwicklungskonzept

Die Leitziele der Regionalentwicklung sind mit diesen Kriterien bereits teilweise angesprochen:

— *oberstes Ziel* der Regionalentwicklung West-Sumatra ist die einkommensmässige Angleichung der Region an andere Regionen. Um dies herbeizuführen, müssen Regierungsmassnahmen hinzutreten, besonders wenn ausländische Hilfen mit herangezogen werden.

— *Minderung politischer Reibungen* wird durch solche Angleichung herbeigeführt, indem politische Spannungen aufgrund unzufriedener Massen reduziert werden. Dies geht häufig auf Kosten der Maximierung der Einkommen einzelner Regionen.

— *Die Optimalisierung der Entwicklung* nach solchen Gesichtspunkten bedeutet trotzdem ein im ganzen besseres wirtschaftliches Wachstum.

— *Mobilisierung der arbeitenden Bevölkerung* ist hierfür ebenfalls eine Vorbedingung. Die Eigeninitiative musste so gross sein, dass das Projektpersonal den Fortlauf des Projektes nicht durch Leistungseinsatz garantieren musste. Es mussten Spontanenergien vorliegen. Das war in West-Sumatra der Fall. Eine zu geringe Eigeninitiative hätte auch einen geringeren internen Zinsfuss (Wirtschaftlichkeit) der durchzuführenden Projekte bedeutet.

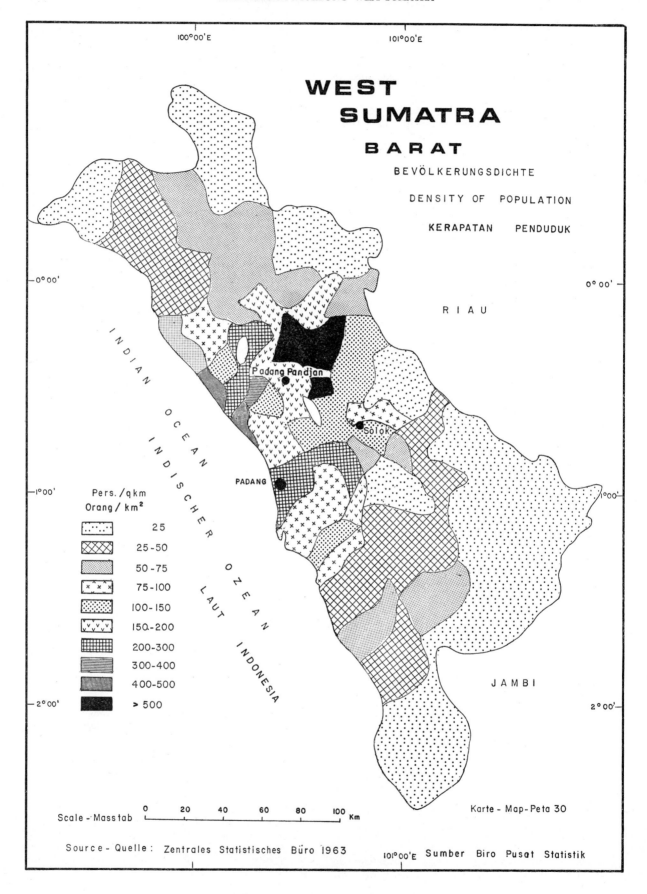

WEST SUMATRA BARAT

BEVÖLKERUNGSDICHTE

DENSITY OF POPULATION

KERAPATAN PENDUDUK

Pers./qkm
Orang/ km²

	25
	25 - 50
	50 - 75
	75 - 100
	100 - 150
	150 - 200
	200 - 300
	300 - 400
	400 - 500
	> 500

Padang Pandjan

Solok

PADANG

RIAU

JAMBI

INDIAN OCEAN

INDISCHER OZEAN

LAUT INDONESIA

Scale - Masstab

0   20   40   60   80   100   Km

Karte - Map - Peta 30

Source - Quelle: Zentrales Statistisches Büro 1963   Sumber Biro Pusat Statistik

— Die zu *fördernden Kulturen* durften *nicht* zu stark *abhängig* sein von einem bestimmten *Preisniveau*, bzw. *Ertrags-und Kostenänderungen*. Darum musste die Regionalentwicklung breiter als nur auf Beratung ausgelegt werden, essentielle wirtschaftliche Entwicklungsprojekte einschliessen.

— *Der Entwicklungserfolg* durfte nicht zu stark abhängig sein von *Mehrarbeit*, sondern eher von der günstigen Kombination bisher nicht beachteter Faktoren. Bekanntlich investieren Anbauer erst Mehrarbeit, wenn attraktive Einkommenssteigerungen erwartet werden können.

— *Die Spezialität der Gewürzkulturen*, die eine gewisse Ertragssicherheit bedeutet, galt es besonders auszubauen, was somit für diese Region einer der tragenden wirtschaftlichen Pfeiler wurde.

— *Überlegungen*, wie die *Erträge* der *Regionalarbeit* nicht zu stark bei der ländlichen Bevölkerung verbleiben (darum z.B. produktive Reinvestition statt Hausbau) waren anzustellen. Abschöpfung durch direkte Besteuerung und auch indirekte Besteuerung wären in dieser Region besonders unpopulär.

4.1.2.3. Die Arbeitsmethodik

Das West-Sumatra Regionalprojekt war als *Innovation in der Regionalplanung* geplant worden. Hauptaugenmerk wurde von Anfang an darauf gelegt, vor allem Arbeitsunterlagen und Anregungen zum weiteren Nachdenken über Regionalentwicklung zu hinterlassen und einiges mehr, statt nur eines mehr oder minder stark detaillierten Berichtes oder einer kleinen Landeskunde. Die vom Landwirtschaftsministerium und BAPPENAS an das Planungteam gestellten Anforderungen umfassten eine lange Liste erwarteter Aktivitäten, zu denen ausser der eigentlichen Regionalarbeit auch Ausbildung, Vorlesungen an der Universität Padang und Koordinierungsarbeit für die in der Ausführung befindlichen Arbeiten gehörte. Besonderes Merkmal war die Kombination von Planung und Ausführung, Regionalarbeit von der Datensammlung bis zum fertigen Projekt in einer Hand.

4.1.2.3.1. Die Methodik der Sofortmassnahmen

Da vom deutschen Team sehr viel auf einmal gefordert wurde, zum anderen die Heimatstellen die Bereitstellung aller erforderlichen Mittel nicht sofort einsahen, ersann man die besondere Methode der Planung und Ausführung im Zuge von Sofortmassnahmen. Klassische Regionalplaner haben oft entgegnet, dass Sofortmassnahmen nichts mit Planung zu tun hätten. Diese situationsbedingten, spontanen, kurzfristigen Massnahmen gaben die unvergleichliche Chance, die Counterparts mitzureissen, sowie die Dienststellen in der Provinz durch substantielle Hilfeleistungen vom Ernst und der Effizienz der Regionalplanung zu überzeugen. Das Mineraldüngerprogramm (s. unten) hatte den « challenge »-Effekt übernommen.

Im Zuge dieser Massnahmen musste man manche Abkürzung auf dem Planungswege vornehmen, um

in der vorgegebenen Zeit zum gewünschten Ziel zu kommen. Diese Methode hat dann später ein Untervertragsnehmer mit übernommen (109, Seite 1). Besonderers liess man jene Daten fort, die zwar wissenschaftlich von grossem Interesse waren, aber, die ausführenden einheimischen Organe wenig interessierten. Ausgesprochen dedizierte Planer mussten darum in der minutiösen Prüfung aller Sektoren anfangs gezügelt werden. Hierbei kamen dem Team die in Jemen und Malawi gesammelten Erfahrungen zugute. Dass solche vorerst weggelassenen Wissenschaftsgebiete später nachgeholt wurden, sei hier bestätigt.

4.1.2.3.2. Festsetzung des Planungsstandards

Bereits im Jahre 1969 hatte das Planungsteam zu entscheiden, ob ein perfekter Regionalplan nach deutschen akademischen Gesichtspunkten erstellt werden sollte oder aber ein praktischer Plan erarbeitet werde. Man kam zu dem Schluss, nicht Planung um der Planung willen mit typischer deutscher Genauigkeit in den kleinsten Einzelheiten zu betreiben, sondern die für baldige Ausführung notwendige grosszügige Planung, die oft Feinheiten vernachlässigen muss. Dies bedeutete von Anfang an die Kontrolle und Begrenzung des Planungs-Output. -Diese Ziele wie viele nachfolgende Techniken übernahm das im folgenden Abschnitt erwähnte Stuttgarter Team, so dass von ziemlich einheitlichen Methoden gesprochen werden kann.

4.1.2.3.3. Multidisziplinäre Lösungsversuche

Die Regionalplanung West-Sumatra ging aus der landwirtschaftlichen Planergruppe hervor. Diese schlug bereits 1970 eine multidisziplinäre Planergruppe vor, die zur Ergänzung der Landwirte eingesetzt werden sollte. Dass dies zuerst einmal Evaluierer waren, war zwar nicht beabsichtigt, aber letzten Endes günstig. So wurde schon in einem frühen Stadium die geleistete Planungs-und Ausführungsarbeit von aussen überprüft (21). Später kam dann die Stuttgarter Planungsgruppe unter KRUSE-RODENACKER (109) hinzu. Damit war ein multidisziplinärer Rahmen gegeben, der ausser Schiffahrtsexperten und Bergwerksingenieuren fast alle Berufe umfasste.

An dieser Stelle sind auch die eingeschalteten einheimischen Stellen und Counterparts zu erwähnen, die aus allen Berufen und vielen Institutionen kamen. Auch private Investoren sind hier mit anzuführen.

4.1.2.3.4. Zeitsparende Arbeitstechniken

Von Saudi-Arabien her hatte der Verfasser bereits die Vorteile der Lufterkundung kennengelernt, als er in den Jahren 1955-59 nach Luftbildern landwirtschaftlich plante. Die Vorzüge solcher zeitsparenden Arbeitstechniken wurden vom Planerteam ins Auge gefasst. Dass dann ausgerechnet die erste Evaluierergruppe eine Erfassung der Landreserven ausschliesslich « zu Fuss » empfahl-damit den Vorschlag der landwirtschaftlichen Planergruppe änderte -und ihn später als eigenständige Planergruppe durchführte, sei als Neuerung erwähnt. Tatsächlich bediente sich dann die nachfolgende Gruppe aus Stuttgart umsomehr und positiv überzeugend aller neuen Techniken, die man in der Regionalarbeit nur anwenden kann. Die Geographen benutzten die « mehrstufige Annäherungsmethode » (109 S.2a). Dass man bei Benutzung von Luftaufnahmen oder Satellitenbildern trotzdem auch noch das Gelände begehen muss bzw. eine Bodenkontrolle einschaltet, sei hier erwähnt.

4.1.2.3.5.   *Regionalprofil und Themenkarten*

Der Verfasser arbeitete anfangs ein deskriptives Regionalprofil aus, das er in der Folgezeit operationalisierte. Das Team ergänzte dasselbe dann mit einem überlagernden Themenkartenwerk, das sowohl für die Planung als auch für die Ausführung benutzt wurde. Diese Methode konnte der Verfasser später im Awash-Tal Äthiopiens für das dortige Regionalprojekt vervollkommnen.

Sinn und Aufgabe dieses Profils war es, unterentwickelte Unterregionen leicht zu erkennen und passenden Entwicklungsprogrammen « zuzuführen ». Sozio-ökonomische Daten spielten hierbei eine besondere Rolle.

4.1.2.3.6.   *Die Planung für West-Sumatra und die Indonesischen Fünfjahrespläne*

Als die Regionalarbeit in West-Sumatra begonnen wurde, war der erste Fünfjahresplan 1969/74 noch nicht angelaufen. Planung im landwirtschaftlichen Sektor betraf in jenen frühen Jahren Abstellung besonderer Härten, Soforthilfe also.

Als dann der erste Fünfjahresplan anlief, blieb der Vorrang der Förderung einzelner Sektoren bestehen. Erst mit dem zweiten Fünfjahresplan (REPELITA II 1974/75 bis 1978/79) wurde die Koordinierung verschiedener Regional-Entwicklungsmassnahmen mit in das Programm genommen. Hierauf ist später einzugehen. Weil die räumlichen Planungsaspekte im ersten Plan noch weniger konkret formuliert waren, die mit Regionalplanung betraute Behörde BAPPENAS diese Aufgaben erst 1969 erhielt, war die Gewinnung der Unterstützung zentraler Regierungsbehörden für solche regionale Planung anfangs schwierig. Dieses änderte sich, als die Volksversammlung (MPR) regionale Entwicklungsziele formuliert hatte. Da an anderer Stelle auf die nationalen und regionalen Entwicklungsziele eingegangen wird, seien die für West-Sumatra relevanten Planungsziele hier nur kurz gestreift. Sie werden chronologisch wiedergegeben, wie sie im Laufe der Jahre nach ihrer Bedeutung erschienen:

— Hebung der Reisproduktion zur Schliessung der 1968 in West-Sumatra noch bestehenden Nahrungslücke;

— Rehabilitation der Regierungsinstitutionen, damit diese die Entwicklungsaufgaben besser wahrnehmen konnten, einschliesslich Ausbildung von Regierungsbeamten und -angestellten sowie örtlichen Führern;

— Steigerung und Maximierung der Produktion auf Grund vorhandener natürlicher Ressourcen;

— Angleichung der Region an benachbarte und andere Regionen Indonesiens, Herabsetzung der Wanderungsbewegungen.

4.1.2.3.7.   *Die Sozialgeographische Analyse*

Hierbei bedienten sich die Planer bereits veröffentlichter Abhandlungen über Regionalplanung von FRIEDMAN (56) und HAGGETT (67). Im Verzeichnis ist auch HAGGETT (66) mit seiner deutschen Übersetzung wiederzufinden, die erst 1973 erschien. Im folgenden werden wichtige Schritte in der sozialgeographischen Analyse mit Bezug auf Verhältnisse in West-Sumatra gebracht, die zu dem auf Seite 225 wiedergegebenen Konzept hinführen.

Hierarchien

Die Verwaltungsabstufung und die Einkaufsmöglichkeiten gelten hier als Kriterien:

Die Untersuchung der zentralörtlichen Hierarchien nach HAGGETT P. (66):

— *Orte erster Stufe* sind Padang, die Hauptstadt der Provinz an der Küste mit Hafen, Eisenbahn-Endpunkt, Universität, Banken, Handelshäusern und Fabriken und Bukittinggi, auf dem Hochland mit Teilen der Universität, Teilen der Provinzverwaltung (z.B. Landwirtschaft), die schon 1968 nach Padang verlegt werden sollten, Eisenbahn, Banken, Handelshäusern, Militär und spezialisierten Oberschulen und Lehrerbildungsanstalten.

— *Orte zweiter Stufe.* Hier sind Solok und Sijunjung als unabhängige, wichtigere Städte zu nennen, mit eigener Elektrizitätsversorgung (obwohl wegen Ersatzteilmangels oft unregelmässig arbeitend), Post und Telephon, Bank-Zweigstellen und Polizeistationen, Autoreparaturwerkstätten und Benzinstationen, Oberschulen und Krankenhäusern. Hier befinden sich meist die Kabupatenverwaltungen, womit alle anderen Sitze dieser Behörden hier aufzuführen wären: Batusankar, Padang Panjang und andere.

— *Orte dritter Stufe* sind in West-Sumatra meist die der kleineren Kecamatan-Verwaltungen, die unter dem Kabupaten folgen. Hier ist der tägliche Kontakt zwischen Verwaltung und Bevölkerung vorhanden.

Hierher gehören auch die Dörfer mit vorwiegend Landbau treibender Bevölkerung. Einmal finden sich hier noch die alten Haufendörfer inmitten der Feldgemarkung, dann die modernen Strassendörfer an den Fernverkehrsstrassen (und nur hier gibt es besser ausgestattete Läden, in denen Waren des täglichen Konsums angeboten werden). Weiterhin gibt es die Pionierdörfer an der Siedlungsgrenze, im Urwald. Diese Einteilung könnte man abermals unterteilen.

Spezialisierte Zentren innerhalb der Hierarchie sind der Kohlebezirk Ombilin und Bukittinggi mit den einzigen grösseren Werkstätten handwerklicher Art für die LKW-Reparatur. Eine Spezialisierung besonderer Art weist auch Padang auf mit den Verarbeitungsanlagen für Kautschuk und Gewürze. In anderer Weise herausragend, nämlich durch Grosshandelshäuser für den Hochlandhandel, ist Padang Panjang, das am Knotenpunkt der Eisenbahn und Fernverkehrstrasse liegt, wo beide aus der Tiefebene das Hochland erreicht haben und dann nach Norden und Süden abzweigen. Hier werden auch jene Produktionsmittel und Ersatzteile ständig angeboten, die in anderen Orten des Hochlandes oft ausgehen, sonst nur noch in Padang auf Lager sind. Der Lagerhaltungsumfang ist hier deshalb grösser als in anderen Orten; Güter- und Personalbewegung mit Bahn und auf Fernverkehrsstrassen erreichen in Padang Panjang höhere Werte als anderswo.

Verzerrungen in dem oben beschriebenen Muster der Hierarchien gibt es auch durch *Agglomerationen von Betrieben (Schwarmbildung)* z.B. in den waldreichen Gegenden durch Handsägereien (für das Auftrennen von Stämmen und Aufsägen zu Brettern) oder am Ostrand in den Kautschuk-Anbaugebieten durch die Kautschuk-Räuchereien und -sammelpunkte. An der Küste spielen Orte mit Fisch-Trocknungsflächen und -räuchereien eine Rolle. Andere Abweichungen fehlen, z.B. *Innovationszentren*, die sich auf Grund einer vorhandenen aber stilliegenden Papierfabrik hätten bilden können: die Arbeiter, die sich bereits in vorläufigen Unterkünften angesiedelt hatten, wanderten wieder ab. Damit gelangt man in dieser Betrachtung der jungen Region West-Sumatra zu dem Punkt, an dem man eine weitere Spezialisierung erkennen könnte.

Verzerrungen auf Grund unterschiedlicher Ressourcen-Verteilung wären die nächsten, in West-Sumatra ausgeprägten Erscheinungen, die in Populationsballungen einmünden. Hier sind in dem noch stark von der Urproduktion bestimmten West-Sumatra die nutzbaren Landstriche und die Holzvorkommen zu erwähnen. Auch die Transportkosten-Minimierung der landwirtschaftlichen Produktionsgebiete in der Nähe der grösseren Hochlandorte und von Padang trugen zu dieser Verzerrung bei: da sich der Transport voluminöser Güter zu teuer gestaltete, rentierte sich schliesslich auch nicht mehr die Kultur. An der Siedlungsfront, die heute von Bukittinggi und Padang sehr weit, oft über 200 km entfernt ist, machte sich deshalb oft nur noch der Anbau leicht transportierbaren Gewürzpaprikas, Gewürznelken oder Kaffees bezahlt.-Andere Regionalplaner zählen solche Erscheinungen noch zur Basistheorie (Transportkosten-Entfernungsrelationen-Einzugsradius).

Die Regionalisierung von West-Sumatra

Für die Regionalisierung der Provinz West-Sumatra konnten bei den Erhebungen in den Jahren 1968/69 die in der sozialgeographischen Analyse geläufigen Methoden der Datenerhebung verwendet werden:

— Definitionen geographischer Populationen, operationelle Definitionen,
— Stichprobennahme unterschiedlich -Einheiten und Umfang,
— unregelmässige räumliche Erhebungseinheiten durch,
     — — Flächengewichtung,
     — — Aggregationslösungen,
     — — Eliminationslösungen,
     — — Lösung mit Hilfe von Gitternetzen und
— Anpassung und Auswertung durch netzlose Lösungen.

Der Mangel an statistischem Material war ein Hindernis. Die Möglichkeit des Vergleichs relativ guter holländischer Karten aus den Jahren 1906-1925 mit jüngeren Luftbildern und Statistischem der Kabupaten wurde genutzt (vgl. HAGGET 66 S. 301).

Die kartographische Darstellung (Beschreibung der absoluten Lage im Raum) konnte infolge der Kürze der anfänglichen Planungszeit nur als Arbeitsprogramm den länger auf dem Projekt verbleibenden Kollegen hinterlassen werden. Es ist wichtig hervorzuheben, dass man von Anbeginn einer Methode bzw. einer Sammlung von Annährungsversuchen in der Methodik gleichblieb. Aufbauend auf Luftaufnahmen nahm das Regionalplanungsbüro der deutschen Technischen Hilfe die Kartierung mit Einzelkomponentenkarten (isorythmischen Oberflächen) auf, bei der die folgenden Kriterien besondere Bedeutung erlangten:

— Anzahl der Isolinien;
— Abstände der Isolinien;
— Anordnung der Messpunkte;

Die Planer versuchten wegen des Schwierigkeitsgrades die Komposition von Mehrkomponentenkarten (bei denen nicht ein einzelner, regional variierender Wert bei der Kartendarstellung von Einzelelementen auftritt, sondern mehrere Werte) durch Superposition farbiger Plastikauflagen. In der Regionalarbeit sind diese Mehrkomponentenkarten nicht zu umgehen.

Bei der Beschreibung des relativen Standorts, bei der statistische Indizes verwendet werden mussten, wurden kontingente Flächen nach Raumgestalt, Häufung und Streuung der statistischen Werte, diskontinuierliche Flächen nach der nächstnachbarlichen Analyse bezeichnet, diese mit räumlichen Assoziationsmassen. Lineare Netzmuster, wie etwa die der Transportwege wurden durch die Dimensionsanalyse unter Anwendung topologischer Masse aus der Graphentheorie untersucht.

Die Abgrenzung der Regionen bzw. Unterregionen in West-Sumatra

Im Falle West-Sumatras kam es darauf an, die Ballungen in der Kernregion zwischen Bukittinggi' Padang Panjang und Padang durch eine qualitative und quantitative Analyse zu bestätigen. Bei der quantitativen Analyse wurden zuerst die Grenzüberlagerungen, die als Grenzen für die Erscheinungsformen von Landwirtschaft, Transport, Kommunikation, Erholung, Industrieerzeugung und Finanzen bestehen, untersucht. In der qualitativen Analyse, die in der Regionalforschung starkem Wandel unterworfen ist, beschränkte man sich auf Distanzminimierungs-Funktionen und graphentheoretische Methoden (66).

Das Zuordnungsproblem in der Regionalbeschreibung war nach diesen Planungsschritten in dem wirtschaftlich noch nicht sehr differenzierten West-Sumatra relativ einfach zu lösen. Allgemeine Klassifikationsmethoden der Distanzanalyse im n-dimensionalen Raum wurden durch die Aufteilung von Gebieten auf regionale Gruppen ergänzt. Hier spielen die Varianzanalyse und Korrelationsrechnungen eine Rolle.

Die Prüfung der vom Verfasser während der ersten beiden Planungsjahre aufgestellten Hypothesen durch Modelle oder mit statistischen Methoden musste er einem erweiterten Team überlassen.

Die Ergebnisse solcher regionalplanerischen Überlegungen sind als erste Zwischenergebnisse zu umreissen mit:

— Vorhandensein einer Kernregion im Raume Bukittinggi-Padang-Panjang und Padang,

— Andeutung von zwei in konzentrischen Halbringen (nur auf dem Hochland) ausgebildeten sekundären Wachstumregionen,

— abwärts gerichtete transitionelle Unterregionen im Norden und Süden.

Daneben wäre es möglich, Urbanisierungszonen um Padang und Bukittinggi herauszustellen. Es würde zu weit führen, über das Aufzeigen der wichtigsten Phänomene hinaus noch auf Einzelheiten einzugehen, die erst später in den Jahren 1970-1976 ausgearbeitet werden sollten. In den ersten Jahren der Regionalplanung kam es darauf an, einen im Ansatz richtigen Weg zu beschreiten. Hierfür war die neueste wissenschaftliche Lehre zur Regionalplanung gerade gut genug. Der richtige Weg aber ist die mengenmässige Manifestierung geographischer und wirtschaftlicher Phänomene in der Kombination, wie sie der Regionalarbeit eigen ist und in quantitative Karten einmündet.

4.1.2.3.8. *Hilfsmittel und Werkzeuge der Regionalplanung* sind u.a. Input-Output-Rechnungen und Tabellen, die aus dem Ausgangsmaterial dieser Art erarbeitet wurden. Dabei bilden solche Modelle stets den Anfang einer grösseren Arbeitsreihe. Programmierungsmodelle können daran anschliessen. Andere Modelle für qualitative Zielgruppen wie ländliche Siedlungsmuster, Fruchtfolgen, Motivierung für bestimmte Entwicklungsvorhaben, verschiedene Erziehungs- und Ausbildungsprogramme und Beratungssysteme wurden teilweise ebenfalls durch Befragungen, u. Erhebungen bzw. Tests untersucht. So wurde ein neues Beratungssystem nach dem cm-Verfahren probeweise in einem Kecamatan eingeführt.*)

Nach Möglichkeit wurden wissenschaftliche Untersuchungsmethoden ausgesucht, die nicht nur die Richtung der Entwicklung anzeigen, sondern sogleich als Hilfsmittel für Entscheidungen benutzt werden konnten. Solange kein statistisches Material vorhanden war, mussten vor allem qualitative Methoden für den sogleich praktischen Planungsrahmen herangezogen werden, die später durch Werte der Statistiken oder Erhebungen (surveys) quantitativ ergänzt werden können. Besonders wichtig ist bei diesen Hilfsmitteln, dass sie bereits auf jeder erreichten Planungsebene solche Entscheidungshilfen stellen und sich nicht über mehrere Stufen erstrecken. Ein dafür erarbeiteter Netzplan zeigte solche Möglichkeiten auf. Dies bedeutet, dass man wegen der drängenden Zeit Prognose und Zielfindung in einem Arbeitsgang hatte. Die bereits während der ersten Planungsphase durchgeführten Untersuchungen (surveys) betrafen:

— Arbeitskraftbesatz in den Dörfern, Anbau und Absatz,
— Stand des Erziehungswesens,
— Gesundheitszustand,
— Kommunikationswesen,
— Plantagensurvey,
— Marktuntersuchungen, Transport und Preise,
— Angestellte der Behörden und des landwirtschaftlichen Beratungsdienstes,
— Landwirtschaftliches Schulwesen,
— Reparaturdienste in der Landwirtschaft, Werkstätten und die Kraftstoffversorgung.

Andere Merkmale regionaler Art, die die landwirtschaftliche Arbeit betreffen, wurden untersucht. Die notwendigen Surveys unternahm das Universitätsteam in den mit (U) angezeigten Fällen (vgl. auch Seite 234).

— Luftaufnahmen, Landnutzung und Siedlungsfronten
— Verkehrswege und Transporte (U)
— Landnutzung (U)
— Bodenarten
— Waldarten
— Fischgewässer
— Landeigentum (U)
— Erbgepflogenheiten

— Betriebsgrössen
— Landw. Produktionstechnik (U)
— Landw. Verarbeitungsbetriebe (U)
— Bewässerungstechniken
— Heimgewerbe
— Herkömmliche Berufe (U)

---

*) Dies ist ein nach einfachem Koordinatensystem, nach Leistungs-Kategorien und Bewegungen der Berater in der Zeiteinheit, schematisiertes Arbeitsprogramm, bei dem die Tätigkeit der Berater durch Anlaufen kontrollierter Punkte (von denen berichtet wird) gegenkontrolliert werden kann.

4.2. Der Projektverlauf mit Hauptaktivitäten und angewandten Techniken

Für das Verständnis der bisher abgelaufenen Regionalarbeiten ist eine tabellenartige Darstellung wahrscheinlich am besten geeignet. Die dann folgende Beschreibung soll die bisher geleistete Arbeit besser umreissen.

4.2.1. Die Vorstudie des Jahres 1968 war eine vom Verfasser durchgeführte Projektfindungsstudie. Sie wurde einige Zeit nach der Wiederaufnahme der indonesischen Beziehungen in technischer Hilfe mit westlichen Ländern unternommen, als die schnelle Produktionssteigerung von Hauptnahrungsmitteln am dringendsten war. Die indonesische Regierung hatte ein Regionalprojekt in Südost-Sulawesi beantragt. Wegen der Abgelegenheit wurden jedoch drei andere Gebiete, Zentral-Java, Nord-Sumatra und schliesslich auch West-Sumatra ausgesucht. An Stelle der Einleitung von Regionalplanungsarbeiten wurde beschlossen, mit den schneller Erfolge bringenden Produktionsmittelmassnahmen zu beginnen, dem Düngereinsatz bei Reis (Zentral-Java und West-Sumatra) und in Ölpalm- und Kautschukpflanzungen Nord-Sumatras (vgl. 232 ff).

Bei dieser regionalen Vorstudie wurde eine umfassende Agraranalyse Indonesiens angestellt (33), in der die am stärksten unterversorgten Gebiete ausgesucht wurden. In einem zweiten Teil der Studie stellte der Verfasser das Programm für einen dreijährigen Produktionsmitteleinsatz auf jeweils 15.000 ha zusammen. Etwa 20.000 Tonnen Dünger sollten als Geschenk der Bunderesrepublik Deutschland geliefert werden, um von der indonesischen Regierung im Rahmen eines Kleinkreditprogramms innerhalb des laufenden nationalen BIMAS-Programms zur Errichtung einer revolierenden Fonds verkauft zu werden. Die logistischen Beschaffungseinzelheiten wurden in der Studie festgelegt und die Durchführung eines Kleinkreditprogrammes in Einzelheiten ausgearbeitet Die Studie wurde innerhalb eines einmonatigen Aufenthalts in Indonesien, vom 15. März bis 15. April 1968 materialmässig vorbereitet und dem Bundesministerium für Wirtschaftliche Zusammenarbeit in Bonn im Juni vorgelegt. Es ist der ausserordentlichen Schaffenskraft und Entscheidungsfreudigkeit des damaligen Ministerialrats RUHENSTROTH zu verdanken, dass 8.000 Tonnen Mineraldünger und mehrere Lastkraftwagen schon im Juli nach Indonesien verschifft wurden.

4.2.2. Das Anlaufen der Aktion in derartig kurzer Zeit und das rechtzeitige Eintreffen einer so grossen Düngermenge ist dann dem reibungslosen Zusammenarbeiten so erfahrener Mitarbeiter wie W. HECKENSTALLER, K.H. KOREUBER und Dr. O. SCHWARZ zu verdanken, die dem Verfasser von seinen Regionalprojekten aus Jemen und Malawi nach Indonesien gefolgt waren. Der Reihenfolge nach leiteten die drei Landwirte diese erste Aktion in der Regionalarbeit in Zentral-Java, West-Sumatra

Überblick: der bisherige Ablauf des West-Sumatra-Projektes

Jahr	Planungsaktivitäten - Ausführungsaktivitäten	Finanzierung
A. 1968	*Vorstudie* Landwirtschaft, Soforthilfe	Techn.Hilfe
M. 1968	Eintreffen Mineraldünger, *Anlaufen* der Aktion	Produktionsmittel
E. 1968	*Vorstudie* Regionalplanung Landwirtschaft, Erhebungen	Techn.Hilfe
A. 1969	*Hauptstudie* landwirtschaftliche Regionalentwicklung	
M. 1969	*Erörterungen* in Bonn über Gewährung der Mittel	Techn.Hilfe
E. 1969	*Komplementäre Erhebungen* f. die Regionalplanung sozialgeographische Analyse Eintreffen wissenschaftl. Untersucher, Universität Göttingen	Thyssen-Stiftung
E. 1969	Anlaufen 2. Vegetation. Düngerprogramm 15.000 ha	Techn.Hilfe
E. 1969	Anlaufen kommerzielles Düngerprogramm Firmen (AHT/BASF/BAYER), 42.000 ha)	(privat)
E. 1969	*Erste Evaluierung* durch Vertreter des Ostasiatischen Vereins	B.M.Z.
A. 1970	*Projektleiter* Landwirtschaft trifft ein	Techn.Hilfe
M. 1970	Integration der Regionalplanung in BAPPENAS	Techn.Hilfe
1969/70	Anlaufen « Permanente Regionalplanung Landwirtschaft »	Techn.Hilfe
E. 1970	Erste Evaluierung Düngerprojekt Universität Bonn	B.M.Z.
1971/72	Regionalplanung West Sumatra, Universität Bonn	B.M.Z.
1971/72	1. *Phase Landwirtschaftsprojekt*, Ausführung Planung 1968/69: Rehabilitation-Labor, Werkstatt, Baumschule, Viehstation	Techn.Hilfe
1973/74	2. *Phase Landwirtschaftsprojekt*, Ausführung	Techn.Hilfe
1973-E. 1975	*Regionalplanung West Pasaman* durch die Universität Stuttgart	B.M.Z.
1976/77	3. *Phase Landwirtschaftsprojekt* läuft an	Techn.Hilfe
1976	Erste Evaluierung durch das Weltwirtschaftsinstitut Hamburg	B.M.Z.
1977	Zweite Evaluierung durch das Weltwirtschaftsinstitut	B.M.Z.

und Nord-Sumatra. Sie sind gemäss den Schwerpunkten ihrer Arbeit wiederholt untereinander ausgetauscht worden.

Konzeptionell legten alle deutschen Mitarbeiter Schwergewicht auf die Hauptverantwortung der Aktion und aller weiterer Regionalarbeit bei den einheimischen Kräften. Tatsächlich ist es dem Verhandlungsgeschick der drei Mitarbeiter zu verdanken, dass die als schuldnereigenen Mittel eingetroffenen Mengen innerhalb kürzester Zeit von den Häfen in die Anbaugebiete gelangten. Es darf mit Gewissheit ausgesagt werden, dass es diese Alleinverantwortung der Indonesier war, die das Programm so erfolgreich anlaufen liess. Die deutschen Kräfte standen als Berater im Hintergrund und lenkten unauffällig die logistischen Bewegungen und den nachfolgenden Einsatz.

Der Dünger wurde von einer grösseren Anzahl von Verkaufskiosken zu freien Marktpreisen auf Kredit zu niedrigem Zinssatz zusammen mit einem Konsumkredit verkauft. Einzelheiten sind in der Veröffentlichung (35) des Verfassers beschrieben. Besonderes hervorzuheben ist der absichtlich gewählte Umstand, dass die Kabupatenbehörden für die Durchführung mit ihren Distrikt-Bankstellen dei regionalen Entwicklungsbanken für das Kreditprogramm verantwortlich wurden. Die schwerfällige Provinz-Landwirtschaftsverwaltung wurde von den zentralen landwirtschaftlichen Stellen absichtlich nicht eingeschaltet, um so die Abwicklung schneller zu gestalten. Die baldige Wiederverwendung der rückfliessenden Düngergelder beim Bau von Feldwegen und für die Wiederherrichtung der verfallenen Bewässerungsprojekte war die erste grössere Kapitalrate für die Regionalentwicklung. Das Kleinkreditprogramm war so angelegt, dass die revolvierenden Gelder erst im zweiten Jahr für den Wiedereinkauf von Dünger eingesetzt zu werden brauchten. Die Düngermenge für das zweite Kulturjahr stellte die Bundesrepublik abermals gratis zur Verfügung. (Das ist kein Widerspruch; die Zahlungen liegen nicht gleichzeitig).

4.2.3. Vorstudie Regionalplanung Landwirtschaft

Es kann nicht genügend betont werden, dass das « Aufhängen » der ersten regionalen Planungen ausschlaggebend für den Erfolg des ganzen Projektes wurde. Dies ist vom Evaluierungsteam unter Professor Kötter der Universität Bonn in der Prüfung dann auch ausdrücklich festgestellt worden. Der Erfolg des Düngerprogrammes, für den allein Rückzahlungsquoten von 90-95% und Ertragssteigerungen von 3,5 auf 5,5 t/ha Beweis genug sind, wurde ausdrücklich bestätigt. Es soll auch nicht verschwiegen werden, dass Regionalplaner und Evaluierer, die das Projekt besuchten, wiederholt in der Fachpresse eine gewisse Inkompatibilität zwischen Regionalplanung und Düngerprogramm betonten. Macht man sich jedoch den umfassenden Planungsbegriff, der Durchführung (und Kontrolle) einschliesst, klar, so findet der eingeschlagene Ansatz sowohl von dem Totalziel als auch von den Prüfungszielen seine Deckung.

Sinn und Umfang der Vorstudie wollen in der sofortigen Verplanung der eingeflossenen Düngergelder für den Bau von Feldwegen und Zubringerstrassen, Zubringerkanälen, Feldbewässerungs-und Drängräben im Zuge der Einführung der terminalen Wasserkontrolle (vgl. Seite 136) gesehen werden. Zusammen mit den Beamten der Behörde für Öffentliche Arbeiten suchten die Landwirte der Aktion die für die Finanzierung geeigneten Objekte aus. Auf die verschiedenen Finanzierungsmöglichkeiten wird an anderer Stelle eingegangen (vgl. S. 244). Im ganzen wurden für DM 2,4 Mill. solche Kleinprojekte innerhalb eines Jahres seit Beginn der Vorstudie vom März 1968 in Angriff genommen. Dieses war einer der Vorteile des flexiblen Produktionsmittelfonds. Doch hier sei kurz erwähnt, dass die zeitweilige Umstellung von schuldnereigner Verwendung der Mittel auf gläubigereigene Verwaltung (was die ambivalente Deutung impliziert, dass die Bundesregierung die Mittel « zweimal » gab) erhebliche Friktionen verursachte. Indonesien war eben an die schuldnereigne Verwaltung gewöhnt. Die Stipulierung wurde wieder rückgängig gemacht, so dass das Regionalprojekt keinen Schaden litt. Das Regionalprojekt West-Sumatra war bereits nach einem Jahr im vollen Schwung der Ausführungsarbeiten. *Ein Counterpart-Ausbildungsprogramm* lief bereits 1969 an; bis 1975 wurden 37 indonesische Projektmitarbeiter in Deutschland ausgebildet, bzw. auf die Regionalaufgaben hin instruiert und informiert.

4.2.4. Hauptstudie Landwirtschaftliche Regionalplanung

Diese lief fast zugleich mit der Vorstudie an, bzw. wurde mit den auslaufenden Untersuchungen im Rahmen der Vorstudie eingeleitet. Es ging bei der Hauptstudie Regionalplanung um die baldmögliche Bereitstellung von Mitteln der Technischen Hilfe, die im Gegensatz zu Mitteln aus den Produktionsmittelsendungen die Hilfemassnahmen der Industrie einschlossen und deshalb anders behandelt wurden. Es musste auch ein anderes Referat angesprochen werden, das als Länderreferat für dies Vorhaben an sich vorgesehen war. Im ganzen dauerte die Hauptstudie jedoch ein Jahr, und sie musste ohne die Bereitstellung der Mittel für die Luftaufnahmen (und -auswertung) durchgeführt werden.

Deshalb aber beschränkte sich das Planerteam, das zusammen mit wissenschaftlichen Untersuchern der Universitäten Göttingen und Münster sowie Projektassistenten auf im ganzen zehn Mann angewachsen war, ganz auf die Wiederherrichtung der Institutionen. Die unterstützenden landwirtschaftlichen Dienste wie Ausbildung, Beratung, Kreditwesen, Genossenschaften, Reparaturwerkstattdienste, Saatgutvermehrung, Tiermedizin und andere kleinere institutionale Infrastruktur (darunter das Büro für Heimarbeit, Frauenarbeit, Erwachsenenbildung usw) wurden durch einen Geräte-und Personal-Bereitsstellungs-Betrag von mehreren Millionen Mark im Rahmen der Technischen Hilfe nachhaltig unterstützt. Man kann sagen, dass erst einmal die Basis für eine erfolgreiche Re-regionalarbeit geschaffen, bzw. wiederhergerichtet wurde. An anderer Stelle war erwähnt worden, dass der Aufstand der Jahre 1958/62 einen grossen Teil der Einrichtungen, die den Zweiten Weltkrieg überstanden hatten, zerstört hatte.

Die Zeit der Hauptstudie, etwa 1969/70, die von komplementären Erhebungen gefolgt wurde, war durch eine Vielzahl von Wehen gekennzeichnet. Da in der Region West-Sumatra bereits einige Millionen deutscher Mark investiert waren, waren deutsche Evaluierer und Beobachter auf die Arbeit der landwirtschaftlichen Planer angesetzt worden, um die Gebarung in der regionalen Arbeit zu überprüfen. Aber auch indonesische Stellen, zum Teil wegen der Erfolge der regionalen Mitarbeiter aufmerksam geworden, wurden in die Planung eingeschaltet. Die Beauftragung der obersten Planungsbehörde BAPPENAS fällt in diese Zeit. Damit wurde die Regionalplanung institutionalisiert. Der Verfasser intensivierte seine Arbeit und lud zu Seminaren über Regionalplanung nach West-Sumatra ein. Tage der offenen Tür wurden abgehalten. Er begann an der Padang-Universität Vorlesungen über Regionalplanung zu halten. Es folgten ebensolche an einem Landwirtschaftsinstitut der Universität Bogor bei Jakarta. Schliesslich stellte er das Regionalprojekt in einer Veröffentlichung (29) « Agricultural Planning for Regional Development, Case Study West Sumatra » allgemein zur Diskussion. Mitte 1970 wurden die Mittel für das Landwirtschaftsprojekt schliesslich bewilligt.

4.2.5. KOMMERZIELLE DÜNGERPROJEKTE der Firmen AHT/BASF und BAYER (35) auf im ganzen 42.000 ha der Provinz West-Sumatra wurden 1969 mit Krediten der Industrie begonnen. Nach dem Vorbild des Technischen-Hilfe-Projektes wurden auf einer noch grösseren Fläche im Rahmen des BIMAS-Programmes, das BIMAS GOTONG ROYONG genannt wurde, abermals zwei Jahre lang Kleinkreditprogramme abgewickelt, um den Erfolg des kleineren (und dann steckengebliebenen) Programmes « Government to Government » auszubauen.

Zwar gab es keine weiteren Mittel für revolvierende Fonds, doch mit den Kleinkrediten wurde die Arbeit zur Produktionssteigerung erheblich intensiviert. Die eingeleitete Regionalarbeit wurde ausgedehnt, denn neben den Kleinkrediten waren auch Mittel für den Ausbau der Bewässerungsanlagen eingeschlossen. Rückschauend betrachtet, diente das Düngerprojekt der Firmen dazu, die lange Wartezeit bis zum Wirksamwerden der aus technischer Hilfe eintreffenden Mittel, Geräte und Fachleute zu überbrücken. Der Verfasser als Planer und Projektleiter des Teams « Landwirtschaft » half der kommerziellen Aktion, das einmal gewonnene Vertrauen bis zum Wirksamwerden der Hauptmittel zu erhalten. Die Firmenvertreter begannen ausserdem mit der zweiten Phase der Produktionsmittelbereitstellung, indem sie private Verteilerstellen aufbauten und kreditierten. Die sehr befruchtende Diskussion mit Industrievertretern wie HAARRING, HÖPPE, JOPPICH, MOHRMANN, von DRYGALSKI, von TOLL, WAHNSCHAFT u.a muss besonders hervorgehoben werden. Die Vertreter der freien Witschaft brachten neue Perspektiven mit, die das Planerteam in seine Arbeit einbauen konnte.

4.2.6. DIE MECHANISCHE REISMÜHLE TANI MAKMUR, eine auf privatrechtlicher Basis geschaffene Gesellschaft, in der Anbauer Aktionäre sind, wurde aus technischer Hilfe geliefert, um den inzwischen gesättigten Reismarkt in West-Sumatra zu entlasten. Bisher gab es keine solche Reismühle. Reis wurde herkömmlich im Haus von Hand gestampft oder auf Vertragsbasis nach demselben Stampfsystem von Wassermühlen « kincir air » enthälst. In jedem Fall gab es kein exportfähiges Produkt. Darum konnte eine solche Mühle auch nicht die Lebensbasis der herkömmlichen Reismüller zerstören (vgl. S. 216).

Die Reismühle erfüllte in der Regionalarbeit den Zweck der Überbrückung bis zum Einsatz der Hauptmittel, denn sie begann schon 1971 ihre Produktion, und leitete zugleich eine weitere Phase der Regionalarbeit mit Schwerpunkt Verarbeitung landwirtschaftlicher Produkte ein. Den Einkaufspreis der Mühle, DM 1 Million, zahlte die Gesellschaft ebenfalls in einen revolvierenden Fonds, der für Zwecke der Saatgutbeschaffung eingesetzt wurde. Eine zweite Reismühle wird 1978 in Painan bei Padang errichtet.

4.2.7. PROJEKT-EVALUIERUNG IM PLANUNGSSTADIUM

Das West-Sumatra-Projekt lief an, als in der deutschen Entwicklungshilfe Evaluierungsmassnahmen eingeführt wurden. Der Verfasser hatte schon in Malawi sein Projekt mit einer ex-ante Projekt-Evaluierung versehen, die jedoch bei den die Mittel gewährenden Stellen kaum beachtet worden war. Zwar gab es auch damals schon die Länderbeobachter der deutschen Ländervereine, die jedoch meist wohlwollend die Projekte deskriptiv untersuchten, ohne sich qualitativer Analysen zu bedienen. Das war 1965-68 in Ostafrika. Der Länderbeobachter des Ostasiatischen Vereins war J. TRAEGER, ein langjähriger Indonesien-Kenner, der als Angestellter einer deutschen Firma der Grosschemie über ein wirtschaftliches Thema Indonesiens (179) promoviert hatte.

Im Jahre 1970 löste das Institut für Agrarpolitik der Universität Bonn den Länderbeobachter des Ostasiatischen Vereins ab. Zuerst war ein längere Zeit in Asien tätig gewesener Assistent in der Projektbeobachtung und Evaluierung tätig. Verantwortlich für die Berichterstattung war sein Institutsdirektor. Der Evaluierungsbericht des Institutionsdirektors KÖTTER war positiv. Der Bericht wurde dem Verfasser jedoch nie bekannt und kann deshalb nicht zitiert werden. Er soll besonders hervorgehoben haben, dass die Injektion einer grösseren Düngermenge, Bezahlung derselben zu höchsten Rückzahlungsquoten, Bildung eines revolvierenden Fonds und Wiederinvestition in die Region als Initialzündung besonders günstig gewirkt haben.

Anschliessend evaluierte dasselbe Institut auch die Planung des Landwirtschaftsprojektes und des grösseren Regionalprojektes West-Sumatra. Hierunter fiel auch die Reismühle. Da man das Konzept der Initialzündungen verstanden, das der Abkürzungen jedoch missverstanden hatte, fiel die Kritik nachteilig aus. Eine Diskussion war nicht mehr möglich, weil der Verfasser inzwischen West-Sumatra und

Indonesien verlassen hatte. Zum Schluss war er im Landwirtschaftsministerium Jakarta mit der Nachbetreuung der von ihm geplanten, in Ausführung befindlichen Projekte befasst. Die Kritik der Universität Bonn führte zu einem eigenen Planungsauftrag für die Region West-Sumatra, auf den im folgenden eingegangen wird.

4.2.8. DIE PLANUNGSSTUDIE DER UNIVERSITÄT BONN

Diese ging aus einem Evaluierungsauftrag des Bundesministeriums für Wirtschaftliche Zusammenarbeit hervor und wurde ebenfalls von diesem Ministerium bezahlt. Es war eine der ersten grösseren Planungsstudien für integrierte, multidisziplinäre Planung, die vom Bund bezahlt wurden. Damit wurde ein neuer Typ von grösseren Projekten von einem neuen Personenkreis planerisch behandelt, der in der eigentlichen Entwicklungshilfe nur nebenher (als Universitätsangestellte oder Dozenten) oder nicht mehr tätig war. Durch die Beteiligung von erfahrenen Planern wurde fruchtbare Arbeit geleistet, und man kann die Ergebnisse der Planungsstudie West-Sumatra ebenfalls als positiv bezeichnen.

Bezeichnend für die Art der geleisteten Arbeit ist, dass das seit 1970 laufende landwirtschaftliche Entwicklungsprojekt von dieser neuen Planungsarbeit wenig berührt wurde, obwohl ein Erfahrungsaustausch mit laufender Diskussion und Korrektur der Ausführungsmassnahmen wünschenswert gewesen wäre. Die mangelnde Zusammenarbeit mit dem Landwirtschaftsteam führte zu mehrmaligem Wechsel in der Projektleitung. Dies sind jedoch Erscheinungen, die in ihren Variationen an isolierten Plätzen immer wieder vorkommen werden. Immerhin kam es zu einem fruchtbaren Nebenher von ausführender landwirtschaftlicher Entwicklungsarbeit und planender Arbeit der Bonner Universitätsleute. Die Landwirte befassten sich mit der Ausführung der Wiederherstellungsarbeiten (« Rehabilitasi »), wie vom Verfasser geplant, und die Bonner mit den in Angriff zu nehmenden Arbeiten unter der zweiten Phase.

Stark zusammengefasst kann die Arbeit des Universitätsteams am besten durch Nennung der Einzelstudien widergegeben werden:

West-Sumatra Regional Planning Study (Titel des Projektes)

A — Main Report Hauptbericht;

B — Infrastructure Systems of West Sumatra (Infrastruktur-Systeme);

C — Economic Development and Social Change in Minangkabau (Soziales);

D — Rural Market Systems of West Sumatra (Ländliche Märkte);

E — Agricultural Production System (smallholders) (Landwirtschaftliche Betriebswirtschaft).

Daneben wurde eine Reihe Nebenuntersuchungen durchgeführt. Die weiter oben erwähnte Land-

nutzungsuntersuchung ist in der Studie unter (E) enthalten.

Empfehlungen für die Entwicklung befinden sich bereits in den Einzelstudien. Ausserdem wurden verschiedene nicht zugängliche Papiere für die Planung ausgearbeitet.

4.2.9. DAS LANDWIRTSCHAFTSPROJEKT MIT SEINEN EINZELNEN PHASEN*

Im Rückblick sah der dritte Projektleiter C. HÄSELBARTH (68) in einem Ende 1975 erschienenen « Progress-Report », mit dem er die drei Jahre seiner Tätigkeit besonders durchleuchtete, die Arbeit in einem dreistufigen Ablauf.

— *Die Planungsphase 1968/69* unter dem Verfasser mit einem « leicht verständlichen Reis-Intensivierungsprogramm » (Sofortmassnahmen, vgl. S. 227);

— *Die Versuchs-und Vorbereitungsphase* (1970-72) unter C. KOHLBACH (102) mit dem Aufbau der Reismühle und Ausbau der Institutionen;

— *Die Phase der Projektdurchführung* von 1973 an unter C. HÄSELBARTH, der 1976 von BAUER abgelöst wurde.

Die bei der Planung zugrundegelegten *Kriterien* fasste C.H. wie folgt zusammen:

— Kartierung der Ländereien nach den besten natürlichen Bedingungen; Planung;

— ökonomisch orientierte Einzelprojektplanung nach verwaltungsmässig besten Ausführungsmöglichkeiten;

— Berücksichtigung der wirtschaftlich Schwachen, d.h. Kleinbauern-orientiert;

— Ausrichtung nach Vermarktungsmöglichkeiten;

— Einschluss von Transmigrationsmöglichkeiten;

— richtiger Projekt-Mix mit schnell abzuschliessenden, mittelfristigen und langfristigen Einzelprojektteilen;

— Augenmerk auf sich selbst tragende Projektteile mit wirtschaftlichem Kern-, Infrastrukturteilen und sozialen Elementen;

— Mischung von Teilen, die geringen und hohen Kapitaleinsatz erfordern (hier Gewürze-da Kautschuk);

— allseitige Projektmitarbeit von öffentlichen und privaten Teilnehmern;

— Diskussion der Planungsthemen nach praktischen Gesichtspunkten;

— Planung gemäss vorhandener Ressourcen und Mittel für die Durchführung;

— Ausgewogenheit der Projektteile;

---

*) Zeitweilig wurde das Regionalprojekt West-Sumatra auch Landwirtschaftsprojekt genannt.

— Projektarbeit mit permanenter Planung (Korrektur derselben);

— Hauptaugenmerk auf Exportfrüchte, da die Nahrungsbasis gesichert ist.

Die bis Anfang 1976 -oft zusammen mit der Pasaman-Mannschaft-durchgeführten *Studien* umfassten:

— Kautschuk-Kleinanbauer-Studie mit Ausführungsplan, unter K.H. KOREUBER;

— Marktformen/-verhalten im Dorf Abai Siat (Kautschukprojekt) (Survey);

— Gewürzintensivierung für den Kleinanbau mit vollständiger Evaluierung;

— Studie für das Tierzuchtprojekt Padang Mengatas;

— Ölpalmanbau in Kleinbetrieben; Feasibility-Studie für Pasaman;

— Teilnahme an der West-Pasaman-Regionalstudie;

— Studie über den Maniok-Anbau in Kleinbetrieben;

— Vorschläge für die Ausbildung der Anbauer in bestimmten Zweigen;

— Kartoffel-Vermarktungsstudie;

— Papiere über Projekt-Politik und Tagesfragen, die-wie die' meisten obigen Punkte-dem Konzept des Verfassers folgten.

Projektteile, die bis 1976 ausgeführt wurden:

— die West-Pasaman Entwicklungsstudie (LTA 16) vgl. Seite. 262);

— das Kautschukprojekt Abai Siat, 600 ha, 70 Bauern, weiterhin unter KOREUBER;

— Bauern-Beratungs-Zentrum Sukamenanti mit 200 Anbauern pro Jahr;

— Bauern-Genossenschaft Simpang Empat mit 70 Mitgliedern;

— Traktoren-Station West Pasaman mit 5 Schleppern für 460 ha;

— Gewürzprojekt für Kleinanbauer mit Genossenschaft (Zimt, Gewürznelken);

— Kartoffel-Verbesserungsvorhaben mit jährlicher Saatkartoffelzufuhr, 120 ha;

— Viehzucht-Station Padang Mengatas mit 160 ha Weide, 700 Rindern;

— Pflanzenschutzsektion, Bodenlabor und Saatgutreinigung;

— Die Landmaschinen-Werkstatt Bukittinggi mit Hauptaugenmerk auf Ausbildung, wie bei allen anderen Projektteilen.

4.2.10. REGIONALPLANUNG WEST PASAMAN, UNIVERSITÄTEN BERLIN/STUTTGART

Das unter der Bezeichnung « Agricultural Development Project (ADP) » in den Jahren 1972 bis

Ende 1975 mit der Verwaltungsnummer LTA-16 in West-Sumatra gelaufene Planungsvorhaben ist das erste, wenn auch räumlich begrenzte, moderne Regionalprojekt Indonesiens gewesen. Die neuesten Arbeitsmethoden konnten angewendet werden, und auch das Fachpersonal wies einen ausreichend breiten Fächer auf. Mit den Landwirten vom West-Sumatra-Projekt wurde ständiger Kontakt gehalten; viele der beiden Teams arbeiteten zeitweilig auf dem jeweils anderen Projekt. Notwendigkeiten der Landeskunde wurden durch den sprachkundigen Mitarbeiter H. BUCHHOLZ, einen Theologen, der jahrelang auf der Insel Siberut tätig war und durch indonesische Counterparts hinreichend berücksichtigt. Projektleiter war A. KRUSE-RODENACKER und Team-Leiter H. DÜRR, der über das Projekt des öfteren in der Fachpresse berichtet hat (42).

Neben den Dokumenten mit den Ergebnissen der Planungsarbeit sind Vorschläge für Einzelprojekte, operationale Programme genannt, ein Bericht über soziale Aspekte der Projektausführung, ein Bericht über Ausbildung von Counterparts sowie ein Handbuch, wie der Regionalplan erstellt wurde, Hauptergebnisse der dreijährigen Tätigkeit. Daneben blieb aus der Planung eine Vielfalt an Material, für Ausbildungszwecke geeignet, übrig (109; S.1).

Abgekürzte Wege der Planung, kontrollierter und programmierter Output der Planung mit zeitsparenden Techniken in inter-disziplinärer Konstellation aller Beteiligten, dabei mit pragmatischen Annäherungen aber stetiger Berücksichtigung akademischer Haltbarkeit waren die Hauptarbeitslinien. Dass man von einem Regionalprofil ausging und stets die Ausbildung der indonesischen Mitarbeiter im Auge hatte, sei auch angeführt.

Die vielstufige Analyse der Luftaufnahmen (multistage air-photo analysis), einschliesslich Satellitenbilder kannte neben ständiger Bodenkontrolle eine kodifizierte Computerauswertung. Zu dieser Methode war das Team gezwungen, weil das vorhandene Kartenmaterial, vielfach noch aus holländischer Zeit stammend, nicht ausreichte. Hierbei hat sich eine Luftbildnergruppe unter K. VÖLGER von Umwelt-Data, Frankfurt (früher Aero-Exploration) mit vielen neuen Ideen hervorgetan. V. hat hierüber ebenfalls berichtet. *)

Die künftige Entwicklung von West-Pasaman (1975-85) sehen die Autoren im Gegensatz zur Zentralisierungs-Methode des Verfassers (29) in der « dezentralisierten Konzentration », einer Mischung von Strategien. Dies ist wegen der geringen Grösse der Region und der Lage am Rande der Gross-Region West-Sumatra verständlich. Die Methode der Feststellung zentraler Orte spielte hierbei eine Rolle.- Vorgeschlagene Projekte betreffen Ölpalmen, ein Siedlungsprojekt bei Air Runding und ein Feldwegeprogramm. Negativ fiel die Nilamstudie aus. Besonders erwähnenswert ist die Dokumentation eines Versuchs der Operationalisierung des Konzepts zentraler Orte.

---

*) Etwa 1976 in « entwicklung und ländlicher Raum »; genaue Angabe nicht möglich.

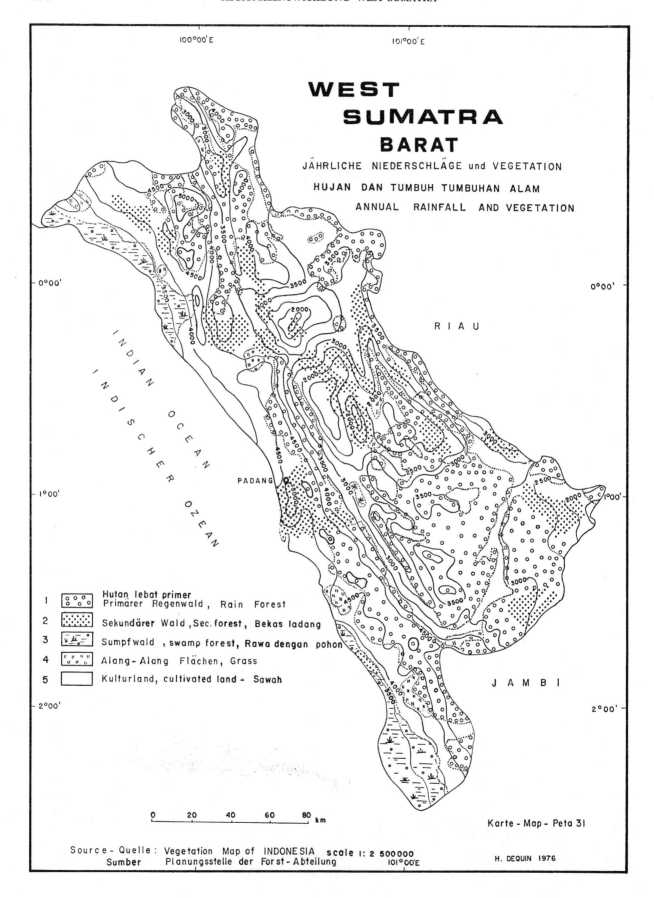

**WEST
SUMATRA
BARAT**

JÄHRLICHE NIEDERSCHLÄGE und VEGETATION

HUJAN DAN TUMBUH TUMBUHAN ALAM

ANNUAL RAINFALL AND VEGETATION

R I A U

INDIAN OCEAN

INDISCHER OZEAN

PADANG

J A M B I

1 Hutan lebat primer
   Primärer Regenwald , Rain Forest

2 Sekundärer Wald , Sec.forest , Bekas ladang

3 Sumpfwald , swamp forest , Rawa dengan pohon

4 Alang- Alang Flächen , Grass

5 Kulturland, cultivated land ÷ Sawah

0   20   40   60   80
|____|____|____|____| km

Karte - Map - Peta 31

Source - Quelle : Vegetation Map of INDONESIA   scale 1: 2 500000
Sumber   Planungsstelle der Forst - Abteilung   101°00'E

H. DEQUIN 1976

4.3. Art und Stand der indonesischen regionalen Entwicklungsplanung

Zum Beginn des 2.Fünfjahresplans 1974/79 (REPELITA II) wurde eine Reihe von Erlässen und Direktiven der Volksvertretung (MPRS) formuliert:

— das Gleichgewicht zwischen regionaler und sektoraler Planung soll erreicht und die Unausgeglichenheit der Entwicklung zwischen den Provinzen reduziert werden;

— die Verbesserung des Steuerhebesystems der Provinzen soll die Finanzlage entscheidend bessern;

— die Zentralregierung soll gleichzeitig bei Grossprojekten die Hilfe an die Regionen verstärken.

Diese Ziele wurden im Rahmen der abermaligen Bekräftigung der nationalen Einheit, die erklärtermassen eine wirtschaftlich-soziale, aber auch politische und militärische sein soll, besonders herausgestellt. Man hat klar erkannt, dass Java durch die Nähe der Hauptstadt Vorteile in der Infrastruktur besitzt. Auch die Städte Medan in Nord-Sumatra und Palembang in Ost-Sumatra, Ujung Padang in Sulawesi und Banjarmassin auf Kalimantan geniessen solche Wachstumsvorteile. Man nimmt in Planungskreisen der Regierung hin, dass eine Zeit lang der herrschende wirtschaftliche Dualismus bestehen bleiben wird, bei dem die Ausseninseln benachteiligt sind, da sie verkehrstechnisch schlecht mit der Hauptinsel verbunden sind.

In diesem Zusammenhang wurde die Planung vor die Frage gestellt, in wie weit die Transmigration wie bisher in der Regierungspolitik ein Instrument der Politik bleiben soll oder aber eine Entwicklungsmassnahme in eigener Sache ohne politische Note. Die Beziehung Region (Provinz)-Zentrale (Jakarta) spielt dann eine Rolle, bei der es darauf ankommt, ausreichende Autorität zu entwickeln und auszuüben, ohne die Einheit zu gefährden. Die Volksvertretung betont, dass die Zuständigkeiten und die Selbstverantwortung der Regionalregierungen vergrössert werden sollten. Hierbei bilden die mangelnde Planungspotenz in den Regionen und die allgemeinen Mängel in der Verwaltung ein Problem. Dieses wurde erkannt und erstmalig mit der Forderung nach Aufstellung einer regionalen Entwicklungskonzeption für den zweiten Fünfjahresplan aufgegriffen. Hieraus entstanden die inzwischen arbeitenden regionalen Planungsbüros (BAPPEDAS). Dies berührt das Problem der vertikal und horizontal gegliederten Verwaltungsmodelle.

Die zentrale BAPPENAS in Jakarta übersetzte die Forderungen der Volksvertretung (MPRS) in regionale Entwicklungsziele, die sinngemäss in folgendem gipfeln;

— Wachstumsausgleich zwischen den Provinzen durch Anwendung einer Strategie der Wachstumspole (Ebenen mit 4,10 und 90 zentralen Orten);

— Ausnutzung der regionalen Ressourcen einschliesslich Transmigration.

— Entwicklung wirtschaftlicher Verbindungen zwischen den Provinzen mit Gruppenbildung gleichartiger Inseln; *)

— bevorzugte Entwicklung von zurückgebliebenen Regionen und Grenzgebieten.

Die dabei möglichen Konflikte sind erkannt: Ungleichmässige Verteilung der natürlichen Grundlagen und Bodenschätze. Die Eindämmung der wirtschaftlichen Konzentration auf Jakarta würde auf die Unausgeglichenheit der Einkommen wirken, sie reduzieren.

Die Voraussetzungen für eine solche Regionalplanung.

Die Planer in der Hauptstadt haben erkannt, dass für die oben erwähnten Ziele zuerst die Voraussetzungen geschaffen werden müssen. Hierbei sind die Organisation und der Ablauf der Bearbeitungsvorgänge für Projekte und Programme zu beachten, die sektorale und räumliche Planung, Mikro-und Makro-Planung abzugrenzen und vor allem die Beziehungen finanzieller Art zwischen den Provinzen und der Zentrale zu klären. Auch spielen rechtliche Fragen hinein sowie die Frage des ausgebildeten Planungspersonals und der Führungskräfte. Im einzelnen sieht die Regierung vor:

— Die finanziellen Fragen sollen dadurch geklärt werden, dass die Provinzen eine grössere finanzielle Unabhängigkeit erhalten, die sie an ihre Kabupaten weitergeben sollen. Der Kapitalanteil der Provinzen soll vergrössert werden, was schon durch die oben erwähnte Verbesserung des Hebesystems teilweise erreicht werden kann.

---

*) Nach einer anderen Schule der Regionalplanung führt man gerade nicht gleichartige Teile zu Gruppen zusammen.

— *Die rechtliche Frage* soll in erster Linie durch klarere Definitionen der Zuständigkeiten zwischen
Zentralregierung und Regionalverwaltungen gelöst werden sowie durch die Abgrenzung der
Zuständigkeiten der Büros der Zentralregierung in den Regionen. Da Indonesien keine Föderation
ist, muss in Zweifelsfällen die Entscheidung immer bei der Zentralregierung bleiben.

— Die *Personalfrage* soll durch Ausbildungsbeamte am Arbeitsort, « sur-place »-Ausbildung (in
benachbarten Ländern mit ähnlichen Bedingungen) und durch eine Neuordnung des Vergütungs-
systems gelöst werden.

Bis zum Herbst 1975 wurde bereits ein grosser Teil dieser Ziele, z.B. auch die Anhebung der Be-
züge, verwirklicht. Doch nur das Erreichen der Ausgabenziele (und Überschreiten um etwa 100%) sind
im zweiten Jahr von REPELITA II eine Gewissheit. Im übrigen hat man Ende 1975 die früher aufgestellten
Planziele als Folge der Ölkrise und der Rezession in der Welt stark herunternehmen müssen. Dafür konnten
die REPELITA II-Ausgaben in den Jahren 1976 und 1977 jedoch gegenüber dem ursprünglichen Ansatz
stark erhöht werden.

4.3.1. DIE ZWEITE PHASE DER INDONESISCHEN REGIONALPLANUNGEN **)

Sie begann mit der Evaluierung des ersten Regionalprojektes in West-Sumatra. Davor hatte eine
wissenschaftliche Untersuchergruppe der Universität Bonn das landwirtschaftliche Produktionsmittelprojekt im Auftrage des deutschen Ministeriums für wirtschaftliche Zusammenarbeit evaluiert, das dort
dem Regionalprojekt vorausging. Dann erhielt dieselbe Gruppe den Auftrag für die Evaluierung der
vorliegenden, durch den Verfasser und sein Team ausgearbeiteten, Regionalplanung und des seit zwei
Jahren laufenden Projektes. Gleichzeitig sollte die Bonner Gruppe die bestehende, zuerst nur auf Wiederherstellung früherer Einrichtungen ausgelegte Planung erweitern und langfristige Regionalplanungsaspekte
untersuchen. Diese einzelnen Schritte werden auf den Seiten 231 ff beschrieben. Aus dieser Studie der
Bonner Universität ergab sich die bei BAPPENAS geführte « Sumatra Regionalstudie ».

4.3.1.1.   *Die Sumatra Regionalstudie* begann im Jahre 1970 mit der Provinz West-Sumatra und schloss
1971 die Provinzen Süd-Sumatra, Bengkulu, Jambi und Lampung an. Während West-Sumatra ausschliesslich durch das Team der Bonner Universität bearbeitet wurde, nahm man für die zweite Phase der Sumatra-
Studie eine Zweiteilung vor, die sich später als nicht günstig erwies. Die Bonner Gruppe unter JUNGHANS
übernahm die Analyse, das Sammeln der Inventurdaten von Bodenschätzen und anderer natürlicher
Voraussetzungen einer primären Produktion sowie eine Untersuchung der derzeitigen sozio-ökonomischen
Situation. Sie hatte auch die Interpretation der gesammelten Daten für die Formulierung der grundlegenden regionalen Entwicklungspolitik vorzunehmen. Den zweiten Teil des regionalen Planungsteams
bildete eine durch einen Weltbankkredit finanzierte internationale Mannschaft aus Indonesiern und
ausländischen Regionalplanern. Diese Gruppe hatte sich mit der Überprüfung der von der Bonner Gruppe
roh formulierten Empfehlungen für eine regionale Entwicklungspolitik zu befassen und zu evaluieren.
Schliesslich musste sie ein für sich stehendes konsistentes und integriertes Programm für die ökonomische
und soziale Entwicklung des südlich des Äquators gelegenen Teils Sumatras ausarbeiten. Somit hatte
die zweite Gruppe auf der Grundlage der durch die Bonner Universität erarbeiteten Inventur und Identifi-
kation der Wachstumszentren und anderer Analysenelemente die systematische Quantifizierung der Kosten
und des Wirkungsgrades spezieller Entwicklungstätigkeiten vorzunehmen. Weil die Analysenelemente
auch für andere Regionalstudien der zweiten Phase beispielhaft wurden, seien die Aufgaben der Bonner
Gruppe, die ausgezeichnete Arbeit leistete, in der Folge zusammengestellt:

Im einzelnen wurden Untersuchungen angestellt über:
— Nutzung kultivierten Landes (« land use survey ») u. mögliche Landreserven;
— Infrastruktursysteme;
— — Siedlung und Bevölkerung;
— — Verbindungssysteme;
— — soziale Institutionen;
— ländliche, sozio-ökonomische Systeme;
— — Marktsysteme;
— — soziale Systeme;
— — Anbausysteme;
— Industrie und industrielle Arbeit;
— regionale Entwicklungsstrategien einschliesslich Projektfindung und Ausarbeitung von Empfeh-
lungen für die Strategie (vgl. Seite 234 ff).

**) Da auf mehreren Ebenen abgehandelt wird, kommt es hier teilweise zu Wiederholungen.

Dass sich die Zweiteilung dann als nachteilige Lösung erwies, war auf die schwierige Koordinierbarkeit der heterogenen Gruppen zurückzuführen. Als die zweite Gruppe aus Washington/Jakarta ihre Arbeit begann, hatte die erste Gruppe aus Bonn ihre Untersuchungen noch nicht abgeschlossen. Aber auch später war auf Grund des verschiedenen Arbeitsstils eine ungenügende Nutzbarkeit der erarbeiteten Grundlagen festzustellen. Darum schloss BAPPENAS, bei der die zentrale Koordinierung seit Beginn der zweiten Phase lag, hieraus, dass ein regionales Planungsteam homogen sein müsse. Es sollte sich aus spezialisierten Experten zusammensetzen, die Erfahrung in wirtschaftlicher Evaluierung besitzen. Die Koordinierung sollte bei BAPPENAS fest verankert werden, umso mehr, als kurze Zeit vorher eine dritte Gruppe mit der Analyse der Bedingungen in der gleichen Provinz begann, ohne offizielle Kenntnis davon, dass das Washington/Jakarta-Team im selben Gebiet bereits tätig war.

4.3.1.2. *Die regionale wirtschaftliche Untersuchung der Provinz Süd-Sumatra* leitete das « Nationale Institut für Wirtschaftliche und Soziale Forschung » (Lembaga Ekonomi dan Kemarjarakan Nasional — LEKNAS). Untersucher stellte die SRIWIJAYA-Universität in Süd-Sumatra und das Zentrum für Südasiatische Studien (SEAS) der Kyoto Universität (KYODAI) aus Japan.

Diese Studie war Teil eines langfristigen Regionalplanungs-Programmes und anderer Untersuchungen, die von LEKNAS vorgesehen waren. Man hatte die Untersuchungen in drei Arten von Pilotuntersuchungen unterteilt, und zwar in solche der

— lokalen Regierung, der
— ländlichen Haushalte, von
  — Geschäftsfirmen und nach
  — sektoralen Einkommen.

Diese Punkte waren für ein Regional-Untersuchungsprogramm zu eng gefasst worden. Das gut angelegte Untersuchungsprogramm mit recht verlässlichen Ergebnissen sollte 1974 in die umfassendere Sumatrastudie der Weltbank/Universität Bonn nach dem Erkennen der Duplizität der Arbeit integriert werden.

4.3.1.3. *Die Regionalstudie Ost-Indonesien* hatte zu Beginn die gleiche Aufteilung unter zwei Vertragsnehmer übernommen. Doch nach dem Besuch einer Evaluierergruppe hat die indonesische Regierung diese Zweiteilung beendet. Unter Leitung des stellvertretenden Ministers für Landwirtschaft aus Alberta/Kanada, wirkten Gruppen der Universität Manitoba und der Provinzialregierung Alberta mit. Das an Zahl reiche Team (300 Mannmonate) war im ganzen breiter angesetzt und besser ausgestattet worden. Von den insgesamt für die Ostregion vorgesehenen US$ 5 Millionen zahlte die kanadische Entwicklungshilfe, CIDA, 3,5 Millionen.

Es war vorgesehen, in Ost-Nusa Tenggara zu beginnen und sich dann innerhalb von 30 Monaten bis West Nusa Tenggara vorzuarbeiten und schliesslich die Molukken einzubeziehen- eine weitgespannte Planungsarbeit, die die hohen Kosten und lange Untersuchungsdauer rechtfertigte. Durch besser gesetzte Prioritäten in der Untersuchung hätte man diese Studie straffen können. Ausserdem war sie als eine Reihe von Sektoralstudien anstelle einer integrierten Regionalstudie konzipiert, die Entwicklungsprioritäten leichter hätte erkennen lassen.

4.3.1.4. *Die Regionalstudie Sulawesi* zu Beginn des Jahres 1974 wurde ebenfalls von der CIDA finanziert. Auch sie sollte in zwei Phasen durchgeführt werden; Phase A durch eine Mannschaft der Universität von Britisch-Kolumbien/Kanada und Phase B durch eine später zu bestimmende Konsultingfirma. Auch hier hatte man sektorale Richtlinien gewählt anstelle regionaler, die besser gewesen wären. Letztlich wurde jedoch unter dem Einfluss der oben erwähnten Evaluierergruppe die gesamte Arbeit der Universitätsgruppe aus Britisch-Kolumbien übertragen.

4.3.1.5. *Verschiedene Stadt-Studien*, von denen die JABOTABEK-Studie die bedeutsamste ist, sollten sich mit den Misständen urbaner Siedlung und deren Abstellung befassen. In erster Linie sollte die Tragfähigkeit der Grosstadtregion Jakarta untersucht werden. Die holländische Hilfe bezahlte diese als Trainingsprojekt geplante Studie, die unter Leitung des Generaldirektorats für Hausbau, Wohnen und Planung urbaner Entwicklung stand.

Man kam zu dem Schluss, dass die Region Jakarta-Bogor-Tangerang-Bekasi weitere 4-7 Millionen Einwohner bis zu einer Dichte von 120 Einwohnern pro Quadratkilometer fassen und 1985 eine Einwohnerzahl von 12,1 Millionen erreichen könnte. — Die meisten urbanen Studien sind im Stil physischer Planung angestellt worden und widmeten den Erfordernissen des Marktes, künftigen wirtschaftlichen Implikationen und den Durchführungsmechanismen zu wenig Aufmerksamkeit.

4.3.1.6. *Weitere zum Berichtszeitpunkt (1978) geplante oder in der Durchführung befindliche Regionalstudien waren:*

— die Java-Regionalstudie;

— die Sumatra-Regionalstudie nördlich des Äquators;

— die Ost-Kalimantanstudie;

— die Bali-Regionalstudie;

— urbane Studien für den Grossraum Jakarta, für Medan, Semarang, Jogyakarta, Ujung Pandang, Palembang, Pontianak, Banjarmassin, Tanjung Karang, Sorang, Cirebon und Betung.

Im Rahmen der IGGI-Konferenz hatte man verschiedene Projekte der Technischen Hilfe beantragt, die Bedeutung für die Regionalplanung gewannen:

— Entsendung von Experten für die Regionalplanung innerhalb BAPPENAS;

— eine Studie für die regionale Entwicklungspolitik im Wohnungsbau in West-Java und Jakarta;

— eine regionale Entwicklungsdatenbank;

— Hilfe bei der Formulierung regionaler Entwicklungspläne und sonstige Hilfen wie beim Wiederaufbau des Katasteramtes und anderer grundlegender Dienste.

In diesen Anträgen spiegeln sich alle Mängel wider, die oben aufgezeigt wurden.

4.3.2. DIE ABSCHLIESSENDE BEURTEILUNG DER REGIONALPLANUNG IN INDONESIEN UNTER DEN BEIDEN FÜNFJAHRESPLÄNEN 1969/73 UND 1974/79.

Eine abschliessende Würdigung der unter dem ersten Fünfjahresplan geleisteten Arbeit und der unter dem zweiten geplanten hat das seit 1973 gewandelte Bild der Ressourcen einzuschliessen. Es ist eine Tatsache, dass Indonesien mit den Erdölvorkommen zu den reichen Nationen gehört, obwohl mit plötzlichem Preisauftrieb für Erdöl das Pro-Kopf-Einkommen nur von US$ 110 auf $120 pro Jahr (1975; - 1978:US$ 180) zunahm. Doch entscheidend sind die erübrigten Mittel aus den Mehreinnahmen des Öls für die Entwicklung. Entscheidend sind auch die aufgebesserten Gehälter der Staatsbeamten und -angestellten, die seit der 1973er Krise die Motivation erheblich aufbesserten.

Es war nicht von ungefähr, dass der *erste Fünfjahresplan* den Sektor Landwirtschaft betont hatte, denn man benötigte Reis. Diese Lücke ist zwar nicht geschlossen worden, doch wurde Erhebliches geleistet. Auch die anderen Ziele von REPELITA I wurden nicht annähernd erreicht, bzw. nicht voll befriedigend verwirklicht:

— grosses wirtschaftliches Wachstum (unter Einschluss des Agrarsektors);

— Förderung der Agrarprodukte für den Export;

— Ausbau der Infrastruktur;

— stärkere Produktion von Textilien, Zement, Papier.

« Herstellung und Sicherung der politischen Stabilität und Einheit des Landes » als Hauptpunkt von REPELITA I darf als vollkommen erreicht gelten. Während bis 1965 etwa 20 Aufstände bzw.-Aufstandsversuche verzeichnet werden konnten, blieben Sicherheit und Frieden von 1969-1974 voll erhalten. Allein im Ölsektor wurden die angestrebten Wachstumszahlen erreicht, allerdings nicht ohne die drastisch angehobenen Weltmarktpreise.

Unter REPELITA I blieben sektorale Engpässe bestehen; die räumliche, regionale Verteilung der Entwicklungsaktivitäten ist zu bemängeln. Die ethnische Identifizierung der Verwalter und Entwicklungsfachleute der Regionen führte zu unharmonischen Eigenentwicklungen, die nur den Erfolg in dem von ihnen verwalteten Sektor in der Region sahen. Auf den Ausseninseln blieben Menschen-, Kapital-und Landwirtschaftspotential ungenutzt, waren durch den Mangel an Infrastruktur und mangelnden Verbindungseinrichtungen nicht mobilisiert worden. Darum kann man global feststellen, dass die räumliche Entwicklungsproblematik im ersten Fünfjahresplan ungelöst blieb; der wirtschaftliche Dualismus dauerte fort.

Im zweiten Fünfjahresplan (REPELITA II) nahm die Regionalplanung und Entwicklung einen grösseren Raum ein. Dies ist Ausdruck des Bestrebens, durch Ausgleich zwischen den Regionen hinsichtlich der Einkommen, grössere Gerechtigkeit zu erreichen. Gleichzeitig soll bei stärkerem wirtschaftlichen Wachstum als unter REPELITA I die nationale Einheit weiter gefestigt werden.

Die weiteren gewandelten Ziele unter Repelita II sind (sinngemäss):
— gleichmässigere Bevölkerungsverteilung;
— Reduzierung der Agglomerationstendenzen von Jakarta;
— stärkere Nutzung der Ressourcen;
— besondere Förderung der zurückgebliebenen Regionen und Grenzregionen;
— Verstärkung der interinsularen Kommunikation (Handel, Verkehr und anderer Verbindungen),

Die Regionalplanung selbst soll dezentralisiert werden durch:
— Planung auf der Ebene der Zentralregierung mit dem Ziel der Erarbeitung einer Rangordnung innerhalb der Planungsregionen;
— Planung auf Regionalebene unter Bearbeitung;
— — räumlicher Aspekte der Sektoralplanung;
— — Integrierung nationaler und sektoraler Pläne auf Regionalebene, wobei regionale Ziele berücksichtigt werden und
— — ein Konzept des Mitwirkens der unteren Verwaltungsbehörden.

Bei der Grösse eines Landes wie Indonesien ist der Schwierigkeitsgrad einer solchen Planung sehr hoch. Die geographisch, geologisch und klimatisch bedingten Unterschiede sind erheblich. Innerhalb Indonesiens nehmen die Wachstumsunterschiede zu, weil die auf Jakarta und Java konzentrierten Investitionen sich jetzt erst auswirken. Darum bleibt die Tendenz des wirtschaftlichen Dualismus — Java mit herstellender Industrie und Export von Rohstoffen von den Ausseninseln — vorläufig bestehen. So ist der Schwierigkeitsgrad letzten Endes durch die Komplexität bedingt.

Doch nicht nur die räumlichen Schwierigkeiten sind hervorzuheben. Abschliessend muss der angebliche Überfluss der Geldmittel durch Öleinnahmen in Relation zu den verschiedenen Grössen im Lande gesetzt werden: in Anbetracht der grossen Bevölkerungszahl von 140 Mill. und der schmalen Existenzbasis der kleinen Betriebsflächen in der Landwirtschaft und einer geringen Industrialisierung herrscht immer noch ausgesprochene Armut. Darum darf man Meldungen vom Ölreichtum nicht losgelöst von der sozio-ökonomischen Realität sehen. Die notwendigen Ziele sind unter REPELITA II erkannt, und erste Ansätze der Verwirklichung sind erfolgversprechend. Doch entscheidend wird sein, ob es gelingen wird, die regional stark konzentrierten Öleinnahmen zu verteilen, den ausländischen Investor wie die fähigen Verwalter und Manager aus Jakarta zu veranlassen, auf die Ausseninseln zu gehen und einen Modus vivendi zwischen Wachstum und Einkommensausgleich zu finden.

(30) Pflug und Ackergeräte, West-Sumatra: Pflug (bajak sawah) für die Büffelanspannung; schwere Hacke («bajol») zur Bodenbearbeitung; Holzschüssel für junge Reispflanzen, die beim Pflanzen im Sawah schwimmt; Bambusworfel zum Reinigen des Dreschgutes (gegen den Wind); Arekapalmkorb; Palmhut; Holzglocke für Büffel

4.4. Erfahrung aus der Planung in derRegionalarbeit Indonesiens

Am Anfang aller Planung stand die ad-hoc-Planung für die Soforthilfemassnahm. Dann folgten ebenso kurzfristige unter « Arbeitsmethodik » erwähnte « rehabilitasi »-Arbeiten. Während zwischen Planung und Beginn der Ausführung beim Düngerprogramm nur vier Monate vergingen, waren es bei den Regionalarbeiten immerhin schon 1½ Jahre. Doch auch das ist bei optimaler Regionalplanung sehr knapp. Man rechnet im allgemeinen mit 3-4 Jahren zwischen erster Studie und Beginn der Ausführungsarbeiten. Dazwischen liegen im allgemeinen Projektfindung und -formulierung (project identification), Erhebungen und Untersuchungen (surveys and investigations), Präinvestmentstudien (preinvestment and feasibility) mit der ex-ante-Evaluierung. Nach der vollendeten Projektvorbereitung (project preparation) erfolgt die Prüfung durch die Geldgeber (appraisal). Mit dem anschliessend aussgearbeiteten Staatsvertrag kann man nach der Unterzeichnung desselben zur Ausführung schreiten.

In den ersten schnellen Schritten musste sich der Verfasser von den Qualitäten vorhandener Führungskräfte leiten lassen. In West-Sumatra waren die Persönlichkeiten des Provinzgouverneurs und seines Landwirtschaftsinspektors, Professor Dr. ZAIN *) und JAFRI, ausschlaggebend sowie der Verbindungsmann im Landwirtschaftsministerium Jakarta, SOENNARIO. Der sachliche Hergang wurde auf den Seiten ab S. 219 bereits abgehandelt.

4.4.1. ERFAHRUNGEN MIT PERSONEN UND INSTITUTIONEN

Trotz der hohen Fähigkeiten der beiden Spitzenkräfte der Provinz, zu denen auf anderen Sektoren weitere zu zählen sind, gab es auf dem « working level », dem der mittleren Kader, wenig qualifizierte Mitarbeiter. In den ersten Jahren mussten die deutschen Kräfte die Materialsammlung grösstenteils selbst besorgen; sie konnten ihre « Counterparts » nur als örtliche Führer einsetzen. Untersuchungen und Erhebungen mussten ebenfalls von den ausländischen Kräften ohne grosse Mithilfe besorgt werden. Das schnelle Erlernen der Landessprache, « Bahasa Indonesia », war für die Gespräche mit den ländlichen Bewohnern wie für das Archiv-und Quellenstudium wichtig. Da die Sprache leicht zu erlernen ist, ergaben sich daraus keine besonderen Schwierigkeiten. Schwierigkeiten bestanden darin, an das durchaus irgendwo vorhandene, archivarisch jedoch nicht erfasste Material heranzukommen. Das aus der holländischen Zeit stammende Berichtsmaterial war wohl noch leserlich, zumal in den ersten Nachkriegsjahren vervielfältigt, doch wegen der Selbständigkeitsbemühungen unter SUKARNO (BERDIKARI) in « staubige Ecken mit Nichtbeachtung verdammt ». Nur das Kartenmaterial war vorhanden, wenn auch wegen der Fortschritte im Siedlungswesen oft nicht sehr verlässlich.

*) Seit März 1978 Minister für Transmigration.

Zur Frage der Mitarbeiter in einem Projekt mit gleichzeitiger oder sofort anschliessender Ausführung wäre ein Wort zur fachlichen Auswahl zu sagen. Um es vorweg zu sagen: Mit Geographen machte der Verfasser die besten Erfahrungen. Fehlte ihnen auch die Erfahrung der Umsetzung in die regionale Entwicklungspraxis, so hatten sie doch von der Ausbildung her den Sinn für die Notwendigkeit der besten Zweckanwendung der Kartenarbeit. Die wirtschaftlich ausgerichteten regionalen Entwicklungsarbeiter wissen meist nicht, welche Hilfsmöglichkeiten in einem breiten Kartenwerkfächer liegen, auch wenn nur aus alten Karten als Lichtpausen hergestellt. Es kam auf den Leiter der Planungsgruppe an, zwischen den geographisch und wirtschaftlich ausgerichteten Mitarbeitern richtig zu vermitteln, denn sie redeten lange Zeit völlig « verschiedene Sprachen ». Ähnlich wie die wissenschaftlichen Untersucher rekrutierte der Verfasser die Geographen aus den wissenschaftlichen Instituten oder aus den « Hippie »-Zügen Asiens. Solche modernen Nomaden auf einem Projekt « sesshaft » zu machen war allerdings ein Problem besonderer Art.

Die Zusammenarbeit während der ersten Planungsphase mit den indonesischen Stellen gestaltete sich menschlich äusserst angenehm, institutionall jedoch ausgesprochen schwierig. Da das West-Sumatra-Projekt das erste grosse Regionalprojekt Indonesiens war, fehlten nicht nur die Erfahrungen in solcher Zusammenarbeit; es fehlten auch die dafür zuständigen Institutionen. Erst als die Planung des ersten Vorprojektes (Rehabilitasi) im Wert von DM 6 Mill vorlag, wurde die zuständige Planungsbehörde BAPPENAS für die Regionalarbeit verantwortlich gemacht.

Eine teilweise notwendige Umplanung, die von BAPPENAS aus haushaltsmässigen Gründen gefordert worden war, legte der Planer mit der anstehenden *detaillierten Ausplanung des Projektes* zusammen. So konnte ein Zeitverlust vermieden werden. Die Zusammenfassungen der detaillierten Ausplanung ergaben die neue Vorlage.

4.4.2. ERFAHRUNGEN MIT ANGEWANDTEN TECHNIKEN

Die Erfahrungen in der Durchführung von Felderhebungen mit Computerauswertung fasst der Verfasser mit den aus der Arbeit in den Gezeitengebieten Ost-Sumatras gesammelten zusammen. Damit wird eine Zeitspanne von acht Jahren abgedeckt. Zusammenfassend kann gesagt werden, dass Fortschritte erzielt wurden, jedoch auch 1976 grössere Schwierigkeiten existierten.

Im Jahre 1968 fehlten Mittel, Fertigkeiten und die Zeit für die Durchführung umfangreicher kodifizierter « Surveys ». Der Verfasser und einige seiner Kollegen erstellten nach Fragen auf Grund der Interviews Strichlisten. Oft ersetzten Dorfbefragungen in Form von Rundgesprächen solche wenn auch primitiven, so doch systematischen Erhebungen. Fachlich gut ausgebildete Erheber standen primitiven Erhebungs-und Auswertungsverfahren gegenüber, die grosse statistische Mängel aufwiesen. Schon die ersten Sichtungen zeigten an, dass das meiste offizielle statisti-

INDONESIEN

GEBIETE MIT LUFTAUFNAHMEN ABGEDECKT STAND 1972 - AERIAL PHOTOGRAPHIC COVER - DAERAH 2 DENGAN FOTO TERBANG

Karte - Map - Peta 32

STILLER OZEAN

IRIAN JAYA

Sarong

Halmahera

Menado

Laut Moluku

Ceram

Buru

Ambon

Laut Molukken See

Laut Banda See

Laut Arafura See

Port.Timor

Kupang

Timor

SULAWESI

Kolaka

Laut Celebes See

Mindanao

PHILIPPINEN

Ujung Pandang

Laut Flores See

Flores

Sumba

Sumbawa

Lombok

Bali

Denpasar

Benoa

Surabaja

Madura

Laut Java See

Banjarmasin

KALIMANTAN

Pontianak

Billiton

Bangka

Singkep

Bintan

SINGAPUR

SABAH

BRUNEI

SARAWAK

MALAYSIA

WESTMALAYSIA

THAILAND

Strasse von Malakka

Padang

Palembang

Telukbetung

JAKARTA

Bandung

JAVA

Jogyakarta

IINDISCHER OZEAN

Photo masstab scale	1:5 000	bis to	1:10 000
Photo masstab scale	1:11 000	bis to	1:20000
Photo masstab scale	1:21000	bis to	1:30000
Photo masstab scale	grosser	als greater than 1:30 000	
Photo nach taken after 1960			
Photo vor taken before 1960			

Source - Quelle - Sumber: Ministry of Communication

GEBIETE MIT LUFTAUFNAHMEN ABGEDECKT STAND 1972 - AERIAL PHOTOGRAPHIC COVER - DAERAH 2 DENGAN FOTO TERBANG

AUSSCHNITT: JAVA

JAKARTA

Bogor

Bandung

Tjirebon

Tjilatjap

Semarang

Solo

Jogyakarta

Surabaja

Malang

Probolinggo

Kalianget

Banjuwangi

0   100   200   300   400   500

0   200   400

sche Material unzuverlässing und teils nur aus den ersten holländischen Nachkriegsjahren « fortgeschrieben » war. Da trotz der in jenen Jahren sonst leicht fliessenden Mittel für die Agrarhilfe Mittel für Erhebungen schwer zu erhalten waren, setzte der Verfasser wissenschaftliche Untersucher ein, die mit Stiftungsgeldern (Thyssen, Volkswagen) ausgerüstet, systematische Erhebungen durchführen konnten und in ihrem heimatlichen Institut einen Computer zur Verfügung hatten. Solche Gelder wurden bis etwa 1970 durch das Bundesministerium für Wirtschaftliche Zusammenarbeit nicht koordiniert verwendet. Auch schon in den Jahren 1965 bis 1968 in Malawi konnte der Verfasser sehr erfolgreich solches wissenschaftliches Institutspersonal einsetzen. Diese Untersucher hatten auch die Gelder, höherqualifizierte einheimische Erheber zu bezahlen. Für eine neunmonatige Studie brachten 1968 Untersucherteams aus Deutschland meist um DM 40.000 Stiftungsgelder mit. Die Computerauswertung sowie die Analyse und Berichtabfassung waren nicht eingeschlossen, nur die Feldarbeit als solche. Die Namen LIENAU, LUTTERLOH, NIEMANN, RÖLL, SCHOLZ, VON RUEMKER und WEYL sind mit solchen wissenschaftlichen Untersuchungsaktionen auf Projekten des Verfassers verbunden. Nachteile, dieser nicht direkt dem Planer unterstehenden Erhebungsarbeit, waren eine relativ lange Laufzeit bis zum Eingang des Datenmaterials. Im Durchschnitt musste man mit einem Jahr rechnen. Einige benötigten drei Jahre. Und ein einzelner akademischer Fall erbrachte bislang kein Ergebnis. Dies war damals das Risiko der Planung. Im Durchschnitt arbeiteten diese Wissenschaftler jedoch mit grösserem Eifer als das Personal der deutschen Agrarhilfe, denn die eigentlichen Ziele der Untersucher waren die Promotion oder eine Habilitation. Das gab auch gute Garantie für die Verlässlichkeit des Zahlenmaterials.

Später übernahm die deutsche Agrarhilfe die Bezahlung von « Surveys ». Oft wurden eigene Teams deutscher Universitäten geschickt.

Seit 1974 hat auch das Biro Pusat Statistik, das Zentrale Statistische Büro in Jakarta, eine zuverlässig arbeitende Computerzentrale.

Das Luftbild-und Kartenmaterial

Hierauf ging der Verfasser bereits zu Beginn ein, weil die Frage der Finanzierung der zu fliegenden Luftbilder eine Kardinalfrage wurde. Mit der Ablehnung des dafür benötigten Betrages gab der Verfasser die Anwendung dieser Methode in der Regionalarbeit an West-Sumatra auf; auf dieselben mussten die Nachfolger etwa vier Jahre warten.

Das vorhandene Kartenmaterial war veraltet und unvollständig, eine amerikanische nachgedruckte Karte gab nur die Fehler vergrössert wieder. Die Zwischenlösung wäre die Auswertung der Satellitenbilder (Fernerkundung in Verbindung mit EDV) gewesen. Aber im Jahre 1971 war man noch nicht so weit, gerade erst am Anbeginn solcher Techniken. Doch man wusste sich wie folgt auch so zu behelfen:

Man begann mit der Herstellung von Folienauflagen auf den alten holländischen Karten 1:250,000,

um die einzelnen Themenkarten herzustellen. Dies war damals eine die indonesischen Counterparts durchaus interessierende Verfahrenstechnik, und man hatte dafür ihre volle Unterstützung. Als « Entwicklungstheater » von den deutschen Kräften etwas herabsetzend bezeichnet, hatte der Gouverneur in seinem « Operation Room » viele solcher dann ausgewerteter Themenkarten, wenn auch stark generalisiert und schematisiert. Tatsächlich dienten sie nur als Anschauungsmaterial für Besprechungen und Führungen. Als Arbeitskarten für die Regionalarbeit waren sie nicht gedacht. Das so zuerst hergestellte Auflage-Kartenmaterial (« superimposed ») reichte für die « Rehabilitasi »-und Vorplanung aus. Arbeitsweise und Erfahrungen mit dem ERTS-Material der Satellitenbilder sind in (195) ausführlich beschrieben.

4.4.3. ERFAHRUNGEN HINSICHTLICH DER FINANZIERUNG

Der grösste Teil der regionalen Entwicklungsausgaben wurde 1968 aus den so genannten « Allokasi Devisa Otomatis » (ADO) oder automatischen Zuteilungen von Devisen finanziert. Die Ausgaben der Kabupaten und Kotamadyas wurden aus IPEDA-Einnahmen gedeckt. Beide Steuern wurden ursprünglich von der Zentralregierung eingezogen und dann teilweise an die Provinzregierung rücküberwiesen. Seit 1971 gibt es nur noch ADO-Direktüberweisungen der Zentralregierung, hörte ADO als solche auf zu bestehen, denn ADO war an die tatsächliche Ausfuhr und damit an die Exporthäfen gebunden. Der Zweck, die Provinzen zum Export anzuregen, war nur teilweise erreicht worden, besonders in West-Sumatra nicht. Hier gehen z.B. die Gemüse (Weisskohl-und Kartoffeln-)Ausfuhren nach Singapur über Riau und Jambi. Diese Häfen aber kassierten die Steuereinnahmen (vgl. S. 46 u. 63).

IPEDA oder Landsteuer, ist an die Fruchtbarkeit des Landes gebunden und macht etwa 5% der Nettoeinkommen der Region aus (vgl. S. 63).

Seit dem Jahre 1975 gibt es zwei Programme, die durch finanzielle Kontrolle auf der Ebene der Zentralregierung und durch Entscheidungen auf Regional-und Unterbezirksebene gekennzeichnet sind:

— *Das lokale Kabupaten-Programm* für öffentliche Arbeiten, eingeleitet auf Grund eines Präsidentenerlasses aus dem Jahre 1970 (daher der Name INPRES-Programm). Prinzip ist, dass der Bupati (Leiter des Bezirksamtes, des Kabupaten) Vorschläge für Entwicklungsarbeiten unterbreitet, die von der Provinzregierung bestätigt und von BAPPENAS genehmigt werden müssen. Es wird nur für tatsächlich innerhalb eines Finanzjahres ausgeführte Arbeiten gezahlt. Das INPRES-Programm mit Wiederherstellung von Brücken, Strassen und kleineren Bewässerungsanlagen kann als erfolgreich bezeichnet werden. Durch diese Massnahmen stiegen die regionalen Pro-Kopf-Investitionen um 300% an.

— *Das Desa-(Dorf-) Programm* wird von der Zentralregierung durch jährliche Überweisung von Rp. 100.000 getragen. Das Dorf leistet zu diesem

Betrag einen Beitrag in gleicher Höhe, oft aber auch durch « gotong royong » in Form von Hand-und Spanndiensten. Auch bei diesen Arbeiten geht es um den Bau von Brücken, Strassen und Bewässerungsanlagen. Die Höhe solcher Aufwendungen in den einzelnen Provinzen ist in den Tabellen 85 und 89 im Anhang enthalten. Nach diesen gab West-Sumatra 1970/71 Rp. 549 Millionen, bzw. Rp. 139 pro Kopf aus. Diesen Betrag will man im laufenden Fünfjahresplan auf Rp. 571 pro Kopf und Jahr (ohne Anteil der Zentralregierug) anheben.

Die Erfahrungen mit diesem « regulären Programm » sind gut; die Überweisungen kommen meist an, wenngleich auch mit oft zu grossen Verspätungen.

Verzögerungen grösseren Umfangs sind die Regel bei den Sonderzuweisungen der Zentralregierung zu Projekten, die mit ausländischer Hilfe gefördert werden. Sie verhinderten oft ordnungsmässige Zahlungen, wenn nicht die Regionalregierungen ihre eigenen Regional-und Entwicklungsbanken hätten, revolvierende Fonds und andere « Reptilienfonds ».

CENTRAL J A V A - TENGAH

DISTRICT KLATEN - KABUPATEN

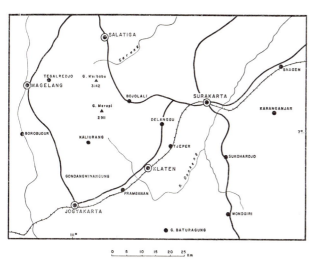

Karte - Map- Peta 33

4.5. Projektfindung

Kurze Abrisse sollen die anderen überprüften Regionen, die dann nicht ausgewählt wurden, skizzieren. Sie werden hier als Anhang gebracht.

4.5.1. KLATEN IN ZENTRAL-JAVA

Der Kabupaten Klaten, etwa zwischen 7°35' und 7°55' S und 110 15' und 110°35 östlich Greenwich gelegen, ist mit 626 qkm und einer Bevölkerung von über

einer Million (1975) eines der am dichtesten besiedelten Gebiete Indonesiens. Unter dem Namen « VORSTENLANDEN » der holländischen Zeit wurde dieses Zucker-und Tabak-Land der Zuckerbarone schon früh beschrieben, zuerst von GEERTZ (61), SCHRIEKE (165) und jüngst von RÖLL (161). Landwirtschaftliche Arbeiten stammen von ERNST u. ZIMMERMANN (45) und HECKENSTALLER (67).

Das am Vulkan Merapi gelegene, von fruchtbaren Böden gekennzeichnete Land, das von Lavaströmen unterbrochen wird, liegt zwischen 145 und 280 m über dem Meeresspiegel und empfängt zwischen 1.200 und 1.650 mm Niederschläge an im ganzen durchschnittlich 96 Regentagen. Die ursprüngliche Vegetation der Niederungen ist nicht mehr zu erkennen, und Landreserven sind nicht mehr vorhanden. An den Berghängen wechseln Bambus-und Akaziendickicht zu feuchtem Nebelwald mit Epiphyten und schliesslich laubabwerfenden Bäumen der höheren Lagen. Reis wird das ganze Jahr über angebaut, vielfach dreimal auf derselben Fläche. Die durchschnittliche Betriebsgrösse beträgt 1/4 ha (vgl. Zeichnung 13, S. 93).

Die ohne erkennbare Stammesaufgliederung eng zusammenlebende Bevölkerung beschrieb der Verfasser auf Seite 34. Die ländliche Bevölkerung von Klaten kann als sehr arbeitsam bezeichnet werden. Bildung ist über dem üblichen javanischen Durchschnitt vorhanden. Die Nähe der Fürstenresidenzen (und Grosstädte) Jogyakarta und Sala wirkte in diese Richtung wie auch der Landhunger: In Vorbereitung auf die Abwanderung geben die Eltern ihren Kindern bewusst eine bessere schulische Ausbildung.

Interessant sind die Teilbauformen der zu 65% landlosen Bauern: Beim *Halbbau (Systim maro)* zahlt der Teilbauer vor dem Vertragsabschluss eine feste Geldsumme, dazu später einen bestimmten Teil der Ernte, meist 50%. -Beim Drittelbau (Systim mertulu) verbleibt dem Bewirtschafter ein Drittel der Ernte. -Entsprechend sind es bei der Viertelpacht (Systim mrapat) nur noch 25% (vgl. auch Seite 31). Die Landnot trieb viele Bewohner in die Reihen der kommunistischen Partei. Seit dem grossen Aufstand vom Jahre 1965 haben sich diese Verhältnisse geändert, ist eine Mitgliedschaft nicht mehr klar feststellbar und dieselbe wahrscheinlich stark zurückgegangen.

Die Eignung als regionales Entwicklungsprojekuntersuchte der Verfasser durch ein kleines Vort projekt. Im Jahre 1968 begann hier ein institutionelles Düngerprogramm, das ganz ähnlich wie in West-Sumatra aufgezogen war. Das Programm brachte gute Ergebnisse, und - wie in West-Sumatra - konnten die eingegangenen Geldbeträge des revolvierenden Fonds für Infrastrukturmassnahmen des Verkehrs und der Bewässerung erfolgreich eingesetzt werden. Doch für das bereits industriell in der Entwicklung begriffene Klaten sind die Voraussetzungen für ein ausschliesslich landwirtschaftliches Entwicklungsvorhaben ungünstig gewesen. Die Ur-Armut, eine daraus entstandene Lethargie und fehlende Landeigentumstitel wären sicherlich ebenfalls hinderlich gewesen. Für ein umfassendes Regionalprojekt mit dem Schwer-

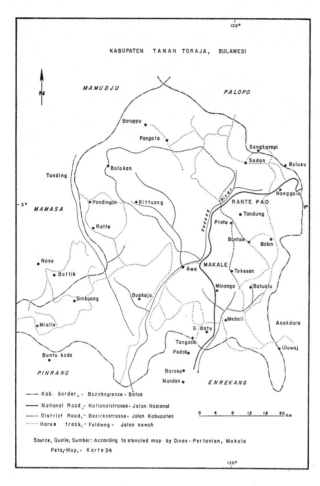

KABUPATEN TANAH TORAJA, SULAWESI

—·— Kab. border, - Bezirksgrenze - Batas

—— National Road, - Nationalstrasse - Jalan Nasional

------- District Road, - Bezirksstrasse - Jalan Kabupaten

······· Horse track, - Feldweg - Jalan sawah

Source, Quelle, Sumber: According to stenciled map by Dinas - Pertanian, Makala
Peta, Map, - Karte 34

punkt auf industrielle Entwicklung wäre Klaten
dagegen ideal gewesen.

4.5.2. SULAWESI: TANAH TORAJA

Tanah Toraja auf etwa 2°45 bis 3°18 Süd und 119°30
und 120°1 östlich Greenwich (vgl. Karte 34) in Zentral-
Sulawesi (Celebes) gelegen war einst ein berühmtes
Kaffee-Anbaugebiet. Die Lagen von « Kalosi »-und
Rante Pai-Kaffee befinden sich an den Hängen des
über 2000 m hohen Rante Karoa-Berges, wo über
4000 mm Regen fallen. In Makassar, dem heutigen
Ujung Pandang, reifte der berühmte « Leak »-Kaffee
heran, indem man den Kaffee ein Jahr lang zum
Durchfermentieren einlagerte. Die Kaffeeproduktion
ging nach der holländischen Zeit zurück, so auch die
Kartoffelerzeugung, die jedoch stets nur lokale
Bedeutung hatte. Bekannt blieb Tanah Toraja wegen
der aufwendigen Totenverbrennungen, an denen bei
den 8-14 Tage während Feiern bis zu 10.000 Gäste
(gratis) teilnehmen. Die Feier, die der Verfasser vom
3. bis 6. November 1969 besuchte, kostete Rp. 8,5
Millionen.

Mit nur 320.000 Einwohnern und etwa 3500 qkm
Grösse wäre Tanah Toraja eine kleine Region gewesen, in der zudem an allem ausreichend produziert
wird. Das über 500 m hoch gelegene Land hat eine

mittlere Jahrestemperatur von 24 Grad C und 2.000
mm Niederschläge. Die Böden sind durchschnittlich
fruchtbar. Wasser ist ausreichend vorhanden. Die
Vegetation auf Sulawesi ist weniger artenreich als
die der übrigen Ausseninseln, was schon GRUBAUER
1912 festgestellt hatte. Leitpflanze dieser Gegend ist
die Arengpalme (Arenga saccharifera), aus der der
« Tuak », ein Palmwein, und dann Zucker gewonnen
werden. *)

Soziologisch ist das « Land der Königsleute », wie
Tanah Toraja übersetzt werden kann, interessant.
Der « Puang » (König) übte früher Macht über
etwa 25 000 Untertanen aus, die « Tomakana »
(freie Leute), « Patakin » (Soldaten), « Tobuda » (ge-
wöhnliche Leute), « Kaunan » (Sklaven) oder « Kaunan tai manuj » (Sklaven der Sklaven) waren. Es
gab auch noch « Todibalukan », Leute ohne jegliches
Recht. Entsprechend gab es und gibt es heute landlose Landbewohner, die für die Entwicklung ein
Problem darstellen.

Besonders problematisch ist die Abgelegenheit der
Region, die erst seit kurzem durch eine Strasse mit
Makassar verbunden ist. Nach Paloppo am Golf von
Boni führt eine leidlich ausgebaute in Serpentinen
sich windende Strasse. Die soziologischen Schwierig-
keiten sind überwindbar.

*Entscheidend für den Ausschluss als Entwicklungs-
region* wurde die Abgelenheit, die geringe Grösse und die Tatsache, dass beide christliche Kirchen bereits stark in der Entwicklungshilfe vertreten waren. Der Bevölkerungsdruck ist für eine
spontan fortscheitende Entwicklung nicht gross genug,
und ausgesprochene Exportkulturen fehlen; für Kaffee gibt es die bereits übererfüllte Quote. Deshalb
benutzte der Verfasser sein Büro der Koordination
von Agrarhilfeprojekten als gutes Amt für die Vermittlung eines Darlehens mit Anteil an verlorenem
Zuschuss an die beiden Entwicklungshilfe-Organisa-
tionen der zwei Konfessionen.

4.5.3. DIE MOLUKKEN

Die Molukken, einst Ausgangspunkt der holländischen Kolonialherrschaft in Indonesien, liegen mit
den Hauptinseln Ceram und Buru zwischen dem
3. und 4. Breitengrad südlich des Äquators. Taliabu,
Mangole, Obi und Banga Neira bilden zusammen
mit den beiden vorgenannten die Zentral-Molukken.
Im ganzen gehören 997 grössere und kleinere Inseln,
westlich vom 124. Längengrad und östlich vom
135.Grad begrenzt, zur Molukkengruppe. Als Regionalprojekt waren jedoch nur die Hauptinseln um
die Hauptstadtinsel Ambon vorgeschlagen worden.
(vgl. Karte 35 auf Seite 247).

Die ebenfalls stark vulkanischen Molukken zeichnen sich durch die hier häufigen Seebeben aus, die
sich zwischen 1629 und 1903 jährlich durchschnittlich
zweimal ereigneten. Die Vegetation ist bei hohen
Niederschlägen von über 2.000 mm pro Jahr üppig und noch ursprünglich. Es gibt wenig Sonnen-

*) Die Angaben stammen von der örtlichen Behörde und
aus Berichten, die bei der Zentralregierung in Jakarta einge-
sehen werden konnten (Besuch des Verfassers im Jahre 1969).

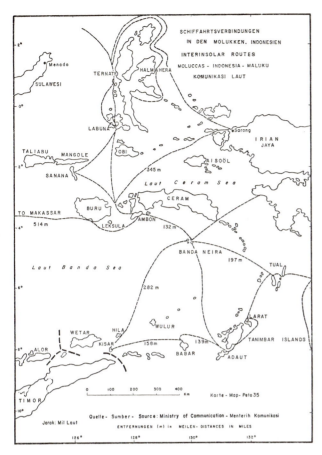

einstrahlung wegen hoher Bewölkungsgrade, was für die Reis-und Zuckerrohrkultur abträglich ist. Die Böden sind nicht besonders fruchtbar. Herkömmliche landwirtschaftliche Kulturen sind die wild vorkommende Sagopalme, dann Bananen, Mais, Maniok und Süsskartoffeln. Reis wird erst seit kurzem auf grösseren Feldern kultiviert.

Die Ambonesen, als negroide Bewohner zur melanesischen Gruppe gehörend, sind durch den langen Kontakt mit den Holländern und auf Grund einer gewissen Durchmischung aufgeschlossen und anpassungsfähig. Arafuren, Nachkommen der Ureinwohner, sind nur noch wenige Tausend vorhanden.

Ambon, die Hauptstadt der Molukken, heute mit 85.000 Einwohnern, wurde etwa 1575 gegründet. Nach kurzer portugiesischer Herrschaft, bis zur Gründung von Batavia war Ambon Hauptsitz der VOC. Es blieben zahlreiche am Handel beteiligte Holländer, was die gemischt erscheinende Bevölkerung erklärt. Weiterhin findet man auf den für den Handel einst sehr wichtigen Inseln, von denen Gewürze (Gewürznelken, Muskatnuss) und Kopra exportiert wurden, die am Handel stets rege beteiligten Chinesen und einige Araber. Die ländliche Bevölkerung ist unter einem Oberhäuptling, « Raja », zu jeweils mehreren Dörfern organisiert. Das Land ist Dorfeigentum und wird nach dem « Dadi »-System an Bebauer vergeben, die auf die Kulturen Steuern zahlen. Absentismus

ist weit verbreitet und das Bodenreformgesetz von 1961 nur zu einem geringen Grade durchgeführt.

Stärker noch als auf Sulawesi wog für die Entscheidung gegen die Molukken als Regionalprojekt die Abgelegenheit mit sehr wenigen kleineren Schiffen im Monat. Sonst erhalten nur Flugzeuge die Verbindung nach Ambon aufrecht. Die einzelnen Inseln, einst durch die holländische KPM, damals die Molukkenuhr genannt, gut miteinander und den indonesischen Hauptinseln verbunden, sind heute kaum noch zu erreichen. Für die Untersuchung im Dezember 1969 benutzte der Verfasser ein von der deutschen Entwicklungshilfe dort tätiges Hospitalschiff auf seiner Route, um die Molukkenregion kennenzulernen.

Die Eignung als regionales Entwicklungsprojekt müsste durch andere als landwirtschaftliche oder sozio-ökonomische Gesichtspunkte entschieden werden, z.B. durch solche des Verkehrs. Landwirtschaftlich reichen die dort geeigneten Kulturen nicht für ein grösseres Vorhaben aus. Ein fehlgeschlagenes japanisches Zuckerrohrprojekt (Makariki) war dem Verfasser Warnung genug. Ausserdem hing das politische Ambonesenproblem mit vielen der Verwandten als Flüchtlinge in den Niederlanden über dieser Region.

4.5.4. Die übrigen untersuchten Gebiete

Zusammengefasst können die verbleibenden Regionen Nord-Sumatra, Süd-Ost Sulawesi, Bali und Wonosobo der Vollständigkeit halber wie folgt in diesem Zusammenhang der Projektauswahl charakterisiert werden:

4.5.4.1. *Tanah Jawa in Nord-Sumatra* ist eine so nach ursprünglich javanischen Siedlern benannte Landschaft östlich von Marihat, unweit der mit bundesdeutscher Hilfe finanzierten Ölpalm-Kautschukprojekte. Nur wenige tausend Hektar gross ist dieses Reisanbaugebiet mit armen Böden, für ein Regionalprojekt viel zu klein.

4.5.4.2. *Süd-Ost-Sulawesi* wurde als einziges Gebiet nicht vom Verfasser, sondern zur gleichen Zeit wie Zentral-Java und West-Sumatra von OPPERMANN (142), einem Angestellten einer süddeutschen Landgesellschaft, untersucht. Die an sich geeignete Region ist verkehrstechnisch sehr abgelegen. Der Nebenhafen Ujong Pandang (früher Makassar) ist Transithafen für den Küstendampferverkehr nach Kendari, das selbst nur Schiffe mit geringer Tonnage erlaubt (1968: 500 t). Im ersten Durchgang abgelehnt, untersuchten ERNST K. und WOLF (45) im Jahre 1974 die Region abermals. Doch auch hieraus entstand kein Projekt; man schloss sich den früher gefällten Entscheidungen über die Ungunst von Lage, geringem Bevölkerungsdruck, schlechten Vermarktungsmöglichkeiten und fehlenden personellen Voraussetzungen an.

4.5.4.3. *Die Insel Bali* war als zu bearbeitende Region zusammen mit der benachbarten Insel Lombok bereits 1968 untersucht worden. Für Bali wollte man damals schon ein umfassenderes Touristik-Projekt, für Lombok intensive Bewässerung, wie sie für den trockeneren Teil der Insel zwar erforderlich ist, aber damals nicht in das Konzept einer schnellen Hilfe zur Produktionssteigerung passte. Später, im Jahre 1973, kam die Frage Balis abermals auf; das Fazit der Untersuchunge n: ausser unnötig lang verschleppten und wiederholten Besuchen dieser wunderschönen Insel kam bei diesen letzten Betrachtungen noch kein operationalisiertes Ergebnis heraus.

4.5.4.4. *Das Reis/Maisprojekt Wonosobo* kam bereits im Jahre 1968 ins Gespräch, als sich die DRESD-NER BANK mit ihrem Bevollmächtigten VON BELLING wegen des beabsichtigten Verbrauchs der damals vorhandenen reichlichen « Disc »-Rupiah (vgl. Seite 61) für diese landschaftlich schöne und fruchtbare Gegend in Mittelgebirgslage interessierte. In mancher Hinsicht passend und gross genug, hätte diese Region ein geeignetes Landwirtschaftsprojekt abgegeben, wenn eine geeignete Form der Zusammenarbeit von Anfang an gefunden worden wäre. Fehlte es anfangs an der Koordinierung zwischen privater deutscher und staatlicher deutscher Agrarhilfe, fehlten dann später die Mittel, als West-Sumatra bereits in Angriff genommen worden war. Auch der Versuch, dieses Gebiet im Jahre 1970 über ein privates Maisprojekt deutscher Firmen zu fördern, schlug an den Schwierigkeiten örtlicher Koordination fehl. So bleibt hier schliesslich im Zuge der Projektfindung die Region West-Sumatra zu beleuchten, die 1978 im zehnten Jahr der Ausführung steht.

(31) West-Sumatra: Minangkabau-Haus in Tanah Datar

4.5.5. WEST-SUMATRA

Diese Beschreibung folgt der im ersten Bericht vom Juni 1968 gegebenen. Das Regionalprofil auf Seite 256 ergänzt diese Ausführungen und stellt ein Ergebnis der Regionalarbeit dar.

Lage: West-Sumatra liegt an der Peripherie des indonesischen Inselreiches, im mittleren Küstenabschnitt an der Westseite der Insel Sumatra zwischen 99°E und 102°E und 1°N und 2°S beiderseits des

Äquators. Der etwa 36.000 qkm grosse « Festland-teil » erstreckt sich etwa 360 km am Indischen Ozean und weist Höhen bis zu 3.800 m auf. Die 100 m Isohypse liegt etwas unterhalb eines grossen Teils des Hochlandes. Die Mentawai-Inseln Siberut, Sipora und Pagai ergänzen es zu 42.440 qkm.

4.5.5.1. *Geographie, Naturraumgliederung*

Grob gesehen, kann man West-Sumatra unterteilen in: die Küstenebene, das Barisan-Gebirge mit den Hochländern und die grosse Ebene im Südosten des Landes. Geographen pflegen das Land etwas weitergehend einzuteilen in: (vgl. SCHOLZ U. S. 11).

— die westliche Küstenebene (*Dataran pantai*);
— den Gebirgsrand der zentralen Barisanberge;
— das westliche Zwischental (*lemba bengtah jalaur*);
— das Gebiet der Schieferformation;
— das bergige Agam-Hochland mit Minangkabau (*perbukitan*); Hochplateaus und -becken;
— zentrale Zwischentäler (*lembah-lembah bengtah tengah*);
— den östlichen Gebirgshang und (*Pegunungan timur*);
— die östliche bis südöstliche grosse Ebene, die nach Jambi anschliesst, *Dataran Jambi*.

Dies ist eine vereinfachte Darstellung.

4.5.5.2. *Oberflächengestaltung und Hydrologie*

Vom Hafen und Flughafen Padang am Indischen Ozean aus führt der Weg durch die 30-50 km breite Küstenebene und die durchschnittenen, sehr regenreichen Hangtäler über eine mehr oder minder ausgeprägte Gebirgssenke auf das etwa 1.000 m hohe Hochland um Bukittinggi. Sobald man die Randberge überquert hat, verlässt man das westwärts gerichtete Flusssystem, zu dem z.B. der Anai-Fluss gehört und kommt in das Einzugsgebiet der ostwärts gerichteten Läufe wie den Ombilin, der den Singarak-See drainiert. Die Flüsse führen das ganze Jahr Wasser. Der Zusammenhang zwischen Bodengefälle und Abflusscharakteristik in West-Sumatra ist eigentümlich. Es fliessen sowohl westlich gerichtete als ostwärts fliessende Quellflüsse aus beträchtlicher Höhe herab. Ein grosser Wasserfall liegt an der Strasse Padang-Padang panjang -Bukittinggi.

Das Zentrale Hochland umfasst in der Umgebung der drei Vulkane Merapi, Singgalang und Sago vier Täler und Hochebenen: das Bukittinggi Plateau, das Batusangkar-Tal, die Pajahkumbu Ebene und die Solok Ebene. Die Singkarak-Senke verbindet das Bukittinggi Plateau mit der Solok-Ebene, mit dem Singkarak-See in der Mitte. Weiterhin gibt es die Pasaman-Senke im Norden und die Muaralabuh-Senke im Süden, alle den Semangka-Graben bildend.

4.5.5.3. *Klima*

Da die Insel direkt unter dem Äquator liegt, gibt es keine Jahreszeiten. Infolge der Höhengliederung zeigen die meteorologischen Verhältnisse ausserordentliche Unterschiede, die sich aus der ungleichmässigen Exposition zu den regenträchtigen Winden (damit aus der Topographie) und den unterschiedlichen Höhen über dem Meeresspiegel erklären lassen. West-Sumatra ist eine Region, deren registrierte Regenfälle zu den stärksten der Erde zählen. An einigen Stellen der Westhänge des Barisangebirgszuges werden 6.000mm/Jahr überschritten. Über 50-jährige Messreihen von Padang (7 m Höhe) und Bukittinggi (920 m) ergaben 4.453 mm bzw. 2.248 mm/Jahr. Das regenärmste Gebiet West-Sumatras ist ein Streifen des an dem im Regenschatten der Westhänge im Zwischental gelegenen Singkarak-Sees mit 1.661 mm. Die mittleren jährlichen Temperaturdaten betragen 26,4°C für Padang und 21,4°C für Bukittinggi. Frost kommt nur auf einigen Bergspitzen vor wie am Gunung Kerinci oberhalb 3.500 m, wo sich eine paramo-ähnliche Vegetation ausbildete.

4.5.5.4. *Vegetation.* Der immergrüne tropische Regenwald ist der vorherrschende Vegetationstyp.

Die natürliche Vegetation West-Sumatras weist im anderen Extrem (zur Paramo-Vegetation am Kerinci) an der Küste angefangen berg- und weiter landeinwärts etwa folgende Serien (Charakteristika) auf.

— Mangrovendickichte in der Brackwasserzone;
— Sumpfwälder;
— immergrüne tropische Regenwälder (bis etwa 1.700 m);
— tropische Bergwälder zwischen 1.700 und 2.200 m;
— trockenere immergrüne tropische Regenwälder in den Zwischentälern der Höhenlage bis 1.700 m;
— Bergwälder der nebeligen Wolkenzone mit Flechten und anderen Epiphyten bis etwa 3.500 m.

Wo die Bewohner die Wälder in Lagen um 1.200 m Höhe gerodet haben, breiten sich weite Alang-Alang-Grasdecken aus. Hinsichtlich der Artenzusammensetzung ist auf die botanischen Namensangaben auf Seite 13 hingewiesen. Die durch den Menschen beeinflusste Vegetation kennt an der Küste Kokospalmen und Paddy (Reis-) Felder, an den Hängen Gewürze, auf dem Hochland Reis und Nutzpflanzen der Trockenlandwirtschaft (ungefähr alles, was in tropischen bis gemässigten Breiten wächst) und am Osthang Kautschuk, Zimt, Ölpalmen, auf Bergen auch Tee und Kaffee (vgl. Vegetationsprofil Seite 218).

4.5.5.5. *Böden*

Entsprechend der vulkanischen Tätigkeit von Gunung Kerinci, Merapi bei Bukittinggi und anderen Vulkanen sind überall fruchtbare Böden vorhanden. Sie sind jedoch ärmer an Phosphaten und Kali als auf Java. An den Küsten findet man hydromorphe Böden, Latosole bis Andosole in den Becken des Hochlandes und ärmere Podsolböden entlang des östlichen Hanges. Auf Grund der hohen Niederschläge und des Ausgangsgesteins sind die Böden relativ sauer. Die Bodenkartierung beschränkt sich auf Erkundungskarten. Die Klassifizierung ist aus

Karte 7 auf Seite 17 zu ersehen, wenn auch nur angedeutet. Die Bodenkartierung der Provinz steht noch am Anfang und ist für die Regionalplanung nicht ausreichend gewesen und muss darum Hauptbestandteil künftiger Aktivitäten bilden.

4.5.5.6. *Wasservorkommen*

Die aufgezeigten Niederschlagsmengen und die Hinweise auf hydrologische Verhältnisse weisen darauf hin, dass für die landwirtschaftliche Produktion ausreichend Wasser vorhanden ist. Die Nutzung der Wasservorkommen zur Elektrizitätserzeugung für den Bedarf West-Sumatras ist ebenfalls gesichert. Darüber hinausgehende Pläne zur Energienutzung werden jedoch durch das Fluktuieren im Abfluss schwierig gestaltet. Trotzdem befindet sich die erste hydro-elektrische Kraftstation in Vorbereitung, finanziert durch die Asiatische Entwicklungsbank.

4.5.5.7. *Bevölkerung*

Die Minangkabau stellen mit 90% den grössten Anteil. Der Rest sind Südbataks, Mentawais, Javanen und 30.000 Chinesen.

Nach dem Bevölkerungszensus von 1971 hatte West-Sumatra eine Bevölkerungsstärke von 2 789 822. Verglichen mit dem Zensus des Jahres 1961 ergibt dies einen jährlichen Zuwachs von 1,9%. Da jährlich bis zu 15.000 Personen West-Sumatra zeitweilig oder für immer verlassen, um auswärts Arbeit aufzunehmen, ergibt sich ein Geburtenüberschuss von 2,4%. Im Jahre 1971 lebten etwa 16% der Bevölkerung in urbanen Gebieten und 84% in Dörfern. Wie Karte 20 mit der Bevölkerungsdichte zeigt, ist die Bevölkerung sehr ungleichmässig verteilt. Die Kabupaten Agam, Limapulukota, Pariaman und Pesisir Selatan weisen grössere Dichten zwischen 150 bis über 500/qkm auf, während Pasaman im Norden und Sawahlunto, Sijunjung und Solok im Süden weniger dicht besiedelt sind. Die durchschnittliche Dichte beträgt 76/qkm.

4.5.5.8. *Sozialordnung und Landeigentum*

Die traditionelle Sozialordnung der Bewohner von Minangkabau ist durch das matrilineare System (Matriarchat) und das « Paruik »-Phänomen charakterisiert. Die Paruik-Gruppe steht unter der Führung der ältesten Frau, « Mutters Mutter » einer Familiengruppe, in der die Ehemänner keine Mitglieder sind. Entscheidungen, die von Männern gefällt werden müssen, z.B. Streit mit Waffen, schwere Arbeitsverrichtungen u.ä. werden vom ältesten Bruder der Mutter gefällt. Die für die Landwirtschaft wichtige Erbfolge wird ebenfalls durch das matrilineare (« samanai »)-System bestimmt. Eigentum an Land, landwirtschaftlichen Geräten und Produkten, Häusern und Stallungen, Vieh und sonstiges Zubehör werden nur an die Töchter und andere weibliche Nachkommen weitergegeben. Nur unbedeutende bewegliche Güter werden an die männlichen Familienmitglieder vererbt. Grössere Paruik-Gruppen werden aufgeteilt, bleiben aber immer innerhalb der in den meisten Dörfern vorhandenen « Sukus », den ursprünglichen 4 Stämmen die einmal Minangkabau bildeten. Besonderes

Kennzeichen ist die Unabhängigkeit von genealogischer und territorialer Organisation (293).

Schon SCHRIEKE (166) stellte 1926 eine Änderung dieser ursprünglich einst sehr starren matriarchalischen Formen fest. Die ausgedehnten Familienbande lockerten sich, Individualismus breitete sich aus und im Eigentum an Land gab es bald eine flexiblere Handhabung. Die gegenteiligen Ansichten über Vorgänge moderner Entwicklung treten heute stärker als unter der alten Sozialordnung hervor. Es ist eine typische Konfliktsituation infolge technologischer Neuerungen.

Die Landnahme vergangener Jahrhunderte wurde stark durch das Matriarchat bestimmt. Frauen und Kinder besassen in dem « dualen System » von SAWAH-Kultur und Wanderhackbau die Reisfelder. Die Männer mussten immer wieder an die Siedlungsfront gehen und dem Urwald Land für den Wanderhackbau abringen. Im ganzen verblieben sie nur in der Hauptregenzeit oder während die Kulturen heranreiften 3-5 Monate im Hause ihrer Frauen. Die Bindungen zwischen beiden Systemen bestimmten die wirtschaftliche Abhängigkeit beider Gruppen, die Reis- und Nicht-Reispflanzenprodukte austauschten. Kranke und alte Männer durften sich im Dorfe aufhalten. In der modernen indonesischen Wirtschaft verlassen die Männer West-Sumatra und suchen Arbeit auf Java und auf anderen Ausseninseln, auch oft im östlichen Ölbezirk. Traditionsgemäss kehren sie wieder einmal heim oder senden Geld. Solange die Männer an die Siedlungsfront « getrieben » wurden, wirkte sich das System wirtschaftlich günstig aus. Für eine Entwicklung im modernen Sinne musste die durch das matriarchalische System bestimmte Ordnung mit Landeigentum und Erbfolge als ungünstig bezeichnet werden, da die Männer zur Wanderarbeit gezwungen wurden und die tüchtigsten auswanderten. Die heute festzustellende Abwandlung der alten Ordnung gestaltet die Situation günstiger, bietet heute kein unüberwindliches Hindernis für die wirtschaftliche Entwicklung.

Das alte Minangkabau-Langhaus (vgl. Abb. 31 Seite 248) das eine grosse Anzahl weiblicher Mitglieder beherbergte, ist heute fast verschwunden. Die Abwanderung der Männer in andere Gebiete ausserhalb Minangkabaus, wohin sie ihre Ehefrauen nachkommen liessen, machte den Anfang. « Transmigrasi local », womit die interne Umsiedlung an die Siedlungsfront gemeint ist, die sich immer weiter in den Urwald zentrifugal vorschob, muss ebenfalls in diesem Zusammenhang gesehen werden. Die soziale Mobilität hatte eine leichtere Übertragung von Landeigentum zur Folge. Moderne Aktionsprogramme wie das BIMAS-Programm machten es erforderlich, dass der Ehemann das ganze Jahr über auf den Reisfeldern mithalf. Die aus den Reiseinnahmen erworbenen Dauergüter teilen Mann und Frau im Falle einer Scheidung halb und halb auf. Diese Merkmale sozialen Wandels infolge ausserregionaler Impulse können als günstige Voraussetzung künftiger Entwicklung gedeutet werden (30; S. 10).

Hatte der Verfasser in den Jahren 1968/69 diese Vorgänge bei stichprobenartigen Befragungen bereits festgestellt und so in seiner ersten Regionalstudie (34) niedergelegt, bestätigte eine in den Jahren 1970/72 von der Universität Bonn (21) durchgeführte Studie diese Verhältnisse noch einmal, eine im Vergleich zu den Gesamtkosten der Regionalentwicklung als durchaus notwendig zu betrachtende Absicherung der Initial-Planung (vgl. auch SCHOLZ U. (297; S. 32).

4.5.5.9. Vorhandene Landreserven

Wie Karte 30 über die Bevölkerungsdichte zeigt, ist ein sehr unausgewogenes Land-Mensch-Verhältnis vorhanden. Neben einer Kernregion gibt es mehrere Unterregionen mit grösserer Bevölkerungsdichte. In der Kernregion entfallen pro Kopf der Bevölkerung 0,2 ha kultiviertes Land- und hier ist kein weiter kultivierbares Land vorhanden — während in den Aussenbezirken 0,3-0,5 ha pro Kopf der Bevölkerung und noch ausreichend jungfräulicher Boden vorhanden ist. Die Identifizierung dieser Landreserven, die man 1969 auf 250.000 ha (neben 350.000 ha schon kultivierten Landes) schätzte, sollten durch Befliegung ermittelt werden. Die Universitäts-Studie (S. 234) nahm eine Begehung und Befragung für

TABELLE 60

LANDNUTZUNG IN WEST-SUMATRA, 1969
(Land Use in West Sumatra)

Art der Nutzung (Kind of Utilization)	ha	v.H.
Gesamtoberfläche W. Sumatras: (Total Surface)	4 247 500	100
davon .... kultiviert (cultivated)	346 700	8,2 (100)
davon wieder Paddy ..... 191.500 (paddy)		(55,2)
Trockenreis .... 41.300 (upland rice)		(11,9)
Plantagen .... 78.200 (estates)		(22,6)
Gemüse u. Früchte .... 35.700 (vegetables/fruits)		(10,3)
« Wälder (forests)	2 700 000	63,5
« bebauter Boden » (cropped area) (Wanderhackbau)	4 800	0,2
« and. Böden, Sümpfe » (other, swamps etc.)	1 196 000	28,1

Quelle: DIPERTA, West Sumatra, Agric. Census, Archivmaterial der Landwirtschaftsbehörde.

die Erfassung der Land-Potentiale vor, weil noch keine Luftaufnahmen vorlagen. *) Obwohl die Bodenkontrolle weiterhin unerlässlich ist, kann man mit modernen Methoden wie u.a. « remote sensing » natürliche Ressourcen heute viel besser erfassen als es noch vor 30 Jahren möglich war, zumal die Karten von West-Sumatra veraltet sind.

Nach diesem Exkurs in die Arbeitstechnik der frühen Regionalplanung können die folgenden Ausführungen besser verstanden werden.

4.5.5.10. *Die agrarische Produktion*

Im Gegensatz zur Nachbarprovinz Nord-Sumatra hat West-Sumatra nur etwa 60.000 ha ehemaliger Plantagen, die fast gänzlich durch den letzten Weltkrieg und seine Spätfolgen verkamen. Reisfelder bestimmen darum das Bild. In kleinen Hainen findet man — dem Auge schlecht erkennbar — Anbau von Gewürzen. Hingegen ist der in vielen Hausgärten stehende Kaffeestrauch weithin sichtbar und unterstreicht den vielseitigen Charakter der agrarischen Produktion, zumal Kleinbauern Kautschuk am Osthang kultivieren und Kokospalm-Anbau an der Küste dieses vielfältige Bild weiterhin vervollkommnen. Dann hat man in dieser Region die unermesslichen Wälder, die im Rahmen der Darstellung einer Landnutzung besonders auffallen.

Es ist interessant, die stärker bearbeiteten und daher leichter zu konkretisierenden Anbauflächen für Verkaufsfrüchte und Gewürze aufzuzeigen. Die Erhebungen und Befragungen der Universitätsstudie ergaben: (Kleinbau und Plantagen) (1971/72)

— 23.129 ha Gewürznelken

— 10.992 ha Zimt

— 11.651 ha Kaffee

— 43.741 ha Kautschuk

— 52.050 ha Kokospalmen

— 3.718 ha Cinchona (Chinarindengewinnung)

— 1.343 ha Zitronella (Zu vergleichen mit Tabelle 60, oben.)

Die Kokospalmen zählen nicht zu den Plantagen. Andererseits fehlen in der Aufstellung die Ölpalmen, da diese nicht mehr genutzt werden (vgl. S. 123).

Im ganzen gab es 1971 in West-Sumatra 30 Plantagenkonzessionen, wovon sich eine auf den Mentawai-Inseln befindet. In der letzten Erhebung zählte die Regierung statt der 78.200 ha nur noch 54.000 ha wovon mehr als 65% auf die beiden Konzessionen Ophir und Kerinci entfielen. Dieses Missverhältnis zwischen kleinen Konzessionen im Agam-Stammgebiet und grösseren Plantagen in den wenig besiedelten Kabupaten an der Peripherie ist wieder auf die Agrarverfassung und Landrechtsansprüche der

« Sukus » zurückzuführen. Da im Kerngebiet die Sukus nur wenig freies Land übrigliessen, mussten die Plantagen an die Peripherie ausweichen. Zu erwähnen ist noch, dass ein grosser Teil der Konzessionen Landreserven darstellt. So enthielten 12 im Jahre 1971 untersuchte Plantagen mit einer gesamten Konzessionsfläche von 24.683 Hektar nur 2.132 ha kultiviertes Land (21). Die gesamte Produktion der Plantagen fiel entsprechend niedrig aus, wie aus folgender Tabelle 61 ersichtlich ist.

Vergleicht man beide Zahlenangaben mit den Plantagenfrüchten, fällt eine geringe Flächenausdehnung zwischen den Jahren 1968/69 und 1971 auf. Kaffee wird sogar erheblich mehr angebaut, eine Tatsache, die aus Begehungen bekannt ist. Der gesteigerte Anbau von Gewürznelken entspricht ebenfalls den beobachteten Tendenzen, war aber sicherlich vor 1968 schon umfangreicher als 6.400 ha. Die Statistik war nicht früh genug aufdatiert worden.

4.5.5.11. *Marktwesen* *

Die Produkte der Nahrungspflanzen wurden auf den Wochenmärkten abgesetzt. Überschüsse konnten wegen der geringen Aufbereitung des Reises (es gab bis zum Beginn des Regionalprojektes keine mechanischen Reismühlen) schlecht ausserhalb der Region abgesetzt werden. Nur Mais wurde in geringem Umfang exportiert. Das änderte sich 1972 mit dem Anlaufen der Reismühle in Batusangkar.

An Plantagenfrüchten sind vor allen der Kautschuk zu nennen, dann Kaffee und schliesslich die Gewürze. Chinesische Grosshändler kaufen die Erzeugnisse von Mittelsmännern, die über 2-3 Mittelsmänner von den Erzeugern einsammeln. Dadurch bleibt den Anbauern, wie im Falle des Kautschuk, nur ein sehr niedriger Anteil von etwa 28% vom F.O.B.-Padang-Preis. Den Zwischenhandel gab es schon immer, nur die grossen Plantagengesellschaften konnten vor dem Weltkrieg besser, da direkt, verkaufen.

Gemüse ist neuerdings schlechter abzusetzen als vor dem Krieg, weil die Konfrontation mit Malaysia den Markt zerstörte. Für Weisskohl fand Singapur in den Hochländern Malaysias neue Anbaugebiete. Als Folge hiervon ging der Anbau in West-Sumatra zurück (32).

Es gibt Ausnahmen von Erzeugnissen mit guten Qualitäten, z.B. Gewürze.

Im ganzen muss mangelnde Qualität vermerkt werden, die zu Absatzschwierigkeiten führt. Andererseits bieten die Preise wenig Anreiz zum Mehranbau. Da West-Sumatra unter dem Äquator gelegen ist, können die Bauern den Anbau ohne Jahreszeiten entsprechend dem Inlandbedarf regeln. Im einzelnen ist zu den Warengütern zu bemerken: (Stand 1968 zu Beginn des Projektes).

— *Kautschuk*: Es gibt Überkapazität in den Verarbeitungsbetrieben. Ausserdem sind die An-

---

*) Sie gelangte zu etwas höheren Zahlen für genutztes Land als in dieser Arbeit angegeben und kommt bei den Landreserven, was als Maximalwert anzusehen ist (vgl. SCHOLZ U.: S. 163).

---

*) Es wird auf die Ergebnisse der Surveys auf Seite 258 hingewiesen.

TABELLE 61

AGRARISCHE PRODUKTION IN WEST-SUMATRA, 1968/69 UND 1975/76
(Agrarian Production in West Sumatra)

		Geerntete Fläche			Erzeugung	
		1999	in ha 1968/69	1975/76	in t 1968/69	in t 1975/76
Feldfrüchte:	Paddy	189.000	247.055	253.000	66.737 *	.
	Mais (maize)	800	4.649	6.550	6.410	8.400
	Maniok (cassava)	.	5.454	5.800	87.371	90.650
	Süsskartoffeln (sweet potatoes) ..	.	2.994	3.050	26.360	28.000
	Erdnüsse (groundnuts)	.	2.588	2.850	3.391	5.400
	Sojabohnen (soybeans)	.	450	560	463	856
Gemüse:	Grüne Bohnen (green beans)	.	722	.	364	560
	Kartoffeln (potatoes)	.	1.037	3.500	4.894	16.920
	Weisskohl (cabbage)	1.350	482	420	3.378	2.680
	Zwiebeln (onions)	.	1.453	1.550	2.906	3.470
	Gewürzpaprika (hot pepper)	.	3.753	.	6.171	.
	Tomaten (tomatoes)	.	80	.	180	.
	Andere Gemüse (other vegt.) ...	.	1.326	.	1.643	.
Früchte:	Bananen (bananas)	9.900	12.183	15.000	7.985	.
	Zitrus	.	795	800	1.660	.
	Rambutan	.	497	500	1.569	.
	Durian	.	2.273	2.300	907	.
	Ananas	.	593	600	437	.
	Avocado	.	63	70	122	.
	Mango	.	538	550	651	640
	Papaja	.	420	450	1.475	1.650
	Ölpalmen	4.669	.	.	.	.
Plantagen:	Kautschuk	1.677	41.904	45.000	9.840	21.560
	Kokospalmen	43.000	45.905	54.000	27.421 **	33.000
	Kaffee	406	6.495	11.000	1.948	3.400
	Zuckerrohr	.	5.489	.	9.332	5.600
	Tee	1.777	.	700	.	.
Gewürze:	Gewürznelken (cloves)	2.300	6.394	24.000	5.239	16.000
	Zimt (cinnamon)	25.000	12.803	11.500	3.202	13.500
	Muskatmussbäume (nutmeg)	2.300	306	1.150	484	560
	Pfeffer (pepper)	1.800	90	220	47	120
	Gambir (Waldharz)	500	585	700	2.927	3.450
	Nilamöl	.	135	.	2	.

Quelle: Landwirtschaftsbehörde West-Sumatra

baulagen sehr weit gestreut. Mit der Einführung der STANDARD INDONESIAN RUBBER (SIR) -Vorschriften ist eine Möglichkeit der Anhebung der Qualität gegeben, die dringend erforderlich ist, um auf dem Weltmarkt konkurrieren zu können.

— Gewürze: Hier gibt es grosse Expansionsmöglichkeiten. Es wird viel schwarz exportiert, was aus den grossen Unterschieden zwischen Anbau-und Exportstatistik hervorgeht. Für den Aufbau einer besseren Statistik und Ausbau der Sammel- und Absatzkanäle fehlen den Händlern und Vereinigungen billige Kredite.

— Kopra: wird bisher überwiegend zu Speiseöl verarbeitet. Darüber hinaus könnte man Kopra

exportieren. Es fehlen günstige Voraussetzungen für das Trocknen der Kopra und Sammeln für den Absatz.

4.5.5.12. Infrastruktur

Wie aus Karte 29 ersichtlich, hat West-Sumatra eine Nord-Süd-Verbindung Bukittinggi nach Medan in West-Sumatra und eine West-Ost-Verbindung Padang-Bukittinggi-Pajakumbu-Pakan Baru in Riau. Diese Strassen sind teils als National- teils als Provinzstrassen zu bezeichnen. Ursprünglich waren sie alle asphaltiert. Dann erodierte die Strassendecke in den Nachkriegsjahren ohne Unterhaltungsarbeiten. Im Rahmen der Strassen-Rehabilitations-Arbeiten richtete man die Strasse Padang-Padang-Panjang-

Bukittinggi-Nord-Sumatra wieder her. In der Kern-region begann man mit den Arbeiten, die dort 1971 abgeschlossen wurden. In den «transitionell negativen» Unterregionen aus denen die Bevölkerung auswanderte, richtete man sie zuletzt, im Süden noch nicht wieder her.

— *Die Eisenbahn* Padang-Padang-Panjang zweigt von hier einmal nach Süden, nach Sawahlunto und einmal nach Norden, Bukittinggi, ab. Sie ist veraltet (Baujahr 1896) und kann nur noch mit halber Last fahren.

— *Ein Flugplatz*, der auch von kleineren Düsen-flugzeugen angeflogen werden kann, befindet sich in Padang. Auf dem Hochland gab es bisher nur Kriegsflugplätze, die inzwischen weitgehend zugewachsen sind.

— *Bauvorhaben auf dem Gebiet der* Infrastruktur sind die Sumatra-Fernverkehrsstrasse, zu der eine amerikanische Konsultingfirma umfangreiches, auch landwirtschaftliches, Material zusammengetragen hat, dann ein modernes Krankenhaus (von einer ausländischen Mission erstellt) und verschiedene Schulen.

— *Schiffsverkehr.* Padang ist der einzige Hafen für Hochseeschiffe. Er wird bis 10 000 t auch von Schiffen der HAPAG angelaufen. Für den Küstendampferverkehr gibt es die Häfen Air Bangis in Nord-Pasaman, dann Pariaman, Tiku und Sassak. Für die Verbindung nach den Mentawai-Inseln, nach Bengkulu und Air Bangis ist Padang der Haupthafen, genannt Teluk Bayur. Es gibt auch einen begrenzten Flussverkehr.

— *Elektrizitätsversorgung.* Die Hauptstadt Padang und die anderen vier selbständigen (Ibu Kota) Städte sowie weitere sieben Städte haben Stromversorgung, die grösseren den überwiegenden Teil des Tages, die kleinen nur während der Nachtstunden. Im ganzen ist eine installierte Kapazität von etwa 6.000 KW vorhanden (1968).

— *Erziehungswesen.* Dieses untersteht dem Ministerium für Erziehung und Kultur. Die Schulverwaltung ist gemäss der Anzahl der Provinzen in ebensoviele Unterabteilungen eingeteilt. 1968 gibt es auf dem Grundschulniveau 1.600 Schulen sowie etwa 30 Privatschulen. Von den letzten empfangen nur einige staatliche Hilfe. Weiterhin gab es 171 Mittelschulen mit 33.000 Schülern und ausserdem Oberschulen, etwa 65 an der Zahl. An der Universität Padang waren 1968 2.800 Studenten eingeschrieben.

— *Öffentliches Gesundheitswesen.* Wie in anderen Regionen untersteht dieses dem Ministerium für öffentliche Gesundheit in Jakarta. In West-Sumatra sind vier Ebenen anzutreffen: Hospitäler, Gesundheitszentren, Beratungszentren für Mutter und Kind, sowie Hilfsgesundheitszentren. Es gab 1968 960 Hospitalbetten. Es waren 90.000 bis 100.000 Einwohner von einem Arzt oder Sanitäter zu betreuen.

4.5.5.13. *Bodenschätze und Industrie*

Der Bergbau erlangte vor dem letzten Weltkrieg grössere Bedeutung. Goldminen bei Limapulukota und Bleiminen bei Solok wurden ausgebeutet. Im Jahre 1942 schlossen beide Minen. Von grösserer Bedeutung sind die Kohlenbergwerke bei Sawahlunto. Seit dem letzten Weltkrieg, nicht zuletzt wegen des Rückgangs der Dampfschiffahrt, fiel der Abbau von jährlich 800.000 t auf 100.000 t/Jahr, die fast gänzlich von der Padanger Zementfabrik verbraucht werden. Eine Kupfermine bei Solok, die in den Jahren 1969/70 untersucht wurde, zeigte sich als nicht ergiebig genug.

Im Jahre 1971 verzeichnete die Regierung von West-Sumatra 26 industrielle Unternehmen mit im ganzen etwa 4.000 Beschäftigten. Ein Teil entfiel auf die landwirtschaftliche Weiterverarbeitung.

Einige weitere Betriebe wie Papierfabriken und Sägewerke liegen still.

Die Eignung der Provinz West-Sumatra als Regionalprojekt nach den Kriterien der Rahmenbedingungen geht aus den auf Seite 225 erläuterten Fakten hervor. Die für eine Eignung West Sumatras als zu entwickelnde Region im folgenden zusammengefassten Kriterien müssen im Vergleich mit den anderen Regionen und dann unter der Limitierung auf die im ganzen von der indonesischen Regierung vorgegebenen neun Regionen gesehen werden. Dies heisst, dass es durchaus bessere Regionen, besonders auf nichtlandwirtschaftlichem Gebiet, für die Regionalentwicklung gegeben hätte.

TABELLE 62

INDUSTRIELLE VERARBEITUNG IN WEST-SUMATRA 1971

	Anzahl	Zahl d. Beschäftigten
Zementfabriken	1	1 450
Kautschuk-Aufbereitung (zum Export), Roh-Kautschuk	6	1 008
Kopraherstellung	6	502
Textilherstellung u. -verarbeitung ...	5	707
Zigarettenfabriken	2	150
Pflanzenduftöle	5	90
Wellblechfabrikation	1	40
Insgesamt	26	3 947

Quelle: Universitätsstudie 1971 (21).

KRITERIEN

entwicklungsfreundlich:

— Gute, vielseitige Produktions- und Marktbedigungen, statistisch belegt;
— Bevölkerungsdruck vorhanden;
— Alternative Beschäftigungsmöglichkeiten nur in geringem Umfang;

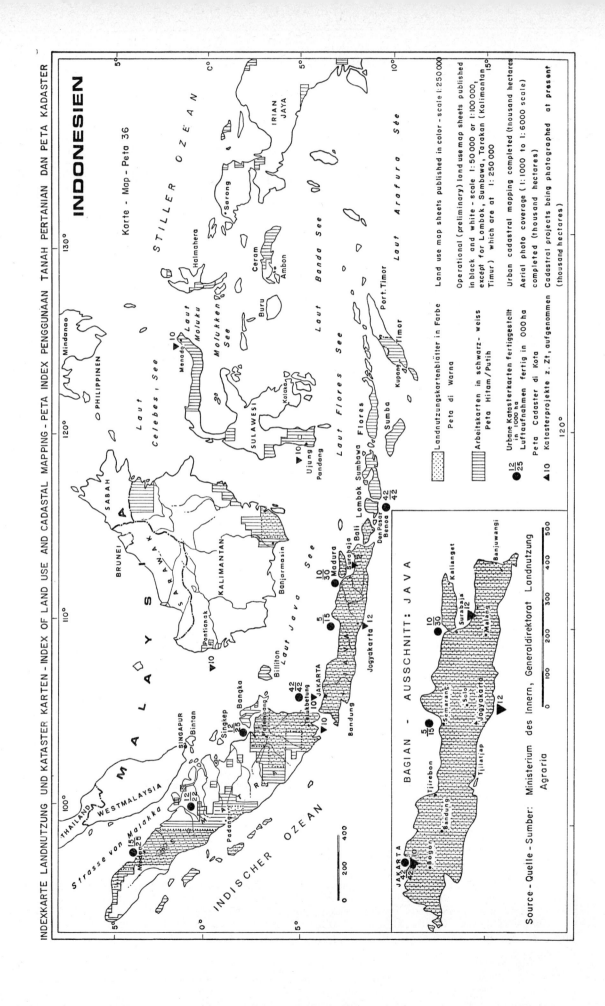

INDEXKARTE LANDNUTZUNG UND KATASTER KARTEN - INDEX OF LAND USE AND CADASTAL MAPPING - PETA INDEX PENGGUNAAN TANAH PERTANIAN DAN PETA KADASTER

INDONESIEN

Karte - Map - Peta 36

Landnutzungskartenblätter in Farbe
Peta di Warna

Land use map sheets published in colour - scale 1:250 000

Arbeitskarten in schwarz-weiss
Peta Hitam/Putih

Operational (preliminary) land use map sheets published in black and white - scale 1:50 000 or 1:100 000, except for Lombok, Sumbawa, Tarakan (Kalimantan Timur) which are at 1:250 000

Urbane Katasterkarten fertiggestellt in 1000 ha
Peta Cadaster di Kota

Urban cadastral mapping completed (thousand hectares) 1:1000 to 1:6000 scale)

Luftaufnahmen fertig in 000 ha

Aerial photo coverage (1:1000 to 1:6000 scale) completed (thousand hectares)

Katasterprojekte z. Zt. aufgenommen
Cadastral projects being photographed at present (thousand hectares)

BAGIAN - AUSSCHNITT: JAVA

Source - Quelle - Sumber: Ministerium des Innern, Generaldirektorat Landnutzung Agraria

— Eine nicht zu arme Bevölkerung, die schon auf anderen Gebieten Eigeninitiative entwickelt hat;
— Positive Veränderung in der Sozialverfassung;
— Aufgeschlossene Behörden;
— Gute Koordination möglich.

entwicklungshemmend:

— Matriarchat, das jedoch in Auflösung begriffen;
— Plantagenproblem ungelöst, von Militär besetzt;
— Ausreichende Subsistenzbasis;
— Projektansatz nicht vielseitig genug; Einbeziehung der Industrie wäre günstiger gewesen.

4.6. Projektformulierung

Sie wird hier am Ende der West-Sumatra-Darstellung gebracht, weil sie für den Planungsansatz weniger von Bedeutung ist, eher als historische Relevanz.

Ursprünglich dachte man deutscherseits gar nicht an Regionalplanung sondern an Soforthilfe - indonesischerseits an Soforthilfe im regionalen Entwicklungsstil. Man hatte jedoch sehr vage Vorstellungen, wie eine solche Regionalentwicklung auszusehen hätte.

Nach Anlauf der Düngeraktion lag die Regionalplanung bei der Obersten Planungsbehörde BAPPENAS.

Das erste fertiggestellte Regionalprogramm des Verfassers, das ganz auf das Landwirtschaftsministerium ausgerichtet war, musste wiederholt neu formuliert werden. So sahen die ersten Ansätze der Regionalplanung keineswegs so elegant aus wie einleitend dargestellt. Verschiedentlich wurde das Konzept des Planungsansatzes geändert, weil sich über die Jahre Meinungsänderungen ergaben. Alle daran Beteiligten machten einen Lernprozess durch, aus dem das Planungskonzept des Jahres 1975 resultierte.

4.6.1. DIE SOFORTHILFE DER DÜNGERLIEFERUNGEN

Schuldnereigene Düngerlieferungen, für West-Sumatra 8.000 t von im ganzen 20.000 t für alle drei Projekte, waren (gratis) in drei jährlichen Lieferungen zum Zwecke schneller Reiseitragssteigerung an die Regionalregierung zu liefern. Diese hatte sie über die bestehende Verteilungsorganisation in einem fest umrissenen, 15.000 ha grossen Gebiet (Tanah Datar), das zugleich die Kernregion ist, an die Reisanbauer zu einem festen Preis zu verkaufen und hieraus schuldnereigene Gegenwertmittel zu bilden. Diese Gegenwertmittel sollten dann in den folgenden Jahren im selben Gebiet und nach Anlaufen des grösseren Regionalprojektes für eine Reihe von Förderungs-und Entwicklungsmassnahmen eingesetzt werden. Kernstück war ein landwirtschaftliches Kleinkreditprogramm.

— Rehabilitation und Verbesserung der Feldbewässerung und -dränage (terminale Wasserkontrolle);
— Rattenbekämpfung auf den Feldern;

— Wiedereinkauf von Dünger im Lande (PUSRI, Palembang);
— Verbesserung bestehender Düngerlager und Einrichtung von Verkaufskiosken;
— Durchführung von Düngungsversuchen zur Ergänzung bestehender Versuche;
— Bezahlung von Counterparts für betriebswirtschaftliche und sozio-ökonomische Untersuchungen des anzuschliessenden Regionalprojektes.

Diese Projektziele waren im Vertragstext enthalten. Dass es bis zur Unterzeichung ein gewisses Hin und Her gab, ob schuldner-oder gläubigereigen, wurde kurz erwähnt. Das inzwischen angelaufene regionale Landwirtschaftprojekt wurde hiervon nicht in Mitleidenschaft gezogen.

4.6.2. DAS REGIONALE LANDWIRTSCHAFTSPROJEKT sollte in erster Linie der Wiederherstellung (Rehabilitasi) einst bestandener oder stark beeinträchtigter, noch bestehender Dienste und Institutionen dienen. Etwa ein Jahr später als das Düngerprogramm angelaufen, wurde es wegen getrennt gelagerter Mittel auch so formuliert:

Unter Technischer Hilfe (geschenkweise) zu liefernde Materialausstattung und zu gewährende personelle (Experten-)Hilfe war unter diesem Projekt für die Reorganisation des bestehenden landwirtschaftlichen Beratungsdienstes mit kollaborierenden Diensten zu verwenden, im einzelnen für:

— mehrere Landwirtschaftsschulen und Berater-Ausbildungsstätten « cum »-Bauern-Unterweisungszentren;
— einen Kartoffel-und Gemüse-Saatgut-Garten nebst Baumschule;
— eine Viehhaltungs-und Veterinärstelle nebst Weidebetrieb und kleiner Milchverwertung;
— eine Saatgutreinigungsanlage nebst Labor für Bodenproben und Exportgutuntersuchungen;
— eine landwirtschaftliche Reparaturwerkstätte für Maschinen und Geräte.

Weiterhin waren Mittel (Sachausstattung) für den Nukleus eines Regional-Planungsbüros eingeschlossen. Die Anzahl der Sachverständigen war anfangs auf fünf begrenzt, sollte bei Auslaufen des kommerziellen Düngerprogrammes der Firmen AHT, BASF und Bayer, das auch Sachverständige einschloss, verdoppelt werden. Dies erfolgte. Die Laufzeit wurde verlängert. Vor Ablauf der fünf Jahre jedoch war schon eine Aufstockung und damit verbundene Neuformulierung erfolgt.

4.6.3. DIE ERHEBUNGEN DER BEIDEN UNIVERSITÄTSTEAMS

Diese sollten die Planungsgrundlagen für die zweite (Expansions-Phase) der Agrarentwicklung legen. Dabei sollte das Stuttgarter/Berliner Team unter Prof. Dr. KRUSE-RODENACKER ein verhältnismässig grosses Gebiet, West-Pasaman getrennt vom anderen Gebiet unter intensive Bearbeitung nehmen. Das Bonner Universitätsteam bearbeitete den grössten

Teil West-Sumatras. Es ergab sich, dass das Bonner Team zuerst (1973) fertig wurde. Diese Arbeit wurde später von einer amerikanischen Konsulting-Firma wiederholt. Das Stuttgarter Team beendete die Erhebungen und Planungen 1975. Im einzelnen befasste sich die Bonner Gruppe:

— mit einer Infrastruktur-Studie durch Auswertung regionaler Statistik;
— die Vermarktungsstudie wurde auf Grund des Zensus 1971 und Stichprobenerhebungen angefertigt (375 Haushalte f.d. Verbrauchsstudie 800 Kaufleute für die Marktfragen);
— Der Landnutzungs-und Betriebswirtschafts-Survey an Hand von Stichprobenerhebungen in Verbindung mit dem Zensus 1971. 28 Dörfer in 9 Anbauzonen wurden untersucht, 1.886 Anbauer befragt.

4.7. Erhebungen und Regionalanalyse West-Sumatra

Die grossen Gegensätze in den Erhebungsmethoden sind herauszustellen. Wie schon auf den Seiten 227 ff. ausgeführt, benutzte der Verfasser mit seinem gemischten Team aus GAWI-Angestellten und freien Untersuchern der Universitäten Göttingen und Giessen in Verbindung mit Fragebogen mit kodifizierten Fragen, damals hochmoderne Methoden, in Verbindung mit Luftaufnahmen. Durch die Vorlesungen an der Universität Padang hatte er engen Kontakt zu den einheimischen Regionalplanern.

Der Regierungswechsel in Deutschland wirkte sich auch hier mit einiger Verzögerung auf die Projektleitung in West-Sumatra aus. Der Abgang des Verfassers nach drei Jahren Tätigkeit brachte mit der Übernahme der Regionalplanung durch das Bonner Team, das die Erhebungen zu Fuss unternahm und getrennt vom weiterarbeitenden GAWI-Landwirte -Team operierte, einen Rückfall in Methoden und Arbeitsstil. « Zu Fuss » erledigte dieses Team ihre Arbeit wie in den guten alten Zeiten europäischer Geographen. Erst ein amerikanisches Konsulting-Büro der Stadt-und Regionalplanung Jakarta konnte diese Planung vollenden. Geblieben ist eine Fülle von meist allerdings unausgewertetem Material (vgl. auch S. 234).

Das darauf folgende Team der Stuttgarter und Berliner Universität arbeitete dann wieder ganz mit hochmodernen Methoden. Die Lösungsversuche des ersten Planerteams aufgreifend, verfeinerten diese Planer die Methoden noch erheblich. Ihre Dokumentation von Planung und Regionalarbeit ist heute, gefördert durch die Zweisprachigkeit (englisch-indonesisch), ein Lehrbuch an indonesischen Universitäten. Besondere Spezialität ist die Auswertung von Satellitenbildern (109).

Die Ergebnisse der Erhebungen werden in die fortlaufende Regionalanlayse des Landwirteteams eingebaut und laufend ergänzt. Eine gewisse Ergänzung dieses Teams durch nichtlandwirtschaftliche Kräfte würde die Arbeit erheblich verbessern.

4.8. Ergebnisse der Regionalplanung und Evaluierung

4.8.1. ALLGEMEINES

Hier ist als Hauptergebnis, das Regionalprofil, zu erwähnen das bis Ende 1969 erstellt war. Während die Seiten 248 ff die Beschreibung West-Sumatra enthalten, wie sie -leicht gekürzt-Bestandteil der ersten Vorschläge vom Juni 1968 war, wurde das nach einem Jahr Erhebungsarbeit vom Planerteam gewonnene Regionalprofil für die weiteren Besprechungen in Jakarta verwendet, sowie auch den Heimatstellen zur Verfügung gestellt. Es bildete die Ausgangsbasis für das Bonner Universitätsteam, das dieses Profil etwa zwei Jahre später durch weitere Erhebungen « zu Fuss » aber auch mit kodifizierten Erhebungen ausbaute.

Hauptziel dieser Profil-Arbeit war die Erstellung von Arbeitszahlen für die unmittelbar in Angriff zu nehmende landwirtschaftliche Entwicklungsarbeit. Für die weiteren Untersuchungen, wie durch das Bonner Team, sollten die Erhebungsarbeiten hierfür den Charakter von Voruntersuchungen haben. Schliesslich sollten sie für weitere zu beantragende Hilfen Grundlagen abgeben und Entscheidungshilfen stellen.

4.8.2. ERSTELLUNG DES REGIONALPROFILS:

4.8.2.1. *Strassennetz*

Klassen: Nationalstrassen (jalan negara) 580 km; 5-6 m Breite; 4-6 t Tragfähigkeit
Provinzstrassen (jalan propinsi) 960 km; 4,5-5 m Breite; 3-4 t Tragfähigkeit
Bezirksstrassen (jalan kabupaten) 3.100 km; 4 m Breite; 2 t Tragfähigkeit
Strassenverwaltung: untersteht dem Ministerium für Öffentliche Arbeiten (Dinas Pckcrjaan Umum (D.P.U.).
Finanzierung: Nationalstrassen durch Zentralregierung, Provinzstrassen 75-85%. Bezirksstrassen (Kabupaten): örtliche Mittel.
Strassendecke: Nationalstrassen zu 65% Teerdecke, an vielen Stellen reparaturbedürftig, Böschung oft nicht befestigt. Daneben gibt es Splitstrassen, die auch bei den Provinzstrassen anzutreffenn sind. Bezirksstrassen sind mit Steinen und Kies befestigt.
Erschliessungsgrad: Etwa 45% der Bevölkerung werden durch die Strassen erreicht; diese leben in etwa 150 Orten. Besonders unterentwickelt: die Bezirke Sawahlunto-Sijungjung, Solok und Pasaman.

Fahrzeiten: Nordwärts (Nord-Sumatra, bis Medan, 840 km): 35 Std. Ostwärts bis Pakanbaru (325 km) 10 Stunden. Südwärts gibt es keinen Busverkehr (Mit dem Geländefahrzeug über die 600 km bis Jambi: 30 Std.)

Brücken: begrenzen Tragfähigkeit noch mehr als Strassendecken.

Verkehrsfrequenz: Strasse Padang-Bukittinggi (März 1969) 3200/Tag.

Transportkosten: Padang-Medan: Rp. 3500-5000 pro Tonne Stückgut, 25% mehr (1970), für den Rückweg; Padang-Pakanbaru: Rs. 3000-4500/t. Padang-Jambi: 8000-14000/t. Pro Passagierstunde: 35-45 Rp. Zusätzlich Rp. 10/kg/1000 km.

Transportunternehmen: 455 mit 766 angemeldete Lastkraftwagen, von denen etwa die Hälfte in Padang stationiert war.

4.8.2.2. *Eisenbahnen* (deutschen Ursprungs; 1067 mm Spurbreite)

Gesamtlänge: 260 km, davon 34 km mit Zahnkranz (da bei 5% Steigung).

Rollendes Material: 47 Lokomotiven, 723 Waggons, 145 Wagen f. Passagiere. Alter: Waggons zur Hälfte älter als 30 Jahre.

Verwaltung: Eigene Provinz-Eisenbahngesellschaft, staatlich.

Einnahmen: 1968 Rp. 34 Mill, davon 40% aus dem Passagierverkehr (Preise 1969).

Kosten: Padang-Bukittinggi Rp. 450 bis 950/Tonne, je nach der Art des Gutes. Ganze Waggons: 400-600/t, f. Passagier: 45 Rupien pro Passagier.

Reisedauer: Padang-Bukittinggi: 4 1/2 Stunden (95 km).

Hauptzweck: Kohle-Transport.-Kein Sumatra-Verbundsystem ist vorhanden.

4.8.2.3. *Luftverkehr:* 1968: 295 Starts, 16.500 Passagiere. Name: Air Tabang

Frequenz: Padang-Jakarta 12 Flüge (auch Pakanbaru, Medan, Palembang (p. Woche).

Landebahnen: 1500 m Länge, 60 m Breite.

Weitere Pisten: Bei Pajakumbu; Feldflugplatz aus dem Weltkrieg II.

4.8.2.4. *Schiffstransport:* Haupthafen: Padang/Teluk Bayur (Stand: E. 1969)

Tiefgang: 25-28 Fuss (f. Schiffe bis 10.000-14.000 t (dwt)).

Umschlag: 280.000 tons, davon die Hälfte Erdöl; maximale Kap.: 400.000/J.

Transportkosten: Padang-Medan: Rp. 4-4,5 pro Tonne (4% billiger als LKW).

Küstendampferverkehr: alter Hafen Padang, Air Bangis, Nord Pasaman, Pariman, Tiku und Sassak für 150 tons, abnehmend bis nur 50 t.

Frachtsätze: Padang-Air Bangis, 200 km Rp. 2,50/kg (ohne Beladen) (1970).

Flusstransport: hauptsächlich Batang Hari für Sawahlunto-Sijunjung.

Ladefähigkeit: 5-10 t; Rp. 15-25 pro Tonnen-Kilometer (Juni bis September, Niedrigwasser) 25% höhere Sätze, auch stromauf teurer.

Erschliessung durch Flussverkehr etwa 25% der Dörfer, die durch Strassen nicht erschlossen sind.

4.8.2.5. *Andere, herkömmliche Transportarten* für nicht erschlossene Strecken 30% (1968) Sawahlunto-Sijungjung, Solok und Pasaman-Gebiete

Büffelkarren (einachsig) Rp. 20-45/Tonnen-Kilometer; Last: 300 kg (1969).

Packpferde: 60-130 Rp/Tonnen-Kilometer; Last 100 kg.

Betca (Fahrradgetriebenes Dreirad) Rp. 150-250 Rp./tkm; Last 150 kg.

Träger (im Gebirge Rp. 300/tkm; Last 50 kg.

4.8.2.6. *Elektrizitätsversorgung:* in 13 Zentren der Provinz (E. 1969)

Dauerbetrieb: Padang, Bukittinggi, Pajakumbu und Padang Panjang.

Nachtbetrieb: Die Kabupatenhauptstädte.

Installierte zu tatsächlich erzeugte KW: Padang: 5.000 zu 3.000 (Ursache: Ersatzteilmangel) Bukittinggi: 1.500 zu 2.500.

Projekte: Batang Agam Wasserkraftwerk 10.000 KW; Padang: Dieselstation.

Wasserkraftpotential: etwa 500.000 KW.

Versorgunsgrad der Bevölkerung: in Städten: jede 3.-6. Familie, Gesamtbevölkerung 0,8%.

4.8.2.7. *Verbindungswesen, Nachrichtenübermittlung* (Stand Ende 1969)

Telephonanschlüsse: Provinz: 4.800 Anschlüsse, 15 Vermittlungen und 35 Unteranschlüsse; Alter: 5 Jahre.

Radio-Telephon ausserhalb der Provinzen: Jakarta, Medan, Palembang, Jambi Mentawai Inseln, Siberut und Pakan Baru.

Telegraphie: mit 45 Orten in der Provinz (die meiste in Kombination über Telephon und nach ausserhalb über Radio, ebensoviele *Postämter.*)

4.8.2.8. *Zeitungen und Nachrichtenmagazine* (1969).

Nationale Zeitungen: die meisten, schon am Abend in Padang und anderen Orten gegen geringen Aufpreis erhältlich.

Provinzzeitungen: zwei Wochenzeitungen.

Nachrichtenmagazine: 6 mit Regionalmeldungen und Bildberichten.

4.8.2.9. *Filmwesen, Kinos 19.30* Padang 5, Bukittinggi 3 Lichtspieltheater, je eins in den Kabupaten-Hauptstädten

4.8.2.10. *Radio-Stationen, Fernsehen* (E. 1967).

Padang und Bukittinggi haben kleine Stationen, die in 10% der Zeit Regionalprogramme ausstrahlen. Daneben gibt es zwei Missions-Sender und zahlreiche Amateur-Sender. Ein intensives Landfunkprogramm wird ausgestrahlt.

4.8.2.11. *Erziehungswesen,* Stand Ende 1967

Grundschulen 1.820 staatliche, 17 geförderte private, 89 andere priv.

Besatzstärken: Eine Grundschule für 1.500 Einwohner, ein Klassenraum für 1.8 Klassen, 28 Schüler pro Klassenraum.

Erfassungsgrad: 75% aller schulpflichtigen Kinder (sechs Jahre).

Analphabeten unter den Schulpflichtigen: 8%, unter den Erwachsenen: 24%.

Mittelschulen: 187 mit 33.600 Schülern, 31 ohne Zuschüsse.

Besatzstärken: 185 Schüler pro Schule, 18 Schüler pro Lehrer, in den Städten Padang und Bukittinggi ungünstiger, hier 42% aller Schüler, obwohl nur 8% der Bevölkerung ausmachend.

Etwa 20% erreichen Ziel der Schule (Abschluss).

Oberschulen: 68, von denen 22 umfassende Schulen sind (SMEA), 13 mit technischer Ausrichtung (STM), 9 mit Ausrichtung auf Handelsfächer SMEA 2 mit hauswirtschaftlichen Fächern (SKKA). Der Rest dient der Heranbildung von Volksschullehrern (SPG und KTG genannt). 14 der Oberschulen sind Privatschulen ohne staatlichen Zuschuss. Gesamtzanzahl: 19800 Oberschüler, von denen 30% Volksschullehrer werden wollten. Ein Lehrer für 26 Schüler vorhanden. Durchschnittliche Grösse: 87 (Landkreise) bis 257 (in Städten).

Landwirtschaftliche Oberschulen (SPMA) sechs mit 513 Schülern, davon 184 in Padang, obwohl die meisten aus Landkreisen kommen (nur 2,8% im ganzen aus Städten über 5000 Einwohner).

Frequenz (Oberschulen u. landw. Obersch.) 13% aller möglichen Schüler haben irgendwann einmal eine Oberschule besucht, aus Padang 48%, aus Bukittinggi 37, aus Pajakumbuh: 23%-9% aller Oberschüler erreichten das Ziel der Schule, aus Padang 27%, Bukittinggi, 33%.

Universitäten: Padang (früher Pajakumbuh auf dem Hochland), 2.960 eingeschriebene Studenten (Universitas Andalas), mit 6 Fakultäten (Wirtschaftswissenschaften 32%, Rechtswissenschaften 22%, Landwirtschaft 12% als die drei stärksten). Über ein Drittel der Studenten kam aus Padang, aber gegen 12% aus anderen Provinzen. Aus ausgesprochenen ländlichen und dazu abgelegenen Gegenden (z.B. Passaman) kamen nur 1-2% aller Studierenden.

Das Institut für Lehrerausbildung (IKIP), 2.367 eingetragene Studierende, davon waren etwa ein Drittel für Sozialwissenschaften eingetragen. Etwa 8% aller eingetragenen Studenten dieses Instituts kamen aus anderen Provinzen, etwa ein Viertel aus Padang und Bukittinggi.

Besuchsfrequenz beider Hochschulen: 2-4% aller in Frage kommenden Bewohner besuchten eine Hochschule, aus Padang jedoch 10%. Der Ausstoss an Lehrern war etwa doppelt so gross wie der Bedarf (jährlich etwa 80 neue Lehrer für die Mittel-und Oberschulen der Provinz).

4.8.2.12. *Das öffentliche Gesundheitswesen*

Hospitäler (RSUP) 10 öffentliche Hospitäler.

Gesundheitszentren (HC), 24, mit Betten ausgestattet.

Beratungsstellen für Mutter und Kind (BKIA), 39.

Zweigstellen der Gesundheitszentren (BP), 178.

Nur Hospitäler und Gesundheitszentren werden von Ärzten besucht. Besatz mit Ärzten und anderem Personal: 138 Ärzte mit Abschluss, 21.000 Einwohner auf einen Arzt, in abgelegenen Gebieten: bis 100.000.

4.8.2.13. *Verwaltung und Bevölkerung* (1969-1971 Zensus; nachträglich eingetragen).

Konzentration der Bevölkerung: 76% der Bevölkerung West-Sumatras sind auf das Hochland mit 38% der Gesamtfläche konzentriert (vgl. Karte 28).

Gesamteinwohnerzahl: 2.789.822 Einwohner (Zensus 1971), gegenüber 1961 1,9% mehr.

Wanderungsbewegungen: Pro Jahr 10.000 bis 14.000 nach ausserhalb der Provinz: etwa 0,4% der Bevölkerung (nach einer Stichprobenerhebung: 25% aus ländlichen Gegenden und 40% aus Padang) zogen nach Jakarta, 45% bzw. 30% in andere Provinzen Sumatras. Im ganzen ist die Wanderung in Padang schwächer als in ländlichen Gegenden, in den ländlichen Gegenden im Kernland Minangkabau stärker als anderswo; Vorwiegend Bewohner mit höherer Schulbildung verlassen die Provinz.

Zentralort-Ausrichtung

Bedeutung als Handelsplatz: (Reihenfolge): Padang, Bukittinggi, Padang Panjang, Pajakumbuh und Solok. (Kapubaten-Hauptorte), Aktivitäten (ausser Padang) im tertiären Sektor (Öffentliche Verwaltung, Dienstleistungen und Handel).

Indikator Verkaufsläden zu Einwohnern: Ein Laden auf 80-120 Einwohner (Bukittinggi, bzw. Padang).

4.8.2.14. *Vermarktung* (Ergebnisse v. Stichproben 1969)

Verbrauchsgepflogenheiten und steigende Einkommen

> *steigender Verbrauch:* Fleisch von 2 auf 7%, Eier 1/2 auf 5%, Milch auf 2%
> (Ausgabenelastizität   Weizenmehl-u.-produkte: 3 auf 8%
> ist unter 1)   Früchte: 1 auf 3%
> *fallender Verbrauch:* Reis 35 auf 10%, Hülsenfrüchte 18 auf 11, Fett
> (Ausg.-Elast.über 1)   und Öle 8 auf 4%.

Ausgaben-Muster ländlicher (erste Zahl) *und städtischer Gegenden* (1969).

Pro Kopf/Jahr:		
Proteinnahrung:	Fisch am billigsten und meisten: 800-1200 Rp.	
	Fleisch 650-1150, Eier 120-550, Milch 80-400	
Reis:	Rp. 4600-5200	
Weizenmehl:	Rp. 350-3800	
Früchte u. Gemüse:	Rp. 130-1100 (Kohl: 95-75; Kartoffeln 170-290)	
Weisser Zucker:	Rp. 280-650.	

Der Reismarkt: 1971: (845.455 t Paddy: 465.000 t Reis).

Pro Kopf-Verbrauch: 145 kg: 404.524 t Rest: Saat, Verlust.

Marktkanäle Privat: 195 Händler, davon 98 ausschliesslich Reis, 35% hatten jährlichen Umsatz
(1969)   von Rp. 9 Mill. Rp. nur 2% mehr als 50 Mill./Jahr. 20% der Reisgrosshändler verkauften im Jahr um 100 t, nur 15% mehr als 200 t.

Fluss des Produkts: Anbauer-Mühle-Gross-oder Kleinhändler (direkt) — Verbraucher
im Falle von Paddy. Es kann auch der Aufkauf-Handel zwischengeschaltet sein, der an
Gross-und Kleinhandel verkauft.

Staatlich, DOLOG SUMBAR (Depot Logistik Sumatra Barat) arbeitet mit « Floor » und
« Ceiling » Preis-System, das auf dem 1:1-Verhältnis des Hauptdüngers für Reis Harnstoff
und gemahlenem Reis (auf Hofebene) basiert. Beide Preise werden laufend festgesetzt,
betragen 1969 Rp. 12 bzw. 45/kg.

Finanzierung des privaten Reishandels mehr als die Hälfte mit eigenem Kapital, die anderen mit
geborgtem Geld, wobei Darlehen von Banken den geringeren Anteil ausmachen (nur 8% von
Banken, 22% von Verwandten, der Rest von Geldverleihern).

Transport: 15% der Händler haben eigene Transportmittel, die anderen arbeiten mit Bus oder Leih-
LKW. Pro kg müssen bei einer Entfernung von 25-50 km 1,25 Rp. gezahlt werden, über 110
km Rp. 2,50.

Verarbeitung (1969 vor Inbetriebnahme der modernen Reismühle) 1969: 33 « huller ».Einfache Mo-
tormühlen verarbeiten 7%, Wassermühlen 16% der Reisernte; der Rest wird im Haushalt verarbeitet.

Mahlgebühren: 7-10% des Mahlgutes bei « hullers », 3-5% bei Wassermühlen.

Standardisierung: wenig entwickelt, vier Sortierungen.

Lagerhaltung: Die Händler haben durchschnittlich Raum für 10 t, durchschnittliche Lagerzeit: 5-15
Tage.

Reismüller hatten 1969 6.200 t Lagerraum.

Preisbewegungen: Preismarge für Reis 15-20%. Jahreszeitlich gibt es trotz der Lage unter dem
Äquator (ganzjährig Anbau möglich) zeitweilig Versorgungslücken.

Unterschiede: von Juni bis August höhere Preise, zusätzlich aber wegen Schwanken der Anbauflächen (ungesetzmässiges Reagieren auf fallende Preise) einen Reispreis-Zyklus, ein Tief, das
alle 3 Jahre etwa wiederkehrt. Regionale Unterschiede sind durch die Konzentration im Kerngebiet des Hochlandes bedingt (gewöhnlich 10% höhere Preise in Bukittinggi und Tanah Datar.

Versorgungs-und Preisstabilisierungsschwierigkeiten wegen geringer Speicherung an Paddy (nicht
leicht verderblich doch durch DOLOG schlecht zu verschiffen (-laden). Reis muss alle 3 Monate
umgeschlagen werden.

Armee und Verwaltungsbeamte durch DOLOG mit Reis versorgt.

Einfuhren (1969 20.000 t nötig, trotz Überproduktion. Davon die Hälfte innerhalb Indonesiens. (Militär und Staatsbedienstete aus DOLOG versorgt, haben eigenen Versorgungsmodus
ausserhalb des freien Marktes).

Markt anderer Nahrungspflanzen: 3 Gruppen, meist nur für internen Verbrauch.

Unmittelbar zu vermarkten nach Ernte: Tomaten, Gurken, Kopfsalat.

Beschränkte Lagerfähigkeit: Blumenkohl, Eierfrucht, Zwiebeln.

Lagerung länger als eine Woche möglich, geeignet für Export: Kopfkohl; (8500 t Produktion 7500 t
Verkauf) Kartoffeln: 14000-10000 t).

Marktkanäle: oft spezialisierte Händler, meist kleineren Stils, die Hälfte mit weniger als 1 Mill.
Rupiah Umsatz pro Jahr 20% über Rp. 6 Mill. Anbauer-Kommissäre, Grosshändler und
spezielle Agenten kaufen vom Anbauer und verkaufen an Kleinhändler oder exportieren in
geringem Umfang.

Interregionale Märkte: Pakanbaru (8 Rp/kg über Bukittinggi) und je etwa 1500 t pro Jahr.

Internationaler Markt: Singapur: 2 Mill Einwohner (früher bis zu 2000 t/Jahr aus West-Sumatra,
dann 1963 eingestellt (Zeit der Konfrontasi).

4.8.2.15. *Agrarwirtschaftliches*

I.   *Anbaugebiete:* Hochgebirgslagen über 1500 m, Hochland 500-1500 m, Ebenen.

(1) *Minangkabau*-Hochland mit Bukittinggi Plateau, Batusangkar Tal, Pajakumbuh Ebene und
Solok Ebene (350-1500 m.) Darüber die bebauten Hänge der drei Vulkane Merapi, Sago
u. Singgalang Singkarak-Graben und Lintau Buo Graben, Reis-SAWAHS.

(2) *Südliches Hochland von Alahanpanjang,* 1.200-1.600 m, Mais, Gemüse, Kartoffel.

(3) *Östliche Hänge* entlang der Grenze an Riau, 200-1000 m, Wanderhackbau.

(4) *Die südlichen Täler am Bintang Hari Flusssystem,* in die grosse Jambi-Ebene übergehend, Sumpfreis (SAWAHS).

(5) *Nordwestliche Hänge und Pasaman,* ein 50 km breiter Übergangsgürtel.

(6) *Die Küstenebenen,* entlang dem Indischen Ozean.

(7) *Nicht einzuordnende Gebiete* sind schlecht erschlossene Enklaven, hauptsächlich im Norden
der Provinz.

II.   *Landnutzung* SAWAH-Reis (Sumpfreis)-Trockenreis (paddy ladang) und Wanderhackbau als
Hauptlinien, daneben Gewürz-und Fruchtanbau, einige Reste von Plantagen. Dieses Muster
je nach Topographie und Bevölkerungsdichte in wechselnder Zusammensetzung. Sekundärwälder, Alangflächen und Urwald als nichtlandwirtschaftlicher Bestand.

Eigentum an Land: im Kernland überwiegt Teilbau, im Süden und Norden, wo geringer Bevölkerungsdruck (Süden u. Norden) Eigentum.

Betriebsgrössen: Zentrales Hochland: weniger als 3/4 ha, Südliche Täler 1 1/4 ha, nicht erschlossene potentielle Gebiete: 1 1/2 ha pro Familie bewirtschaftet, daneben Reserveland.

Pachtländereien: Alahanpanjang über 1/3, Minangkabau 1/4, die anderen Gebiete weniger als 1/6 des Betriebes.

Landlose Familien: Zentrales Hochland: 8%, Küstenebene 2% der Bevölkerung.

Kulturschwerpunkte: SAWAH-(Sumpf-)Reis: Zentrales Hochland, Südliche Täler (Reihenfolge in abnehmender Ordnung :
Mais: östliche Hänge, Hochland über 1000 m;
Kopfkohl: Vulkan-Hänge, Umgebung Bukittinggi;
Kartoffeln: Umgebung Bukittinggi, Alahanpanjang;
Zimt: Zentrales Hochland, Südl. Hochland (Alahanpanjang);
Kaffee: Küstenebene, schlecht erschl. Enklaven, Hochland;
Muskatnuss: Küstenebene, mittleres Hochland;
Gewürznelken: Zentrales Hochland. Küstenebene;
Gambir (Waldharz) Osthänge;
Kokospalmen: Küstenebene, Hochland bis 1000 m;
Kautschuk: Südost-Ebene.

Fruchtfolgen: Zentrales Hochland: Sawah-Zweite Kulturen, Index 1,6;
Südl. Hochland: And. Kulturen-Reis, Index 1,0;
Küstenebene: Reis 95%, Nichtreiskuluren 5%, Index 1,3;
Östliche Hänge: Nicht-Reis. Reis. Index 1,75.

III.   *Arbeitskraftbesatz:*
Familiengrösse: Zentrales Hochland: 7 Pers/Fam. mit Gewürzkulturen, 6 im Reis. Südl. Hochland, Küstenebene und Enklaven: 5 pro Familie.

Bezahlte Arbeitskräfte: Hochland 15-20% der Betriebe, Küstenebene: 25%.

Kosten f. angeheuerte Kräfte: Zentrales Hochland: 2000-4000 Rp/Jahr, Gewürzbetriebe um 1.500/Jahr, in der Küstenebene 600-800/Jahr.

IV.   *Zugtiere und anderes* Vieh: Bester Besatz im Hochland mit 1 Büffel in jedem Betrieb, am geringsten in der Küstenebene und in den Enklaven, Ausnahme: Südliche Täler: 1 Büffel pro Betrieb.

V.   *Einsatz von Inputs* (1967, 1. Jahr der Düngeraktion) Arbeit, Dünger, Insektizide;
Zentrales Hochland mit Sawah-Gemüseanbau am höchsten mit Rp. 17.000/ha;
Östliche Hänge ebenfalls hoch wegen hohem Einsatz geheuerter Kräfte;
Küstenebene: 3.000/Betrieb (4.500 pro ha.).
Mineraldüngereinsatz: Sawah/Gemüsebetriebe: Rp. 7.800/ha, 5.300/Betrieb;
Küstenebene Rp. 1.200/ha, 900/Betrieb;
am geringsten: Enklaven und Osthänge.

VI.   *Einkommensverhältnisse:* Zentrales Hochland mit Sawah/Gemüsebetrieben am höchsten mit Rp. 90.000/ha, Sawah/Gewürzbetriebe: Rp. 28.000/Hektar;
(Brutto-   reine Reisbaubetriebe: 15.000/ha;
Einkommen) Südliches Hochland: Rp. 18.000/ha, Küstenebene: 12.000/ha;
E.1969)   Südliche Täler: Rp. 21.000/ha. Enklaven: Rp. 7.500/ha;
Ausnahme: Östliche Hänge mit Gambir: Rp. 43.000/ha.
Netto-Einkommen (einschliesslich Nebeneinnahmen und Überweisungen):
SAWAH Gemüsebetriebe: 63.000/Familie/Jahr;
Sawah/Gewürz auf dem Hochland: 89.000/Familie;
Reis auf dem Hochland: 48.000/Betrieb (Familie);
Küstenebene: Rp. 72.000/Familie/Jahr;
Enklaven: Rp. 37.000/Familie/Jahr;
Pasaman und andere potentielle Gebiete: 63.000/Familie;
Südliche Täler: 48.500/Familie;
Östliche Hänge: Rp. 41.000/Familie/Jahr.
Pro-Kopf-Einkommen: (1969) Rp. 63.000/Familienoberhaupt (also tatsächlich das Familieneinkommen), d.h. pro Kopf Rp. 9.000-12.500/Jahr.

---

*) Es handelt sich um Cassia vera, die zur Parfumherstellung verwendet wird, nicht um unseren in Ceylon angebauten Gewürzzimt.

4.8.3. EVALUIERUNGSARBEITEN WÄHREND DER AUSFÜHRUNG

Wie an anderer Stelle erwähnt, überliess man die Evaluierung anfangs den Projektbeobachtern und Ländervertretern des Ostasiatischen Vereins. Diese Beobachter hatten die anfängliche Planung zu evaluieren, bevor mit der Ausführung begonnen wurde. (vgl. Seite 233). Es sei angeführt, dass sich Planung und Ausführung etwas überschnitten, so z.B. durch die auf Seite 231 erwähnte Düngeraktion, die ebenfalls als Ausführungsprojekt von der Bonner Universität evaluiert wurde. Die erste Evaluierergruppe, die sich ausschliesslich mit der Evaluierung während der Ausführung befasste, war die aus den Universitäten Berlin und Stuttgart unter Professor KRUSE RODENACKER zusammengesetzte Gruppe. Allerdings befasste auch diese sich mit Planung, und zwar der an anderer Stelle erwähnten West-Pasaman-Unterregion. Der kombinierte Evaluierungs/Planungsauftrag dauerte bis Ende 1975.

Evaluierungsarbeit leisteten auch die zahlreichen angereisten, einzeln oder in Gruppen tätigen Kurzzeitexperten. Sie hatten verschiedene von der Planungsgruppe der ersten Stunde (1968-70) vorgebrachte Vorschläge neu zu untersuchen und mussten notgedrungen dabei auch die ursprünglich formulierten Vorschläge begutachten. Es fällt auf, wie im Falle des Anai-Deltas, dass die meisten Vorschläge gutgeheissen wurden.

Die erste grosse Evaluierung unternahm man 1976 durch ein interdisziplinär gelagertes Team aus Universitäten, Forschungsinstituten (z.B. Weltwirtschaftsinstitut Hamburg) und freiberuflich tätigen Wissenschaftlern.

Im Jahre 1977 folgte die zweite Evaluierung.

Es liegt in der Art der Evaluierungsstudien, dass sie für eine Wiedergabe im Rahmen dieses Buches schlecht geeignet sind. Allgemein kann festgestellt werden, dass bis etwa Ende 1974 das Regionalprojekt West-Sumatra durch offizielle und inoffizielle Untersucher und Evaluierer grössere Schwierigkeiten erfuhr; ob die Beobachter Sinn, Zweck, Fortschritt und konstruktiven Anteil an der gesamtwirtschaftlichen Entwicklung nicht sahen oder sehen wollten: Die entwicklungsfeindlichen Feststellungen in den Berichten müssen sehr zum sich hinschleppenden Fortgang des Projektes beigetragen haben.

Das wurde anders, als Frau I. KRUGMANN-RANDOLF von der Zeitschrift E + Z das Projekt besuchte und in unvoreingenommener Weise über das Projekt berichtete. Das zeitliche Zusammenfallen von Besuch der Region durch diese Chefredakteurin und mehr Unterstützung bei den Heimatstellen mag auch ein Zufall gewesen sein. Fest steht, dass von diesem Zeitpunkt an (etwa 1975) mit mehr idealer Unterstützung von der Geldgeberseite das Projekt besser lief. -Trotzdem muss die Evaluierungstätigkeit, ob im Endergebnis entwicklungsfeindlich oder -freundlich als im ganzen befruchtend für die Planungs-und Ausführungsarbeit bezeichnet werden.

4.9. Planausführung, Erfolge und Probleme

Zum Berichtszeitpunkt 1978, also nach zehn Jahren Arbeit an der Regionalentwicklung West Sumatras, stellen sich folgende Hauptergebnisse zur Diskussion. Hierbei stützt sich der Verfasser, der die Region 1976 zuletzt besuchte, auf vorhandene Berichte und Veröffentlichungen. Bewusst verzichtet er auf die eigenen Formulierungen, Gruppierung von Hauptaktivitaten, sondern verwendet die in den jüngsten Veröffentlichungen verwendeten Wendungen. Im stark gekürzten Text gibt der Verfasser unterstrichene Erklärungen in Klammern).

4.9.1. DIE PLANAUSFÜHRUNG

Diese sollte hier hauptsächlich hinsichtlich ihrer zeitlichen Einhaltung diskutiert werden. Die qualitativen Ergebnisse sind unter « Erfolge » dargestellt.

Soweit verfügbar, zeigen Informationsquellen an, dass der Entwicklungsplan hinsichtlich der landwirt-

schaftlichen Bestandteile in etwa eingehalten wurde. Einige Teile, z.B. das Maniok-Projekt, mussten fortgelassen werden, weil sie sich als unrentabel herausstellten.

Das Pasaman-Projekt erfuhr durch die Schwierigkeiten in der Rekrutierung von Fachkräften für dieses klimatisch schwierige Gebiet einige Verzögerungen.

Einzelne Strassenabschnitte konnten erst viel später als ursprünglich geplant in Angriff genommen werden. Das erste Strassenbauprojekt wurde überhaupt erst 1976 begonnen.

Industrien schliesslich wurden noch nicht in Planung und Ausführung planerisch bearbeitet. Hier waren inzwischen angesammelte Bedenken ausschlaggebend. So war bereits einmal im Jahre 1976 erwogen worden, das Regionalprojekt zu übergeben. Doch wird zum Berichtszeitpunkt weitergeführt. Die neusten Entscheidungen über Inangriffnahme einzelner Industrie — Entwicklungsvorhaben sind nicht verfügbar. — Die landwirtschaftlichen Folgeindustrien fallen nicht hierunter.

4.9.2. ERFOLGE IN DER REGIONALARBEIT

Diese sind in mehrere Teile einzuteilen, den ältesten landwirtschaftlichen Teil, den nichtlandwirtschaftlichen, den Infrastrukturteil und den der weiteren Regionalplanung. -Der Verfasser hält sich an die in den zitierten Veröffentlichungen gebräuchlichen Formulierungen; davon abweichende oder erklärende Erläuterungen sind unterstrichen.

4.9.2.1. *Erfolge auf landwirtschaftlichem Gebiet*

Hier sei die im Jahre 1976 gebräuchliche Phasen-Einteilung vorausgeschickt (68c S. 6):

Vorphase: 1968: Dr. D. (Der Verfasser) unterbreitet Vorschläge zur Intensivierung des Reisanbaues und zur Regionalentwicklung.

1. Phase: 1968/70: KOREUBER (*der zum Team des Verfassers gehörte*) führt ertragreiche Reissorten mit Programmen für Düngemittel, Pflanzenschutz und Krediten ein. Eine Reismühle wird gebaut, privatwirtschaftlich in Regie gesetzt und erfolgreich übergeben.

2. Phase: 1970/72: KOHLBACH (*der wie Koreuber vom Malawi-Projekt des Verfassers nach Sumatra kam*)

*) Deutsche Gesellschaft für Technische Zusammenarbeit (GTZ) GmbH « Landwirtschaftliche Entwicklung West-Sumatra », Heft 29 Schriftenreihe der Deutschen Gesellschaft für Technische Zusammenarbeit (GTZ) GmbH, Eschborn 1976. (Da die Projektleitung eine Vielzahl ähnlicher kleine Drucke herausgegeben hat, die praktisch unter die Nr. 68 fallen, da sie -soweit dem Verfasser bekannt-alle von HÄSELBARTH stammen, werden sie 68 a-b-c usw. hier 68 c numeriert).

beginnt mit fünf Mitarbeitern die Grundlagen für ein breiteres Projektprogramm zu legen, bereitet durch Planungs-und Versuchsarbeiten und die auf Seite 231 erwähnten « Rehabilitasi-Arbeiten » die Regionalentwicklung vor, ergänzt durch Datenerhebungen des Teams der Rheinischen Friedrich-Wilhelm-Universität Bonn und erstellt Berichte und Karten. Selbstkritisch stellte der in den Jahren 1973-1975 als Projektleiter tätige Dr. HÄSELBARTH (68c S. 6) fest, dass solche Regionalprojekte stets durch ein Mini-Programm mit stärkerer Betonung der Implementierung vorbereitet werden sollten.

3. Phase: 1973 und fortdauernd HÄSELBARTH studiert mit im ganzen zwölf Mitarbeitern unter wissenschaftlicher Beratung durch Kurzzeit-Experten aus verschiedenen Ländern Konzepte und Durchführbarkeitsmöglichkeiten. Er legt den vollen Beginn der Projektdurchführung auf das Jahr 1974 und nennt diesen den « Take-Off » des Projektes.

Diese Einteilung kann gemäss der im Jahre 1976 existierenden Gewichtigkeit durch den Mitteleinsatz durchaus ihre Berechtigung haben. Der Verfasser behält die Reihenfolge der oben zitierten Schrift bei und nimmt an, dass die Reihenfolge zugleich auch ein Anzeiger für die Bedeutung der im folgenden gebrachten Erfolge der Regionalarbeit ist.

4.9.2.1.1. *Das West-Pasaman Gebiet*

Die nach der « pull »-Theorie mit wirksamen Beispielen auf der Station Sukamenanti demonstrierte Entwicklungsarbeit spricht Jungbauern an und ermuntert sie durch wirtschaftliche Anreize. Man sieht von einem staatlichen Siedlungsprogramm, zu dem die Versuchung sehr gross ist, bewusst ab und wartet auf die spontane Entwicklung (68 S. 8). Die Erschliessung von Neuland mit der folgenden Anleitung von Bodenbearbeitungs-Tätigkeit ist wichtiger Bestandteil des Programmes. Auch hier überlässt man den Bauern die Initiative und lässt sie für Traktor-Einzatz, wo er nötig ist, zahlen, sonst die Zwischen-Technologie anwenden. Verkaufspflanzen sind Kokospalmen, Ananas, Sojabohnen und dann Ölpalmen. Auf einer einst holländischen Ölpalmplantage sollen mit Hilfe einer seit Jahren im Geschäft befindlichen Plantagenfirma über 2.000 Kleinbauern auf 7.000 ha angesetzt und eine Palmölfabrik errichtet werden. Das Projekt konzentrierte sich auf die Anfangsschwierigkeiten durch « Pilot-Project »-Arbeiten. Die kleinbäuerliche Arbeit auf dem Nahrungspflanzensektor wird durch die Einrichtung einer Einkaufs-und Absatzgemeinschaft, gegründet 1974, erleichtert. Hier vermarkten

Anbauer selbst. (*Die Einbeziehung des West-Pasaman-Gebietes steht im Gegensatz zu den Vorschlägen des Verfassers, der nicht diese Randzone, sondern das Kerngebiet auf dem Hochland unter besonders konzentrierte Bearbeitung nehmen lassen wollte*).

4.9.2.1.2. *Die Rinderfarm Padang Mengatas*

Die 500 ha grosse Rinderfarm, in sehr schöner Hochgebirgslage gelegen und noch von den Holländern gegründet, wurde bereits vom Verfasser als ein Schwerpunkt der Arbeit vorgeschlagen. Nach längerer Vorbereitung begann die eigentliche Wiederaufbauarbeit erst 1974. Buschland wurde in Weideland verwandelt, indem durch mühsame Versuchsarbeit gefundene und geeignete Weidegräser angepflanzt wurden. Die auf 2000 Mastrinder ausgelegte Rinderfarm soll dem Kleinbauern Hilfe und Anregungen für die Tierhaltung und den Weidebetrieb geben. Im sogenannten « Oberdeck » üben staatliche Kontrollorgane im Controlboard durch die Kontrolle der Grundsätze der Geschäftspolitik eine regelnde Tätigkeit aus. Die tägliche Routinearbeit erledigt ein von der Provinzergierung eingesetzter « Managementboard », der nach privatwirtschaftlichen Richtlinien arbeitet (68 S. 10). Im Jahre 1976 schon stellte man fest, dass sich dieses « Doppeldecker »-System bewährt hat. [1] Zur Rinderfarm Padang Mengatas gehört auch ein Zentrum für künstliche Besamung, durch das im Jahre 1976 Simmental-Sperma verteilt wurde (68b S. 23). Im Frühjahr 1978 wird die Rinderfarm übergeben.

4.9.2.1.3. *Das Diagnose-Labor für Tierkrankheiten in Bukittinggi*

Das bereits im Jahre 1970 in ersten Anfängen begonnene veterinärmedizinische Labor umfasste 1976 ein neuerbautes Laborgebäude mit den wichtigsten Abteilungen für die Diagnosestellung, Behandlung von Tieren und Ausbildung von Veterinärassistenten. Ein Lager mit gängigen Tiermedikamenten ist vorhanden. Die Anlaufzeit mit Bau, Ausbau, Ausbildung und Einarbeitung konnte so kurz gehalten werden, dass das Labor bereits Ende 1975 übergeben werden konnte (68c S. 12).

4.9.2.1.4. *Gewürzanbau für Konsum und Industrie*

Gewürze aus West-Sumatra sind lange weltbekannt, erlitten durch die turbulenten Nachkriegsjahre einen empfindlichen Niedergang und konnten nicht wieder aus eigener Kraft die alten Ausfuhrwerte erreichen. In den Anbaugebieten, z.B. für Zimt (Cassia vera) am Gunung Kerinci, für Muskatnuss am See Maninjau und für Gewürznelken im Kabupaten Tanah Datar, wurden Saatgärten (z.B. in Timbulun), Trocknungs-und Sortiereinrichtungen angelegt und gebaut. Ein Beratungsdienst mit einem Anbauerzentrum sowie Vermarktungszentren wurden eingerichtet. Bis 1976 wurden bereits 400.000 Zimtsämlinge verteilt und am Gunug Kerinci 350 ha neu bepflanzt. Die neue Muskatnuss-Anbaufläche betrug zum selben Zeitpunkt 300 ha. Kernstück

---

[1] Häselbarth « The Agricultural Development Project in West Sumatra » Progress Report December 1975, Seite 23 (im folgenden Literaturnummer 68 b genannt.)

dieses Teilprojektes ist der Vermarktungsdienst, der durch höhere als bisher (25-30%) erzielte Erlöse (in Prozent vom Exportpreis) den Anbauern wirtschaftliche Anreize schafft. Die Ausfuhr ab Padang, die von 9.000 t im Jahre 1962 auf 2.800 t im Jahre 1974 gefallen war, konnte bis 1975 schon wieder auf 5.000 t erhöht werden (68c S. 14). Aufkaufszentren wurden in Salimpaung am Merapi und am Maninjau errichtet.

4.9.2.1.5. Das Kartoffel-Programm auf dem Hochland bei Bukittinggi

umfasst neben einem Lagerhaus (100 t) mit Sortierungs-und Verpackungseinrichtungen auch Räume für die Ausbildung von Anbauern und Beratern. Mit der Methode der « Produktion unter Kontrolle » soll mit verbessertem Pflanzgut die Kartoffelerzeugung auf dem 1.000 bis 1.500 m hohen sehr geeigneten Hochland, direkt unter dem Äquator gelegen, nachhaltig gefördert werden. Mit 40 t importierten Saatkartoffeln im Jahre 1974 begonnen, hatte man 1976 bereits 120 ha mit verbesserten Sorten bepflanzt. Der höchste Hektar-Ertrag des ersten Anbaujahres (1974) betrug 40 t/ha. Eine Kartoffel-und Gemüse-Vermarktungsorganisation soll die traditionellen Absatzmärkte Singapur, Jakarta und Medan in Nord-Sumatra wieder eröffnen. Doch der Saatkartoffelanbau soll über West-Sumatra hinaus alle anbaufähigen Lagen Indonesiens mit Saatkartofeln versorgen (68c S. 18).

4.9.2.1.6. Kautschuk-Anbau in Abai Siat

Der in West-Sumatra hauptsächlich in Kleinbetrieben anzutreffende Kautschukanbau befand sich im Jahre 1968 in einem desolaten Zustand. Überalterte Bestände und unergiebige Sorten waren das Hauptübel, daneben aber die Vermarktung mit dem notorischen Zwischenhändler-System von nur 25-30% Anteil am Exporterlös statt der anderswo üblichen 60%, mit nur 300 kg Trockengummi-Gehalt pro Hektar statt der möglichen 1500 kg.

Nach malaisischem Vorbild legte das Projekt plantagenähnliche Gemeinschaftspflanzungen für die gebildeten Bauerngemeinschaften an, bis Ende 1976 bereits 1100 ha. Im ganzen plant man vorerst 10 000 ha für 3 300 Familien, von denen 1 300 neue Gebäude erhalten müssen, weil sie als Neusiedler in das Gebiet ziehen. Für die Selbstversorgung erhält jeder Anbauer 3 ha Land zur eigenen Bewirtschaftung. Die Kautschukpflanzungen werden dagegen einheitlich und gemeinsam bewirtschaftet. 10% des Ertrages muss jeder Anbauer in einen Wiederanpflanzungsfonds zahlen (68c, S. 24). Pro ha kostet die Entwicklung Rp. 550.000.

Das um ein eigenes Verarbeitungszentrum herum angelegte Projekt schaltet die langen Transportwege für den leicht verderblichen Rohkautschuk aus, der früher in das 250 km entfernte Padang geschafft werden musste. Für die Erschliessung dieses Gebietes wurden 8 km Anschlusstrasse bis zum neuen Sumatra Highway und 23 km Feldwege gebaut oder rehabilitiert. Daneben wurden mehrere neue Gebäude für andere landwirtschaftliche Zwecke wie Reisverarbeitung und Landmaschinenreparatur errichtet. Die von anderen Organisationen und der indonesischen Regierung seit 1976 nachgeahmte Pionierarbeit ist

abgesehen von der Planung die Tat eines Mannes, des bereits weiter oben erwähnten KOREUBER, der zum Berichtszeitpunkt alleine ganze fünf Jahre im Urwald tätig war, dann erst weitere ausländische Mitarbeiter erhielt. 1978 ist dieses Projekt das grösste Teilprojekt.

4.9.2.1.7. Weitere landwirtschaftliche Aktivitäten bis Ende 1977 betreffen:

— Bewässerungsprojekte *);
— Zuckerrohr-Anbauversuche im Mimpi-Gebiet, die auf die Kleinbauernprogramme mit Nukleus-Plantagen abzielen;
— Futtergräser-Anbaudemonstrationen;
— die Saatgut-Reinigungsanlage in Sungai Dareh;
— die landwirtschaftliche Reparaturwerkstatt in Bukittinggi;
— einen Pflanzenschutzdienst, der sich besonders auf die Feldrattenbekämpfung konzentrierte und einen
— allgemeinen landwirtschaftlichen Beratungsdienst.

4.9.2.2. Die Erfolge auf nichtlandwirtschaftlichem Gebiet

Diese schliessen direkt an die landwirtschaftliche. Arbeit an oder betreffen sogar auf die Landwirtschaft ausgerichtete Industrien.

4.9.2.2.1. Die Infrastrukturarbeiten

wurden im Falle des Kautschukprojektes bereits mit den dort eingebauten Strassenbauarbeiten erwähnt. Weitere Arbeiten am Strassennetz betreffen:

— im West Pasaman-Gebiet die Strasse Simoang Empat-Manggopoh, an der man mit den Bauarbeiten Ende 1976 begann;
— gewöhnlich werden auch die Ausbildungsstätten im Infrastrukturbereich angesiedelt. Besondere Schulen wurden nicht neu erstellt sondern nur früher schon bestehende erneuert und mit Lehrmaterialien versorgt. Im übrigen wiegt die sogenannte « sur-place » Ausbildung vor, d.h. Ausbildung vor Ort am Objekt. Nur wenn im Entwicklungsland keine Möglichkeiten bestanden, wurden in der Vergangenheit Counterparts im Geberland ausgebildet. Einige Praktikanten wurden in Malaysia und in den Philippinen gemäss den dort besonders gut ausgeprägten Standards an den Kulturen (Reis bzw. Kautschuk und Ölpalmen) ausgebildet;
— kleinere Bewässerungsanlagen wurden in ihrer Feldkomponente (Bewässerungskanäle und Dränagegräben) an mehreren Orten auf dem Hochland von Bukittinggi instandgesetzt;
— Ende 1976 wurde das bereits instand gesetzte Strassennetz auf « Hunderte von Kilometern » angegeben (68c, S. 16).

4.9.2.2.2. Die industriellen Aktivitäten

Neben der früher erwähnten Reismühle (eine Tonne pro Stunde als Intake-Kapazität) ist hier die Ende 1976 fertiggestellte Viehfuttermühle gleicher Kapazität

---

*) Hierunter Anai -Delta; Panti-Rao-; Sitiung.

INDEXKARTE DER GEBIETE MIT DURCHGEFÜHRTER FORSTINVENTUR - INDEX OF FORESTRY INVENTORY MAP COVERAGE - DAERAH2 DENGAN INVENTUR HUTAN

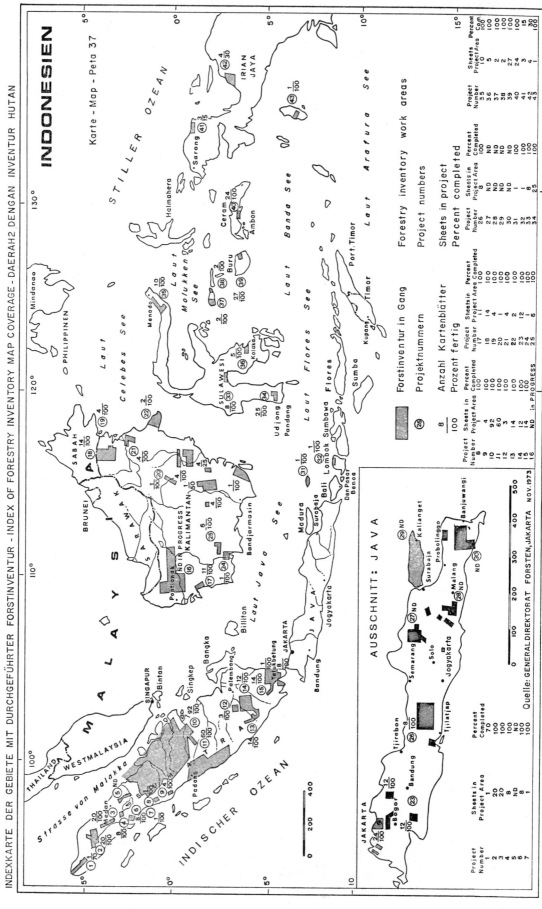

INDONESIEN

Karte - Map - Peta 37

mit Siloturm und Bürogebäude zu erwähnen (38c, S. 30). Die Zementfabrik wird in Zusammenarbeit mit einer dänischen Gruppe auf 900.000 t erweitert.

4.9.3. PROBLEME DER PLANAUSFÜHRUNG

Hierunter muss die Verwirklichung des Plans, also müssen die Ausführungsarbeiten verstanden werden. Da ist in erster Linie die Langfristigkeit der Regionalarbeit zu erwähnen. Weil sich die Ausführungsarbeiten über mehr als zehn Jahre hinstrecken, spielen vor allem politische Momente hinein. Sowohl beim Empfänger als auch beim Geber gibt es politische Umgruppierungen, kommt es zu Beschneidungen des Budgets oder gar zu einer vorzeitigen Beendigung, bzw. es droht die Gefahr einer solchen mit den zeitraubenden Verhandlungen.

Als zweitwichtiges Problem muss das Personalproblem genannt werden. Tatsache aber ist, dass Erfahrungen zählen, und auch jüngere Mitarbeiter müssen sich immer wieder einarbeiten. Darum hält der in der Regionalentwicklung zu schnelle Personalumtrieb die Ausführungen auf. Im Empfängerland ist diese Rotation sogar noch grösser als auf der Geberseite. -Alle anderen Probleme treten hinter diesen beiden Problemen weit zurück.

4.9.4. *Aktivitäten anderer Geber* betreffen ein Reisversuchsprojekt der Weltbank bei Padang und ein 10 MW Kohlekraftwerk in Ombilin durch Polen. Am Maninjau-See wird ein 100 MW Wasserkraftwerk gebaut. Entlang dem Sumatra-Highway werden Transgrasi-Siedlungen angelegt. Schlisslich ist das KIK (Kleinkreditprogramm für die Kleinindustrie zu erwähnen unter BOUCHERIE.

4.10. Zusammenfassung der bisherigen Ergebnisse

Zehn Jahre Regionalarbeit umfassen neben den grundlegenden Planungsarbeiten die weiterführenden Planungsaktivitäten und die Ausführung.

Rückblickend kann festgestellt werden, dass es richtig war, sogleich mit dem Anlaufen der Planungsarbeit eine grössere Aktion (Düngeraktion) zu starten, um das Vertrauen der Verwaltung und Bevölkerung zu gewinnen. Es wäre besser gewesen, hätte man auch von Anbeginn Mittel für kleinere Pilotprojekte auf den verschiedensten Sektoren gehabt.

Eine grössere Kontinuität und Homogenität in der Herkunft und der Zusammensetzung der Planerteams wäre sinnvoller gewesen. Spannungen und Doppelarbeit hätten vermieden werden können. Ein praktisch arbeitendes Team neben einem theoretisch-planerisch tätigen unter gemeinsamer Oberleitung (wie auf dem Afrikaprojekt SALIMA/MALAWI des Verfassers 1965-1968) wäre durchaus denkbar gewesen. Diese Zerrissenheit war auf die verschiedenen Zuständigkeiten bei den Heimatstellen zurückzuführen. Erst nach sechsjähriger Laufzeit konnten die drei Mittel bewilligenden Stellen des Geberlandes zuerst richtig koordiniert und später in einer vereinigt werden.

Auch im Empfängerland war diese Zerrissenheit festzustellen. Während von Anfang an mit einer schlagkräftigen Regionalbehörde gearbeitet werden konnte, bei der nur die mittleren und unteren Ränge fachlich schwach ausgebildet waren, konnte auf der Ebene Zentralregierung die vollkommene Koordinierung erst 1974 erreicht werden. Wie an anderer Stelle ausgeführt, lag dies an zu später Beauftragung der Zentralen Planungsbehörde mit Regionalplanung. Die nichtlandwirtschaftlichen Ausführungsarbeiten hätten zwei Jahre früher anlaufen sollen, um eine schnellere Verbesserung der Infrastruktur zu erreichen. Man hätte gleich von Anbeginn die modernsten Arbeitsmittel und - Methoden anwenden sollen, um so zeitsparend zu verlässlicheren Ergebnissen zu kommen. Die Anwendung herkömmlicher Methoden (zu Fuss) zogen das Planungsprojekte nur in die Länge. Hier denkt der Verfasser besonders an die sofortige Verwendung von Luft-und Satellitenbildern.

Statt 2-3 jähriger Einsatzphasen (eines Planerteams der Gtz (früher GAWI) oder der Universitäten oder Ausführungsteams) hätte man 4-8 jährige Einsatzdauer vorsehen sollen. Welche Vorteile eine langjährige Tätigkeit haben kann, zeigt der Einsatz der beiden von Anbeginn tätigen Mitarbeiter K.H. KOREUBER und S. J'ÄHN. Mehr Transparenz von Planungs-und Ausführungsarbeiten hätte manchem die Arbeit erleichtert. Im ganzen ist eine bessere Dokumentation erforderlich Oft wussten Planerteams nicht, dass eine Arbeit, die gerade begonnen werden sollte, bereits grösstenteils erledigt war. Hieran waren die Zerrissen heit der Teams, der häufige Wechsel der Führung wie auch die Knappheit der Mittel schuld. Evaluierungen, aber auch Planungen wurden oft begonnen, ohne die Vorarbeiten genau zu analysieren. Dieser Zustand mangelhafter Koordinierung dauerte von etwa 1972 bis 1974.

4.11. Abschliessende regionale Betrachtungen und Schlussbetrachtung

Allgemein kann ausgesagt werden, dass die Regionen Indonesiens stärker voneinander in Grösse, Oberfläche, Bevölkerung, Bodenfruchtbarkeit, Industrialisierung und Manifestation anderer Eigenarten abweichen als die Regionen benachbarter Länder. Soweit nicht schon geschehen, sollen hier abschliessend die regionalen Besonderheiten, wie sie aus den Anhangtabellen 67 bis 90 hervorgehen, kommentiert und zusammengefasst werdᴇɴ.

— *Bevölkerungsdichte und mögliche Entwicklung*, wie sie aus den Tabellen (Anhang) 2 und 67 resultieren, lassen erkennen, dass es bei hoher Fruchtbarkeit und niedriger Sterblichkeit bis zum Jahre 2100 ein Anwachsen der Bevölkerung auf mindestens indische Ausmasse geben könnte. Ein Ausgleich zwischen (heute 1978) 700 Einwohner pro Quadratkilometer in Zentral-Java und 10 in Kalimantan oder 3 in West - Guinea erscheint wenig wahrscheinlich-. Auch die

— *Transmigration*, mehr ein Entwicklungsinstrument eigenen Rechts statt bevölkerungspolitische Ausgleichsmechanik, kann, wie Anhang-Tabelle 37 zeigt, keine Abhilfe schaffen. Jährlich kommen etwa 500.000 Familien hinzu, doch nur 57.000 Familien konnten in den Jahren 1969/70 bis 1975/76 umgesiedelt werden. Dafür bleibt die Umsiedlungsleistung als Entwicklungs-Resultat eine beachtliche Leistung und ist als Beitrag zur indonesischen Volkwerdung nicht hoch genug einzuschätzen.

— *Schulische Ausbildung und Qualifikation als Arbeitskräfte* zwischen Bewohnern der übervölkerten Hauptinseln und den Ausseninseln sind nicht einfach zu erklären. Es gibt wenig signifikante Unterschiede, wenn es auf Teilnahme an den Grundschulbesuch (Anhangtabelle 68 oder 69) ankommt. Selbst Irian Jaya fällt nicht übermässig stark ab. Anhangtabelle 71 zeigt die

— *Medizinische Versorgung*, bei der städtische Agglomerationen besser abschneiden als Ausseninseln. Das Innere solcher Ausseninseln wie Zentral-Sulawesi oder Zentral Kalimantan, mit 0,16 Ärzten pro 10.000 Einwohnen ist besonders schlecht versorgt. Der indonesische Durchschnitt lag 1971 bei 0,46 pro 10.000 Einwohner. (1977 1 Ärzt pro 24.000 Einwohner).

— *Regionale Unterschiede in der Beschäftigung* zeigen, dass abgelegene Ausseninseln schlechter als javanische Regionen abschneiden. Die Zahl der Arbeitsuchenden ist auf Java, besonders in Zentral-Java, am grössten (Anhangtabelle 72).

— *Das durchschnittliche, reale Wachstum im Bruttosozialprodukt* (Anhangtabelle 82) drückt dies aus, wo West-Java und die Ölbezirke Riau und Jambi eine Rate um 20% (in drei Jahren) haben Ost-Nusatenggara jedoch nur 5,6% aber auch Zentral-Java nur 8,1%.

— *Die Industrialisierung*, in Anhangtabelle 84 wiedergegeben, spielt in diesem Zusammenhang eine geringere Rolle als die Kombination der für die landbauliche Produktion nötigen Ressourcen. Trotzdem zeigt Anhangtabelle 82 die Tendenzen im Anwachsen des Bruttosozialprodukts der Regionen klar an. Hinsichtlich der Ansiedlung grosser und mittlerer Gewerbebetriebe schneiden die Ausseninseln, besonders Sulawesi und dann Kalimantan, schlecht ab.

— *Die regionalen Haushalte*, wiedergegeben in Tabelle 87 des Anhangs, zeigen die Wachstumsverhältnisse im Bruttosozialprodukt nicht direkt an. Schwach bevölkerte Ausseninseln haben eine relativ hohe Ausgabenrate, nicht zuletzt auf die Hilfe der Zentralregierung zurückzuführen.

— *Im Steueraufkommen für die Zentralregierung* (Tabelle 88) spiegelt sich jedoch die hohe Zuwachsrate einer Ausseninsel wie Sumatra klar im Pro-Kopf-Steueraufkommen wider. Man kann nicht sagen, dass die

— *Zuwendungen der Zentralregierung* für Entwicklungsprojekte daran schuld seien; Tabelle 89 gibt da kein klares Bild, wenn man die Pro-Kopf-Zuwendungen studiert.

Der IV. Hauptabschnitt über die Regionalentwicklung zeigt eine Momentaufnahme und steht damit im Gegensatz zu den drei vorausgegangenen Hauptkapiteln. Sicherlich wäre es interessant gewesen, die regionalen Entwicklungstendenzen ebenfalls über die sonst behandelten 10 Jahre zu betrachten. Doch der Umfang des bearbeiteten Materials verbietet dies. Vor allen aber fehlen die Wiederholungen in Surveys und Erhebungen, so dass es nur die Erhebungen der Jahre 1970/71 gibt.

Das gebotene regionale Datenmaterial und die Dürftigkeit der meist selbst erarbeiteten Karten zeigt an, dass man in Indonesien erst ganz am Anfang der Regionalplanung steht. Doch gerade darum hat der Verfasser den schlecht in das Gesamtgefüge der Arbeit sich einpassenden Exkurs über die Regionalentwicklung aufgenommen. Es reicht nicht aus, dass die Arbeit an Provinzen und Regionen in der grauen Literatur der Projektberichte steckenbleibt. Die Unzulänglichkeiten - auch in der Präsentation-sollen zur Diskussion auffordern. Schliesslich wird auch der eine oder andere Investor aus dem gebotenen Material über die Regionen Entscheidungshilfen in dieser Arbeit finden.

Die grosszügige Hilfe saudi-arabischer Stellen muss in diesem Zusammenhang besonders erwähnt werden. Während sich Vorverhandlungen mit deutschen Verlagen an der Frage der Einbeziehung der regionalen Betrachtungen zerschlugen (worauf der Verfasser bestand), zögerten die arabischen Geldgeber nicht, dieses an sich wirtschaftlich wenig ergiebige Kapitel stehenzulassen. Damit konnte in diesem Buch als zweite Hauptaussage (nach der über die Landreserven) diese über den Stand der Regionalentwicklung gemacht werden.

Summary

The Economy of Indonesia

1. *Indonesia*, consisting as it does of an island community presents regional planning problems of a special kind. Inadequacies in communication, especially between the islands, are often severe. Furthermore, the ethnological differences of its people due to origin, religion and social structure make a centrally coordinated system of regional development difficult. The high population density of Java and the concentration of economic activities on this main island are basic reasons for the continuing economic dualism. This dualism consists in Java of processing and manufacturing industries of the secondary and tertiary level. The economy of the outer islands is still characterized by the production and exploitation of raw materials which are exported. There are also striking differences between the islands. Government and administration of the whole state with military/technocratic leadership is strongly centred toward Jakarta. For a long time economic development had been carried forward in an industrial way by the parastatal PERTAMINA company, but only on a small scale as far as the smallholder and small crafts sectors are concerned by Government. This changed with the 1975 PERTAMINA financial crisis and since then is more uniform.

2. *The climatological differences of Indonesia* have less influence on development than differences in soils. Though the country stretches over more than 5,000 km in one direction and 2,000 km in the other, the climate is rather uniform since Indonesia lies on both sides of the Equator. There are, however, differences in precipitation, with some regions having marked dry zones. Nevertheless, agriculture in some form is possible everywhere — apart from barren mountain regions. Differences in soil types and texture can be traced back to the different base minerals, and also to the different amounts of precipitation and altitude above sea level. The vegetation on the Outer Islands is still marked by primary rain forest, which have been heavily exploited during the last ten years or so.

3. *The question of land reserves* gains major importance in this context. While on Java/Madura and Bali nearly all land is already utilized, there are still considerable reserves on the outer islands. In addition to the present 20 million ha cultivated, one can assume another 30 or even up to 80 million ha of cultivable land, part of which is still under forest. Other areas such as the swamps under tidal floods can only be reclaimed at high cost, as on Sumatra and Kalimantan. Chemical problems of the toxic sulphur compounds in the soil (if dried and drained) arise, as also those of soil management. The high costs have to be seen against a wide spread transmigration from Java to the outer islands. The transmigration, rather than being a solution of overpopulation of Java must be seen as a development instrument in its own right, with satisfaction to be drawn from comparatively lower transmigration numbers.

4. *Natural resources — oil and mineral deposits —* are in fairly large supply, though there is less oil than in the Middle East. It is found in the shelf grounds of the Java Sea off the coasts of Sumatra and Kalimantan and more recently around Irian Jaya. The clean oil with low sulphur content (except that of Irian Jaya) has a good market. However, in 1975, due to high prices, production fell and China took over as supplier for Japan that had been Indonesia's main customer. This triggered a high indebtedness of the state oil company PERTAMINA which has been engaged in various development activities. The additional income from oil brought Indonesia funds which have increasingly been used for development purposes. During 1972/73 the overall per caput income increased from US$110 to 120 per annum. Other mineral deposits which are exploited are copper, tin, bauxite and nickel, all of which are exported without further processing. For improving local incomes the erection of processing and manufacturing industries may be considered, hitherto, industrialization — except for the textile industry — has been limited.

5. *The communications and social infrastructure of the country* has special problems. Well functioning links are the airlines. Inter-island shipping was well developed during the Dutch era. To the present, it has not recovered and exchange of goods suffers difficulties. It is cheaper to import rice from Thailand than to ship it from West-Sumatra or Sulawesi. Railway and highway development have for a long time received equal support as far as Java is concerned. More recently highways have begun to receive more attention. The Sumatra Highway is under construction and the road system of Java is being improved. On the outer islands, except Sumatra, where there are no railways, roads are being widened and up-graded. Also the competition between railway and coaster (ship) transport is now receiving more attention, since coaster transport above a certain distance is cheaper than rail transport. Health and education services, until the energy crisis occurred, suffered from lack of funds for doctors,

nurses and buildings plus installations. The increased income from oil improved this situation. The achievements in education and the Indonesian language are noteworthy. The " Bahasa Indonesia " is about to be established as an important agency of cultural development. However, use of the printed word — books and newspaper — needs further stimulus.

6. *Financial relations* between the centre and the regions have for a long time been unilateral-centralistic. However, from the beginning of the second Five-Year Plan regional responsibility for development received more attention. Thus the regions now are allowed to retain a portion of the income tax. Central government grants for development purposes have been increased, and regional development offices (BAPPEDAS) have been created or improved. More and more, according to a regional development plan, which is streamlined with BAPPENAS, regions will plan their own development.

7. *Among the agricultural development problems* there is food security, of which rice supply has first priority. During the previous regime with economic stagnation and decline, rice production as well as agricultural production came to a standstill. Indonesia had to import annually more and more rice for its growing population (1,9%-2.3% p.a.). In 1965 with the change of government a change in approach to economic problems also occurred. At first the production of rice was intensified. Quite remarkable results were achieved with the various intensification projects and programmes using modern inputs and agricultural technology. Small-farm credits were the main element. But government did not succeed in closing the rice supply gap, at present about one million tons per year. The backlog was too large, and with improving economic conditions people are eating more. Furthermore the PL 480 commodity loans of the USAID at soft terms disturb the self sufficiency drive. These have been continued mainly for strategic reasons. Lack of storage capacities are another hindrance to self-sufficiency. For the improvement of life quality in the rural areas more and more integrated rural development projects in the context of regional development gain importance. Within these, besides continued rice intensification (BIMAS)/package programmes, certain agricultural institutions and infrastructure have been added. On the whole, calorie and fat/protein supply has improved during the last five to eight years. By far the most difficult and costly task is the improvement of on-farm irrigation installations with field channels and drainage ditches. Much canal infrastructure has already been rehabilitated during the last ten years. Numerous storage dams had been built before then, but some had not been commissioned.

The plantation sub-sector also underwent a rehabilitation programme. The main target of reaching pre-war plantation crop yields has not yet been achieved, let alone the attaining of advanced, world standards in plantation production. In the meantime cultivation of certain crops shifted from Java to Sumatra, e.g. tea. Rubber and coffee production shifted into the hands of smallholders, though some rubber plantations still exist.

In the forestry sector the teak forests of Java are impressive. The regulation of reforestation of the exploited forests on the outer islands is an unaccomplished task as is also the protection of remaining natural forests and their planned use. Erosion problems play a role in this context.

In fisheries, the rich fish grounds suggest export possibilities, especially of shrimp and skipjack.

In all sub-sectors the main task is integration into one large inter-disciplinary development programme. Governmental officials, local leaders and rural people have to cooperate in an area-development approach. The economic base must be emphasized. To upgrade skills and applied technology, training and agricultural extension activities must be given high priority. In addition the infrastructure of agricultural marketing has to be improved, without disturbing the vital functions of existing channels, widely handled by Chinese.

8. *Industrial development* is concerned with processing and manufacturing. Only when development planners succeed in getting more raw materials processed, will incomes of workers rise. Decentralization of industries, though there are only few so far, by founding new ones on the outer islands and transferring others from Java, will become an important step in development. Only thus can friction between regions be avoided.

In the *oil economy*, it will be essential to further reduce the monopoly position of PERTAMINA that also acts as development agency. Existing institutions have to be integrated into the infrastructure of national development. This is a political measure beyond the scope of a development planner. This step is nevertheless a pre-condition for a satisfactory solution. Only when government succeeds in combining raw material exploitation and processing on the outer islands with the oil economy which happens to be based there will real development of these regions occur. Some outstanding pilot projects like the PERTAMINA project on Batam island near Singapore may serve as field laboratories to gain experience for larger development programmes. PERTAMINA may also see a role in the development of the hinterland, at the same time preparing the regions for that period without oil, when the resources in some 40 years time have dwindled (as predictions currently suggest). In the non-agricultural sector, PERTAMINA might see its role in the development of supporting industries. In the other industrial sub sectors the task will also be to integrate existing industries with the economy of the regions. This applies especially to exploiting industries, but all are longterm tasks.

9. *The « Dualism » in the development concept* hindered a uniform approach in development, thus increasing the other dualism [1] of raw materials on the outer and processing on Java only by another variable. The oil-company PERTAMINA with its chief, General Ibnu Sutowo represented the stronger side of Government in development politics. The technocrats, a number of ministers, formed the civil group. This changed when PERTAMINA suffered a financial crisis which ended with the dismissal of its chief. In certain sub-sectors other than oil, PERTAMINA as a strong pillar for Government also had a saying in development. In reality there never existed a dualism, only existed in the writings of journalists. The « dualism » of PERTAMINA's projects with few benefits for the smaller people filtering down, and smallholder and crafts projects stimulated by BAPPENAS now seems to have ended, and a better integration started. Both parties believed in deficit spending from the international money market, which proved to be the right policy, as also in the Philippines. It is important to stress that the dualism in development approaches over the last ten years between PERTAMINA, with ambitious capital-intensive projects and BAPPENAS with small development projects, has now ended and an improvement is already visible.

10. *The Regional Development Policy* therefore, is not uniform, or was not so until recently. PERTAMINA was working with abundant financial means, concentrated in some of the oil producing areas. Here the company takes good care of its rural and urban inhabitants. Whereas the development of the regions as promoted by BAPPENAS has to be geared to slender financial means spread all over the country. Overlapping occurred in the past. Some regional plans and surveys have been done twice for one area, eg. the South Sumatra study. With the beginning of the second Five-Year plan, this situation has been improved.

Existing statistical material for thorough regional planning is still rather inconsistent. In particular, a clear picture of market and prices is lacking. Many statistical inputs like that of industry statistics need to be processed quicker, in order to be of use, a delay of 3-4 years is too long.

The critical shortcomings in planning and administrative personnel in the regional development work must be accepted as long as the supply of trained personnel remains insufficient.

The financial crisis of PERTAMINA brought about the more uniform approach that was necessary. With the second Five Year Plan, which supports regional development more than the first Plan, Indonesia seems to be on the correct road.

Remaining difficulties result from considerations between regional and central interests which are more difficult to solve because of the island situation. The population problem with great densities on Java cannot be solved during the coming ten years or so. Transmigration as practised today with low numbers involved, is not an answer to the population problem. One only can hope that with growing incomes and improved education, people will practise family planning more and more and on the other hand will become mobile enough to travel themselves to the areas of higher income which may develop on the outer islands.

The Government now emphasizes settlement of Javanese on those islands where certain tree crops like rubber, oilpalm, find favourable growing conditions. This settlement method, if possible with mixed agriculture (irrigation of paddy) is cheaper than irrigation agriculture only (the former basis of the transmigration policy). In this way Government hopes to be able to transfer more people from Java to the outer islands than before. However, realistic planners do not expect that the population problem of Java can be solved in this fashion.

Certain other plantation crops like sugarcane will in future, be cultivated to a greater extent on the outer islands: thus leaving room for more food production for the people of Java. Such agricultural measures would also involve the transfer of some industries.

The recent exploitation of the rain forests on the islands of Kalimantan, Sumatra and the Moluccas could be regulated by appropriate by-laws. Provision for enforcement is poor however. Conservation of the landscape, reforestation and protection of catchment areas also play a role in this context, factors related to the whole question of environment protection.

Singkatan dari kesimpulan yang paling menonjol dalam perencanaan regional.

1. Umumnya dapat dikatakan bahwa karena keadaan alam berupa kepulauan di Indonesia, maka perencanaan regional menghadapi jenis persoalan yang khusus. Kekurangan-kekurangan dalam komunikasi

---

[1] Dualism in this context means raw materials on the outer islands, industries on Java.

antar pulau, merupakan hambatan yang tidak ringan. Juga perbedaan suku-sukunya karena latar belakang agama, asal usul dan susunan sosial, menyebabkan perencanaan sebuah pembagunan regional yang sulit diatur dari pusat. Alasan utama adalahkarena padatnya penduduk di pulau Jawa lagi pula kegiatan ekonomi dipusatkan di pulau itu, sehingga selalu ada dualisme ekonomi yang tak kunjung habis. Dualisme ini di Jawa mengenai proses dan pembuatan industri di lingkungan kedua dan ketiga. Perekonomian pulau lainnya di luar Jawa ditandai oleh exploitasi dan produksi bahan mentah yang diaexport. Pemerintahan dan administrasi seluruh negara dibawah pimpinan militer/technokrat sangat didorong oleh pusat Jakarta. Beberapa pembangunan ekonomi dilaksanakan oleh perusahaan negara PERTAMINA; selainnya itu industri kecil-kecilan menuruti pola kerajinan kecil Pemerintah.

2. Perbedaan iklim di Indonesia tidak begitu besar pengaruhnya kepada pembangunan dibandingkan dengan perbedaan tanah. Meskipun terbentang 5000 km dan 2000 km ke segala penjuru, iklimnya agak seragam mengingat letak Indonesia di khatulistiwa (di kedua sisinya). Curah hujan memang berbeda di sana sini. Jadi ada daerah yang kering. Tapi pertanian dalam berbagai cara umumnya dapat dijalankan di mana-mana, kecuali daerah pegunungan yang tandus. Perbedaan jenis tanah dan susunannya dapat ditelusuri kembali kepada perbedaan logam dasar, disamping perbedaan banyaknya curah hujan dan tinggi suatu daerah dari permukaan air laut. Tumbuh-tumbuhan di pulau-pulau sebelah luar (Outer Islands) masih ditandai oleh hutan rimba tropis, yang selama 10 tahun terakhir ini sangat banyak di exploitir.

3. Pertanyaan tentang tanah cadangan mendapat tempat istimewa dalam fasal ini. Walaupun di Jawa/Madura dan Bali semua tanah sudah dipakai, tapi masih terdapat sejumlah tanah yang belum digarap di pulau lain. Di samping 20 juta ha tanah yang telah digarap, kita dapat memperkirakan 40 juta ha lainnya yang masih dapat digarap. Sebagian dari padanya masih berupa hutan belukar. Yang lainnya terletak di rawa dekat pantai yang dapat dimiliki hanya dengan ganti rugi yang tinggi, seperti di Sumatra dan Kalimantan. Di tempat ini, selainnya karena masalah racun sulphur compounds (jika kering dan terjemur), juga menjadi masalah adalah soal pengelolaan tanah Harga tinggi ini harus dipertimbangkan karena adanya biaya transmigrasi penduduk dari Jawa yang juga sangat tinggi. Oleh karena itu, transmigrasi harus dipandang sebagai alat pembangunan menurut keadnannya dan bukan sebagai alat untuk memecahkan masalah kepadatan penduduk di pulau Jawa. Dan dengan sendirinya kita harus puas dengan angka transmigrasi yang lebih rendah.

4. Sumber-sumber kekayaan alam seperti Minyak dan Deposit tambang jumlah persediaannya banyak juga, meskipun persediaan minyaknya tidak sebanyak di Timur Tengah. Persediaan telah ditemukan di tanah datar di dasar Laut Jawa, di Lepas pantai Sumatra dan Kalimantan dan yang terakhir di sekitar Irian Jaya. Minyak bersih dengan kadar belerang yang rendah (kecuali yang di Irian Jaya) memperoleh pasaran yang baik. Tetapi produksi menurun di tahun 1975 karena tingginya ongkos produksi. Cina mengambil alih pasaran minyah ke Jepang, yang tadinya merupakan pembeli minyak Indonesia yang paling penting. Hal ini telah mengakibatkan hutang besar oleh perusahaan negara PERTAMINA, apalagi karena perusahaan itu juga ikut serta dalam berbagai kegiatan lain. Tetapi penghasilan tambahan dari minyak telah mendatangkan uang bagi Indonesia yang juga telah digunakan membiayai pembangunan. Penghasilan per kapita secara keseluruhan berobah dari US$ 110 ke US$ 120 per tahun. Barang tambang lain yang telah digali adalah tembaga, timah, bauxit dan nikkel yang di export tanpa diproses lebih lanjut. Untuk memperbaiki keadaan penghasilan, dipikirkan untuk mendirikan pabrik dan industri pengolahan. Sekarang ini industrialisasi masih terbatas, kecuali industri textil.

5. Masalah infrastructure di negeri juga persoalan khusus, karena keadaannya yang berpulau-pulau Jalur penghubung yang bekerja baik hanyalah kapal udara. Pelayaran antar pulau dulu waktu masih diurus oleh Belanda memang berjalan lancar, tapi sampai sekarang belum pernah pulith seperti sediakala. Karena itulah maka angkutan barang mengalami kesukaran. Maka dari itu, biaya impor beras dari Thailand jadi lebih murah dari pada mengangkut beras dari Sumatra Barat atau Sulawesi ke Jawa. Pembinaan jalan kereta api dan jalan raya mendapat perhatian jang sama seperti di pulau Jawa. Baru-baru ini jalan raya mendapat perhatian yang lebih besar. Jalan raya Lintas Sumatra sedang dibangun, dan semua jalan raya di Jawa diperbaiki. Di pulau lain, Kecuali Sumatra, di mana orang tak mengenal kereta api, jalan raya diperlebar dan diperbaiki mutunya. Persaingan kereta api dan angkutan laut kapal/coaster juga mendapat perhatian akhir-akhir ini, karena ternyata alat Angkutan laut lebih murah dari pada angkutan dengan kereta api, dalam jarak-jarak tertentu. Dulu sebelum adanya krisis enerji (bahan bakar) urusan kesehatan dan pendidikan sangat menderita karena tidak ada dana untuk para dokter, perawat, gedung-gedung dan instalasi. Tambahan penghasilan negara dari minyak dapat memperbaiki keadaan ini. Prestasi di bidang pendidikan dan dalam bahasa Indonesia harus disebutkan secara khusus, dan bahasa Indonesia akan menjadi alat ampuh untuk menyebarkan nilai-nilai kebudayaan. Namun, buku-buku dan surat kabar masih harus dikembangkan.

6. Hubungan keuangan antara pusat dan daerah sudah lama berjalan dalam pola *unilateral-centralistic*. Sejak awal REPELITA II tanggung jawab sendiri di daerah-daerah mendapat perhatian lebih besar. Jadi, daerah-daerah kini boleh menyisihkan/menerima satu porsi dari pajak pendapatan. Sumbangan pemerin-

tah pusat untuk tujuan pembangunan juga telah ditambah sejak saat itu. Demikian pula badan-badan perancang pembangunan daerah (BAPPENAS) didirikan dan diperbaiki. Makin lama makin banyak rencana pembangunan daerah yang disederhanakan, dan BAPPENAS daerah merancang sendiri pembangunan mereka.

7. Keamanan makanan dan persediaan beras mendapat prioritas pertama dalam soal pengadaan pangan dan di antara masalah pembangunan pertanian. Di jaman Sukarno dulu, ekonomi menurun, produksi beras macet. Setiap tahun impor beras bertambah banyak, karena pertambahan penduduk (2,3% sampai 2,5% per tahun). Waktu pemerintah berganti tahun 1965, juga terjadi perbahan dalam mengurus ekonominya. Mula-mula produksi beras ditingkatkan Hasil yang menonjol tampak setelah didirikannya berbagi projek dan penggunaan modern input dan tehnologi modern dalam bidang agraria. Kredit untuk petani kecil merupakan unsur utama. Tetapi pemerintah tidak berhasil menutup jurang kekurangan persediaan beras sebestar satu juta ton per tahun. Jurang ini terlalu lebar, dan karena keadaaa ekonomi yang bertambah baik, orang makan lebih banyak. Juga pinjaman barang PL 480 dari US AID dengan persyaratan lunak mengganggu gerakan kearah memenuhi kebutuhan pangan sendiri. Ini hanya diteruskan karena alasan keamanaɴ. Tidak adanya gudang/penyimpanan juga jadi penghalang penyediaan pangan sendiri. Tentang perbaikan mutu kehidupan di daerah pedesaan proyek pembangunan desa yang lebih ber — integrasi jadi semakin penting dalam pembangunan daerah. Dalam kerangka ini, telah ditambahkan proyek peningkatan beras (BIMAS) dan paket pemerintah, badan-badan pertamian dan infrastruktur. Secara keseluruhan, persediaan kalori, lemak/protein juga diperbaiki selama masa 8 tahun terakhir. Sebegitu jauh, yang paling sukar adalah pembangunan/perbaikan instalasi irigasi di sawah dengan saluran untuk mengairi sawah serta saluran pengering. Selama 10 tahun masa pemerintah Suharto, kanal-kanal juga diperbaiki. Sukarno dulu membangung banyak bendungan tapi banyak yang belum selesai dan kini telah rampung.

Sub-sektor perkebunan juga mendapat giliran rehabilitasi. Sasaran utama untuk mencapai mutu dan jumlah produksi dari sebelum perang memang belum dapat dicapai. Sementara itu penanaman be, berapa jenis tanaman pindah dari Jawa ke Sumatra, seperti teh. Karet dan kopi sekarang dipegang oleh penrusaha kecil, sekalipun kebun karet masih ada.

Di sektor kehutanan, hutan jati di Jawa mengesankan. Peraturan untuk menghutankan kembali semua hutan yang telah digarap di luar Jawa merupakan suatu tugas yang besar dan penting, sekaligus merupakan perlindungan terhadap hutan asli demi penggunaannya yang direncanakan. Dalam hal ini, erosi memegang peranan penting.

Perikanan: karena kayanya persediaan ikan di laut, export jadi mungkin, terutama export akan udang dan kepiting.

Semua sub-sektor punya kewajiban utama untuk membaurkan diri ke dalam rencana pembangungan yang saling berdisiplin teguh. Para pembesar pemerintah, pemimpin daerah dan penduduk desa harus bekerja sama dalam pendekatan pembangunan daerah. Tekanan untuk suatu dasar ekonomi adalah persoalan yang paling menonjol. Untuk mencapai keahlian yang telah ditambah dan tehnology yang dihayati perluasan kegiatan pertanian harus mendapat prioritas tinggi. Infrastructure pemasaran hasil pertanian masih harus diperbaiki, tanpa mengganggu fungsi utama saluran-saluran yang telah ada yang biasanya diurus oleh orang Cina.

8. Masalah pembangunan industri terutama berpusat pada pembuatan barang dan pengolahannya. Hanya apabila para perencana pembangunan berhasil mengolah bahan mentah di negeri ini, penghasilan buruh dapat dinaikkan. Desentralisasi industri, meskipun sampai sekarang baru beberapa saja yang dipindahkan dari Jawa ke pulau lainnya, kelak akan menjadi langkah penting dalam pembangunan. Hanya dengan cara begini perselisihan antara daerah[2] dapat dihindarkan.

Dalam ekonomi perminyakan, sangat perlu mengurangi monopoli kedudukan PERTAMINA yang juga merangkap bertindak sebagai badan pembangunan. Semua badan-badan yang ada harus dibaurkan ke dalam aparat pembangunan nasional. Ini merupakan pengukur politik dari tindakan para perencana pembangunan. Dan langkah ini sekaligus adalah pra-syarat untuk pemecahan yang memuaskan. Hanya apabila pemerintah berhasil mengadakan kombinasi pengolahan bahan mentah dengan prosesnya di pulau-pulau di luar Jawa dengan ekonomi perminyakan yang kebetulan berada di luar Jawa, pembangunan daerah yang sejati dapat dilaksanakan. Beberapa pilot proyek seperti proyek Batam di pulau Batam (dekat Singapura) oleh PERTAMINA dapat bekerja sebagai laboratorium untuk petualangau pembangunan yang semacam itu. Jadi pengalaman untuk rancana yang lebih besar dapat dipelajari dari sini. PERTAMINA juga boleh memainkan suatu peranan dalam pembangunan daerah pedalaman, sambil mempersiapkan daerah-daerah untuk suatu masa jika persediaan minyak habis kelak, sekitar 40 tahun lagi. (seperti yang kini diramalkan). Di daerah yang bukan pertanian, PERTAMINA dapat berperan dalam pembangunan industri tambahan.

Tugas lainnya di bidang sub sekotir industri yalah meng-kombinasikan industri yang telah ada (yang mirip benda asing dala tubuh ekonomi daerah) dengan ekonomi daerah, terutama berlaku terhadap industri exploitasi. Ini muanya adalah tugas jangka panjang.

9. Dualisme dalam konsep pembangunan sudah lama menghalangi pendekatan terhadap pembangunan yang seragam, jadi menambah dualism lainya dari bahan mentah di luar Jawa yang harus diproses di Jawa. Ini hanya variasi dalam dualisme. Dualsim terhadap proyek-proyek PERTAMINA dengan keunrungannya untuk sebagian kecil orang-orang perlahan-lahan disaring dan proyek dengan saham atau keahlian kecil oleh BAPPENAS tampaknya bary berakhir sekarang dan campuran yang lebih sehat dapat dimulai. Kedua pihak percaya akan defisit dalam penggunaan dari pasar uang international, yang ternyata merupakan kebijaksanaan yang tepat, seperti halnya di Pilipina.

Yang penting adalah dualism 10 tahun dalam pendekatan pembangunan antara PERTAMINA dengan proyek kuat dan modal ambisius dan BAPPENAS dengan proyek pembangunan yang kecil saja kini telah berakhir, dan pada waktunya dapatlah diharapkan suatu perbaikan.

10. Oleh karena itulah tidak ada keseragaman dalam *Kebijaksanaan Pembangunan Daerah* sampai sekarang. PERTAMINA bekerja dengan keuangan yang melimpah, dipusatkan di daerah-daerah penghasil minyak. Di tempat-tempat ini perusahaan itu memperhatikan kesejahteraan penduduk-nya. Pembangunan daerah-daerah seperti yang di promosikan oleh BAPPENAS harus ditunjang oleh beberapa sarana kenuangan yang tersebar di seluruh negeri. Dulu sering terjadi « overlapping ». Ada perencanaan dan survey di suatu daerah sampai dilakukan dua kali, seperti halnya di Sumatra Selatan. Di permulaan REPLITA II hal ini telah diperbaiki.

Bahan statistik untuk suatu kerja perencanaan daerah yang teliti masih tidak tetap, terutama gambaran jelas tentang pasar dan harga-harga. Banyak bahan tentang statistik industri harus di olah lebih cepat karenajika menunggu 3-4 tahun hal ini terlalu lama.

Sangat menentukan adalah kekurangan di bidang perencanaan dan administrasi (personalianya) untuk pekerjaan pembangunan daerah. Mereka harus diterima sepanjang kita tidak dapat menemukan tenaga lain yang cukup terlatih.

REPELITA II yang lebih menekankan sokongan terhadap pembangunan daerah dibandingkan dengan REPELITA I dulu tampaknya menempatkan Indonesia di jalan yang tepat. Dan kemelut keuangan yang menimpa PERTAMINA makin memerlukan keseragaman pendekatan.

Kesulitan lainnya yang masih tersisa adalah akibat dari pertimbangan antara urusan pemerintah daerah danpemerintah pusat yang lebih sukar dipecahkan karena adanya kepulauan yang terpisah. Selama 10 tahun mendatang, masalah pulau Jawa yang terlalu padat penduduknya tidak akan bisa dipecahkan. Transmigrasi sepeiti yang dijalankan sekarang, dengan angkanya yang rendah, bukanlah jawaban untuk masalah kependudukan. Orang hanya dapat mengharapkan bahwa naiknya pendapatan dan meningkatnya pendidikan membuat orang lebih bergairah merencanakan kelahiran anaknya, dan untuk punya inisiatif sendiri pindah ke lain pulau bila ternyata di sana banyak sumber mata pencaharian. Di pihak lain Pemerintah merubah konsepsinya tentang transmigras dan menekankan permukiman orang Jawa di luar Jawa yang ditumbuhi pohon seperti karet, kelapa sawit, dll, secara subut.

Methode permukiman ini, jika mungkin digabungkan dengan pertanian (irigasi sawah) lebih murah dari pada irigasi pertanian saja. Dengan begini, Pemerintah diharapkan dapat memindahkan lebih banyak lagi penduduk dalam acara transmigrasi dari pada di waktu yang sudah-sudah. Tapi para perencana yang realistis tidak mengharapkan soal pendudukan di pulau Jawa dapat dirubah seperti ini. Tanaman kebun lainnya seperti tebu di masa depan juga akan diolah di luar Jawa, jadi menyisakan bahan makanan pokok terutama untuk petani di pulau Jawa. Bersama dengan tindakan pertanian seperti yang tersebut diatas, perpindahan industri akan ikut dengan sendirinya.

Pembukaan hutan hujan di Sumatra, Kalimantan dan baru-baru- ini di Maluku dapat diatur oleh undang 2 jang pantas. Tetapi penegakan hukum masih menyedihkan. Pengawetan alam, penghutanan kembali dan perlindungan daerah sumber kekayaan alam memegang peranan penting dalam kerangka ini, jadi menyinggung juga masalah pengawetan alam beserta isinya.

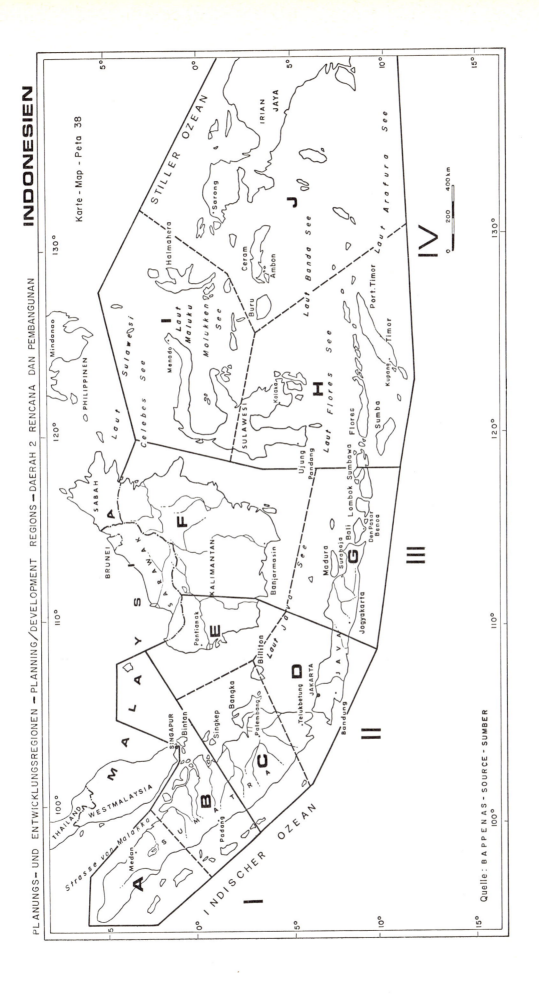

INDONESIEN

PLANUNGS- UND ENTWICKLUNGSREGIONEN - PLANNING/DEVELOPMENT REGIONS - DAERAH 2 RENCANA DAN PEMBANGUNAN

Karte - Map - Peta 38

Quelle: BAPPENAS - SOURCE - SUMBER

Verwendete Abkürzungen und Acronyme *

A.B. — Anggaram Belanja (Etat, Haushalt)

ABRI — Angkatan Bersenjata Republik Indonesia (indonesische Streitkräfte)

ACP — Agricultural Commodity Projections der FAO: 51)

adat — örtliches, herkömmliches Recht, in einem weiteren Sinne Sitten und Gebräuche, die das tägliche Leben bestimmen.

ADB — Asian Development Bank (Asiatische Entwicklungsbank)

AHT — Agrar- und Hydrotechnik, Name einer deutschen Beratungsfirma

AKABRI — Militärakademie (Malang, in Ostjava)

AMPERA — Amanat Penderitaan Rakyat: (Volksleidensauftrag durch Sukarno), Name für Kabinett des Jahres 1966

ARCO — Acronym für eine Ölkonzessionsgesellschaft

BAPEKA — Badan pelelangan karet

B. — Barat (West)

badan — Körperschaft, Körper, Organ, Stab, Ausrüstung, auch Büro

BAKOPDA — Badan Koordinasi Pembangunan Daerah (Regionales Planungsbüro)

BAPINDO — Bank Pembangunan Indonesia (Indonesische Entwicklungsbank)

BAPPENAS — Badan Perencanaan Pembangunan Nasional (Behörde für nat. Entwicklungsplanung)

B.A.T. — British American Tobacco

BERDIKARI — Berdiri, diatas Kaki Sendiri (auf seinen eigenen Füssen stehen; Parole Sukarnos)

B.E. — Bonus Export (Export bonus) 2. Bea Ekspor (Exportsteuer, -akzisse)

BIMAS — Bimbingan Masal Swa Sembada Bahan Makanan (Anleitung der Massen zur Selbstversorgung mit Nahrungsmitteln)

BKKBN — Berencanaan Keluargan Komite Badan Negara (nationales Komitee für Familienplanung)

(KB) — heute: Keluarga Berencana

BNI — Bank Negara Indonesia (Indonesische Nationalbank)

BPU — Badan Pimpinam Umum (Allgemeine Regierungskörperschaft, alte Bezeichnung)

BPSD — Barrels per stream day (Fass Öl pro Tag)

BPS — Biro Pusat Statistik (Zentrales Statistisches (Büro)

BSP — Bruttosozialprodukt

BULOG — Badan Urusan Logistik (Logistisches (Reis-)Kommande)

BUUD-COOPS — Badan Usaha Unit Desa (Dorf-Nutzungsgenossenschaft)

BPP — Badan Pengembangan Pendidikan (Büro für die Entwicklung von Erziehungssystemen, Planungsbüro des Erziehungsministeriums)

BRI — Bank Rakyat Indonesia (Landwirtschaftsbank)

CIBA — schweizerische Pflanzenschutzmittelfirma

DCI — Daerah Chusus Ibukota (hauptstädtisches Territorium, Gross-Jakarta, auch Jakarta Raya genannt)

DEKON — Deklarasi Ekonomi (Sukarnos Erklärung zur wirtschaftlichen Lage)

DEPARLU — Departemen Luar Negeri (Ministerium für auswärtige Beziehungen)

DEPPEN — Departemen Penerangan (Informationsministerium)

DHARMA — Gesetz, Pflicht

DI — Daerah Istimewa (Jogyakarta)

DIPERTA — Dinas Pertanian (Landwirtschaftsdienst, -verwaltung)

DLBS — Development loans through the banking system (Entw. Darlehen durch Bankensystem)

DRC — Dry Rubber Content (Standard-Bezeichnung für Kautschuk im Handel)

DIR. — Direktorat

DPR (GR) — Dewan Perwakilan Rakyat

D.P. — Zusatzdevisenmarkt (bis 1969)

drs. — Doktorandus (etwa mit dem italienischen « Dottore » zu vergleichen, unserem Diplom)

ECAFE — Economic Commission for Asia and the Far East (UNO)

EPTA — Expanded Programme for Technical Assistance

FAO — Food and Agriculture Organization (Landwirtschaftsorg. der Ver. Nat.)

GAWI — Garantieabwicklungsstelle (heute GtZ, Gesellschaft für technische Zusammenarbeit)

GESTAPU — Gerakan September Tiga Puluh (Bewegung des 30 September 1965)

GESTOK — Gerakan Satu Oktober (Bewegung des ersten Oktober identisch mit GESTAPU)

GHS — Geneeskundige Hogeschool (Medizinische Akademie Batavia holl. Zeit)

GN — Geneva Nomenclature (für Güter)

---

*) Gängige Abkürzungen, wie ILO (International Labour Office) UNO (Vereinte Nationen usw) werden hier nicht gebracht.

HANKAM	(Department) Pertahanan Keamanan Verteidigungsministerium)
HANSIP	Pertahanan Sipil (Zivilgarde, Heimschutz)
HBS	Hoogere Burger School (Oberschule der holländischen Zeit)
hfl	Holländische Gulden
HVA	Handelsvereniging Amsterdam (niederländische Handelsfirma)
ICA	International Coffee Association, jetzt ICO (Internat. Kaffee Organisation) (Internat. Kaffee Organisation)
ICB	Investment Coordination Board (Investitionskoordinationsbehörde)
IDA	International Development Association (der Weltbank angeschlossen)
IDFC	Indonesian Development Finance Corporation (Indonesische Finanzierungsgesellschaft)
IGGI	Intergovernmental Group on Indonesia (beratende Gruppe der Geberländer (von Darlehen und andere Hilfe) an Indonesien)
IMF	International Monetary Fund (Internationaler Währungsfonds)
IPB	Institut Pertanian Bogor (Landwirtschaftliches Institut = Hochschule, Bogor)
IREDA	städtische Grundsteuer
Ir.	Insinjur (Ingenieur mit Fertigstellung einer Universitätsarbeit)
IPEDA	Juran Penbangunan Daerah (Landsteuer, landw. Grundsteuer)
IS+D	Indonesian Supply and Demand Study 223 des Literaturverzeichnisses)
ITB	Institut Teknologi Bandung (Technische Hochschule Bandung)
ITC	Innertropische Konvergenzzone
JANTOP	Landkartendienst der Armee
Jaya	Haupt-, Gross- (für Städte, Landesteile)
JFS	Joint Financing System (Finanz-Verbundsystem)
kepala	Haupt
KIK	Kleinkreditprogramm
kepala	Haupt-
KISS	Koordinasi, Integrasi, Simplifikasi, Sinkronisasi (Schlagwort für den Fünfjahresplan)
KKO	Korps Komando Operasi (Operationskommandokorps)
KODAM	Komando Daerah Militer (Militärgebietskommando)
konfrontasi	Konfrontation mit Malaysia
KOSTRAD	Komando Strategis Angkatan Darat (militärisches Kommando zur Stabilisierung und Rehabilitierung der Wirtschaft
KPM	Koninklyke Paketwaart Maatschapij (holländische Dampferlinie zur Kolonialzeit für den interinsularen Verkehr)
KLM	holländische Luftlinie
LEKNAS	Lembaga Ekonomi dan Kemasjarakatan Nasional (nationales sozialwirtschaftliches Forschungsinstitut innerhalb LIPI)
,embaga	Komittee, Ausrüstung, Korporation, Büro
LIPI	Lembaga Ilmu Pengetahuan Indonesia (Indonesisches Institut der Wissenschaften, Jakarta)
LITBANG	Lembaga Penelitian dan Pengembangan (Institut für Forschung und Entwicklung im Erziehungsministerium)
LNKB	Lembaga Nasional Keluarga Berencana (nationales Institut für Familienplanung)
LPT	Lembaga Penelitian Tanah (Bodenkunde-Institut, Bogor)
LN	Lembaga Negara (offizielles Regierungsblatt)
madya	Mitte, mittlerer
MANIPOL	Manifesto Politik (Sukarno 1959)
MASJUMI	Majelis Sjuro Muslimin Indonesia (Union der indonesischen Moslems)
MPO	Rückhaltesteuer
MPRS	Majelis Permusyawaratan Rakjat Sementara (grosse konsultative Volksversammlung, Parlament) (MPR = « Kongress »; DPR = Parlament)
muda	jung
NASAKOM	Nasionalisme, Agama (Religion), Kommunisme, (Sukarnos Volksfront seit 1964)
NEFOS	New Emergent Forces (die Völker Asiens, Afrikas und Südamerikas, die gerade befreit waren oder werden sollten, (Formulierung Sukarnos)
N.H.M.	Nederlansche Handels -Maatschapij, (Name einer holl. Handelsfirma)
NEKOLIM	Neokolonialismus und Imperialismus, nach General Yani
NFS	National Fertilizer Study (von AHT durchgeführt, durch die Weltbank finanziert)
N.I.	Nederlandsch Indie (Niederländisch Indien)
NICA	Nederlandsch Indies Civil Administratie (Niederl.-indische zivile Verwaltung)
NV	Naamloze Vennootschap (Aktiengesellschaft)
OECD	Organization for Economic Cooperation and Development
OBBA	Orde Baru (Neue Ordnung nach September 1965)
ORLA	Orde Lama (Alte Ordnung vor September 1965)
pahlawan	Held, Kämpfer für die Revolution
pegawai	staatlicher Angestellter, Beamter
PDFCI	Private Development Company of Indonesia
PELNI	Pelayaran Nasional Indonesia (staatliche See-Transportgesellschaft)
PELITA	Fünfjahresplan
PETA	Pembela Tanah Air Verteidigung des Vaterlandes
PERTAMINA	indonesische Ölgesellschaft (Perusahaan Pertambangan Minyak Dan Gas)
PGPN	Peraturan Gaji Pagawai Negeri (Lohnskala für Staatsangestellte, einschliesslich der Armee)
PGPS	Peraturan Gaji Pegawai Sipil (Lohnskala für zivile Staatsangestellte)
PKI	Partai Komunis Indonesia

PL 480	US-amerikanische Getreidelieferungen zu erleichterten Zahlungsbedingungen
P.N.	Perusahan Negara (Staatsgesellschaft, staatliche Firma)
PNI	Partai Nasional Indonesia
P.N.KA	P.N. Kereta Api (Staatseisenbahnen)
P.N. PERTANI	Staatliche landwirtschaftliche Handelsgesellschaft
P.N. TIMAH	Staatliche Zinngesellschaft
P.N. TEMBAKAU	Staatliche Tabakgesellschaft
POPERPAN	Organisation für die Operation von interinsularen Schiffen
PRRI	Pemerinta Revolutioner Republik Indonesia (revolutionäre Regierung der Republik Indonesien (Sumatra 1958)
PSI	Partai Sosialis Indonesia
PSII	Partai Sarekat Islam Indonesia, (Islamische Union)
PTT	Pos-Telegrap-Telepon (Post, Telegraph, Telephon)
PUTERA	Pusat Tenaga Rakyat (Zentrum der Volksmacht)
PUSRI	Düngerfabrik Palembang. P.T. Pupuk Sriwijaya
RRI	Radio Republik Indonesia
REPELITA	(Rencana) Pembangunan Lima Tahun 1969-74 (Fünfjahresplan)
RESOPIM	Revolusi, Sosialisme, Pimpinan (Führerschaft), Sukarnos Parole 1961
RHS	Rechtshogeschool Batavia (Rechtsinstitut (-universität) der holländischen Zeit)
R.I.	Republik Indonesia
RIS	Rice Intensification Study (Reis Intensiauch: Rep. Ind. Serikat vierungsstudie)
RISPA	Research Institut der Pflanzervereinigung (dann Staatsplantagen) von Sumatra
Rp	Rupiah
RRI	Radio Republik Indonesia
RSS	Bezeichnung für Rein-Kautschuk (Rubber Substrate Substance)
R.T.C.	Revolutionary Council (unter Hatta 1950) auch: Round Table Conference

SD	Sekolah Dasar (Grundschule (6 Jahre))
SEAS	Southeast Asian Ministers of Education Council
S.H.	Sarjana Hukum (drs. des Rechts)
SIR	Standard Indonesian Rubber (Standardbezeichnung für Kautschuk)
STANVAC	ausländische Ölgesellschaft in Indonesien, Name
STII	Sekolah Tinggi Islam Indonesia (Islamische Universität in Jogyakarta)
SUMBAR	Sumatera Barat (West Sumatra)
TABANAS/TASKA	Formen des Sparens in Indonesien
THS	Technische Hogeschool Bandung, vgl. ITS
TRANSKOP	(Departemen) Transmigrasi dan Koperasi Ministerium für Wiederansiedlung und Genossenschaftswesen
U.G.M.	Universitas Gajah Mada, Jogyakarta
U.I. (UI)	Universitas Indonesia, Jakarta
UNDP	United Nations Development Programme
UNESCO	United Nations Educational, Scientific and Cultural Organization
UNICEF	United Nations Children's Emergency Fund
upgrading	von Strassen: Verbreiterung, bessere Befestigung; von Angestellten: Fortbildung
US AID	United States Agency for International Development
USDEK	Undang-Undang 1945, Sosialisme, Demokrasi, Terpimpin, Ekonomi Terpimpin, Kepribadian Indonesia (geleitete Demokratie und Wirtschaft mit nationalem Charakter, die 1945 Konstitution)
utama	erste, Haupt-
VOC	Vereenigde oostindische Compagnie (ostindische Handelsgesellschaft der holländischen Kolonialzeit)
WHO	World Health Organization (Weltgesundheitsorganisation)

(32) Batiken: Java; Frau beim Batiken mit Werkzeug (Stempel: Vordergrund; Farbtopf) zwei der gängigsten zentraljavanischen Muster; Wachsgiesser

Personen, die in irgendeiner Form persönlich am West-Sumatra Projekt oder an den anderen vom Verfasser geleiteten Projekten mitarbeiteten, sowie freie Forscher und von Instituten oder Dienststellen des Bundes entsandte Wissenschaftler und Angehörige anderer Berufe, die alle mit Informationen zu diesem Buch beitrugen und denen an dieser Stelle gedankt wird.

ABS, H. (F)
AHRENS, J. (W)

BACHEM (F)
BASSLER (A)
BASSLER (P)
BANDEIRA (F)
BAUER (F)
BAUER, K. (P)
BELLING, M.v. (F)
BENNET (F)
BENCKENDORF (F)
BERINGER, C. (P)
BOUSHERIE (P)
BRUHNKE (ST)
BUNT (F)
BUCHHOLZ (W)
BURGER (W)
BLECHSCHMIDT (F)

CARSTEN (F)
CHRISTMANN (P)

DOMBOIS, H.v. (P)
DRYGALSKI, v. (F)
DÜRR (W)
DÜVEL, D. (W)

ESCHENBACH, J. (P)
EHRICH, C.u.R. (P)
FISCHER v. WEIKESTAL (F)
FRANCKE (A)
FREUND, H. (F)
FRITZ, J. (W)
FRIEDRICHSEN (P)
FUST, G. (F)

GEHRKE (A)
GILLESEN (F)
GLOEDE (F)
GONDOWARSITO, R. (Z)

HAARRING, R. (F)
HACKER (P)
HANIEL (B)
HÄSELBARTH, Ch. (P)
HOSEN, K. (W)
HECKENSTALLER, W (P)
HEINEMANN, C. (F)
HINRICHSEN U. (F)
HOFFMANN, K. (A)

HOPPE (F)
HEINZMANN, M. (G)
HÖPPE (W)
HUBER (A)
HÜGEL -SUNDERMAYER, H. (Z)

JÄHN, S. (P)
JOPPICH, W. (F)
JUNGE, G. (S)
JUNGHANS, K.H. (E)

KATO S. (W)
KEBSCHULL, D. (E)
KELLNER, E. (A)
KLÜBER, W.D. (P)
KOHLBACH, C. (P)
KOREUBER, K.H. (P)
KÖTTER (W)
KNOBLOCH, v. (F)
KRUGMANN RANDOLF, I. (Z)
KRUSE-RODENACKER (W)
KUHNEN (W) KUHNEN, F. (W)
KUIPER, K. (P)

LAMPE, K. (G)
LIPINSKI, E. (W)
LUTTERLOH (W)
LOEBIS, S.M. (X)

MANUWOTO (W)
MARSCHALL, W.v. (A)
MARTIN, R. (A)
MATOOKA (P)
MEIER-MAKASSAR (Bali) (G)
MEIMBERG, P. (W)
MENGDEN von, A. (A)
MOCK, F.J. (P)
MOHRMANN (F)
MOURNIER, H. (Z)
MÜLLER MAX (P)
MÜLLER (A)

NIEMANN, H. (W)
NIEMANN, J. (P)

OPPERMANN, E. (P)
OSCHATZ, H. (F)

PÄTZOLD, W. (W)
PETER, v. (F)

RAUSSENDORF, v. (A)
REPPEL, W. (F)
RESPONDEK (F)
RIESNER A. (W)
RISMAN, M. (W)
RÖLL, W. (W)
ROEDER, O.G. (Z)
RICHTHOFEN, H.v. (A)
RITTER, K. (A)
RUEMKER, A.v. (W)
RUHENSTROTH (B)
RUSLI, D. (W)

SALIM, T.S. (W)
SAURE, M. (P)
SAUERMOST (G)
SCHOPPE, W. (F)
SCHMEHL, G. (F)
SCHMIDT, H. (P)
SCHOLZ, U. (W)
SCHRÄPLER, H. (A)
SCHWARZ, O. (P)
SCHWARTZ (F)
SCHREIBER, J.R. (W)
SIEVERS (A)
SLOT, A. (F)
SOLEH, S. (W)
SPÖHRING (F)
STACHER (S)
SUHREN (P)

TELLE u. EHEFRAU (P)
TOLL, v. (F)
TRAEGER, J. (E)

VALK, H.v.d. (A)
VOLBRACHT, T. (F)
VÖLGER (W)
VOSS, H. (F)

WACHJO, S.R. Rr. (X)
WAHNSCHAFFT (F)
WALLAU, T. (A)
WEGENER, H. (A)
WOLLSCHLÄGER, J. (Z) (A.E. JOHANN)
WILKE (ST)
WENTZEL, K. (F)
WEYL (W)
WICHELMANN (B)
WIECZOREK, H. (Z)

ZIMMERMANN, G. (P)
ZÖLLNER (P)

Schlüssel für die Kenzeichnung der Zugehörigkeit:

A	Auswärtiges Amt (auch ausl.)	P	Projektpersonal
B	Bundesministerium f. Wirtschaftliche Zusammenarbeit	S	Angehörige des Goetheinstituts, Universitätsdozenten
E	Evaluierer der Ländervereine und Institute	ST	Angehörige der Stiftungen
F	Firmenangehörige	W	Wissenschaftler
G	Angestellte der GAWI (später GtZ)	Z	Presse-Arbeiter.
I	Angehörige internationaler Organisationen	X	Counterparts

Glossar

adat: herkömmlich
alam: Natur
angin: Wind
air: Wasser
alang-alang: Rhizomgras
anjuang: Anbau
  ani-ani-Reiserntemesser

bagan: Fallennetz
bajak: Pflug
balai adat: Sinnenoberhaupt
banjir: Hochwasser (der Flüsse)
batas daerah: Regionalgrenze
becak: Trettaxi
belukar: sekundärer Wald
bendi: Pferdewagen
beras geschälter Reis
berpotensial agraris: Landreserven
bukit: Hügel

cangkul: Hacke
ci-ci: Fallennetz (Sumatra)
dadap: Schattenbäume
darek: Kernreich d. Minangkabau
datar pantai: Ebene, dränbedürftig
digadai: Landverpfänden
dusun: Bauer (abwertend) modern:
  Dorf

hujan: Regen

gadang: gross
gotong royong: Selbsthilfeform
gula: Zucker

ijuk :Faser der Anauplame
jorong: kleinste Dorfeinheit
jual: Verkauf

karet: Kautschuk
kabupaten: Bezirk (etwa Kreis)
kadazan: Anbauer
kampong: Wohnsiedlung (Java)
kebun kongsi: Kollektivgarten
kecamatan: Unterbezirk (Unterzen-
  trum)
kelong: (Sum. für bagan)
kincir air: Reismühle (wassergetr.)
kota: Stadt
krupuk: Tapioka-Krabbenmehl-
  Gebäck

ladang tetap: Trockenfeldbau (W.S.)
ladang yang berpindah-pindah: Landwechselwirtschaft
lalu lintas: Verkehr
lurah: Dorfältester
lumbung: Reisspeicher

marga: Grossfamilien (Ausseninseln)
mati bujang: Nelkensterben

negeri: Dorvfverband

pacul: Hacke
padi gadu: Reis auf Bewässerung
padi gogo: Paddyanbau auf Regen
padi ladang: Bergreisanbau
padi rendengan: Reis der Hauptvege-
  tation
padi SAWAH: Nassreisanbau
pekarangan: Hausgärten Javas
penggarap: Pächter
perkebunan: Dauerkulturen
perkebunan rakyat: « im Kleinanbau »
perladagan: Landwechselwirtschaft
persawanan: Nassreisanbau
pertanian ditanah kering: Regenlandbau

penduduk: Bevölkerung
pondok: Feldhütte
perahu: Boot

rangkiang: Reisspeicher
rimbas: langstielige Sichel
ruang: Raum
rumah: Haus
rumah adat: herkömmliches Haus

sabit: Sichel
SAWAH bancah (W.S.) Sumpfreisanbau
SAWAH rawah (W.S.)
SAWAH irrigasi: bewäserter Nassreis-
  anbau
SAWAH tadah hujan: Nassreisanbau
  auf Regenstau
SAWAH tadahan: Reis auf Regen
sewa Geldpacht
sejarah: Geschichte
selo: Netzgestell
suku: Stamm (clan)
surau: Schlafstätte f. Unverheiratete
  im Kampong (eigentlich: Anbe-
  tungshaus)

tahun: Jahr
tambakau: Tabak
tambak: Salzwasserteich
tamu: Gast, Besucher
tumpangsari: Anbausystem in Forsten
tanah: Boden
tanaman keras: Dauerkulturen
taungya -Kultur (komb. Forst)
tegalan: Trockenfeldbau (javanisch)
trassi: Fischpaste
tumbuh-tumbuhan: Vegetation

utama: haupt-

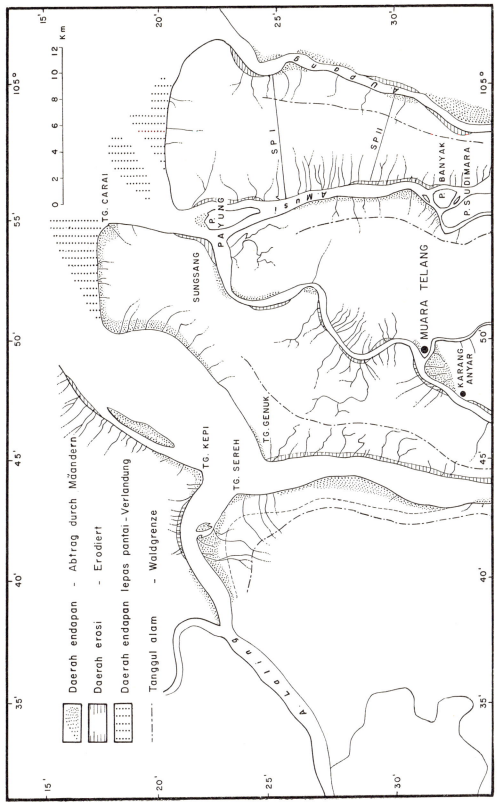

KARTE 39 MAP: Verlandung an der Küste der Java-See von SO-Sumatra Sedimentation along the coast of the Java-Sea, SE Sumatra (Zur Dränage der Torfböden haben spontan angesiedelte Bugis kleine Stichkanäle in das wassergesättigte Land gegraben)

Stichwortverzeichnis *

---

*) Zuerst wird der Hauptbezug angegeben.

Literaturverzeichnis

(Die Titel 1 bis 263 behandeln hauptsächlich Indonesien allgemein und sind für die ersten 3 Hauptkapitel in erster Linie verwendet worden. Ausserdem wird ab 264 Literatur aufgeführt, die speziell für das West-Sumatra betreffende vierte Hauptkapitel verwendet wurde).

1. ABBOTT, W.: « *Agriculture in Indonesia* », in: Foreign Regional Analysis Division, Economic Research Service, Washington, April 1967. 31 S.
2. ABS, HERMANN: *Indonesia's External Debt Problem and Reflections on its Solution*, Report to the Paris Club of Indonesian Creditors, 1969.
3. ABUKASAN ATMODIRONO und OSBORN JAMES: *Services and Development in Five Indonesian Middle Cities*, Center for Regional and Urban Studies, Institute of Technology, Bandung 1974, 285 S.
4. AGRAR-und HYDROTECHNIK: *Bimas Gotong Rojong Projects West Sumatra 1969/70* (h).
5. AGRAR-und HYDROTECHNIK: *Feasibility Study Sprinkler Irrigation DELI Tobacco*, (h) North Sumatra, Essen 1972.
6. AGRAR-und HYDROTECHNIK: *Study and Evaluation of Rice Production Intensification Programmes in Indonesia*, November 1971.
7. AMERICAN SOCIETY OF CIVIL ENGINEERS: Proceedings of *Irrigation on Java*, S. 39, 1904.
8. ARNDT, H.W. und PANGLAYKIA, S.: *Die Wirtschaftliche Lage Indonesiens 1966*, Bulletin Indon. Econ. Studies, N° 4 Canberra, 1966.
9. ASIAN DEVELOPMENT BANK: *Appraisal of North Sumatra Rubber and Oil Palms Project*, Report N° IND Ap-5, Manila März 1971.
10. ASIAN DEVELOPMENT BANK: *Study of Rice Marketing in Indonesia*, Manila 1967.
11. BARTH, H., CORTH, A., HENDERSON, J., HEINEMANN, J., MOELLER, P., SORIANO, F. u. WEAVER, J.: *Area Handbook for Indonesia*, Washington, März 1972.
12. BASTIN, J.: *The Native Policies of Sir Stamford Raffles in Java and Sumatra*, Oxford, Oxford University Press, 1957.
13. BEERS, H.W. (editor): *Indonesia* (with the following authors: Suwito Kusumowidagdo, Tojib Hadiwidjaja, Mears L.A., Soemarwoto O., Mazwell S., Doty Aprilany Soegiarto, Pelzer K.J., Koesoemadinata, R.P., Nelson, V.E., Rose C.S., Gyoergy, P., Wellington, J.S., Boak R.A., Dart F.E., Thomas R.M., Soemadikarta L.K., Douglas z.A., Penny D.H., Gittinger J.P., on resources and their technological Development, Lexington 1970.
14. BODENSTEDT, A.A.: *Sprache und Politik im Rahmen der Gelenkten Demokratie*, Indonesiens; Bd. XVI der Schr. des Inst. f. Asienkunde in Hamburg, A. Metzner, Frankfurt/M. - Berlin 1964.
15. BOEKE, J.H.: *Economics and Economic Policy of Dual Societies*. Haarlem, H.D., Tjeenk Willink, 1953.
16. BOOTH ANNE: *Irrigation in Indonesia* in Bulletin of Indonesian Economic Studies, Part I in Vol. XII, No. 1, Canberra March 1977, Seiten 33-74.
17. BOOKERS AGRIC. AND TECHNICAL SERVICES AND TATE AND LYLE: *Indonesian Sugar Study*, March 1972.
18. BOUCHERIE, W.: *The Textile Industry*, Bull. Ind. Econ. Studies, Vol. V, 1969.
19. BUNDESSTELLE FÜR AUSSENHANDELSINFORMATIONEN: *Indonesien, Weltwirtschaft am Jahresende*, Köln, Feb. 1972.
20. BUNDESSTELLE FÜR AUSSENHANDELSINFORMATIONEN: *Weltwirtschaft zur Jahresmitte 1972*. Indonesien, Sept. 1972.
21. BUNDESMINISTERIUM FÜR WIRTSCHAFTLICHE ZUSAMMENARBEIT: durch Institut f. Agrarpolitik Universität Bonn *West-Sumatra Regional Planning Study*, Bonn 1972.
22. BURGER GOTTHARD: *Agrare Intensivierungsprogramme in Mittel-Java und Probleme ihrer Realisierung*, in Geographische Rundschau 4, 1975. S. 151-161.
23. COLLIER and WERDJA: *Improving Smallholder Rubber*, Jakarta, May 1972.
24. CONOVER, H.F.: *The Netherlands East Indies, a selected list of references*, 1942.
25. COOK, ROSEMARY A.: *The Context of Rural Development in Indonesia: A selected bibliography on Society, Economy and Policy*, Cambrdige (MA), 1967.
26. DAROESMAN, RUTH: *An Economic Survey of West Nusatenggara* (based on data of the East Indonesia Regional Development Study (EIRDS) in Bulletin of Indonesian Economic Studies Vol. XLI No. 1, Canberra March 1976, Seiten 44-69.
27. DECKEN, von der KLAUS: *Zur Lage der Indonesischen Chinesen* in Asienforum, 2 Jahrgang, Heft 2, Weltforum Verlag, München 1971.
28. DE JOSELIN DE JONG: *Minangkabau and Negeri Sembilan*, Jakarta, 1960.
29. DEQUIN, H.: *Agricultural Planning for Regional Development*, Case Study West Sumatra, Indonesia, Sonderdruck Zfal. Dec. 1971.
30. DERS: *Coconut palm and Corpra Situation in the Moluccas*, Dec. 1968. (h)
31. DERS: *Comments on the Tani Makmur Projects* Hektographiert, Jakarta, 1971.
32. DERS: *Commercial Maize Intensification Project in Wonosobo* (h.), May 1970.
33. DERS: *Die Natürlichen und wirtschaftlichen Voraussetzungen des Einsatzes landwirtschaftlicher Produktionsmittel in Indonesien* (hektographiert), Blantyre 1968.
34. DERS.: *Documentation*, Technical Assistance Planning for the Agricultural Development of West Sumatra, GAWI, Jakarta 1970.
35. DERS: *Kommerzielle landwirtschaftliche Produktionsmittelprojekte in Indonesien* in Berichte über Landwirtschaft, BdX-LVIII, S. 391, 1970.
36. DERS: *Preinvestment Study for a Tani Makmur Project in Tanah Jawa* (h.), GAWI, Jakarta Mai 1970.
37. DERS: *Regional Development in Tanah Toraja* (h.) GAWI, Jakarta, Dezember 1969.
38. DERS: *Report on the Possibilities of Heliocopter Aerial Spraying against Stemborer on Rice* (h.), GAWI, Jakarta, Mai 1969.
39. DERS: *Land Resources in Indonesia*, in GEOFORUM, Wolfsburg 1975.
40. DEQUIN, H., RAHMAN ALHAMBRA, SALAM EFFENDI: *Survey on the marketing possibilities of Vegetables and Beef in the Republic of Singapore* (h.) Sekret. Jener. Jakarta 1970.
41. DOMBOIS, H. von: *Forstliche Beteilung an der landwirtschaftlichen Regional-Entwicklung der Provinz West-Sumatra* (h.) Bogor, GAWI, Mai 1969.
42. DONGES, JÜRGEN B. STECHER, BERND, u. WOLTER, FRANK: *Industrial Development Policies for Indonesia*, J.C.B. Mohr (Paul Siebeck), Tübingen 1974, 178 S.

284

43. DÜRR HEINER: *Regionalentwicklung in Indonesien, 1974-1979*, in Geographische Rundschau, 4-1975, S. 169-178.

44. ENCYCLOPEDIA VAN NEDERLANDSCH INDIE: Leyden, Brill, 1899-1965.

45. ERNST, K. und WOLF: *Maisstudie Zentral-Java/Sulawesi* (h.) 1974.

46. ERNST, K. und ZIMMERMANN, G.: *Ein Beitrug zur Steigerung der Nahrungsmittelerzeugung der Beschäftigung und der Einkommen*, das landw. Produktionsmittelprojekt in Klaten, Indonesien, in ZfAL Jahrgang 13, Heft 2/1974 S. 169.

47. ESMARA, HENDRA: *Regional Income of West Sumatra 1966-71* (h.) Padang 1973.

48. FAO: *Annual Fertilizer Review, 1972*, Rome 1973.

49. FAO: *Commodity Projections* for 1970-1980, Rome 1971.

50. FAO: *Forestry in Indonesia*, TA 2984, 1971.

51. FAO: *Indian Ocean Survey*, 1971.

52. FAO: *Rice Marketing*, Rome 1972.

53. FAO/UNDO: *Survey of Resources in the Indian Ocean.*

54. FAO: *Trade Yearbook 1971*, Rome 1972.

55. FAO: *Yearbook of Forests Products*, Rome 1969/70, S. X.

56. FISCHER, LOUIS: *Indonesien*, Deutsch: Safari-Verlag, Berlin 1956.

57. FRIEDMAN, J.: *Regional Development Policy*, Cambridge, Mass., 1966.

58. FURNIVALL, J.S.: *Netherland India, A Study of Plural Economy* mit einer Einführung von Jonkherr Mr. A.C.D. de Graeff, Cambridge 1944.

59. GEERTZ, CLIFFORD: *Agricultural Involution*, University of California Press, 1963.

60. GEERTZ, CLIFFORD: *The Javanese Family*, the Free Press of Glencoe, Ill., 1963.

61. GEERTZ, CLIFFORD: *Peddlers and Princes*, social and economic change in two Indonesian towns, Univ. of Chicago Press 1963, VIII S. 111.

62. GEUS, J.G. de: *Fertilizer Guide for Tropical and Subtropical Farming*, Centre d'Etude de l'Azote, Zürich, 1967.

63. LASSBURNER, BRUCE: *Problems of Economic Policy in Indonesia, 1950-1957*, in EXI Jg XIII, N° 7/8, July/August 1960.

64. GINNEKEN WOUTER VAN: *Rural and Urban Income Inequalities in Indonesia, Mexico, Pakistan, Tanzania and Tunisia*, ILO-Genf, World Employment Project Study, Genf 1976, 67 S.

65. GRENVILLE S.A.: *Commercial Banks and Money Creation* (in Indonesia) in Bulletin of Indonesian Economic Studies, Vol. XII, No. 1, Canberra, March 1977, Seiten 75-94.

66. HAGGETT, P.: *Einführung in die kultur-und sozialgeographische Regionalanalyse De Gruyter*, Berlin-New York, 1973.

67. HAGGETT, P.: *Locational Analysis in Human Geography*, London, 1966.

68. HÄSELBARTH, C.: *Das landwirtschaftliche Entwicklungsprojekt West Sumatra*, Projektkonzept 1973, Bukittinggi, Dez. 1973.

69. HATTA, MOHAMMED: *The Cooperative Movement in Indonesia*, hrsg. von George Mc.T. Kahin, Ithaca/New York 1957.

70. HECKENSTALLER, W.: *Report on a Survey on Cattle Breeding and Management in West Sumatra* (hektographiert), Bukittinggi, May 1969.

71. HECKENSTALLER, W.: *Das Tani Makmur-Projekt Klaten*, Abschlussbericht, GAWI (h.), 1973.

72. HEEREM: *Transmigratie in Indonesie*, Dissertation an der Universität Utrecht, Holland 1971.

73. HESMER, H.: *Der kombinierte land-und forstwirtschaftliche Anbau in Java*, in: Wiss. Schriftenreihe des Bundesmin. f. wirtsch. Zusammenarbeit; Stuttgart 1966/70.

74. HOADLEY J. STEPHEN: *The Military in the Politics of Southeast Asia*, A Comparative Perspective, Schenkman Publishing Company Cambridge, Mass. 1975.

75. HOLLIGER, W.: *Indonesia, Quantitative Studies, The Food Crop Sector*, Massachusetts Institute, 1953.

76. HONIG, PIETER and FRAMS VERDOOM: *Science and Scientist in the Netherlands Indies*, New York City, 1945.

77. HUENDER, W.: *Overzicht van den Economischen Toestand der Bevolking van Java en Madoera*. s'Gravenhage, Nijhoff, 1921.

78. HUIZER, GERRIT: *Peasant Mobilisation and Land Reform in Indonesia*, The Hague, 1972.

79. HUMPHREY, DON D.: *Indonesia's National Plan for Economic Development*, in Asian Survey, Dec. 1962, in American Journal, Dec. 1963.

80. IBRD: *Commodity Projections*, 1972.

81. IBRD: *National Fertilizer Study* (Agrar-und Hydrotechnik/Imhausen), Jakarta, 1971.

82. IBRD: *Rice Production Intensification Programme Evaluation* (Entwurf) Jakarta, 1971.

83. INDONESIA: *Human Relations*, Area File, Subcontractor's Monograph, N° 55-75, New Haven 1955-62.

84. INDONESIA: (Zeitschrift), Cornell University, Ithaca, New York 1968-70.

85. INDONESIA: *Business Opportunities in a Resource-Rich Economy, A Business International Asian Research Report*, Asian House, Hongkong, Oktober 1975.

86. IRLAN SOEJONO: *Growth and Distributional Changes of Incomes in Paddy Farms in Central Java 1968-74*, in Bull. o. Indon. Econ. Studies July 1976, S. 80.

87. JASPAN, M.S.: *Social Stratification and Social Mobility in Indonesia*. A Trend Report and annotated Bibliography, Jogyakarta, 1959.

88. JAY, R.: *Local Government in Rural Central Java*, Far Eastern Quarterly, 15: 215-27 1956.

89. JAZNI, ZAINUL: *Tobacco in the Indonesian Economy* in AGRO EKONOMIKA, Vol. 1, July 1970.

90. JUNGE, G.: *The Universities of Indonesia*, Bremen Economic Research Society, Bremen, 1973.

91. KAHIN, GEORGE MC. T.: *Nationalism and Revolution in Indonesia*, Ithaca, Cornnell University Press. 1952.

92. KALSHOVEN, L.G.E. & I. van der VECHT: *De plagen van de Culturgewassen in Indonesia*, van Hoere, s'Gre-Grewenhage-Bandung, 1950.

93. KAMPTO UTOMO: *Masjarakat Transmigran Spontean Didaerah W. Sekampung* (Lampung). Djakarta, P.T. Penerbiten Universitats. 1957.

94. KEBSCHULL, D.u. O.G. MAYER: *Deutsche Investitionen in Indonesien*, Verlag Weltarchiv Hamburg 1974.

95. KERSTIENS, THOA: *The New Elite in Asia and Africa*, A Cooperative Study of Indonesia and Ghana, New York/Washington/London, 1966.

96. KLOFF, G.H. van der: *An Economic Case Study: Sugar and Welfare in Java*, in Ruopp, 1953, Seiten 188-206.

97. KLOFF, G.H. van der: *European Influence on Native Agriculture*. In Schrieke, 1929, Seiten 103-125.

98. KLOFF, G.H. van der: *The Historical Development of Labour Relationships in a Remote Corner of Java as they apply to the Cultivation of Rice*. New York 1937.

99. KNOPPERS, B.A.: Het Onderwijs in Indonesië; Indonesië 3/1949-50, p. 36-60.

100. KOENTJARANINGRAT: *Masyarakat Desa di Selatan Jakarta*, Jakarta Lembaga Ilmu Pengetahuan Indonesia (LIPI), Jakarta 1975, 133 S.

101. KOENTJANINGRAT, R.M.: *Villages in Indonesia*, Cornell University Press., 1967.

102. KOHLBACH, C.: *Ein Projektkonzept für das Landwirtschaftsprojekt West-Sumatra* (h), Bukittinggi 1972.

103. KOPPEL, C. van de: *Eenige Statistische Gegevens over de Landbouw in Nederlandsch Indie*. In van Hall and van de Koppel, 1946, 1: 361-423.

104. KOREUBER, K.H.: *Ricemill P.T. Tani Makmur-Batusangkar*, an evaluation of the Trial Period June to December 1972, Bukittinggi, 1973.

105. KOREUBER, K.H.: *Zur Situation der Kautschuk-Klein-Anbauer in W. Sumatra* (h.). Bukittinggi 1974.

106. KOREUBER, K.H.: Erfahrungen mit dem Düngerprojekt 1968/71, GAWI (h.), Bukittinggi 1971.

107. KROEF, J.M. van der: *Land Tenure and Social Structure in Rural Java*. Rural Sociology. 25: 414-30, 1960.

108. KROEF, J.M.: *Land Tenure in West Sumatra*. Non-annodated manuscript Padang 1969.

109. KRUSE-RODENACKER: *Development Plan for West Pasaman/Sumatra-Rencana Pembangunan untuk Pasaman Barat/Sumatera*, Bukittinggi 1975.

110. LAAN, P.A. van der: *Deli Tabak*. In van Hall and van de Koppel, 1946, IIB, 353-415, 1946.

111. LANDBOUWATLAS: Van Java en Madoera, Medeelingen van het Central Kantoor voor de Statistiek, n° 33. s'Gravenhage, Nijhoff, 1926.

112. LEKKERKERKER, C.: Land en Volk van Java. Batavia, Wolters. 1938.

113. LEYENDEKKER: Beregnungsversuche in Deli Tabak (hektographiert) in einem *Progress Report* der AHT, 1970.

114. LINDER, WILLI und STECH, FRITZ: *Indonesiens Irrwege*, Buchverlag Neue Züricher Zeitung, Zürich 1967.

115. LOETSCH, F.: *Die forstliche Situation Indonesiens* in Allg, Fortwirtschaft Heft 15, 1960.

116. LOGEMANN, J.A.H.: *Het staatsrecht van Indonesië*, van Hoeve, s'Gravehage, Bandung 1954.

117. MAAS, J.G.J.A. and F.T. BOKMA: *Rubbercultur der Ondernemingen*. en van Hall and van de Koppel, 1946, III, 235-426.

118. MASASHI NISHIHARA: *The Japanese and Sukarno's Indonesia: Tokyo-Jakarta*. Relations 1961-1966, Monographie des Zentrums für Südostasiatische Studien der Kyoto Universität, University of Hawai Pres, Honolulu, 1976, 244 Seiten.

119. MACKIE, J.A.G.: *Indonesia's Government estates and their masters*. S. 357 in Studien zur Entwicklung in Südostasien, Indonesien Bd. XVII Institut f. Asienkunde, Hamburg 1964.

120. MANSVELT W.M.F. und CREUTZBERG P.: (Herausgeber), *Changing Economy in Indonesia*, A Selection of Statistical Source Material from the Early 19th Century up to 1940, Vol. 1, Export Crops 1816-1940, Martin Nijhoff Den Hague 1975, 150 S.

121. MCVEY, R.T. (editor): with authors FELTH-GEERTZ-HAWKINS-HOOD-JOHNS *Indonesia*, 1963.

122. MEAD, MARG.: *Cultural Change and Technical Patterns* UNESCO 1953.

123. MEARS, L.A. und AFIFF, S.: *Carbohydrate Foods in the Indonesian Diet*, in Warta Research IV, 1 Feb. 1963.

124. MEARS, L.A. und AFIFF, S.: *An Operational Rice Price Policy for Indonesia*, 1969.

125. MEARS, L.A.: *Report on Agriculture and Related Problems in Indonesia*, 1967.

126. MEIER-MOLLER: Jubiläumsschrift der Hamburger Handelsfirma, Hamburg 1969.

127. MEISSNER, H.G.: *Indonesien*[a]: *Investitionsmöglichkeiten im Rahmen der neuen Wirtschaftsordnung*, Bundesstelle für Aussenhandelsinformation Marktinformationen, Nr. A/938, Januar 1968.

128. METCALF, J.: *The Agricultural Economy of Indonesia*. Monograph 15, U.S. Department of Agriculture. Washington, D.C.

129. MEULEN, W.A. van der: *Irrigation in the Netherlands East Indies*. Bulletin of the Colonial Institute of Amsterdam, 3: 142-159.

130. MOCK, F.J.: *Wasserbilanz und Klimafaktoren in den Tropen (Indonesien)* in « Wasser und Boden », 4-1974, S. 88-92.

131. MOCHTAR, A.: *General Public Health Survey within the Demonstration and Study Centre*. Journal of the Indonesian Medical Association. Vol. 7/1957.

132. MOHR, E.: *The Relation Between Soil and Population Density in the Netherlands Indies*. In Honig and Verdoorn, 1946, pp. 254-262.

133. MUBYARTO: *The Elasticity of the marketable surplus of rice in Indonesia, a study in Java-Madura*. Ann Arbor/Michigan. University Microfilms Inc. 1965, VI. 188 S., 13 S. Bibl. Tab. Iowa State University of Science and Technology Ph. D. (Diss. Abstracts 65-12.488).

134. MUBYARTO: *Pengatar Ekonomi Pertanian* in LP 3S, Jakarta 1973, S. 247.

135. MYSBERG, JAMES H.: *The Indonesian Elites*, in Far Eastern Survey. Bd. 26, 1957.

136. NAPITUPULU, BURHANUDDIN: *Die Probleme der indonesischen Aussenwirtschaft seit 1950*. Dissertation, Universität Hamburg 1962.

137. NUGROHO: *Indonesia. Facts and Figures*. Djakarta 1967. (terbitan pertjobaan = trial edition, proof).

138. NUGROHO: *The Far East and Indonesia*. Economic Survey, op. cit. Zentrales Statistisches Buero, Europe Publications Ltd. 1970.

139. OCHSE, J.J., SOUK, M.J., DIJKMAN und WOHLBURG C.: *Tropical and Sub-tropical Agriculture*. The Mac Milton Company, New York 1961.

140. ODUM, E.P.: *Fundamentals of Ecology*. Philadelphia and London, Saunders.

141. OEI, HONG LAN: *Indonesia's Economic Stabilization and Rehabilitation Programme, An Evaluation*. In *Indonesia* (Cornell University 1968/1).

142. OPPERMANN, Dr. E.: Bericht über die Vorstudie für Landgewinning und Siedlung auf Kalimantan und Sulawesi (GAWI-Auftrag). Djakarta, April 1968.

143. OSTASIATISCHER VEREIN: Jahresberichte 1972/73 bis 1976, Hamburg 1973-1977.

144. PAYNE, B.H. und NORDWALL, D.S.: *A Review of Certain Aspects of the Forestry Programme and Organization in Indonesia*. April 1971.

145. PELZER, K.J.: *The Agrarian Conflict in East Sumatra*. Pacific Affairs, 30: 151-57.

146. PELZER, K.J.: *The Agricultural Foundation*, in McVey, 1963.

147. PELZER, K.J.: *Physical and Human Resource Patterns*, in Indonesia, hrsg. von Ruth T. McVey, Southeast Asia Studies, Yale University, New Haven/Connecticut 1963.

148. PENNY, DAVID: *Agriculture in North Sumatra*, Canberra (in Ind. Ec. Bulletin), 1969.

149. PENNY, DAVID: *Case Study of a Farm in East Sumatra*, New York Council of Economic and Cultural Affairs, 1963, 8 p.

150. PHILLIPS, R. und DO SUP CHUNG: *Priorities for Improving Grain Marketing in Indonesia*. Kansas State University, Kansas 1973.

151. ROBEQUAUAIN, C.: *Malay, Indonesia, Borneo and the Philippines*. A geographical, economic and political description of Malaya, the East Indies and the Philippines. Translated by E.D. Laborde. Issued in cooperation with the Int. Sect. Inst. of Pacif. Relatn. London/New York, Longmans, Green 1958.

152. ROEDER, O.G.: *The Smiling General*, 1970.

153. RÖLL, W.: *Indonesien, Einführung in die Entwicklungsprobleme und den deutschen geographischen Forschungsstand*, in Geographische Rundschau, 4-1975, S. 137-und dort auf Seite 139 anschliessend: *Probleme der Bevölkerungsdynamik und der regionalen Bevölkerungsverteilung*.

154. DERS.: *Bevölkerungsdruck u. Siedlungsaktivität*, Geo. R. 1971.

155. DERS.: *Indonesien: aus Kontinente und Meere*, Bd. Asien, Bibliographisches Institut, Mannheim, 1973.

156. DERS.: *Der Teilbau in Sentral-Java*. Untersuchungen zur Grundbesitzverfassung eines übervölkerten Agrarraumes. In Zeitschrift f. Ausländische Landwirtschaft Jahrg. 12, Heft 3/4 1973 S. 305.

157. DERS.: *Das Batam-Projekt, Indonesische Entwicklungsplanungen im Riau-Archipel*, in Internationales Asien forum, Vol. 5 (1974) No. 4, S. 527.

286

158. DERS.: *Sozio-ökonomische und infrastrukturelle Entwicklungsprobleme im malayischen Archipel* in Schriften des Instituts f. Asienkunde, Hamburg 1975.
159. RPIPE: *Rice Production Intensification Programmes Evaluation*, 1971.
160. RYAN, EDW. I.: *The Value System of a Chinese Community in Java*, unveröffentlichte Dissertation Harvard University 1961, zit. bei F.G. Williams Skinner, The Chinese Minority, in Indonesia hrsg. von Ruth T.Mc. Vey, New Haven, Connecticut 1963.
161. SANDERS: *Regional Finance* in Bulletin of Indonesian Economic Studies, Vol. VI, 1970.
162. SAURE, M.: *Beobachtungen über den Apfelanbau im tropischen Indonesien als Beitrag zur Frage der Blütenbildung, des Kältebedürfnisses und des Alterungsprozesses unserer Apfelbäume*, in gartenbau -wissenschaft, 1/1971 band 36(18), Seiten 71-86, München, Bern, Wien 1971.
163. SAURE, M.: *Probleme des Obstbaus in West-Sumatra*, in « Der Erwerbsobstbau », 13.Jahrgang, Heft 11(1971), S. 179-182, Paul Parey, Berlin u. Hamburg 1971.
164. SCHMIDT, F.H. und FERGUSON, H.A.: *Rainfall Types Based on Wet and Dry Period Rations for Indonesia and Western New Guinea*, Djawatan Met. dan Geofisik, Verh. 42, Jakarta 1951.
165. SCHILLER, OTTO: *Die Agrarfrage in den Ländern Süd- und Ostasiens*. Heft 2 der Schriftenreihe des Instituts für Asienkunde, Hamburg 1958.
166. SCHRIEKE: *The causes and effects of Communism on the West Coast of Sumatra*, 1928, S. 83-166.
167. DERS.: *Indonesian Sociological Studies*, Teil I., Den Haag 1955-Bandung 1960.
168. SINAGA RUDOLF und COLLIER, W.L.: *Social and Regional Implications of Agricultural Development Policy*, Paper f. SE Asian Agric. Economics Association's Meeting in Balikpapan, 1975, 26 S.
169. SITA WACHJO: *Vorkoloniale Bevässerungswerke in Sentral-Java*, mit einem Beitrag zur Geschichte und Sozialordnung (h), Jakarta 1971.
170. SKINNER, A.: *The Chinese Minority*. In Mc Vey 1963.
171. SMITH, T.: *Village Headmen as Agents of Change*. The Indonesian Bureaucracy. Stability, Change and Productivity, University of California, 1971.
172. SOEPRAPTOHARDJO, M.: *Soil Survey for Agricultural Development in South Sulawesi, Indonesia*. World Soil Resources Report, N° 41, FAO Rome, 1971.
173. STATISTISCHES BUNDESAMT: *Indonesien, Länderberichte in der allgemeinen Statistik des Auslandes*, Kohlhammer-Verlag Stuttgart und Mainz 1968.
174. SUNDRUM R.M.: *Inter-Provincial Migration* in Bulletin of Indonesian Economic Studies, Vol. XII, N. 1, Canberra March 1976, Seiten 70-92.
175. SUMITRO DJOJOHADIKUSMO: *Indonesia Dalam Perkembangan Dunia: Kini dan Masa Datang (Indonesien in der Weltentwicklung: Gegenwart und Zukunft*, Jakarta LP3ES, 1976, 229 S.
176. STATE AND LYLE TECHNICAL SERVICES LTD AND BOOKERS AGRICULTURAL AND TECHNICAL SERVICES LTD.: *Indonesian Sugar Study* (endg. Fssg), 1972.
177. THALIB, DH.: *Timber Development*. In Bull. Ind. Econ. Studies N° 8, Oct. 1967.
178. THING LIST DJIE: *Theoretische Untersuchung über die Einkommensverteilung, mit einer besonderen Betrachtung der Verhältnisse Niederländisch-Indiens*. Den Haag, 1938.
179. TRAEGER, JOACHIM: *Die wirtschaftliche Entwicklung Indonesiens 1950-62*, Diss. Tübingen 1967.
180. TRISULO, IR.: *Pembangumam Industri Minjak Indonesia (Aufbau der Indonesischen Ölindustrie)* in Warta Ekonomi, Jg. 16, Nr. 13-15. 13.4.1963, übersetzt von Lim Hok Lie.
181. UEDA, K.: *Population Increase. The First and Second Demographic Surveys in Indonesia*. 1965.
182. UHLIG, H.: *Südostasien-Länder-Völker-Wirtschaft*, Information zur politischen Bildung 148, Bonn 1972.
183. UNDP: *Tin Report*. Banka 1971.
184. UNDP: Post Report. Jakarta 1967.
185. UNDP/FAO (SF): *Nusatenggara Development Study*. Jakarta (h.), 1765.
186. UNESCO: Annual Report of Chief of Mission in Indonesia. March 1767.
187. UNIDO: Textile Study.
188. UNITED NATIONS: *Foreign Investment in Developing Countries*. New York 1968.
189. UNIVERSITY OF INDONESIA: *Long-term Projections of Indonesia's Import Demand and Export Potential for Selected Agricultural Commodities*.
190. UNIVERSITY OF PADANG: *Anai Delta Development Study*. Padang (h.) 1969.
191. USAID: *Indonesia's Fertilizer Requirements*. June 1768.
192. USAID: *Indonesia Forestry Report*. Washington 1971.
193. VEER, van der: *Rijst* in van Hall und van der Koppel IIA-7-110, 1746.
194. VERSTAPPEN, H. TH.: *Geomorphologische Notizen aus Indonesien* in Die Erdkunde, 1955, H.2.
195. VETH, P.J.: *Java, Geographisch, Ethmologisch, Historisch*. Haarlem, Bohn (2d ed.), 1712.
196. VOLLENHOVEN, C.: *Het Adatrecht van Nederlandsch Indie*. Brill, Leyden 1906.
177. DE VRIES, H.M.: *The Importance of Java Seen from the Air*. Batavia, Kolff.
198. WANDER, HILDE: *Die Beziehungen zwischen Bevölkerungs - und Wirtschatsentwicklung, dargestellt am Beispiel Indonesiens*, in Kieler Studien, Forschungsberichte des Instituts für Weltwirtschaft an der Universitot Kiel, hrsg. von Erich Schneider, Tübingen 1965.
199. WEISS, CARL: *Sukarnos 1,000 Inseln, Indonesien, die gelenkte Demokratie*, Hamburg 1763.
200. WERTHEIM, W.F.: *Indonesian Society in Transition - A Study of Social Change*, van Hoeve, den Haag, 1956.
201. WERTHEIM, W.F. and the SIAUW GIAP: *Social Change Java, 1900-1930*. Pacific Affairs, 35: 223-247, 1962.
202. WERTHEIM, W.F.: *Sociological Aspects of inter-island migration in Indonesia* in Population Studies. London 1957.
203. WEITZ-HETTLESATER ENGINEERS: *Rice Storage, Handling and Marketing*, 1972.
204. WICKIZER, V.D. und BENNETT, M.K.: *The Rice Economy of Monson Asia*. Stanford 1941.
205. WILLIAMS, W.B.: *Clove Production, Marketing and Processing in Indonesia*, 1971.
206. WILLMOT, D.E.: *The Chinese of Semarang, a Changing Minority in Indonesia*. Ithaca, Cornell University Press. 1960.
207. ZIMMERMANN, G.: *Die Viehhaltung in Indonesien*, zur Entwicklung der Tierbestände und der Versorgungssituation der Bevölkerung mit tierischem Eiweiss, in Geographische Rundschau, Westermann, 4-1975, S. 162-168.
208. DERS.: *Die Bagan in der Bucht von Jakarta*, Zeitsch. f. Wirtschaftsgeographie, H.5 1973 Hagen.
209. DE«S.: Transmigration in Süd-Sumatra (Arbeitstitel der Habilitationsschrift), Mainz, 1974.
210. *Atlanten und Enzyklopädien:* Atlas van Tropisch Nederland, Batavia 1938.
211. *Atlanten und Enzyklopädien:* World Atlas of Agriculture, Novara 1968.
212. *Atlanten und Enzyklopädien:* World Bank Atlas, 1976.

*Veröffentlichungen und interne Berichte der indonesischen Regierung *)*

213. BAPPENAS: Karten zur Regionalentwicklung und Tabellen-material 1974.

*) Soweit deutsche Titel angegeben sind, handelt es sich ursprünglich um indonesische, Ausnahmen wurden bei bekannteren Titeln gemacht. Ausser den erwähnten Dokumenten sind auch jüngste nichtdatierte Informationen enthalten.

214. BAPPENAS/DEP. PENERANGAN: First Five Year Development Plan 1969/74, Jakarta 1970.

215. BAPPENAS: *Repelita II*, The Second Five-Year Development Plan 1974/79 Jakarta 1974.

216. BIRO PUSAT STATISTIK: *Indikator Ekonomi* monatliches statisches Bulletin, Jahre 1966-1976, Jakarta 1975 bis 1978.

217. BIRO PUSAT STATISTIK (Zentralbüro für Statistik) *Statistical Pocketbook of Indonesia*, Jakarta 1970-1972.

218. BIRO PUSAT STATISTIK: *Statistik Indonesia, Statistical Pocketbook Indonesia 1974/75*, Jakarta 1975.

219. BIRO PUSAT STATISTIK: *Survey of Manufacturing Industries*, Jakarta 1970.

220. BIRO PUSAT STATISTIK: *1961 Census and Preliminary Sample Results from 1971 Census*, Jakarta 1972.

221. BIRO PUSAT STATISTIK: *Sensus Penduduk*, 1971, Jakarta 1972.

222. DEPARTEMEN PERTANIAN (Landwirtschaftsministerium): *Facts and Figures*, Jakarta 1969.

223. DEPARTEMEN PERTANIAN (Autoren: Bonnemaison P., Goormaghtigh P., Gopalan K., Hillman V.R., Mabbun P.N., Newton J.D., Soewoso Soemitro R., Tauber J.G.) *Nusa Tenggara Survey Report*, etwa 1956.

224. DEPARTEMEN PERTANIAN (Generaldirektorat Forsten): *Masterplan*, Dezember 1971.

225. DEPARTEMEN PERTANIAN (Generaldirektorat Forsten): *Some Aspects of Forest Development in Indonesia*, Oktober 1967 u. Jahresberichte 1969-77.

226. DEPARTEMEN PERTANIAN: *Perkembangan, Sektor Pertanian 1972/73*, Jakarta, Aug. 1973.

227. DEPARTEMEN PERTANIAN (Landwirtschaftsministerium): *Statistik Pertanian 1968-1976*, Biro Perencanaan, Mei 1977.

228. DEPARTEMEN TENAGA KERJA TRANSMIGRASI DAN KOPERASI: *East Indonesia Regional Development Study*, Interim Report, Cipta Karya Complex, Sanur, Bali 1975 in 3 Bänden.

229. Ministerium f. Öffentliche Arbeiten, Jahresbericht 1975, Jakarta 1976 u. 1976 von 1977.

230. PNKA (Staatseisenbahnen) Jahresbericht 1974, Jakarta 1976.

231. Ministerium f. Verbindungswesen, Jahresbericht über die GARUDA-Luftlinie, 1974, Jakarta 1976 u.a.

231. Generaldirektorat Fischereiwesen, Jahresbericht 1972, Jakarta 1973, und 1975 Jakarta 1973-75.

233. Erziehungsministerium, Jahresbericht 1975, Jakarta 1976.

234. Generaldirektorat Topography, Jahresbericht 1975, Jakarta 1976.

235. Arbeitskraftsministerium, Bericht über die Lage auf dem Arbeitsmarkt auf Grund einer Untersuchung, Jakarta 1974.

236. Gesundheitsministerium, *Generalplan für das Gesundheitswesen*, Jakarta 1973.

237. Generaldirektorat Industrie, Jahresberichte 1971-1975, Jakarta 1976.

238. Direktorat Textilwesen, Jahresbericht 1972, 1973 u. 1975, Jakarta 1976.

239. PERTAMINA: Annual Reports (Perusahaan Pertambangan, Minyak Dan Gas Bumi Negara) (englich) Jakarta 1972-1976.

240. PERTAMINA: Jahrsbericht 1971 und frühere, nicht datierte Broschüren.

241. BANK INDONESIA: *Financial Bulletin* (über den Export landw. Produkte), 1972.

242. BANK INDONESIA: Jahresberichte 1973 bis 1976/77, Jakarta 1977.

243. Bergbauministerium Jahresbericht 1973 und 1975, Jakarta 1977.

244. PERTAMINA: Jahresbericht 1975, Jakarta 1977.

245. Perusahan 2 Negara (Staatsbetriebe) Jahresberichte 1972-1976, Jakarta 1977 (broschürt).

246. PERTAMINA: Vorlage beim Präsidenten über Entwicklungsprojekt, Jakarta 1975 (als Broschüre erschienen).

247. BAPPENAS: *Zweiter Fünfjahresplan* Kommentare, als Broschüre 1975 erschienen.

248. Government of Indonesia: *Investment in Indonesia. Guide to Laws and Procedures for Foreign Investors*, Jakarta, Januar 1972.

249. Government of Indonesia: Kautschukstatistik in Bulletin of Indonesian Economic Studies, No. VI, 2 Juli 1970, 120-135.

250. Government of Indonesia Finanzministerium.

251. PERKEBUNAN (Staatsplantagen): Jahresbericht (an BAPPENAS) 1976, Jakarta 1977.

252. Biro Pusat Statistik: *Socio-Economic Survey 1969*, Jakarta 1969.

253. Innenministerium pers. Mittlg.

254. BAPPENAS: Ministerien und andere Regierungsstellen mit nicht datierten Dokumenten.

Arbeitskarten des Bodeninstituts Bogor

255. (Bodeninstitut Bogor) Soil Reconaissance Map Sulawesi
256. » Sumatra
257. » Java
258. » Kalimantan
259. » Bali
260. » Lombok
261. » Detaillierte Bodenplanung im Gebiet Klaten.

262. HANNIBAL L.W.: *Vegetation Map Indonesia*, Jakarta 1950.

263. Luftaufnahmen aus dem FAO-UNDP-Projekt, dort gehalten im Bodeninstitut Bogor, Befliegung 1971 bis 1973.

Quellen für den West-Sumatra-Teil

264. ABDULLAH, T.: *The Kaum Muda Movement in West-Sumatra (1927-33)*, Cornell University. Monogr. Series 50, Ithaca 1971, s. 57 S.

265. *Agrarisch reglement voor de residentie Sumatra's Westkust (1916)*, Batavia 1916, 106 S.

266. BACHTIAR, H.W.: *Negeri Taram: A Minangkabau Village Community*; in: Koentjaraningrat (Hrsg.) Village in Indonesia; Ithaca/New York 1967; 428 S.

267. BAHAR, DT. NAGARI BASA: *Tambo dan Silsiah Adat Minangkabau.* Pajakumbuh (W. Sumatra 1966, 140 S.

268. BALLOT, J.: *Ontwerp agrarische regeling voor Sumatra's Westkust*, Padang 1911, 28 S.

269. BASTIN, J.: *The British in West-Sumatra (1685-1825)*, University of Malaya Press, Kuala Lumpur, 1965, 222 S.

270. BLINK, H.: *Opkomst en ontwikkeling van Sumatra als econ.-geogr. gebied*, a Gravenhage 1926, 140 S.

271. BOSSE, J.v.: *Eenige beschouweningen omtrent de oorzaken van den achteruitgang van de koffiecultur ter Sumatra's Westkust*, 1. Teil s'Gravenhage 1895, 128 S.

272. BOUMAN, H.: *Eenige beschouweningen over de ontwikkeling van het Indonesisch nationalisme op Sumatra's Westkust*, Groningen/Batavia 1949, S.

273. COEVERDEN, C.C.L.v.: *Sumatra's Westkust; Schets van de middelen tot em entwikkeling*, Leiden 1872, 52 S.

274. COLLET, O.J.A.: *Terres et peuples de Sumatra*, Amsterdam 1925, 562 S.

275. COLLIER, W.L.: *Smallholder Rubber Producers Replanting and Use of Improved Technology on Sumatra*, Agro Economic Survey, Indonesia Research Notes, No. 3. Jakarta Jan. 1972, 7 S.

276. CORDONNIER, J.C.: *Agriculture et Commerce au Sumatera Barat (Indonesia)*, Centre de la Recherche

288

Scient., Centre d'Etudes de Geogr. Tropicale, Table Ronde du 7 au 9 Sept. 1972, 82 S.

277. ESMARA, H.: *An Economic Survey of West-Sumatra.* Bulletin of Indonesian Economic Studies, Australian National University, Canberra 1971, S. 32-55.

278. ESMARA, H.: *West-Sumatra: Facts and Figures 1971.* Institute for Economic and Social Research, Faculty of Economy, Andalas University, Padang 1971, 329 S.

279. HELBIG, K.: *Das südliche Batakland auf Sumatra.* In: Ostasiat, Rundschau, 19.Jahrg. No. 11, Hamburg 1938, S. 278-281.

280. HEYNING, N.: Beiträge in WESTERMANN-Lexikon d. Geographie; 4 Braunschweig 1969; 2. Auflage 1973; Indonesien (Bd. 2, S. 510-525); Indonesier (Bd. 2. S. 525-526); Sumatra (Bd. 4. S. 471-473); West-Sumatra (Bd. 4. S. 958-959).

281. HUITEMA, W.K.: *De bevolkingskoffiecultur op Sumatra.* Wageningen 1935, 238 S.

282. JOSSELIN DE JONG, P.E. de.: *Minangkabau and Negri Sembilan,* Socio-political Structure in Indonesia, Leiden 1951, 208 S.

283. JOUSTRA, M.: *Minangkabau-overzicht van land, geschiedenis en volk,* den Haag 1928, 217 S.

284. JUNGHUHN, F.: *Die Battaländer auf Sumatra,* Berlin 1847.

285. KOHLER, J.: *Über das Recht der Minangkabau auf Sumatra.* In: Zt. schr. f. vgl. Rechtswiss. XXIII, 1910, S. 250-260.

286. LANGE, H.M.: *Het Nederlandisch Oost-Indische leger ter Westkust van Sumatra (1819-1845),* 2 Bde.; 's Hertogenbosch, 1852, 476 S./560 S.

287. LEHMANN, H.: *Die Bevölkerung der Insel Sumatra,* aus: CREUTZBERG, N.: Peterm. Geogr. Mitteilungen und d.Entw. d.dtsch. Geographie, 1938, S. 3-15.

288. LOEB, E.M.: *Sumatra-its History and People.* In: Wiener Beiträge zur Kulturgeschichte und Linguistik, Wien 1935, 350 S.

289. LOEB, E.M.: *Patrilineal and matrilineal Organisation in Sumatra-the Batak and Minangkabau.* In: American Anthropologist, XXXV, 1933-1934, S. 16-50 und XXXVI S. 26-56.

290. MAAS, A.: *Durch Zentral-Sumatra,* 2 Bde. Belin 1910, S. 851/610.

291. MARX, H.: *Der Kaffeeanbau auf Sumatra.* Diss. Leipzig/ Langensalza 1931, 143 S.

292. NABER, S.P. l'H. (Hrsg.): *Reisebeschreibungen von deutschen Beamten und Kriegsleuten im Dienst der Niederländischen West-und Ost-Indischen Kompagnien 1602-1797,* den Haag 1931.

293. NAIM, M.: *Menggali Hukum Tanah dan Hukum Weris Minangkabau.* Centre of Minangkabau Studies Press, Padang 1968, 256 S.

294. NAIM, M.: *Merantau-Causes and Effects of Minangkabau Voluntary Migration.* (Inst. of Southeast Asian Studies), Singapur 1971, 19 S.

295. PISTORIUS, A.W.P.V.: *Het Maleische dorp.* In: Natuurkund. Tijdschr. v. Ned. Indie 3 e.s. III. 1869, S. 97-109.

296. PISTORIUS, A.W.P.V.: *Studien over de inlandsche huishouding in de Padangsche Bovenlanden,* Zaltbommel 1871, 240 S.

297. SCHOLZ, U.: *Minangkabau-Die Agrarstruktur in West-Sumatra und Möglichkeiten ihrer Entwicklung,* Giessener Geogr. Schriften, Giessen 1977.

298. TANNER, N.: *Disputing and Dispute Settlement among the Minangkabau of Indonesia.* In: Indonesia. No. 8; Cornell Univ. New York 1969, S. 21-68.

299. VOLZ, 1.: *Nord-Sumatra,* in 2. Bden, Berlin 1909 und 1911, 395 u. 428 S.

300. VETH, P.J. (Hrsg.): *Midden Sumatra-Reizen en onderzoekingen der Sumatra-expeditie, uitgerust door het Aardrijkskundig Genootschap (1877-79).* Leiden 1881-1892 (4 Teile in 7 Bden und 1 Atlas.

301. WESTENENK, L.C.: *De Minangkabausche Nagari,* Batavia 1915, S. 89-193.

302. WILLINCK, G.D.: *Her rechtsleven bij de Minangkabausche Malaiers,* Leiden 1909, 962 S.

303. WITHINGTON, W.A.: *The Major Geographic Regions of Sumatra, Indonesia.* Annuals of the Association of American Geographers, No. 57, 1967, S. 534-549.

KARTE 40: Beispiel einer Arbeitskarte, wie vom Team KRUSE-RODENACKER (109) verwendet

Anhangtabellen *

g	Gramm	km	Kilometer	l	Liter	Pkm	Personenkilometer

g   Gramm   km   Kilometer   l   Liter   Pkm   Personenkilometer
kg   Kilogramm   qm   Quadratmeter   hl   Hektoliter   tkm   Tonnenkilometer
t   Tonne   ha   Hektar   cbm   Kubikmeter   BRT   Bruttoregistertonne
mm   Millimeter   qkm   Quadratkilometer   m³   »   tdw   tons deadweight (Tragfähigkeit)
Rp   Rupiah   Std, auch h: Stunde   Tsd.   Tausend   ST   Stück
US$ US-Dollar   MW   Megawatt   Mill.   Million
DM   Deutsche Mark   KW   Kilowatt   Mrd.   Milliarde

TABELLE 1 TABLE

VERTEILUNG DER NIEDERSCHLÄGE IN INDONESIEN, DURCHSCHNITT (1931-1969), IN MM
(Distribution of Rainfall in Indonesia, Average)

Name - Station	Jan.	Feb.	März	April	Mai	Juni	Juli	Aug.	Sept.	Okt.	Nov.	Dez.	Insgesamt, mm Total
Jakarta	334	241	201	141	113	97	61	52	78	91	155	196	1,760
Bandung	254	251	255	239	153	86	103	97	81	133	262	245	2,159
Semarang	276	271	216	193	147	79	87	77	84	148	220	235	2,033
Jogyakarta	294	319	279	117	156	69	123	77	29	69	183	287	2,002
Surabaya	278	239	213	131	110	55	39	24	12	46	139	232	1,518
Kutaraya	168	101	101	116	147	93	84	109	137	195	202	170	1,623
Medan	184	68	91	162	182	140	146	176	237	288	201	178	2,053
Pakambaru	215	191	250	254	194	113	144	169	186	275	301	284	2,576
Padang	361	252	355	409	340	289	250	350	459	573	581	545	4,764
Jambi	286	224	312	305	285	187	147	198	180	306	357	312	3,099
Palembang	254	229	287	242	177	130	98	120	110	174	276	284	2,381
Pontianak	272	198	207	252	281	238	179	176	255	332	345	321	3,056
Muaratewe	300	306	381	389	304	228	178	209	168	244	380	452	3,539
Banjarmasin	333	362	317	257	257	162	148	104	116	142	222	335	2,755
Smarinda	169	167	187	237	183	170	163	122	134	146	197	213	2,088
Menado	393	400	247	393	254	256	246	170	204	218	294	337	3,352
Ujung Pandang	572	563	370	177	242	87	68	49	35	127	276	614	3,188
Denpasar	353	239	201	120	146	130	145	84	58	146	240	288	2,149
Ampenan	275	197	131	97	120	88	68	38	34	63	143	178	1,432
Kuparg	341	395	169	83	21	22	24	2	3	43	110	243	1,456
Ambon	129	126	135	168	446	517	679	501	398	154	72	134	3,499

Quelle: Meteorologischer und Geophysikalischer Dienst des Departements Luft-Verbindungswesen, 1972. — Source (254).

---

*) Absichtlich werden Tabellen verschiedener Institutionen gegeben, um die Inkonsistenz des Zahlenmaterials zu unterstreichen, die oft auch innerhalb eines Hauses existiert (verschiedene Jahrgänge).

TABELLE 2 TABLE

OBERFLÄCHE, BEVÖLKERUNG UND BEVÖLKERUNGSDICHTE NACH PROVINZEN, 1961, 1971 UND 1976

(Size, Population and Density by provinces)

Stadt/Provinz	Area Fläche in qkm	Population Bevölkerung in Millionen		Density Bevölkerungsdichte (Personen/qkm)	Geschätzt Bevölkerung Population in Mill
		1961	1971 [1])	1971 [2])	1976 [4])
1. D.C.I. Jakarta	592	2,907	4,576	7.729,7	Java/Madura
2. D.I. Jogyakarta	3.090	2,241	2,490	805,8	
3. Zentral-Java	34.353	18,407	21,876	636,8	85,3
4. Ost-Java	46.866	21,823	25,527	544,6	
5. West-Java	49.145	17,615	21,631	440,1	
6. Bali	5.623	1,783	2,120	377,0	Bali
7. West-Nusa Tenggara	21.740	1,808	2,202	101,2	2,4
8. Nord-Sumatra	71.104	4,955	6,564	92,3	
9. West-Sumatra	49.333	2,319	2,792	56,5	Sulawesi
10. Süd-u. Süd-Ost-Sulawesi ..	116.253	4,517	5,903	50,7	9,8
11. Süd-Kalimantan	33.966	1,473	1,699	50,0	
12. Ost-Nusa Tenggara	48.889	1,967	2,291	46,8	Sumatra
13. Süd-Sumatra [3]	157.522	2,773	6,733	42,7	24,3
14. S.T. Aceh	59.904	1,629	2,083	34,7	
15. Nord- & Zentral-Sulawesi .	112.855	2,030	2,632	23,3	Kalimantan
16. Jambi	61.150	744	1,006	16,1	5,9
17. Riau	124.084	1,235	1,642	13,2	
18. Maluku (Molukken)	83.675	790	1,084	12,9	Andere
19. West-Kalimantan	157.066	1,581	2,020	12,8	6,4
20. Zentral-Kalimantan	156.552	497	692	4,4	
21. Ost-Kalimantan	202.619	551	696	3,4	Irian Jaya
22. (West) Irian Jaya	421.981	758	923	2,1	1,1
INDONESIEN insgesamt ...	2.019.362	97,019	119,182	59	135,3

Quelle: Source
[1]) Statistical Pocketbook of Indonesia 1971, (216). Kapitel I Tab. 3, zusammengestellt vom Direktorat Topography (Frühere Angaben Landoberfläche waren 1.904.000 qkm) (218).
[2]) Biro Statistik Census 1971 (221) (218).
[3]) Einschliesslich Lampung und Bengkulu.
[4]) 1976 geschätzt: Zentrales Statist. Büro.

TABELLE 3 TABLE

VERTEILUNG DER BEVÖLKERUNG NACH AUSGABENGRUPPEN (JAHRESWENDE 1969/70) IN V.H.

(Distribution of Population by Income Groups, end 1969/70 in %)

(000 Rp/Jahr/Kopf — per year and head)

Region	bis 6	6-12	12-18	18-24	24-36	über 36	Insgesamt
Java/Madura,							
» städtisch	3	23	27	18	17	12	100 (urban)
» ländlich	12	44	24	11	6	2	100 (rural)
» insgesamt	11	41	25	12	8	4	100 (total)
Ausseninseln (Outer Islands) städtisch	2	14	23	21	23	17	100 (urban)
» ländlich	5	22	27	18	17	11	100 (rural)
» insgesamt	4	21	26	19	18	12	100 (total)
Indonesien,							
» städtisch	3	20	25	19	19	14	100 (urban)
» ländlich	10	36	25	13	10	6	100 (rural)
» insgesamt	9	33	25	14	12	6	100 (total)

Quelle: Socio-Economic Survey in 1969/70 (252). — Source.

TABELLE 4 TABLE

GROSSTÄDTE IN INDONESIEN ÜBER 100.000 EINWOHNER, 1961/1971
(Cities in Indonesia with more than 100,000 inhabitants)

Provinz oder Stadt (Province/Town)	Bevölkerung in Mill. (Population)			Zunahme in % (Increase)	Stadtbevölkerung in v.H. Urban Population in %	
	1961	1968	1971	(61/68)	1961	1968
Jakarta Raya	2,973	4,500	4,576	51	100	100
West-Java	17,614	20,800	.	18	.	.
Bandung	1,032	1,164	1,153	12	5,6	5,6
Bogor	0,154	0,180	0,186	16	0,9	0,9
Cirebon	0,158	0,185	0,187	28	0,7	0,9
Zentral-Java	18.407	20,003	.	8,6	.	.
Pekalongan	0,102	0,108	.	6	0,6	0,5
Semarang	0,503	0,614	0,633	22	3,0	3,0
Surakarta	0,367	0,395	.	7,7	1,9	1,9
Tekal	0,089	0,103	.	15	0,5	0,5
Jogyakarta	0,312	0,396	0,394	27	.	.
Ost-Java	21,832	25,879	.	18,5	.	.
Kediri	0,158	0,185	.	11	0,6	0,6
Madiun	0,123	0,155	.	18	0,4	0,6
Malang	0,341	0,405	0,429	18	1,4	1,5
Surabaya	1,007	1,195	1,269	18	4,6	4,6
Süd-Sumatra	4,847	.	.	.	.	.
Palembang	0,475	0,630	0,614	32	.	.
Tanjung Karang .... / TL Betung	0,134	0,213	.	58	.	.
Jambi	0,744	0,882	.	5,2	.	.
Jambi	0,113	0,132	.	17	15	16
West-Sumatra	2,319	2,762	.	19	.	.
Padang	0,143	0,215	0,187	50	6	10
Nord-Sumatra	4,964	5,936	.	19	.	.
Medan	0,479	0,572	0,620	19	9,5	9,5
Pematang-Siantar	0,114	0,137	.	20	2,2	2,3
West Kalimantan	1,581	2,179	.	38	.	.
Pontianak	0,150	0,213	0,194	42	9,3	9,7
Süd-Kalimantan	1,473	1,820	.	24	.	.
Banjarmasin	0,217	0,292	0,277	34	14	14
Ost-Kalimantan	0,550	0,723	.	31	.	.
Balikpapan	0,091	0,153	.	68	17	22
Samarinda	0,069	0,112	.	62	13	16
Nord-Sulawesi	1,310	1,502	.	15	.	.
Menado	0,129	0,137	.	6	10	9
Süd-Sulawesi	4,703	5,532	.	17	.	.
Makassar (Ujung Pandang)	0,384	0,441	0,497	15	8	8

Gesamtzahlen: (ganzen Zahlen)

— alle Provinzen, einschl. Jakarta und Jogyakarta, 1961 .... 83 570 900
— alle Provinzen, einschl. Jakarta und Jogyakarta mit 1961-Zahlen für Süd-Sumatra 97 765 100

— alle Grosstädte 1961 .... 9 826 800
— alle Grosstädte 1968 .... 12 842 100

— Zunahmen in v. Hundert, alle Grosstädte 30%
— Zunahmen in v. Hundert, alle Provinzen 17,2%

— Grosstädte in v.H. von Gesamtbevölkerung, 1961 .... 11,7%
— Grosstädte in v.H., 1968 .... 13,1%

Quelle: Ministerium für Öffentliche Arbeiten (229).

TABELLE 5 TABLE

DIE BEVÖLKERUNG INDONESIENS NACH ALTERSGRUPPEN UND GESCHLECHT *)

(Population by Age Group and Sex)

(*1961 und 1971, in Millionen*)

Altersgruppe Age-	1961				1971			
	Male Männl.	Female Weibl.	Total Insges.	%	Male Männl.	Female Weibl.	Total Insges.	%
0- 4	9,152	9,276	18,428	19,1	9.563	0.508	19.161	16,1
5- 9	7,571	7,524	15,095 ⎫	25,0	9,577	9,295	18,872 ⎫	28,0
10-14	4,763	4,417	9,180 ⎭		7,326	6,902	14,228 ⎭	
15-19	3,567	3,635	7,202 ⎫		5,673	5,748	11,391 ⎫	
20-24	3,529	4,354	7,883		3,556	4,406	7,961	
25-29	3,630	4,543	8,173		4,033	5,009	9,042	
30-34	3,555	3,779	7,334		3,664	4,230	7,894	
35-59	3,140	2,914	6,054	54,1	4,019	4,061	8,080	53,4
40-44	2,457	2,310	4,767		3,004	3,026	6,029	
45-49	1,923	1,869	3,792		2,399	2,248	4,647	
50-54	1,487	1,477	2,964		1,888	1,947	3,835	
55-59	1,052	1,040	2,092		1,074	1,061	2,135	
60-64	820	812	1,632 ⎭		1,034	1,189	2,223 ⎭	
65 und mehr *and more*	1,029	1,079	2,108	1,8	1,409	1,551	2,960	2,5
Insgesamt ... *Total/Jumlah*	47,675	49,029	96,704		58,279	60,181	118,460	

Quelle: Bevölkerungs-Zensus, Statistisches Zentral-Büro (221 S. 152). Source:
    *) Vergl. auch graphilche Darstellung auf Seite 22.
Bemerkung: ausschliesslich der 772 654 ländl. Bevölkerung Irian Jayas.
Note: excluding 772 654 rural population of Irian Jaya.

TABELLE 6 TABLE

ANZAHL DER ZUGÄNGER FÜR TEILNAHME AN FAMILIENPLANUNG

(Number of New Acceptors of Family Planning Devices)

(*1969 bis 1977, In Tausend — in thousands*)

Haushaltsjahr (Budget Year)	Pille (Pill)	Schlinge (IUD)	Andere (Other)	Insgesamt (Total)
1969/1970	14,6	29,0	9,5	53,1
1970/1971	79,8	76,4	24,9	181,1
1971/1972	271,8	212,7	24,9	519,4
1972/1973	607,0	380,3	91,6	1.078,9
1973/1974	857,7	293,2	218,2	1.369,1
1974/1975 [1]	1.087,8	187,2	317,9	1.592,9
1975/1976 [1]	1.330,3	252,0	384,3	1.966,6
1976/1977 (July 1976)	441,8	91,6	98,4	631,8

Quelle: BAPPENAS (254). Source:
    [1]) Schliesst Teilnehmer von 10 Regionen ausserhalb Javas und Bali ein.
    [1]) Includes acceptors from 10 regions outside of Java and Bali.

Tabelle 7 Table

Zahlungsbilanz, zusammengefasst, 1970/71-1977/78
(Balance of Payments, Summary)
(*In Millionen US$*)

	1970/71	1971/72	1972/73	1973/74	1974/75	1975/76	1976/77	1977/78
							\(Schätzungen\) (Estimates)	
1. Netto-Öl Exporte (*Net Oil*)	1.521	204	399	641	2.638	3.138	3.659	4.278
2. Nicht-Öl Exporte (*Non Oil - net*)	— 502	— 669	— 956	—1.397	—2.776	—3.992	—5.079	—5.402
a. Exports, fob	761	784	974	1.905	2.033	1.873	2.543	2.896
b. Imports, c & f	—1.008	—1.155	—1.661	—2.938	—4.341	—5.090	—6.414	—6.897
c. Dienste-ausser Fracht (*Services-non freight*)	— 255	— 298	— 269	— 364	— 468	— 775	—1.208	—1.401
3. Laufendes Konto (*Current Account - 1+2*) ...	— 350	— 465	— 557	— 756	— 138	— 854	—1.420	—1.124
4. Insgesamt off. Kapital (*Official Transfer & Capital*)	369	420	481	643	660	1.995	2.032	1.998
a. IGGI			481	556	513	945	1.604	1.535
i. Programmhilfe (*Program Aid*)	283	306	336	281	180	74	168	—
ii. Projekthilfe (*Project Aid*)	86	114	145	275	333	871	1.436	1.535
— ODA			(145)	(275)	(333)	(482)	(500)	(659)
— NON-ODA			(—)	(—)	(—)	(389)	(936)	(876)
b. Non IGGI			—	87	147	1	428	413
c. Bar-Darlehen (*Cash Loan*)			—	—	—	1.049	—	50
5. Rückzahlung der Darlehen (*Debt Repayments - (principal)*)	— 85	— 107	— 66	— 81	— 89	— 77	— 164	— 461
6. Verschiedenes (*Miscellaneous Capital*)	115	190	480	549	— 131	—1.075	93	248
a. Direkte I. (*Direct Investment*)	88	186	254	331	538	454	440	455
b. Handelskredite (*Trade Credits*)	11	4	11	18	13	14	8	— 10
c. Anderes (*Others*)	16	—	215	200	— 682	—1.543	— 355	— 197
7. Insgesamt (*Total - 3 through 6*)	49	38	338	355	302	— 11	541	661
8. Auslassungen (*Errors & Omissions*)	— 47	— 13	87	5	— 311	— 353	114	—
9. Geldliche Bewegungen (*Monetary Movements*)	— 2	— 25	— 425	— 360	9	364	— 655	— 661

Quelle: Bank Indonesia (Source) (242).

Tabelle 8 Table

Einnahmen und Ausgaben der Zentralregierung, Entwicklungshaushalt und Einsparungen 1968-77
(Realisasi anggaran routine dan pembangunan, tabungan Pemerintah dan surplus/defisit)
(Governments actual expenditures, public saving and surplus/deficit)
(*In Milliarden Rp — Milyar/billions Rp*)

Jahr/Halbjahr (Tahun/Semester) (Year/Semester)	Ordentlicher Haushalt (Routine/Operating)			Entwicklungshaushalt (Pembangunan/Development)			Überschuss/ Defizit (Surplus (+)) (Deficit (—)) (3) + (6)
	Einnahmen Penerimaan (Receipts)	Ausgaben (Pengeluaran) (Expenditure)	Einsparungen Tabungan (Pemerintah) (Public Saving)	Einnahmen (Penerimaan) (Receipts)	Ausgaben (Pengeluaran) (Expenditure)	Defizit (Deficit (—)) (4)-(5)	
	(1)	(2)	(3)	(4)	(5)	(6)	(7)
1968	149,74	149,74	0	57,90	57,90	0	0
1969/1970	243,70	216,54	27,16	91,06	118,13	— 27,07	0,09
1970/1971	344,60	288,17	56,43	120,43	169,66	— 49,23	7,20
1971/1972	428,02	338,10	78,92	135,53	195,90	— 60,37	18,55
1972/1973	590,61	438,10	152,51	157,80	298,22	—140,42	12,09
1973/1974	967,69	713,30	254,39	203,99	450,96	—246,97	7,42
1974/1975	1 753,66	1 016,11	737,55	232,05	961,82	—729,77	7,78
1975/1976	2 241,85	1 332,57	909,28	491,64	1 397,73	—906,09	3,19
1976/1977	2 905,99	1 629,76	1 276,23	783,80	2 054,48	—1 260,68	15,55

Quelle: Finanzministerium. (250).
Sumber: Departemen Keuangan.
Source: Departement of Finance.

Bemerkung: Jahr endet mit März.
Catatan: Tahun berakhir Maret.
Note: Year ending March.

TABELLE 9 TABLE

AUSGABEN DER ZENTRALREGIERUNG 1969/70 BIS 1976/77, IN MILLIARDEN RUPIAH
(Realisasi Pengeluaran Rutin Negara)
(Actual Government Routine Expenditures)
(Dalam milyar rupiah/In billions of rupiahs)

Nr.	Art der Ausgaben (Jenis Pengekuaran) (Kind of Expenditures)	1969/ 70	1970/ 71	1971/ 72	1972/ 73	1973/ 74	1974/ 75	1975/ 76	1976/ 77
1. Personal-Ausgaben	Belania Pegawai - Personnel Expenditures)	103,8	131,4	163,4	200,4	268,9	420,1	593,9	636,6
a. Reis-Deputat	(Tunjangan beras - Rice allowance)	28,8	33,5	31,9	31,3	50,6	59,5	111,9	114,8
b. Löhne u. Gehälter	(Gaji dan Pensium - Wages and Salaries)	56,4	70,6	99,7	131,6	173,9	301,7	400,0	424,8
c. Nahrungs-Auslösung	(Uuang makan (lauk pauk) - Food allowance)	10,7	11,7	12,1	14,6	16,8	24,4	43,5	45,7
d. And. interne Personal-Ausgaben	(Lain 2 Belanja pegawai dalam negeri - Other International personnel expenditures)	3,8	10,8	14,5	17,3	20,2	24,7	25,8	36,9
e. Externe Personalausgaben	(Belanja pegawai luar negeri - External personnel expenditures)	4,1	4,8	5,2	5,6	7,4	9,8	12,7	14,3
2. Material-Ausgaben	(Belanja Barang - Material Expenditures)	50,3	62,6	67,1	95,4	110,1	175,2	304,9	339,7
a. Interne Mater-Ausgaben	(Belania barang dalam negeri - Domestic material expenditures)	42,4	56,3	59,7	83,4	98,3	158,4	283,1	320,8
b. Externe Material-Ausgaben	(Belania barang luar negeri - External material expenditures)	7,9	6,3	7,4	12,0	11,8	16,8	21,8	18,9
3. Unterstützung der Regionen	(Subsidi Daerah Otonom - Subsidies to Regions)	44,1	56,2	66,8	83,9	108,6	201,9	284,5	313,0
a. West-Guinea	(Irian Jaya)	8,9	10,1	10,6	10,6	10,3	14,3	18,7	19,7
b. And. Regionale Regierungen	(Daerah Otonom lainnya - Other local Government)	35,2	46,1	56,2	73,3	98,3	187,6	265,8	293,3
4. Schulden-Rückzahlung	(Bunga dan Cicilan Hutang - Debt Repayment)	14,4	25,6	46,6	53,4	70,7	73,7	78,5	189,5
a. Inland	(Hutang dalam negeri - Internal debt)	1,7	2,0	5,6	7,4	8,2	6,4	6,8	24,4
b. Ausland	(Hutang luar negeri - External debt)	12,7	23,6	41,0	46,0	62,5	67,3	71,7	165,1
Anderes	(Lain-lain - Other)	3,9[1]	12,4[1]	5,2[1]	5,0[2]	155,0[3]	145,2[3]	70,8[1,3]	150,9
Insgesamt	Jumlah - Total	216,5	288,2	349,1	438,1	713,3	1016,1	1332,6	1.629,8

Bemerkung: Einschliesslich
Catatan: [1]) Termasuk:

Note: [1]) Including:

	1969/70	1970/71	1971/72	1973/74	1974/75	1975/76
letztjährige Ausgaben — pengeluaran tahun yang lalu — previous year expenditures	1,1	1,4	0,5	5,0	—	—
f. allgemeine Wahlen — Pemilu — General election	1,0	11,0	4,7	—	—	16,0

[2]) Einschl. Ausgaben des Vorjahres
[2]) Termasuk pengaluaran tahun yang lalu
[2]) Including previous year expenditures

[3]) Einschl. Ausgaben f. Subventionen f. Nahrung (Reis Weizen und Zucker)
[3]) Termasuk pengaluaran untuk subsidi impor komersiil pangan (beras, gandunm, gula)
[3]) Including expenditures on subsidy of commercial import of food (rice, Wheat and sugar)

Quelle: Finanzministerium (250).
Source: Department of Finance
Sumber: Department Keuangan

TABELLE 10 TABLE

EINNAHMEN DER ZENTRALREGIERUNG ZU JEWEILIGEN PREISEN, 1960/70 BIS 1976/77, IN MILLIARDEN RUPIAH
(Realisasi Penerimaan Negara)
(Actual Government Receipts)
(*Dalam milyar rupiah/In billions of rupiahs*)

Nr.	Art der Einnahmen Jenis Penerimaan) (Kind of Receipts)	1969/70	1970/71	1971/72	1972/73	1973/74	1974/75	1975/76	1976/77
I. Ordentliche -Einnahmen der Regierung	(Penerimaan Dalam Negeri - Routine Receipts)	243,7	344,6	428,0	590,6	967,7	1.753,7	2.241,9	2.905,9
A. Direkte Steuer	(Pajak Langsung - Direct Tax) ..	91,5	121,7	181,0	302,2	505,0	1.228,7	1.592,1	2.046,6
1. Einkommensteuer	(Pajak pendapatan - Income tax) ..	12,1	13,4	17,4	23,7	34,4	43,3	61,7	84,2
2. Körperschaftssteuern der Ölfirmen	(Pajak perseroan - Corporation tax)	15,6	20,7	25,4	30,6	44,2	91,2	128,2	127,2
	(Pajak perseroan minyak - Oil companies corporations tax) ...	48,3	68,8	112,5	198,9	344,6	973,1	1.249,1	1.619,4
4. Rückhaltebetrag	(M.P.O. - Withholding)	15,3	18,6	24,6	30,2	56,8	83,3	97,3	148,4
5. Regionaler Entwicklungsbeitrag	(Ipeda - Regional Development Contribution)	—	—	—	15,2	19,5	28,0	34,5	42,2
6. Anderes	(Lain-lain - Other)	0,2	0,2	1,1	3,6	5,5	9,8	21,2	25,2
B. Indirekte Steuern	(Pajak tidak Langsung - Indirect Tax)	149,1	209,8	219,5	253,8	412,9	458,4	539,4	740,9
1. Verkaufssteuern	(Pajak Penjualan - Sales tax) ...	15,1	18,3	24,0	34,5	54,6	84,9	119,2	162,3
2. Verkaufssteuren auf Importe	(Pajak Penjualan Impor - Sales tax on Import)	15,9	22,1	22,4	27,8	50,7	68,9	72,5	102,2
3. Excise	(Cukai - Excises)	32,1	38,9	40,4	47,3	61,7	74,4	97,3	130,7
4. Einfuhrzoll	(Bea Masuk - Import Duties)	57,7	70,7	69,4	73,2	128,2	160,6	174,0	257,4
5. Ausfuhrsteuern	(Pajak Ekspor - Export taxes)	7,4	25,0	28,1	32,7	68,6	70,3	61,6	61,7
6. Andere Öleinnahmen	(Penerimaan minyak lainnya - Other Receipts from oil)	17,5	30,4	28,2	31,6	37,6	—15,9	—1,1	15,7
7. Anderes	(Lain-lain - Other)	3,4	4,4	7,0	6,7	11,5	15,2	15,9	10,7
C. Nicht-Steuer-Einnahmen	(Penerimaan Non tax - Non tax Receipts)	3,1	13,1	27,5	34,6	49,8	66,6	110,4	118,5
II. Entwicklungs-Einnahmen	(Penerimaan Pembangunan - Development Receipts)	91,0	120,4	135,5	157,8	203,9	232,0	491,6	783,8
1. Programmhilfe	(Bantuan program - Program aids)	65,7	78,9	90,5	95,5	89,8	36,1	20,2	10,2
2. Projekthilfe	(Bantuan proyek - Project aids) ..	25,3	41,5	45,0	62,3	114,1	195,9	471,4	773,6
Insgesamt	Jumlah - Total	334,7	465,0	563,5	748,4	1.171,6	1.985,7	2.733,5	3.689,8

Quelle: Finanzministerium (250).
Sumber: Departemen Keuangan.
Source: Department of Finance.

TABELLE 11 TABLE

ENTWICKLUNGSHAUSHALT DER ZENTRALREGIERUNG 1969/70 BIS 1976/77
(Realisasi Pengeluaran Pembangunan Megara
(Actual Government Development Expenditures)
(*Zala milyar rupiah/In billions of rupiahs*
(*In Milliarden Rupiah*)

Nr.	Art der Ausgaben (*Jenis Pengeluaran*) (*Kind of Expenditures*)	1969/70	1970/71	1971/72	1972/73	1973/74	1974/75	1975/76	1976/77
1. Ministerien und Institutionen	(Departemen/Lembaga - *Departments/Institutions*)[1]	79,8	83,0	102,6	150,0	167,3	221,6	384,9	590,9
2. Zuschuss für Dörfer	(Bantuan Pembangunan Desa - *Development Subsidy to Villages*)	2,6	5,6	5,3	5,7	5,7	11,4	15,9	19,8
3. Zuschuss für Bezirke	(Bantuan Pembangunan Kabupaten - *Development Subsidy to gencies*)	—	5,6	8,8	12,8	19,2	42,5	59,1	62,4
4. West-Guinea	(Irian Jaya)	2,9	0,8	2,4	3,3	3,3	4,0	5,5	5,0
5. Zuschuss für Provinzen	(Sumbangan Pembangunan D.T.I. - *Development Subsidy to Provinces*)	—	20,7	20,8	20,8	20,8	47,4	54,0	61,5
6. Investitionen durch Banken	(Penyertaan Modal Pemerintah - *Investment through the Banking System*)	7,6	10,6[2]	8,0[2]	22,5	40,8	91,1	108,7	107,3
7. Mineraldünger-Subvention	(Subsidi Pupuk - *Fertilizer Subsidy*)	—	—	—		33,0	227,2	134,5	
8. Grundschulen	(Pembangunan Sekolah Dasar - *Construction of Primary Schools*)	—	—	—	—	17,2	19,7	49,9	57,3
9. Regionaler Entiwicklungs-Beitrag	(Ipeda - *Regional Development Contribution*)	—	—	—	15,2	19,5	28,0	34,6	42,2
10. Gesundheits-Einrichtungen	(Pelayanan Kesehatan/Puskesmas - *Sanitary Facilities/Central Public Health Buildings*)	—	—	—	—	—	5,3	15,2	20,8
11. Bau und Wiederherrichtung von Märkten	(Bantuan Pembangunan dan Pemugaran Pasar - *Construction and Rehabilitation of Markets*) .	—	—	—	—	—	—	—	0,0
12. Aufforstung	(Bantuan Penhijauan dan Reboisasi - *Remplanting and Afforestation*)	—	—	—	—	—	—	—	16,0
13. Anderes	(Lain-lain - *Others*)	—	1,8	3,0	5,6	10,0	67,7	64,0	79,8
14. Projekt-Hilfe	(Bantuan Proyek - *Project Loans*)	25,3	41,5	45,0	62,3	114,1	195,9	471,4	217,9
	Insgesamt (Jumlah - *Total*)	118,2	169,6	195,9	298,2	450,9	961,8	1.397,7	1.280,9

Bemerkung: [1]) einschliesslich militärischer Streitkräfte.
[2]) einschliesslich BIMAS-Intensivierungsprogramm.
Catatan: [1]) Termasuk Hankam

	1970/1971	1971/1972
[2]) Termasuk Bimas	9,6	1,0

Note: [1]) *Including Armed Forces*
[2]) *Including massguidance*

Quelle: Finanzministerium. (250). 1976: Bank Indonesia (242).
Sumber: Departemen Kenuangan.
Source: Departement of Finance.

TABELLE 12 TABLE

SEKTORALE AUFTEILUNG DES ENTWICKLUNGSHAUSHALTS REPELITA II, 1974/75 BIS 1977/78 *)

(Development Budget REPELITA II with Sectoral Distribution)

Sektor	Planung (Planning)		Tatsächlich ausgegeben (Realized)			Voranschlag (Planning)
	1974/75 [1]	II. Repelita	1974/75	1975/76	1976/77 [2]	1977/78 [3]
	... in Mill. US$ ...		.... in Mrd. Rupiahs			
1. Landwirtschaft und Bewässerung (Agric./Irrigation)	120,9	1001,6	298,7	269,8	336,9	376 (142)
2. Industrie u. Bergbau (Mining)	12,8	185,8	69,9	120,2	193,3	148 (95)
3. Elektrische Energie	55,7	387,8	78,4	122,7	230,3	232 (164)
4. Strassenbau u. Tourismus	11,4	831,7	124,5	325,8	405,6	365 (208)
5. Handel u. Genossenschaftswesen	4,2	37,9	3,9	3,0	9,7	12 (0,6)
6. Arbeitskräfte u. Transmigration	6,6	69,4	3,1	9,9	18,9	66 (10)
7. Regional-und Lokale Entwicklung	127,6		137,8	165,2	195,7	235 (8)
8. Religion	1,6	15,0	2,8	2,3	6,2	8 (—)
9. Erziehung, natürliche Kultur u. Jugend	55,7	525,8	50,5	114,1	132,4	220 (30)
10. Gesundheit, Familienplanung u. allg. Wohlfahrt (Health)	23,4	192,1	21,8	37,7	40,4	72 (12)
11. Wohnungsbau und Wasserversorgung (Housing)	6,6	101,6	6,4	14,4	28,1	68 (28)
12. Ordnung u. Gesetz (Law and Order)	2,0	30,0	2,4	4,6	8,4	12 (—)
13. Nationalverteidigung und Sicherheit	18,0	126,0	22,3	35,8	58,0	56 (—)
14. Informations-und Verbindungswesen	2,1	26,7	2,6	14,4	47,8	11 (3)
15. Fotschritt von Wissenschaft und Technologie, Forschung und Statistik	11,1	101,3	9,1	19,5	22,8	38 (3)
16. Staatsapparat (Gov. Apparatus)	20,5	123,0	27,5	33,3	39,2	60 (—)
17. Investitionen durch das Bankensystem	35,3	562,9	104,7	132,4	296,6	189 (23)
Insgesamt (Total - Jumlah)	615,7	5249,2	966,4	1425,2	2070,2	2168 (727)

Quelle: BAPPENAS (216) und Biro Statistik Pusat (216) Sumber-Source.
[1]) Zahlen des 1974/75 Staatshaushalts.
[2]) Geschätzt.
[3]) Zahlen in Klammern des Haushalts 1977/78 geben die Projekt-Hilfe-Komponente an, ausgedrückt in Milliarden Rupiah.
*) Die Planung ist in Millionen Dollar ausgedrückt, die Ausführung in Milliarden Rupiah.

TABELLE 13 TABLE

ENTWICKLUNSHILFE-AUSGABEN 1969/70-1977/78, IN MRD. RP.

(Disbursements of Foreign Aid in bill. Rp.)

Haushalts-Jahr (Budget) (Year)	Programm-Hilfe (Program) (Aid)	Projekt-Hilfe (Project) (Aid)	Insgesamt (Total)	Anstieg (Increase)	
				(Total)	(In %)
1969/1970	65,7	25,3	91,0	—	—
1970/1971	78,9	41,5	120,4	+ 29,4	+ 32,3
1971/1972	90,5	45,0	135,5	+ 15,1	+ 12,5
1972/1973	95,5	62,3	157,8	+ 22,3	+ 16,5
1973/1974	89,8	114,1	203,9	+ 46,1	+ 29,2
1974/1975	36,1	195,9	232,0	+ 28,1	+ 13,8
1975/1976	20,2	471,4	491,6	+259,6	+111,9
1976/1977 [1]	10,2	707,2	717,4	+225,8	+ 45,9
1977/1978 [2]	35,6	727,5	763,1	+ 45,7	+ 6,4

Quelle: BAPPENAS.
[1]) Haushalts-Datenmaterial-Budget Data.
[2]) Daten des Haushaltsentwurfs Draft D.

TABELLE 14 TABLE

ANZAHL UND KOSTEN DER GENEHMIGTEN INLÄNDISCHEN INVESTITIONSPROJEKTE NACH WIRTSCHAFTLICHEN AKTIVITÄTEN,
1968 BIS 1977, IN MILL. RUPIAH
(Proyek 2 penanaman modal dalam negeri yang telah disetujui pemerintah menurut sektor ekonomi)
(Approved domestic investment projects by economic activity)
(*Jutaan/Millions Rp*)

Art der Investitionen (*Jenis kategori*) (*Title of category*)		Insgesamt 1968bis Berichts-zeitpunkt 1977 (*Jumlah*) (*Total*)	
		Anzahl (*Proyek*) (*Projects*)	Wert (*Modal*) (*Capital*)
1. *Landbau*	1. Pertanian, perburuan, kehutanan dan perikanan / *Agriculture, hunting, forestry and fishing*	402	331.433
	Diantaranya / *Of which:*		
a. Landwirtschaft	a. Pertanian / *Agriculture*	(89)	(123.780)
b. Forsten	b. Kehutanan / *Forestry*	(289)	(191.383)
c. Fischerei	c. Perikanan / *Fishing*	(24)	(16.270)
2. *Bergbau/Steine*	2. Pertambangan dan penggalian / *Mining and quarrying*	13	50.045
3. *Industrie*	3. Perindustrian / *Manufacturing*	1 904	1.346.357
4. *Energie/Wasser*	4. Listrik, gas dan air / *Electricity, gas and water* ...	1	1.169
5. *Baugewerbe*	5. Konstruksi / *Construction*	5	13.006
6. *Handel*	6. Perdagangan besar dan eceran, restoran dan hotel / *Wholesale and retail trade, restaurants and hotels* ..	104	79.993
	Diantaranya / *Of which:*		
a. Handel	a. Perdagangan / *Trade*	(3)	(928)
b. Hotelgewerbe	b. Restoran dan hotel / *Restaurants and hotels* ..	(101)	(79.065)
7. *Transport*	7. Transport, pergudangan dan perhubungan / *Transport, storage and communication*	111	122.263
8. Versicherungswesen	8. Lembaga keuang, perasuransian, real estate dan jasa perusahaan / *Financing, insurance, real estate and business services*).................................	26	142.008
9. Personelle Dienste	9. Jasa masyarakat, sosial dan perorangan / *Community, social and personal services*	17	7.772
INSGESAMT	Jumlah / *Total*	2 583	2.094.046

Catatan: ¹) Di luar sektor minyak, assuransi dan perbankan

²) Telah ditambah dengan PMA yang beralih ke PMDN dan dikurangi PMDN yang dicabut

Sumber: Badan Koordinasi Penanaman Modal
Quelle: Investitions-Koordinationsbehörde (250).

Note: ¹) *Excluding oil, insurance and banking sectors* (auschl. Öl, Versicherungswesen, einschl. ausl.)
²) *Plus foreign investment which were transferred to domestic investment and minus liquidated domestic investment* (Investitionen, die übertragen wurden auf inländische)
Source: Investment Coordinating Board

TABELLE 15 TABLE

ENTWICKLUNGSHILFE-ZUSAGEN 1969/70-1976/77, IN MILL. US$
(Commitment of Foreign Aid in millions of US$)

Zusagen (*Commitment*)	1969/70	1970/71	1971/72	1972/73	1973/74	1974/75	1975/76	1976/77
1. Programmhilfe (*Program Aid*) .	324,7	352,8	350,7	416,6	249,5	186,0	65,2	56,0
in % von Gesamt (*as % of Total Aid*)	(57,9)	(58,6)	(54,5)	(50,6)	(29,1)	(16,4)	(5,5)	(5,1)
Devisenhilfe (*Foreign Exchange*)	150,7	141,3	166,0	240,6	170,6	43,0	1,0	—
PL 480	133,5	183,5	159,8	144,2	38,2	116,0	59,6	56,0
Nahrungshilfe (*Food Aid*)	40,5	28,0	24,9	31,8	40,7	27,0	4,6	—
2. Projekthilfe (*Project Aid*)	236,2	249,1	292,7	406,5	606,6	945,4	1.112,8	1.048,7
in % von Gesamt (*as % of Total Aid*)	(42,1)	(41,4)	(45,5)	(49,4)	(70,9)	(83,5)	(94,5)	(94,9)
3. Gesamte Zusagen (*Total Commitments*)	560,9	601,9	643,4	823,1	856,1	1.131,4	1.178,0	1.104,7

Quelle für beide Tabellen: Finanzministerium (250).
Source: Department of Finance.

TABELLE 16 TABLE

GENEHMIGTE AUSLÄNDISCHE INVESTITIONEN NACH GEBERLÄNDERN, 1967-1977
(Approvals of Foreign Investments by Countries of Origin)
(*In '000 US$*)

| | Kumulativ (Cumulative) | | | | | | Jährlich (Annual) | | Kumulativ (Cumulative) | |
| | 1967-1972 | | 1973 | | 1974 | | 1975 | | 1967-1977 | |
	Projects	Investm. US$	Projects	Investm. US$	Projects	Investm. US$	Projects	Investm. US$	Projects	Investm. US$
1. Japan	104	450.200	156	857.197	182	1.437.008	19	1.041.912	203	2.483.684
2. Hongkong	76	168.296	96	319.056	107	460.554	7	101.380	116	583.534
3. Süd (*South*) Korea	7	59.900	14	84.810	18	107.400	—1	250	17	107.650
4. Taiwan	2	17.297	3	20.097	3	20.097	3	31.300	8	118.527
5. Thailand	9	9.400	9	10.000	—	10.300	—	—	9	10.300
6. Singapore	34	82.179	37	88.264	39	118.639	5	15.299	46	105.438
7. Philippines	17	279.000	17	290.750	16	290.751	—1	10.000	15	280.751
8. Malaysia	30	44.940	30	43.505	30	45.758	—	7.000	30	52.758
9. Brunai	3	6.500	4	7.500	4	7.500	—	—	4	7.500
10. India	2	5.649	4	15.298	4	12.299	2	8.200	6	20.499
11. Ghana	1	500	1	500	1	500	—	—	1	500
12. Australia	25	101.023	33	132.586	37	149.303	2	26.695	39	175.998
13. New Zealand	1	1.080	1	1.080	2	1.581	1	400	3	1.981
14. USA	76	520.886	90	522.014	96	669.103	—1	14.594	95	583.697
15. Canada	4	102.559	4	102.217	3	4.040	—	—	3	4.040
16. Bahama	2	9.400	2	11.000	1	2.000	—	—	1	2.000
17. Panama	7	25.000	8	33.000	9	39.136	—	—	9	39.136
18. Suriname	—	—	1	3.581	1	4.983	—	—	1	4.988
19. United Kingdom	33	35.802	38	57.198	40	72.247	—	—7.500	40	64.747
20. Frankreich (*France*)	9	17.963	9	19.356	10	54.193	—	—	10	54.193
21. Niederlande	33	55.952	39	138.088	43	170.544	1	1.739	44	172.283
22. Bundesrepublik Deutschland	22	32.249	23	162.837	23	167.439	2	14.852	25	182.291
23. Belgien (*Belgium*)	15	21.292	15	30.872	17	47.445	—	790	17	48.235
24. Schweiz (*Switzerland*)	12	25.603	15	63.145	18	71.595	—1	—277	17	71.318
25. Lichtenstein	3	3.250	3	3.250	3	15.750	1	2.000	4	17.750
26. Dänemark (*Denmark*)	5	6.000	5	6.000	5	6.051	—	3.800	5	9.851
27. Norwegen (*Norway*)	3	5.900	3	5.250	3	5.250	—	—	3	5.250
28. Schweden (*Sweden*)	1	1.200	1	1.200	1	1.200	—	—	1	1.200
29. Italien (*Italy*)	1	1.000	2	4.000	2	4.000	—	1.552	2	5.552
30. Polen (*Poland*)	—	—	—	—	—	—	1	3.000	1	3.000
31. Andere (*Others*)	33	459.637	52	590.516	61	847.683	6	521.049	67	1.368.732
Insgesamt (*Total*)	570	2.549.367	715	3.624.177	788	4.744.354	46	1.778.035	842	6.647.383

Quelle: Investitions-Koordinationsbehörde (250).
Source: Investment Coordinating Board.

TABELLE 17 TABLE

SEKTORALE AUFTEILUNG DER GENEHMIGTEN AUSLÄNDISCHEN INVESTITIONSPROJEKTE 1967-76
(Sectoral Distribution of Approved Foreign Investments)
(Anzahl der Projekte und in Mill. US$ die Investitionen)

	1967-1974		1975		1976 (July)		Insgesamt (Total)		Anteil % (Share)
	Projects Projekte	Investm. US$	Projects Projekte	Investm. US$	Projects Projekte	Investm. US$	Projects Projekte	Investm. US$	
1. Industrie (Industry)	460	2.400,686	31	1.180,489	7	108,994	498	3.699,169	55,6
2. Fischereiwesen (Fishery) ...	19	57,888	—	6,611	—	—	19	64,499	1,0
3. Forsten (Forestry)	85	537,643	1	16,102	1	16,000	87	569,745	8,6
4. Landwirtschaft (Agriculture/ Estates/Livestock)	58	106,284	1	2,760	—	—	59	109,044	1,6
5. Bergbau (Mining)	17	1.022,680	—	507,214	—	—	17	1.529,894	23,0
6. Verbindungswesen (Communication/Tourism) ..	34	231,131	5	38,680	—	—	39	269,811	4,1
7. Handel (Trade)	4	11,523	—	—	—	—	4	11,523	0,2
8. Baugewerbe (Construction) .	56	77,633	5	9,879	—	—	61	87,512	1,3
9. Andere (Other)	55	289,886	3	16,300	—	—	58	306,186	4,6
Insgesamt (Total)	788	4.744,354	46	1.778,035	8	124,994	842	6.647,383	100,0

Quelle: Investitions-Koordinations-Behörde (250).
Source: Investment Coordination Board.

TABELLE 18 TABLE

PROZENTUALE VERTEILUNG DES BRUTTOSOZIALPRODUKTS AUF SEKTOREN ZU JEWEILIGEN MARKTPREISEN
(Percentage Distribution of GDP at Current Market Prices 1971-1976)
(In von Hundert/In Percentage)

	1971	1972	1973	1974	1975	1976
Wirtschaftssektoren (Economic Sectors)						
1. Landwirtschaft, Forsten u. Fischerei (Agriculture, Forestry, Fishery)	44,8	40,3	40,1	32,5	33,2	31,1
2. Bergbau (Mining)	8,9	10,8	12,3	22,0	20,4	18,9
3. Herstellende Industrie (Mfg. industry)	8,4	9,8	9,6	8,3	8,8	9,1
4. Energie-und Wasserversorgung (Power, gas, water)	0,5	0,4	0,5	0,5	0,5	0,6
5. Baugewerbe (Construction)	3,5	3,8	3,9	3,8	4,5	5,3
6. Transport-und Verbindungswesen (Transport and communication)	4,4	4,0	3,8	4,1	4,3	4,4
7. Banken, Handel und Dienste (Banking, trade and services)	30,4	30,9	29,8	28,8	28,3	30,6
Bruttosozialprodukt (Gross Domestic Product)	100,0	100,0	100,0	100,0	100,0	100,0
Ausgabe-Kategorien (Expenditure Categories)						
1. Privater Verbrauch (Private consumption) ...	77,1	74,5	70,9	65,1	66,0	67,7
2. Staatlicher Verbrauch (Government consumption)	9,3	9,1	10,6	10,6	12,6	10,3
3. Brutto-Inlandsinvestitionen (Gross, domestic investment)	15,8	18,8	17,9	16,7	20,3	20,7
4. Ausfuhren, netto (Exports, net)	—2,2	—2,4	+0,6	+7,6	+1,1	1,3
Bruttosozialprodukt (Gross Domestic Product)	100,0	100,0	100,0	100,0	100,0	100,0

Quelle: Tabelle 19 — Source. 1976: Bank Indonesia (242).

TABELLE 19 TABLE

BRUTTOSOZIALPRODUKT NACH INDUSTRIEN ZU 1973ER PREISEN, 1971-1976
(Gross Domestic Product by Industrial Origin at Constant 1973 Prices)
(*In Milliarden Rp./In billions of Rupiahs*)

Sektoren (Sectors)	1971	1972	1973	1974	1975 [1]	Anteil (Share) 1975	1976
1. Landwirtschaft, Forsten, Fischerei (*Agriculture, forestry, fishery*)	2.441	2.479	2.710	2.811	2.836	37,2	2.952
a. Nahrungspflanzen(*Foodcrops*)	1.436	1.415	1.573	1.681	1.694	22,2	1.756
b. andere (*Other*)	1.005	1.064	1.137	1.130	1.142	15,0	1.196
2. Bergbau (*Mining*)	551	674	831	859	828	10,9	952
3. Industrie (*Industry*)	490	564	650	755	849	11,1	907
4. Energie-und Wasserversorgung (*Power, gas, water*)	24,7	26,2	30,4	37,0	41,0	0,5	46
5. Baugewerbe (*Construction*)	171	222	262	320	357	4,7	385
6. Transport-und Verbindungswesen (*Transport and communication*)	210	229	257	288	303	4,0	343
7. Banken, Handel und Dienste (*Banking, trade and other services*)	1.712	1.873	2.013	2.171	2.406	31,6	2.590
Bruttosozialprodukt (*Gross Domestic Product*)	5.599,7	6.067,2	6.753,4	7.241,0	7.620,0	100,0	8.175
Prozentuale Änderungen (*Percentage change p.a. %*) ...	—	8,3	11,3	7,2	5,2	—	10,7

TABELLE 20 TABLE

BRUTTOSOZIALPRODUKT NACH INDUSTRIEN ZU JEWEILIGEN PREISEN, 1971-1976
(Gross Domestic Product by Industrial Origin at Current Market Prices)
(*In Mrd. Rupiah/In billions of Rupiahs*)

Sektoren (Sectors)	1965 *	1971	9172	1973	1974	1975 [1]	1976 [1]
1. Landwirtschaft, Forsten, Fischerei (*Agriculture, forestry, fishery*)	13.928	1.646	1.837	2.710	3.497	4.045	4.824
a. Nahrungspflanzen(*Foodcrops*)	8.481	961	1.071	1.573	2.096	2.549	3.044
b. andere (*Other*)	5.447	685	766	1.137	1.401	1.496	1.780
2. Bergbau (*Mining*)	582	294	491	831	2.374	2.483	2.930
3. Industrie (*Industry*)	1.796	307	448	650	890	1.072	1.418
4. Energie-und Wasserversorgung (*Power, gas, water*)	5	18,0	20,0	30,4	52,0	60,0	98
5. Baugewerbe (*Construction*)	437	128	174	262	406	550	813
6. Transport-und Verbindungswesen (*Transport and communications*)	518	162	182	257	442	521	662
7. Banken, Handel und Dienste (*Banking, trade and other services*)	3.794	1.117	1.412	2.013	3.107	3.459	4.749
Bruttosozialprodukt (*Gross Domestic Product*)	23.710	3.672,0	4.564,0	6.753,4	10.768,0	12.190,0	15.494

[1]) Vorläufige Schätzungen.
[1]) Preliminary estimates.
*) Alte Rupiah-old Rupiah.
Quelle: Zentrales Statistisches Büro (216) (für beide).
Source: Central Bureau of Statistics.

302

TABELLE 21 TABLE

AUSGABEN AUF DAS BRUTTOSOZIALPRODUKT ZU JEWEILIGEN MARKTPREISEN, 1971-76
(Expenditure on GDP at Current Market Prices)
(*In Milliarden Rp./In billions of Rupiash*)

Art der Ausgaben (Types of Expenditures)	1971	1972	1973	1974 [1]	1975 [1]	1976
1. Privater Verbrauch (*Private consumption*) [2] .	2.832,6	3.401,6	4.790,7	7.012,6	8.051,2	10.491
2. Staatlicher Verbrauch (*Government consumption*)	341,0	414,0	716,0	1.147,0	1.542,7	1.590
3. Brutto-Inlandsinvestitionen (*Gross domestic investment*)	580,0	857,0	1.208,0	1.797,0	2.471,7	3.205
4. Ausfuhr von Gütern und Nicht-Faktor Dienste (*Exports of goods and non-factor services*)	529,5	753,8	1.354,3	3.105,1	2.821,6	3.430
5. Abzüglich Einfuhr von Gütern and NFS (*Less (—) imports of goods and NFS*)	611,1	862,4	1.315,6	2.293,7	2.697,2	3.222
6. Bruttosozialprodukt (*GDP*)	3.672,0	4.564,0	6.753,4	10.768,0	12.190,0	15.494
7. Netto-Faktor-Einkommen nach aussen (*Net factor income to abroad*)	—66,7	—159,4	—245,7	—507,1	—509,4	— 432
8. Brutto-Nationaleinkommen (*GNP*)	3.605,3	4.404,6	6.507,7	10.260,9	11.680,6	15.062
9. Abzüglich indirekter Steuern, netto (*Less (—) indirect taxes, net*)	229,0	236,0	328,0	447,0	519,2	307
10. Abzüglich Abschreibung (*Less (—) depreciation*)	238,7	296,7	439,0	639,3	723,4	1.007
11. Nationaleinkommen (*National income*)	3.137,6	3.871,9	5,740,7	9.174,6	10.438,0	13.748

TABELLE 22 TABLE

AUSGABEN AUF DAS BRUTTOSOZIALPRODUKT ZU 1973ER PREISEN, 1971-76
(Expenditure on GDP at Constant 1973 Prices)
(*In Milliarden Rp./In billions of Rupiahs*)

Art der Ausgaben (Types of Expenditures)	1971	1972	1973	1974 [1]	1975 [1]	1976 [1]
1. Privater Verbrauch (*Private consumption*) [2] ..	4.037,6	4.313,1	4.790,7	5.291,6	5.720,9	6.050
2. Staatlicher Verbrauch (*Government consumption*)	534,1	524,0	716,0	775,0	1.031,5	897
3. Brutto-Inlandesinvestitionen (*Gross domestic investment*)	866,9	1.032,0	1.208,0	1.440,0	1.628,6	1.749
4. Ausfuhr von Gütern und Nicht-Faktor-Diensten (*Exports of goods and non-factor services*)	890,8	1.123,4	1.354,3	1.403,4	1.146,6	1.425
5. Abzüglich Einfuhr von Gütern und NFS (*Less (—) imports, G and NFS*)	729,7	925,3	1.315,6	1.669,0	1.907,6	1.946
6. Bruttosozialprodukt (*GDP*)	5.599,7	6.067,2	6.753,4	7.241,0	7.620,0	8.175
7. Netto-Faktor-Einkommen nach aussen (*Net factor income to abroad*)	—79,7	—171,0	—245,7	—369,0	—360,3	— 367
8. Brutto-Nationaleinkommen (*GNP*)	5.520,0	5.896,2	6.507,7	6.872,0	7,259,7	7.808
9. Abzüglich indirekter Steuern, netto (*Less (—) indirect taxes, net*)	271,9	294,5	328,0	351,7	370,1	399
10. Abzüglich Abschreibung (*Less (—) depreciation*)	363,9	394,2	439,0	470,7	495,3	534
11. Nationaleinkommen (*National income*)	4.884,2	5.207,5	5.740,7	6.049,6	6.394,3	6.875

[1]) Vorläufige Schätzungen.
[1]) Preliminary estimates.
[2]) Rückstände.
[2]) Residual.

Quelle: f. beide Tabellen: Zentrales Statistisches Amt. (216).
Source: for both tables: Central Statistical Office.

TABELLE 23 TABLE

ZUSAMMENSETZUNG DER EXPORTE UND PROJEKTIONEN 1973/74 BIS 1985/86, IN MILLIARDEN US $
(Composition of exports and projections in billion US$)

	1973/74	1974/75 Jeweilige Preise (Current prices) Konst.	1974/75 1973/74er Preise (Constant prices a)	1975/76 Jeweilige Preise (Current prices) Konst.	1975/76 1973/74er Preise (Constant prices a)	1976/77 Jeweilige Preise (Current prices)	1976/77 1973/74er Preise stant prices a) Konst.	1980/81-1985/86 Projektionen, Jeweilige Preise (Projections) (Current prices)	
Holz (Timber)	0,72	0,62	0,57	0,53	0,54	0,76	0,64	1,44	2,66
Kautschuk (Rubber)	0,48	0,43	0,45	0,38	0,45	0,57	0,47		
Kaffee (Coffee)	0,08	0,10	0,09	0,11	0,12	0,29	0,14	1,75	2,75
Palmprodukte (Palm products)	0,09	0,19	0,10	0,15	0,14	0,13	0,13		
And. landw. Erzeugnisse (Other agricultural products)	0,23	0,22	0,26	0,25	0,25	0,27	0,25		
Zinn (Tin)	0,10	0,17	0,11	0,16	0,10	0,16	0,10	0,79	2,19
Andere Mineralien (Other minerals)	0,08	0,10	0,12	0,08	0,10	0,13	0,13		
Versch. (Miscellaneous (inc. manufactures))	0,13	0,21	0,09	0,22	0,14	0,23	0,11	0,61	1,38
Gesamt-Nicht-Öl (Total non-oil exports)	1,91	2,03	1,79	1,87	1,84	2,54	1,99	4,59	8,98
Öl und Gas netto (Oil and gas (net))	0,64	2,64	0,73	3,14	0,60	3,66	0,65	6,35	9,75
Insgesamt Exporterlöse (Total export earnings)	2,55	4,67	2,52	5,01	2,30	6,20	2,64	10,94	18,73
Preis-Index (Price Index)									
Nicht-Öl-Exporte (Non-oil exports)	100	114		101		127		178	254
Öl (Oil)	100	362		520		566		713	1.000

Quelle: Bank Indonesia. Source (242).
a) Constant 1973/74 prices (1973/74 Preise).

TABELLE 24 TABLE

INTERNATIONALE PREISE DER HAUPTAUSFUHRARTIKEL, 1969/70 BIS 1977/78 [1]
(International Prices of Principal Export Products,)

	1969/70	1970/71	Änderung % (Change)	1971/72	Änderung % (Change)	1972/73	Änderung % (Change)	1973/74	Änderung % (Change)	1974/75	Änderung % (Change)	1975/76	Änderung % (Change)	1976/77 [2]	Änderung % (Change)	1977/78
Holz (Lumber) (1.000 Y/m³)	—	20,00	—	22,00	+10,0	30,00	+36,4	31,00	+ 3,3	35,00	+12,9	45,00	+28,6	45,0	0,0	56,0
Kautschuk (Rubber III c & [2]) (US$ cent/lb)	21,50	18,00	—16,3	15,75	—12,5	27,75	+76,2	42,75	+ 54,1	29.125	—31,9	36,75	+26,2	38.375	+ 4,4	39,1
Zinn (Tin) (£/l.ton)	1.589	1.484	— 6,6	1.505	+ 1,4	1.732	+15,1	3.435	+ 98,3	3.060	—10,9	3.620	+18,3	4.435	+ 22,5	6.200
Palmöl (Palm Oil cif) (US$/l.ton/)	—	278	—	217	—21,9	265	+22,1	620	+134,0	510	—17,7	371	—27,3	435	+ 17,3	430
Rob. -Kaffee (Robusta coffee cif) (Str. $/pikul)	85	116	+36,5	85	—26,7	90	+ 5,9	168	+ 86,7	113	—32,7	211	+86,7	300	+ 42,2	580
Tee (Tea cif) (£/kg)	0,30	0,33	+10,0	0,36	+ 9,1	0,38	+ 5,6	0,50	+ 31,6	0,58	+16,0	0,58	0,0	0,76	+ 31,0	1,66
Palmkerne (Palm Kernel) (£/l.ton)	74,25	68,30	— 8,0	47,00	—31,2	79,50	+69,1	275,08	+245,9	98,00	—64,4	92,00	— 6,1	238,00	+158,7	.
Weisser Pfeffer (White Pepper) (US$ cent/lb)	49	49	0,0	63	+28,6	71	+12,7	113	+ 59,2	100	—11,5	110	+10,0	95	— 13,6	140
Schwarzer Pfeffer (Black Pepper) (US$ cent/lb)	57	57	0,0	50	—12,3	55	+10,0	75	+ 36,4	90	+20,0	86	— 4,4	88	+ 2,3	128
Kopra (Copra) (US$/l.ton)	—	178	—	125	—29,8	220	+76,0	760	+245,5	250	—67,1	185	—26,0	325	+ 75,7	315

Quelle: Bank Indonesia = Source (242).
[1]) Situation Ende März.   [2]) Juni 1977.
[1]) Position at the end of March.
[1]) Situation Ende August 1976.
[1]) Position end of August 1976.

TABELLE 25 TABLE

WERT DER EINFUHREN NACH WIRTSCHAFTLICHEN HAUPTGRUPPRN, 1969/70-1976/77
(Value of Imports by Major Economic Groups,
(*In Millions of US$*)

	1969/70	Anteil % (Share)	1970/71	Anteil % (Share)	1971/72	Anteil % (Share)	1972/73	Anteil % (Share)	1973/74	Anteil % (Share)	1974/75	Anteil % (Share)	1975/76	Anteil % (Share)	1976/77
Verbrauchsgüter *Consumption Groods*	364,5	35,3	346.,7	28,8	266,1	24,.	524,8	30,7	1.001,7	34,1	920,4	21,9	771,9	17,5	1.279	26,5
Reis (*Rice*)	146,6		103,5		96,3		254,7		547,9		439,4		118,6			
Weizen (*Wheat grain*)	55,4		50,2		37,9		0,7		2,8		—		—			
Textilien (*Textile*) .	22,9		39,2		27,4		22,0		21,1		28,6		23,4			
Anderes (*Others*) .	139,6		154,0		104,5		247,4		429,9		452,4		629,9			
Rohstoffe und Halbfertigwaren (Raw Materials & Intermediate Goods)	365,5	35,5	426,4	35,4	446,4	41,3	657,9	38,5	1.165,0	39,6	2.094,9	49,8	1.207,0	27,4	1.869	38,7
Gewürznelken (*Cloves*)	10,3		27,7		27,6		46,4		30,0		37,8		93,3			
Chemikalien (*Chemicals*)	47,0		63,0		34,7		63,1		98,9		102,1		140,2			
Chem. Prod. (*Chemical Products*)	11,1		13,2		14,1		16,4		24,6		15,1		14,6			
Farbe (*Paint*)	10,4		18,6		21,2		28,7		42,4		58,9		65,7			
Dünger (*Fertilizer*)	24,9		27,4		44,5		61,2		235,5		1.036,2		88,3			
Papier (*Paper*) ...	22,2		26,7		23,7		32,3		60,6		55,4		74,5			
Garne (*Yarn*)	66,2		39,8		49,1		82,4		95,5		88,6		66,3			
Stoffe (*Cambric & shirting*)	10,6		4,4		2,7		1,7		0,4		0,1		—			
Zement (*Cement*) .	10,4		15,7		11,8		21,3		29,9		64,1		47,9			
Metallische Produkte (*Metal Products*)	33,6		54,8		54,0		90,8		177,4		162,9		191,0			
Anderes (*Others*) .	118,8		135,1		163,0		213,6		369,8		473,7		425,6			
Kapitalgüter (Capital Goods)	300,8	29,2	431,7	35,8	368,0	34,1	328,1	30,8	774,6	26,3	1.187,5	28,3	2.428,2	55,1	1.677	34,8
Eisenrohre (*Iron Pipes*)	9,6		7,3		10,2		25,8		11,7		12,8		22,0			
Maschinen (*Machinery*)	29,4		48,3		56,1		117,7		211,3		233,8		396,1			
Transport-Ausrüstung (*Transport Equipment*)	8,8		12,0		24,8		25,6		63,4		68,1		86,1			
And Transportmittel (*Other Transport*)	24,2		76,5		45,5		63,5		118,5		167,0		244,8			
Anderes (*Others*) .	228,8		287,6		231,4		295,5		369,7		705,8		1.679,2			
INSGESAMT (*Total*)	1.030,8	100,0	1.204,8	100,0	1.080,5	100,0	1.710,8	100,0	2.941,3	100,0	4.202,8	100,0	4.407,5	100,0	4.825	100,0

Quelle: Bank Indonesia = Source. (242).

TABELLE 26 TABLE

KONSOLIDIERTER BILANZBOGEN DER DEPOSITENBANKEN, IN MILLIARDEN RP, 1971-1977
(Neraca bank2 umum yang dikonsolidasikan)
(Consolidated balance sheets of Deposit Money Banks)
(milyar/billions Rp)

Ende der Periode Akhir masa (End of period)	Reserven Kas dan R/K pada Bank Indonesia (Reserves)	Ausländische Asseten Aktiva Luar Negeri (Foreign Assts)	Tagihan pada Sektor Pemerintah (Claims on Public Sector)		Tagihan pada perusahaan2 dan perorangan (Claims on private enterprises and individuals)		Andere Asseten Aktiva lainnya (Other Assets)	Verbindlichkeiten Aktiva = Passiva = (Assets = Liabilities)	Einlagen Saldo R/K (Demand Deposits)
			Zentral-Regierung Pemerintah Pusat (Centr Government)	Öff. Betr. Tagihan pada Lembaga & P.N. (Official entities & public enterprises)	Darlehen Pinjaman yang diberikan (Loans)	Anderes Tagihan lainnya (Other Claims)			
1971	48,8	109,0	0,1	68,6	310,8	26,4	94,8	658,5	108,1
1972	98,0	156,6	1,3	65,3	498,1	19,0	144,8	983,1	184,8
1973	116,6	216,0	0,3	102,1	803,2	119,5	175,2	1 532,9	283,5
1974	249,6	299,5	0,1	205,5	1 136,4	41,0	251,8	2 183,9	414,0
1975	380,0	197,3	0,0	543,9	1 312,9	49,2	241,3	2 724,6	593,3
1976	535,8	286,2	0,2	709,6 *		63,8	267,7	3 515,5	792,6
1977: Januar	501,8	286,3	0,2	731,8	1 649,7	60,7	268,4	3 498,9	794,1

Ende der Periode Akhir masa (End of period)	Zeit-und Sparkonten Simpanan berjangka dan tabungan (Time and Savings Deposits)	Devisen Einlagen Rekening Valuta Asing (Foreign Currency Deposits)	Ausl. Verbindlichkeiten Passiva Luar Negeri (Foreign Liabilities)	Einlagen der Regierung Rekening Pemerintah (Govt. Deposits)	Einfuhreinlagen Jaminan Impor (Import Deposits)	Borgen von Bank Indonesia Hutang pada Bank Indonesia (Borrowings from Bank Indonesia)	Kapital Konten Modal Cadangan dan Rugi/Laba (Capital Accounts)	Andere Verbindlichkeiten Passiva lainnya (Other Liabilities)
1971	145,3	—	118,3	30,2	10,9	148,7	40,0	57,0
1972	166,3	49,6	133,9	24,2	52,1	156,6	52,4	163,2
1973	235,0	80,8	253,1	39,5	115,7	203,6	92,5	229,2
1974	395,2	117,6	258,1	45,9	282,8	306,0	140,8	223,5
1975	596,1	128,0	253,9	83,9	78,6	548,4	251,5	190,9
1976	848,9	166,8	269,6	93,9	87,9	659,1 *	309,1	287,6
1977: Januar	851,7	151,0	294,0	70,8	83,3	653,4	292,0	308,6

Quelle: Bank Indonesia = Source. (242).

TABELLE 27 TABLE

AUSLÄNDISCHE ÖFFENTLICHE SCHULDEN AUSSTEHEND, EINSCHLIESSLICH NICHT AUSGEGEBENER DARLEHEN, RÜCKZAHLBAR IN DEVISEN ODER GÜTERN, STAND ENDE DEZEMBER 1976
(External Public Debt outstanding, including undisbursed, debt repayable in foreign currency and goods)
(*in Tausend US$*)

Gläubigertyp Gläubigerland	(Type of Creditor) (Creditor Country)	Ausstehende Schulden *) (Debt Outstanding)		Insgesamt (Total)
		Ausgegeben (Disbursed)	Nicht ausgegeben (Undisbursed)	
Lieferantenkredite	**Suppliers credits**			
Australien	Australia	1.440	—	1.440
Frankreich	France	17.165	—	17.165
Bundesrepublik Deutschland	Germany, Fed. Rep. of	785	—	785
Japan	Japan	1.413.351	294.500	1.707.851
Rep. Korea	Korea, Rep. of	—	45.740	45.740
Niederlande	Netherlands	24.724	—	24.724
Schweiz	Switzerland	665	—	665
Tansania	Tanzania	541	—	541
Grossbritannien	United Kingdom	18.661	—	18.661
USA	United States	59.172	—	59.172
Insgesamt Lieferantenkredite	Total suppliers credits	1.536.504	340.240	1.876.744
Privatbankkredite	**Private Bank credits**			
Belgien	Belgium	66.854	61.616	128.470
Frankreich	France	162.455	243.857	406.312
Bundesrep. Deutschland	Germany, Fed. Rep. of	209.412	294.081	503.493
Hongkong	Hong Kong	60.553	37.738	98.291
Italien	Italy	—	6.755	6.755
Japan	Japan	206.225	—	206.225
Niederlande	Netherlands	114.725	196.704	311.429
Norwegen	Norway	8.602	86.287	94.889
Singapur	Singapore	28.557	9.844	38.401
Grossbritannien	United Kingdom	54.948	75.994	130.942
USA	United States	1.407.414	99.166	1.506.580
Insgesamt	Total private Bank credits	2.319.745	1.112.042	3.431.787
Verstaatlichung v. Besitz d.	**Nationalization**			
d. Niederlande	Netherlands	205.414	—	205.414
Andere Private Schulden	**Other Private Debt**			
Hongkong	Hong Kong	16.937	1.080	18.017
Grossbritannien	United Kingdom	18.869	8.908	27.777
USA	United States	144.929	9.606	154.535
Insgesamt andere	Total other Private Debt	180.735	19.594	200.329
Darlehen von internationalen Organisationen	**Loans from International Org.**			
Asiatische Entw-Bank	Asian Dev. Bank	86.931	239.885	326.816
Weltbank	IBRD	213.100	797.500	1.010.600
IDA	IDA	416.612	156.375	572.987
Insgesamt Intern. Organisat.	Total Loans from Internat. Org.	716.643	1.193.760	1.910.403
Darlehen von Regierungen	**Loans from Governments**			
Österreich	Austria	547	50	597
Belgien	Belgium	52.608	—	52.608
Bulgarien	Bulgaria	2.182	—	2.182
Kanada	Canada	86.921	215.540	302.461
Volksrep. China	China, Peoples Rep. of	38.016	—	38.016
Tschechoslowakei	Czechoslovakia	71.874	—	71.874
Dänemark	Denmark	9.866	59.545	69.411
Ägypten	Egypt, Arab Rep. of	4.617	—	4.617
Frankreich	France	182.419	36.351	218.770
DDR	Germany, Dem. Rep. of	59.109	—	59.109
Bundesrep. Deutschland	Germany, Fed. Rep. of	495.233	138.810	634.043
Ungarn	Hungary	17.929	—	17.929

Tabelle 27 Table (forts.)

Gläubigertyp Gläubigerland	(Type of Creditor) (Creditor Country)	Ausstehende Schulden *) (Debt Outstanding) Ausgegeben (Disbursed)	Nicht ausgegeben (Undisbursed)	Insgesamt (Total)
Indien	India	2.395	1.742	4.137
Iran	Iran	14.577	185.423	200.000
Italien	Italy	78.756	—	78.756
Japan	Japan	1.250.840	331.721	1.582.561
Niederlande	Netherlands	197.905	105.687	303.593
Neuseeland	New Zealand	3.304	497	3.801
Pakistan	Pakistan	12.056	—	12.056
Polen	Poland	100.955	—	100.955
Rumänien	Romania	14.476	—	14.476
Saudi-Arabien	Saudi Arabia	—	70.000	70.000
Schweiz	Switzerland	7.345	4.489	11.834
Grossbritannien	United Kingdom	73.167	9.070	82.237
USA	United States	1.507.825	353.491	1.861.316
UDSSR	USSR	774.603	—	774.608
Jugoslawien	Yugoslavia	121.580	121.542	243.122
Insgesamt	Total Loans from Governments ..	5.181.111	1.633.958	6.815.069
Gesamte Auslandsschulden	Total External Public Debt	10.140.152	4.299.594	14.439.746

Quelle: Bappenas — Source (254).
Bemerkungen: Nur Schulden über 1 Jahr hier eingeschlossen.
Notes: 1) Only debts with an original or extended maturity of over one year are included in this table.
2) Debt outstanding includes principal in arrears but excludes interest in arrears.

Tabelle 28 Table

Durchschnittliche Kleinhandelspreise importierter Waren in Jakarta 1966-77
(Average retail prices of imported goods in Jakarta market)

Jahr und Monat (Year and Month)	Sardinen [3] (Sardines) (kaleng)	Milch Susu/Milk - Kondenisert (Condensed) (kaleng)	Pulver (Powder) (kaleng)	Ungebleichte Baumwolle (Unbleached cotton) lebar/wide 90 cm (m)	Drillichzeug Drill Weiss (White) lebar/wide 70 cm (m)	Kaki lebar/wide 90 cm (m)	Weisser Hemdenstoff (White shirting of cotton lebar/wide 90 cm (m)	Eisennägel (Nail) 2" s/d *" (kg)
1966	27,22	25,56	38,61	18,18	35,28	41,94	19,62	10,81
1967	69,56	55,99	145,89	31,00	65,39	82,57	32,98	48,18
1968	174,98	188,84	274,32	113,80	249,80	308,71	119,03	84,53
1969	174,84	166,15	343,70	111,84	240,93	320,01	119,93	96,49
1970	189,24	149,88	369,82	105,52	247,26	329,96	111,14	100,67
1971	185,12	141,94	371,77	101,31	250,01	324,40	105,89	110,82
1972	186,43	142,29	481,79	105,54	251,19	318,45	111,90	119,64
1973	206,66	156,75	732,92	166,41	282,76	356,67	175,61	172,53
1974	297,09	198,32	884,28	229,57	368,75	471,25	240,26	296,67
1975	305,21	228,26	968,50	203,12	400,00	570,83	214,42	296,95
1976: durchschn.	312,20	227,86	993,75	204,46	400,00	633,33	218,15	283,33
Mai	307,14	227,86	996,43	200,00	400,00	600,00	210,71	282,14
Juni	307,14	227,86	996,43	200,00	400,00	600,00	210,71	282,14
Juli	307,14	227,86	996,43	200,00	400,00	600,00	210,71	282,14
August ...	325,00	227,86	1000,00	210,71	400,00	600,00	228,57	282,14
September	325,00	227,86	1000,00	210,71	.	700,00	228,57	282,14
Oktober ..	325,00	227,86	1000,00	210,71	.	700,00	228,57	282,14
November	325,00	227,86	1000,00	210,71	.	700,00	228,57	282,14
Dezember	325,00	227,86	1000,00	210,71	.	700,00	228,57	282,14
1977: Januar ...	325,00	227,86	1103,86	210,71	.	.	228,57	283,14
Februar ..	325,00	227,86	1121,43	210,71	.	.	228,57	280,00
März	325,00	227,86	1142,86	210,71	.	.	228,57	288,50
April	325,00	227,86	1164,28	210,71	.	.	228,57	288,50

Bemerkungen: Durchschnittlich 9 Monate
Durchschnittlich 4 Monate
Sardinen: A 1-15 ounces
Kondensmilch: 14 ounces
Milchpulver Camelpo No 2 1 lb (Pfund)
Quelle: Zentrales Statistisches Büro.
Source: Central Statistical Office. (216).

Note: 1) Average og 9 months
2) Average of 4 months
3) Sardines A₁ - of I* oz
4) — Condensed milk Nona - of 10 oz
— Powder milk Camelgo No. 2 - of 1

TABELLE 29 TABLE
LEBENSHALTUNGSKOSTEN IN JAKARTA, 1966-1977
(Cost of living index in Jakarta)
(September 1966 = 100)

Jahr/Monat (Year/Month)	Nahrungsmittel (Food) (Index)	Änderung [1] (Change) %	Wohnen (Housing) (Index)	Änderung [1] (Change) %	Bekleidung (Clothing) (Index)	Änderung [1] (Change) %	Verschiedenes (Miscellaneous) (Index)	Änderung [1] (Change) %	Allgemein (General) (Index)	Änderung [1] % (Change)
1966: Durchschnitt	81	0	71	0	60	0	80	0	76	0
1967: »	227	180,25	254	257,75	108	80,00	210	162,50	206	171,05
1968: »	542	138,77	412	62,20	252	133,33	432	105,71	464	125,24
1969: »	559	3,14	562	36,41	358	42,06	659	52,55	545	17,46
1970: »	610	9,12	812	44,48	392	9,50	732	11,08	612	12,29
1971: »	626	2,62	870	7,14	429	9,44	770	5,19	639	4,41
1972: »	691	10,38	877	0,80	430	0,23	790	2,60	680	6,42
1973: »	991	43,42	988	12,66	504	17,21	892	12,91	891	31,03
1974: »	1400	41,27	1197	21,15	689	36,71	1324	48,43	1253	40,63
1975: »	1688	20,57	1502	25,48	790	14,66	1509	13,97	1492	19,07
1976: Durchschnitt	2060	22,04	1882	25,30	890	12,66	1717	13,78	1788	19,84
Mai	2004	0,99	1824	2,30	879	1,47	1708	3,47	1748	1,58
Juni	2052	2,39	1857	1,79	885	0,76	1708	0,03	1779	1,77
Juli	2064	0,62	1921	3,45	885	0	1742	1,98	1797	1,03
August	2096	1,53	1982	3,16	902	1,84	1779	2,09	1829	1,79
September	2150	2,58	1997	0,76	930	3,20	1800	1,19	1870	2,23
Oktober	2145	—0,23	2029	1,63	932	0,15	1800	0,03	1870	—0,01
November	2151	0,27	2057	1,35	933	0,11	1800	0	1875	0,29
Dezember	2146	—0,24	2057	0	934	0,10	1800	0	1873	—0,15
1977: Januar	2184	1,78	2123	3,23	940	0,61	1810	0,55	1902	1,57
Februar	2183	—0,04	2123	0	940	0	1822	0,64	1904	0,09
März	2199	0,76	2144	0,98	944	0,44	1826	0,27	1916	0,66
April	2214	0,67	2151	0,34	947	0,37	1876	2,71	1935	0,99

Quelle: Zentrales Statistisches Büro (216).
Source: Central Statistical Office.

Bemerkung: Prozentuale Änderung im Vergleich zum Vormonat·
Note: % Change compared with previous month.

TABELLE 30 TABLE
WERT DER HAUPT-EXPORTE-ÖL UND NICHT-ÖL, 1969/70-1976/77, IN MILL. US$
(Value of Principal Oil and Non-Oil Exports)

	1969/70	1970/71	Änderung % (Change)	1971/72	Änderung % (Change)	1972/73	Änderung % (Change)	1973/74	Änderung % (Change)	1974/75	1975/76	Änderung % (Change)	1976/77
I. Rohöl (brutto) (Crude Oil, gross)	384	443	+ 15,4	590	+ 33,2	965	+ 63,6	1.708	+ 77,0	5.153	5.312	+ 3,1	6.350
II. Haupt-Erzeugnisse, Exporte (Principal commodity Exports)	425	591	+ 39,1	604	+ 2,2	748	+ 23,8	1.552	+107,5	1.576	1.414	— 10,3	2.863
Holz (Lumber)	34	130	+282,4	170	+ 30,8	275	+ 61,8	720	+161,8	615	527	— 14,3	885
Kautschuk (Rubber)	233	255	+ 9,4	215	— 15,7	211	— 1,9	483	+128,9	425	381	— 10,4	577
Zinn (Tin)	56	61	+ 8,9	64	+ 4,9	70	+ 9,4	98	+ 40,0	166	153	— 4,8	181
Palmöl (Palm Oil)	23	41	+ 78,3	45	+ 9,8	42	— 6,7	89	+111,9	184	142	— 22,8	147
Kaffee (Coffee)	54	62	+ 14,8	54	— 12,9	83	+ 53,7	79	— 4,8	92	112	+ 21,7	330
Tabak (Tobacco)	15	14	— 6,7	20	+ 42,9	32	+ 60,0	46	+ 43,8	36	40	+ 11,1	41
Tee (Tea)	6	23	+283,3	31	+ 34,8	31	0,0	31	0,0	50	50	0,0	64
Palmkerne (Palm kernel)	4	5	+ 25,0	5	0,0	4	— 20,0	6	+ 50,0	8	4	— 50,0	4
Andere Erzeugnisse (Other Commodities)	235	170	— 27,7	180	+ 5,9	226	+ 25,6	353	+ 56,2	457	459	+ 0,4	39
Tier-Erzeugnisse (Livestock Products)	2	11	+450,0	23	+109,1	42	+ 82,6	90	+114,3	92	105	+ 14,1	146
Pfeffer (Pepper)	9	10	+ 11,1	21	+110,0	21	0,0	31	+ 47,6	22	25	+ 13,6	55
Koprakuchen (Copra Cakes)	2	8	+300,0	12	+ 50,0	14	+ 16,7	19	+ 35,7	22	29	+ 31,8	36
Kopra (Copra)	15	33	+120,0	8	— 75,8	6	— 25,0	3	— 50,0	—	3	—	—
Nahrungsgüter (Foodstuff)	5	31	+520,0	42	+ 35,5	38	— 9,5	56	+ 47,6	77	36	— 53,2	62
And. Mineralien (Other Minerals)	8	16	+100,0	18	+ 12,5	29	+ 61,1	77	+165,5	130	102	— 21,5	139
Anderes (Others)	194	61	— 68,6	56	— 8,2	76	+ 35,7	77	+ 1,3	114	159	+ 39,5	157
Insgesamt (Total)	1.044	1.204	+ 15,3	1.374	+ 14,1	1.939	+ 41,1	3.613	+ 86,3	7.186	7.185	0,0	9.213

Quelle: Finanzministerium (Source: 250) u. 1976/77: Bank Indonesia (242).

Tabelle 31 Table

Erzeugung von Nahrungspflanzen 1966–1976
(Production of food crops)
(in Tausend t)

Art (Crops)	1966	1967	1968	1969	1970	1971	1972	1973	1974	1975	1976*)
Reis ungedroschen (*Paddy*) davon	17.960	17.398	22.435	23.556	25.269	26.392	25.351	28.091	29.376	29.201	30.212
Nasspaddy (*Wet Land Paddy*)	(15.517)	(15.303)	(20.080)	(21.474)	(23.148)	(24.308)	(23.402)	(25.002)	(27.531)	(27.265)	(28.282)
Trockenpaddy (*Dry Land Paddy*)	(2.433)	(2.005)	(3.165)	(2.082)	(2.121)	(2.084)	(1.949)	(2.189)	(1.845)	(1.936)	(1.930)
Mais (*Maize*)	3.717	2.369	3.166	2.293	2.825	2.606	2.254	3.690	3.011	2.903	2.512
Maniok (*Cassava*)	11.232	10.747	11.356	10.917	10.478	10.690	10.385	11.185	13.031	12.546	12.468
Süsskartoffeln (*Sweet Potatoes*)	2.476	2.144	2.364	2.260	2.175	2.211	2.066	2.387	2.469	2.433	2.418
Erdnüsse (*Peanuts*)	263	241	287	267	281	284	282	290	307	380	332
Sojabohnen (*Soyabeans*)	417	416	420	389	498	516	518	541	589	590	482

Quelle: Zentrales Statistisches Büro. (216). (Zahlen für 1977 entstammen direkt dem Landwirtschaftsministerium, sind im Text-).
Source: Central Statistical Office.
*) Vorläufige Zahlen.
*) Preliminary estimates.

Tabelle 32 Table

Plantagenprofuktr nach Haupterzeugnissen, 1969–1977
(Agricultural Estates Production of Major Crops)
(in Tausend t)

	Kleinanbauer (Smallholdern)							Private Plantagen (Private Estates)							Regierungsplantagen (Government Estates)							Insgesamt (Total)								
	1969	1970	1971	1972	1973	1974	1975	1969	1970	1971	1972	1973	1974	1975	1969	1970	1971	1972	1973	1974	1975¹	1969	1970	1971	1972	1973	1974	1975	1976¹	1977²
Kautschuk (*Rubber*)	558	571	572	559	599	573	566	110	113	114	128	109	108	120	110	118	118	121	137	137	137	778	802	804	808	845	818	823	810	820
Kopra (*Coconut/Copra*)	1.220	1.198	1.147	1.308	1.233	1.419	1.457	1	2	2	3	4	3	4	.	.	.	.	.	.	.	1.221	1.200	1.149	1.311	1.237	1.422	1.461	1.521	1.551
Kaffee (*Coffee*)	162	170	178	196	140	142	140	5	6	7	6	4	6	9	8	9	11	12	6	10	10	175	185	196	214	150	158	159	177	190
Gewürznelken (*Cloves*)	11	15	14	13	22	15	16	.	0,08	0,05	0,17	0,11	0,02	0,07	.	.	.	.	.	.	.	12	15	14	13	22	15	16	40	48
Tee (*Tea*)	22	21	24	7	14	15	15	9	9	10	7	10	10	14	31	34	37	37	43	40	46	62	64	71	51	67	65	75	77	80
Zucker (*Sugar*)	220	196	221	247	199	250	221	72	74	122	130	118	100	150	630	603	708	756	693	860	886	922	873	1.051	1.133	1.010	1.210	1.257	1.380	1.460
Tabak (*Tobacco*)	75	69	69	74	69	70	66	.	.	.	.	.	.	.	9	9	7	5	11	.	.	84	78	76	79	80	70	66	88	97
Pfeffer (*Pepper*)	17	17	24	18	29	27	27	.	.	.	.	.	.	.	.	.	.	.	.	.	.	17	17	24	18	29	27	27	30	35
Baumwolle (*Cotton*)	2,4	2,6	1,8	1,5	2,7	6,7	5,2	.	.	.	.	.	.	.	.	.	.	.	.	.	.	2,4	2,6	1,8	1,5	2,7	6,7	5,2	.	.
Palmöl (*Palm Oil*)	.	.	.	.	.	.	.	60	70	79	81	82	103	107	129	147	170	189	207	244	271	189	217	249	270	289	347	378	434	440
Palmkerne (*Palm Kernel*)	.	.	.	.	.	.	.	13	15	18	17	18	21	17	28	33	39	42	46	53	57	41	48	57	59	64	74	74	82	83

Quelle: Zentrales Statistisches Büro (216). Central Statistical Office. 1976: Bank Indonesia (242). 1977: Landwirtschaftsministerium.
¹) Vorläufige Zahlen.
¹) Provisional figures.
²) Vorläufige Zahlen.
²) Provisional figures.

TABELLE 33 TABLE

HAUPTERZEUGNISSE DER LANDWIRTSCHAFT NACH UNTER-SEKTOREN, 1969-1976

(Principal Agricultural Products by Sub-sectors)

(In 000 tons)

Erzeugnis (Product)	1969	1970	1971	1972	1973	1974 [1]	1975 [2]	1976 [3]
1. Reis (Rice)	12.249	13.140	13.724	13.183	14.607	15.276	15.342	16.383
2. Mais (Corn)	2.292	2.825	2.606	2.254	3.690	3.011	2.638	2.560
3. Maniok (Cassava)	10.917	10.478	10.690	10.385	11.186	13.031	12.323	12.967
4. Süsskartoffel (Sweet potato)	2.260	2.175	2.211	2.066	2.387	2.469	2.478	2.542
5. Sojabohnen (Soya beans) ..	389	498	516	518	541	589	563	617
6. Erdnüsse (Groundnuts) ...	267	281	284	282	290	307	330	298
Fischerei (Fishery)								
7. Meerwasser (Saltwater fish)	785	808	820	836	886 [1]	949	994	1043
8. Süsswasser (Freschwater fish)	429	421	424	433	393 [1]	395	403	405
Fleisch-und Molkereierzeugnisse (Meat & Dairy Products)								
9. Fleisch (Meat)	309	314	332	366	379	403	433	.
10. Eier (Eggs)	57,7 [1]	58,6 [1]	68,4 [1]	77,5	81,4	98,1	126,0	.
11. Milch (Milk - in million liters)	28,9	29,3	35,8	37,7	35,0	56,9	50,7	.
Verkaufsfrüchte (Cash Crops)								
12. Kautschuk (Rubber)	778	802	804	808	845	818	774	823
13. Palmöl (Palm oil)	189	217	249	270	289	347	374	435
14. Kopra (Coconut/copra) ...	1.221	1.200	1.149	1.311	1.237	1.422	1.461	1.530
15. Kaffee (Coffee)	175	185	196	214	150	158	159	179
16. Tee (Tea)	62	64	71	51	67	65	71	73
17. Gewürznelken (Cloves) ...	12	15	14	13	22	15	16	21
18. Pfeffer (Pepper)	17	17	24	18	29	27	27	25
19. Tabak (Tobacco)	84	78	76	79	80 [1]	79	82	88
20. Zuckerrohr (Cane sugar) .	922	873	1.041	1.133	1.010	1.210	1.257	1.380
21. Baumwolle (Cotton)	3	3	2	1,5	2,7	6,7	5,2	.
Forstwirtschaft (Forestry)								
22. Teak (Teakwood) ('000 M³)	520	568	770	597	676	620	660	}22.000
23. And. Hölzer (Other timber) ('000 M³)	7.587	11.856	12.968	17.120	25.124	22.660	18.330	

Quelle: Landwirtschaftsministerium. (227).   [1] Revidierte Schätzungen.   [1] Revised estimates.
Source: Department of Agriculture.   [1] Vorläufige Schätzungen.   [2] Preliminary estimates.
                                 [3] Ziele.   [3] Targets.
(man vergleiche die niedrigeren Zahlen in Tabelle 32 des statistischen Büros).

TABELLE 34 TABLE

ERZEUGUNG UND LAGERHALTUNG VON PLANTAGENPRODUKTEN, in tausend t 1966-1977

(Production and stocks of estate crops in Taused t)

(1000 ton)

Jahr (Year)	Kautschuk (Rubber)		Kaffee (Coffee)		Tee (Tea)		Kakao (Cocoa)		Palmöl (Palm oil)		Palm-kerne (Palm kernel)		Zucker-rohr (Sugar cane)		Chinin-rinde (Cinchona bark)		Hart-Fiber (Hard fibre)	
	Prod	Stock	Prod	Stock	Prod	Stock	Prod	Stock	Prod	Stock	Prod	Stock	Prod	Stock	Prod	Stock	Prod	Stock
1966	208,8	24,5	13,0	6,3	37,1	3,2	0,7	0,3	174,4	18,1	35,0	6,8	610,2	235,2	1,3	0,8	7,7	3,3
1967	198,6	15,4	19,5	7,9	33,1	2,3	0,8	0,2	174,1	30,2	34,8	4,2	665,2	193,6	1,1	0,8	9,4	1,2
1968	207,5	15,8	13,9	5,5	39,5	2,5	0,8	0,3	188,2	25,2	40,3	4,9	602,6	225,0	1,8	0,4	9,2	1,5
1969	222,7	18,2	14,4	4,7	39,5	2,3	1,2	0,4	188,8	9,9	41,6	2,7	723,2	222,8	2,7	0,4	7,6	1,8
1970	238,2	19,2	16,2	4,8	42,9	1,8	1,2	0,4	216,5	21,6	48,5	3,5	713,3	171,0	1,7	0,7	5,4	3,4
1971	238,7	18,9	19,4	7,9	47,5	2,4	1,4	0,5	248,4	23,1	56,1	7,2	834,0	339,9	1,4	0,5	2,3	1,5
1972	236,3	18,1	22,4	9,7	48,3	3,3	1,5	0,4	269,4	21,6	59,2	9,8	889,3	282,1	1,5	0,2	0,2	0,0
1973	246,5	21,5	10,1	4,2	53,1	2,7	1,3	0,4	290,0	17,4	64,1	9,6	819,8	234,3	1,1	0,1	0,1	0,0
1974	248,7	23,9	16,2	4,3	50,1	2,2	2,6	0,5	351,1	38,7	74,2	11,0	1024,8	349,9	1,4	0,1	0,1	0,0
1975	244,1	18,9	15,2	2,9	55,3	2,8	3,2	0,5	411,4	16,0	83,5	7,3	1029,9	327,3	1,4	0,1	0,2	0,0
1976	246,8	21,4	15,2	3,2	61,1	3,9	3,0	0,3	433,9	22,0	82,1	9,0	1055,7	247,5	0,6	0,1	0,2	0,0
1977: Januar ...	21,7	21,8	0,0	2,7	5,0	3,6	0,0	0,3	25,3	22,1	5,3	9,8	.	167,6	0,0	0,2	0,0	0,0
Februar ..	20,2	21,6	0,0	2,0	5,2	3,7	0,1	0,2	30,1	17,2	6,1	5,7	1,4	100,6	0,1	0,0	0,0	0,0

[1] Bemerkung: Lager am Ende des Monats.   Quelle: Plantagenabteilung des Landwirtschaftsministeriums' (227).
    Note: Stock at the and of the month.   Source: Estate Division of the Department of Agriculture.

TABELLE 35 TABLE
AUFSTELLUNG DER WICHTIGSTEN SPEICHERBECKEN IN INDONESIEN, IN BETRIEB, IM BAU ODER GEPLANT, 1968 *
(The most important dams for irrigation and power,

	Stauraum Mill. cbm	Bewässerbare Fläche in 1000 ha	Baujahr	Stand der Arbeiten	Zweck
Ausseninseln					
1. Takisung II S. Kalimantan	0,755	0,400	—	Im Bau	Bewässerung
2. Bati-Bati S. Kalimantan	n.a.	20,000	—	» »	»
3. Sambodja O. Kalimantan	5,017	2,000	—	» »	»
4. Mentiwan O. Kalimantan	56,908	0,800	—	» »	»
5. Djepara S. Sumatra	77,292	7,000	—	Geplant	»
6. Takisung I S. Kalimantan	0,900	0,400	—	»	»
7. Kelara S. Celebes	120,000	6,000	—	»	»
OstJava					
8. Patjal —	41,500	16,000	1966	—	»
9. Pridjetan —	8,000	2,000	1917	—	»
10. Dawuhan —	5,400	3,000	1962	—	»
11. Netepure —	2,060	2,700	1941	—	»
12. Saradan —	1,631	1,300	1942	—	»
13. Dungbende —	2,400	2,500	1956	—	»
14. Telaga Pasir —	2,630	n.a.	1893	—	»
15. Karangkates —	340,000	23,000	—	Im Bau	Bewässerung Stromerzeugung
16. Seloredjio —	62,300	1,500	—	» »	Flutkontrolle
17. Telaga Ngabel —	40,000	16,200	—	Geplant	Bewässerung
18. Gendang —	60,000	9,000	—	»	»
19. Sekaran —	2,000	2,700	—	»	»
20. Djabung —	n.a.	2,400	—	»	»
21. Bl. Ganegane —	n.a.	2,600	—	»	»
22. Sondir —	1,200	n.a.	—	»	»
23. Wlingi —	24,000	n.a.	—	»	»
ZentralJava					
24. Tjatjaban —	90,000	41,300	1959	—	»
25. Malahuju —	60,000	14,300	1940	—	»
26. Pendjalin —	9,500	30,300	1934	—	»
27. Rawapening —	34,500	40,000	1939	—	Bewässerung, Strom
28. Gembong —	9,620	7,500	1933	—	Bewässerung
29. Gunung Rowo —	5,000	2,800	1926	—	»
30. Nglangen —	1,104	0,800	1915	—	»
31. Tempuran —	2,143	1,000	1916	—	»
32. Tjengklik —	11,100	3,800	1931	—	»
33. Djember —	4,154	2,300	1943	—	»
34. Pumben —	1,200	1,400	1928	—	»
35. Mulur —	5,000	4,500	1921	—	»
36. Delingan —	4,000	3,000	1923	—	»
37. Gebjar —	0,701	4,200	1956	—	»
38. Betek —	0,513	5,200	1943	—	»
39. Krisak —	3,000	1,400	n.a.	—	»
40. Sempor —	66,000	18,700	—	Im Bau	»
41. Ketre —	2,661	3,600	—	» »	»
42. Klege —	1,400	1,700	—	» »	»
43. Lalung —	5,000	3,400	—	Geplant	»
44. Kaleren —	30,000	n.a.	—	»	Bewässerung, Strom
45. Setre —	—	—	—	»	»
46. Djragung —	63,000	12,700	—	»	Bewässerung
47. Penahan —	n.a.	2,500	—	»	»
48. Djatiluhur —	3 000,000	240,000	1967	—	Bewäss, Strom Flut.
49. Darma —	40,000	15,800	1960	—	Bewässerung
50. Situpatok —	12,000	2,200	1926	—	»
51. Tjipanundjang —	22,000	—	1930	—	Stromerzeugung
52. Tjiieuntja —	11,000	—	1924	—	»
53. Tjipantjuh —	6,000	6,600	—	Geplant	Bewässerung
54. Tjipanas —	54,000	7,100	—	»	»
55. Sekarawanji —	485,000	22,000	—	»	»
56. Paseh —	140,000		—	»	»
57. Tarum —	1 500,000	n.a.	—	»	»
58. Telaga —	n.a.	10,000	—	»	»

Quelle: Ministerium f. Öffentliche Arbeiten. (229).
Source: Public Works Department.
*) Die alte Schreibweise wurde beibehalten. Es ist nicht klar, ob der Strich hier heisst: nichts vorhanden oder « kein Wer vorhanden ».

Tabelle 36 Table

Entwicklung des Bewässerungssystems 1969/70 bis 1975/76
(Development of Irrigation Systems)
(*Bewässerte Hektar/Hectares Irrigated*)

Programme (*Programs*)	1969/70	1970/71	1971/72	1972/73	1973/74	1974/75	1975/76 [1]
Verbesserung des Bewässerungssystems (*Improvement of irrigation systems*)	210,330	171,549	135,754	154,994	263,496 [1]	71,622	105,143
Ausdehnungsprogramme (*Expansion programs*)	43,153	24,379	46,400	45,834	31,480	20,684	88,522
Flussbaggern und Verbesserung (*River dredging and improvement*)	73,259	62,406	57,045	55,875	40,483	71,124	105,754
Andere Bewässerungsbauten (*Other irrigation construction*)	21,059	25,000	14,905	45,397	12,436	16,556	13,942
Insgesamt (*Total*)	347,801	283,334	254,104	302,050	347,895	179,986	313,361

Quelle: Ministerium für öffentliche Arbeiten und Energie. (229).
Source: Ministry of Public Work and Electric Power.
[1] Vorläufige Schätzzahlen.   [1] Preliminary Estimates.

Tabelle 37 Table

Anzahl der Familien umgesiedelt im Zuge der Transmigration 1969/70 bis 1975/76
(Number of Families Transmigrated)
(Anzahl der Haushaltsvorstände)
(Number of Heads of Families)

Jahr (*Year*)	Ziel (*Target*)	Verwirklicht (*Realized*)	v. Hundert verwirklicht (*Percentage realized*)
1969/1970	4.489	3.933	87,6
1970/1971	3.865	4.438	114,8
1971/1972	4.600	4.171	90,7
1972/1973	9.300	11.314	121,7
1973/1974	15.887	21.313	134,2
1974/1975	11.000	8.934	81,2
1975/1976	8.100	2.949	36,4
Insgesamt (*Total*)	57,241	57,052	99.7

Quelle: Ministerium für Transmigration und Genossenschaftswesen (254). — Source: Department of Transmigration and Cooperatives

Tabelle 38 Table

Anbau von Verkausfrüchten, in Plantagen, 1970 in Tausend Hektar
(Cultivation of Estate Crops, in ha)

	Regierungs-Plantagen (*PNP's*) (Government Pl)	Private Plantagen In indonesischem Besitz (Indonesian Property)	Private In ausl. Besitz (Foreign Property)	Insgesamt (*Total*)
Gummiplantagen (*rubber*)	223,574	164,766	117,964	506,302
Ölpalmen (*oilpalms*)	86,640	1,692	44,903	113,235
Tee (*tea*)	39,886	16,731	7,743	64,360
Kaffee (*coffee*)	20,414	19,843	3,522	43,779
Kokospalmen (*coconutpalms*)	5,928	9,121	1,400	16,449
Kakao (*cocoa*)	5,721	0,737	0,495	6,953
Cinchona	1,972	0,341	0,199	2,512
Gutta Percha	1,304	.	.	1,304
Muskatnuss (*nut meg*)	1,991	0,021	.	2,012
Sisal	2,008	.	.	2,008
Manila Hanf	.	0,253	.	0,253
Kapok (*Capok*)	2,589	5,215	.	7,804
Zuckerrohr (*sugarcane*)	.	7,841	.	7,841
Tabak (*tobacco*)	.	0,623	.	0,623
Gewürznelken (*cloves*)	.	0,777	.	0,777
Maniok (*cassava*)	.	0,450	.	0,450
Zimt (*cinnamom*)	.	0,151	.	0,151
Betelnuss (*betel nut*)	.	0,618	.	0,618
Insgesamt (*Total*)	392,027	229,180	176,226	797,433

Quelle: Generaldirektorat Perkebunan (251). — Source: Department of Agriculture, Governmental Estates.

TABELLE 39 TABLE

ANWENDUNG VON MINERALDÜNGER UND PESTIZIDEN, 1969-1977
(Use of Fertilizer and Pesticides,)
('000 tons)

Jahr (Year)	Stickstoff N	Phosphat P_2O_5	Kali K_5O	Insektizide (Insecticides)
1969	155,2	36,2	1,0	1,2
1970	162,1	31,3	3,6	1,1
1971	219,2	34,2	1,0	1,6
1972	262,3	43,5	2,3	1,4
1973 [1]	312,0	65,3	1,9	1,5
1974 [1]	282,0	93,3	6,5	1,3
1975 [2]	311,3	110,2	.	2,3
1976 [2]	345	.	.	.
1977 [2]	376	.	.	.

TABELLE 40 TABLE

FLÄCHE, DIE VOM BIMAS REIS-INTENSIVIERUNGSPROGRAMM ABGEDECKT IST, 1968-1977, I. TAUSD. HA
(Area Covered Under Rice Intensification (BIMAS/INMAS) Programs,)
('000 ha)

Programm (Programme)	1968	1969	1970	1971	1972	1973	1974 [1]	1975 [2]	1976 [2]	1977 [2]
BIMAS	763	1.309	1.248	1.396	1.203	1.790	1.676	2.661	2.970	.
Alter Typ (Old Scheme)	.	926	803	827	621	658	474	405	.	.
Neuer Typ (New Scheme)	.	383	445	569	582	1.132	2.202	2.256	.	.
INMAS	834	821	905	1.392	1.966	2.111	1.008	945	1.489	.
Alter Typ (Old Scheme)	.	722	571	867	1.166	1.089	410	316	.	.
Neuer Typ (New Scheme)	.	99	334	525	800	1.022	638	629	.	.
Insgesamt (Total)	1.597	2.130	2.153	2.788	3.169	3.901	3.720	3.606	4.459	4.756

Quelle für beide Tabellen: Landwirtschaftsministerium (222 u. 227).
Source: Department of Agriculture.
  [1]) Revidierte Schätzungen.
  [2]) Vorläufige Schätzungen.

  [1]) Revised Estimates.
  [2]) Preliminary estimates.

TABELLE 41 TABLE

ERNTEFLÄCHEN, ERZEUGUNG UND FLÄCHENERTRÄGE VON PADDY, 1968-1977, IN MILL. T. U. MILL. HA
(Area Harvested, Production and Yield of Rice,)

Jahr (Year)	Fläche geerntet, Mill ha (Area Harvested (in Mill. Ha)	Durchschnittl. Ertrag kg/ha (Paddy Ave. Yield (Kg/Ha)	Erzeugung von Mill. t. (Paddy, Output (in Mill. tons)	Reisproduktion, Mill. t. (Rice Output (in Mill. tons)
1968	8,021	2797	22,435	11,666
1969	8,014	2940	23,553	12,249
1970	8,135	3110	25,267	13,140
1971	8,324	3170	26,387	13,724
1972	7,898	3210	25,353	13,183
1973	8,403	3340	28,091	14,607
1974	8,509	3450	29,382	15,276
1975	8,501	3470	29,507	15,342
1976	8,363	3643	30,470	15,710
1977 *)	8,450	3657	30,900	15,900

Quelle: Landwirtschaftsministerium.
Source: Department of Agriculture (227).
  *) Vorläufige Zahlen.

TABELLE 42 TABLE

PRODUKTION VON PLANTAGEN-KAUTSCHUK IN INDONESIEN, 1959-1977 IN TAUSEND t

(Production of Estate Rubber in Indonesia,)

Jahr (Year)	Landwirtschafts- ministerium (Dep. of Agric.)	Zentrales Statist. Büro (Central Statist. O.)	Statist.Taschenbuch (Statistical Pocketbook)	I-R.S.G. (Study)	Finanz-Note, Landwirtsch. (Financial Note, Dep. o. Agric.)
1959	223,283	238,300	224,040	224,044	—
1960	219,433	219,400	215,620	215,619	—
1961	229,343	231,400	223,186	223,186	—
1962	217,334	218,400	210,250	209,266	—
1963	216,413	217,400	208,893	208,325	—
1964	231,691	233,700	224,225	223,214	—
1965	277,763	228,100	219,712	219,712	—
1966	223,444	216,700	208,443	208,443	—
1967	100,565	200,600	200,562	194,360	201,000
1968	205,905	305,900	206,223	205,908	206,000
1969	220,000	226,600	228,654	210,125	227,000
1970	231,000	238,200	.	.	.
1971	232,000	238,700	.	.	.
1972	249,000	236,300	.	.	.
1973	246,000	246,500	.	.	.
1974	245,000	248,700	.	.	.
1975	257,000	244,100	.	.	.
1976	246.000	246,800	.	.	.
1977	259,000	.	.	.	.

Quelle: Landwirtschaftsministerium, Facts and Figures, Seite 40 (222 u. 227).
Zentrales Statistisches Büro, Archiv. und interne Mitteilungen Bank Indonesia (242).

Source: Zentrales Statistisches Büro «Statistical Pocketbook of Indonesia, 1963 dan 1964/67, dan Indikator Economi (Jan. 1970 b. Dez. 1970) (216).
I.R.S.G. « Rubber Statistical Bulletin », 24, 12 Sept. 1970.
Departemen Pertanian, Nota Keuanganan dan Nantjangan Anggaran Pendapaten dan Belandja |Negara (250). 1971/72 Seite 204.

TABELLE 43 TABLE

EXPORT VON KAUTSCHUK, 1959 BIS 1977 NACH VERSCHIEDENEN QUELLEN, IN TAUSEND t

(Export of Rubber according to different sources)

Jahr (Year)	Kautschuk Export Statistik [1] Plantagen (Estate/ PNP)	Klein- anbau (Small- holder)	Gesamt (Total)	Zentrales Statistisches Büro Plantagen (Estate/ PNP)	Klein- anbau (Small- holder)	Gesamt (Total)	I.R.S.G.* Gesamt (Total)	B.I.E.S. [3] Plantagen (Estate/ PNP)	Klein- anbau (Small- holder)	Gesamt (Total)
1959	215.456	479.776	692.232	232.700	459.500	692.200	692.232	.	.	.
1960	178.031	377.984	656.015	189.900	366.100	556.000	586.520	.	.	.
1961	223.323	429.677	653.000	236.900	419.800	656.700	677.213	237.035	440.128	677.163
1962	194.000	466.240	660.240	209.700	567.500	777.200	660.240	209.686	482.233	692.069
1963	186.490	359.349	545.839	203.300	379.200	582.500	560.960	194.322	378.270	572.591
1964	224.831	409.830	634.661	240.700	418.300	659.000	627.365	232.856	418.094	650.000
1965	204.279	483.826	688.105	220.500	487.300	707.800	694.642	.	.	.
1966	224.862	429.482	654.344	238.000	441.800	679.800	690.000	246.823	465.255	712.07
1967	194.800	437.676	632.476	211.300	440.200	651.500	783.000	209.734	431.734	641.40
1968	196.814	522.870	719.684	230.100	539.800	769.900	729.000	216.878	511.129	723.00
1969	.	.	.	179.100	576.000	755.100	715.939	.	.	.
1970	.	.	.	65.300	173.900	239.200	.	.	.	.
1971	.	.	.	66.900	155.000	221.900	.	.	.	.
1972	.	.	803.400	61.500	127.600	189.100	.	.	.	.
1973	.	.	893.000	105.700	285.700	780.000	.	.	.	.
1974	.	.	855.400	142.700	336.500	850.000	.	.	.	.
1975	.	.	850.600	.	.	850.600	.	.	.	.
1976	.	.	880.500	.	.	880.500	.	.	.	.
1977	.	.	881.500	.	.	881.500	.	.	.	.

Quelle: [1]) Departemen Pertanian, « Facts and Figures », Jakarta 1969, Seite 40 (222 u. 227).
[2]) Gov. of Indonesia, Financial Statistics, Economic Indicators (Jan.-Dez. 1970) N° 24, 12 September 1970 (216).
[3]) Bulletin of Indonesian Economic Studies, N° VI, 2 Juli 1970 Seiten 120-135 (249).
*) I.R.S.G. = International Rubber Study Group.
Bank Indonesia (242).

TABELLE 44 TABLE

ERZEUGUNG UND DURCHSCHN. ERTRÄGE AN KOKOSNÜSSEN, 1951-1977 *)
(Production and average Yields of Coconuts in terms of Copra)

Jahr (Year)	Kleinanbau			Plantagen			Insgesamt		
	Fläche '000 ha	Erzeugung '000 mt	Ertrag Qu/ha	Fläche '000 ha	Erzeugung '000 mt	Ertrag Qu/ha	Fläche '000 ha	Erzeugung '000 mt	Ertrag Qu/ha
1951/1954	1.264,7	998,0	7,89	25,3	17,34	6,84	1.290,0	1.015,3	7,85
1955	1.514,1	1.039,1	6,86	23,2	16,2	6,98	1.537,3	1.055,3	6,86
1956	1.545,1	997,7	6,46	24,7	20,1	8,14	1.569,8	1.017,8	6,48
1957	1.597,0	1.092,7	6,84	25,0	19,8	7,92	1.622,0	1.112,5	6,86
1958	1.651,2	1.777,7	6,53	15,9	7,2 *	.	1.667,1	1.084,9	6,51
1959	1.561,6	1.267,8	6,12	16,2	7,0 *	.	1.577,8	1.274,8	8,08
1960	1.609,8	1.239,0	7,70	15,8	8,8 *	.	1.628,6	1.247,9	7,66
1961	1.593,5	1.360,3	8,54	19,8	8,8 *	.	1.613,3	1.369,3	8,49
1962	1.583,8	1.386,8	8,76	20,8	6,6 *	.	1.604,6	1.393,4	8,68
1963	1.533,2	1.379,0	8,85	20,7	7,7 *	.	1.573,9	1.386,7	8,81
1964	1.558,1	1.182,4	7,59	.	.	.	.	.	.
1965	1.539,9	1.235,2	8,02	.	.	.	.	.	.
1966	1.479,3	1.127,8	7,64	.	.	.	.	.	.
1967	1.471,6	1.094,2	7,44	.	kein Nachweis vorhanden				
1968	1.590,4	1.131,2	7,11	.	.	.	.	.	.
1969	1.625,1	1.211,5	7,89	.	.	.	.	.	.
1970 [1]	1.684,0	1.280,0	.	.	.	.	.	.	.
1971 [1]	1.700,0	1.300,0	.	.	.	.	.	1.300	.
1972	.	1.133	.	.	.	.	.	1.133	.
1973	.	1.237	.	.	.	.	.	1.237	.
1974	.	1.422	.	.	.	.	.	1.422	.
1975	.	1.461	.	.	.	.	.	1.461	.
1976	1.720	1.521	.	21,0	.	.	1.741	1.521	5,17
1977	1.750	1.490	.	21,0	.	.	1.771	1.551	.

Quelle: Zentrales Statistisches Büro and Generaldirektorat Plantagen (216 und 251) und ab 1972 FAO Monthly Bulletin Tropical Products Quarterly.
*) als Kopra.

TABELLE 45 TABLE

FLÄCHE ERZEUGUNG UND PRO-KOPF VERBRAUCH AN TEE IN INDONESIEN, 1969-1977
(Area, Production and Per-Capita Consumption of Tea in Indonesia)

Jahr (Year)	Total Fläche (Area) (000ha)	Plantagen Erzeugung (Production) (tons)	Kleinanbau (Smallholder Production)	Gesamter-zeugung (Total Production) (tons)	Exporte (tons)	Bestand Jahres-ende (Stock) (tons)	Gesamtver-brauch (Total Consumpt.) (tons)	Hektar-Ertrag Plantagen kg	Pro-Kopf Verbrauch kg
1960	137	37.300	46.058	83.958	39.200	2.800	41.358	575	0,438
1961	137	36.600	42.999	78.599	36.200	2.600	39.799	559	0,413
1962	137	37.300	49.527	86.827	32.700	3.300	50.827	595	0,516
1963	134	38.600	39.471	78.071	31.600	4.100	42.371	501	0,423
1964	126	23.340	51.118	74.458	36.000	2.700	35.750	633	0.340
1965	122	34.990	44.816	79.806	36.500	4.000	39.306	615	0,371
1966	120	34.550	42.445	76.995	43.000	3.300	36.295	577	0,335
1967	115	38.230	37.791	76.021	29.600	2.500	44.921	540	0,404
1968	110	33.120	42.956	76.040	40.200	2.400	36.540	656	0,321
1969	119	40.260	41.920	82.180	32.900	2.500	46.780	690	0,401
1970	121	43.641	42.354	85.995	41.100	2.500	48.475	710	0,409
1971	.	47.000	24.000	71.000	.	.	.	.	.
1972	.	44.000	7.000	51.000	44.000	.	27.000	.	.
1973	.	53.000	14.000	67.000	39.600	.	7.000	.	.
1974	.	50.000	15.000	65.000	55.700	.	9.300	.	.
1975	.	60.000	15.000	75.000	45.900	.	19.100	.	.
1976	128	61.000	16.000	77.000	60.000	.	27.500	.	.
1977	131	61.300	16.100	77.400	.	.	.	.	.

Produktion: Landwirtschaftsministerium, Export: Handelsministerium. Die ursprunglichen Zahlenreihen erhältlicher Tabellen aus beiden Ministerien sind nicht konsistent. Diese Tabelle wurde auf Tabelle 36 abgestimmt (227) (254).
Bemerkungen: Im Export gab es 1960-1970 keine Quote — In export from 1960-1970 no quota.
Notes: Gesamtverbrauch = Gesamtproduktion-(Exporte + Bestand bei Jahresende). Total consumption-production-export.
Flächenaufteilung Kleinanbau: Plantagen etwa 57.000 ha zu 62.000 ha (1970). (Proportion Smallholder-plantations. Der Gesamtverbrauch wurde ab 1971 vom Verfasser durch Bildung der Differenz von Exportmenge und Erzeugung des Vorjahres gebildet und zeigt dann einen entgegen allen Erwartungen starken Abfall ab, der wenig wahrscheinlich sein kann. Darum wurde auf die Berechnung des Pro-Kopf-Verbrauchs der Jahre 1971-76 verzichtet zumal auch der Bestand am Jahresende ab 1971 nicht verfügbar ist.
Due to non available stock figures for the years 1970 onward no per-capita consumption has been calculated.

TABELLE 46 TABLE

PRODUKTION, EINFUHR UND VERBRAUCH AN BAUMWOLLE, BAUMWOLLGARN UND TUCH 1960/61 UND 1967-74
(Production, Import and Consumption of Cotton, yarn and textile)

	Rohbaumwolle, 500 lb = 1 Ballen			Baumwollgarne, 400 lb = 1 Ballen				Tuch, Millionen Meter			Textilien-Verbrauch pro Kopf in Metern
	Bestand l.l.	Einfuhren	Verbrauch	Bestand l.l.	Pro-duktion	Einfuhren	Verbrauch	Pro-duktion	Ein-fuhren	Insge-samt	
1960	37.650	53.680	41.503		47.413	324.053	225.600	282,0	340,0	622,0	6,5
1961	49.829	48.840	39.281	145.848	44.648	311.833	300.000	374,0	567,0	941,5	9,6
1967	6.492	158.408	82.700	86.388	93.077	52.478	175.478	225,0	543,7	768,7	6,8
1968	82.200	66.652	114.380	56.465	129.719	(117.950)	253.250	316,5	(523,8)	(840,3)	(7,3)
1969	34.472	160.633	142.055	50.884	160.043	(192.270)	(332.200)	415,2	(310,2)	(727,4)	(—6,6)
1970	.	.	.	.	.	.	30.100t	.	5.500t	.	.
1971	.	.	.	.	.	.	24.000t	.	20.400t	.	.
1972	.	.	.	.	.	.	25.200t	.	12.900t	.	.
1973	.	.	.	.	.	.	29.700t	.	900t	.	.
1974	.	.	.	.	.	.	15.600t	.	1.200t	.	.
(1974)	.	.	.	.	.	.	(157.214) Ballen)	.	—	.	.

Bemerkung: Einige Zahlen sind von Angaben der Zentralbank kalkuliert und können deswegen nur die Tendenz anzeigen-Zahlen in Klammern sind vorläufige Zahlen. Zahlen f. 1969 auf den derzeitigen Stand gebracht.
Quelle: Industrieministerium, Generaldirektorat Textilindustrie, Daten über die Textilindustrie in Indonesien, Jakarta 1970. (219).

TABELLE 47 TABLE

EXPORTE LANDWIRTSCHAFTLICHER ERZEUGNISSE, INDONESIEN, 1960-1977, IN TAUSEND t
(Exports of Agricultural Products, Indonesia,)

Erzeugnisse (Product)	1960	1961	1962	1963	1964	1965	1966	1968	1970	1972	1973	1974	1975	1976	1977 *
Kautschuk Plantag. (rubber)	189,9	237,0	209,7	203,3	240,8	220,3	210,0	229,9	233,4	231,0	246,0	243,5	788,3	811,5	892
Kautschuk Kleinbetr.	387,8	443,8	482,3	379,2	418,3	489,0	.	541,0	556,9	543,6	644,2	596,9			
Zucker (sugar)	186,5	142,7	167,8	106,1	105,5	69,6	—	—	—	—	—	—	.	.	.
Palmöl (palmoil)	109,0	117,8	100,4	109,8	113,2	125,9	161,3	152,4	159,2	236,5	262,7	281,2	386,2	405,6	415
Palmkerne (palm kernel)	33,8	33,0	31,3	31,3	33,0	28,9	33,1	36,3	42,4	51,4	39,2	28,5	21,0	25,6	.
Tapiokamehl (kassavam.)	105,9	80,0	8,8	—	—	—	—	.	.	.	.	.	.	.	.
Tee (tea)	39,2	36,2	32,7	31,6	36,0	36,5	43,0	40,2	41,1	44,0	39,6	55,7	45,9	47,5	64
Tabak (Blätter u. geschn. (tobacco) .	22,8	17,5	11,5	12,9	19,5	13,1	13,0	9,2	11,0	26,2	33,3	28,1	19,6	20,5	
Kaffee Plantagen (coffee)	5,6	7,0	8,7	10,4	15,8	108,2	19,0	13,5	21,3	21,7	18,3	15,5	} 128,4	136,3	143
Kaffee Kleinbetrieb.	36,6	60,0	49,9	70,5	46,6		77,7	71,2	83,0	85,3	82,5	96,4			
Fasern (fibre)	15,8	12,9	8,8	2,9	1,5	—	8,8	6,0	1,1	—	0,1	0	—	—	.
Quinin	1,3	0,4	0,5	—	—	—	.	.	.	.	.	.	.	.	
Kopra	169,0	251,2	109,8	108,5	175,5	123,5	.	119,4	185,1	42,4	44,6	—	33,0	3,9	
Kokosölkuchen (kopracake)	109,4	159,5	76,0	92,7	157,3	—	.	168,4	208,0	284,7	237,4	252,6	296,1	392,8	
Holz (timber)	100,9	80,2	93,3	—	—	137,5	203,5	882,8	5772,5	10839,6	14770	14187	11042	14813	15770
Rattan (rotang)	34,7	29,1	30,2	29,8	37,8	—	.	34,9	37,4	47,2	43,3	53,5	42,8	57,4	.
Andere Gewürze als Pfeffer	14,9	9,5	12,1	—	—	—	.	.	.	.	.	.	.	.	
Pfeffer (pepper)	12,7	19,1	11,0	28,0	23,2	12,3	.	24,6	2,6	25,7	25,6	15,7	14,5	28,8	.
Erdnüsse (peanuts) .	9,5	7,2	6,6	—	—	—	.	.	.	.	.	.	.	.	
Resin	4,8	6,2	8,7	—	—	—	.	8,4	10,0	10,4	10,7	8,6	6,8	7,9	
Kopal	3,7	3,6	3,4	—	—	—	.	.	.	.	.	.	.	.	
Nuss (nuts)	4,7	3,4	3,6	—	—	—	.	.	.	.	.	.	.	.	
Kapok	2,6	3,4	1,9	—	—	—	.	.	kein Nachweis vorhanden						
Seraiöl	0,4	0,2	0,2	—	—	—	.	.							
Mais (maize)	—	3,0	—	—	—	5,2	.	.							

Quelle: PERKEBUNAN 1970 (251) (Jahre 1960/66).
　　　　Zentral-Statistisches Büro (216) (Jahre 1968/76).
*) Vorläufige Zahlen.

TABELLE 48 TABLE

VORHANDENE LAGER, IN TAUSEND t PADDY, 1971
(Existing Storage Capacities for Paddy,)

	Bulog-Besitz	Andere	Insgesamt	Geschätzte zusätzliche Lagerraumkap.				Insgesamt 1971
				Reis-mühlen	Lager bei Huller	Einzel-handel	Gesamt	
Aceh	2,4	3,9	6,3	7,8	3,6	9,1	20,5	26,8
Nord-Sumatra	13,1	15,0	28,1	0,8	18,1	26,3	45,2	73,3
West-Sumatra	—	9,3	9,3	3,2	10,5	11,2	24,9	34,2
Riau	—	11,7	11,7	0,2	0,5	6,2	6,9	18,6
Jambi	—	5,3	5,3	0,2	2,5	4,1	6,8	12,1
Süd-Sumatra	—	26,2	26,2	3,6	14,9	13,8	32,3	58,5
Lampung	3,9	2,6	6,5	8,5	5,9	8,4	22,8	29,3
Jakarta	9,7	144,4	154,1	0,1	0,2	67,2	67,5	221,6
West-Java	0,5	106,5	107,0	197,1	12,9	71,1	281,1	388,1
Zentral-Java	6,4	75,9	82,3	32,1	5,1	53,2	90,4	172,7
Jogyakarta	—	6,4	6,4	1,3	1,7	5,3	8,3	14,7
Ost-Java	4,2	109,4	113,3	35,4	15,3	62,0	112,7	226,0
West-Kalimantan	—	11,9	11,9	0,3	3,2	7,8	11,3	23,2
Zentral-Kalimantan	—	—	—	—	2,1	3,1	5,2	5,2
Ost-Kalimantan	0,4	10,6	11,0	—	1,1	2,8	3,9	14,9
Süd-Kalimantan	—	8,1	8,1	2,4	5,9	7,2	15,5	23,6
Süd-Sulawesi	47,6	7,1	54,7	4,9	10,4	13,4	29,1	83,8
Bali	—	2,3	2,3	—	1,1	6,4	7,5	9,8
West-Nusa-Tenggara	1,0	1,4	2,4	1,6	—	6,7	8,3	10,7
Bengkulu	—	—	—	—	—	2,2	—	—
Nord-Sulawesi	6,0	32,2	38,2	—	—	4,4	—	—
Zentral-Sulawesi	—	2,6	2,6	—	—	2,5	—	—
Süd-Ost Sulawesi	—	3,0	3,0	—	2,0	2,5	21,8	108,0
Ost-Nusa Tenggara	—	3,8	3,8	—	—	7,0	—	—
Maluku (Molukken)	0,6	4,6	5,2	—	—	0,6	—	—
West-Irian (Jaya)	—	33,4	33,4	—	—	0,6	—	—
Indonesien Insgesamt	95,8	637,3	733,1	299,5	117,0	405,5	822,0	1.555,1

Quelle: BULOG und Landwirtschaftsministerium. = Source (226).
   Anmerkung: In den Tabellen 48 u. 49 bedeutet der Strich wahrscheinlich: « keine Angabe vorhanden ».

TABELLE 49 TABLE

GESCHÄTZTE WALDFLÄCHEN NACH GEOGRAPGISCHER LAGE UND ÖKOLOGISCHEM TYP 1970, IN MILL. HA [1]
(Estimated Forest Areas by Geographic Location and Ecological Type)

Region	Gesamte Landfläche (Total Land Area)	Primärer Regenwald [3] (Prim. Rainforest)	Ge-mischter Laubabw. Wald (mixed)	Sekun-därer Wald [3] (second. forest)	Man-groven Küsten-Sumpfwald [4] (Coastal)	Teak-wald (pfl.) [5] (Teak)	Andere Forst-pflanzun-gen [6] (Other)	Gesamte Wald-fläche (Total Forest Area)	v. Hundert bewaldet (Covered with Forests, %)
Kalimantan	54	25,7	—	9,2	6,1	—	—	41	76
Sumatra	47	15,5	—	5,6	6,9	—	—	28	60
Sulawesi	19	6,8	—	3,2	—	—	—	10	53
Java & Madura ...	13	0,3	1,5	—	0,1	0,8	0,3	3	23
Maluku	8	4,9	—	1,0	0,1	—	—	6	75
Nusa Tenggara	7	1,4	—	0,6	—	—	—	2	29
Irian Jaya	42	25,5	—	—	4,5	—	—	30	71
Insgesamt	190 [2]	80,1	1,5	19,6	17,7	0,8	0,3	120	63

Quelle: Forestry Masterplan Summary, D.G.F. Dezember 1971 und Quellen unter 4 (224).
Source: [1] Wald definiert im Gesetz 5 vom Jahre 1967 als eine Fläche, die mit wachsenden Bäumen bestanden ist und als ganzes eine biologische Einheit bildet zusammen mit der Umgebung.
   [2] Im « Statistischen Taschenbuch von Indonesien, April 1971, ist die gesamte Landfläche gemäss dem Direktorat Topographie 201,9 Millionen Hektar, doch gemäss Generaldirektorat Forsten beträgt diese Zahl 190,4 mill ha.
   [3] Diese Kategorien schliessen Flächen ein, die einmal Wälder waren aber nun offene Grasflächen sind, kultiviert oder anderswie umgewandelt.
   [4] Dieser bildet sich nachdem der ursprüngliche Wald zerstört worden ist durch Feuer oder Wanderfeldbau. Die angegebenen Flächen sind grobe Schätzungen, die auf Daten basieren, die in « Forestry Resources in Indonesia », Forstdepartment, Mai 1966 und von Monroy Dr. J.A. « Forestry and Forest Industries in the First and Second Five-Year Plans of Indonesia », Oktober 1968.
   [5] Umfast Pflanzungen und natürliche Wälder.
   [6] Umfasst Koniferen und Harthölzer.

318

Tabelle 50 Table

Erzeugung und Export von Holz, 1969-1976
(Production and Export of Timber,)
(*Mill. cubic meters*)

Jahr (*Year*)	Teak (*Teak*)	Anderes Hartholz (*Other Hardwood*)	Insgesamt (*Total*)	Ausfuhr (*Export*)
1969	0,520	7,587	8,107	3,596
1970	0,568	11,856	12,424	7,412
1971	0,770	12,968	13,738	10,760
1972	0,597	17,120	17,717	13,891
1973	0,676	25,124	25,800	19,489 [1]
1974 [1]	0,620	22,660	23,280	18,448
1975 [2]	0,660	18,340	19,000	13,921
1976 [2]	.	.	21,332	14,600

Quelle: Landwirtschaftsministerium. (225).
Source: Department of Agriculture.
[1]) Revidierte Schätzungen.   [1]) Revised estimates.
[2]) Vorläufige Schätzungen.   [2]) Preliminary Estimates.

Tabelle 51 Table

Umfang und Wert der Fischerei-Exporte, 1969-1976, in Tausend Tonnen und Mill. US$
(Volume and Value of Fisheries Exports)

	(Fresh & Frozen) (*Shrimps*)		Frische Fische (*Fresh Fish*)		Frösche (*Frog*)		Aquarium-Fische (*Aquarium Fish*)		Andere (*Other*)		Insgesamt (*Total*)	
	Volumen (*Volume*)	Wert (*Value*)	Volumen (*Volume*)	Wert (*Value*)	Volumen (*Volume*)	Wert (*Value*)	Volumen (*Volume*)	Wert (*Value*)	Volumen (*Volume*)	Wert (*Value*)	Volumen (*Volume*)	Wert (*Value*)
1969	5,637	878	2,332	326	28	9	42	20	13,387	1,111	21,426	2,444
1970	7,333	4,278	1,247	169	652	286	104	38	12,724	2,188	22,060	6,959
1971	15,319	14,697	4,118	892	568	384	103	29	10,648	2,992	30,756	18,994
1972	23,411	29,809	3,865	471	867	749	190	37	12,823	3,875	41,156	34,941
1973	28,787	57,562	5,868	678	2,867	3,774	286	56	14,370	6,115	52,178	68,185
1974 [1]	32,721	84,571	7,106	1,145	1,182	1,258	305	54	13,639	5,316	54,953	92,344
1975 [2]	25,121	78,432	4,692	1,505	1,553	2,768	321	92	9,026	5,385	40,713	88,182
1976 [2]	30,054	7,042	.	.	.	.	.	.	15,814	.	52,910	131,316

Quelle: Landwirtschaftsministerium. (231). Für 1976: Bank Indonesia (242).
Source: Department of Agriculture.
Sumber: Departmen Pertanian.
[1]) Revidierte Schätzungen.   [1]) Revised estimates.
[2]) Vorläufige Schätzungen.   [2]) Preliminary estimates.

TABELLE 52 TABLE

BESCHÄFTIGUNG NACH GROSSEN UND MITTELGROSSEN INDUSTRIEBETRIEBEN, 1970
(Employment by large and medium Industrial Establishments)

Industrie/Gewerbebetrieb (Industry/Manufacturing)	Anzahl der Betriebe			Anzahl der beschäftigten Personen			Anzahl der pro Betrieb beschäftigten Personen		
	Gesamt (Total)	Gross (Large)	Mittel (medium)	Gesamt (Total)	Gross (Large)	Mittel (medium)	Gesamt (Total)	Gross (Large)	Mittel (medium)
Nahrungsmittelgewerbe (Food)	6.048	500	5.548	285.054	215.265	67.787	49,1	430,5	12,6
Getränkeherstellung (Beverages)	178	16	162	5.298	3.050	2.248	29,8	170,6	13,9
Tabakverarbeitende Industrie (Tobacco)	1.175	304	871	134.600	107.127	27.471	114,6	352,4	31,5
Textilindustrie	4.906	437	4.467	168.560	94.363	74.197	34,3	215,9	16,6
Bekleidungsindustrie ausser Schuhen	144	14	130	5.879	3.713	2.166	40,8	265,2	16,7
Ledererzeugende und verarbeitende Industrie	77	11	66	2.247	1.115	1.132	29,2	101,4	17,2
Schuhindustrie (Shoes)	66	12	54	3.729	2.910	819	56,5	242,5	15,2
Holzbearbeitendes Gewerbe (Timber)	766	25	741	13.477	3.091	10.386	17,6	123,6	14,0
Holzverarbeitend, Möbelherstellung	236	7	229	4.076	900	3.176	17,3	128,6	13,9
Papier-u. Papierwarenherstellung	95	22	73	6.755	5.217	1.538	71,1	237,1	21,1
Druckereien und Verlage (Printing)	533	52	481	13.975	6.656	7.319	26,2	128,0	15,2
Chemische Industrie	80	11	69	4.269	2.702	1.567	53,4	245,6	22,7
Andere Chemische Produkte .	433	59	374	21.581	15.286	6.295	49,8	259,1	16,8
Erdöl-Raffinerien (Oil)	3	1	2	547	532	15	182,3	532,0	7,5
Versch. Erdöl. -und Kohleprodukte	1	—	1	10	—	10	10,0	—	10,0
Gummi-und Gummiwarenherstellung (rubber)	711	273	438	108.695	98.292	10.313	152,7	360,0	23,5
Plastik-Erzeugnisse (Plastic) ..	198	22	176	5.950	3.031	2.919	30,0	137,8	16,6
Steine und Erden (quarrying) .	10	2	8	1.144	956	188	114,4	478,0	23,5
Glas und Glasprodukte (glass)	49	24	25	3.803	3.060	743	77,7	127,5	29,7
Andere nichtmetallische mineral. P.	783	29	754	18.281	6.274	12.007	23,3	216,3	15,9
Eisen-u. Stahl Grundindustrien (Iron)	52	5	47	1.452	772	680	27,9	154,4	14,5
Nichteisen-Metalle Grundindustrien	33	5	28	1.184	739	445	35,9	147,8	15,9
Metallwarenherstellung (metal goods)	530	49	481	12.566	6.190	6.376	23,7	126,3	13,3
Maschinenbau ohne elektr. Maschinen	123	16	107	4.829	3.350	1.479	39,3	209,4	13,8
Elektrotechnische Industrie ...	67	15	52	2.923	2.191	732	43,6	146,1	14,1
Fahrzeugbau (transport means)	407	34	373	10.253	5.290	4.963	25,2	155,6	13,3
Gewerbliche Photographische Güter	6	1	5	589	538	51	98,2	538,0	10,2
Sonstige Industrie (others) ..	190	29	161	7.305	3.943	3.362	38,4	136,0	20,9
Insgesamt (Total)	17.900	1.975	15.925	848.941	596.555	252.382	47,4	302,1	15,8

Quelle: Statistisches Zentralbüro, Befragung der herstellenden Industrien 1970. = Source (219).

TABELLE 53

STRUKTUR DER BESCHÄFTIGUNG IN GROSSEN UND MITTELGROSSEN BETRIEBEN INDONESIENS, 1970
IN V. HUNDERT ALLER INDUSTRIE-UND GEWERBEBETRIEBE

Industrie/Gewerbebetrieb	Anzahl der Betriebe			Anzahl der Beschäftigten		
	Gesamt	Gross	Mittel	Gesamt	Gross	Mittel
Nahrungsmittelgewerbe	33,79	25,32	34,84	33,58	36,08	27,65
Getränkeherstellung	0,99	0,81	1,02	0,62	0,51	0,89
Tabakverarbeitende Industrie	6,56	15,39	5,47	15,86	17,96	10,88
Textilindustrie	27,41	22,13	28,06	19,85	15,82	29,40
Bekleidungsindustrie ohne Schuhindustrie	0,80	0,71	0,82	0,69	0,62	0,86
Ledererzeugende und - verarbeitende I.	0,43	0,56	0,41	0,26	0,19	0,45
Schuhindustrie	0,37	0,61	0,34	0,44	0,49	0,32
Holzbearbeitende Gewerbe	4,28	1,27	4,64	1,59	0,52	4,12
Holzverarbeitende, Möbelherstellung	1,32	0,35	1,44	0,48	0,15	1,26
Papier-und Papierwarenherstellung	0,53	1,11	0,46	0,80	0,87	0,61
Druckereien und Verlage	2,98	2,63	3,02	1,65	1,12	2,90
Chemische Industrie	0,45	0,56	0,43	0,50	0,45	0,62
Andere Chemische Produkte	2,42	2,99	2,35	2,54	2,56	2,49
Erdöl-Raffinerien	0,02	0,05	0,01	0,06	0,09	0,01
Versch. Erdöl-und Kohleprodukte	0,01	—	0,01	0,00	—	0,00
Kautschuk-und Kautschukprodukte	3,97	13,82	2,75	12,79	16,48	4,09
Plastik-Erzeugnisse	1,11	1,11	1,11	0,70	0,51	1,16
Steine und Erden	0,06	0,10	0,05	0,13	0,16	0,07
Glas und Glasprodukte	0,27	1,22	0,16	0,45	0,51	0,29
Andere nichtmetallische mineral. Prod.	4,37	1,47	4,73	2,15	1,05	4,76
Eisen-und Stahl-Grundindustrien	0,29	0,25	0,30	0,17	0,13	0,27
Nicht-Eisen Metall Grundindustrien	0,18	0,25	0,18	0,14	0,12	0,18
Metallwarenherstellung	2,96	2,48	3,02	1,48	1,04	2,53
Maschinenbau ohne elektr. Maschinen	0,69	0,81	0,67	0,57	0,56	0,59
Elektrotechnische Industrie	0,37	0,76	0,33	0,34	0,37	0,29
Fahrzeugbau	2,27	1,72	2,34	1,21	0,89	1,97
Gewerbl. Photographische Güter	0,03	0,05	0,03	0,07	0,09	0,02
Sonstige Industrie	1,06	1,47	1,01	0,86	0,66	1,33
Insgesamt	99,99	100,00	100,01	99,98	100,00	100,01

Quelle: Statistisches Zentralbüro, Befragung der herstellenden Industrien 1970 durch BPS (219).

TABELLE 54 TABLE

HANDELSBILANZ 1969-1977
(Balance of trade)
(*1 000 000 US $*)

Jahr (Year and Month)	Einschliesslich Erdöl und -Produkte (Including petroleum & products)			Ausser Erdöl und -Produkte (Excluding petroleum & products)		
	Ausfuhr (Export)	Einfuhr (Import)	Bilanz (Balance)	Ausfuhr (Export)	Einfuhr (Import)	Bilanz (Balance)
1969	853,7	780,7	73,0	470,8	769,8	— 299,0
1970	1 108,1	1 001,5	106,6	661,8	986,8	— 325,0
1971	1 233,6	1 102,8	130,8	755,7	1 082,4	— 326,7
1972	1 777,7	1 561,7	216,0	864,6	1 531,4	— 666,8
1973	3 210,8	2 729,1	481,7	1 602,1	2 685,3	—1 083,2
1974	7 426,3	3 841,9	3 584,4	2 214,9	3 658,9	—1 444,0
1975	7 102,5	4 769,8	2 332,7	1 791,7	4 516,3	—2 724,6
1976	8 546,5	5 673,1	2 873,4	2 542,4	5 235,4	—2 693,0
1977: *						
Januar	605,6	416,1	189,5	225,4	325,0	— 99,6
Februar	639,0	468,8	170,2	243,3	423,7	— 180,4

Quelle: Wirtschaftsministerium (254).
Source: Department of Economics.

TABELLE 55 TABLE

ZAHLEN ÜBER DEN PRODUKTIONSANSTIEG AUSGEWÄHLTER INDUSTRIEN, 1965 (1960) BIS 1970, 1973; 1975 UND 1976
(Data on Increase of Production in selected Industries)

	1965	1966	1967	1968	1969	1970	1973	1975	1976
Grundindustrien									
Batterien (nass), Stück (batteries)	33.722	31.169	21.000	28.600	32.000	56.200	140.000	220.000	480.000
Radios, Stück (radios)	42.318	92.922	216.000	391.750	363.500	393.200	900.000	1.000.100	1.100.000
Fernsehgeräte Stück (television)	536	1.448	500	1.200	4.500	4.700	60.000	166.000	212.900
Elektr. Birnen, Stück (bulbs)	7.519.814	5.957.686	7.830.514	5.862.900	8.212.286	3.500.000	13.500.000	21.500.000	26.000.000
Leitungsdraht, Meter (wire)	1.460.159	250.000	210.000	572.000	1.000.000	.	30.000 t	36.000 t	.
Wasserpumpen, Stück (pumps)	391	201	—	600	900	.	3.500	4.000	.
Reis-Huller, Stück (rice hullers)	794	539	—	900	2.300	.	.	.	.
Verzinktes Eisenblech, tons (iron sheets)	—	—	—	8.125	8.500	10.000	110.000	152.000	296.300
Baustahl, tons (reinforcement steel)	—	—	—	—	4.500	.	.	.	107.000t
Wasserrohre, m (water pipes)	2.253	3.106	1.257	1.197	1.957	2.922	360	575	.
Strassenwalzen, Stück (street rollers)	—	—	200	200	200	200	.	.	.
Spritzen (sprayers)	—	—	—	5.000	20.000	.	.	.	.
Textilien, in Mrd. Meter	—	—	—	373,2	449,4	598,4	926,9	1.017,1	1.247
Batterien (Zusammenbau) Stück	4.167.308	2.554.405	1.210.500	4.377.000	4.500.000	4.600.000	11.000.000	15.000.000	.
Nähmaschinen (Zusammenbau) Stück (sewing m)	6.014	10.763	5.500	4.000	14.000	13.500	500.000	520.000	.
Autos (Zusammenbau) Stück (cars)	2.204	2.165	1.186	2.403	5.037	2.908	36.750	78.873	75.300
Motorräder (Zusammenbau) Stück (motorcycles)	—	—	805	6.247	21.388	31.080	150.000	300.000	267.600
Maschinen und Ersatzteile für landw. Plantagen (machines)			Fertigung vorhanden, aber nicht erfasst						
Bergwerke, Textilind. tons	1.431	1.500	1.114	1.900	2.400	.	.	.	.
Chemische Industrie	(1960)	(1964)							
Mineraldünger, tons (fertilizer)	—	—	—	95.170	84.170	102.900	115.700	396.700	437.000
Zement, tons (cement)	1.386.607	438.647	—	411.038	534.017	568.100	818.100	1.088.800	1.835.000
Papier, tons (paper)	8.746	8.535	—	11.267	15.761	22.200	47.100	45.900	89.200
Autoreifen, Stück (tyres)	89.522	84.798	—	238.911	359.031	401.500	1.351.500	2.432.800	2.432.800
Autoschläuche, Stück	87.674	63.285	—	157.809	226.981	—	—	—	673.400
Fahrradreifen, Stück	—	—	—	1.184.822	1.241.015	—	—	—	.
Fahrradschläuche, Stück	12.727.682	—	—	226.962	161.056	—	—	—	.
Glas, tons (glass)	750	6.996,5	—	5.784	9.561	—	49.500 sqft.	61.700 sqft.	.
Soda, tons	—	686	—	1.019	1.113	—	—	—	.
Salz, tons (salt)	196.736	53.000	—	23.325	160.000	—	—	—	563.000
Kohlensäure, tons (C)2	872	641	—	361	514	—	—	—	.
Sauerstoff, tons (oxygen)	—	—	—	1.855.975	2.130.073	—	—	—	.
Leichtindustrien (Light Ind.)									
Seife, tons (soap)				200.000	250.000	132.200	131.300	161.000	175.5
Kokosöl, tons (cocosoil)				208.000	249.790	258.200	264.500	265.800	276.200
Speiseöl, tons (other cooking oil)				23.465	28.076	26.000	28.700	30.000	32.600
Streichhölzer, in Mill. Schachteln (matches)				238	262,9	322 Mill.	556 Mill.	780 Mill.	772 Mill.
Zahnpaste, mill. Tuben (toothpaste)				13	16	25	32	53	103,6
Kretek-Zigaretten, Mrd. Stück				24,0	19,0	20,5	30,5	31,1	37,9
Weisse Zigaretten (cigarettes)				14,8	11,0	13,7	20,4	21,0	22,6

Quelle: Pelaksanaan tanum Pertama Repelich, August 1970 und Industrie-Ministerium (237). Bank Indonesia (242) für 1976.
Source: Pelaksanaan tanum Pertama Repelich, August 1970 and Department of Industry ( ).
*) Es ist unklar, ob ein Strich stets heisst: «nichts vorhanden».

TABELLE 56 TABLE

« PRODUCTION-SHARING »-VERTRÄGE IN DER ERDÖL-INDUSTRIE, STAND 1972
(Production-Sharing Contracts in the Oil Industry)

Vertragspartner (Partner)	Datum Vertrag (date)	Fläche qkm (area)	Lage, Sh: Schelf Bl: Block (Location Block)	Pertamina-Antel b/d (Share)	Bonus f. Unterschr. (US$ mill)	Produktion Output b/d:	Produktion Bonus US$ mill	Mindest. Invest. Minim. (US$ mill)
1. Union Oil	25.10.68	12600	O.-Kalimantan (Sh)	50000	0,435	75000	1,5	4,0
2. Front + Partn.	1.11.68	113600	S.-China-See (Bl. C)	50000	1,550	50000	2,0	15,45
3. Gulf Oil	17.12.68	170000	S.-China-See (Bl. D)	75000	1,550	50000	0,5	11,3
4. AGIP/Phillip	19.12.68	107000	S.-China-See (Bl. A)	75000	.	.	.	21,0
5. ASIA/GULF OIL	14. 6.69	104000	Sulawesi (Sh)	75000	0,25	75000	1,0	8,0
6. Jenney/Syrac.	8. 8.69	47250	Kalimantan/Sul. (Sh)	60000	3,00	25000	1,25	11,9
7. St. Marine/Sa.F.	8. 8.69	69250	Mentawai/W. Sum. (Sh)	65000	0,75	30000	1,2	11,6
8. Dearb. Comp.	9. 8.69	47500	Halmahera (Sh)	75000	1,40	50000	1,0	7,2
9. Asia/Amino	9. 8.69	772500	Lampung/Banten (Sh)	75000	2,50	50000	1,0	17,5
10. Gulf/West. Ind.	1. 1.69	373500	Ceram/Ambon/Buru	55000	5,00	25000	1,5	14,5
11. CFP/Total	7.12.67	143000	Sumatra, Taluk	75000	2,00	.	.	10,0
12. Kaltim Shell	6.12.67	32500	O.-Kalimantan	75000	5,00	.	.	20,7
13. Wend. Phillips	4. 2.70	32000	Irian Jaya (On-Sh)	75000	0,50	.	.	17,5
14. Tex/Chevron	7. 2.60	72000	Java/Sulaw. (Sh)	65000	2,00	.	.	7,8
15. PB Petr. Dev.	2. 3.70	24000	N.O-Kalimantan (Sh)	75000	0,75	50000	1,0	8,5
16. Jenney/Pan Oc	5.70	48563	Simeulue/Sum. (On Sh)	.	.	.	.	.
17. Pan/H./Kondur	5. 8.70	40000	O. Sumatra/Riau (Sh)	75000	0,40	.	.	11,0
18. Trend Expl.	15. 8.70	—	Irian Jaya, Pnshore	15000	1,00	.	.	5,3
19. White/Gulf	24.10.70	15540	W.-Sulaw.On/Sh	75000	1,00	.	.	10,1
20. Gulf Oil	24.10.70	25900	W. Sulawesi, On/Sh	75000	1,00	.	.	8,5
21. PERTAMINA/P.	28.11.70	1535	SO Kalimantan, On/Sh		0,25	75000		7,2
22. Djawa Shell	15. 1.71	9500	Zentr. Java, On/Sh	75000	4,00	50000	1,0	6,0
23. Jenney/Pan	3.71	6475	Simeulue/Sum.	—		—	.	—
24. Calasiatic-T.	9. 8.71	22201	Zent. Sumatra, on	60000	8,00	.	.	15,0
25. Caltex	9. 8.71	9894	Zent. Sumatra, on	ganze Förder.	8,00	.	.	15,0
26. AXCO	9. 8.71	16835	Kalimantan, on	4,0+1,0	.	.	.	.
27. Continent. Oil	28.10.71	.		60000	2,10	.	.	.
28. Asmera	1. 9.61	7000	N.-Sumatra, on	60%	.	.	.	7,5
29. Refican	10. 3.64	19400	N. Sumatra, on/Sh	65%	.	.	.	10,0
30. ARCO et alt.	18. 8.66	52400	N.W. Java, Sh	65%	.	.	.	7,5
31. Japex+CFP-T.	6.10.66	34.125	O. Kalimantan, Sh	65%	.	.	.	7,5
32. Kyushu/BP	20.10.66	70800	S.O. Kalimantan	65%	.	.	.	7,5
33. Kyushu/U. Carb.	22.11.65	127000	S./S.O. Kalimantan	.	.	5000	.	5,0
34. Ashland Oil	1. 4.67	154700	N.O. Java/Madura, Sh	65%	.	40000	1,0	7,5
35. Cont. Oil	12. 5.67	165000	S.O. Kalimantan	75000	1,00	75000	3,0	12,0
36. Union Oil	26. 1.68	85900	N.W. Sumatra, on/Sh	50000	0,60	75000	1,0	4,6
37. Int. Oil Expl.	8. 4.68	28812	S.O. Timor, Sh	75000	.	50000	1,0	2,4
38. Sup. Oil, Ph.	28. 5.68	64750	S.W. Irian Jaya	100000	1,5	100000	2,0	17,0
39. CFP. Total	6. 7.68	20600	S.O. Sumatra on/Sh	75000	1,0	100000	1,0	4,0
40. Jiapco/Indomar	6. 9.68	110000	S.O. Sumatra, Sh	75000	1,25	75000	3,5	22,5
41. AGIP/Ph. Pet.	10.10.68	104800	Vogelkop/Irian J.	75000	1,50	75000	0,5	16,0
42. Cont/Getty	16.10.68	100000	S. China-See (Bl. B)	75000	7,00	50000	3,0	14,0
43. Mobil	16.10.68	40000	N. Sumatra, Sh	65%	0,5	50000	5,0	5,5
44. Redco	15.10.68	11460	Sum/Kalim./Java (Sh)	65%	.	.	.	5,5

Quelle: PERTAMINA 1972. = Source (239).

TABELLE 57 TABLE

ERDÖL-PRODUKTION, 1968 BIS 1977, IN TAUSEND BARRELS
(Crude petroleum production)

Jahr (Year)	Nach Gesellschaften (By Company)				Nach Feldern (By Fields)		Nach Regionen (By Area)				Produktion (Output)	
	Per-tamina	Stanvac	Caltex	Andere (Others)	Anland (On-shore)	(Off-shore)	Su-matra	Java	Kali-mantan	Andere (Others)	Gesamt (Total)	Tägl. Durchs-chnitt (Daily average)
1968	37 111	18 534	163 773	443	219 863	.	.	.	.	.	219 763	601
1969	35 290	17 365	217 912	375	270 942	.	261 799	452	8 149	542	270 942	742
1970	35 533	17 674	257 877	465	311 549	.	302 745	537	7 771	496	311 549	854
1971	39 273	22 951	262 846	544	321 636	3 978	312 771	631	7 220	4 992	325 614	892
1972	64 204	27 172	303 826	369	370 625	25 045	362 613	24 532	7 411	1 015	395 571	1 081
1973	112 788	22 768	351 528	1 466	424 367	63 589	405 732	44 785	33 606	4 427	488 550	1 339
1974	152 826	16 626	329 908	2 321	412 218	89 463	378 353	64 420	46 898	12 010	501 681	1 375
1975	.	.	.	.	393 374	83 481	.	.	.	.	476 855	1 306
1976	.	.	.	.	422 832	127 748	.	.	.	.	550 580	1 508
1977	.	.	.	.	.	.	.	.	.	.	614 000	.

Quelle: PERTAMINA-Jahresberichte (244).
Source: PERTAMINA Annual Reports.
(Die Tabelle wurde unverändert übernommen und ist von Tabelle 54 im Text verschieden. Die Zahlen für 1977 wurden intern vermittelt).

TABELLE 58 TABLE

FÖRDERUNG AN ERZEN UND MINERALIEN 1965-1977
(Mineral production,)

Jahr (Year)	Erdöl (Crude petroleum) (1000 barrel)	Erdgas (Natural gas) (1000 mcf)	Zinnerz (Tin ore) (metr ton)	Steinkohle (Coal) (metr ton)	Bauxit (Bauxite) (metr ton)	Nickel (Nickel) (metr ton)	Gold (Gold) (kg)	Silber (Silver) (kg)	Eisensand (Iron sand) (metr ton)
1965	159 951	111 394	14 698	281 193	688 259	115 548	209,08	9 293,00	—
1966	146 177	111 638	12 770	319 829	701 225	101 377	128,19	6 687,18	—
1967	159 198	98 002	13 186	202 363	912 266	168 943	241,14	9 610,85	—
1968	219 913	116 025	16 939	176 214	879 323	240 726	185,64	9 613,26	—
1969	271 003	22 981 [1]	17 413	191 682	765 282	254 135	246,00	10 590,76	—
1970	311 552	108 561	19 062	172 361	1 229 168	600 000	236,65	8 590,76	—
1971	325 672	121 160	19 722	197 906	1 237 607	900 000	329,69	8 875,69	270 935
1972	394 606	145 629	21 329	179 240	1 276 578	935 075	339,01	8 683,98	264 915
1973	488.637	177 648	22 297	148 855	1 229 375	867 046	352,15	9 831,93	280 938
1974	501 839	202 333	25 021	156 153	1 290 114	878 850	265,26	6 144,00	365 226
1975	476 692	222 258	24 391	206 388	992 556	781 012	529,39	4 758,35	352 991
1976	550 320	312 000	22 200	193 000	940 000	830 000	355	1 080	292 000
Januar	44 003	22 378	1 648	17 258	83 711	64 672	13,88	138,41	26 689
Februar	42 237	21 761	1 615	17 070	75 017	56 220	21,48	259,65	22 769
März	47 407	24 194	1 475	15 765	62 125	52 609	20,30	267,39	22 548
April	45 841	25 109	1 729	15 126	53 069	54 278	23,38	298,21	20 898
Mai	46 973	27 137	2 048	17 986	74 373	67 402	26,56	269,32	31 712
Juni	44 240	24 773	2 048	16 862	74 916	43 753	23,89	308,59	23 879
Juli	46 297	27 669	1 954	22 007	73 258	60 777	38,24	347,37	21 173
August	46 778	27 605	2 084	13 848	69 500	59 668	41,80	311,55	24 844
September	44 825	27 271	2 525	13 106	71 067	70 712	36,72	305,53	22 321
Oktober	47 622	28 116	2 029	13 462	76 306	92 572	45,86	357,31	22 561
November	45 089	27 212	1 535	14 909	111 420	114 132	25,42	238,66	26 966
Dezember	49 008	28 926	1 514	15 512	115 507	93 069	38,53	295,46	25 934
1977 Januar	50 371	31 078	.	.	.	.	.	.	.
Februar	47 320	32 577	.	.	.	.	.	.	.

Quelle: Bergbauministerium. (243).
Soffrce: Department of Mining.
Bemerkung: Zahlen eines Quartals.
Erzeugung von 1971 an.

Note: [1] Figures of a quarter.
[2] Production as from 1971.

TABELLE 59 TABLE

AUSFUHR NACH GRUPPEN, IN MILL. US$, 1969 BIS 1977

(Exports by group A)

Jahr (Year)	Kautschuk Karet/(Rubber) Plantagen (Estate)	Kleinanb (Small-holder)	Kopra (Copra)	Kaffee Kopi/(Coffee) Plantagen (Estate)	Kleinanb (Small-holder)	Palm-kerne (Palm kernel)	Palmöl (Palm oil)	Tabak Tembakau/ (Tobacco) Blätter (Leaves)	Schnitt (Cut/ Kerosok)	Pfeffer (Pepper)	Zinn (Tin ore)	Insgesamt Gruppe A (Total Group A)
1969	65,3	160,5	18,5	7,8	51,9	4,6	24,0	3,4	1,9	10,7	40,6	389,3
1970	79,5	173,9	30,3	14,7	54,5	5,5	35,1	0,0	4,1	3,2	53,6	454,4
1971	66,9	155,0	12,4	12,9	42,4	5,1	44,7	6,6	8,6	24,8	51,9	431,3
1972	61,5	127,6	4,3	16,1	61,0	3,7	41,3	9,2	20,8	21,5	64,2	431,2
1973	105,7	285,7	5,2	15,1	62,5	4,9	70,2	16,7	23,0	28,9	93,1	711,0
1974	142,7	336,5	—	14,9	83,2	9,5	157,3	14,2	21,3	24,3	175,4	979,3
1975	358,2		3,3	99,8		2,6	151,6	22,6	12,6	22,8	139,8	813,3
1976	530,8		0,3	237,5		3,2	135,5	52,0	0,1	46,5	165,4	1 157,8
1977 *	640,0		.	330,0		.	130,0	62,0	.	.	181,0	.

Quelle: Zentrales Statistisches Büro (216) für 1977: interne Komunikation.
Source: Central Statistical Office.
    *) unvollständig, vorläufige Zahlen.

TABELLE 60 TABLE

AUSFUHR NACH GRUPPEN, GRUPPE B UND ERDÖL, 1969-1977

(Exports of group A, B and Petroleum)

(1 000 000 US $)

Jahr/Monat (Year)	Gruppe A Insgesamt (Total Group A)	Gruppe B, davon Group B (of which) Tee (Tea)	Kopra (Copra cake)	Fiber (Fibre)	Rotang (Rattan)	Baumharze (Copal and Damar)	Holz (Wood)	Andere (Others)	Insgesamt (Total Group B)	Erdöl und -produkte (Petroleum and products)	Insgesamt alle Ausfuhren (Total Exporte)
1969	389,3	9,0	1,6	0,1	0,7	0,3	28,2	41,6	81,5	382,9	853,7
1970	454,4	18,3	5,9	0,1	1,0	0,5	104,3	77,3	207,4	446,3	1 108,1
1971	431,3	28,9	11,9	0,2	0,8	0,8	161,4	120,4	324,4	477,3	1 233,6
1972	431,2	30,6	13,0		1,5	1,1	228,7	158,5	433,4	913,1	1 777,7
1973	711,0	26,1	17,2	0,0	1,6	0,9	573,6	271,7	891,1	1 608,7	3 210,8
1974	979,3	46,3	25,9	0,0	3,5	0,8	724,7	434,2	1 235,6	5 211,4	7 426,3
1775	813,3	51,5	24,7	—	2,6	1,2	500,0	398,4	978,4	5 310,8	7 102,5
1976	1 157,8	56,6	33,4	—	7,6	1,0	780,5	505,5	1 384,6	6 004,1	8 546,5
1977: *	.	61,0	.	.	.	.	888,5	.	.	6 000,00	.

Quelle: Zentrales Statistisches Büro. (216).
Source: Central Statistical Bureau.
    *) unvollständig, vorläufige Zahlen.

TABELLE 61 TABLE

ENTWICKLUNG IN DER ERZEUGUNG ELEKTRISCHER ENERGIE UND IHRE VERTEILUNG, 1969/70-1976/77

(Development of Electric Power Generation and Distribution)

	1969/70	1970/71	1971/72	1972/73	1973/70	Insgesamt (Total in Repelita I)	1974/75	1975/76 [1]	1976/77 [1]
1. Wiederaufbau/Einrichtung von Anlagen für die Stromerzeugung (MW) (Rehabilitation/Development of electric power generation (MW))	0,35	28,75	20,43	139,035	115,615	304,180	114,67	167,044	235,000
2. Wiederherrichtung/Bau von Überlandleitungen (Rehabilitation/Development of transmission lines, Km)	67,50	51,90	71,50	220,89	76,32	488,11	89	584,725	.
3. Wiederaufbau/Anlage von Kraftstationen (Rehabilitation/Development of power stations (no./MVA)	1/40	9/91,5	3/51,5	4/61,25	4/171	21/415,25	11/159	21/355,2	13/180
4. Wiederaufbau/Bau von Verteilungsnetz (Rehabilitation/Development of distribution lines) — Hochspannungsleitungen (high-tension wires)	75,07	287,09	287,03	489,94	534,49	1.673,62	318,307	478,744	.
— Leitung mit niederer Spannung (low-tension wires, Km)	127,93	349,23	344,90	436,69	352,44	1.611,19	387,035	320,083	.

[1] Preliminary estimates.

TABELLE 62 TABLE

NUTZUNG ELEKTRISCHER ENERGIE, 1972/73 BIS 1976/77

(Utilization of Electric Power,)

Spezification (Specifications)	1972/73	1973/74	1974/75	1975/76	1976/77 *)
Verfügbare Energie (Available supply) (MWH)	2.498.477	2.932.480	3.245.962	3.636.726	3.835.000
Verkauf von Strom (Domestic Sales of Power) (MWH)	1.892.609	2.174.744	2.376.031	2.691.178	2.768.000
Verbindungen (Connections) (KVA)	934.617	1.060.936	1.218.714	1.388.401	.
Installationen (Installations) (MW)	850	971	1.117	1.284	.

Quelle: Ministerium für öffentliche Arbeiten und Energie (229) für beide Tabellen.
Source: Dept. of Public Works and Electric Power.
*) Vorläufige Zahlen-preliminary estimates.

TABELLE 63 TABLE

ENTWICKLUNG DES ZIVILEN LUFTVERKEHRS, 1969-1977

(Development of Domestic Civil Air Transport)

	1969	1970	1971	1972	1973	1974	1975	1976*	1977*
1. Transportierte Passagiere (*Passengers carried*) (*000*)	499	770	993	1.235	1.649	2.126	2.323	2.766	2.805
2. Geladene Fracht (*Cargo loaded*) (*tons*) ...	4.129	4.940	7.015	11.094	13.790	19.252	22.619	28.000	31.000
3. Flugstunden (*Flying hours*) (*000*)	45	54	61	74	85	106	116	136	141
4. Tonnen-Kilometer (000) verfügbar (*Ton/km available*) (*000*)	52.506	80.185	102.494	125.502	213.952	264.461	302.570	378.000	.
5. t(km genutzt (*Ton/km Produced*) (*000*) ...	34.920	51.015	68.501	82.209	115.062	144.401	164.955	196.000	215.000

Quelle: Ministerium f. Verbindungswesen. (229).
Source: Department of Communication.
   *) Vorläufige Zahlen-preliminary estimates.

TABELLE 64 TABLE

BAU VON STRASSEN UND BRÜCKEN, 1969/70 BIS 1976/77

(Development of Roads and Bridges,)

Programm (*Program*)	1969/70	1970/71	1971/72	1972/73	1973/74	1974/75	1975/76 [1]	1976/77 [3]
Strassen km (*Roads*) (*km*)								
1. Unterhalt (*Maintenance*)	—	10.482	30.034	23.745	18.141	9.482 [2]	10.420	8.900
2. Wiederherrichtung (*Rehabilitation*)	919,5	1.386,5	1.543,5	1.605,0	932,5	1.400	417	.
3. Verbreiterung (*Upgrading*)	746,0	734,7	507,0	920,0	646	407	348	.
4. Neubau (*New construction*)	27	47,2	—	111	47,2	160	230	150
Brücken (m) (*Bridges*) (*meters*)								
5. Wiederherrichtung (*Rehabilitation*)	4.825	6.399	2.482	3.894	4.035	2.616	2.117	.
6. Neubau (*New Construction*)	1.580,0	1.579,0	4.928,4	3.700	907	845	226	.
7. Unterhalt (*Maintenance*)						2.645	2.390	.

Quelle: Ministerium für Öffentliche Arbeiten und Energie.
Source: Department of Public Works and Electric Power (229).
   [1]) Revidierte Schätzungen.
   [2]) Von 1974/75 an an Regionen übergeben.
   [3]) Vorläufige Schätzungen.

[1]) Revised estimates.
[2]) Maintenance rel relegated to Regions.
[3]) Preliminary estimates.

TABELLE 65 TABLE

ENTWICKLUNG IM AUFBAU DER HOCHSEE-HANDELSFLOTTE, 1969-1977
(Development of Ocean - Going Vessels,)

Jahr (Year)	Anzahl der Schiffseinheiten (No. of Vessels)	Tausend Bruttoregistertonnen (Capacity) (000 DWt)	Transportierte Ladung, Tsd Tonnen (Cargo Ttransported) (000 tons)
1969	39	318	1.343
1970	48	386	1.913
1971	59	489	2.650
1972	53	467	6.923
1973	41	387	9.917
1974	45	426	9.038 [1]
1975	49	419	6.185
1976 [2]	50	435	5.462
1977 [2]	52	462	7.500

TABELLE 66 TABLE

ENTWICKLUNG DER INTERINSULAREN HANDELSFLOTTE, 1969-1977
(Development of the Inter - island Fleet,)

	Anzahl der (Schiffe No. of BRT)		Einheiten im Einsatz (Operating Vessels)		v.H. im Einsatz (% in) (Operation)
	(Vessels)	(Dwt)	Anzahl (Number)	BRT (Dwt)	
1969	182	184.350	130	138.004	74,9
1970	273	267.759	232	234.685	87,6
1971	282	321.669	215	238.535	74,2
1972	282	321.669	282	321.669	100,0
1973	267	284.931	267	284.931	100,0
1974 [1]	304	307.607	304	308.157	100,0
1975	319	330.416	319	330.416	100,0
1976 [2]	319	330.000	319	330.000	100,0
1977 [2]	322	350.000	322	350.000	100,0

Quelle: Ministerium für Verbindungswesen (231) für beide Tabellen.
Source: Dept. of Communications.
[1] Revidierte Schätzungen.
[2] Vorläufige Schätzungen.
[1] Revised estimates.
[2] Preliminary estimates.

328

BEVÖLKERUNGS-PROJEKTIONEN 1971 BIS 2100, IN MILLIONEN
(Projection of Population)

	1971	1986	2001	2026	2051	2076	2100
Annahmen (Assumptions)							
Weibliche Lebenserwartung (in Jahren)							
Hoch: Java	49,3	58,1	64,9	70,1	72,7	75,2	76,4
(High) Ausseninseln	46,5	54,8	62,6	70,8	74,7	77,2	77,5
Niedrig: Java	49,3	55,5	61,2	67,6	71,4	73,9	76,3
(Low) Ausseninseln	45,5	53,2	59,2	61,0	70,9	73,4	75,8
Gesamt-Fruchtbarkeit (Kinder pro Frau geboren) (*fertility*)							
Hoch: Java	5,1	4,3	3,4	2,3	2,2	2,1	2,1
Ausseninseln	6,2	5,4	4,5	2,9	2,2	2,2	2,1
Niedrig: Java	5,1	3,7	2,3	2,2	2,1	2,1	2,1
Ausseninseln	6,2	4,9	2,9	2,2	2,2	2,2	2,1
ERGEBNISSE: (*Results*)							
Bevölkerung in Millionen (Mitte d. Jahres)							
Java: Hohe Fruchtbarkeit, hohe Sterblichkeit	78	109	147	207	251	271	278
Hohe Fruchtbarkeit, niedrige Sterblichkeit	78	109	151	219	268	292	298
Niedrige Fruchtbarkeit, hohe Sterblichkeit	78	107	132	165	180	183	183
Niedrige Fruchtbarkeit, niedrige Sterblichkeit	78	107	135	173	194	201	204
Ausseninseln							
Hohe Fruchtbarkeit, hohe Sterblichkeit	44	66	97	162	214	246	259
Hohe Fruchtbarkeit, niedrige Sterblichkeit	44	66	99	171	235	275	287
Niedrige Fruchtbarkeit, hohe Sterblichkeit	44	65	87	118	137	144	149
Niedrige Fruchtbarkeit, niedrige Sterblichkeit	44	65	89	124	149	158	161
Ganz Indonesien							
Hohe Fruchtbarkeit, hohe Sterblichkeit	122	175	244	369	465	517	537
Hohe Fruchtbarkeit, niedrige Sterblichkeit	122	175	250	390	503	567	585
Niedrige Fruchtbarkeit, hohe Sterblichkeit	122	172	219	283	317	327	332
Niedrige Fruchtbarkeit, niedrige Sterblichkeit	122	172	224	297	343	359	365
Wachstumsrate der Bevölk., Indonesien in %							
Hohe Fruchtbarkeit, hohe Sterblichkeit	2,5	2,4	2,0	1,3	0,6	0,2	0,1
Hohe Fruchtbarkeit, niedrige Sterblichkeit	2,5	2,4	2,2	1,4	0,7	0,3	0,0
Niedrige Fruchtbarkeit, hohe Sterblichkeit	2,5	2,0	1,2	0,8	0,2	0,1	0,1
Niedrige Fruchtbarkeit, niedrige Sterblichkeit	2,5	2,1	1,4	0,8	0,3	0,1	0

Quelle: BAPPENAS, 1974. — Source (213).

TABELLE 68 TABLE

SCHULBESUCH NACH REGIONEN, 1971

(Attendance of Schools according to Regions,)

Provinz	Grundschule, Kl. 1-6			Oberschule, Unterstufe (7-9)			Oberschule, Oberstufe (Kl. 10-12)		
	Bevölkerung 7-12 Jahre in 000	Brutto-Teilnahme in v.H.	Netto-Teilnahme in v.H.	Bevölkerung 13-15 Jahre in 000	Brutto-Teilnahme in v.H.	Netto-Teilnahme in v.H.	Bevölkerung 16-18 Jahre in 000	Brutto-Teilnahme in v.H.	Netto-Teilnahme in v.H.
01 Jakarta	681	83	69	314	36	23	295	21	13
02 West-Java	3.581	75	62	1.417	15	10	1.131	10	7
03 Zentral Java	3.615	75	62	1.497	23	14	1.227	13	9
04 Jogyakarta	401	89	73	182	41	25	150	37	24
05 Ost-Java	3.952	82	62	1.595	19	12	1.353	10	6
Zw.-Sa. Java	(12.231)	(78)	(63)	(5.007)	(21)	(13)	(4.156)	(13)	(8)
06 Aceh	299	86	78	120	28	17	113	13	7
07 Nord-Sumatera	1.342	85	71	501	29	19	404	19	13
08 West-Sumatera	415	99	83	216	30	19	164	19	13
09 Riau	251	88	82	121	45	25	104	10	7
10 Jambi	155	92	84	72	24	14	59	14	8
11 Süd-Sumatera	533	91	74	250	22	12	213	10	8
12 Bengkulu	87	95	80	39			30		
13 Lampung	469	73	84	180	19	11	145	10	6
Zw. Sa.: Sumatra	(3.569)	(87)	(76)	(1.498)	(28)	(17)	(1.232)	(15)	(10)
14 West-Kalimantan	330	66	52	143	14	7	114	6	3
15 Zentral-Kalimantan	121	77	61	50	21	12	40	8	4
16 Süd-Kalimantan	295	81	69	114	22	12	95	14	10
17 Ost-Kalimantan	113	78	61	48	22	12	48	9	5
Zw. S.: Kalimantan	(858)	(74)	(60)	(355)	(19)	(10)	(297)	(9)	(6)
18 Nord-Sulawesi	331	94	73	128	31	21	105	26	18
19 Zentral-Sulawesi	175	88	67	62	31	17	53	15	9
20 Süd-Sulawesi	810	89	72	330	22	15	276	14	9
21 Southeast-Sulawesi	128	85	68	45	27	12	38	13	9
Zw. S.: Sulawesi	(1.444)	(89)	(71)	(565)	(26)	(16)	(473)	(17)	(11)
22 Maluku (Molukken)	186	98	75	80	28	16	57	16	10
23 Bali	344	73	62	116	26	16	110	12	8
24 Nusa Tenggara	359	66	54	126	14	9	97	9	6
25 Ost-Nusa Tenggara	381	91	68	155	9	9	114	8	5
26 Irian Jaya	128	85	66	66	13	5	69	4	4
Zwischensumme Aussenin- seln	(1.398)	(80)	(64)	(544)	(20)	(11)	(447)	(10)	(6)
INDONESIEN, insgesamt	19.500	80	68	7.969	22	14	6.605	13	9

Quelle: Erziehungsministerium, 1973 (233). — Source.
    Brutto-Teilnahme: Teilnahme in % der Bevölkerung.
    Netto-Teilnahme: schliesst überaltete Schüler aus.

TABELLE 69 TABLE

DIE SCHULISCHE VORBILDUNG VON MIGRANTEN NACH JAKARTA, NACH REGIONEN, IN V.H., 1961-1971
(Formal (School) Education of Migrants, by Regions, in %)

Provinz (Region)	Kein Schul-besuch (No. School)	Grundschule (Primary School)	(Secondary School)		Akademien Universitäten (Universities)
			Oberschule Unterstufe	Oberschule Oberstufe	
1. Aceh	13,63	41,33	18,78	20,93	5,32
2. Nord-Sumatra	7,53	33,15	22,57	29,64	6,18
3. West-Sumatra	12,25	42,68	19,12	31,77	4,19
4. Riau	21,61	44,01	13,21	15,49	5,69
5. Jambi	11,88	47,53	18,69	17,18	4,68
6. Bengkulu	15,27	43,61	18,00	18,34	4,78
7. Süd-Sumatra	12,09	50,50	15,96	23,66	7,80
8. Lampung	34,54	50,82	7,26	5,67	1,71
9. D.K.I. Jakarta	—	—	—	—	—
10. West Java	32,77	49,95	13,45	10,09	2,75
11. Zentral Java	13,29	41,60	18,67	18,12	8,32
12. Jogyakarta	15,78	43,31	17,85	17,06	6,00
13. Ost Java	10,93	36,88	19,13	27,61	4,43
14. West Kalimantan	10,25	44,04	16,48	22,19	7,04
15. Zentral Kalimantan	12,13	40,72	16,85	24,24	8,07
16. Süd-Kalimantan	14,78	44,07	20,97	14,89	5,30
17. Ost-Kalimantan	4,89	36,33	27,65	24,49	6,64
18. Nord-Sulawesi	24,90	42,53	11,75	17,21	5,59
19. Zentral Sulawesi	15,76	43,38	18,34	16,56	5,96
20. Süd-Sulawesi	4,99	47,03	21,99	20,62	5,38
21. Südost-Sulawesi	8,18	42,85	20,22	21,53	7,21
22. Bali	12,91	35,60	15,74	24,83	10,92
23. West Nusa Tenggara	8,97	46,54	18,06	17,87	8,55
24. Ost Nusa Tenggara	16,58	53,79	16,25	10,57	2,81
25. Maluku (Molukken)	12,82	42,34	20,16	16,90	7,77
26. Irian Jaya	100,00	—	—	—	—
Insgesamt (Total)	25,00	47,95	12,50	11,07	3,48

Quelle: Erziehungsministerium Jakarta nach SUHARSO Cityward Migration and Educational Attainment in Jakarta-Indonesia, Sept 1973 (233).
Source: Department of Education according to SUHARSO ....

TABELLE 70 TABLE

PROZENTUAL GRUPPEN STÄDTISCHER BEVÖLKERUNG IN REGIONEN NACH PRO-KOPF-EINKOMMEN IM JAHRE 1969
(Percentage Groups of Urban Population in Regions according to Per-Capita Income)

Pro-Kopf-Einkommen im Jahre 1969 (Per capite income year)	Provinz	Prozentualer Anteil von der städtischen Bevölkerung (Percentage urban population)
Rp. 25 000 und mehr	Jakarta	100
	Süd-Sumatra	29,1
	Nord-Sumatra	19,5
	Riau	13,3
	West-Kalimantan	12,8
Von Rp. 20.000 bis Rp. 25 000	Süd-Kalimantan	26,7
	West-Sumatra	17,2
	Ost-Java	14,5
	Molukken	13,3
	D.I. Aceh	9,9
Von Rp. 15 000 bis Rp. 20 000	D.I. Jogyakarta	16,4
	West-Java	12,4
	Zentral-Java	10,8
Unter Rp. 15 000	West Nusa Tenggara	8,1
	Zentral-Sulawesi	8,0
	Südost Sulawesi	7,3
	Ost-Nusa Tenggara	5,6

Quelle: Zentrales Statistisches Büro Jakarta = Source. (217).

TABELLE 71 TABLE

ANZAHL DES MEDIZINISCHEN PERSONALS NACH REGIONEN, PRO 10.000 EINWOHNER, 1971
(Number of medical Personnel by Regions)

Provinz (Province)	Arzt (Physician)	Hebamme (Midwife)	Schwe-stern (Nurse)	Krankenhausunterbringung B.K.I.A.			Polikli-niken (Poly-clinic)
				Hospital	Betten (Beds)	Mutter-und Kind-Fürsorge	
1. D.I. Aceh	0,13	0,58	1,11	0,16	9,68	0,40	0,92
2. Sumatera Nord	0,65	0,83	2,40	0,18	17,30	0,55	1,04
2. Sumatra Nord	0,51	1,54	1,28	0,09	5,00	0,80	0,55
3. Sumatra West	0,25	0,61	1,10	0,15	3,44	0,45	0,62
5. Jambi.............................	0,31	0,61	1,64	0,08	5,10	0,46	0,68
6. Sumatra Südi	0,48	0,69	2,45	0,09	9,01	0,46	0,59
7. Bengkulu	0,51	0,71	2,24	0,10	4,72	0,84	1,16
8. Lampung	0,18	0,54	1,16	0,08	2,73	0,51	0,28
9. D.K.I. Jakarta Raya	3,54	0,94	3,28	0,27	14,34	0,31	1,26
10. Jawa Barat (West)	0,25	0,22	0,89	0,06	4,93	0,30	0,62
11. Jawa Tengah (Zentral-)	0,21	0,47	0,81	0,04	5,06	0,41	0,70
12. D.I. Jogyakarta	0,89	0,52	1,05	0,15	11,99	0,80	0,59
13. Jawa Timur (Ost)	0,39	0,45	0,67	0,05	4,96	0,46	0,36
14. Bali	0,19	1,12	0,94	0,11	9,18	1,07	0,96
15. Nusa Tenggara Barat (West)	0,09	0,23	0,54	0,05	4,15	0,43	0,35
16. Nusa Tenggara Timur (Ost)...........	0,11	0,27	1,11	0,12	6,41	0,57	0,50
17. Kalimantan Barat (West)	0,19	0,39	0,91	0,13	6,79	0,46	0,60
18. Kalimantan Tengah (Zentral-)	0,16	0,68	3,28	0,16	4,64	0,42	1,75
19. Kalimantan Selatan (Süd)	0,20	0,63	1,55	0,10	4,91	0,87	1,27
20. Kalimantan Timur (Ost)	0,62	1,07	2,16	0,22	16,27	0,76	1,37
21. Sulawesi Utara (Nord)	0,54	0,59	2,34	0,26	23,55	1,15	0,89
22. Sulawesi Tengah (Zentral)	0,22	0,31	2,03	0,12	6,41	0,77	1,05
23. Sulawesi Selatan (Süd)	0,20	0,38	2,12	0,25	5,67	0,65	0,31
24. Sulawesi Tenggara (Mitte-)	0,16	0,19	1,14	0,21	6,68	0,34	1,14
25. Maluku (Molukken)	0,36	0,68	2,22	0,26	13,33	0,61	0,34
26. Irian Jaya	....	....	....	0,38	24,12	1,45	1,76
Indonesien.........................	0,46	0,53	1,27	0,10	7,41	0,51	0,69

Quelle: Gesundheitsministerium und Zentrales Statistisches Büro Jakarta (236 u. 221).
Source: Department of Health and Central Statistical Bureau Jakarta.

332

TABELLE 72 TABLE

ARBEITENDE BEVÖLKERUNG, ÄLTER ALS 10 JAHRE, IN TAUSEND, 1971
(Working Population, 10 Years and Older,)

	Anzahl der Arbeiter	Arbeit-suchende	Gesamte Arbeits-Kräfte	Gesamt-Bevölkerung	Beschäf-tigungs-rate in %	Arbeits-kräfte in %
DCI Jakarta	1.273	71	1.344	3.152	94,7	42,6
West-Java	6.148	201	6.348	14.440	96,8	44,0
urban	675	46	721	1.858	93,6	38,8
ländlich	5.473	155	5.627	12.582	97,3	44,7
Zentral-Java	8.177	1.345	8.312	15.053	98,4	55,2
urban	753	36	789	1.741	95,5	45,3
ländlich	7.424	989	7.523	13.312	98,7	56,5
D.I. Jogyakarta	1.018	18	1.036	1.801	98,2	57,5
urban	124	5	129	310	95,9	41,7
ländlich	894	13	907	1.491	98,6	60,8
Ost-Java	9.142	180	9.321	17.868	98,1	52,2
urban	1.158	46	1.203	2.719	96,2	44,3
ländlich	7.984	134	8.118	15.149	98,4	53,6
Ganz Java/Madura	25.757	604	26.362	52.414	97,7	50,4
urban	3.983	204	4.187	9.780	95,1	42,8
ländlich	21.775	400	22.175	42.534	88,2	52,1
Sumatra	6.694	167	6.860	13.778	97,6	49,8
urban	927	52	980	2.538	94,7	38,6
ländlich	5.766	115	5.880	11.240	98,1	52,3
Kalimantan	1.654	26	1.680	3.455	98,5	48,6
urban	316	5	321	754	98,6	42,6
ländlich	1.338	21	1.359	2.701	98,4	50,3
Sulawesi	2.322	65	2.387	5.631	97,3	42,4
urban	352	28	380	990	92,5	38,4
ländlich	1.970	37	2.007	4.642	98,2	43,2
Andere Inseln	2.783	27	2.810	5.249	99,0	53,5
urban	218	5	223	556	97,8	40,0
Indonesien	39.210	890	40.100	80.426	97,8	49,9
urban	5.796	295	6.091	14.617	95,2	41,7
ländlich	33.414	595	34.009	65.809	98,3	51,7

Quelle: 1971 Volkszählung, Zentrales Statistisches Büro = Source. (221)

TABELLE 73 TABLE

BESCHÄFTIGUNG IN INDONESIEN

(Employment in Indonesia)

1. *Brutto-Mehrwert produziert per Arbeiter, nach Sektoren 1971*

	Beschäftigung [1]		Mehrwert erzeugt		Mehrwert/ Arbeiter
	Mill. Arb.	% v. Gesamt	Mrd. Rp.	% v. Gesamt	in Rp. 1.000
A. *Grossbetriebe und kapitalintensive Betriebe*					
Bergbau	0,08	0,2	249	6,5	3.109
Forstwesen	0,12	0,3	142	4,0	1.182
Öffentliche Dienste	0,04	0,1	18	0,5	443
Grosshandel	0,10	0,2	356	9,4	3.560
Banken u. Versicherungen	0,09	0,2	45	1,2	503
Liegenschaften, Gebäude	—	—	74	2,0	—
Zwischensumme	0,43	1,0	884	23,6	2.056
B. *Gemischte Betriebe*					
Fischerei	0,53	1,3	116	3,0	218
Herstellende Betriebe	1,00	2,4	267	7,0	267
Baugewerbe	0,57	1,4	128	3,4	224
Transport u. Verb.-w.	0,85	2,0	162	4,3	190
Öffentl. Verwaltung und Verteidigung	1,28	3,1	214	5,6	168
Zwischensumme	4,23	10,7	887	23,2	210
C. *Kleine arbeitsintensive Betriebe*					
Kleinindustrie	1,22	2,9	90	2,3	74
Kleinhandel [2]	2,62	6,2	356	9,4	136
Dienste	3,47	8,3	181	4,8	52
Landwirtschaft	29,84	71,4	1.397	36,6	47
Zwischensumme	37,15	88,8	2.024	53,1	54
Insgesamt	41,81	100,0	3.795	100,0	91

Quelle: Zentrales Statistisches Büro 1972 (Zensus-Auswertung) (221).
[1]) Durchschnitt zwischen Saison und anderer Jahreszeit.
[2]) Diese Zahlen für den Kleinhandel sind wahrscheinlich zu hoch, die Einnahmen aus anderen Beschäftigungen zu niedrig.

2. *Arbeistkräfte und Beschäftigung 1971, Millionen Personen und v.H. von Gesamt in Klammern*

	Land- wirtschaft	Bergbau Industrie	Bau- gewerbe	Handel	Transport	Andere Dienste	Arbeits- los	Gesamt
A. *Männlich*								
Java, landw. Saison ..	13,6 (71,0)	0,8 (4,4)	0,3 (1,7)	1,2 (6,1)	0,5 (2,7)	2,0 (10,6)	0,7 (3,5)	19,1
and. Jahreszeit .	0,5 (59,0)	1,2 (6,8)	0,5 (2,6)	1,7 (9,5)	0,6 (3,5)	2,0 (11,5)	1,3 (7,1)	17,8
Ausseninseln								
landw. Saison ..	7,3 (73,5)	0,4 (3,7)	0,2 (1,6)	0,6 (5,8)	0,3 (2,6)	0,9 (4,1)	0,4 (4,1)	10,1
and. Zeit	6,6 (68,9)	0,4 (3,9)	0,2 (1,8)	0,6 (6,2)	0,3 (2,8)	0,8 (8,3)	0,8 (8,2)	9,7
B. *Weiblich*								
Java, landw. Saison ..	99,9 (75,4)	0,6 (4,3)	— (0,1)	1,2 (8,9)	— (0,1)	0,8 (6,5)	0,6 (4,8)	13,0
and. Zeit	4,8 (53,2)	0,9 (9,5)	— (0,1)	1,6 (17,1)	— (0,1)	0,8 (9,2)	1,0 (10,8)	9,1
Ausseninseln								
landw. Saison ..	5,0 (83,0)	0,2 (3,3)	— (—)	0,2 (3,5)	— (—)	0,2 (3,0)	0,4 (7,2)	6,0
andere Zeit	3,2 (69,0)	0,3 (5,7)	— (0,2)	0,3 (5,9)	— (—)	0,2 (5,2)	0,6 (13,1)	4,6
Indonesien								
landw. Saison ..	35,8 (74,2)	2,0 (4,1)	0,5 (1,0)	3,1 (6,5)	0,8 (1,6)	3,9 (8,2)	2,1 (4,4)	48,2
andere Zeit	25,3 (61,3)	2,7 (6,6)	0,7 (1,6)	4,1 (10,0)	0,9 (2,2)	3,9 (9,5)	3,6 (8,8)	41,2

Quelle: Zentrales Statistisches Büro, Zensus 1971 (221).

334

TABELLE 74 TABLE

PROZENTUALE VERTEILUNG VON INNER-UND AUSSERREGIONALEM
STRASSENVERKEHR, 1969
(Percentage Distribution of Road Traffic in Regions
and outside Regions, 1969)

	Inner-regional	Ausser-regional	Insge-samt
West-Java	94,5	5,5	100
Zentral-Java	78,4	21,6	100
Ost-Java	85,5	14,5	100
Süd-Sumatra	82,2	17,8	100
Lampung	100,0	—	100
Bengkulu	40,7	59,3	100
Jambi	48,8	51,2	100
Riau	63,2	36,8	100
Aceh	61,2	38,8	100
West-Sumatra	69,0	31,0	100
Nord-Sumatra	85,8	14,2	100
Bali	75,7	24,2	100
West-Kalimantan	100,0	—	100
Ost-Kalimantan	100,0	—	100
Süd-Kalimantan	100,0	—	100
Süd-Sulawesi	100,0	—	100
Nord Sulawesi	100,0	—	100
Insgesamt (Total)	87,5	12,5	100

Quelle: Public Works, Jakarta. = Source. (229).

TABELLE 75 TABLE

PROZENTUALE VERTEILUNG VON INNER-UND AUSSERREGIONALEM
STRASSENVERKEHR, 1969
(Percentage Distribution of Road Traffic within
and outside Regions,)

	Gesamt-tonnage regional	Gesamt-tonnage Inner-regional (nach Herkunft)	
West-Java	6.894,7	404,6	556,2
Zentral-Java	2.732,3	753,5	971,0
Ost-Java	5.403,2	914,0	591,5
Süd-Sumatra	152,2	32,9	51,5
Lampung	410,1	—	,7
Bengkulu	34,6	50,4	29,6
Jambi	14,6	15,3	16,1
Riau	65,6	38,3	99,6
Aceh	97,5	61,7	75,9
West-Sumatra	279,6	125,9	76,7
Nord-Sumatra	831,5	137,2	112,8
Bali	296,6	95,2	48,3
West-Kalimantan	80,7	—	—
Ost-Kalimantan	2,6	—	—
Süd-Kalimantan	171,2	—	0,7
Süd-Sulawesi	830,1	—	—
Nord Sulawesi	67,5	—	—
Insgesamt (Total)	18.364,6	2.629,0	2.630,6

Quelle: Public Works. = Source. (229).

TABELLE 76 TABLE

INTERINSULARER PASSAGIERVERKEHR IN 10 GRÖSSEREN HÄFEN, 1966-1970

	1966			1967			1968			1969			1970		
	ein	aus	Bi-lanz	ein	aus	Bi-lanz	ein	aus	Bi-lanz	ein	aus	Bi-lanz	ein	aus	Bi-lanz
Bitung (N. Sulawesi)	24	18	+6	22	16	+6	25	14	+11	22	10	+12	.	.	.
Makassar (S. Sulawesi)	.	.	.	34	30	+ 4	32	31	+ 1	37	33	+ 4	29	36	— 7
Banjurmasin (S. Kalimantan)	17	16	+ 1	7	7	—	4	4	—	6	6	—	6	6	—
Belawan (N. Sumatera)	.	.	.	34	35	— 1	19	24	— 5	26	36	—10	.	.	.
Padang (W. Sumatera)	46	48	— 2	27	31	— 4	31	33	— 2	33	37	— 4	39	39	.
Palembang (S. Sumatera)	3	2	+ 1	1	1	—	1	1	—	—	—	—	—	—	—
Pajan (Lampung)[a]	512	519	— 7	357	332	+25	420	373	+47	368	318	+50	430	380	+50
Merak (W. Java)[a]	519	512	+ 7	332	357	—25	373	420	—47	318	368	—50	380	430	—50
Tanyung Priok (W. Java)	.	.	.	96	81	+15	72	64	+ 8	92	78	+14	84	62	+22
Semarang (C. Java)	.	.	.	.	.	.	.	.	.	.	.	.	.	3	— 3
Surabaya (E. Java)	.	.	.	.	.	.	20	12	+ 8	10	13	— 3	25	22	+ 3

Quelle: Ministerium für Öffentliche Arbeiten, ursprünglich von den ausländischen Consultingfirmen KAMSAK (Dänemark) und NEDECO (Holland = Source) (229).
[a]) Sumatra-Java-Fährbootverkehr (deckt etwa 95% des Passagierverkehrs dieser Häfen ab).

TABELLE 77 TABLE

WARENVERKEHR IN WICHTIGEN HÄFEN, EXPORTE 1970-1976, IN TAUSEND t UND MILL US$

(Goods Transport in important Ports, Exports)

Häfen (Pelabuhan/Ports)	1970		1971		1972		1973		1974		1975		1976	
	1000 ton	US $ 1 000 000	1000 ton	US $ 1 000 000	1000 ton	US $ 1 000 000	1000 ton	US $ 1 000 000	1000 ton	US $ 1 000 000	1000 ton	US $ 1 000 000	1000 ton	US $ 1 000 000
JAWA UND MADURA	1 239,1	115,3	2.167,5	153,2	4.333,4	239,9	6.374,7	366,7	10.637,2	1.030,1	7.613,8	881,0	10.691,5	1.305,2
Tg Priok	660,2	46,8	660,8	61,9	3.019,1	132,8	4.433,4	203,0	7.038,2	700,5	5.365,6	597,4	8.373,1	895,5
Surabaya	710,4	35,3	853,3	44,6	719,4	47,2	691,6	64,9	996,3	98,7	622,2	74,0	568,9	113,5
Semarang	130,5	17,3	126,9	20,5	114,4	24,4	74,7	29,8	110,1	39,2	60,9	30,1	64,5	32,9
Cirebon	89,9	2,2	127,5	3,9	85,3	2,8	758,2	24,0	1.903,0	148,5	1.074,8	98,0	1.231,7	150,4
Lainnya/Others/Andere	148,1	13,7	399,0	22,3	395,2	32,7	416,8	45,0	588,7	43,2	490,3	81,5	453,3	101,9
SUMATRA	36.964,6	810,2	39.757,5	853,5	46.104,1	1.243,4	53.926,0	2.032,4	50.853,5	4.908,2	46.444,5	4.704,4	46.248,5	4.950,9
Belawan	493,0	122,1	595,5	142,7	651,4	145,4	740,3	254,8	835,3	397,7	870,0	352,4	933,4	443,0
Pakanbaru/Dumai	28.485,7	376,3	31.000,9	405,2	35.994,7	745,6	42.001,7	1.177,5	39.959,9	3.451,9	37.883,6	3.525,7	36.876,3	3.460,8
Pk Brandan/PK Susu	2.380,3	37,1	1.998,9	26,8	2.179,2	40,7	2.023,4	55,3	2.206,4	211,6	1.656,8	171,4	1.406,4	148,8
Palembang	298,0	51,0	262,6	52,3	274,9	54,6	594,4	105,0	709,8	138,4	459,2	106,9	683,2	181,3
Panjang	311,9	41,5	410,9	48,8	583,8	53,8	465,2	68,4	510,7	85,8	375,6	77,4	281,5	127,3
Tg Pinang	905,2	7,1	53,2	1,8	8,0	1,3	19,3	2,3	12,8	3,2	38,7	3,4	22,0	5,7
Belakang Padang	314,8	3,5	219,8	2,7			0,0	0,0	—	—				
Lainnya/Others/Andere	3.775,7	171,6	5.215,7	173,2	6.412,1	202,0	8.081,5	369,1			5.160,5	467,2	6.045,7	584,0
KALIMANTAN	4.661,1	123,4	5.813,1	160,1	8.288,0	208,0	14.977,5	652,8	15.309,2	1.124,0	15.115,8	1.138,0	21.813,6	1.787,6
Pontienak	815,7	31,3	1.033,0	28,8	1.753,9	38,8	1.630,8	75,8	1.372,2	83,8	157,4	31,4	156,8	45,0
Banjarmasin	158,0	16,8	329,1	15,9	546,5	19,8	880,1	56,9	784,4	60,2	652,1	43,0	737,7	61,4
Balikpapan	488,6	7,8	562,3	14,4	1.416,9	33,0	3.385,2	130,3	2.255,7	167,4	2.868,6	226,4	3.852,1	317,9
Tarakan	518,2	8,7	716,4	15,2	494,6	10,8	913,4	37,2	1.089,0	79,2	816,4	49,1	1.567,6	118,0
Lainnya/Others/Andere	2.680,6	58,8	3.172,3	85,8	4.076,1	105,6	8.168,0	352,6	9.807,9	733,4	10.621,3	788,1	15.503,4	1.245,3
SULAWESI	616,1	34,5	1.045,6	35,1	1.161,5	36,4	1.056,7	45,7	1.486,3	55,1	1.119,3	59,8	1.231,0	89,2
Ujung Pandang	166,2	7,5	402,3	13,8	959,0	23,1	816,0	29,6	1.068,0	37,4	186,1	18,8	183,6	25,2
Bitung	82,8	12,2	61,9	7,0	131,7	10,6	97,7	10,1	102,2	8,9	106,0	11,5	109,5	14,4
Lainnya/Others/Andere	367,1	14,8	581,4	14,3	70,8	2,7	143,0	6,0	316,1	8,8	827,2	29,5	937,9	49,6
MALUKU & NUSA TENGGARA/IRIAN JAYA	613,4	24,7	918,0	31,7	1.229,1	50,0	1.428,0	113,2	2.605,3	308,9	2.921,7	319,3	3.737,7	413,6
INSGESAMT (Jumlah Ekspor/Total)	44.093,3	1.108,1	49.701,7	1.233,6	61.186,1	1.777,7	77.762,9	3.210,8	80.891,5	7.426,3	73.215,1	7.102,5	83.722,3	8.546,5

Quelle: Biro Pusat Statistik, Indikator Ekonomi. = Source. (216).

336

TABELLE 78 TABLE

HOCHSEE-FISCHFANG, NACH PROVINZEN, 1971
(Ocean Fish Catches Provinces,)

	Gesamtfänge (Total atches)		Fischerboote (Fishingboats)		Fischer (Fishermen)		Fang (Catch)	
	(1000 t)	(%)	(1000 t)	(%)	(1000 t)	(%)	Pro Boot (in tons)	Pro Mann (in tons)
Aceh	27,5	3,4	11,3	3,9	22,6	2,5	2,44	1,22
Nord-Sumatra	90,4	11,2	10,7	3,7	48,5	5,4	8,48	1,86
Riau	178,8	22,1	7,4	2,6	19,6	2,2	24,25	9,10
West-Sumatra	14,0	1,7	4,2	1,5	13,7	1,5	3,30	1,02
Jambi	8,5	1,1	2,4	0,8	4,7	0,5	3,52	1,80
Süd-Sumatra	22,9	2,8	7,5	2,6	17,8	2,0	3,03	1,28
Bengkulu	1,4	0,2	1,0	0,3	2,5	0,3	1,45	0,57
Lampung	26,6	3,3	1,5	0,5	5,9	0,7	18,17	4,50
Jakarta	6,3	0,8	1,5	0,5	5,6	0,6	4,22	1,14
West-Java	53,6	6,6	8,4	2,9	45,6	5,1	6,35	1,18
Zentral-Java	30,3	3,7	10,0	3,5	40,4	4,5	3,04	0,75
Ost-Java	45,2	5,6	22,8	7,9	129,8	14,5	1,98	0,35
West-Kalimantan	33,6	4,2	8,9	3,1	14,6	1,6	3,76	2,31
Zentral-Kalimantan	25,4	3,1	3,4	1,2	6,3	0,7	7,44	4,05
Ost-Kalimantan	17,0	2,1	4,3	1,5	13,3	1,5	3,94	1,28
Süd-Kalimantan	17,1	2,1	2,5	0,0	6,7	0,8	6,82	2,56
Nord-Sulawesi	16,5	2,0	30,2	10,5	45,5	5,1	0,55	0,36
Zentral-Sulawesi	5,7	0,7	15,1	5,3	18,8	2,1	0,38	0,30
Süd-Sulawesi	97,7	12,1	39,2	13,6	171,9	19,2	2,49	0,57
Südost-Sulawesi	16,0	2,0	19,6	6,8	23,4	2,6	0,82	0,68
Bali	2,6	0,3	10,8	3,7	16,1	1,8	0,24	0,16
Nusa Tenggara Barat	12,5	1,5	5,5	1,9	19,8	2,2	2,25	0,63
Nusa Tenggara Timor	14,1	1,7	10,2	3,5	26,1	2,9	1,39	0,54
Maluku (Molukken)	39,1	4,8	32,9	11,4	69,0	7,7	1,19	0,57
Irian Jaya	7,2	0,9	16,0	5,6	105,4	11,8	0,44	0,07
Indonesia	810,1	100,0	287,6	100,0	893,8	100,0	2,82	0,91

Quelle: Statistisches Taschenbuch von Indonesien, 1970-71, Seiten 140-143 (218).

TABELLE 79 TABLE

JAVA-FRACHTRATEN FÜR AUSGESUCHTE KÜSTENDAMPFERROUTEN [1], 1972
(Java-Freighter Rates for selected Coaster Routes,)

	Entfernung in km	Rupiah pro Tonnenkilometer		
		Niedrigst- [2]	Normal- [3]	Höchstrate -
Semarang-Cirebon	204	4,4	5,5	24,8
Tanjung Priok-Cirebon	278	3,8	4,7	21,2
Surabaya-Semarang	350	3,4	4,2	18,9
Tanjung Priok Semarang	437	3,0	3,8	16,9
Surabaya-Cirebon	514	2,8	3,5	15,6
Tanjung Priok-Surabaya	725	2,3	2,9	13,1

Quelle: BOPERPAN, Tarifraten. (254).
[1] In Kraft im August 1972.
[2] Für Reis, Bulgurweizen, Zucker, Kapok, Zement, Dünger, Tee, Koeffizient zur Normalrate ist 0,8.
[3] Für Fisch, Papier, Erdnüsse, Salz.
[4] Für Teppiche, Kosmetika, Luxusgegenstände, Koeffizient 4,5 zur Normalrate.

TABELLE 80 TABLE

HAUPTFRÜCHTE, ANGEBAUT NACH REGIONEN, 1969

(Main Agricultural Crops cultivated, by Regions.)

Region	Bewässerter Reis (Paddy)		Nicht-bewässt. Reis		Paddy (Reis) insgesamt		Mais, Corn insgesamt		Maniok insgesamt		Süsskart. Sweetpot.		Erdnüsse Groundnuts		Sojabohnen (Soybeans)	
	Anbau 000ha	Prod. 000 t	Anbau 000ha	Prod. 000 t	Anbau 000ha	Prod. 000 t	Anbau 000ha	Prod. 000 t	Anbau 000ha	Prod. 000 t	Anbau 000ha	Prod. 000 t	Anbau 000ha	Prod. 000 t	Anbau 000ha	Prod. 000 t
1969																
Jakarta	13	24,9	1	1,3	13	26,2	1	0,8	3	28,0	—	2,3	1	0,3	—	—
WestJava	1539	4938,9	194	275,7	1733	5214,6	107	99,2	218	1816,0	60	341,4	59	45,6	27	19,8
ZentralJava	1201	4188,0	55	89,2	1256	4277,2	523	632,0	322	2253,4	45	259,4	75	59,1	127	83,9
Jogyakarta	88	308,0	41	59,0	129	367,3	38	41,9	60	386,6	2	10,4	21	12,5	25	12,2
OstJava (including Madura)	1107	3931,2	68	128,0	1175	4059,2	1161	1122,6	454	2846,5	64	332,4	137	99,7	388	288,2
Total Java	3947	13391,0	359	553,5	4306	13944,5	1829	1096,6	1057	7330,5	171	945,6	292	217,2	567	404,2
Sumatra	1396	4931,7	587	936,9	1983	5868,5	127	179,5	95	926,3	50	321,3	18	18,6	26	18,9
Kalimantan	470	926,0	234	297,1	704	1223,1	15	11,1	33	288,5	4	24,8	2	1,6	2	1,1
Sulawesi	598	1950,5	118	179,5	716	2130,0	351	284,9	79	626,6	28	156,0	33	23,6	5	3,7
Maluku and Irian Jaya	1	3,0	14	21,2	15	24,3	27	21,1	22	213,0	35	290,4	6	3,5	3	1,9
Nusa Tenggara	371	1233,4	122	133,1	493	1366,5	272	238,3	95	656,9	59	415,5	23	15,7	63	45,4
Indonesia	6783	22435,6	1439	2121,3	8222	24556,8	2616	2631,5	1382	10041,7	347	2153,7	375	280,1	666	475,3
1974																
West-Java			....	....	....	6929,8		145,5		2559,4		566,4		44,6		23,8
Zentral-Java			....	....	....	5294,7		629,7		3044,8		381,2		68,9		107,6
Jogyakarta			....	....	....	533,5		98,3		483,4		24,2		21,1		28,8
Ost-Java/Madura			....	....	....	5526,9		1325,8		4029,2		535,3		115,3		267,8
Java insgesamt			....	....	....	18312,6		2199,3		10124,0		1508,1		250,0		427,9
Sumatra			....	....	....	6274,5		170,7		1347,9		392,6		20,2		60,2
Kalimantan			....	....	....	1472,6		13,4		394,9		35,1		1,3		2,3
Sulawesi			....	....	....	1943,7		514,5		702,9		182,3		20,2		8,2
Bali u. Nusa Tenggara			....	....	....	1698,5		323,2		1049,8		471,7		21,3		51,5
Ausseninseln			....	....	....	11402,5		1040,3		3650,7		1408,3		64,7		122,3
Indonesien, insgesamt			....	....	....	29715,1		3239,5		13774,8		2916,4		314,7		550,2

Quelle: Statistical Pocketbook, Jakarta 1972, Seite 110 — Source (217).
Quelle: Biro Pusat Statistik, Statistik Indonesia 1975 (218).

338

TABELLE 81 TABLE

ANTEIL DES NAHRUNGSPFLANZENANBAUES NACH REGIONEN UND EINIGE GRUNDLEGENDE DATEN, 1969/72
(Share of Farm Food Crops according to Regions and some Basic Data)

	Produktion 1971					Reisverbrauch 1971		Regionales Produkt 1969/71		Tageslohnsätze 1971/72		
	Reis	Mais	Kautschuk	Kaffee	Holz	Zusammen	Pro Kopf	Zusammen	Pro Kopf	Ungelernt	Angelernt	Fachkr.
	in Tausend metr. Tonnen					*'000 t*	*kg*	*Mill. Rp.*		*Rupiah*		
DKI Jakarta Raya	13,1	0,8	—	—	—	2.844	109	232.282	53.093	200	350	400
West-Java	2.607,3	99,2	21,0	9,9	—			371.346	17.526	155	201	239
Zentral-Java	2.138,6	632,0	—	7,0	—	2.244	92	378.440	17.593	95	109	130
DI Jogyakarta	138,6	41,9	—	0,0	—			47.774	19.611	85	142	128
Ost-Java	2.029,6	1.122,6	—	8,0	—	1.895	74	532.644	21.200	118	215	273
Java/Madura												
DI Aceh	425,1	1,7	8,5	11,1	—	430	214	44.251	22.485	168	298	368
Nord-Sumatra	989,9	43,5	52,8	8,4	—	1.075	162			243		
West-Sumatra	422,7	6,3	23,7	9,1	—	431	154	63.722	23.248	182	273	387
Riau	183,4	5,2	69,0	0,4	1.032,3	236	143	198.553	124.641	308	458	567
Jambi	166,4	1,8	86,2	13,5	—	179	178			285	364	428
Süd-Sumatra	383,5	6,1	125,3	46,9	—	513	149	.	.	235	354	405
Bengkulu	113,0	3,6	7,0	10,7	—	376	114			250	331	381
Lampung	250,3	111,4	6,5	30,0	—	.	.	63.175	24.249	187	287	337
Sumatra												
West-Kalimantan	212,8	4,3	110,0	0,7	—	266	132	50.966	25.858	320	400	500
Zentral-Kalimantan	87,2	3,2	17,0	0,3	1.110,0	89	127			366	450	500
Süd-Kalimantan	243,6	2,4	39,0	0,0	—	253	149	41.314	24.650	200	275	333
Ost-Kalimantan	67,9	1,4	0,2	0,6	—	100	136			375	600	725
Kalimantan												
Nord-Sulawesi	96,3	62,9	—	1,3	—	150	87	46.257	27.682	249	332	379
Zentral-Sulawesi	78,3	29,1	—	0,0	—	93	102	10.395	11.693	138	238	289
Süd-Sulawesi	841,5	153,4	0,1	6,0	—	775	149			148	284	348
Südost-Sulawesi	48,9	39,5	—	0,2	—	52	73	10.060	14.433	100	150	300
Sulawesi												
Bali	318,3	60,3	—	7,4	—	324	153	32.548	15.076	124	195	203
West-Nusa-Tenggara	78,3	32,4	—	1,3	—	76	35			113	256	308
Ost-Nusa-Tenggara	78,7	145,5	—	1,7	6,5	107	47	26.256	11.623	101	218	283
Bali/Nusa Tenggara												
Maluku	11,5	19,7	—	0,1	—	38	35	23.264	22.731	.	.	.
Irian Jaya	0,6	1,4	—	0,1	—	41	44	1.176	1.299	.	.	.
Maluku/Irian Jaya												
Indonesia								2.920.100	24.497			

Quelle: BAPPENAS und Biro Pusat Statistik (213 u. 216).

TABELLE 82 TABLE

DURCHSCHNITTLICHES REALES WACHSTUM DES BRUTTOSOZIALPRODUKTS NACH REGIONEN, 1969-1971
(Average real GDP growth rates of sectors by Provinces.)

	Aceh[1]	West-Sumatra	Riau	D.K.I. Jakarta	West-Java	Zentr. Java	Ost-Java	West Nusa Tenggara	Ost-Nusa-Tenggara	West-Kalimantan	Süd-Kalimantan	Nord-Sulawesi	Zentral-Sulawesi	Südost-Sulawesi	Irian Jaya
1. Landwirtschaft (Agriculture)	11,9	7,0	4,2	21,7	25,7	5,7	13,5	7,0	1,3	14,8	36,9	18,5	9,5	8,2	3,0
a. Nahrungspflanzen (Farm Food Crops)	0,2	14,4	7,6	29,3	34,5	6,9	21,0	6,4	-7,5	4,6	28,4	23,3	13,9	-17,9	-1,4
b. Nicht-Nahrungspflanzen (Farm Non-Food Crops)	27,9	-16,5	-7,6	—	-11,9	8,8	-6,9	—	33,5	-6,0	-1,6	9,5	-1,9	31,8	-29,9
c. Plantagenkulturen (Estate Crops)	28,6	3,1	0,5	—	-1,2	6,6	-2,6	8,0	33,2	—	—	39,5	-1,9	—	—
d. Tierproduktion (Animal Husbandry)	70,2	32,0	-11,1	8,5	20,7	-9,2	27,8	32,1	-3,4	-22,5	9,1	37,1	15,1	107,9	26,4
e. Forsten/Jagen (Forestry and Hunting)	426,7	113,5	101,0	—	65,4	-11,6	3,2	52,8	-41,0	263,0	58,1	260,3	61,0	135,0	-47,4
f. Fischereiwesen (Fishing)	17,5	-4,2	9,7	1,6	1,7	-11,9	-4,8	-3,6	134,5	31,5	972,1	17,3	1,4	283,8	20,9
2. Bergbau/Steine (Mining and Quarrying)	7,6	23,2	23,7	—	43,7	79,3	25,9	—	—	—	31,8	25,1	—	209,8	-8,7
3. Industrie (Manufacturing)	—	15,1	16,5	2,3	13,3	7,4	15,3	16,5	33,3	17,6	22,7	14,5	33,6	101,9	-8,0
a. Grosse u. mittlere Betriebe (Large and medium est)	—	—	—	1,1	16,4	3,7	13,9	—	—	—	44,3	14,3	—	—	—
b. Kleine und Heimgewerbe (Small and Household Est.)	—	—	22,7	6,4	4,3	20,0	17,6	29,6	78,0	19,4	45,1	17,8	52,9	103,6	—
4. Baugewerbe (Construction)	8,4	44,4	6,2	15,5	4,3	16,1	2,6	10,3	25,8	9,3	32,9	42,0	10,9	91,9	-18,9
5. Energie-und Wasserversorgung (Electricity, Gas and Water)	51,0	-0,7	6,1	12,9	3,8	8,9	23,9	5,1	42,5	-14,1	5,0	25,5	133,4	6,1	31,0
6. Transportwesen (Transportation and Communication)	7,1	55,0	25,5	11,9	15,7	11,9	5,1	20,3	16,0	22,7	27,1	55,4	7,7	603,3	35,5
a. Land Transport	—	—	14,4	4,4	34,7	9,5	49,8	29,7	23,7	7,8	19,0	—	33,9	113,7	39,2
b. Luftverkehr (Air Transport)	—	—	6,2	93,0	—	301,7	57,5	42,9	26,9	26,3	6,6	—	38,5	576,0	90,8
c. Schiffsverkehr (Sea and River Transport)	—	—	97,3	—	—	—	—	-17,2	20,6	-2,3	86,7	—	81,0	611,3	80,0
d. Verbindungswesen (Communication)	—	—	31,4	1,2	—	29,9	-7,3	5,2	13,3	13,3	16,2	—	68,5	-14,1	-10,1
e. Andere (Others)	—	—	55,1	—	—	5,3	6,1	—	—	43,2	11,9	—	-1,4	62,8	—
7. Handel (Trade)	14,1	12,6	15,6	39,4	21,7	12,1	-7,7	83,2	15,2	6,3	43,0	15,7	1,4	50,1	24,0
8. Banken und Andereres (Banking and Others)	30,6	14,1	8,4	1,4	42,1	63,4	96,6	-8,2	15,2	18,0	62,8	-16,2	35,2	—	239,0
a. Bankwesen (Banking)	—	—	7,3	23,8	—	61,8	110,7	189,1	—	5,5	58,1	—	34,7	15,8	—
b. Versicherungen (Insurance)	—	—	711,3	1,5	—	56,4	67,3	184,6	—	5,7	56,5	—	356,3	14,5	—
c. Anderes (Others)	—	—	-39,1	—	—	89,9	-7,3	193,1	—	-11,1	71,4	—	—	300,0	—
9. Besitz und Wohnen (Ownership and Dwellings)	14,5	4,7	5,9	11,8	4,2	4,7	10,8	18,4	3,1	5,2	5,1	5,6	4,6	8,0	10,5
10. Öffentliche Verwaltung (Public Administration)	10,3	24,4	23,0	40,7	16,7	2,0	69,9	98,5	19,9	-10,2	1,5	33,5	73,5	6,9	14,6
11. Öffentliche Dienste	6,7	20,1	42,4	10,0	4,2	16,1	17,6	94,4	22,0	8,5	10,5	12,0	1,2	69,8	-15,0
12. Bruttosozialprodukt der Regionen (Gross Regional Domestic Product)	9,4	12,6	18,9	19,8	20,0	8,1	10,7	8,1	5,6	13,3	33,0	19,6	14,2	37,6	10,4

Quelle: Zusammengestellt nach Angaben des Zentralen Statistischen Büros, regionale Einkommen von 17 Provinzen, Jakarta 1973 (Source) (216).
Source: Computed from Central Bureau of Statistics, Regional Income from 17 provinces, Jakarta 1973.
1) Kombinierte Zahlen der Jahre 1969 und 1970.
1) Two year compunded growth rate for 1969 and 1970.

TABELLE 83 TABLE

REGIONALE VERTEILUNG DER AEBEITSKRÄFTE NACH PRODUKTIONSZWEIGEN UND INDUSTRIEN, 1971
(Regional Distribution of Workmen according to Production branches and Industries)
(Anzahl in Tausend Personen und Verteilung in v. Hundert)
(No in Thousand Persons and Percentage Distribution)

	Indonesien		Java/Madura		Sumatra		Kalimantan		Sulawesi		Andere Inseln	
	Anzahl	Vert.	Anzahl	Vert.	Anzahl	Vert.	Anzahl	Vert.	Anzahl	Vert.	Anzahl	Vert.
1. Landwirtschaft	24 946	62,2	15 229	57,8	4 900	71,4	1 212	72,2	1 504	63,0	2 100	74,7
2. Bergbau und Erden	92	0,2	32	0,1	55	0,8	3	0,1	1		1	
3. Herstellende Industrien ...	2 953	7,4	2 303	8,7	183	2,7	41	2,5	237	9,9	190	6,8
4. Stromerzeugung	38	0,1	27	0,1	5	0,1	3	0,1	1	ng.	3	0,1
5. Baugewerbe	750	1,9	522	2,0	110	1,6	25	1,5	37	1,6	56	2,0
6. Gross-und Einzelhandel ..	4 152	10,4	3 309	12,6	460	6,7	95	5,7	159	6,7	129	4,6
7. Transport	932	2,3	651	2,5	133	1,9	46	2,7	81	3,4	21	0,7
8. Finanzen	99	0,2	75	0,3	14	0,2	2	0,1	50	0,2	3	0,1
9. Soziale, kommunale und indiv. Dienste	3 980	9,9	2 859	10,8	568	8,3	132	7,9	232	9,7	190	6,8
10. Andere	1 749	4,4	1 112	4,2	343	5,0	109	6,5	83	3,5	103	3,7
11. Neue Arbeitskräfte	408	1,0	246	0,9	89	1,3	11	0,7	47	2,0	16	0,6
Insgesamt	*40 100*	*100,0*	*26 362*	*100,0*	*6 860*	*100,0*	*1 680*	*100,0*	*2 387*	*100,0*	*2 810*	*100,0*

Quelle: Arbeitskraftministerium Jakarta. = Source (235).

TABELLE 84 TABLE

GROSSE UND MITTELGROSSE GEWERBEBETRIEBE IN INDONESIEN, 1970 NACH REGIONEN
(Large and medium manufacturing establishments in Indonesia)

		Bevölkerung in Tausend	v.H.	Anzahl d. Betriebe	v.H.	Anzahl Be- schäftigter	v.H.
I.	Java und Madura	76.100	63,8	13.879	77,5	730.337	86,0
	1. Jakarta	4.576	3,8	1.549	8,7	53.793	6,3
	2. West-Java	21.631	18,1	2.504	14,0	185.521	21,8
	3. Zentral-Java [1]	24.366	20,4	5.376	30,0	220.830	26,0
	4. Ost-Java	25.527	21,4	4.450	24,8	270.193	31,8
II.	Sumatra	20.820	17,5	1.972	11,0	80.554	9,5
III.	Kalimantan	5.107	4,3	461	2,6	11.826	1,4
IV.	Sulawesi	8.535	7,2	1.283	7,2	15.123	1,8
V.	Andere Inseln	8.620	7,2	305	1,7	11.101	1,3
	Insgesamt	119.182	100,0	17.900	100,0	848.941	100,0

Quelle: Zentrales Statistisches Büro, Befragung der Industrien 1970 (219).
[1] Einschliesslich Jogyakarta.

TABELLE 85 TABLE

PROZENTUALE VERTEILUNG VON PRO-KOPF-VERBRAUCH 1969, NACH REGIONEN
(Percentage Distribution of Per-Capita Consumption)

	Einkommens-Gruppe [1]	Getreide	Maniok	Andere Nahrung	Insgesamt Nahrung	Kleidung Schuhe	Wohnen	Alles andere
Ländliches Java	ärmst	33,6	17,3	31,1	82,0	3,7	9,3	5,0
	arm	41,3	5,8	33,3	80,4	4,8	8,5	6,3
	Mittelklasse	32,1	3,3	42,0	77,4	5,3	8,0	9,3
	Reich	20,4	2,3	48,2	70,9	5,8	7,1	16,2
Städtisches Java	ärmst	40,4	13,6	26,1	80,1	6,8	6,7	6,4
	arm	40,3	1,8	34,6	76,7	5,8	9,9	7,6
	Mittelklasse	28,9	1,3	42,5	72,7	7,0	9,6	10,7
	reich	13,1	0,6	50,1	63,8	7,2	9,2	19,8
Ausseninseln, ländlich	ärmst	36,7	10,7	34,0	81,4	4,6	8,9	5,1
	arm	38,1	4,3	40,4	82,8	4,9	6,4	5,9
	Mittelklasse	31,0	2,9	45,9	79,8	5,8	6,6	7,8
	reich	20,2	2,0	53,5	75,7	5,6	5,0	12,8
Ausseninseln städtisch	ärmst	—	8,9	50,7	59,5	7,4	22,0	11,1
	arm	39,6	1,8	38,0	79,4	4,6	9,5	6,5
	Mittelklasse	28,0	2,0	47,6	77,6	6,1	9,1	7,2
	reich	16,6	1,0	55,4	73,0	5,8	9,8	11,4
Indonesien	ärmst	34,6	15,7	31,3	81,6	4,1	9,1	5,2
	arm	40,5	5,1	35,0	80,6	4,9	8,2	6,3
	Mittelklasse	31,0	2,8	43,6	77,4	5,8	7,9	8,9
	reich	18,1	1,6	51,4	71,1	6,1	7,5	15,3

Quelle: BAPPENAS, 1973. = Source (213).
[1]) ärmst: Ausgaben von weniger als Rp. 300/Monat; arm: Rp. 751-1000; Mittelklasse: 1501-2000; reich: Rp. über 3000/Monat

TABELLE 86 TABLE

REGIONALE VERTEILUNG GENEHMIGTER AUSLÄNDISCHER INVESTITIONSPROJEKTE, 1967-76
(Regional Distribution of Approved Foreign Investments,)
(in Mill. US$)

Lage (Location)	Projekte (Projects)	Investition (Investment)	Anteil (Share)
1. West-Java	153	1.419,727	21,3
2. D.K.I. Jaya/Jakarta	332	1.125,262	16,9
3. D.I. Jogyakarta	4	2,625	*
4. Central Java/Zentral-Java	21	154,326	2,3
5. East Java/Ost-Java	86	306,715	4,6
6. Jambi	3	8,000	0,1
7. D.I. Aceh	6	87,644	1,3
8. North Sumatra/Nord-Sumatra	47	1.021,718	15,4
9. West-Sumatra	5	14,301	0,2
10. Riau	21	74,864	1,1
11. South Sumatra/Süd-Sumatra	13	211,041	3,2
12. Lampung	6	74,740	1,1
13. South Kalimantan/Süd K.	9	71,750	1,1
14. West Kalimantan	12	119,752	1,8
15. Central Kalimantan/Zentral	12	50,900	0,8
16. East Kalimantan/Ost	30	347,000	5,2
17. Central Sulawesi/Zentral	5	17,750	0,3
18. South Sulawesi/Süd	13	26,939	0,4
19. North Sulawesi/Nord	3	80,301	1,2
20. West Nusa Tenggara	1	2,000	*
21. Bali	3	23,200	0,3
22. East Nusa Tenggara/Ost	3	2,561	*
23. Maluku/Molukken	9	104,050	1,6
24. Irian Jaya/West Guinea	12	412,537	6,2
25. Indonesian territory	1	1,000	*
26. Several Regions I	32	884,590	13,3
27. Outside Java/Ausserhalb J.	—	—	—
28. Indonesian waters/Gewässer	—	—	—
Total/Insgesamt	842	6.647,383	100

Quelle: Investitions-Koordinations-Behörde (250).
Source: Investment Coordination Board.

TABELLE 87 TABLE

ZUSAMMENSETZUNG DES REGIONALEN HAUSHALTS, 1972/73 *)

(Composition of the Regional Budget.)

	Einnahmen (Revenue)			Ausgaben (Expenditures)			von Einnahmen (of Revenue)		Central Gov't Transfer as % of Routine Expenditure	ADO Transfer as % of Development Expenditure	Ausg./Kopf Total Expenditure Per Capita (Rp)	Development Expenditure Per Capita (Rp)	Zentr. Reg. Central Gov't Transfer Per Capita (Rp)	ADO** Transfer Per Capita (Rp)
	Total	Current	Development	Total	Routine	Development	Central Gov't Transfer	Transfer in lieu of ADO**						
	Rp million										Rp			
D.K.I. Jakarta	14.200	13.070	1.130	15.000	6.000	9.000	6.000	350	100,0	3,9	3.278	1.967	1.311	76
West-Java	13.765	12.280	1.485	13.765	12.235	1.530	10.001	957	81,7	62,5	636	71	462	44
Central-Java	14.947	14.270	677	14.947	13.026	1.921	11.383	490	87,4	25,5	683	78	520	22
D.I. Jogjakarta	2.704	2.647	57	2.704	2.538	166	2.215	10	87,3	6,0	1.086	67	890	4
East-Java	15.072	13.094	1.978	15.075	13.272	1.804	11.472	1.388	86,4	76,9	591	71	449	54
D.I. Aceh	3.363	2.542	820	3.362	2.546	817	2.229	406	87,5	49,7	1.673	407	1.110	202
North-Sumatera	11.076	5.798	5.278	11.076	6.315	4.761	4.672	4.990	74,0	104,8	1.672	719	705	753
Riau	3.200	1.933	1.267	3.199	1.595	1.604	1.505	1.072	94,4	66,8	1.948	977	917	653
West-Sumatera	3.186	2.580	607	3.186	2.619	467	2.281	498	83,9	106,6	1.141	167	317	178
Jambi	2.748	1.769	979	2.748	1.103	1.644	1.001	885	90,8	53,8	2.732	1.634	995	880
South-Sumatera	7.429	3.095	4.334	7.429	2.371	5.058	2.021	4.159	85,2	82,2	2.157	1.489	587	1.208
Benkulu	986	889	97	986	786	200	801	35	101,9	17,5	1.900	385	1.543	67
Lampung	3.172	1.423	1.748	4.202	2.243	1.959	1.122	1.488	50,9	76,0	1.513	705	484	536
West-Kalimantan	3.815	1.943	1.872	3.815	1.821	1.994	1.767	1.187	97,0	59,5	1.889	987	875	588
Central-Kalimantan	2.933	1.914	1.019	2.935	1.883	1.050	1.662	321	88,3	30,6	4.190	1.500	2.374	459
South-Kalimantan	2.526	1.694	832	2.526	1.716	810	1.593	605	92,8	74,7	1.487	477	938	356
East Kalimantan	5.608	2.491	3.117	5.608	2.713	2.895	2.114	898	77,9	31,0	7.640	3.944	2.880	1.223
North Sulawesi	3.119	2.450	669	3.119	2.305	814	1.960	397	85,0	48,8	1.815	474	1.141	231
Central Sulawesi	2.272	1.976	296	2.272	1.896	377	1.139	212	60,1	56,2	2.486	412	1.246	232
South Sulawesi	3.938	3.453	485	3.938	3.359	579	3.070	150	91,4	25,9	759	112	592	29
Southeast Sulawesi	1.226	1.074	152	1.226	730	496	986	113	135,1	22,8	1.717	695	1.381	158
Bali	1.721	1.601	120	1.725	1.608	117	1.363	82	84,8	74,5	814	55	643	39
West Nusa Tenggara	1.454	1.346	100	1.454	1.302	152	1.125	24	86,4	15,8	660	69	511	11
East Nusa Tenggara	3.106	2.929	177	3.106	2.906	200	2.621	134	90,2	67,0	1.353	87	1.142	58
Maluku	3.137	1.616	1.521	3.137	1.374	1.763	1.215	762	88,4	43,2	2.881	1.619	1.157	700
Insgesamt (Total)[1]	130.701	99.876	30.825	132.537	90.360	42.117	77.327	21.612	85,6	41,2	1.120	356	654	183

Quelle: Department of Finance. (250).
*) ADO-Überweisungen sind die Exportabgaben der Regionen. = Source

Tabelle 88 Table

Steueraufkommen der Zentralregierung nach Regionen [1], 1969-72
(Beträge in Millionen Rupiah)
(Tax Income of Central Government by Regions,)

	1969/70		1970/71		1971/72		1972/73		Pro-Kopf-Steuer-Aufkommen 1971/72
	Summe	Index	Summe	Index	Summe	Index	Summe	Index	
Nord-Sumatra [2]	6.603*	100	7.035	107	8.803	133	11.554	175	673
Süd-Sumatra [3]	4.228	100	4.573	108	5.311	126	6.599	156	686
Jakarta DKI	30.370	100	38.678	127	53.996	177	74.505	245	11.800
West-Java	2.682	100	3.153	118	4.540	169	6.126	228	210
Zentral-Java	4.287	100	5.555	130	7.067	165	8.710	203	323
Nordost-Java	5.134	100	8.132	158	9.555	186	14.244	277	372
Südost-Java [4]	2.647	100	2.517	95	3.348	126	4.564	172	.
Kalimantan	2.223	100	2.670	120	3.357	151	4.326	195	652
Sulawesi/Maluku/Irian Jaya	1.236	100	1.557	126	2.437	197	3.460	280	231
	—	—	—	—	290	—	55	—	.
Insgesamt	59.410	100	73.870	124	98.704	166	134.143	226	828

Quelle: Finanzministerium. = Source (250).
  [1]) Auschliesslich Steuern von Ölfirmen.
  [2]) Auschliesslich der Provinzen Nord-Sumatra, Aceh, Riau und West-Sumatra.
  [3]) Einschliesslich der Provinzen Jambi, Süd-Sumatra und Lampung.
  [4]) Einschliesslich Bali und Nusa tenggara.
  *) Hier handelt es sich also um 6,6 Milliarden.

Tabelle 89 Table

Verteilung von Zuwendungen der Zentralregierung für Entwicklungsprojekte in den Provinzen, 1969-72, in Mill. Rp.
(Distribution of Central Government Allocations for Development Projects in Provinces)

	1971/72	1970/71	1969/70	Haushalt 1972/73	Jährlicher Durchschn. 1969/70-1971/72	Rupiah pro Kopf Jährlicher Durchschn. 1969/70-1971/72
1. D.I. Aceh	1.770	1.666	2.372	2.208	1.936	964
2. Nord-Sumatra	2.322	2.987	3.120	4.314	2.810	424
3. West-Sumatra	976	1.573	2.027	6.534	1.555	546
4. Jambi	537	644	815	1.254	665	661
5. Riau	767	791	1.059	1.622	872	531
6. Süd-Sumatra	2.567	2.456	2.794	4.982	2.606	757
7. Bengkulu	430	282	506	944	406	782
8. Lampung	1.491	1.467	1.386	2.536	1.448	521
9. D.K.I. Jaya [1]	3.968	3.826	5.773	6.337	4.522	988
10. West Java	12.599	10.752	10.841	21.151	11.397	527
11. Zentral-Java	6.687	5.645	6.247	11.570	6.193	283
12. D.I. Jogjakarta	1.596	947	2.600	2.763	1.714	688
13. Ost-Java	6.925	6.761	11.633	14.173	8.440	331
14. Bali	901	876	1.684	2.915	1.154	544
15. West-Kalimantan	410	774	702	1.517	629	311
16. Ost-Kalimantan	617	557	717	1.903	630	858
17. Zentral-Kalimantan	111	173	405	691	230	329
18. Süd-Kalimantan	2.287	2.589	2.739	2.830	2.538	1.494
19. Nord-Sulawesi	1.230	1.521	1.242	2.209	1.331	775
20. Zentral-Sulawesi	432	427	692		517	566
21. Südost-Sulawesi	201	272	423	667	299	419
22. Süd-Sulawesi	2.127	2.637	3.789	4.746	2.851	549
23. West-Nusa-Tenggara	382	560	249	681	457	208
24. Ost-Nusa-Tenggara	491	866	894	1.165	750	327
25. Maluku (Molukken)	481	677	757	905	638	586
26. Irian Jaya						
Insgesamt	52 305	51 726	65 646	100 657	56 558	478

Quelle: Innenministerium (Lokale Regierung). = Source (253).
  [1]) Haushalt, ausschliesslich der Entwicklungsausgaben, die der Zentralregierung zugeschrieben sind.
  [2]) Ausschliesslich Irian Jaya.

Tabelle 90 Table

Regionale Verteilung der Industrie-und Gewerbebetriebe in Indonesien, 1970
(Regional Distribution of Industry and Manufacturing Establishments,)

	Anzahl der Betriebe Verteilung in v. Hundert			Anzahl der Beschäftigten Verteilung in v. Hundert			Anzahl der Beschäftigten pro Betrieb		
	Gesamt	Gross	Mittel	Gesamt	Gross	Mittel	Gesamt	Gross	Mittel
1. D.I. Aceh	0,53	0,50	0,53	0,63	0,72	0,42	56,6	431,7	12,3
2. Nord-Sumatra .	3,89	4,89	3,77	4,45	5,05	3,04	54,1	313,2	12,7
3. West-Sumatra .	0,85	1,02	0,83	1,47	1,75	0,83	81,7	520,1	15,2
4. Riau	1,92	0,46	2,10	0,55	0,12	1,57	13,6	76,8	11,0
5. Jambi	0,51	0,71	0,49	0,46	0,48	0,42	42,6	203,7	13,1
6. Lampung	1,00	1,07	0,99	0,70	0,66	0,80	33,3	187,3	12,8
7. Süd-Sumatra ..	2,23	1,43	2,33	1,21	1,05	1,59	25,8	223,9	16,1
8. Bengkulu	0,08	—	0,09	0,02	—	0,05	9,4	—	9,7
Sumatra	*11,02*	*10,88*	*11,13*	*9,50*	*9,83*	*8,73*	*40,9*	*295,6*	*12,4*
1. D.C. Jakarta ...	8,65	11,30	8,33	6,34	5,25	8,93	34,7	140,8	17,5
2. West-Java	13,99	25,36	12,59	21,88	25,63	13,05	74,1	306,4	16,1
3. Jogyakarta	3,58	1,48	3,84	2,09	1,40	3,72	29,3	304,2	15,2
4. Zentral-Java	26,44	18,48	27,43	23,82	21,37	29,62	42,7	350,5	17,3
5. Ost-Java	24,86	28,62	24,40	31,87	33,66	27,65	60,7	356,6	18,1
Java and Madura	*77,53*	*85,23*	*76,58*	*86,01*	*87,30*	*82,97*	*52,6*	*310,5*	*17,9*
1. West-Kalimantan	1,50	0,71	1,60	0,62	0,32	1,33	19,7	134,4	13,1
2. Zent.-Kalimantan	0,08	0,10	0,08	0,06	0,05	0,07	35,1	159,0	14,1
3. Süd-Kalimantan .	0,89	0,46	0,94	0,69	0,57	0,98	36,9	377,6	16,3
4. Ost-Kalimantan .	0,11	—	0,12	0,03	—	0,09	12,5	—	12,8
Kalimantan	*2,58*	*1,27*	*2,74*	*1,39*	*0,94*	*2,47*	*25,7*	*223,9*	*14,2*
1. Nord-Sulawesi ..	0,59	0,46	0,61	0,27	0,18	0,48	21,5	119,9	12,1
2. Zentral-Sulawesi .	0,20	—	0,23	0,03	—	0,11	8,0	—	8,2
3. Süd Sulawesi ...	6,32	1,17	6,95	1,46	0,57	3,56	11,0	147,6	8,3
4. Südost-Sulawesi .	0,06	0,05	0,06	0,02	0,01	0,04	16,4	54,0	12,0
Sulawesi	*7,17*	*1,68*	*7,84*	*1,78*	*0,76*	*4,20*	*11,8*	*137,2*	*8,9*
1. Bali	0,60	1,22	0,52	0,69	0,80	0,44	55,0	199,0	13,1
2. West-Nusa-Tenggara	0,74	0,20	0,80	0,46	0,29	0,85	29,5	437,3	16,8
3. Ost Nusa Tenggara	0,09	0,15	0,09	0,03	0,03	0,05	17,4	56,3	9,0
4. Maluku (Molukken)	0,06	0,05	0,06	0,02	0,01	0,05	20,0	80,0	13,3
5. Irian Jaya	0,22	0,10	0,23	0,10	0,04	0,02	21,2	109,0	16,1
Andere Inseln ...	*1,70*	*1,73*	*1,70*	*1,31*	*1,17*	*1,63*	*36,4*	*205,6*	*15,2*
INDONESIEN	*100,00*	*99,99*	*99,99*	*99,99*	*100,00*	*100,00*	47,4	303,2	15,8

Quelle: Zentrales Statistisches Büro, Befragung der herstellenden Industrien 1970. = Source (219).

Tipo-lito Sagraf - Napoli